Rainer Gievers

Das Praxisbuch

Samsung Galaxy S25 / S25+ / S25 Ultra

Anleitung für Einsteiger

www.das-praxisbuch.de

Vorwort

Die Samsung Galaxy S25-Serie bietet gegenüber der S24-Serie mehrere Verbesserungen. Sie ist mit einem neuen Prozessor ausgestattet, der eine um 37 Prozent höhere Leistung, schnellere Grafik und eine verbesserte KI-Leistung bietet.

In diesem Buch gehen wir auf alle Programme ein, die Sie täglich benötigen. Nach kurzer Zeit können Sie die dabei erlernten Vorgehensweisen aber auch auf die anderen Programme anwenden, die wir aus Platzgründen nicht genauer vorstellen.

Wir geben darüber hinaus auch Tipps aus unserer eigenen, inzwischen über 30-jährigen Erfahrung mit Mobilrechnern, die Sie im Internet und anderen Büchern nicht finden werden.

Bitte lassen Sie sich bei der alltäglichen Nutzung nicht entmutigen. Samsung übertrifft derzeit alle Konkurrenten im Funktionsumfang, sodass Sie viele Aufgaben auf verschiedene Weise erledigen können. Einige Funktionen erschließen sich möglicherweise erst nach einigen Wochen.

Falls Sie im Buch irgendwo einen Fehler entdecken, schicken Sie uns bitte eine E-Mail an *info@das-praxisbuch.de*.

Rainer Gievers, im Februar 2025

1. Auflage vom 16.02.2024

Ebook

Dieses Buch steht seinem Käufer auch als farbiges Ebook zum kostenlosen Download zur Verfügung. Es kann mit jedem PDF-Programm (zum Beispiel »Adobe Acrobat«) angezeigt und ausgedruckt werden.

Für den Download rufen Sie in Ihrem Webbrowser auf dem PC oder Handy bitte folgende Webadresse auf (beachten Sie bitte hierzu unsere Datenschutzhinweise unter *www.das-praxisbuch.de/impressum/datenschutz.php*):

`www.das-praxisbuch.de/download`

Geben Sie bitte folgenden Code (Groß- und Kleinschreibung beachten) ein:

`y17-kQA-jx6-h69-BRi`

Sollten Sie Probleme mit der Codeeingabe oder dem Herunterladen haben, dann schreiben Sie uns bitte eine E-Mail an service@das-praxisbuch.de. Wir helfen gerne weiter!

1. Inhaltsverzeichnis

Hinweis

Gicom Verlag
Rainer Gievers
Am Bahnhof 10
34434 Borgentreich
info@das-praxisbuch.de

ISBN: 978-3-96469-280-1

Aufbau der Kapitel

- Damit Sie erkennen, welche Bildschirmkopie zu welchem Erläuterungstext gehört, sind die Texte mit Zahlen (❶,❷,❸) durchnummeriert.
- Webadressen, Menübezeichnungen und verwiesene Kapitel sind *kursiv* gesetzt.
- Verschachtelte Menüs werden durch »/« gekennzeichnet. Somit bedeutet zum Beispiel ⁝*Einstellungen*, dass Sie das Menü aktivieren und dort auf *Einstellungen* gehen.
- Auch Verzeichnis- und Dateinamen, sowie Webadressen sind in Kursivschrift gesetzt.

In den Rahmen sind weiterführende Infos zum jeweiligen Thema untergebracht.

2. Einführung

Vielleicht gehören Sie auch zu den Anwendern, die sich bisher mit einem Einfach-Handy zufriedengegeben haben und nun erstmals ein sogenanntes Smartphone nutzen. Alternativ besitzen Sie schon seit geraumer Zeit ein Smartphone, verwenden darauf aber derzeit nur die Telefonie-Funktionen.

Was aber ist ein Smartphone? Darunter versteht man ein Mobiltelefon, das neben der Telefonie noch weitere Funktionen mitbringt, die sonst nur PCs aufweisen, beispielsweise Kontakt- und Terminverwaltung, Musikabspielgerät, Internet usw. Von wenigen Billig-Handys abgesehen, die für maximal 50 Euro angeboten werden, sind übrigens genau genommen inzwischen fast alle Smartphones.

Die Betriebssoftware, sozusagen das Herz Ihres Handys, ist das von Google entwickelte **Android**. Es erfüllt die gleichen Aufgaben wie das Windows-Betriebssystem auf Ihrem PC oder Notebook.

2.1 Das ist bei Android anders

Dieses Kapitel soll kurz die Unterschiede zwischen den »alten« Handys und den modernen Smartphones beleuchten.

Schon bei der ersten Inbetriebnahme gibt es den ersten Unterschied: Während früher ein Handy nach dem Einschalten und der PIN-Eingabe sofort betriebsbereit war, müssen Sie bei einem Android-Handy erst einiges einrichten. Überhaupt empfiehlt es sich, einen Blick auf den Mobilfunkvertrag zu werfen, denn dieser sollte Ihren Bedürfnissen entsprechendes Datenvolumen (»Daten-Flat«) beinhalten. Für die viele Anwender reichen 2 GB (Gigabyte) pro Monat vollkommen aus.

Die meiste Zeit sind Sie ohnehin mit einem WLAN verbunden, sei es zuhause oder auf der Arbeit.

Bereits beim ersten Einschalten eines Android-Handys sollten Sie das Handy mit einem WLAN-Zugangspunkt verbinden, weil nach der Ersteinrichtung größere Datenmengen übertragen werden.

Eine permanente Internetverbindung ist für Android-Handys wichtig. Natürlich sind Webbrowser und E-Mail-Anwendung ohne Internetanbindung unbrauchbar – aber wussten Sie, dass sogar Programme, von denen Sie es nie erwarten würden, aufs Internet angewiesen sind? Ihr Android-Handy speichert beispielsweise auch Ihre Kontakte, Termine, Lesezeichen des Chrome-Browsers, Ihre Fotos und Videos und vieles mehr im Internet. Das hört sich zunächst erst einmal ungewohnt an, hat aber für Sie durchaus Vorteile, wie wir unten noch zeigen werden. Ihre persönlichen Daten landen natürlich nicht einfach frei im Internet, sondern sind geschützt vor fremden Zugriff.

Den Speicherort für Ihre Daten legen Sie übrigens bereits bei der ersten Inbetriebnahme Ihres Android-Handys fest. Es handelt sich dabei um Ihr sogenanntes **Google-Konto**. Dieses hat immer das Format *IhrName@gmail.com*. Dabei ist *IhrName* ein von Ihnen frei wählbarer Name, erlaubt sind zum Beispiel die Kontonamen *hans.mueller@gmail.com*, *hansmuell25@gmail.com oder mueller201@gmail.com*.

Ihr Google-Konto erstellen Sie direkt nach der Interneteinrichtung beim ersten Einschalten Ihres Android-Handys. Den Kontonamen dürfen Sie frei wählen.

Nicht jeder ist darüber glücklich, dass seine Daten bei Google gespeichert werden. Google informiert aber sehr offen darüber und fragt gegebenenfalls nach Ihrer Zustimmung. Natürlich dürfen Sie auch ablehnen, aber ohne Google-Konto müssen Sie auf viele Komfortfunktionen verzichten. Dazu zählt auch die nachträgliche Installation von weiteren nützlichen Programmen aus dem Play Store.

2.2 Das Google-Prinzip

Wie bereits erwähnt, sammelt Google systematisch Ihre Daten, denn Ihr Android-Gerät lädt alle Ihre Kontakte, Termine, Browser-Lesezeichen, Fotos usw. auf Google-Server im Internet hoch. Sie können das natürlich teilweise verhindern, indem Sie erst gar kein Google-Konto auf dem Handy einrichten. Allerdings steht Ihnen ohne Google-Konto der Play Store nicht zur Verfügung, über den Sie weitere Programme installieren.

In der Praxis halten wir die Datensammlung durch Google für unproblematisch, da Google strenges EU-Recht einhalten muss. Trotzdem empfehlen wir, das automatische Hochladen von Fotos und Videos auf Google-Server zu deaktivieren. Nach unseren Informationen überprüft Google diese Medien mithilfe von KI auf potenziell unerlaubte Inhalte. Dabei kann es im Falle eines Fehlalarms zur Sperrung Ihres Google-Kontos kommen. Zudem ist der kostenlose Speicherplatz Ihres Google-Kontos auf 15 Gigabyte begrenzt, was durch das Hochladen von Fotos und Videos schnell ausgeschöpft sein kann.

2.3 Die SIM-Karte

Ihr Handy unterstützt zwei Arten des Internetzugangs:

- Über das Mobilfunknetz: Prüfen Sie, wie viel Internet-Datenvolumen in Ihrem Mobilfunkvertrag enthalten ist. Für die gelegentliche Nutzung des Internets unterwegs sind 2 Gigabyte (GB) in der Regel ausreichend. Wird das Datenvolumen überschritten, drosselt der Netzbetreiber in der Regel die Übertragungsgeschwindigkeit. Dies macht sich beispielsweise durch langsames Laden von Webseiten im Webbrowser oder ruckelnde Videowiedergabe mit YouTube bemerkbar. Beachten Sie dabei, dass auch die Qualität der Mobilfunkverbindung Einfluss auf die Geschwindigkeit haben kann.
- Über WLAN: Wie Ihnen bekannt sein dürfte, lässt sich das Internet mit Ihrem Handy über WLAN nur zuhause beziehungsweise an ausgewiesenen WLAN-Zugangspunkten in Hotels, Bars usw. verwenden.

Eine neue SIM-Karte wird immer als große Plastikkarte geliefert. Vorgestanzt sind manchmal verschiedene Formate, wovon Sie die Nano-SIM (Pfeil) vorsichtig herausbrechen.

Neben der physischen SIM-Karte gibt es seit einigen Jahren auch die sogenannte eSIM. Das »e« steht dabei für »embedded«, also »eingebaut«. Die eSIM ist in Form eines Chips im Handy integriert und wird durch Software aktiviert und verwaltet. Statt eine physikalische SIM-Karte einzulegen, muss man einfach einen vom Mobilnetzbetreiber zur Verfügung gestellten Code zur Aktivierung der eSIM eingeben oder die eSIM online aktivieren.

Ein riesiger Vorteil der eSIM ist, dass man damit mehrere Verträge gleichzeitig auf dem Handy nutzen kann, zwischen denen man bei Bedarf umschaltet. Wer häufig außerhalb Europas reist, wird die Möglichkeit schätzen lernen, in den jeweiligen Ländern einen eSIM-Vertrag abzuschließen, mit dem man Roaming-Kosten spart. Das nervige Austauschen der SIM-Karte gehört damit der Vergangenheit an!

Die Mobilnetzbetreiber bieten den – teilweise kostenlosen – Wechsel zwischen normaler SIM und eSIM an. Beachten Sie allerdings, dass das Handy auch die eSIM unterstützen muss. Dies ist bei Galaxy S25, Galaxy S25+ und Galaxy S25 Ultra der Fall.

Bei der Einrichtung eines Handys mit eSIM gehen Sie einfach wie später beschrieben vor. Die eSIM-Freischaltung erfolgt dann später über die Einstellungen. Bitte beachten Sie, dass ein WLAN-Zugang zwingend erforderlich ist, da das Handy während der Einrichtung auf eine Internetverbindung angewiesen ist, die nicht über das Mobilfunknetz bereitgestellt wird.

Wenn Sie später mal das Handy wechseln, haben Sie übrigens zwei Möglichkeiten, die eSIM auf das neue Gerät zu übernehmen: Entweder Sie nutzen eine Transferoption auf dem alten Handy oder – was möglicherweise einfacher ist – sperren einfach die alte eSIM über die Webseite oder Handy-App Ihres Netzbetreibers. Anschließend beantragen für das neue Handy eine neue eSIM, was in der Regel kostenlos ist.

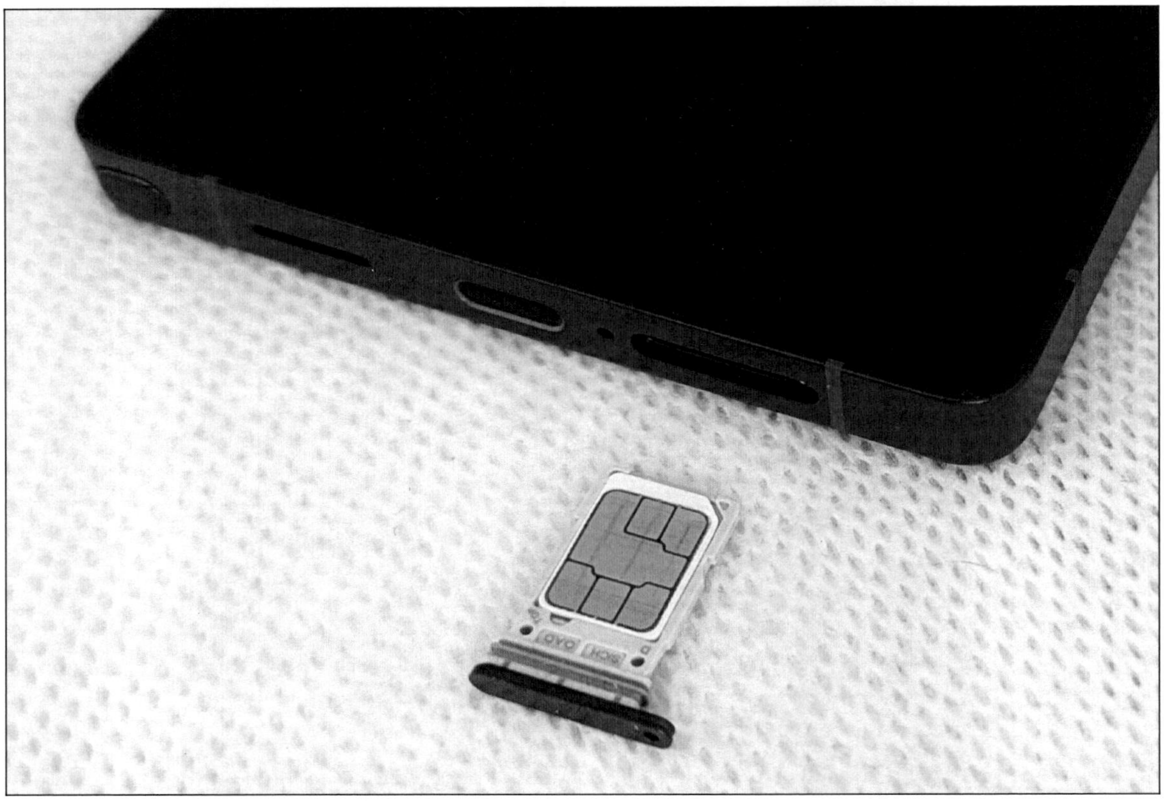

Zum Öffnen der SIM-Schublade auf der Geräteunterseite verwenden Sie das mitgelieferte Stechwerkzeug. Das Foto zeigt dies beim Galaxy S25 Ultra. In der Schublade befindet sich ein Loch, in das Sie mit dem Stechwerkzeug hineindrücken. Daraufhin springt die Schublade auf und kann mit den Fingernägeln herausgezogen werden. Vorsicht! Bitte **stechen Sie nicht in das Loch neben der Schublade**, weil Sie dadurch das Handy beschädigen könnten.

Die SIM-Karte legen Sie mit den Kontakten nach oben ein. Bevor Sie die Schublade wieder schließen, achten Sie unbedingt darauf, dass die SIM-Karte auch genau bündig darin liegt.

2.4 Das Netzteil

Da Samsung inzwischen kein Netzteil mehr bei seinen aktuellen Handys mitliefert, gehen wir in diesem Kapitel darauf ein, wie Sie die Stromversorgung sicherstellen.

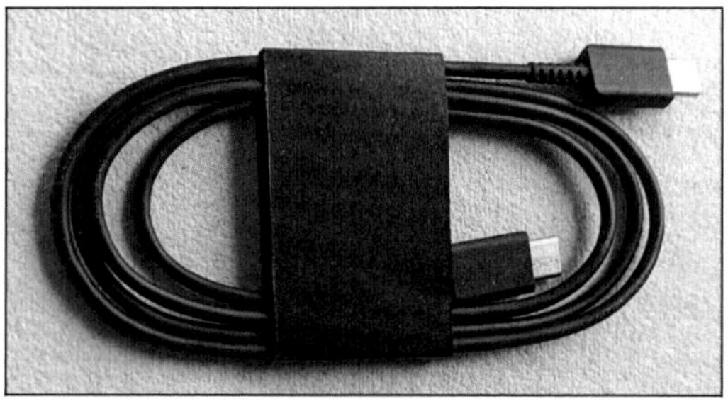

In der Verpackung Ihres Samsung-Handys finden Sie ein sogenanntes **USB C auf USB-C-Kabel**. Sie können damit das Handy an einem PC oder ein Notebook mit geeigneter USB C-Buchse anschließen. Bitte werfen Sie dazu ein Blick in das Handbuch zu Ihrem PC/Notebook, denn häufig sind nicht alle USB C-Buchsen für die Stromversorgung geeignet.

Viele ältere PCs und Notebooks sind leider nicht mit einer USB C-Buchse ausgestattet, weshalb Sie sich ein **USB C-auf-USB A-Kabel** besorgen müssen. Vielleicht haben Sie ja schon ein passendes Kabel von Ihrem vorherigen Handy herumliegen?

Der Akku Ihres Galaxy-Handys wird automatisch aufgeladen, sobald Sie es am PC/Notebook anschließen. Bitte beachten Sie aber, dass das Laden aus technischen Gründen sehr langsam erfolgt. Wir empfehlen daher die Verwendung eines separaten Netzteils, worauf wir als Nächstes eingehen.

Sie haben noch ein Handy-Netzteil herumliegen? Egal, ob es von Motorola, Nokia oder einem anderen Hersteller stammt, meistens lässt es sich problemlos am Samsung-Handy verwenden.

Bevor Sie ein Netzteil mit dem Handy verbinden, sollten Sie dessen Leistungsangaben kontrollieren.

Unter OUTPUT (engl. »Ausgabe«) sind bei diesem Samsung-Netzteil die folgenden Angaben zu finden: 9.0 V ⎓ 1.67 A or 5.0 V ⎓ 2.0 A.

Für uns interessant ist in diesem Zusammenhang nur »5.0 V ⎓ 2.0 A«, was zu Deutsch heißt: Es werden 5,0 Volt Gleichstrom mit 2,0 Ampere abgegeben.

Sofern Sie »5.0 V ⎓« vorfinden, dürfte es keine Probleme geben. Bei den Ampere-Angaben gilt: »Je höher, desto schneller wird geladen«.

Das Handy sollte – auch im ausgeschalteten Zustand – nach maximal 10 Sekunden eine Ladeanimation anzeigen. Ist das Handy eingeschaltet, dann hören Sie zusätzlich einen kurzen Signalton. Wenn das nicht der Fall ist oder sich das Handy deutlich erhitzt, dann sollten Sie USB-Kabel und Netzteil austauschen.

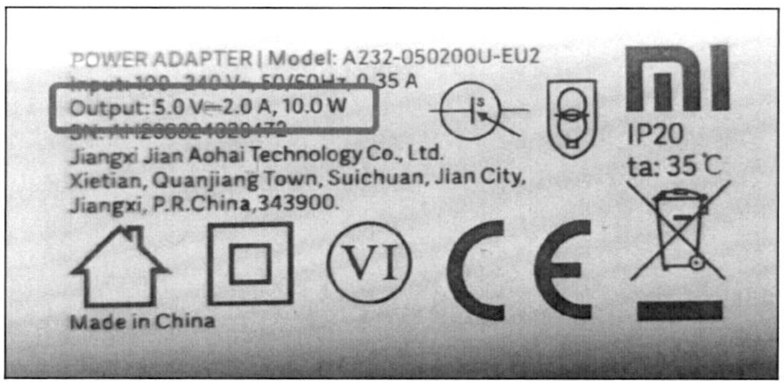

Auch bei diesem Netzteil eines Drittanbieters erwarten wir keine Probleme:

»Output: 5.0 V ⎓ 2.0 A 10.0W«.

Die Watt-Angabe – ergibt sich aus der Mulitplikation von V(olt) und Ampere – brauchen Sie nicht zu beachten.

Achtung: Bei den meisten Netzteilen benötigen Sie das oben erwähnte **USB C auf USB A-Kabel**!

Das Aufladen mit einem Standardnetzteil, das nur 10 Watt liefert, dauert Ihnen zu lange? Dann empfehlen wir Ihnen einen Schnelllade-Adapter mit 25 Watt oder 45 Watt von Samsung.

Beachten Sie bitte, dass das Galaxy S25 nur maximal 25 Watt Ladeleistung unterstützt, das S25+ und S25 Ultra dagegen maximal 45 Watt. Das S25 darf natürlich am 45 Watt-Netzteil angeschlossen werden, lädt dann aber trotzdem nur mit 25 Watt.

Wichtig: Kaufen Sie Netzteile nur beim Fachhändler oder einer Elektronikkette, aber niemals bei Amazon, Ebay oder auf Online-Flohmärkten. Es besteht sonst die Gefahr, dass Ihnen ein gefälschtes Netzteil angedreht wird!

Samsung schreibt dazu auf der eigenen Website (*www.samsung.com/at/support/mobile-devices/my-galaxy-device-is-not-fast-charging-how-do-i-fix-it*):

> *»Die verschiedenen Arten von Ladegeräten haben unterschiedliche Ausgangsleistungen. Für eine optimale Leistung empfehlen wir die Verwendung eines von Samsung autorisierten Schnellladeadapters.*
>
> ***Adaptive Schnellladefunktion:*** *Samsung-Ladegeräte, die eine Ausgangsleistung von 9 V - 1,67 A (15 W) unterstützen, weisen die Textzeile ‚Adaptive Fast Charging‘ mit einem Ladesymbol auf.*
>
> **Superschnellladen:** Samsung-Ladegeräte, die Ausgangsleistungen von 9 V - 2,77 A (25 W), 15 V - 3 A (45 W), oder 20 V - 2,25 A (45 W) unterstützen, weisen die Textzeile ‚Super Fast Charging‘ mit einem Ladesymbol auf.«

Moderne Handyakkus sind mit einer speziellen Ladeelektronik ausgestattet, die eine Beschädigung verhindern. Sie müssen also keine Angst haben, dass durch zu langes Aufladen der Akku an Kapazität verliert, wie es bis vor 20 Jahren noch der Fall war (sogenannter Memory-Effekt).

Trotzdem altert auch bei geringer Nutzung der Akku über die Jahre und verliert an Kapazität. Sofern Sie sich dann nicht ohnehin ein neues Handy zulegen möchten, können Reparaturdienste den fest verbauten Akku austauschen.

2.5 Drahtloses Laden

Sie möchten es noch bequemer? Dann lohnt sich die Anschaffung einer drahtlosen Qi-Ladestation, die von Samsung und Drittanbietern verkauft wird.

Sie legen einfach das Handy auf beziehungsweise in die Ladestation, worauf der Ladevorgang drahtlos per Induktion erfolgt – leider mit maximal 15 Watt recht langsam.

Halten Sie im Handel nach Ladestationen mit dem **Qi2.1-Standard** Ausschau. Diese sind magnetisch, sodass sich das Handy präzise auflegen lässt!

3. Erster Start

Beim ersten Einschalten richten Sie den Internetzugang über WLAN, Ihr Google-Konto und einige andere Dinge ein.

Hinweis: Falls Sie bereits den Assistenten durchlaufen haben und schon Ihr Gerät nutzen, sollten Sie im Kapitel *4 Grundlagen der Bedienung*weiterlesen. Wo es in diesem Buch darauf ankommt, gehen wir auf die im Assistenten vorgenommenen Einstellungen nochmals ein. Sie verpassen also nichts!

Enter SIM card PIN
1
2
3
4
5
6
7
8
9
0
OK
Emergency call

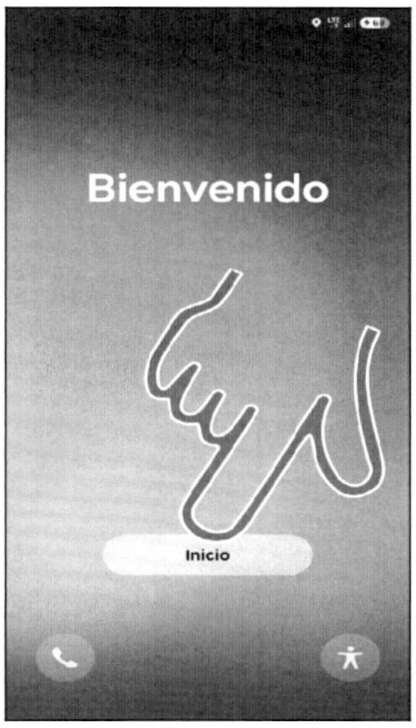
Bienvenido
Inicio

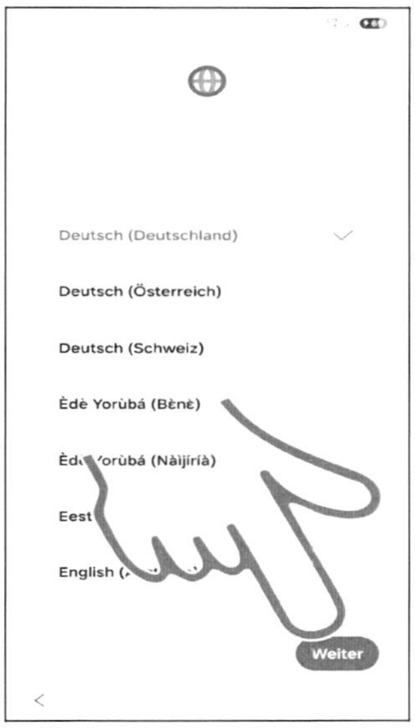
Deutsch (Deutschland)
Deutsch (Österreich)
Deutsch (Schweiz)
Èdè Yorùbá (Bɛ̀nɛ̀)
Weiter

❶ Geben Sie zuerst die SIM-PIN ein, damit sich das Samsung Galaxy ins Netz einbuchen kann. Schließen Sie Ihre Eingabe mit der *OK*-Schaltleiste auf dem eingeblendeten Tastenfeld ab.

❷ Betätigen Sie mittlere Schaltleiste.

❸ Das Handy wählt automatisch die verwendete Sprache anhand der eingelegten SIM-Karte aus. Falls Sie keine SIM-Karte eingelegt haben – zum Beispiel weil Sie eine eSIM einrichten möchten – müssen Sie *Deutschland* von Hand auswählen. Betätigen Sie dann *Weiter* (Pfeil).

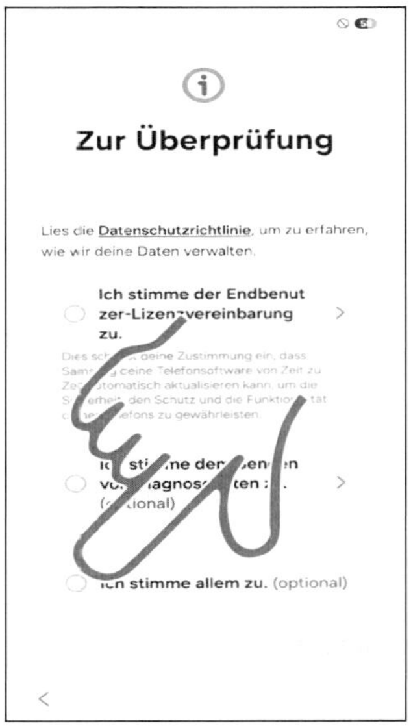
Zur Überprüfung
Lies die Datenschutzrichtlinie, um zu erfahren, wie wir deine Daten verwalten.

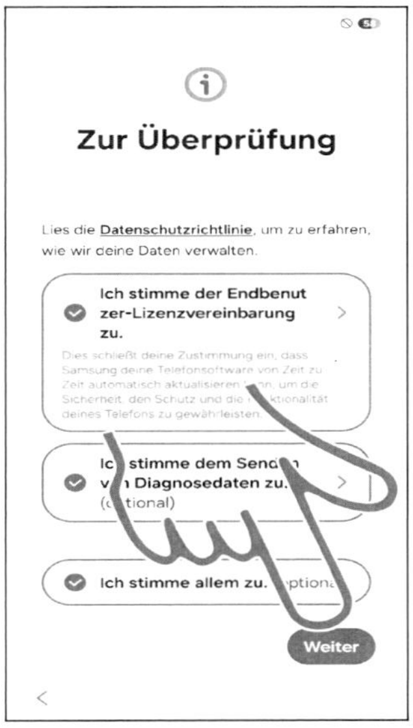
Zur Überprüfung
Lies die Datenschutzrichtlinie, um zu erfahren, wie wir deine Daten verwalten.
Ich stimme der Endbenutzer-Lizenzvereinbarung zu.
Weiter

Einfache Einrichtung mit einem anderen Gerät
Melde dich automatisch an und kopiere Einstellungen, Konten und mehr von einem anderen Telefon oder Tablet. Halte dein anderes Telefon oder Tablet in der Nähe und lasse es entsperrt.
Manuell einrichten

❶❷ Aktivieren Sie *Ich stimme allem zu (optional)*, dann betätigen Sie *Weiter*.

❸ Den Bildschirm »*Einfache Einrichtung mit einem anderen Gerät*« schließen Sie mit *Manuell einrichten.*

❶❷ Als Nächstes stellen Sie den genutzten WLAN-Zugangspunkt ein. Tippen Sie dafür kurz einen der gefundenen Zugangspunkte in der Liste an, geben Sie das zugehörige Kennwort ein und betätigen Sie *Verbinden*.

In diesem Buch unterscheiden wir zwischen »Antippen«, was immer ein kurzes Antippen heißt und längerem Tippen und Halten mit dem Finger. Wenn Sie den Finger lange auf einem Bildschirmelement gedrückt halten müssen, weisen wir immer explizit darauf hin.

Wir empfehlen, die Ersteinrichtung in aller Ruhe an einem Ort mit WLAN-Zugang durchzuführen. Das Handy lädt sehr große Datenmengen herunter, was bei Mobilfunk-Internet sehr lange dauert und eventuell zusätzliche Kosten verursacht.

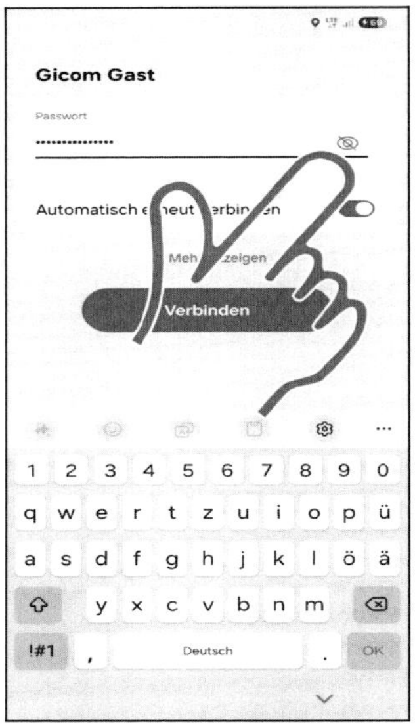

❶❷ Tipp: Samsung erleichtert Ihnen die Passworteingabe über die -Schaltleiste. Tippen Sie darauf, um das Passwort anzuzeigen. steht bei allen »verdeckten« Eingabefeldern der verschiedenen Anwendungen auf dem Handy zur Verfügung.

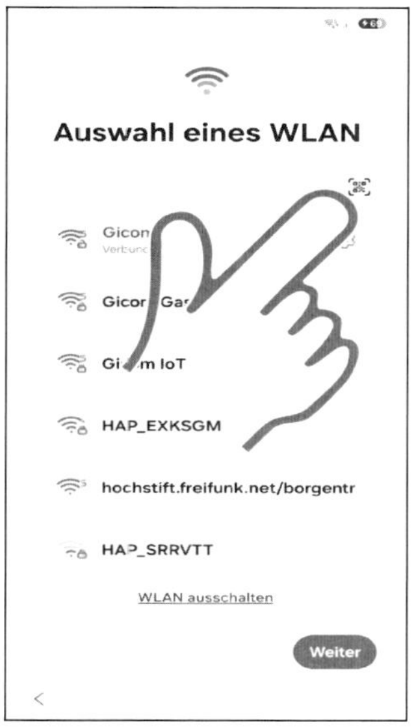

➊➋ Tipp: Manchmal finden Sie am WLAN-Standort einen QR-Code mit den Zugangsdaten. In diesem Fall gehen Sie bei Ihrem Handy auf und halten die Kamera auf den QR-Code. Sie erhalten sofortigen Zugriff auf das WLAN.

Sie können auch Personen, die bereits den WLAN-Zugangspunkt nutzen, bitten, Ihnen den QR-Code anzuzeigen, um ihn dann vom Display abscannen. Alle modernen Handys bieten in den WLAN-Einstellungen eine Option zur QR-Code-Anzeige der Zugangsdaten.

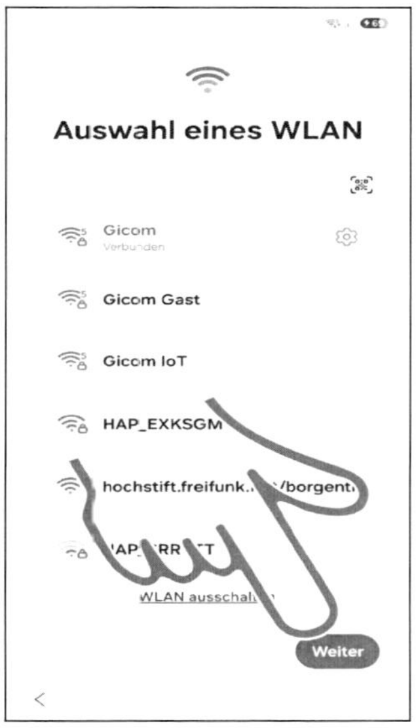

➊ Schließen Sie den Bildschirm mit *Weiter*. Meistens ist dies nicht nötig, weil das Handy selbsttätig zur nächsten Bildschirmseite wechselt.

➋ Eventuell will das Handy erst Einrichtungsarbeiten durchführen, weshalb Sie *Neustart* betätigen müssen. Alternativ können Sie hier mit *Weiter* die Einrichtung fortsetzen.

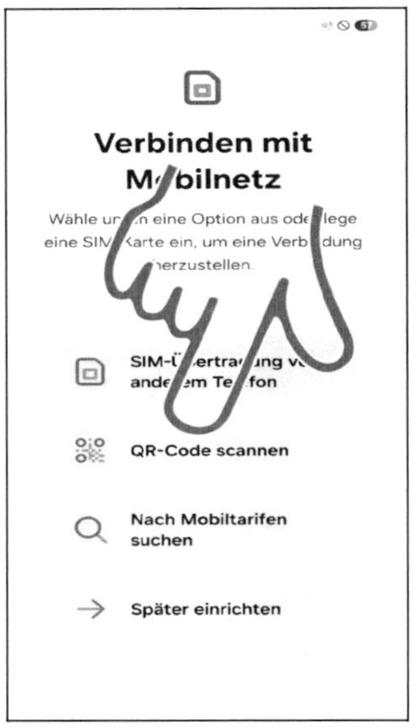

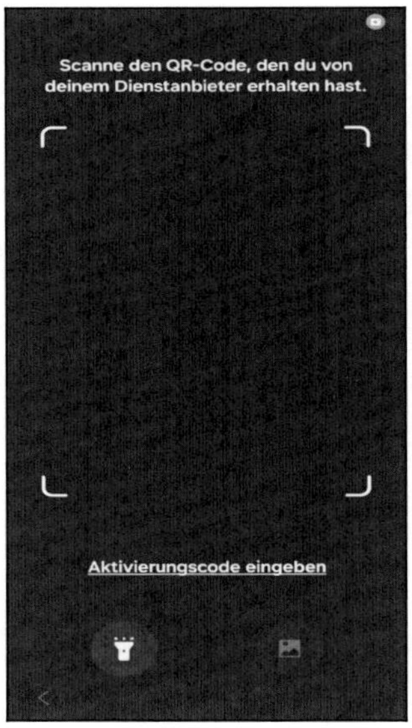

❶ Sie haben noch keine SIM-Karte eingelegt? Dann geht das Handy davon aus, dass Sie eine eSIM einrichten möchten. Es ist hier möglich, eine vorhandene eSIM mit *SIM-Übertragung von anderem Telefon* zu übernehmen. In unserem Fall möchten wir eine neue eSIM einrichten und gehen deshalb auf *QR-Code scannen*.

❷ Halten Sie die Kamera auf den QR-Code des Netzbetreibers. Dieser wurde Ihnen entweder ausgedruckt zugeschickt oder Sie erhielten eine E-Mail mit einem Link zur Webseite, wo Sie ihn anzeigen lassen.

❸ Betätigen Sie *Hinzufügen* und warten Sie, bis die Einrichtung abgeschlossen ist.

Lesen Sie im nächsten Kapitel weiter.

Falls Sie keine eSIM einrichten und die SIM-Karte später noch einlegen möchten, betätigen Sie stattdessen *Später einrichten.*

3.1 Neues Google-Konto

Dieses Kapitel brauchen Sie nur durchzuarbeiten, wenn Sie noch kein sogenanntes Google-Konto besitzen. Dies ist in der Regel der Fall, wenn Sie bisher noch nie ein Android-Handy oder Tablet genutzt haben. Wenn Sie bereits mal ein Google-Konto verwendet haben, dann lesen Sie im nächsten Kapitel *3.2 Vorhandenes Google-Konto* weiter.

Das Google-Konto hat das Format einer E-Mail-Adresse und endet immer auf ***@gmail.com***, beispielsweise ***sally.gievers@gmail.com***. Auf dem Handy wird das Google-Konto verwendet, um eine Sicherung Ihrer Daten auf den Google-Servern durchzuführen.

Apps & Daten kopieren
Du kannst festlegen, was auf dein neues Gerät übertragen werden soll – beispielsweise deine Apps, Fotos, Kontakte und dein Google-Konto
Nicht kopieren
Weiter

Google
Anmeldung
Verwenden Sie Ihr Google-Konto. Das Konto wird diesem Gerät hinzugefügt und ist für andere Google-Apps verfügbar.
Weitere Informationen zur Verwendung Ihres Kontos
E-Mail oder Telefonnummer
E-Mail-Adresse vergessen?
Konto erstellen
Überspringen
Weiter

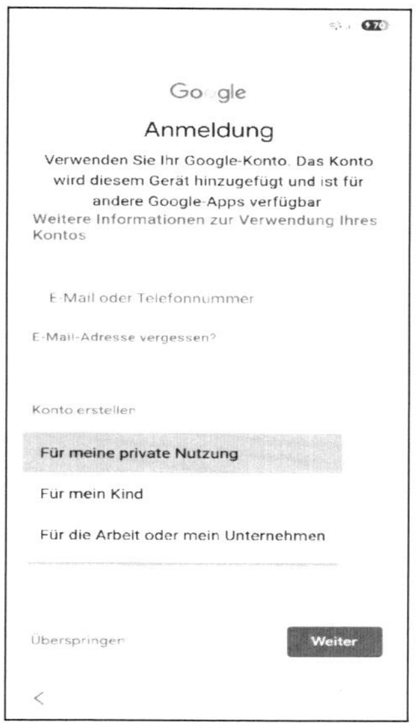
Google
Anmeldung
Verwenden Sie Ihr Google-Konto. Das Konto wird diesem Gerät hinzugefügt und ist für andere Google-Apps verfügbar.
Weitere Informationen zur Verwendung Ihres Kontos
E-Mail oder Telefonnummer
E-Mail-Adresse vergessen?
Konto erstellen
Für meine private Nutzung
Für mein Kind
Für die Arbeit oder mein Unternehmen
Überspringen
Weiter

❶ Gehen Sie auf *Nicht kopieren.*

❷❸ Betätigen Sie *Konto erstellen* und wählen Sie *Für meine private Nutzung* aus.

Google
Google-Konto erstellen
Bitte den Namen eingeben
Sally
Gievers
Weiter
Gießerei
Gehversuche
Deutsch
Öffnen

Google
Allgemeine Informationen
Geben Sie Ihr Geburtsdatum und Ihr Geschlecht ein.
01
Januar
2000
Weiblich
Wenn Sie mehr darüber erfahren möchten, warum wir nach Geburtsdatum und Geschlecht fragen, rufen Sie in einem Browser g.co/age-gender auf
Weiter

❶ Erfassen Sie in den Feldern Ihren Vor- und Nachnamen (mit dem Finger in das jeweilige Eingabefeld tippen) und betätigen Sie *Weiter*.

❷ Geben Sie Ihr Geburtsdatum und Geschlecht an (es ist Ihnen unbenommen, hier falsche Angaben zu machen), dann betätigen Sie *Weiter*.

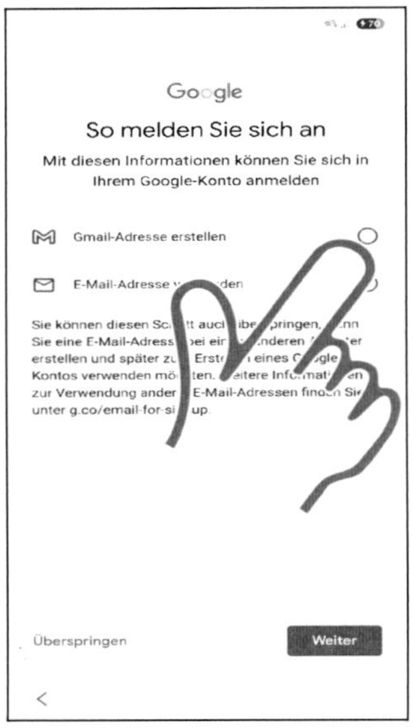

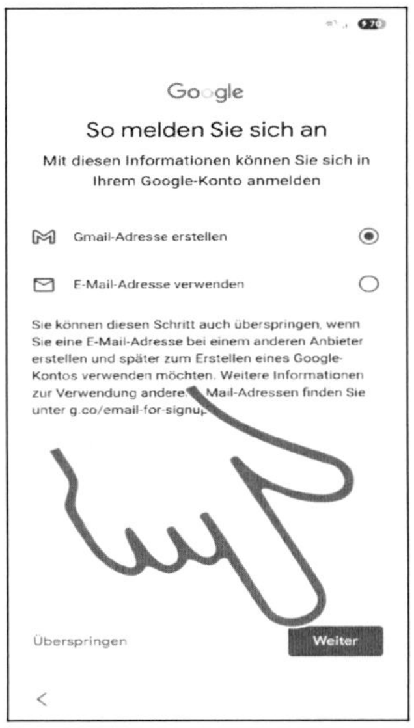

➊➋ Wir empfehlen, das Google-Konto mit einer Google-E-Mail-Adresse einzurichten. Wählen Sie daher Gmail-Adresse erstellen aus und betätigen Sie Weiter.

➊ Erfassen Sie den Kontonamen. Betätigen Sie dann erneut die *Weiter*-Schaltleiste. Falls der Kontoname bereits an jemand anders vergeben wurde, macht das Programm Vorschläge beziehungsweise gibt Ihnen die Möglichkeit, einen anderen Kontonamen einzugeben.

➋ In unserem Fall ist der eingegebene Name schon vergeben, weshalb wir einen der Vorschläge übernehmen.

Zulässig sind im Kontonamen Buchstaben, Zahlen und Punkte. Klein- und Großschreibung wird nicht berücksichtigt.

Tipp: Verzichten Sie bei Ihrem Kontonamen auf die leicht verwechselbaren Zeichen »0«, »O«, »1«, »L«, »Z« und »2«. Sie vermeiden damit Missverständnisse, wenn Sie mal Ihre E-Mail-Adresse für jemand anders aufschreiben.

Google
Starkes Passwort erstellen
Bitte ein starkes Passwort aus Buchstaben, Zahlen und Sonderzeichen erstellen
123456789
Passwort anzeigen
Weiter
123456789
1 2 3 4 5 6 7 8 9 0
q w e r t z u i o p ü
a s d f g h j k l ö ä
y x c v b n m
!#1
Deutsch
Öffnen

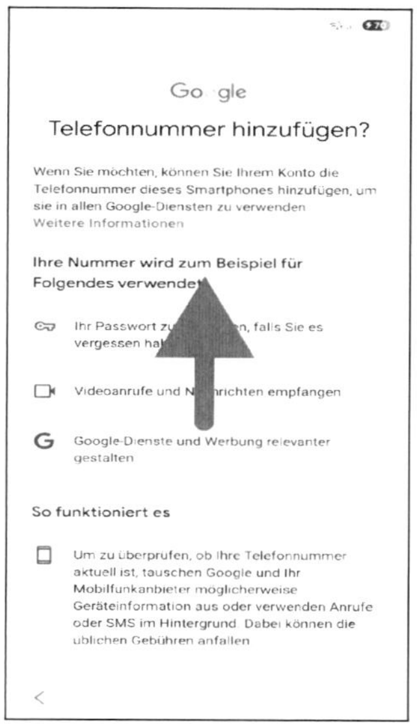
Google
Telefonnummer hinzufügen?
Wenn Sie möchten, können Sie Ihrem Konto die Telefonnummer dieses Smartphones hinzufügen, um sie in allen Google-Diensten zu verwenden
Weitere Informationen
Ihre Nummer wird zum Beispiel für Folgendes verwendet
Videoanrufe und Nachrichten empfangen
Google-Dienste und Werbung relevanter gestalten
So funktioniert es
Um zu überprüfen, ob Ihre Telefonnummer aktuell ist, tauschen Google und Ihr Mobilfunkanbieter möglicherweise Geräteinformation aus oder verwenden Anrufe oder SMS im Hintergrund. Dabei können die üblichen Gebühren anfallen

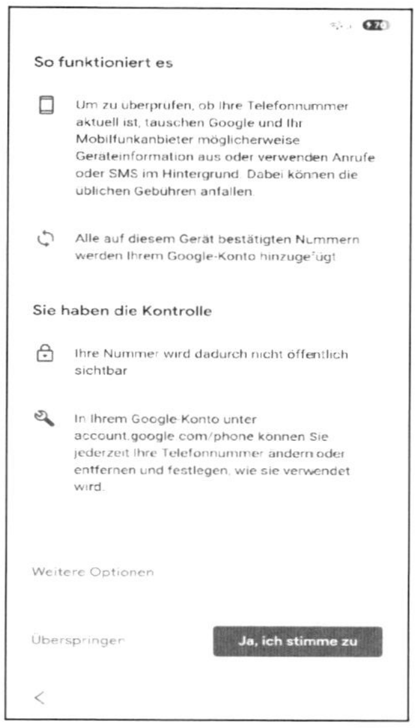
So funktioniert es
Um zu überprüfen, ob Ihre Telefonnummer aktuell ist, tauschen Google und Ihr Mobilfunkanbieter möglicherweise Geräteinformation aus oder verwenden Anrufe oder SMS im Hintergrund. Dabei können die üblichen Gebühren anfallen.
Alle auf diesem Gerät bestätigten Nummern werden Ihrem Google-Konto hinzugefügt
Sie haben die Kontrolle
Ihre Nummer wird dadurch nicht öffentlich sichtbar
In Ihrem Google-Konto unter account.google.com/phone können Sie jederzeit Ihre Telefonnummer ändern oder entfernen und festlegen, wie sie verwendet wird.
Weitere Optionen
Überspringen
Ja, ich stimme zu

❶ *Zum Schluss erfassen Sie das Kennwort.* **Das Kennwort (und natürlich den Kontonamen) sollten Sie sich genau merken oder notieren, weil Sie das Handy später ab und zu danach fragt!** *Betätigen Sie dann Weiter.*

❷ Wischen Sie in diesem Bildschirm mit dem angedrückten Finger nach oben und lassen Sie dann den Finger los.

❸ Damit Sie das Kennwort für Ihr Google-Konto wieder zurücksetzen können, falls Sie es mal vergessen, betätigen Sie jetzt *Ja, ich stimme zu*.

Google
Kontoinformationen prüfen
Sie können diese E-Mail-Adresse verwenden, um sich anzumelden
Sally Gievers
Weiter

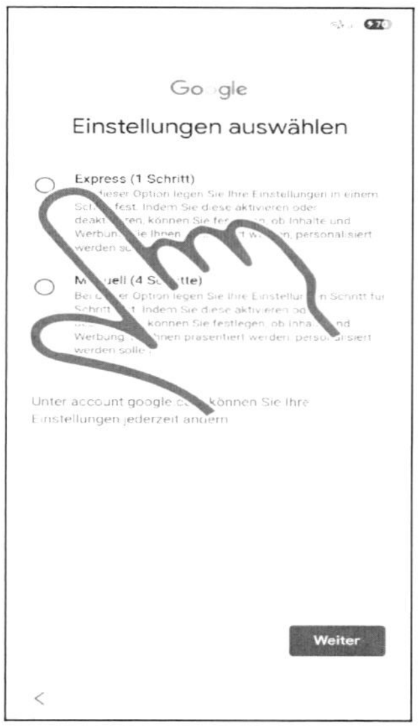
Google
Einstellungen auswählen
Express (1 Schritt)
Weiter

Google
Einstellungen auswählen
Express (1 Schritt)
Manuell (4 Schritte)
Unter account.google.com können Sie Ihre Einstellungen jederzeit ändern
Weiter

❶ Betätigen Sie *Weiter*.

❷❸ Aktivieren Sie *Express (1 Schritt)* und betätigen Sie *Weiter*.

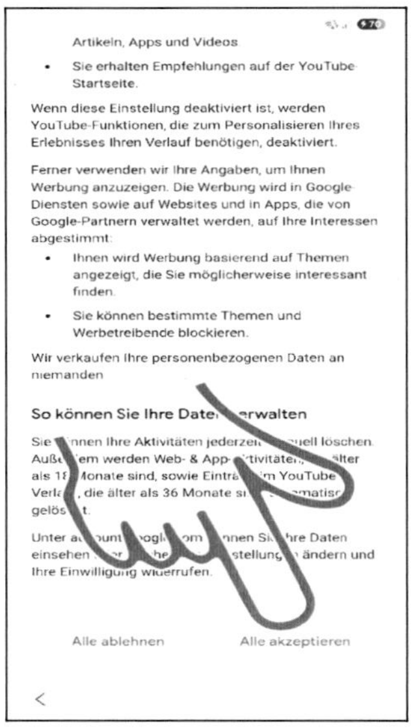

❶ Erneut müssen Sie die Wischgeste einsetzen, also mit dem Finger auf dem Bildschirm nach oben wischen.

❷ Gehen Sie auf *Alle akzeptieren*.

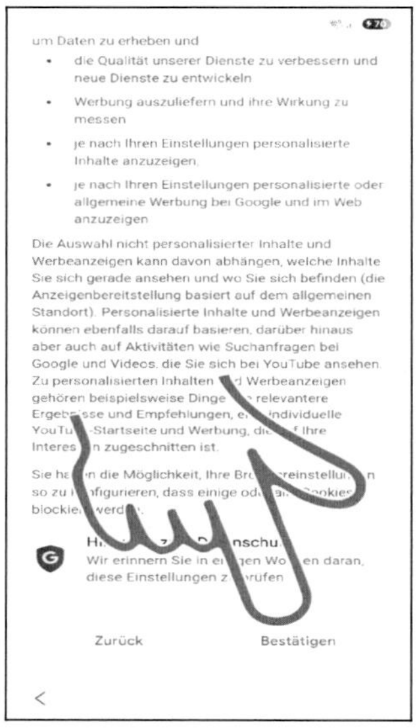

❶❷ Erneut wischen Sie nach oben und betätigen *Bestätigen*.

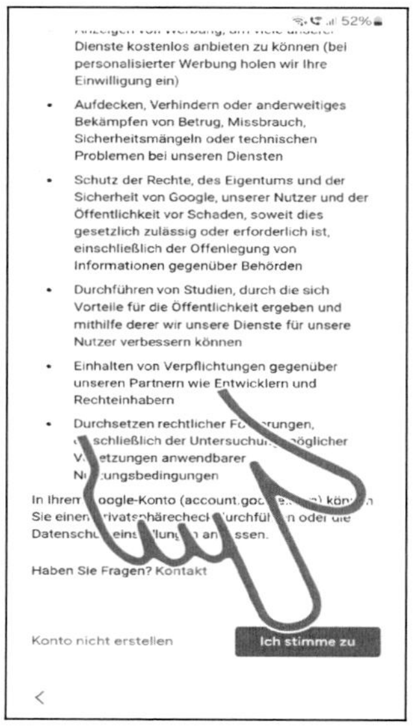

❶❷ Ein weiteres Mal wischen Sie mit dem Finger auf dem Bildschirm nach oben und gehen auf *Ich stimme zu.*

Lesen Sie im Kapitel *3.3 Weitere Einrichtung* weiter.

3.2 Vorhandenes Google-Konto

Um das Handy (und andere Android-Geräte) sinnvoll zu nutzen, müssen Sie ein sogenanntes Google-Konto besitzen. Das Google-Konto hat das Format einer E-Mail-Adresse und endet immer auf ***@gmail.com***, beispielsweise ***sally.gievers@gmail.com***.

Falls Sie nicht wissen, was ein Google-Konto ist, oder bisher noch kein Android-Gerät genutzt haben, lesen Sie bitte im Kapitel *3.1 Neues Google-Konto* weiter.

> Beachten Sie, dass bei Ihnen die Bildschirmabbildungen eventuell geringfügig anders aussehen, da es laufend Änderungen an der Benutzeroberfläche gibt.

Apps & Daten kopieren
Du kannst festlegen, was auf dein neues Gerät übertragen werden soll – beispielsweise deine Apps, Fotos, Kontakte und dein Google-Konto
Nicht kopieren
Weiter

Wählen Sie *Nicht kopieren.*

Anmeldung
Mit dem Google-Konto anmelden.
Weitere Informationen zur Verwendung Ihres Kontos

Anmeldung
Mit dem Google-Konto anmelden.
Weitere Informationen zur Verwendung Ihres Kontos
sally.gievers@gmail.com
E-Mail-Adresse vergessen?
Überspringen
Weiter

Willkommen
Passwort anzeigen
Weiter

❶ Tippen Sie ins *E-Mail oder Telefonnummer*-Eingabefeld.

❷ Geben Sie Ihren Google-Konto-Namen (Eingabe des Namens vor *@gmail.com* reicht aus) ein. Betätigen Sie dann *Weiter.*

❸ Erfassen Sie das Passwort Ihres Google-Kontos und gehen Sie auf *Weiter.*

Google
Bestätigung in zwei Schritten
Zum besseren Schutz des Kontos möchte Google die Identität des Nutzers überprüfen
sally.gievers@gmail.com
Andere Option wählen

Google
Bestätigung in zwei Schritten
Zum besseren Schutz des Kontos möchte Google die Identität des Nutzers überprüfen
sally.gievers@gmail.com
Wählen Sie aus, wie Sie sich anmelden möchten:
Tippen Sie auf Ihrem Smartphone oder Tablet auf Ja
Smartphone oder Tablet verwenden, um einen Sicherheitscode zu erhalten (auch im Offlinebetrieb)
Bestätigungscode an •••• ••••90 senden
Hilfe

Google
Bestätigung in zwei Schritten
Zum besseren Schutz Ihres Kontos möchte Google Ihre Identität überprüfen
sally.gievers@gmail.com
Bestätigung in zwei Schritten
Ein sechsstelliger Bestätigungscode wurde gerade per SMS an •••• ••••90 gesendet
G- 756229
1
2
3
4
5
6
Öffnen
7
8
9
*+#
*
0
#

Google möchte sicherstellen, dass kein Unbefugter Ihr Google-Konto nutzt. Deshalb wird eine Authentifizierung verlangt.

➊ Das Google-Konto haben Sie ja bereits auf Ihrem alten Handy genutzt. Dort können Sie es mit *Ja, das bin ich* freigeben. Falls Sie das alte Handy nicht zur Verfügung haben und deshalb eine andere Authentifizierung nötig ist, gehen Sie auf *Andere Option wählen* (Pfeil).

➋ In unserem Beispiel haben wir uns für die dritte Option entschieden: Der Code wird per SMS an unsere Handynummer gesendet. Die Handynummer hat Google bei der Erstanmeldung Ihres Google-Kontos erfahren.

➌ Den empfangenen Code geben Sie ein und betätigen *Öffnen* (auf dem Tastenfeld) beziehungsweise *Senden.*

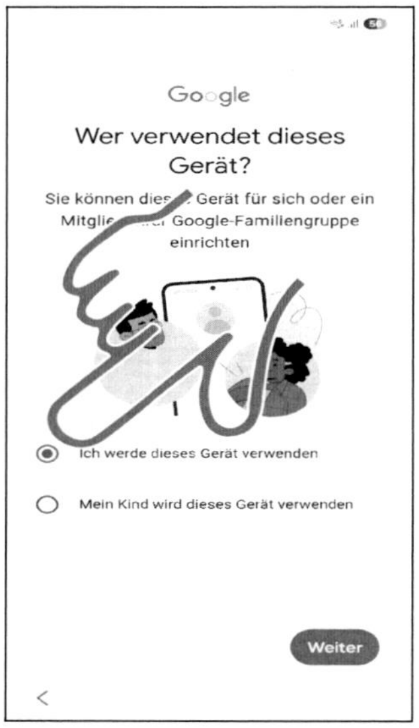
Google
Wer verwendet dieses Gerät?
Ich werde dieses Gerät verwenden
Mein Kind wird dieses Gerät verwenden
Weiter

Google
Willkommen
sally.gievers@gmail.com
Ich stimme zu
Dieses Konto jetzt nicht hinzufügen

➊ Sofern die Abfrage *Wer verwendet dieses Gerät?* Erscheint, aktivieren Sie *Ich werde dieses Gerät verwenden* und betätigen *Weiter.*

➋ Betätigen Sie *Ich stimme zu.*

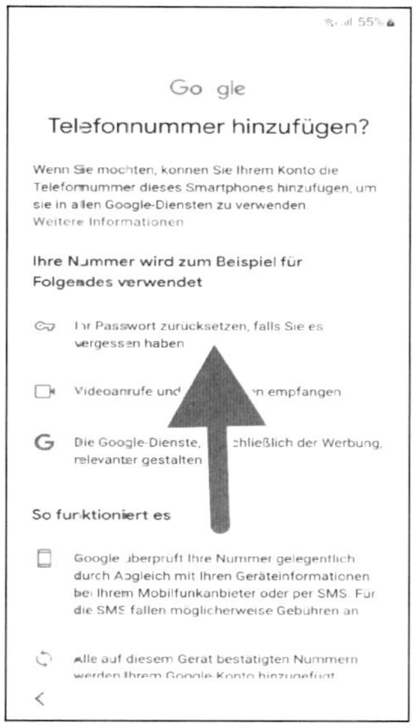
Telefonnummer hinzufügen?
Wenn Sie möchten, können Sie Ihrem Konto die Telefonnummer dieses Smartphones hinzufügen, um sie in allen Google-Diensten zu verwenden
Weitere Informationen
Ihre Nummer wird zum Beispiel für Folgendes verwendet
So funktioniert es
Google überprüft Ihre Nummer gelegentlich durch Abgleich mit Ihren Geräteinformationen bei Ihrem Mobilfunkanbieter oder per SMS. Für die SMS fallen möglicherweise Gebühren an

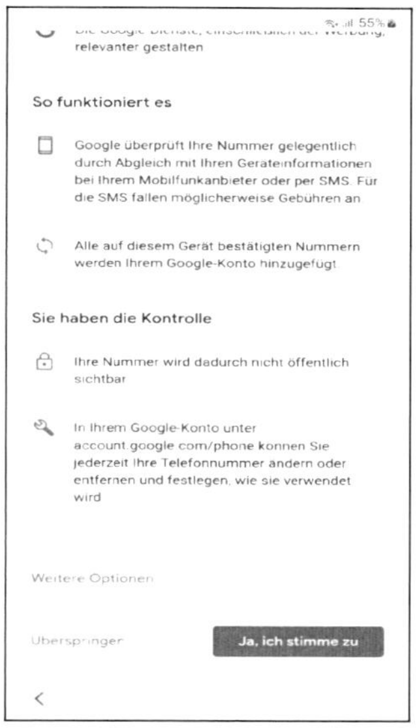
relevanter gestalten
So funktioniert es
Google überprüft Ihre Nummer gelegentlich durch Abgleich mit Ihren Geräteinformationen bei Ihrem Mobilfunkanbieter oder per SMS. Für die SMS fallen möglicherweise Gebühren an
Alle auf diesem Gerät bestätigten Nummern werden Ihrem Google-Konto hinzugefügt
Sie haben die Kontrolle
Ihre Nummer wird dadurch nicht öffentlich sichtbar
In Ihrem Google-Konto unter account.google.com/phone können Sie jederzeit Ihre Telefonnummer ändern oder entfernen und festlegen, wie sie verwendet wird
Weitere Optionen
Überspringen
Ja, ich stimme zu

Kontoinformationen prüfen
Sie können diese Gmail-Adresse verwenden, um sich später anzumelden
Sally Gievers
Weiter

➊➋ Falls Sie eine andere SIM-Karte mit dem neuen Handy verwenden, müssen Sie dies bestätigen. Wischen Sie mit dem Finger auf dem Bildschirm nach oben und gehen Sie auf *Ja, ich stimme zu.*

➌ Eventuell müssen Sie hier *Weiter* betätigen, sofern das Handy nicht selbst zum nächsten Bildschirm umschaltet.

3.3 Weitere Einrichtung

Schutz deines Telefons
Verhindere, dass andere Personen das Telefon ohne deine Erlaubnis verwenden, indem du eine Bildschirmsperre festlegst
Gesichtserkennung
Überspringen

Schutz deines Telefons
Verhindere, dass andere Personen das Telefon ohne deine Erlaubnis verwenden, indem du eine Bildschirmsperre festlegst.
Gesichtserkennung
Fingerabdrücke
Zurück
Überspringen

➊➋ Die Gerätesperre richten wir später noch ein. Gehen Sie daher hier auf *Überspringen* und im Popup erneut auf *Überspringen.*

Google-Dienste
gieverss227@gmail.com
Du kannst auf die einzelnen Dienste tippen, um mehr über sie zu erfahren, beispielsweise wie du sie aktivierst und wieder deaktivierst. Die Daten werden entsprechend der Datenschutzerklärung von Google genutzt.
Standort
Standort verwenden
Mehr

Updates & Apps installieren
Durch Tippen auf „Akzeptieren" werden die ausgewählten Einstellungen für diese Google-Dienste bestätigt
Akzeptieren

Google-Dienste: Gerät sichern
gieverss227@gmail.com
Wähle Daten aus, die gesichert werden sollen, falls dein Gerät verloren geht, gestohlen oder beschädigt wird. Die Sicherung wird auf deinem Google-Kontospeicherplatz gespeichert.
Maßnahmen zum Schutz deiner Daten
Fotos & Videos
Weitere Gerätedaten
Nicht sichern
Sicherung aktivieren

❶❷ Im Google-Dienste-Bildschirm betätigen Sie *Mehr* und *Akzeptieren.*

❸ Falls dieser Bildschirm erscheint, betätigen Sie *Sicherung aktivieren* (beim S25 vorher einmal *Mehr* betätigen).

Suchmaschine auswählen
Mit deiner Suchmaschine kannst du im Web suchen.
Diese App unterscheidet sich möglicherweise von deinem Browser, der Seiten anzeigt, wenn du im Web surfst, auf Links tippst oder eine Webadresse eingibst.
Weiter

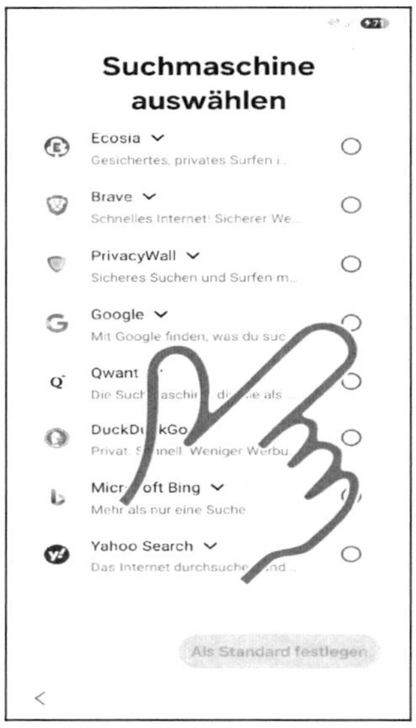
Suchmaschine auswählen
Ecosia
Brave
PrivacyWall
Google
Yahoo Search
Als Standard festlegen

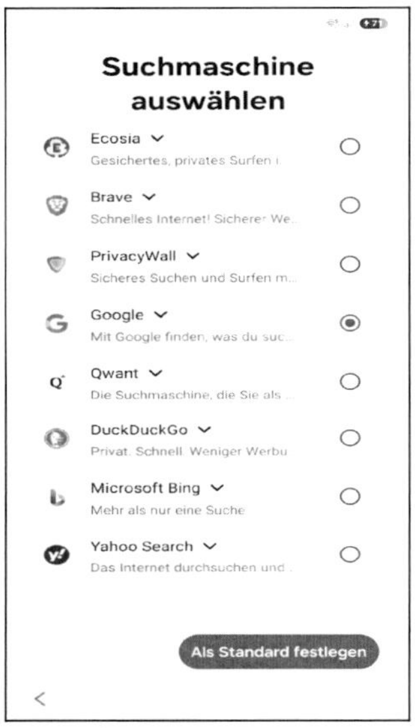
Suchmaschine auswählen
Ecosia
Brave
PrivacyWall
Google
Qwant
DuckDuckGo
Microsoft Bing
Yahoo Search
Als Standard festlegen

❶ Google hat sich in Rahmen eines Kartellverfahrens dazu verpflichtet, dass der Nutzer die Suchmaschine auf seinem Handy frei auswählen darf. Betätigen Sie *Weiter.*

❷❸ Wir empfehlen *Google* in der Liste auszuwählen und dann *Als Standard festlegen* zu betätigen (Auf dem S25 müssen Sie einmal *Mehr* betätigen, bevor die *Als Standard festlegen*-Schaltleiste erscheint).

Die Reihenfolge der aufgelisteten Suchmaschinen ist zufällig und wird daher bei Ihnen von den Bildschirmabbildungen abweichen. Sie können die eingestellte Suchmaschine später noch jederzeit ändern.

Achtung: Falls Sie das Handy bereits einmal zurückgesetzt hatten, erscheint zuvor eine Abfrage nach dem Webbrowser. Wählen Sie dann *Google Chrome.*

Jetzt neu: Gemini – dein persönlicher KI-Assistent
Du kannst dich jetzt problemlos mit einem Assistenten unterhalten, der komplett neu mit Google AI konzipiert wurde und noch mehr für dich erledigen kann. Das geht so
Halte die Seitentaste gedrückt
Verwende deine Stimme
Mehr

Jetzt neu: Gemini – dein persönlicher KI-Assistent
Du kannst dich jetzt problemlos mit einem Assistenten unterhalten, der komplett neu mit Google AI konzipiert wurde und noch mehr für dich erledigen kann. Das geht so
Halte die Seitentaste gedrückt
Verwende deine Stimme
Weiter

Gemini mit „Hey Google" per Sprachbefehl nutzen
Du kannst deinen Assistenten beispielsweise bitten, einen Anruf zu starten, Nachrichten zu senden, Musik abzuspielen oder einen Wecker zu stellen.
Hinweis
Nein, danke
Aktivieren

➊➋➌ Betätigen Sie *Mehr*, *Weiter* und dann *Nein, danke.* Auf die Gemini-Einrichtung gehen wir später im Buch noch ein.

SAMSUNG Account
Ein Konto. Jedes Gerät. Nur für dich.
Anmelden, um zu beginnen

Samsung Account
Ein Konto. Jedes Gerät. Nur für dich.
Anmelden, um zu beginnen
Später einrichten

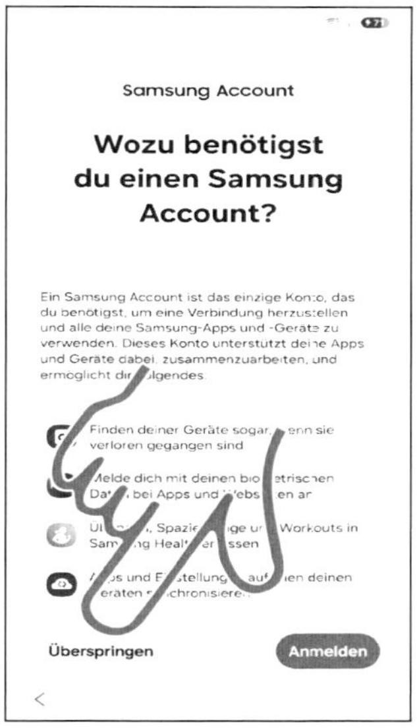
Samsung Account
Wozu benötigst du einen Samsung Account?
Überspringen
Anmelden

➊ Zusätzliche Dienste stehen nach Anmeldung beim Samsung-Konto zur Verfügung. Da wir später noch darauf eingehen (Kapitel *23 Das Samsung-Konto*) gehen Sie auf *Passwort vergessen oder noch kein Konto?*

➋ Anschließend betätigen Sie die *Später einrichten*-Schaltleiste.

➌ Betätigen Sie *Überspringen*.

Rechtliche In-
formationen für
Samsung-Dienste
Stimme den untenstehenden AGB zu, um den personalisierten Dienst zu nutzen, damit deine Apps und die darin enthaltenen Inhalte für dich angepasst werden können.
AGB
Überspringen
Mehr

Rechtliche In-
formationen für
Samsung-Dienste
Angeboten auf diesem Telefon erhalten (optional)
Personalisierte Werbung auf Grundlage von Daten dieses Telefons optimieren (optional)
Wenn du dich später mit einem Samsung Account anmeldest, gelten deine Kontoeinstellungen anstelle der oben genannten optionalen Elemente.
Alle (optional)
Überspringen
Akzeptieren

❶❷ Aktivieren Sie *Alle* und gehen Sie auf *Akzeptieren.*

SIM-Manager
SIM-Karten
SIM 1
Keine SIM-Karte
eSIMs
eSIM hinzufügen
Bevorzugte SIMs
Anrufe
Nachrichten
Mobile Daten
SIM 1
OK

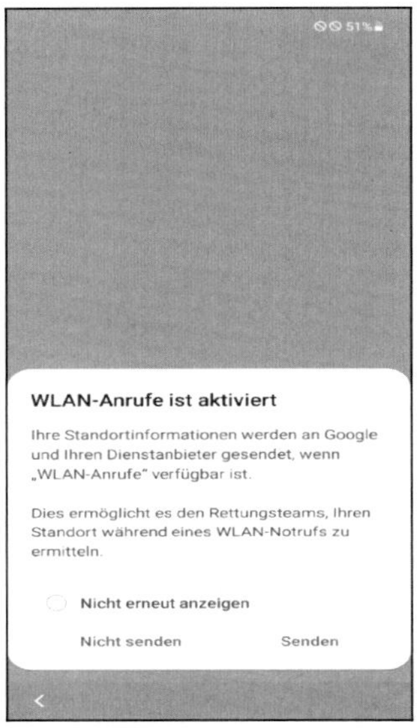
WLAN-Anrufe ist aktiviert
Ihre Standortinformationen werden an Google und Ihren Dienstanbieter gesendet, wenn „WLAN-Anrufe" verfügbar ist.
Dies ermöglicht es den Rettungsteams, Ihren Standort während eines WLAN-Notrufs zu ermitteln.
Nicht erneut anzeigen
Nicht senden
Senden

Die folgenden Bildschirme beziehungsweise Hinweise erscheinen zwischendurch:

❶ Den SIM-Manager schließen Sie mit *OK.*

❷ Schließen Sie den Hinweis auf WLAN-Anrufe mit *Senden.*

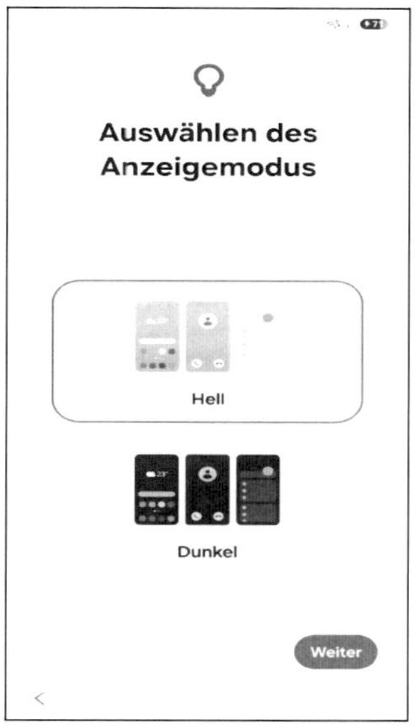

❶ Samsung schlägt als Anzeigemodus »*Hell*« vor, was Sie mit *Weiter* übernehmen.

❷ Das Handy möchte gegebenenfalls eine Anwendung des Mobilnetzbetreibers installieren. Hier betätigen Sie *Weiter*.

❸ Betätigen Sie *Startbildschirm*.

4. Grundlagen der Bedienung

Das Samsung Galaxy bedient man fast ausschließlich über das Touchdisplay. Sofern Sie bereits ein Handy mit Touchdisplay genutzt haben, finden Sie viele Funktionen wieder.

Wenn Sie Ihr Gerät von einem Netzbetreiber erworben haben, werden einige Menüs und Tastenfunktionen von den Beschreibungen in diesem Buch abweichen. Auch spätere Updates des von Samsung entwickelten Betriebssystems können dazu führen, dass zusätzliche Funktionen oder Anwendungen verfügbar sind.

4.1 Bedienelemente des Samsung Galaxy

Zwar erfolgt die Bedienung des Handys weitgehend über das Touchdisplay, einige Funktionen werden aber auch über Hardwaretasten ausgelöst.

Die Tasten auf der Unterseite:

- III: Zuletzt genutzte Anwendungen auflisten.
- O: Kurzes Betätigen schaltet wieder auf den Startbildschirm zurück. Langes Drücken dieser Taste ruft die im Kapitel *27.6 Circle to Search* beschriebene Funktion auf.
- <: Zurück: Zum vorherigen Bildschirm zurückkehren beziehungsweise Menüs schließen.
- Lautstärke-Tasten (auf der rechten Geräteseite): Regulieren bei Telefongesprächen die Hörerlautstärke, ansonsten die Klingeltonlautstärke.

4.2 Displaysperre

Das Display ist der größte Stromverbraucher, weshalb es automatisch nach 30 Sekunden abgeschaltet wird. Diese Zeitspanne können Sie allerdings auf bis zu 10 Minuten ändern.

Sobald Sie das Display einschalten – beispielsweise durch kurzes Betätigen des Ein-/Ausschalters auf der rechten Geräteseite, machen Sie mit der **Displaysperre** Bekanntschaft. Diese zeigt wichtige Infos wie verpasste Anrufe usw. an. Die Displaysperre kann auch mit einer **Gerätesperre** versehen werden, das heißt, beispielsweise erst nach Eingabe einer PIN können Sie das Gerät nutzen. Mit einer Wischgeste in der Displaysperre schalten Sie das Handy frei und können es nutzen.

Auf eingehende Anrufe und Benachrichtigungen macht das Handy natürlich auch bei ausgeschaltetem Display weiterhin aufmerksam: Geht zum Beispiel ein Anruf ein, schaltet sich das Display wieder ein.

Zum Aus- beziehungsweise Einschalten des Displays führen Sie folgende Aktion durch:

- Sie betätigen den Ein-Ausschalter auf der rechten Geräteseite.
- Sie tippen zweimal schnell hintereinander auf das Display.

Der Umstand, dass man zwischen ausgeschaltetem Display, Displaysperre und Gerätesperre unterscheidet, ist für Anfänger etwas ungewohnt. Bei alten Handys gibt es ja nur das ein- oder ausgeschaltete Display.

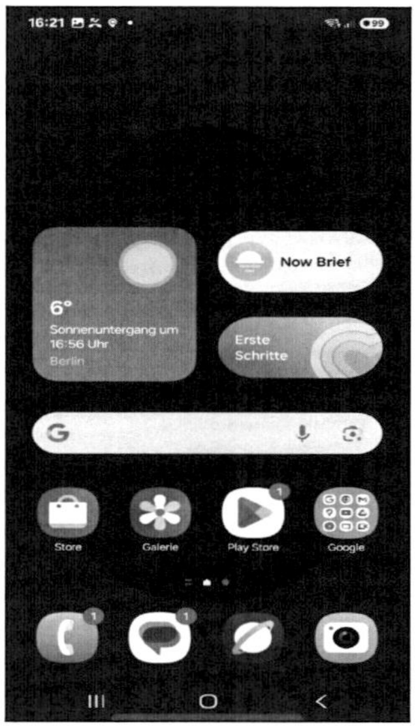

❶ So deaktivieren Sie die Displaysperre: Tippen und Halten Sie den Finger auf den Bildschirm und ziehen Sie ihn in eine beliebige Richtung. Beachten Sie, dass sich der Ausgangspunkt Ihres Fingers außerhalb der angezeigten Symbole befindet. Heben Sie den Finger dann sofort wieder vom Bildschirm ab.

❷ Der Startbildschirm ist damit freigeschaltet.

4.3 Der Startbildschirm

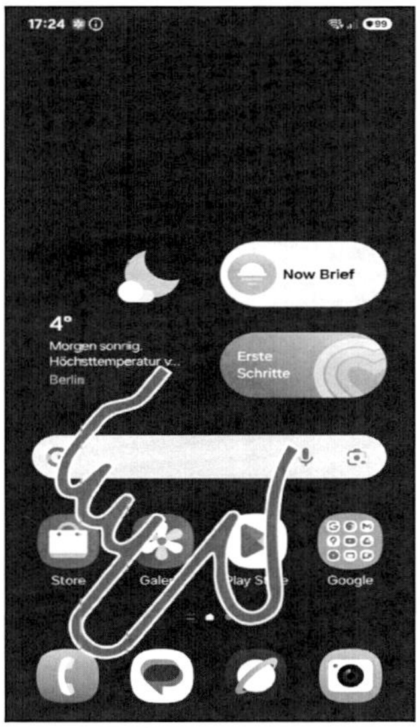

❶ Der Startbildschirm ist der Ausgangspunkt, von dem Sie alle weiteren Anwendungen aufrufen. Er erscheint automatisch nach dem Einschalten sowie nach Betätigen der O-Taste unterhalb des Displays.

Die Bedeutung der Symbole am unteren Bildschirmrand: Über *Telefon* aktivieren Sie von dort aus die Telefonoberfläche (❷), *Nachrichten* öffnet die SMS-Anwendung, *Internet* den Webbrowser und *Kamera* ruft die Kamera-Anwendung auf.

Hinweis: Die Bildschirmanzeige bei Ihrem Gerät weicht an einigen Stellen von der in diesem Buch ab. Wir hatten zwecks besserer Lesbarkeit eine größere Schrift und kontrastreiche Hintergründe eingestellt.

Bitte beachten Sie, die O-Taste nur kurz zu betätigen, weil Sie sonst die Sprachsteuerung aktivieren.

4.4 Erste Schritte

Damit Sie Ihr neues Handy besser kennenlernen, soll jetzt einmal die Abschaltzeit des Displays eingestellt werden.

➊ Aktivieren Sie mit einer Wischgeste nach oben im Startbildschirm das Hauptmenü.

➋ Tippen Sie dann auf *Einstellungen.*

➌ Rufen Sie *Anzeige* auf.

Abhängig davon, welche zusätzlichen Programme während der Ersteinrichtung installiert wurden, finden Sie das *Einstellungen*-Symbol an einer anderen Stelle im Hauptmenü.

Falls Sie die Einstellungen-Anwendung bereits mal aufgerufen hatten, wird jetzt das zuletzt aufgerufene Menü angezeigt. Betätigen Sie in dem Fall ein- oder mehrmals die ❮-Taste unterhalb des Bildschirms, bis Sie sich wieder im Hauptmenü befinden.

➊ Wischen Sie mit Finger auf dem Bildschirm nach oben.

➋ Tippen Sie nun auf *Bildschirm-Timeout.*

➌ Wählen Sie gewünschte Abschaltzeit aus. Sie befinden sich wieder im vorherigen Bildschirm, von dem aus Sie mit der ○-Taste zum Startbildschirm zurückkehren.

> Die Option *Bildschirm beim Ansehen anlassen* sollten Sie nicht aktivieren, weil dafür die Kamera zum Einsatz kommt, welche die Akkulaufzeit reduziert.

4.5 Gestensteuerung

Die Gestensteuerung eine der großen Stärken des Samsung Galaxy. Im Folgenden sollen die wichtigsten Gestenfunktionen einmal in der Praxis vorgestellt werden.

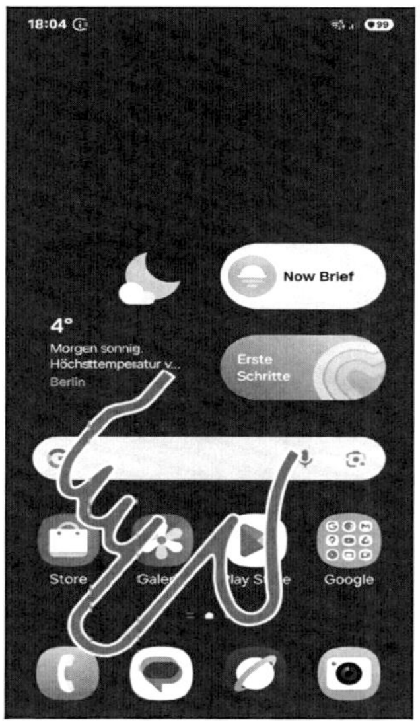

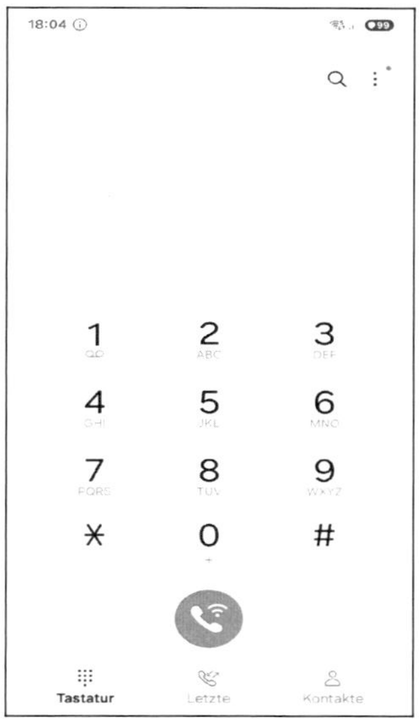

❶❷ Starten Sie die Telefonoberfläche über *Telefon.*

❶ Für Übersicht sorgen in vielen Programmen, darunter auch in der Telefonoberfläche, sogenannte Register (Pfeil), welche Sie durch Antippen aktivieren.

❷ Immer wenn, wie in diesem Fall, eine Liste größer als der Bildschirm ist, können Sie mit einer Geste durchrollen. Sie haben dabei sogar mehrere Möglichkeiten:

- Tippen und Halten Sie den Finger auf einer beliebigen Stelle des Bildschirms und ziehen Sie sofort den Finger langsam nach oben oder unten, je nachdem, wohin Sie in der Liste rollen möchten. Lassen Sie den Finger los, wenn Sie das gewünschte Listenelement gefunden haben.
- Wie zuvor, aber diesmal ziehen Sie mit Schwung in die gewünschte Richtung und lassen dann sofort wieder los. Die Liste rollt zunächst schnell und dann immer langsamer durch, bis sie stoppt.

4.6 Der Startbildschirm in der Praxis

Der Startbildschirm erscheint standardmäßig nach dem Einschalten beziehungsweise nach Betätigen der O-Taste.

❶❷ Mehrere Anwendungen sind standardmäßig auf dem Startbildschirm über sogenannte Schnellzugriffe (Verknüpfungen) aufrufbar. Tippen Sie einfach einen Schnellzugriff kurz an, um die entsprechende Anwendung zu starten. Im weiteren Verlauf dieses Buchs erfahren Sie, wie man Schnellzugriffe auf seine Lieblingsprogramme im Startbildschirm selbst anlegt.

Mit der O-Taste unterhalb des Displays schalten Sie, egal, in welcher Anwendung Sie sich gerade befinden, wieder auf den Startbildschirm zurück.

❶❷ Alle weniger häufig benötigten Programme finden Sie im Hauptmenü, das Sie mit einer Wischgeste nach oben aktivieren. Über eine Wischgeste (mit angedrücktem Finger nach links oder rechts ziehen) blättern Sie zwischen den Bildschirmen des Hauptmenüs.

4.7 *Startbildschirm konfigurieren*

Auf allen Bildschirmseiten des Startbildschirms lassen sich weitere Widgets und Verknüpfungen hinzufügen. Alternativ löschen Sie einfach diejenigen vorinstallierten Widgets, welche Sie nicht benötigen und legen an deren Stelle von Ihnen gewünschte an.

4.7.1 Schnellzugriffe anlegen und verwalten

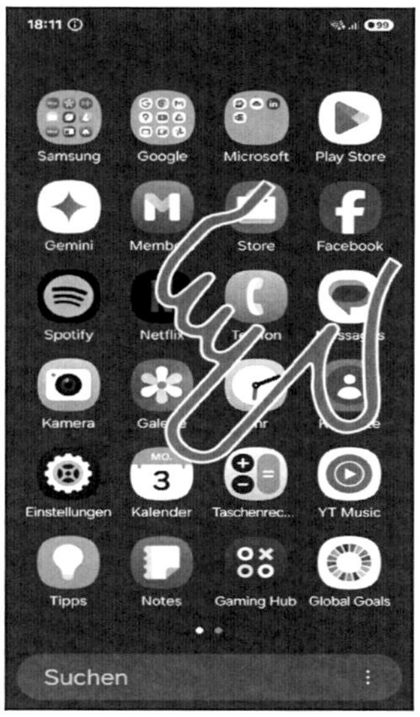

➊ So erstellen Sie einen Schnellzugriff (»Verknüpfung«) im Startbildschirm: Wischen Sie zunächst im Startbildschirm nach oben, was das Hauptmenü aufruft.

➋ Tippen und Halten Sie nun den Finger für einige Sekunden über einer Anwendung, im Beispiel *Kalender* – je nach Handymodell und installierten Programmen finden Sie das Symbol an anderer Stelle. Lassen Sie sich nicht davon irritieren, dass ein Popup erscheint, sondern halten Sie weiter den Finger ganz ruhig angedrückt. Das Handy schaltet nun automatisch auf den Startbildschirm um.

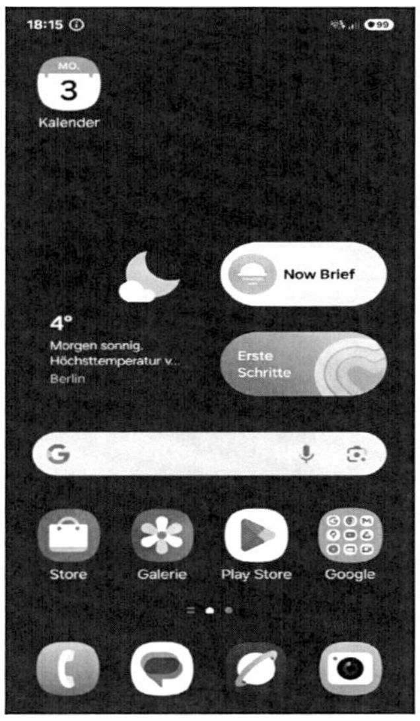

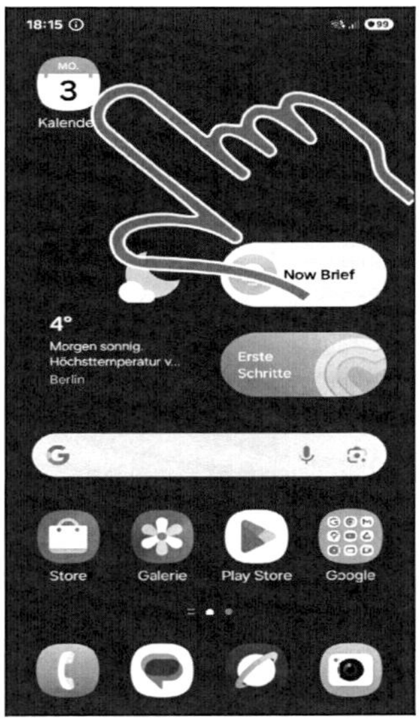

➊ Lassen Sie aber den Finger noch nicht los, sondern bewegen Sie ihn an die Position, an der der Schnellzugriff positioniert werden soll. Lassen Sie dann den Finger los.

➋ Das Handy legt den Schnellzugriff an.

➌ Der Schnellzugriff lässt sich nun durch Antippen aufrufen.

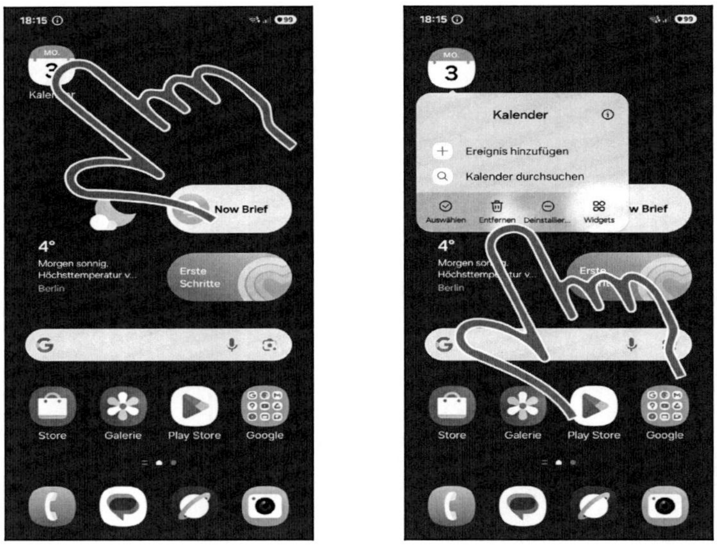

❶❷ So löschen Sie einen Schnellzugriff: Tippen und Halten Sie den Finger für einige Sekunden darauf, bis ein kleines Popup erscheint. Lassen Sie den Finger los und tippen Sie im Popup auf *Entfernen*.

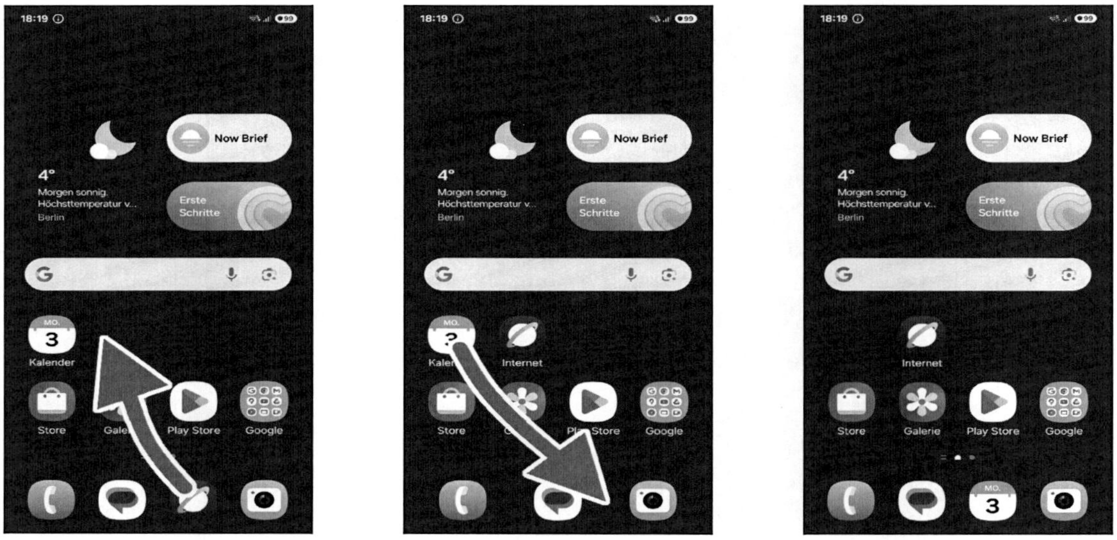

❶❷❸ Auch die Schnellzugriffe am unteren Bildschirmrand lassen sich durch Herausziehen/Hineinziehen von Programmsymbolen ändern.

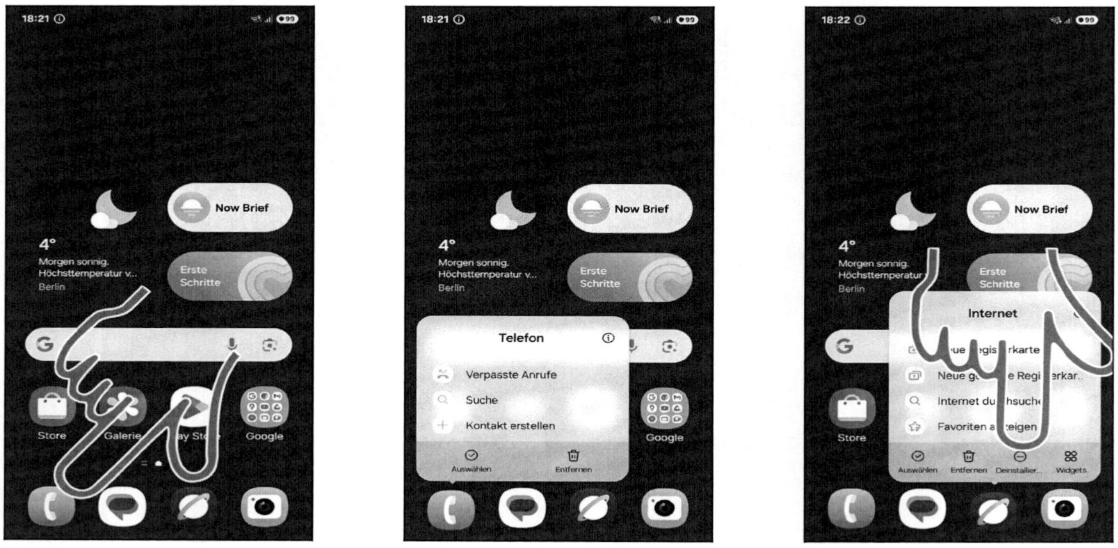

❶❷ Eine Besonderheit ist das Schnellmenü, welches **nach langem Drücken und Halten auf einer Verknüpfung** erscheint. Sie können darüber viele Funktionen direkt aufrufen, ohne das jeweilige Programm erst starten zu müssen.

Unter dem Schnellmenü stehen zwei weitere Optionen zur Verfügung:

- *Auswählen*: Markieren Sie anschließend durch kurzes Antippen diejenigen Verknüpfungen, welche Sie auf dem Bildschirm verschieben möchten. Anschließend tippen, halten und verschieben Sie mit dem Finger die Verknüpfungen.
- *Entfernen*: Löscht die Verknüpfung aus dem Startbildschirm.

❸ Bei einigen Anwendungen enthält das Schnellmenü weitere Funktionen:

- *Deinstallieren*: Programm vom Handy löschen. Sie können gelöschte Programme jederzeit wieder erneut installieren (siehe Kapitel *26.1 Play Store*). Einige Programme lassen sich nicht deinstallieren, sondern nur deaktivieren, wovon wir abraten.
- *Widgets*: Legen Sie ein sogenanntes Widget im Startbildschirm an, über das Sie schnell auf Funktionen der Anwendung zugreifen können. Wir gehen auf Widgets im nächsten Kapitel ein.

4.7.2 Widgets

Widgets sind Anwendungen, die in einem kleinen Fenster auf dem Startbildschirm Informationen anzeigen beziehungsweise den Zugriff auf Daten oder Funktionen des Handys ermöglichen.

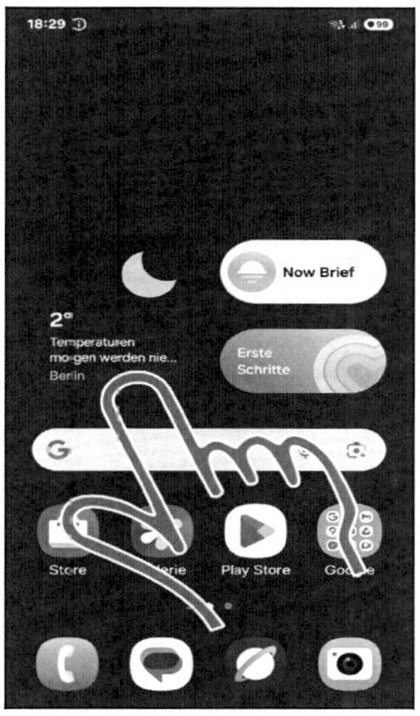

❶ Im Startbildschirm sind bereits mehrere Widgets vorhanden: *Wetter*, *Now Brief*, *Erste Schritte* und die *Google*-Suchleiste. Tippen Sie jetzt mal auf das *Wetter*-Widget.

❷ Schließen Sie den folgenden Hinweis mit *Zustimmen* und *Zu genauem Standort ändern*.

Mit der ❮-Taste unterhalb des Displays kehren Sie wieder auf den Startbildschirm zurück.

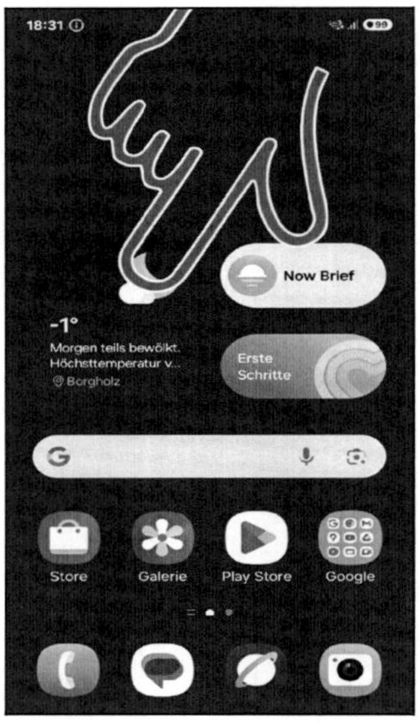

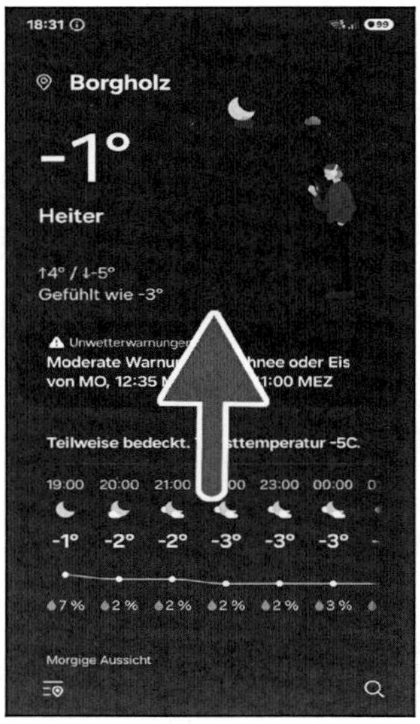

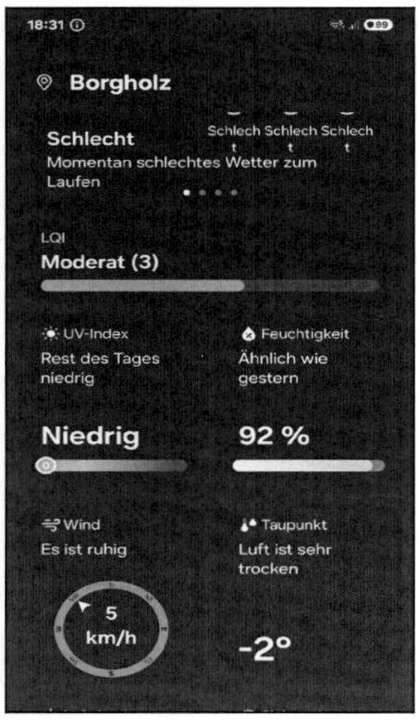

❶ Das aktuelle Wetter wird im Startbildschirm angezeigt. Künftig öffnet Antippen des Wetter-Widgets die Wetterinfos.

❷❸ Wischen Sie auf dem Bildschirm nach oben für weitere Wetterdaten.

Mit der ‹-Taste unterhalb des Displays kehren Sie wieder auf den Startbildschirm zurück.

4.7.2.a Widget hinzufügen

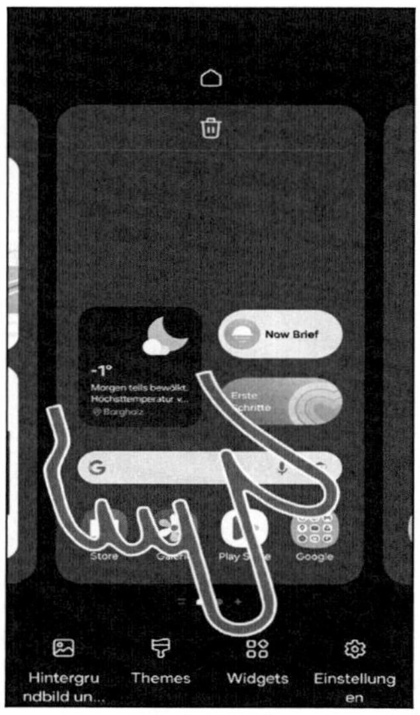

❶ Tippen und halten Sie einen Finger auf einen freien Bildschirmbereich. Alternativ führen Sie eine Kneifgeste durch: Ziehen Sie dazu zwei gleichzeitig auf das Display gedrückte Finger, beispielsweise Zeigefinger und Daumen, zusammen.

❷ Hier aktivieren Sie *Widgets* (Pfeil).

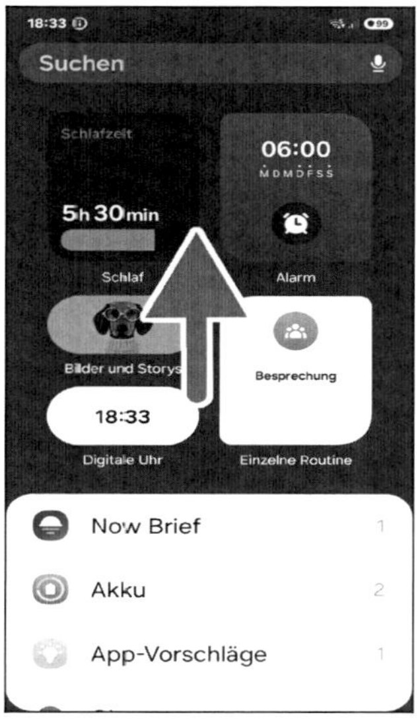

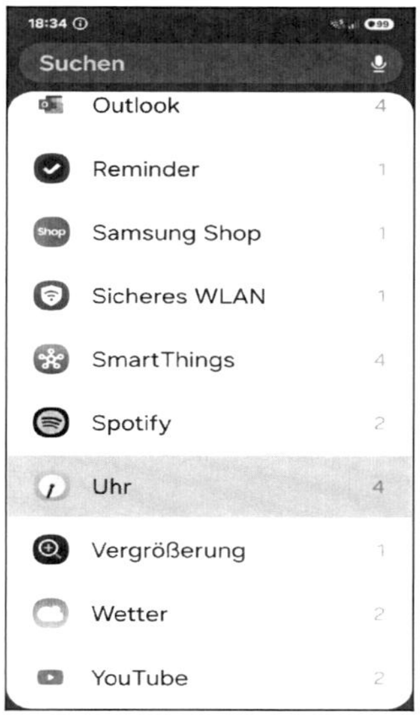

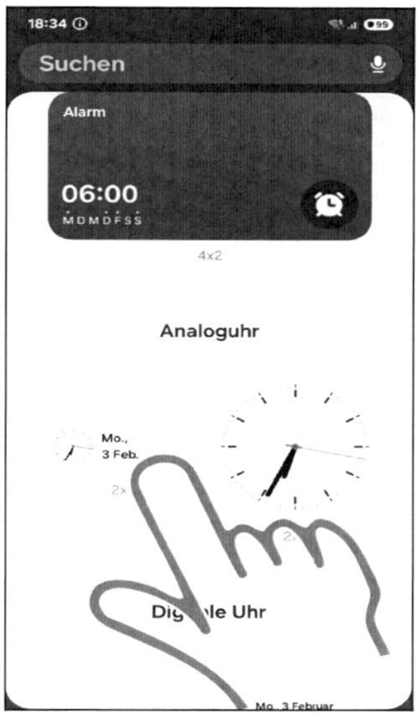

❶ Wischen Sie durch die Widget-Auflistung.

❷ Alle Widgets sind übersichtlich in Menüs zusammengefasst. Wählen Sie in unserem Beispiel *Uhr* aus.

❸ Wählen Sie nun das gewünschte Widget *Digitale Uhr* aus. Tippen und halten Sie dabei das Widget mit dem Finger, worauf das Galaxy zum Startbildschirm wechselt. Lassen Sie noch nicht los!

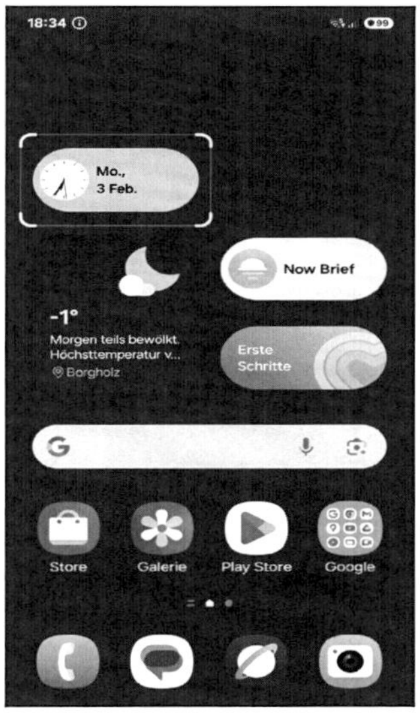

❶❷ Halten und ziehen Sie das Widget an die Wunschposition und lassen Sie den Finger dann los. Betätigen Sie dann die ‹-Taste.

❶❷ Wie bereits im Kapitel *4.7.1 Schnellzugriffe anlegen und verwalten* bei den Verknüpfungen beschrieben, lässt sich ein Widget durch Tippen und Halten mit dem Finger selektieren und dann auf dem Bildschirm an eine andere Position platzieren.

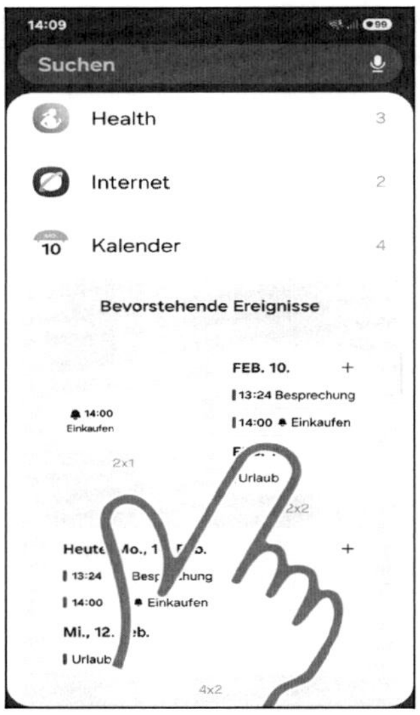

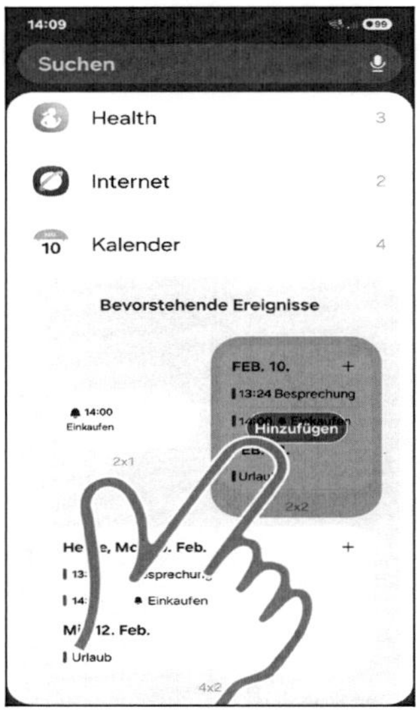

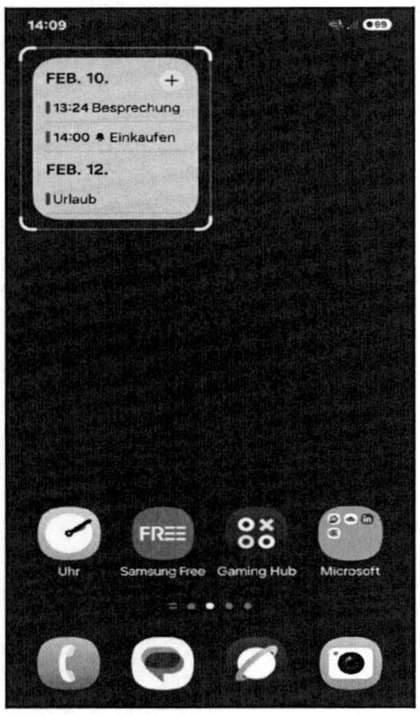

Statt der zuvor beschriebenen Vorgehensweise, bei der Sie ein Widget von Hand auf dem Startbildschirm platzieren, können Sie dies auch dem Handy überlassen:

❶ Tippen Sie kurz ein Widget an.

❷❸ Betätigen Sie *Hinzufügen,* worauf das Widget automatisch auf einer freien Seite des Startbildschirms landet.

4.7.2.b Widgets verwalten

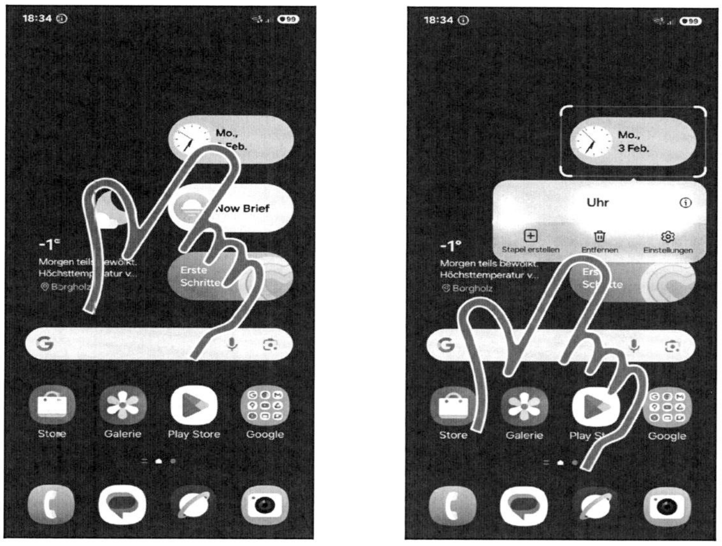

❶❷ So entfernen Sie ein Widget wieder vom Startbildschirm: Tippen und halten Sie den Finger über dem Widget, bis das Popup erscheint. Gehen Sie dann auf *Entfernen*.

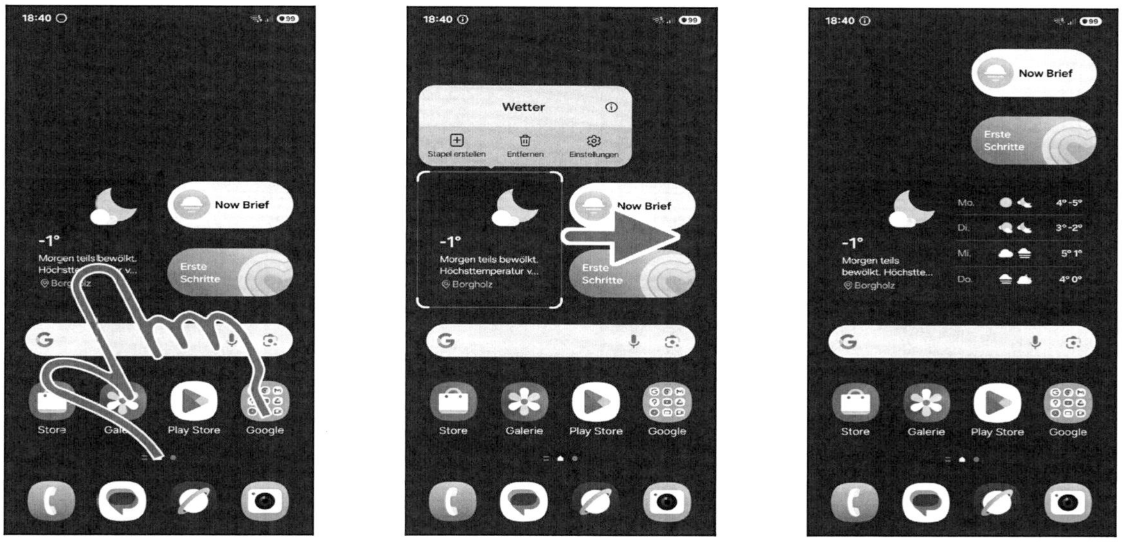

❶❷❸ Viele Widgets können in ihrer Größe angepasst werden. Halten Sie den Finger darauf, bis das Widget markiert ist, und ziehen Sie dann den Rand in die gewünschte Richtung. Die anderen Verknüpfungen oder Widgets »rutschen« automatisch zur Seite.

4.7.3 Ordner

❶❷ Im Hauptmenü sind einige Programme in den Ordnern *Samsung*, *Google* und *Microsoft* zusammengefasst. Einen *Google*-Ordner gibt es auch im Startbildschirm. Tippen Sie einen Ordner an, um die enthaltenen Programme anzuzeigen, die Sie dann durch Antippen aufrufen.

Zum Schließen des Ordners betätigen Sie die ‹-Taste oder tippen in einen Bildschirmbereich außerhalb des Ordners.

4.7.4 Hintergrundbild

Das Hintergrundbild in Startbildschirm, Hauptmenü und Displaysperre können Sie frei einstellen. Wählen Sie zwischen eines der vorgegebenen Designs oder stellen Sie ein Foto ein, das Sie mit der Kamera-Anwendung erstellt haben.

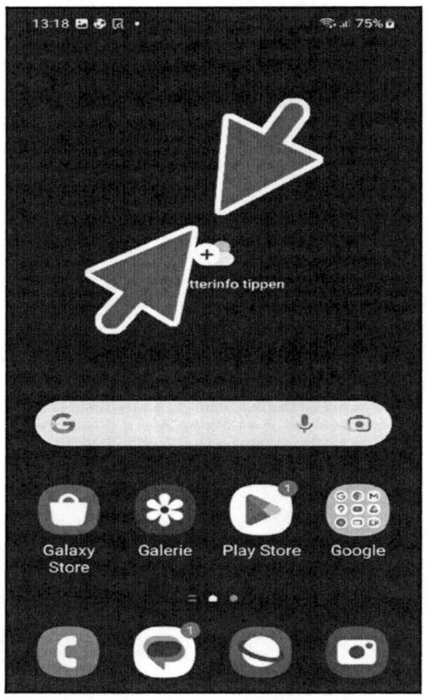

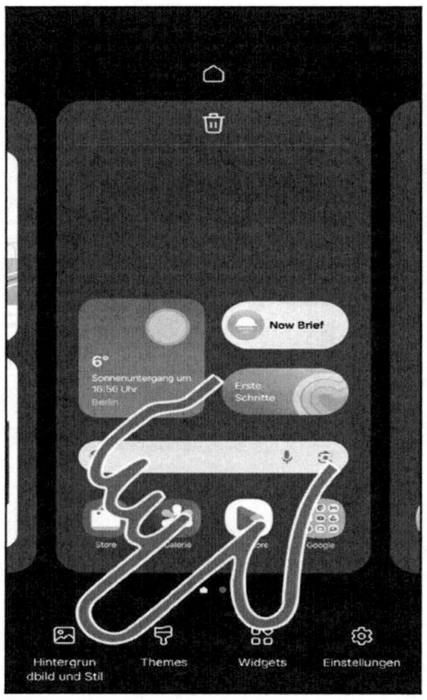

❶ Führen Sie im Startbildschirm eine Kneifgeste durch (zwei Finger, beispielsweise Zeigefinger und Daumen, gleichzeitig auf das Display drücken und dann zusammenziehen).

❷ Gehen Sie auf *Hintergrundbild und Stil*.

❸ Wählen Sie *Hintergrundbild ändern*.

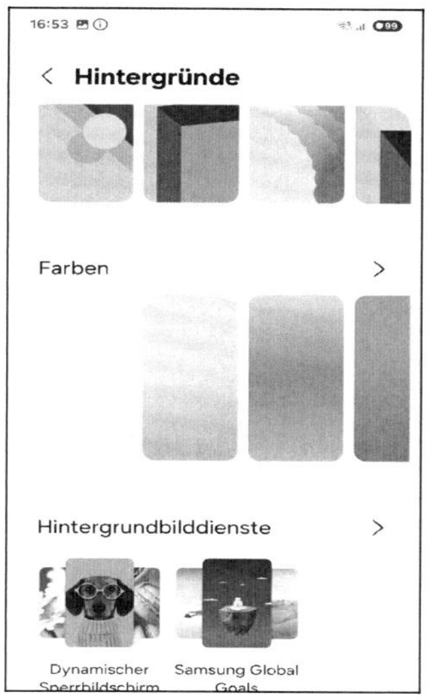

❶❷ Wischen Sie durch die Liste. Angeboten werden:

- *Empfohlen*: Animierte Hintergrundbilder für den Sperrbildschirm (Displaysperre).
- *Galerie*: Von Ihnen erstellte Fotos oder Videos.
- *Erstellen mit KI*: Nach Ihren Vorgaben erstellt das Handy ein Hintergrundbild.
- *Grafisch; Farben*: Diverse abstrakter Hintergrundbilder.
- *Hintergrundbilddienste* (❸): Wählen Sie ein Themenpaket aus, worauf das Handy laufend wechselnde Fotos im Sperrbildschirm (Displaysperre) anzeigt.
- *Weitere Hintergrundbilder abrufen*: Samsung stellt in seinem Online-Shop weitere Hintergrundbilder zum Herunterladen bereit. Diese sind teilweise kostenpflichtig, weshalb wir auf eine genauere Beschreibung des Menüs in diesem Buch verzichten.

4.7.4.a Vordefiniertes Hintergrundbild

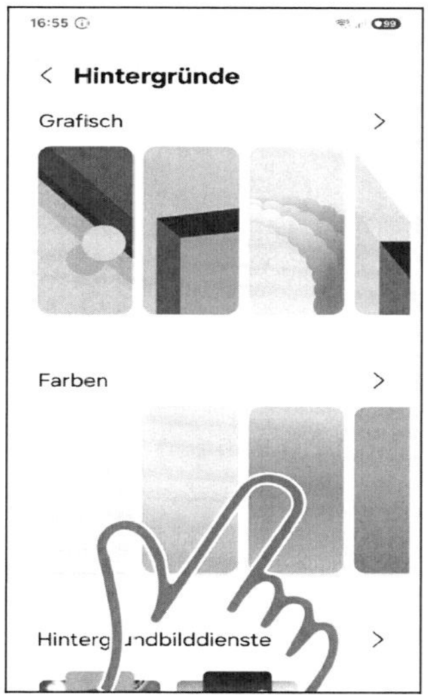

❶ Wählen Sie einen Vorschlag aus.

❷ Im Popup stellen Sie die Verwendung ein:

- *Sperrbildschirm*: Die Displaysperre, auf die das Handy sich nach einiger Zeit der Inaktivität umschaltet
- *Startbildschirm*

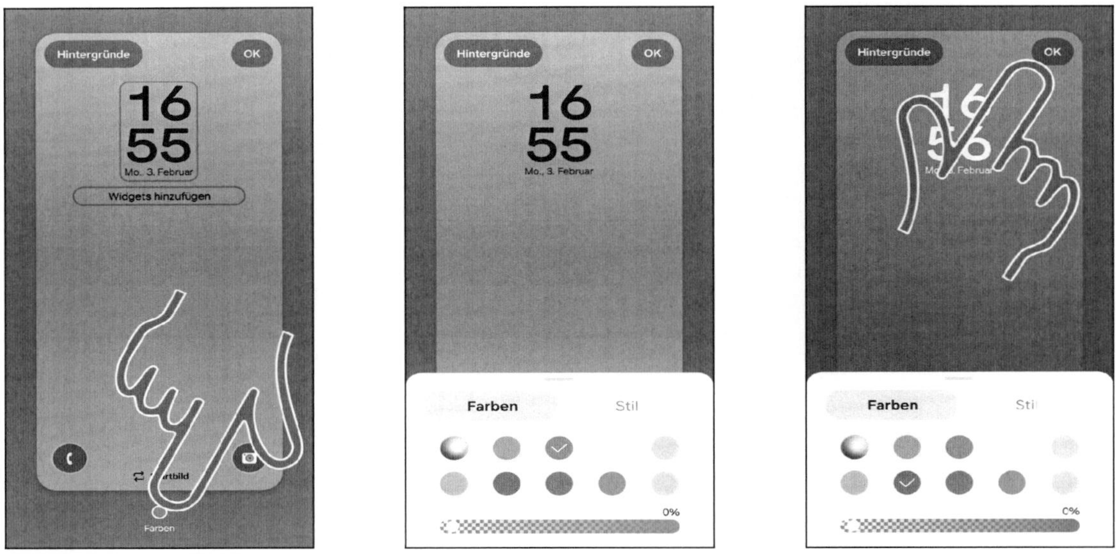

❶❷ Sie dürfen nun mit *Farben* eine Farbe oder Farbkombination auswählen.

❸ Das Hintergrundbild stellen Sie mit der *OK*-Schaltleiste am oberen Bildschirmrand ein.

4.7.4.b Eigene Hintergründe

❶ Möchten Sie dagegen ein Foto als Hintergrundbild einrichten, das Sie mit der Handykamera (siehe Kapitel *17 Kamera*) erstellt haben, dann gehen Sie unter *Galerie* auf *Kamera*.

❷❸ Tippen Sie eines der von Ihnen mit der Kamera erstellten Fotos an und betätigen Sie oben rechts im Bildschirm die *OK*-Schaltleiste.

Sie können auch mehrere Fotos auswählen. Diese zeigt das Handy dann allerdings nur abwechselnd auf dem Sperrbildschirm (Displaysperre) an.

➊ Wählen Sie aus, ob das Bild im Start- und/oder Sperrbildschirm erscheinen soll und betätigen Sie *Weiter*.

➋ Gehen Sie auf *OK*.

➌ Das Hintergrundbild ist eingerichtet.

4.7.5 Design

Ihr Handy unterstützt die automatische Anpassung der Systemfarbe an das eingestellte Hintergrundbild. Nutzen Sie beispielsweise ein Hintergrundbild, bei dem ein blauer Farbton überwiegt, so kann das Handy diese Farbe für Schriften und Menüelemente verwenden. Am besten probieren Sie selbst mal diesen Effekt aus!

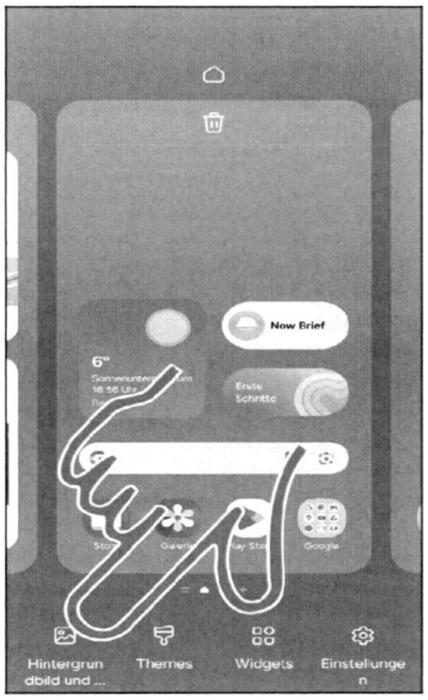

➊ Rufen Sie mit der Kneifgeste den Bearbeitungsmodus im Startbildschirm auf.

➋ Gehen Sie auf *Hintergrundbild und Stil*.

➌ Wählen Sie *Farbpalette*.

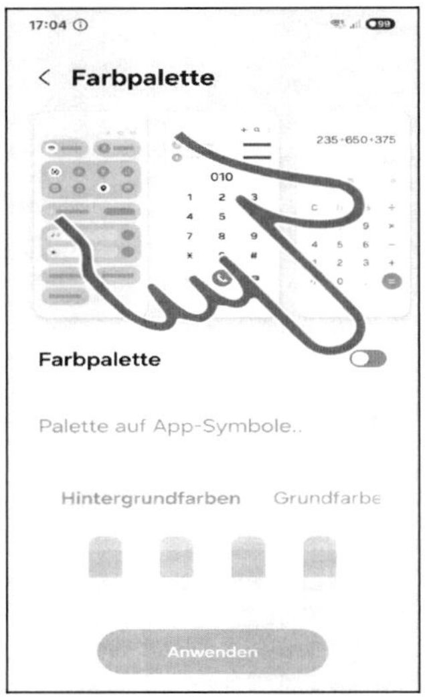

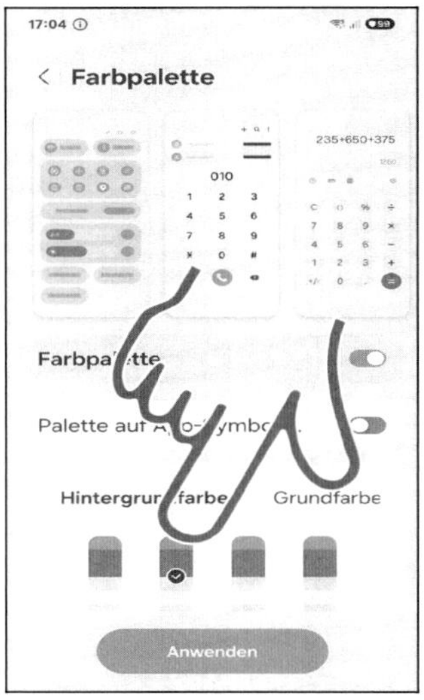

➊ Aktivieren Sie *Farbpalette*.

➋ Wählen Sie eine der vorgeschlagenen Paletten aus und betätigen Sie *Anwenden*. Sie sehen bereits oben in der Vorschau, wie sich Schriftfarben und Menüelemente verändern.

4.8 Die Titelleiste

Symbole in der Titelleiste benachrichtigen Sie über verpasste Anrufe, neue E-Mails, anstehende Termine usw.

➊ Beispiele für die Symbole in der Titelleiste am oberen rechten Bildschirmrand (Pfeil):

- : Internetverbindungen finden über WLAN statt (die gebogenen Balken zeigen die Sendestärke an). Wenn Sie genau hinsehen, erkennen Sie eine »5« im Symbol. Diese gibt Auskunft über das verwendete WLAN-Protokoll – in diesem Fall Wi-Fi 5. Für die meisten Nutzer ist diese Information jedoch nicht relevant.
- : Mobilfunk-Empfang (die Balken zeigen die Sendestärke an).
- : Akkuladezustand.

➋ Bei besonderen Ereignissen, beispielsweise eingegangenen SMS, verpassten Anrufen oder anstehenden Terminen, erscheint ebenfalls ein entsprechendes Symbol (Pfeil). In unserem Beispiel handelt es sich um einen verpassten Anruf ().

In diesem Buch finden Sie, wo es sinnvoll ist, in den Kapiteln jeweils Hinweise darauf, welche Symbole in der Titelleiste erscheinen.

4.9 Benachrichtigungsfeld und Schnelleinstellungsbereich

Wenn Sie zuvor ein Samsung-Smartphone verwendet haben, sollten Sie beachten, dass sich die Gesten zum Aufrufen des Benachrichtigungsfelds geändert haben.

> Von Samsung wird das Benachrichtigungsfeld inzwischen **Benachrichtigungsbereich** genannt. Wir verwenden in diesem Buch aber weiterhin den alten Begriff.

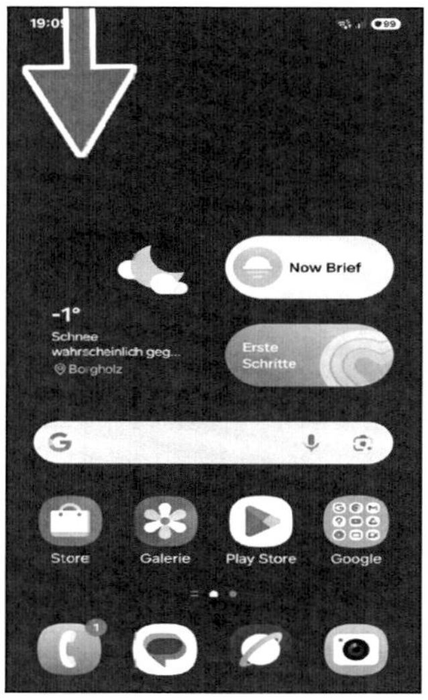

❶ Infos zu neuen Benachrichtigungen erhalten Sie über das **Benachrichtigungsfeld**. Dazu halten Sie Ihren Finger auf die **linke Seite der Titelleiste** und ziehen ihn nach unten.

❷❸ Es erscheint das Benachrichtigungsfeld, welches ausführliche Infos auflistet und durch Antippen die zugehörige Anwendung startet.

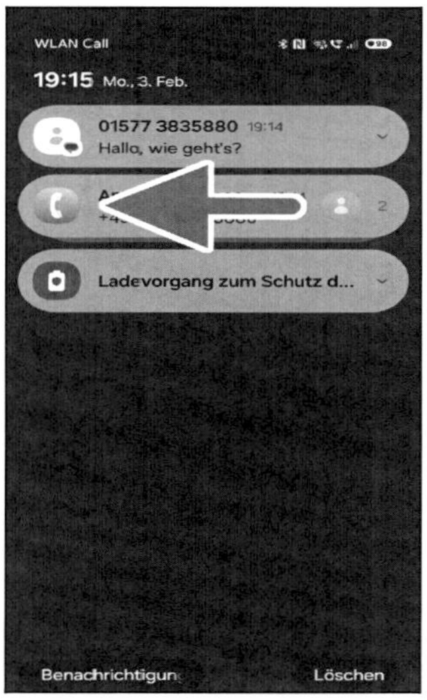

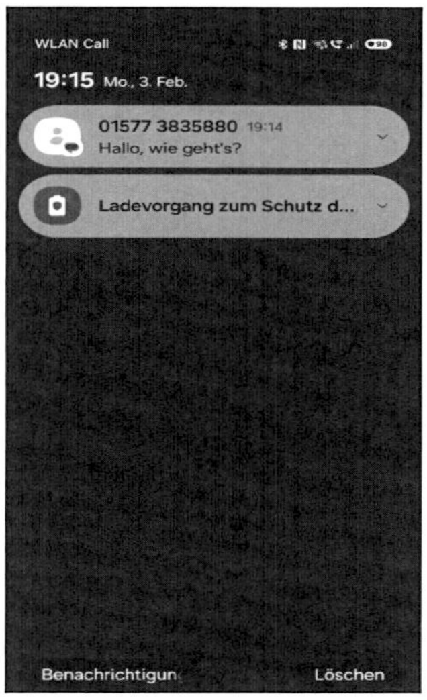

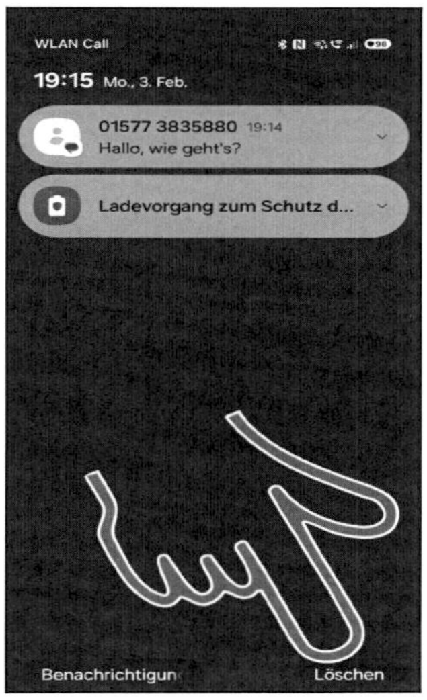

❶❷ Zum Löschen einer einzelnen Benachrichtigung tippen und halten Sie den Finger darauf und ziehen ihn sofort nach links oder rechts. Die restlichen Einträge in der Benachrichtigungsliste rutschen dann nach oben.

❸ Die *Löschen*-Schaltleiste entfernt dagegen alle Benachrichtigungen in einem Rutsch.

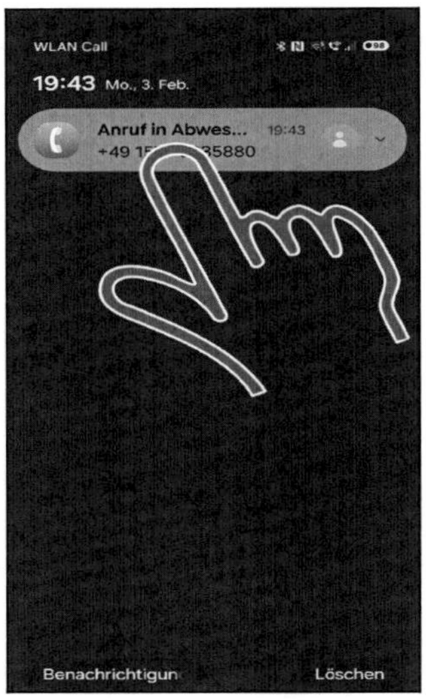

❶❷ Antippen eines Eintrags startet die zugehörige Anwendung, im Beispiel das Telefon.

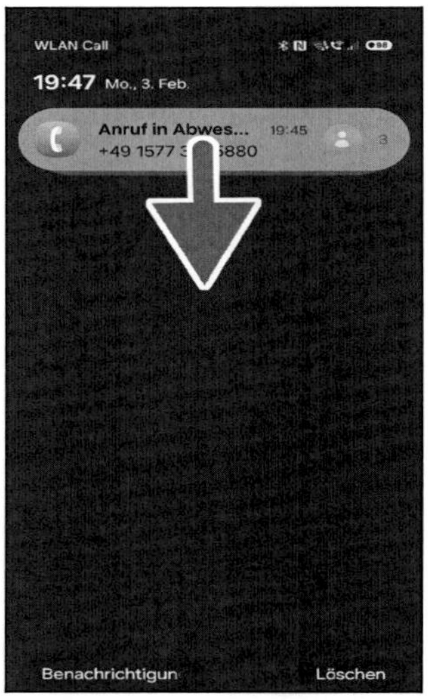

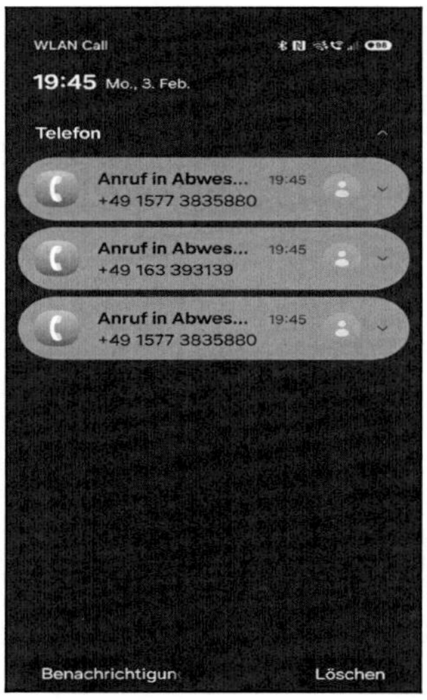

❶❷ Liegen mehrere Benachrichtigungen einer Anwendung vor, so fasst das Handy diese in einem Eintrag zusammen. Eine Wischgeste klappt dann die enthaltenen Benachrichtigungen aus.

4.9.1 Schnelleinstellungsbereich

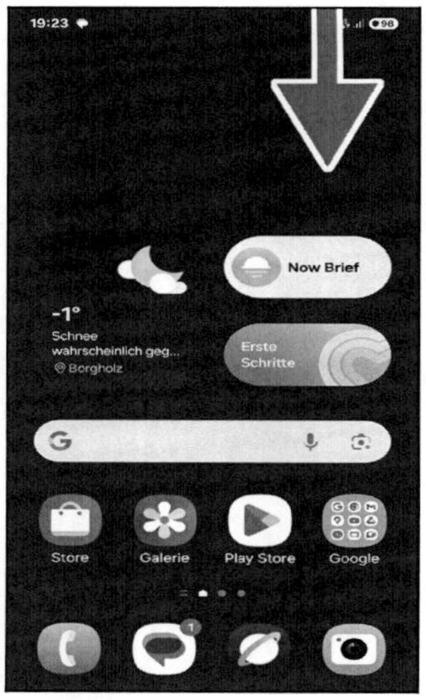

❶ Aktivieren Sie den **Schnelleinstellungsbereich**, indem Sie von **oben rechts nach unten wischen**.

❷ Alternativ wischen Sie im Benachrichtigungsfeld nach links.

❸ Viele wichtige Systemfunktionen steuern Sie über die Schaltleisten im Schnelleinstellungsbereich. Tippen Sie eine Schaltleiste kurz an, so schalten Sie eine Funktion ein/aus.

Die Schaltleisten:

- (WLAN): Verwaltet das WLAN. Siehe Kapitel *10 WLAN*.
- (Bluetooth): Steuert Bluetooth (beispielsweise für den Betrieb von Lautsprechern).
- (Bildschirm drehen): Normalerweise passt sich die Bildschirmorientierung automatisch an die Geräteausrichtung an. Wenn Sie das Handy beispielsweise waagerecht halten, so wird automatisch auf eine waagerechte Anzeige umgeschaltet. Deaktivieren Sie *Bildschirm drehen*, wenn sich die Bildschirmorientierung nie ändern soll.
- (Offline-Modus): Alle Funkverbindungen (Telefonie, Mobilfunkinternet, WLAN und Bluetooth) ein- oder ausschalten (siehe auch Kapitel *9.2.2 Mobilfunk-Internet aktivieren/deaktivieren*).
- (Taschenlampe): LED-Leuchte auf der Vorderseite einschalten.
- (Mobile Daten): Deaktivieren Sie *Mobile Daten*, damit das Handy keine Internetverbindung über das Mobilfunknetz aufbaut. Dies kann nötig sein, wenn Sie keinen Mobilfunkvertrag mit Internetflatrate nutzen (sogenannter Datenvertrag). Internetverbindungen finden dann über das WLAN statt. Siehe auch Kapitel *9.2.2 Mobilfunk-Internet aktivieren/deaktivieren*.
- (Mobile Hotspot): Stellt die Mobilfunkinternetverbindung anderen Geräten als WLAN-Zugangspunkt zur Verfügung.
- (Energie Sparen): Verlängert die Akkubetriebsdauer. Dabei reduziert das Handy die unter anderem die Displayhelligkeit und die Prozessorgeschwindigkeit (siehe Kapitel *32.9 Energiesparmodi*).
- (Standort): Automatische GPS-Positionsermittlung (per GPS).
- (Link zu Windows): Verwaltung Ihrer Fotos, SMS und weiterer Handy-Inhalte auf einem PC.
- Der Regler passt die Displayhelligkeit an. Beachten Sie, dass es sich dabei um eine relative Helligkeit handelt. Ein Sensor im Handy ermittelt die aktuelle Umgebungshelligkeit und passt die absolute Helligkeit an. Dies können Sie auch selbst testen, indem Sie Ihre Hand auf die Geräteoberseite legen, wo sich der Helligkeitssensor befindet – das Display wird dann automatisch dunkler.
- aktiviert den Dunkelmodus, worauf Kapitel *27.5 Dunkelmodus (Dark Mode)* eingeht.
- : Regelt die Lautstärke bei der Medienwiedergabe.
- : Schaltet um zwischen Lautsprecher an / Lautsprecher aus / Vibration.
- *Musikwiedergabe; Medienausgabe*: Steuert die Medienwiedergabe von Spotify oder YouTube Music.
- *Geräte in der Nähe*: Google Smarthome-Geräte verwalten.
- *SmartThings*: Schnellzugriff auf Samsung Smarthome-Geräte.
- *SmartView*: Displayanzeige des Handys auf einem Samsung-TV »spiegeln«.
- *Modi*: Das Galaxy unterstützt verschiedene Nutzungsmodi, die bestimmen, ob Sie durch Benachrichtigungen gestört werden dürfen. Siehe Kapitel *27.7 Modi*.

4.9.1.a Weitere Funktionen

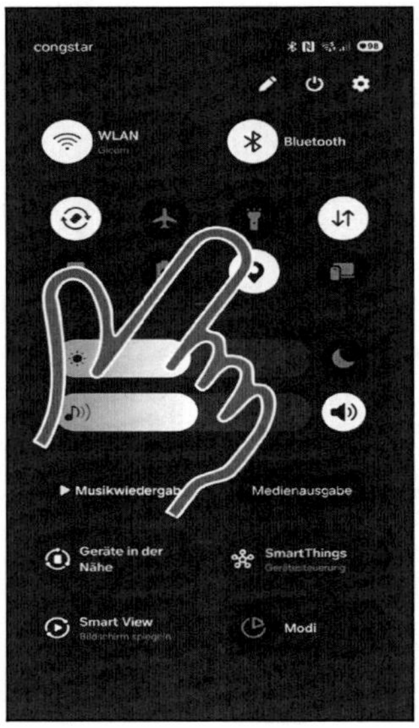

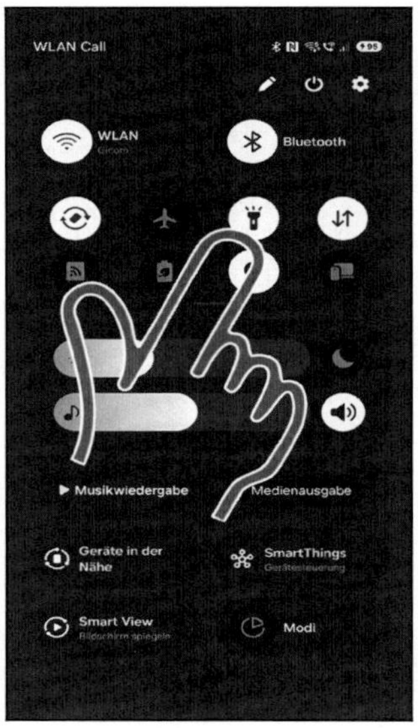

➊ Antippen eines Symbols schaltet die dahinter stehende Funktion, hier die *Taschenlampe*, (Kamera-LED) ein/aus.

➋➌ Durch Tippen und Halten der Symbol-Schaltleiste aktivieren Sie dagegen die zugehörigen Einstellungen. Im Beispiel der *Taschenlampe* stellen Sie hier die Helligkeit ein.

➊ Die Displayhelligkeit legen Sie über den Regler unterhalb der Schaltleisten fest.

➋ Halten Sie den Finger auf dem Regler gedrückt für weitere Optionen:

- *Adaptive Helligkeit*: Standardmäßig passt das Handy über einen Sensor oberhalb des Display die Helligkeit automatisch an. In manchen Situationen, beispielsweise bei rasch wechselnden Lichtverhältnissen ist es sinnvoll, *Adaptive Helligkeit* zu deaktivieren.
- *Zusätzliche Helligkeit*: Dafür müssen Sie vorher *Adaptive Helligkeit* deaktivieren.
- *Adaptiver Farbton*: Die Farbdarstellung passt sich an die Umgebungsbedingungen an. Beachten Sie, dass dabei die Kamera zum Einsatz kommt, was die Akkulaufzeit reduziert.

Schließen Sie Änderungen mit *OK* ab.

4.9.1.b Erweiterter Schnelleinstellungsbereich

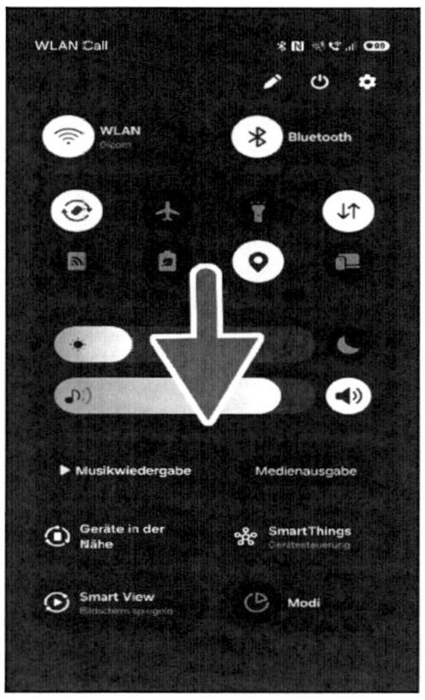

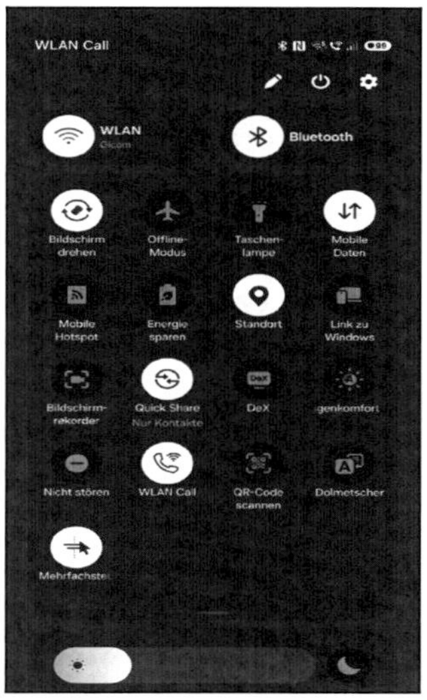

➊ Den erweiterten Schnelleinstellungsbereich öffnen Sie mit einer Wischgeste nach unten über den Schaltleisten.

➋ Die angebotenen Funktionen:

- *Bildschirmrekorder*: Video vom Bildschirm erstellen.
- *Quick Share*: Datenübertragung zwischen Samsung-Geräten. Weil andere Hersteller nicht unterstützt werden, gehen wir in diesem Buch nicht weiter darauf ein.
- *DeX*: DeX ist eine PC-Software, über die Sie einige Funktionen Ihres Handys steuern können. In diesem Buch gehen wir nicht weiter darauf ein.
- *Augenkomfort*: Ändert die Bildschirmanzeige auf einen warmen Gelbton, der für einige Nutzer insbesondere Abends angenehmer für die Augen ist.
- *Nicht stören:* Schaltet zu bestimmten Tageszeiten die Benachrichtigungen aus. Siehe Kapitel *27.4 Ruhemodus.*
- *WLAN Call*: Statt über das Mobilfunknetz erfolgen Ihre Telefonanrufe über WLAN. Diese als sogenanntes Wifi-Calling beziehungsweise WLAN-Call bezeichnete Funktion ist bei vielen Netzbetreibern inzwischen freigeschaltet. Falls Sie sich in einem Gebiet mit schlechter Mobilfunkabdeckung aufhalten, können Sie trotzdem problemlos telefonieren, sofern Sie in einem WLAN eingebucht sind.
- *QR-Code scannen*: QR-Codes enthalten häufig eine Webadressse, die nach dem Scannen im Webbrowser angezeigt wird. Siehe Kapitel *32.12 QR-Code scannen.*
- *Dolmetscher*: Live-Übersetzung von gesprochenen Konversationen, als Sprachausgabe oder Text. Siehe Kapitel *24.7 KI-Dolmetscher.*
- *Mehrfachsteuerung*: Dient der Koppelung mit einem Samsung Galaxy Book. Dies erleichtert den Datenaustausch zwischen beiden Geräten.

4.10 Bedienhinweise

Von den nachfolgend beschriebenen Funktionen werden Sie regelmäßig Gebrauch machen.

4.10.1 Längs- und Querdarstellung

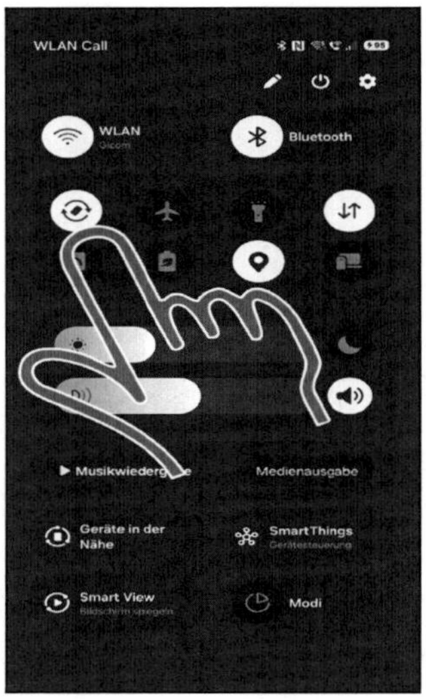

In manchen Situationen ist es sinnvoll, die Displaydarstellung zu drehen, beispielsweise, wenn Sie den Webbrowser nutzen. Dazu brauchen Sie nur das Gerät in Ihrer Hand zu drehen, denn über den Bewegungssensor weiß das Galaxy jederzeit, in welcher Position Sie das Gerät halten. In manchen Anwendungen stehen nach dem Drehen zusätzliche Bedienelemente zur Verfügung.

Damit das automatische Drehen funktioniert, müssen Sie (Bildschirm drehen) im Schnelleinstellungsbereich aktivieren (Pfeil).

❶❷ Beispiel: Galerie-Anwendung im Hochformat und wenn man das Gerät um 90 Grad dreht.

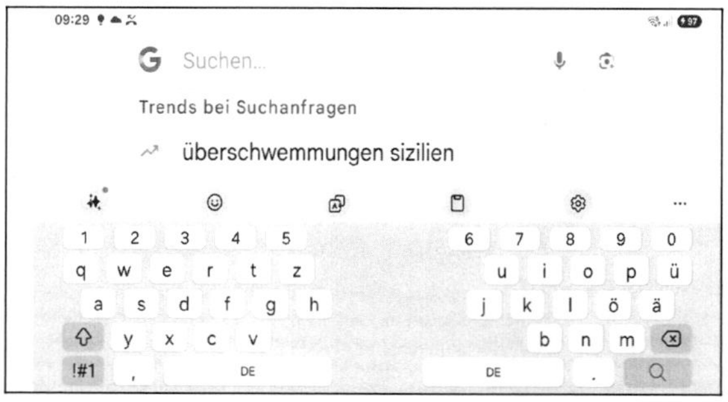

Auch für Eingaben über das Tastenfeld ist es mitunter sinnvoll, das Display zu drehen.

4.10.2 Einhandbedienung

Die Bildschirmfläche Ihres Galaxy-Handys ist recht groß, was die Bedienung mit einer Hand erschwert. Damit Sie dennoch alle Schaltleisten einhändig erreichen, können Sie allerdings in den Samsung-Anwendungen den Bildschirm nach unten »verschieben«.

❶❷ Rufen Sie beispielsweise die Telefon-Anwendung im Startbildschirm auf und aktivieren Sie das *Kontakte*-Register.

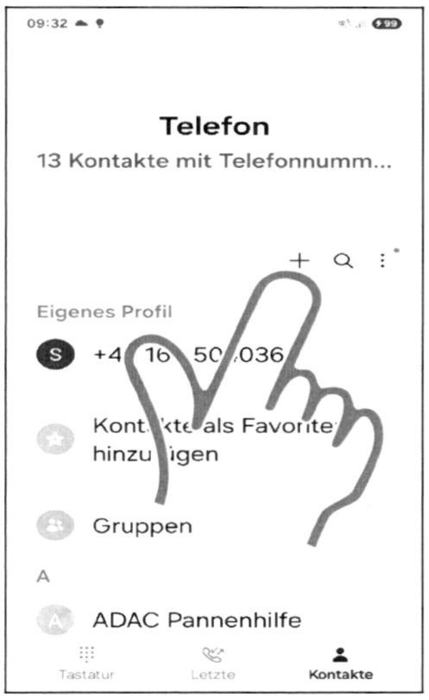

❶ Halten Sie das Handy in einer Hand und verschieben Sie das Menüfeld mit einer Wischgeste mit Ihrem Daumen nach unten.

❷ Sie erreichen nun die Schaltleisten sehr einfach mit dem Daumen.

Wir empfehlen, die Einhandbedienung zunächst in sicherer Umgebung, beispielsweise über einem Tisch oder Kissen, zu üben.

Beachten Sie bitte, dass die Einhandbedienung nur mit den von Samsung bereitgestellten Anwendungen funktioniert (Telefon, Kontakte, Internet-Webbrowser, Galerie usw). Die Google-Anwendungen (Gmail, Chrome usw.) unterstützten dies dagegen nicht.

4.10.3 Menü

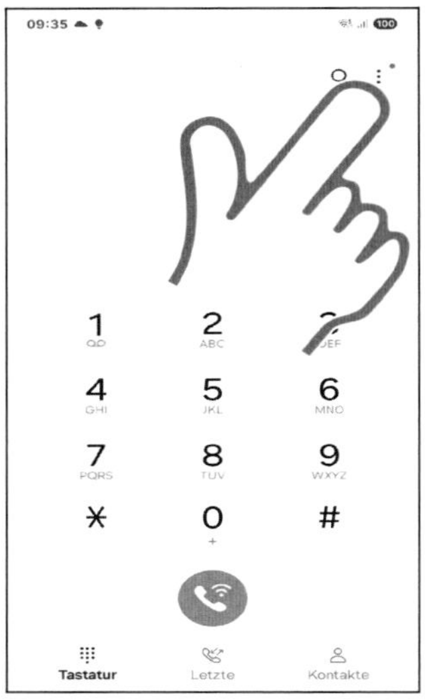

❶❷ In vielen Anwendungen – hier in der Telefonoberfläche – erhalten Sie zusätzliche Funktionen in einem Menü, das Sie über ein ⋮-Symbol aufrufen.

❸ Samsung weist mit einem orangefarbige Punkt (Pfeil) auf Besonderheiten hin, die für Sie vielleicht interessant sein könnten.

> In diesem Buch finden Sie sehr häufig genaue Anweisungen, welchen Menüs Sie folgen müssen. ⋮/*Einstellungen/Anzeige* heißt zum Beispiel, dass Sie erst mit ⋮ das Menü aufrufen, dann auf *Einstellungen*, anschließend auf *Anzeige* usw. gehen.

4.10.4 Hauptmenü

❶ Es ist natürlich weder möglich, noch sinnvoll, alle auf dem Galaxy vorhandenen Anwendungen direkt im Startbildschirm einzublenden. Deshalb können Sie mit einer Wischgeste nach oben im Startbildschirm auf das Hauptmenü umschalten.

❷❸ Im Hauptmenü finden Sie alle auf dem Handy installierten Programme. Mit einer Wischgeste auf dem Bildschirm wechseln Sie zwischen den Seiten.

4.10.5 Das Ausklappmenü

Ähnlich wie auf einem Windows PC haben auch auf dem Handy praktisch alle Programme damit zu kämpfen, die angebotenen Funktionen in einer übersichtlichen Form bereitzustellen. Unter Windows hat sich dafür die Menüleiste eingebürgert. Weil auf dem Handy dagegen nur extrem wenig Bildschirmfläche verfügbar ist, nutzen die Anwendungen hier häufig ein Ausklappmenü.

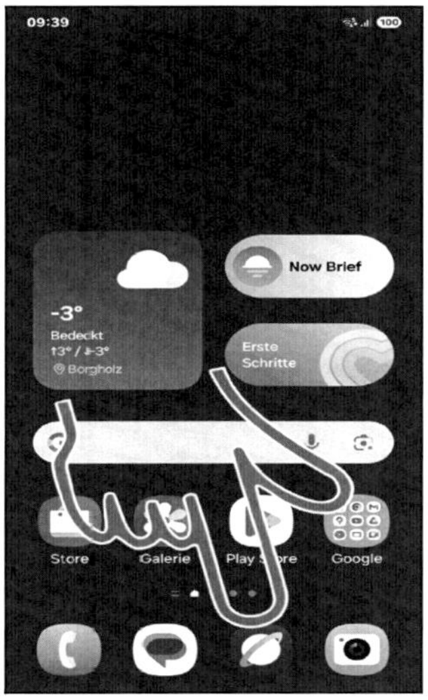

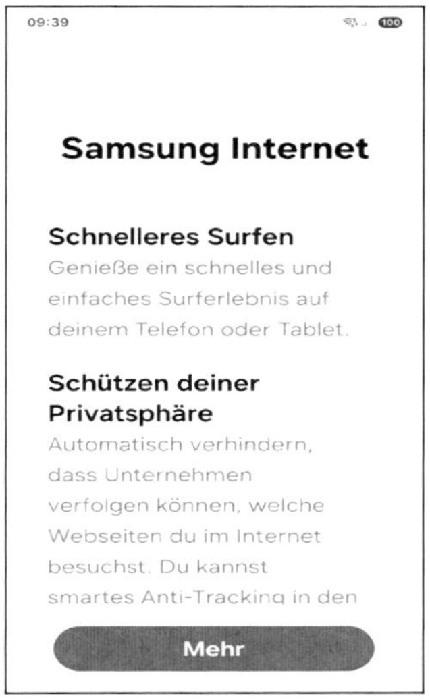

❶ Sie starten die *Internet*-Anwendung aus dem Startbildschirm oder Hauptmenü.

❷ Beim ersten Start erscheint ein Hinweis, den Sie mit *Mehr* und *Weiter* schließen.

❶ Das Ausklappmenü rufen Sie mit einem Antippen der ☰-Schaltleiste unten rechts (Pfeil) auf.

❷ Sie schließen das Ausklappmenü, indem Sie entweder darin eine Funktion auswählen oder die ‹-Taste unterhalb des Displays betätigen.

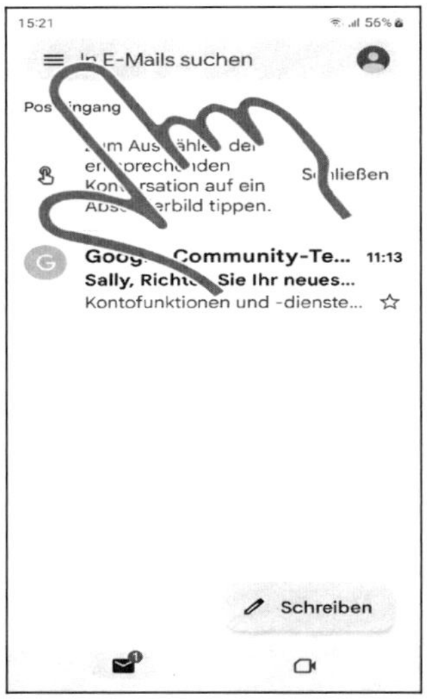

➊➋ Es gibt auch Anwendungen mit Ausklappmenüs (hier das später noch vorgestellte Gmail), die Sie über ≡ oben links aufrufen.

4.10.6 Aktionen zulassen

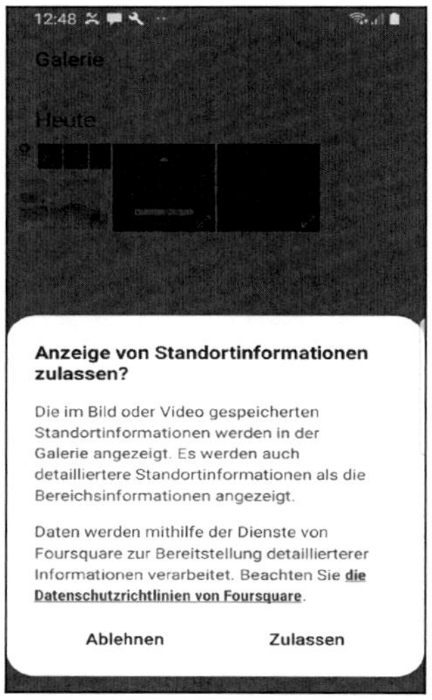

Bei vielen der vorinstallierten Anwendungen auf dem Galaxy erscheint früher oder später ein Dialog, der Sie nach Ihrer Genehmigung fragt, eine Aktion durchführen zu dürfen.

➊➋ In den Beispielen benötigt ein Programm jeweils die Erlaubnis, auf Ihren Standort zuzugreifen.

Bitte antworten Sie **immer** mit *Zulassen, Aktivieren* oder *Bei Nutzung der App*. Andernfalls steht die betreffende Funktion im Programm nicht zur Verfügung. Manche Anwendungen beenden sich auch einfach, wenn Sie die Genehmigung verweigern.

4.11 Die Einstellungen

Die *Einstellungen,* worin Sie alle wichtigen Parameter für die Bildschirmanzeige, die Signaltöne, Internetverbindungen usw. konfigurieren, spielen eine wichtige Rolle in diesem Buch.

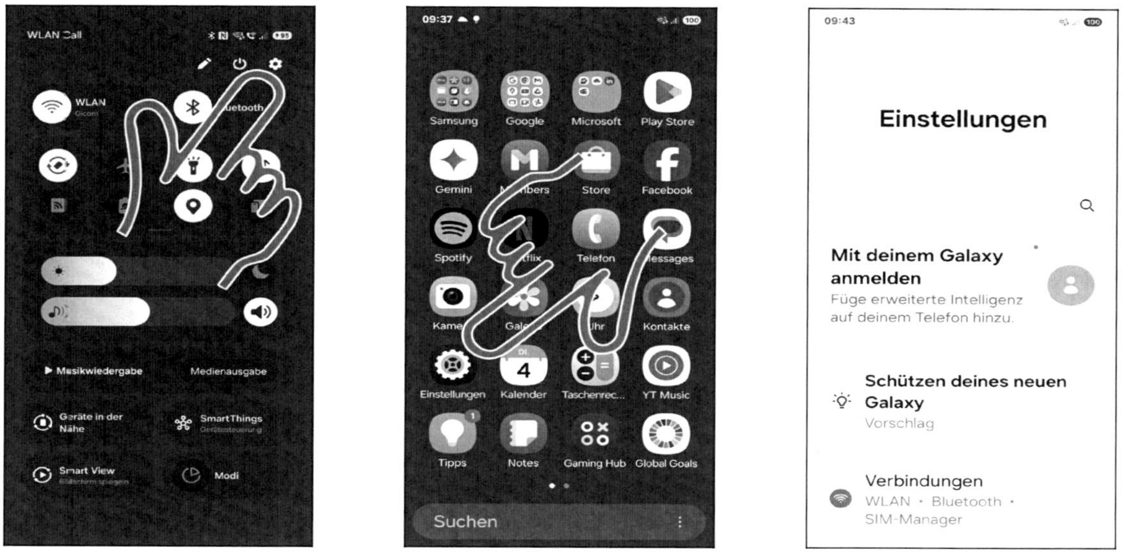

❶❷ Die *Einstellungen* finden Sie im Schnelleinstellungsbereich unter ✿ (Pfeil) und im Hauptmenü unter *Einstellungen* (je nach installierten Programmen befindet sich das Symbol an anderer Stelle).

❸ In diesem Buch gehen die einzelnen Kapitel bei Bedarf auf Menüs in den *Einstellungen* ein.

Die Einstellungen-Anwendung zeigt immer das zuletzt aufgerufene Menü an. Betätigen Sie in daher gegebenenfalls ein- oder mehrmals die ❮-Taste unterhalb des Bildschirms, bis Sie sich wieder im Hauptmenü befinden.

4.12 Zuletzt genutzte Anwendungen

❶ Die zuletzt genutzten Programme erhalten Sie nach Betätigen der |||-Taste unterhalb des Displays angezeigt. Rollen Sie mit einer Wischgeste durch die Programme und tippen Sie eines an, das Sie starten möchten.

❷❸ Ziehen Sie mit dem Finger einen Eintrag nach oben, um ihn aus der Liste zu entfernen. Wenn Sie alle Programme auf einmal aus der Auflistung entfernen möchten, verwenden Sie die *Alle schließen*-Schaltleiste am unteren Bildschirmrand.

Wie bereits erwähnt, bringt Sie ein kurzer Druck auf die O-Taste wieder auf den Startbildschirm zurück, wenn Sie sich gerade in einer anderen Anwendung befinden.

Tipp: Zweimaliges Betätigen der |||-Taste wechselt jeweils zwischen den beiden zuletzt genutzten Programmen.

4.13 Google-Suche

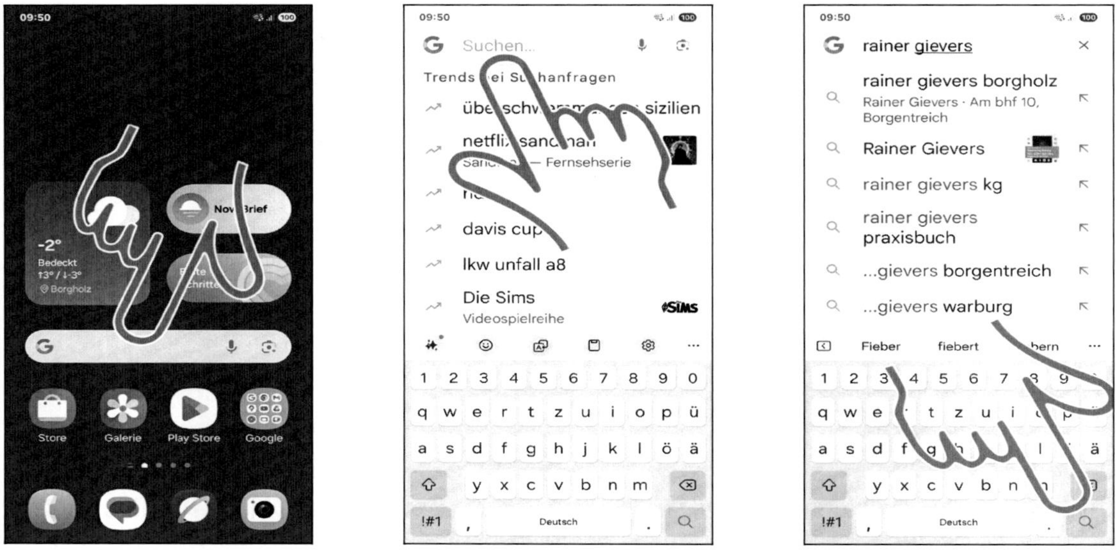

❶ Über die *Google*-Schaltleiste (Pfeil) starten Sie die globale Suche, mit der Sie alle Anwendungen, Termine, Kontakte usw. durchsuchen.

❷❸ Tippen Sie gegebenenfalls oben ins Eingabefeld. Schon während der Eingabe eines Suchbegriffs werden passende Fundstellen, beispielsweise Wortvorschläge aus der Google-Suchmaschine und Kontakteinträge aus dem Telefonbuch, aufgelistet. Die eigentliche Suche starten Sie mit 🔍 auf dem Tastenfeld (Pfeil).

❶ Google weist Sie eventuell auf eine Diensteverknüpfung hin. Dies hängt damit zusammen, dass Google in der EU keine Daten ohne Erlaubnis des Nutzers zwischen seinen Anwendungen übertragen darf. Betätigen Sie in dem Fall *Jetzt starten.*

❷❸ Blättern Sie mit einer Wischgeste durch die Anzeige und betätigen Sie *Ja, verknüpfen.*

Ein Ablehnen hat keine direkten Nachteile. Sie müssen aber dann damit leben, dass bestimmte Komfortfunktionen nicht zur Verfügung stehen. Darauf gehen wir noch im Kapitel *32.13 Datenschutzeinstellungen* ein.

❶❷ Blättern Sie mit einer Wischgeste durch die Suchergebnisse und tippen Sie eine Fundstelle an, um sie anzuzeigen.

❶ Rollen Sie dann mit dem Finger durch die Schaltleistenreihe am oberen Bildschirmrand und tippen Sie eine der Schaltleisten an.

❷ Beispiel für die Suchergebnisse nach Betätigen von *BÜCHER*.

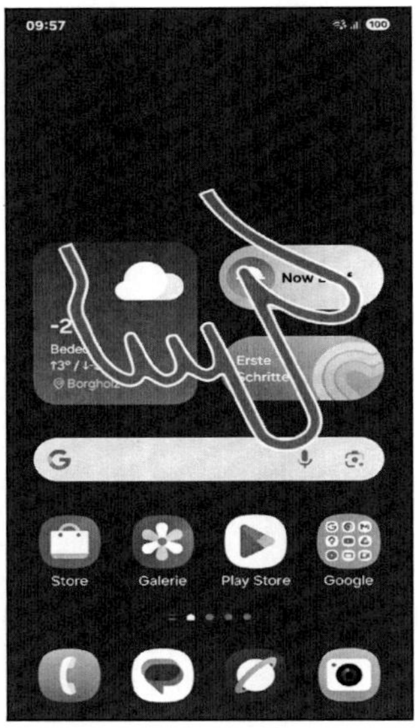

❶❷❸ Eine Besonderheit verbirgt sich hinter der -Schaltleiste (Pfeil): Sie können dann einfach einen oder mehrere Begriffe sprechen, nach denen Google anschließend im Internet sucht.

> Weitere Spracheingabefunktionen stellt Kapitel *25 Gemini-Sprachsteuerung* vor.
>
> Neben der - befindet sich die -Schaltleiste, worauf noch Kapitel *27.7* eingeht.

4.14 Medienlautstärke und Signaltöne

❶ Über die Lautstärketasten auf der rechten Geräteseite beeinflussen Sie die Klingeltonlautstärke.

❷ Wenn Sie die Lautstärke gegen null reduzieren, schalten Sie den Klingelton aus.

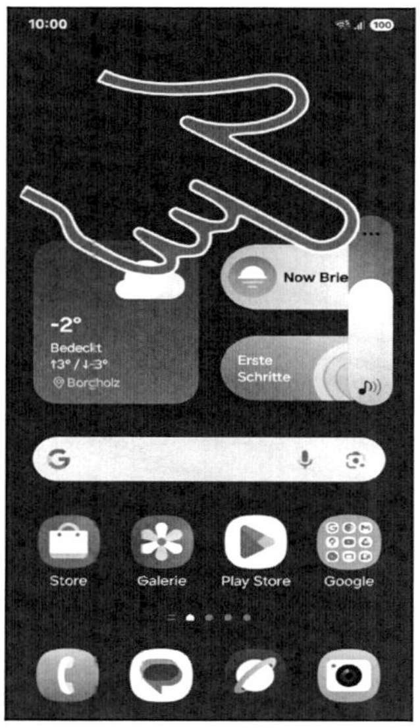

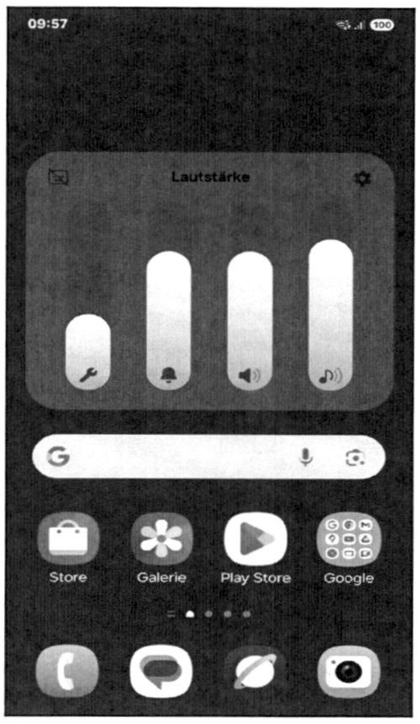

❶❷ Die •••-Schaltleiste in der Lautstärkenanzeige öffnet ein Popup mit den Einstellungen:

- (System): Steuert die Lautstärke der Systemmeldungen.
- (Benachrichtigungen): Für empfangene SMS und E-Mails.
- (Klingelton)
- (Medien): Stellt die Lautstärke bei Multimedia-Anwendungen, beispielsweise von Play Musik, YouTube oder Spielen ein. Wenn gerade eine Multimedia-Anwendung läuft, können Sie dafür aber auch einfach die Lautstärketasten auf der rechten Geräteseite verwenden (der Klingelton bleibt davon unbeeinflusst).

4.14.1 Signaltöne

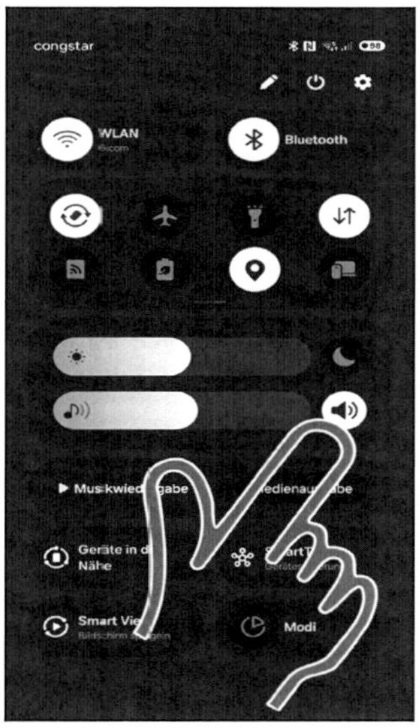

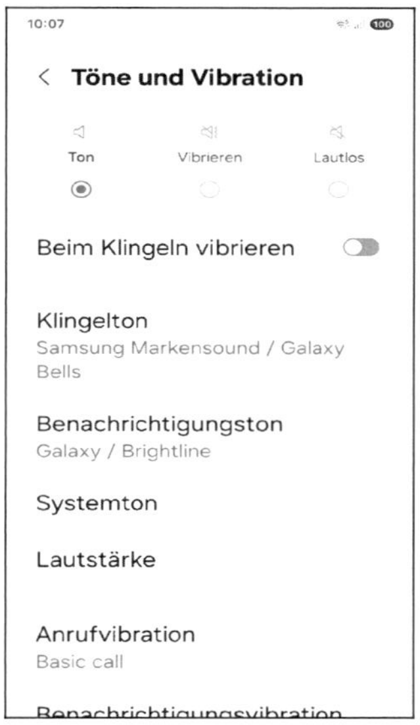

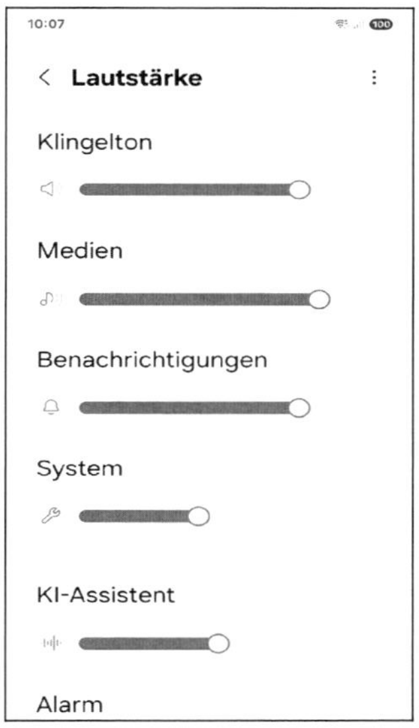

❶ Aktivieren Sie den Schnelleinstellungsbereich, dann tippen und halten Sie die -Schaltleiste.

❷ Die Optionen:

- Schaltleisten oben: Schaltet um zwischen *Ton* (Signale und Klingeltöne eingeschaltet), *Vibrieren* und *Lautlos*.
- *Beim Klingeln vibrieren*: Bei eingehenden Anrufen erfolgt eine Vibration.
- *Klingelton*: Klingelton für SIM-Karte 1 und 2 festlegen.
- *Benachrichtigungston*: Sie legen im Menü die Signaltöne für Benachrichtigungen über neue Nachrichten (SMS) fest.
- *Systemton*: Einigen Aktionen quittiert das Handy mit diesem Signal.

- *Lautstärke* (❸): Ändert die Lautstärke:
    - *Klingelton*
    - *Medien*: Stellt die Lautstärke bei Multimedia-Anwendungen, beispielsweise von Play Musik, YouTube oder Spielen ein. Wenn gerade eine Multimedia-Anwendung läuft, können Sie dafür aber auch einfach die Lautstärketasten auf der rechten Geräteseite verwenden (der Klingelton bleibt davon unbeeinflusst).
    - *Benachrichtigungen*: Für empfangene SMS und E-Mails.
    - *System*: Steuert die Lautstärke der Systemmeldungen.
    - *KI-Assistent*: Lautstärke der Sprachausgaben von der KI Google Gemini (siehe Kapitel *25 Gemini-Sprachsteuerung*).
    - *Alarm*: Lautstärke des Weckers (siehe Kapitel *21.6 Uhr*)
    - *Lautstärketasten für Medien verwenden*: Schaltet die Belegung der Lautstärketasten um. Statt der Klingeltonlautstärke regeln Sie dann die Medienwiedergabe (von Musik oder Videos).
- *Anrufvibration:* Sofern Sie *Beim Klingeln vibrieren* aktiviert haben, stellen Sie hier die Vibrationsstärke ein.
- *Benachrichtungsvibration*: Beim Eingang von SMS, E-Mails usw. vibriert das Handy.
- *Systemvibration*: Darauf gehen wir unten genauer ein.
- *Vibrationsintensivität*: Wählen Sie aus, wie stark das Handy bei eingehenden Anrufen, Benachrichtigungen oder Bildschirmberührung vibriert.
- *Tonqualität und Effekte*: Ruft den Equalizer auf, in dem Sie die Lautstärke des rechten und linken Lautsprechers am Handy, sowie verschiedene Effekte steuern. Bitte beachten Sie, dass einige Einstellungen sich nur auf ein angeschlossenes Headset auswirken.
- *Separater App-Ton*: Schließen Sie einen Lautsprecher beziehungsweise Headset über die Klinkenbuchse am Galaxy an oder verwenden Sie einen Bluetooth-Lautsprecher (siehe Kapitel *31.5 Bluetooth-Audio*), so erfolgt darauf automatisch die Audiowiedergabe. Über *Separater App-Ton* stellen Sie dagegen ein, welche Anwendungen das angeschlossene Audiogerät nutzen.

Falls Sie eigene Musikdateien als Klingel- und Benachrichtigungstöne verwenden möchten, beachten Sie bitte Kapitel *32.2 Eigene Klingel- und Benachrichtigungstöne*.

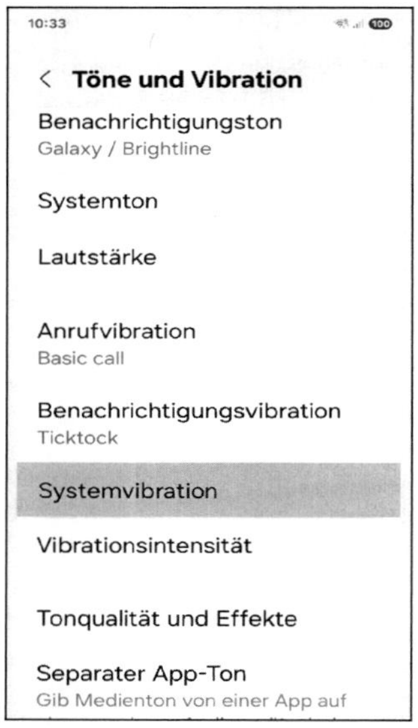

❶❷ *Systemvibration* konfiguriert:

Unter *Ton*:

- *Systemvibrationsstärke*: Intensivität der Vibration bei den im folgenden aufgelisteten

Aktionen.

- *Berührungsinteraktionen*: Diese hört man beim Antippen des Bildschirms.
- *Wähltastatur*: Wenn Sie das Tastenfeld in der Telefon-Anwendung (siehe Kapitel *6 Telefonie*) nutzen, hören Sie jeweils einen Klickton.
- *Samsung-Tastatur*: Klickton, wenn Sie das Standard-Tastenfeld (siehe Kapitel *34.1 Samsung-Tastenfeld*) verwenden.
- *Aufladen:* Signalton, der auf den erfolgreichen Anschluss per USB-Kabel an den PC oder ein Netzteil hinweist.
- *Navigationsgesten*: Betätigen der Navigationstasten am unteren Bildschirmrand.
- *Kamera-Feedback*: Bedienung der Kamera-Anwendung (siehe Kapitel *17 Kamera*).

4.15 Erstes Betriebssystem-Update

Samsung stellt ab und zu Betriebssystem-Updates für das Galaxy zur Verfügung. Ihre persönlichen Daten bleiben erhalten.

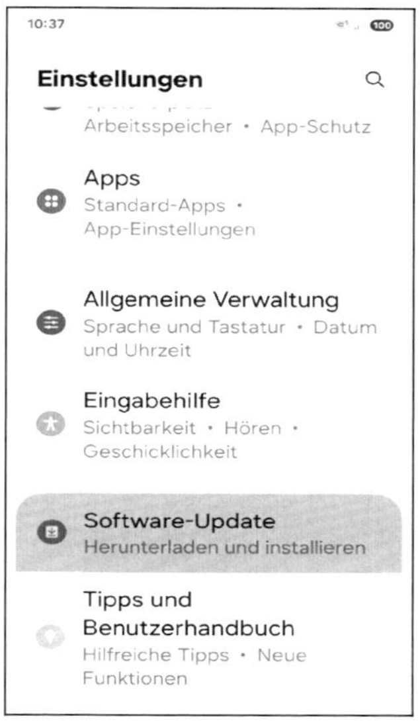

❶ Rufen Sie im Hauptmenü *Einstellungen* auf.

❷❸ Blättern Sie mit Wischgesten nach oben und gehen Sie auf *Software-Update*.

Die Einstellungen-Anwendung zeigt immer das zuletzt aufgerufene Menü an. Betätigen Sie in daher gegebenenfalls ein- oder mehrmals die <-Taste unterhalb des Bildschirms, bis Sie sich wieder im Hauptmenü befinden.

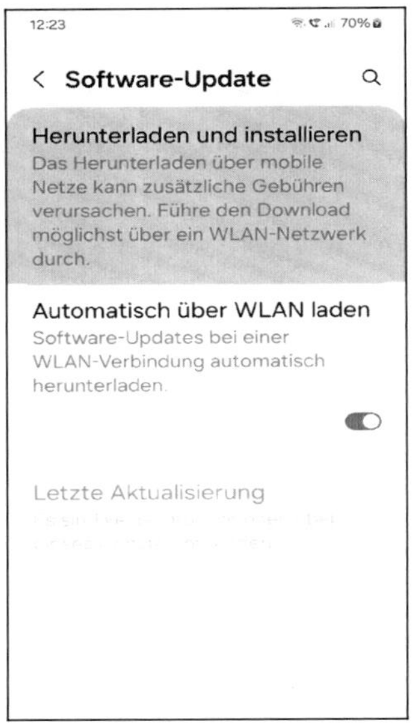
12:23
70%
Software-Update
Herunterladen und installieren
Das Herunterladen über mobile Netze kann zusätzliche Gebühren verursachen. Führe den Download möglichst über ein WLAN-Netzwerk durch.
Automatisch über WLAN laden
Software-Updates bei einer WLAN-Verbindung automatisch herunterladen.
Letzte Aktualisierung

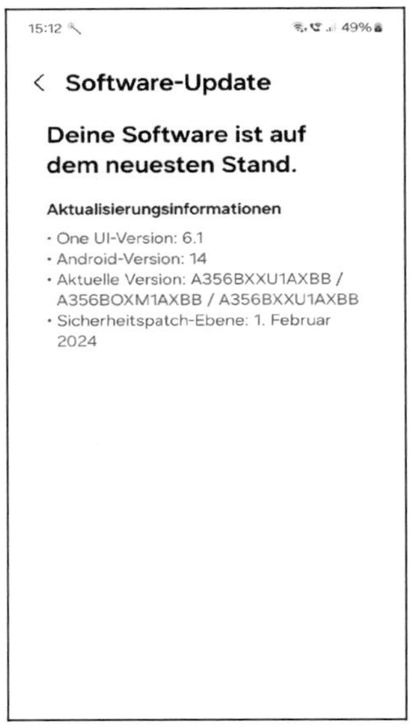
15:12
49%
Software-Update
Deine Software ist auf dem neuesten Stand.
Aktualisierungsinformationen
• One UI-Version: 6.1
• Android-Version: 14
• Aktuelle Version: A356BXXU1AXBB / A356BOXM1AXBB / A356BXXU1AXBB
• Sicherheitspatch-Ebene: 1. Februar 2024

12:25
71%
Software-Update
Update bereit für die Installation
Dein Telefon wird nach der Installation des Updates neu gestartet.
• Sicherheit
Das Gerät wird mit verbesserter Sicherheit geschützt.
Eine Software-Aktualisierung enthält zum Beispiel die folgenden Komponenten:
- Stabilitätsverbesserungen und Bugfixes für das Gerät.
Installation planen
Jetzt installieren

➊ Rufen Sie *Herunterladen und installieren* auf.

➋Sollte kein neues Update vorliegen, dann erscheint dieser Hinweis. Ihr Handy ist also auf dem neuesten Stand und Sie können das Menü verlassen.

➌ Falls *Update wird heruntergeladen* angezeigt wird, warten Sie, bis die *Jetzt installieren*-Schaltleiste erscheint, die Sie betätigen. Am besten schließen Sie das Handy an ein Netzteil an, damit nicht ein niedriger Akkustand das Update verhindert.

4.16 Handy ausschalten oder neu starten

Auch wenn viele Anwender Ihr Handy über Nacht ausschalten, ist dies in der Praxis nicht sinnvoll. Wenn Sie Nachts nicht durch Anrufe oder Benachrichtigungen gestört werden möchten, dann empfehlen wir die im Kapitel *27.4 Ruhemodus* beschriebene Funktion.

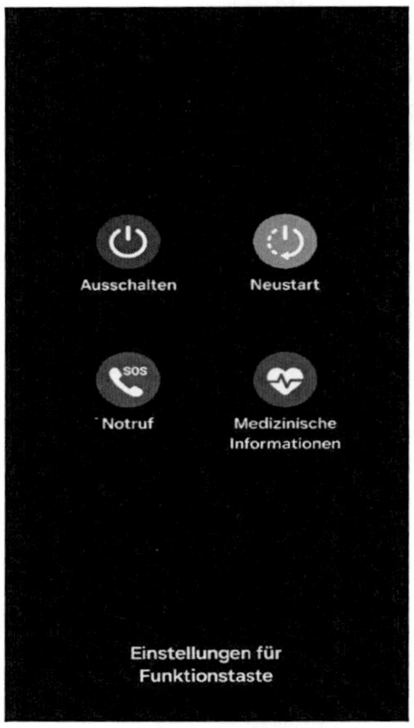
Ausschalten
Neustart
SOS
Notruf
Medizinische Informationen
Einstellungen für Funktionstaste

Zum Ausschalten halten Sie den Ein-/Ausschalter und die Lautstärke-runter-Taste auf der rechten Geräteseite gedrückt, bis ein schwarzer Bildschirm erscheint, in dem Sie *Ausschalten* antippen. Eventuell benötigen Sie dazu mehrere Versuche, denn die genutzten Tasten sind mehrfach belegt.

Langes Drücken des Ein-/Ausschalters schaltet das Handy später wieder ein.

4.17 Samsung Wallet

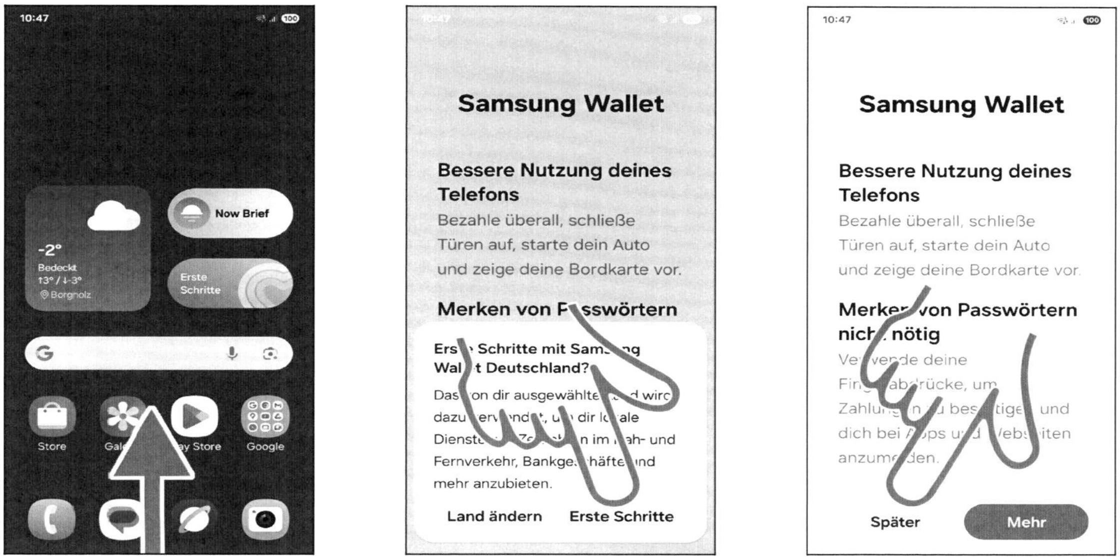

Vielleicht wundern Sie sich über den Balken am unteren Bildschirmrand. Sie aktivieren damit Samsung Wallet (früher Samsung Pay genannt), eine drahtlose Zahlungsmethode, auf die wir später noch im Kapitel *32.11.1 Samsung Wallet* eingehen.

❶❷ Damit der »Balken« verschwindet, müssen Sie einmal von unten außerhalb des Displays nach oben wischen. Betätigen Sie im Popup *Erste Schritte.*

❸ Betätigen Sie *Später*.

4.18 Updates der Samsung-Anwendungen

Die Google-Anwendungen auf dem Handy werden automatisch aktualisiert, sobald ein Update vorliegt. Anders sieht es bei den von Samsung bereitgestellten Programmen (Telefonoberfläche, Kalender, Galerie, Kamera usw.) aus, deren Aktualisierung Sie eventuell selbst anstoßen müssen.

Bitte beachten Sie, dass die angebotenen Updates meistens nur kleinere Fehlerberichtigungen enthalten, die Sie im Alltag nicht bemerken. Sie können also das Handy auch ohne Updates nutzen.

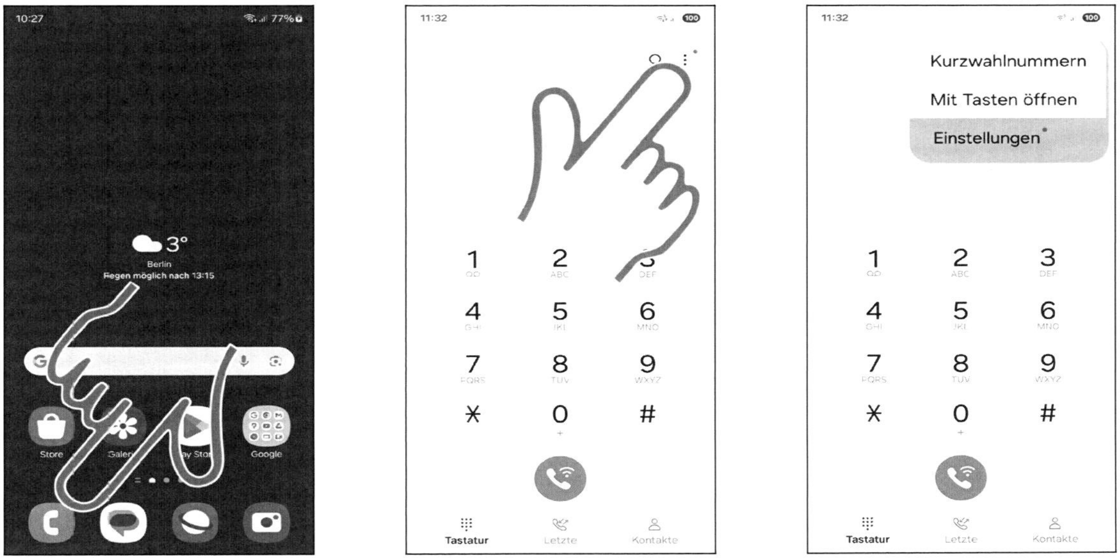

❶ In unserem Beispiel rufen wir die Telefonoberfläche auf.

❷❸ Gehen Sie in das ⁝/*Einstellungen*-Menü.

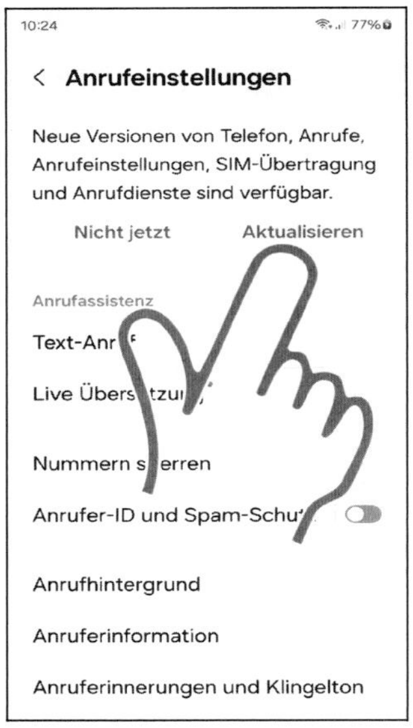

❶ Ein Hinweis auf das Update erscheint über dem Menü. Tippen Sie auf *Aktualisieren.*

❷❸ Beim ersten Mal müssen Sie die Datenschutzhinweise mit *Akzeptieren* bestätigen. Dann Gehen Sie auf *Aktualisieren* und warten bis das Update durchgeführt ist.

5. Smart Switch

Die meisten neu gekauften Smartphones werden heute als Ersatz für ein älteres Gerät angeschafft. In Kapitel *2.2 Das Google-Prinzip* haben wir bereits beschrieben, dass die Übernahme der vorhandenen Daten auf das neue Handy kein Problem darstellt. Alle Kontakte, Termine usw. sind ja in Ihrem Google-Konto im Internet gespeichert und werden automatisch wiederhergestellt, sobald Sie sich mit Ihrem Google-Konto auf dem neuen Handy anmelden.

Was leider nicht wieder hergestellt wird, sind SMS, Memos, Alarme, Sprachmemos usw. Auch Kontakte und Termine, die nicht dem Google-Konto zugeordnet sind, finden nicht den Weg aufs neue Gerät. Mit der Smart Switch-Anwendung (engl. »kluger Wechsel«), steht deshalb eine einfache Methode bereit, alle Daten und Dateien aufs neue Galaxy-Handy zu transferieren. Unterstützt werden iPhones und iPads, sowie Android-Handys und Tablets.

Die Datenübertragung kann wahlweise drahtlos oder über ein USB-Verbindungskabel erfolgen.

5.1 Vorbereitung auf dem alten Handy

In unserem Beispiel möchten wir die Daten von einem alten Galaxy-Handy auf das neue Galaxy S25-Modell übernehmen. Dazu nutzen wir die drahtlose Übertragungsmethode.

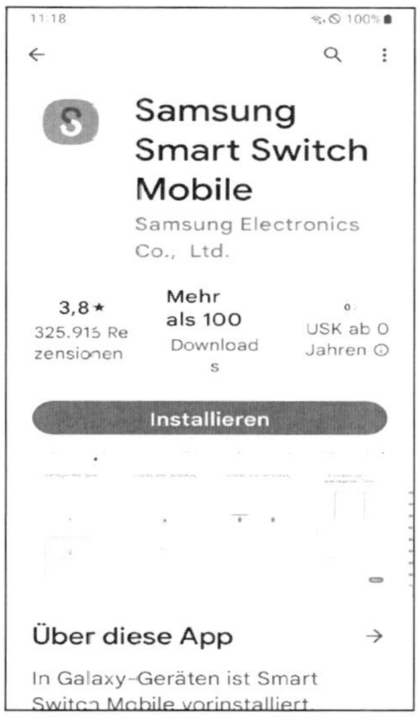

Installieren Sie auf dem alten Handy *Samsung Smart Switch Mobile* aus dem Play Store (siehe Kapitel *26.1 Play Store*). Danach starten Sie *Smart Switch* mit *Öffnen* oder rufen es aus dem Hauptmenü auf.

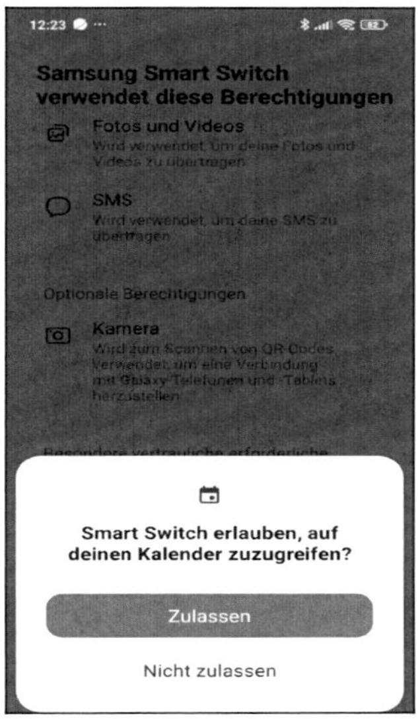

➊➋➌ Die folgenden Bildschirme schließen Sie jeweils mit *Mehr, Fortsetzen, Vollen Zugriff erlauben, Zulassen* und gehen zum Schluss auf *Los geht's*.

Wichtig: Die drahtlose Übertragung erfolgt über WLAN. Ursprungs- und Zielhandy müssen dazu am gleichen WLAN-Zugangspunkt angemeldet sein – es darf sich nicht um einen beschränkten Gastzugang handeln.

Falls das alte Handy neuerem Datums ist und bereits einen USB-C-Port besitzt, können Sie die Datenübernahme auch per Kabel durchführen. Dazu schließen Sie das Galaxy S25-Modell und das alte Handy über das S25-USB-Kabel untereinander an. Wählen Sie dann später als Datenübertragungsmethode *Kabel* aus.

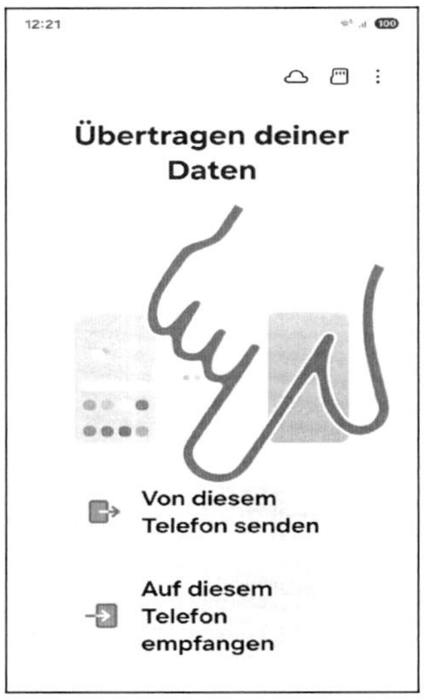

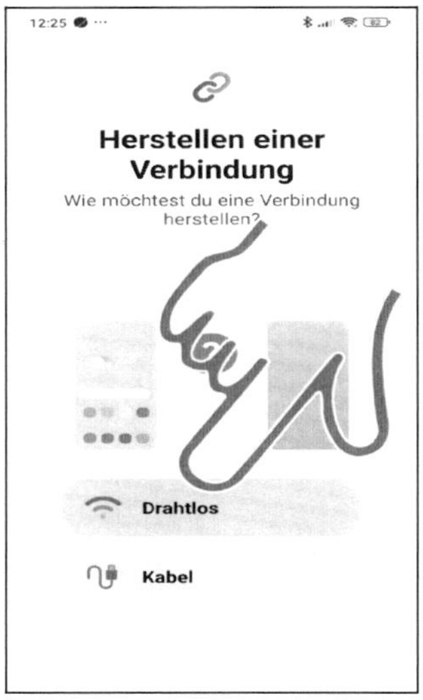

➊ Auf einem Samsung-Handy betätigen Sie *Von diesem Handy senden.*

➋ Betätigen Sie *Drahtlos.*

➌ Wenn das andere Gerät erkannt wurde, erscheint das *Verbindung zulassen*-Popup. Betätigen Sie hier *Zulassen.*

5.2 Datentransfer auf das neue Handy

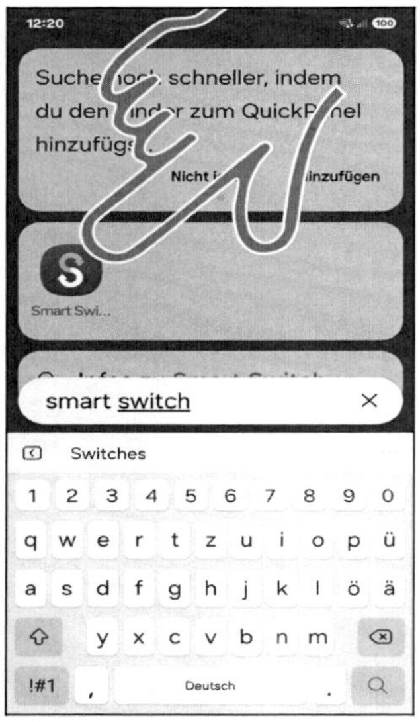

➊ Auf dem Galaxy S25-Modell öffnen Sie mit einer Wischgeste das Hauptmenü.

➋ Tippen Sie in das Suchfeld.

➌ Hier geben Sie den Suchbegriff *smart switch* ein und tippen den gefundenen Eintrag *Smart Switch* an.

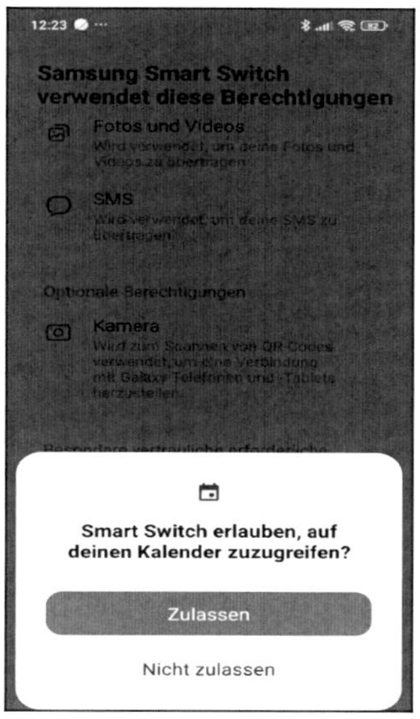

❶❷ Die folgenden Bildschirme schließen Sie jeweils mit *Mehr, Fortsetzen, Vollen Zugriff erlauben, Zulassen* und gehen zum Schluss auf *Los geht's.*

❶ Betätigen Sie *Auf diesem Telefon empfangen.*

❷ In unserem Fall handelt es sich beim alten Handy um ein Android-Modell, das wir auswählen.

❸ Betätigen Sie *Drahtlos.*

Herstellen einer Verbindung
Öffne Smart Switch auf deinem neuen Galaxy, um eine Verbindung herzustellen.
Geräte in der Nähe werden mit Hochfrequenz-Audio gesucht...
Smart Switch auf dein neues Galaxy-Gerät holen

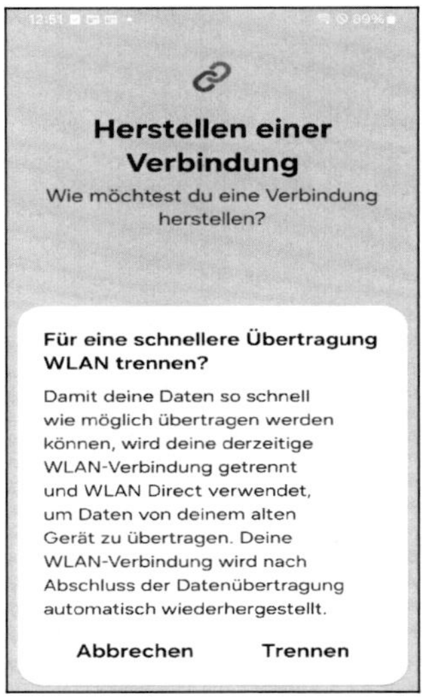
Herstellen einer Verbindung
Wie möchtest du eine Verbindung herstellen?
Für eine schnellere Übertragung WLAN trennen?
Damit deine Daten so schnell wie möglich übertragen werden können, wird deine derzeitige WLAN-Verbindung getrennt und WLAN Direct verwendet, um Daten von deinem alten Gerät zu übertragen. Deine WLAN-Verbindung wird nach Abschluss der Datenübertragung automatisch wiederhergestellt.
Abbrechen
Trennen

Herstellen einer Verbindung
Öffne Smart Switch auf deinem neuen Galaxy, um eine Verbindung herzustellen.
WLAN-Einstellungen
Abbrechen
Verbinden

❶ Das Gerät wartet auf die Sendebereitschaft des anderen Handys. Beide beteiligte Handys sollten nebeneinander liegen. Über ein hochfrequentes Signal (das Sie nicht wahrnehmen können), wird nun eine Autorisierung durchgeführt.

❷ Das alte Handy zeigt zwischendurch ein Popup an, das Sie mit *Trennen* schließen.

❸ Die Verbindungsabfrage müssen Sie auf beiden Handys mit *Verbinden* beantworten.

Verbindung zum Übertragen deiner Daten wird hergestellt...
Dieses Telefon: Galaxy S25 Ultra (3964)
Lasse die Verbindung auf deinem alten Gerät zu.
Abbrechen

Herstellen einer Verbindung
Öffne Smart Switch auf deinem neuen Galaxy, um eine Verbindung herzustellen.
Mit Galaxy S25 Ultra (3964) verbinden, um deine Daten zu übertragen?
Abbrechen
Verbinden

Es wird nach Daten zum Übertragen gesucht...
10 %
Suchlauf...
Halte die beiden Geräte für eine reibungslose Datenübertragung nahe
Beenden

❶ Dieser Hinweis erscheint auf dem Galaxy S25.

❷ Betätigen Sie auf dem alten Handy im Popup *Verbinden*.

❸ Es dauert nun einige Zeit, während das Galaxy S25 die Datenübertragung vorbereitet.

Sie müssen nun angeben, welche Daten zu übernehmen sind.

Im einfachsten Fall aktivieren Sie *Alles* oder *Nur Konten, Anrufe, Kontakte und Nachrichten*. Beachten Sie, dass mit »Nachrichten« nur die SMS auf dem alten Handy gemeint sind, nicht aber vorhandene E-Mails oder WhatsApp-Nachrichten. Betätigen Sie dann *Weiter*.

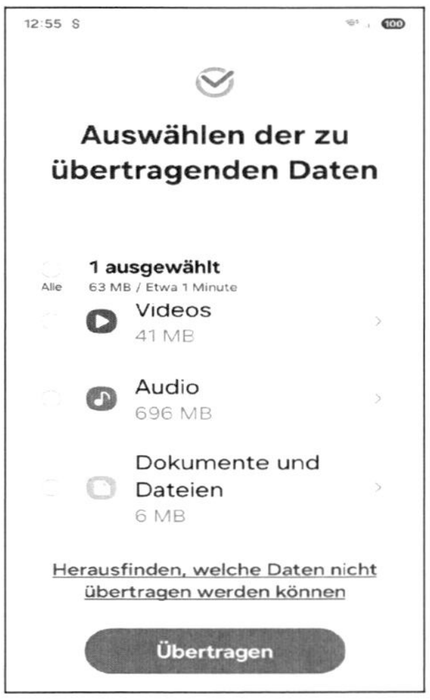

➊ Alternativ aktivieren Sie *Individuell* und betätigen *Weiter*.

➋➌ Wischen Sie durch die Liste und aktivieren Sie die Abhakkästchen bei den gewünschten Daten. Schließen Sie mit *Übertragen* ab.

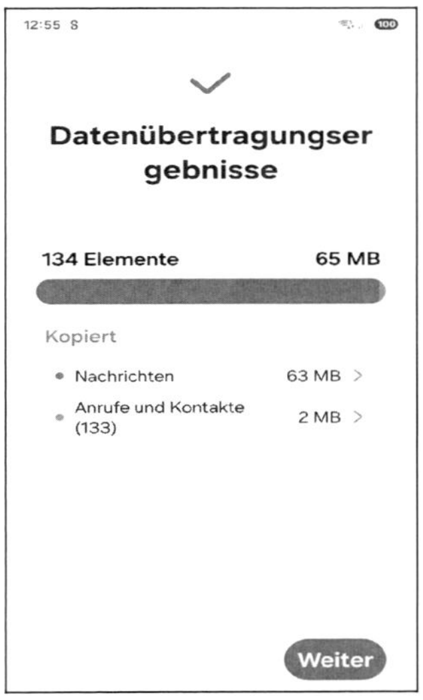

➊ Beachten Sie während des Datentransfers die Hinweise und Schaltleisten auf beiden Handys.

➋➌ Zum Schluss erscheint eine Erfolgsmeldung. Schließen Sie die Bildschirme mit *Weiter* und *OK*.

6. Telefonie

Die Bedienungsführung des Handys ist so aufgebaut, dass Sie mit wenig Aufwand einen Kontakt anrufen können.

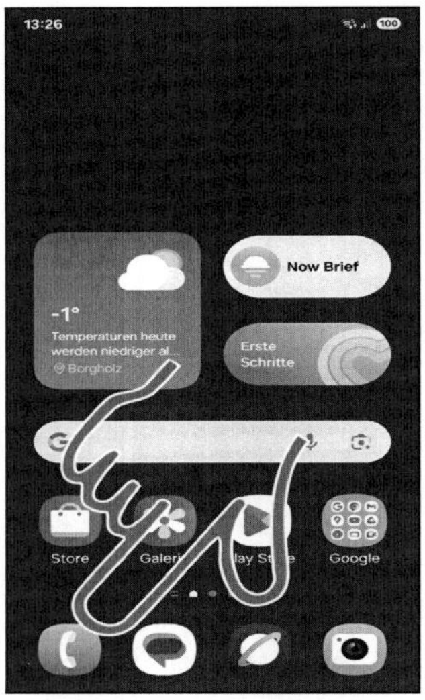

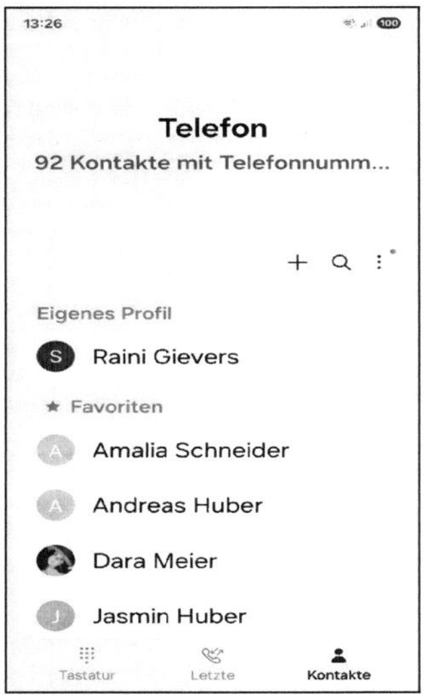

➊ Die Telefonoberfläche rufen Sie im Startbildschirm mit der *Telefon*-Schaltleiste am unteren Bildschirmrand auf.

➋ Über die Register am oberen Bildschirmrand (Pfeil) schalten Sie um zwischen:

- *Tastatur*: Das Tastenfeld.
- *Letzte*: Auflistung aller ein- und ausgegangenen Anrufe. Siehe Kapitel *6.5 Anrufliste (Protokoll)*.
- *Kontakte* (➌): Listet alle Kontakte im Telefonbuch (siehe Kapitel *8 Telefonbuch*) auf.

6.1 Anruf durchführen

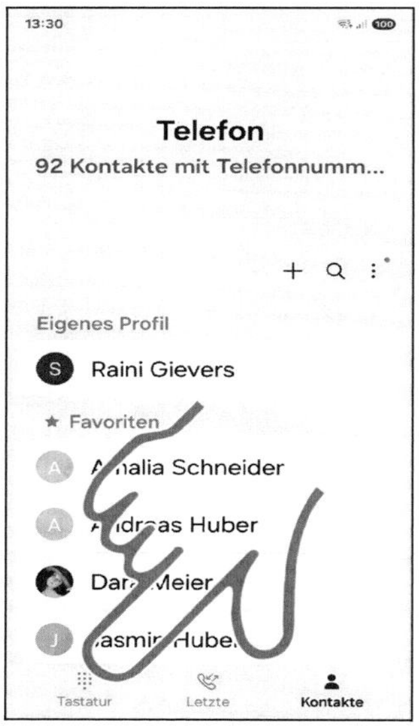

➊ Aktivieren Sie gegebenenfalls das *Tastatur*-Register.

➋ Geben Sie jetzt die anzurufende Nummer über das virtuelle Tastenfeld auf dem Display ein. Mit der grünen ☎-Schaltleiste wählen Sie die Nummer an.

➌ Sofern im Telefonbuch bereits Kontakte vorhanden sind, welche die eingegebene Rufnummer enthalten, listet sie das Galaxy auf.

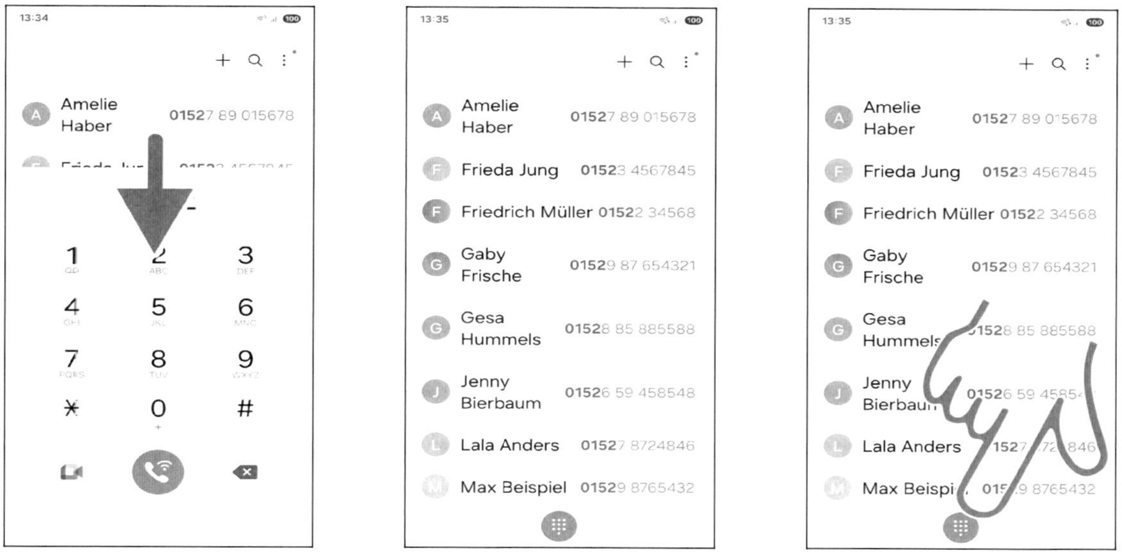

❶❷ Mit einer Wischgeste blenden Sie das Tastenfeld aus, um die Fundstellenliste anzuzeigen.

❸ Die grüne Schaltleiste am unteren Bildschirmrand beziehungsweise die ᐸ-Taste unterhalb des Displays schalten das Tastenfeld wieder ein.

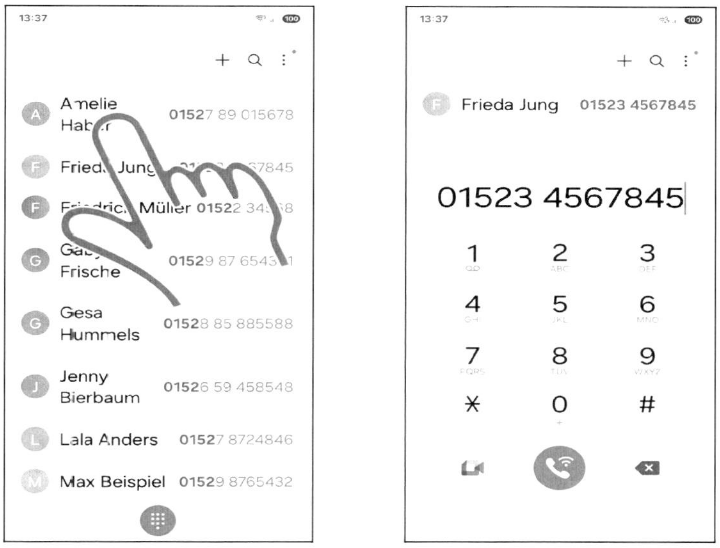

❶❷ Nach Antippen einer Fundstelle erscheint die zugehörige Rufnummer in der Telefonoberfläche.

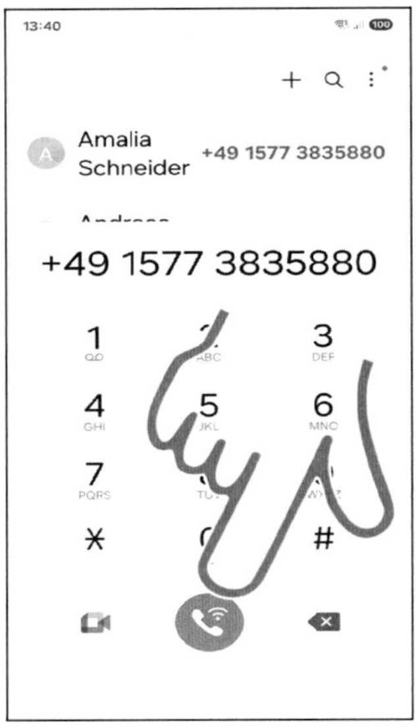

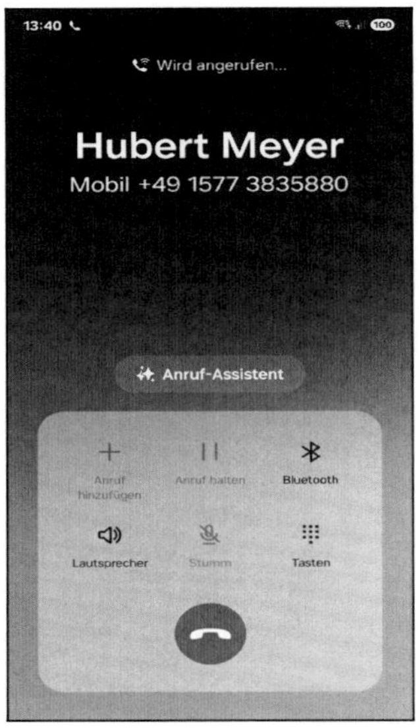

➊➋ Betätigen Sie die 📞-Schaltleiste, um die Anwahl zu starten.

Wenn Sie das Handy an Ihr Ohr halten, schaltet sich das Display automatisch aus, damit keine Fehleingaben entstehen können. Dafür zuständig ist ein Näherungssensor, welcher sich oben unter dem Display befindet.

➊➋ Tipp: Fehleingaben bei einer Rufnummer lassen sich einfach korrigieren. Tippen Sie dazu einfach in die Rufnummernanzeige. Betätigen Sie dann die ⌫-Schaltleiste unten rechts im Tastenfeld beziehungsweise geben Sie fehlende Nummern ein.

6.1.1 WLAN-Call

Sofern eine WLAN-Verbindung (siehe Kapitel *10 WLAN*) besteht, können Telefonate auch darüber geführt werden, falls die Mobilfunkverbindung sehr schlecht ist. Sie können somit beispielsweise auch in einem Keller telefonieren, wo man mit Mobilfunk keinen Empfang hat. Diese Funktion wird auch als »WLAN-Anruf« oder »WLAN-Call« bezeichnet. Zu beachten ist:

- Eine gültige SIM-Karte muss im Handy eingelegt sein beziehungsweise eine gültige eSIM muss vorhanden sein.

- Die Umschaltung zwischen WLAN und Mobilnetz erfolgt automatisch.
- WLAN-Anrufe müssen vom verwendeten Mobilnetzbetreiber unterstützt werden.
- Im Ausland sind deshalb unter Umständen keine WLAN-Anrufe möglich.
- WLAN-Anrufe werden zu den mit dem Netzbetreiber vereinbarten Minutentarifen abgerechnet.

Die Telefonie-Anwendung zeigt in der grünen Schaltleiste an, ob WLAN-Anrufe möglich sind (❶), oder nicht (❷).

6.1.2 Suche

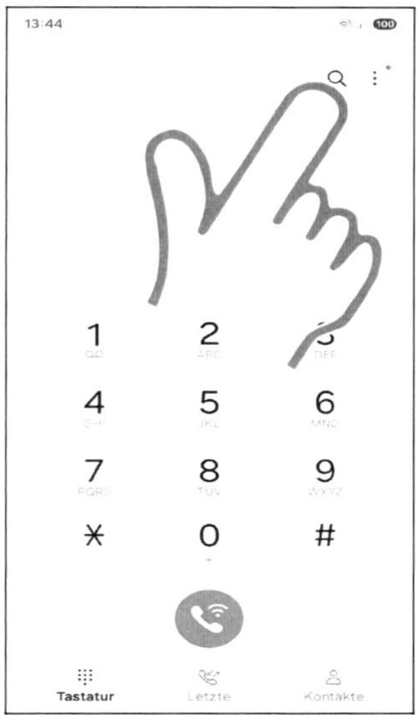

❶ Auch eine direkte Namenssuche ist möglich. Tippen Sie dafür die Nummern ein, die den Buchstaben entsprechen (»2«=a, b, c; »3«=d, e, f; usw.). Betätigen Sie im Tastenfeld, um eine Fehleingabe zu löschen.

❷❸ Alternativ aktivieren Sie mit die Suchfunktion.

6.1.3 Letzte Rufnummer wählen

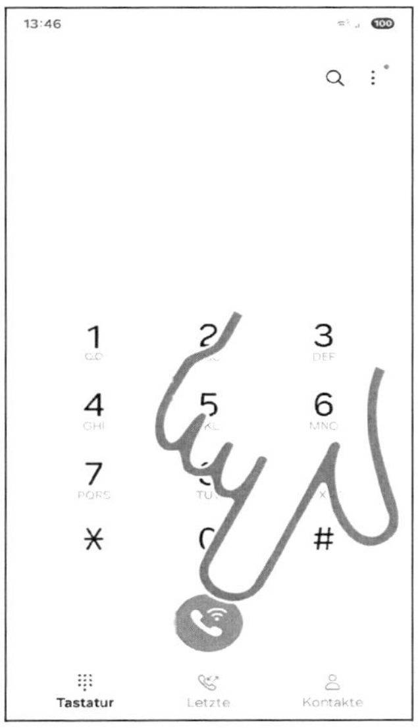

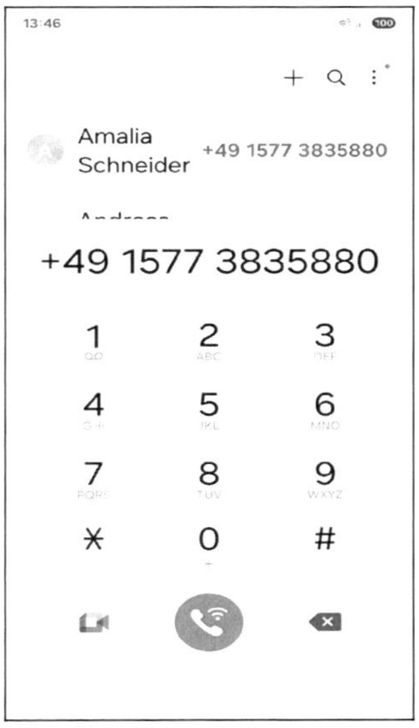

❶❷ Betätigen Sie die -Schaltleiste am unteren Bildschirmrand, worauf die zuletzt verwendete Rufnummer angezeigt wird.

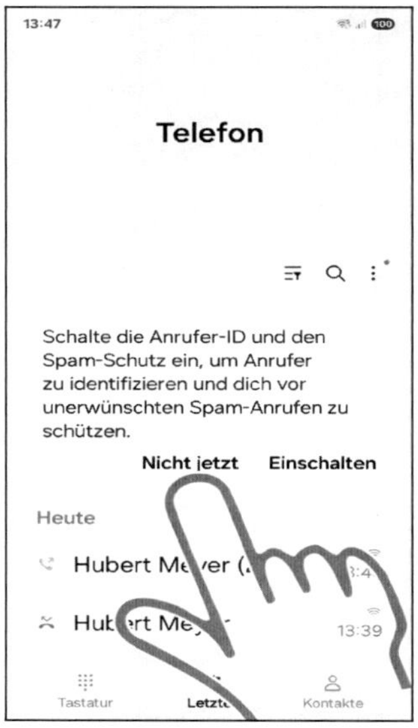

➊ Alternativ gehen Sie ins *Letzte*-Register (Pfeil).

➋ Schließen Sie den Hinweis auf den Anrufer-ID und Spam-Schutz mit *Nicht jetzt*.

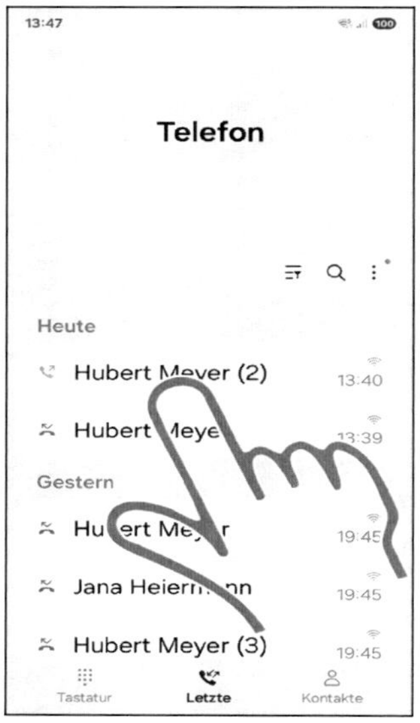

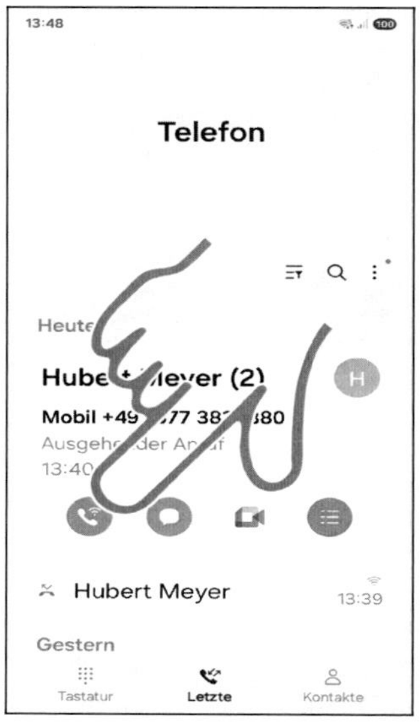

➊➋ Die zuletzt angewählte Rufnummer erscheint automatisch als Erste in der Liste. Tippen Sie sie an für ein Menü, worin Sie die Anwahl mit 📞 (Pfeil) durchführen können.

6.1.4 Funktionen während eines Gesprächs

❶❷ Während des Gesprächs zeigt das Handy die angewählte Rufnummer beziehungsweise den Kontakt an. Betätigen Sie die *Tasten*-Schaltleiste (Pfeil), um das Tastenfeld zu aktivieren, was sinnvoll ist, wenn Sie DTMF (Tonwahl)-Töne benötigen, zum Beispiel für die Bedienung eines Anrufbeantworters oder einer Tonwahl-gesteuerten Service-Hotline.

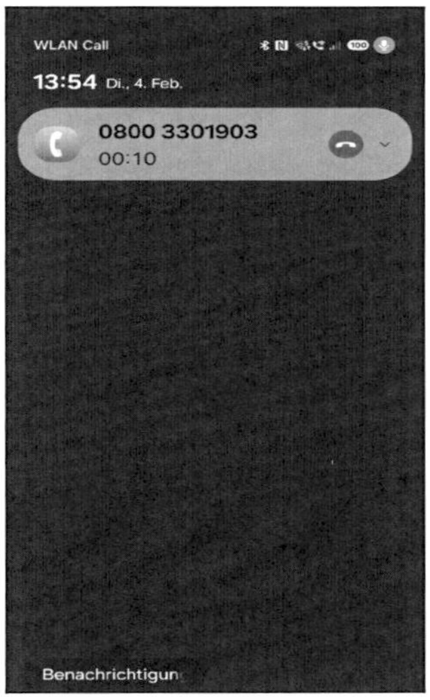

❶ Interessant ist die Möglichkeit, jederzeit während eines aktiven Gesprächs eine andere Anwendung zu nutzen. Dazu betätigen Sie die O-Taste für den Startbildschirm. Sie können dann, wie gewohnt, diverse Anwendungen auf dem Galaxy starten, während das Gespräch im Hintergrund läuft. Das grüne Symbol in der Titelleiste (Pfeil) weist auf die bestehende Gesprächsverbindung hin.

❷ Den aktiven Anruf steuern Sie über das Benachrichtigungsfeld (siehe Kapitel *4.8 Die Titelleiste*). Tippen Sie dort auf die Rufnummer, um den Anruf in der Telefonoberfläche anzuzeigen.

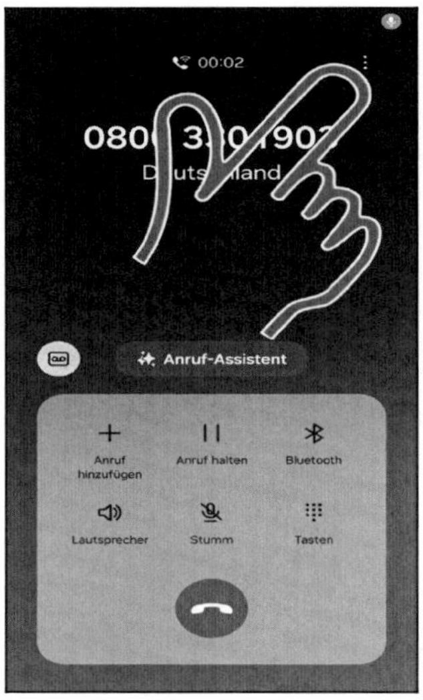

❶ Weitere Funktionen während eines Gesprächs

- : Erstellt einen Mitschnitt des Gesprächs. Der Gesprächspartner wird darüber aus Datenschutzgründen informiert. Siehe Kapitel *6.1.4.c Anrufaufnahme*.
- *Anruf-Assistent*: Wenn Sie nicht direkt mit jemandem sprechen möchten, beispielsweise weil er mit einer unterdrückten Nummer anruft oder Ihnen die Nummer unbekannt ist, können Sie dies dem Assistenten überlassen. Darauf geht Kapitel *6.1.4.b Anruf-Assistent* ein.
- *Anruf hinzufügen.*: Weiteren Kontakt oder Rufnummer anrufen, während der aktuelle Anruf gehalten wird. Später können Sie entweder zwischen den Gesprächsteilnehmern hin- und herschalten oder eine Telefonkonferenz abhalten. Diese Funktion ist nur mit Handy-Verträgen nutzbar, die das sogenannte »Anklopfen«-Dienstmerkmal unterstützen.
- *Anruf halten*: Der Gesprächsteilnehmer wird in eine Warteschleife des Netzbetreibers versetzt und hört dort eine Halte-Ansage.
- *Bluetooth*: Angeschlossenes Bluetooth-Headset aktivieren/deaktivieren.
- *Lautsprecher*: Freisprechen aktivieren.
- *Stumm*: Deaktiviert/aktiviert das Mikrofon, wobei man weiter hört, was der Gesprächsteilnehmer von sich gibt.
- *Tasten*: Aktiviert das Tastenfeld, über das man DTMF-Töne erzeugt, beispielsweise zur Fernbedienung eines Anrufbeantworters.

❷❸ Das ⋮-Menü:

- *Zu Kontakten hinzufügen*: Die Rufnummer einem Kontakt im Telefonbuch (siehe Kapitel *8 Telefonbuch*) hinzufügen oder einen neuen Kontakt erstellen.
- *Nachricht senden*: Eine SMS (siehe Kapitel *7 SMS mit Messages*) an die aktuelle Rufnummer senden.

6.1.4.a Hörerlautstärke

Während eines Gesprächs können Sie die Hörerlautstärke an Ihre Bedürfnisse anpassen. Drücken Sie einfach auf der rechten Geräteseite die Tasten Lautstärke-leiser/lauter.

6.1.4.b Anruf-Assistent

Manchmal möchten Sie vielleicht nicht direkt mit einem Anrufer sprechen, beispielsweise weil Sie erst wissen möchten, mit wem Sie zu tun haben. Es gibt auch Situationen, in denen Sie nicht laut sprechen können, sei es in einer sehr lauten Umgebung oder wenn Sie nicht möchten, dass ein Dritter mithört. Für diese Fälle hat Samsung einen Sprachassistenten integriert, der Ihre eingetippten Texte dem Gesprächspartner vorliest und seine gesprochenen Worte wiederum in Text umwandelt.

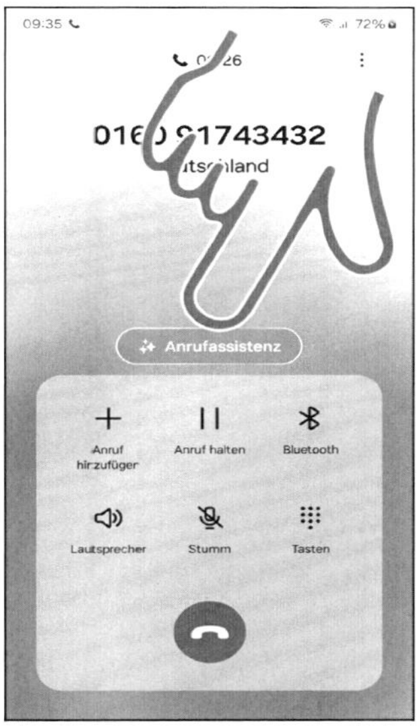

❶❷ So aktivieren Sie den Sprachassisten: Betätigen Sie während des Gesprächs – oder schon bei der Anwahl – die *Anrufassistenz*-Schaltleiste und gehen Sie auf *Text-Anruf*.

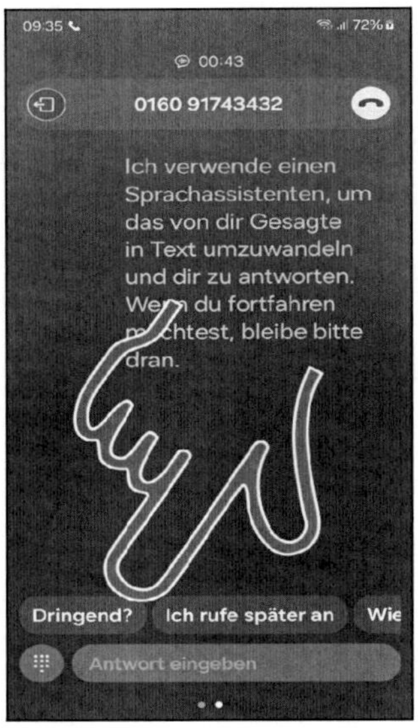

➊ Dem Gesprächspartner wird eine kurze Erklärung vorgelesen. Über die Schaltleisten am unteren Bildschirmrand können Sie häufig benötigte Ansagen abrufen, Alternativ tippen Sie ins Eingabefeld für eigene Ansagen.

➋ Die Schaltleisten am oberen Bildschirmrand schalten auf den Sprachanruf zurück beziehungsweise beenden das Gespräch.

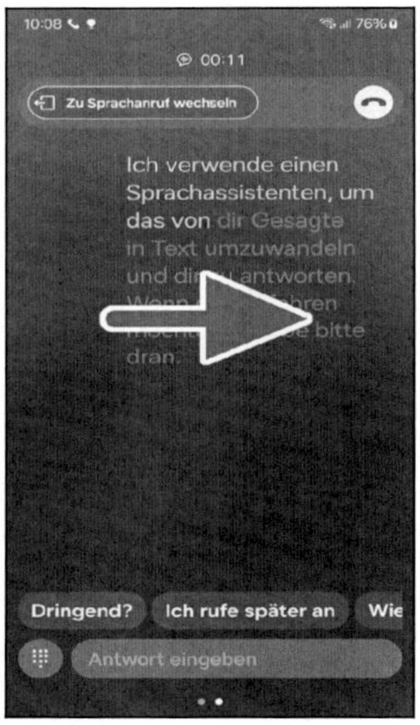

➊➋ Zwischen Telefonoberfläche und Assistenten wechseln Sie mit einer Wischgeste nach rechts/links.

6.1.4.c Anrufaufnahme

Eine Aufnahme des aktuellen Anrufs war bisher auf Galaxy-Handys technisch nicht möglich, was mit Datenschutzbedenken zusammenhängt. Wenn Sie auf dem Galaxy die Aufnahme aktivieren, erhält der Gesprächspartner einen Hinweis.

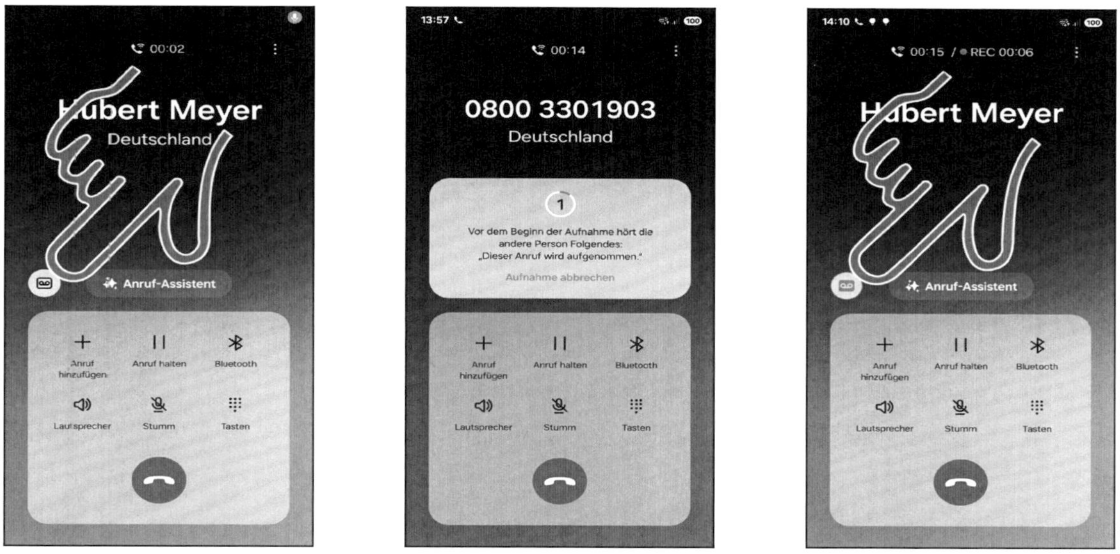

❶ Betätigen Sie . Den einmaligen Hinweis schließen Sie mit *Aufnahme starten.*

❷ Es läuft ein Countdown. Der Gesprächspartner mit »*Dieser Anruf wird aufgezeichnet*« über den Mitschnitt informiert.

❸ Erneutes Betätigen von beendet die Aufnahme, worauf der Gesprächspartner die Ansage »*Dieser Anruf wird nicht mehr aufgezeichnet*« bekommt.

❶ So spielen Sie die Gesprächsaufnahme ab: Gehen Sie ins *Letzte*-Register.

❷ Tippen Sie einen Eintrag in der Liste an (Aufrufeinträge mit Sprachaufnahme markiert ein -Symbol).

❸ Betätigen Sie .

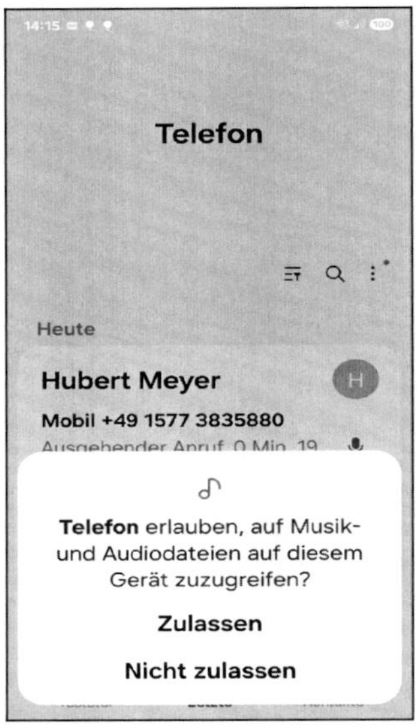

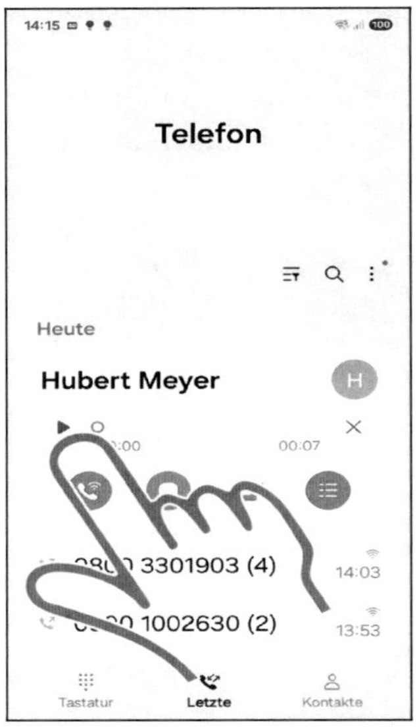

❶ Das einmalig angezeigte Popup schließen Sie mit *Zulassen*.

❷ Die Wiedergabe starten Sie mit ▶.

6.1.5 Anruf aus dem Telefonbuch

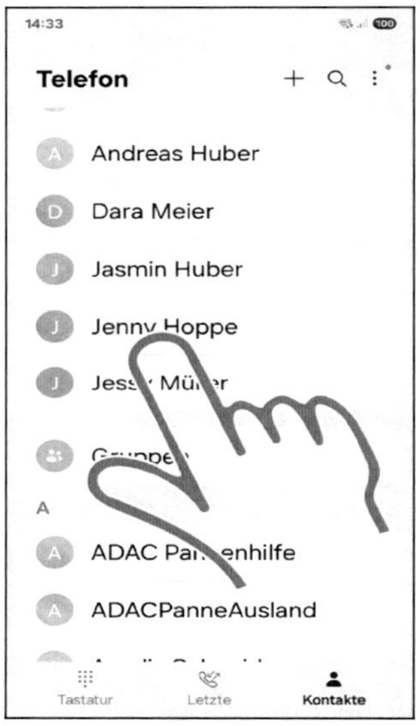

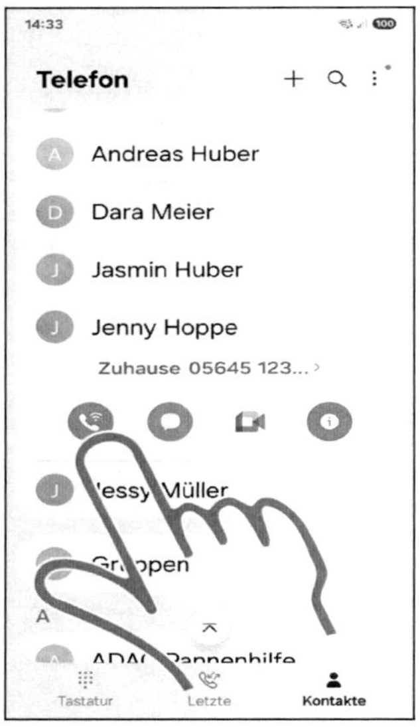

❶ Rufen Sie die Kontaktauflistung über *Kontakte* (Pfeil) auf.

❷ Tippen Sie einen Kontaktnamen an.

❸ Die Schaltleisten werden eingeblendet. Darüber zeigt das Handy die Rufnummer an, die angewählt wird, sobald Sie die 📞-Schaltleiste (Pfeil) betätigen.

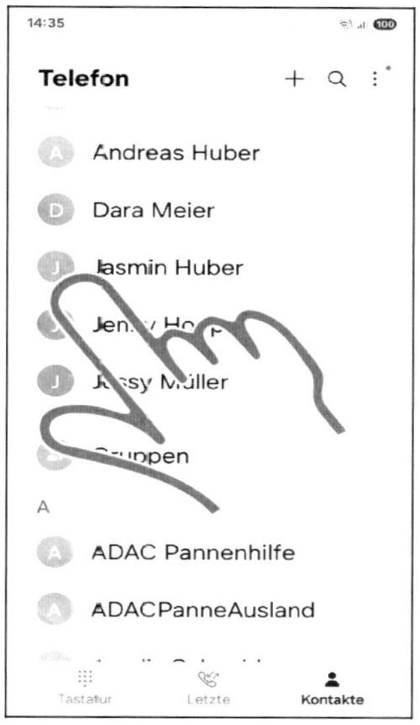

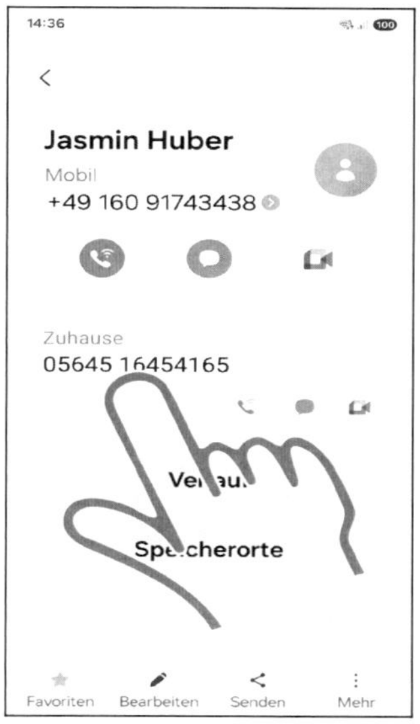

❶❷ Häufig hat ein Kontakt mehrere Rufnummern. Antippen des runden Symbols (Pfeil) vor dem Kontaktnamen öffnet dann die Kontaktdetails. Tippen Sie darin auf die anzuwählende Rufnummer (Pfeil).

Das Telefonbuch beschreibt bereits Kapitel *8 Telefonbuch*.

❶❷ Auch durch Ziehen des Fingers von links nach rechts auf einem Kontakt können Sie die Anwahl starten.

Angewählt wird in diesem Fall die »Standardnummer«, welche das nachfolgende Kapitel beschreibt.

6.1.6 Die Standardnummer

Wenn Sie eine Rufnummer, beziehungsweise einen Namen, in der Telefonoberfläche eingeben, zeigt das Samsung Galaxy immer die sogenannte »Standardnummer« bei den im Telefonbuch gefundenen Kontakten an. Andere Rufnummern werden dagegen nicht berücksichtigt.

Beispiel: Der gefundene Kontakt *Hubert Meyer* besitzt mehrere Rufnummern, es wird aber nur die Standardnummer angezeigt.

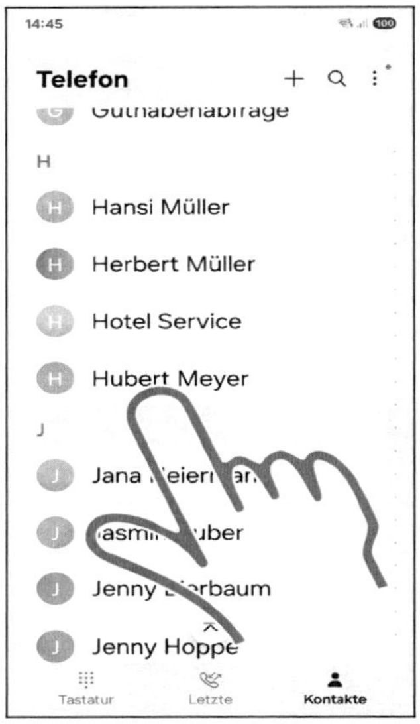

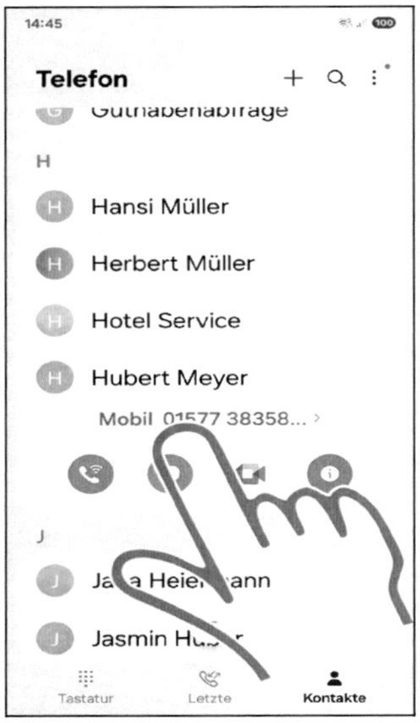

❶ So legen Sie die Standardnummer fest: Aktivieren Sie das *Kontakte*-Register.

❷ Den Namen des Kontakts, dessen Standardnummer Sie festlegen möchten, tippen Sie an.

❸ Die grün angezeigte Rufnummer ist die Standardnummer. Tippen Sie sie an.

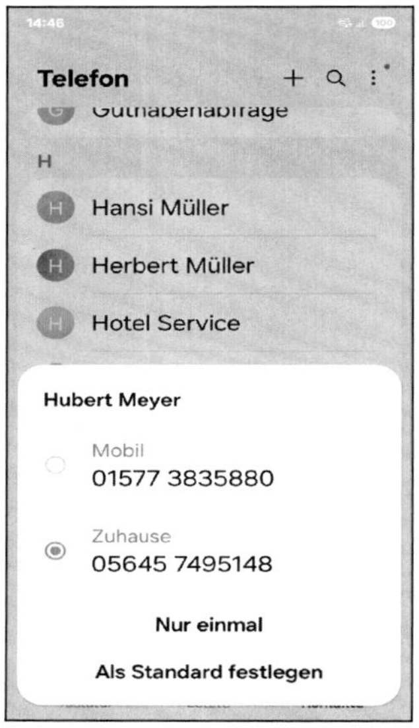

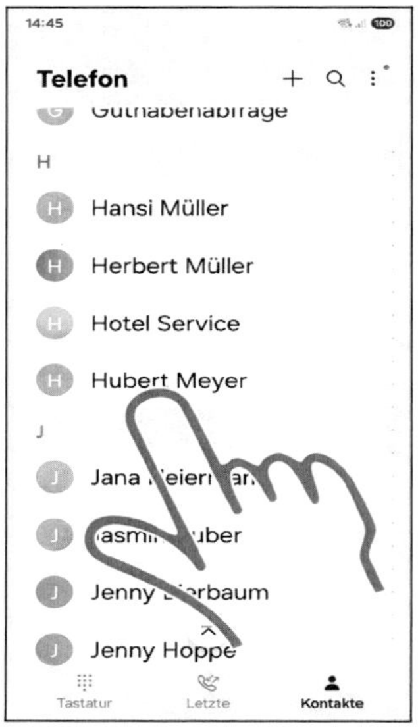

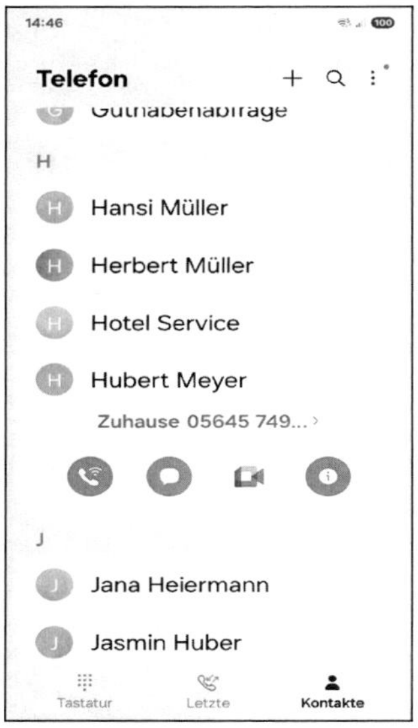

❶ Markieren Sie die gewünschte Standardnummer im Popup und gehen Sie auf *Als Standard festlegen.*

❷❸ Die Standardnummer wird nun im ausgewählten Kontakt angezeigt (Pfeil).

6.2 Kurzwahlen

Wenn man bestimmte Rufnummern häufig anwählt, ist es umständlich, sie jeweils immer von Hand einzugeben oder in der Kontaktverwaltung zu suchen. Deshalb gibt es die Kurzwahlen, bei denen man eine der Zahlen von 2 bis 9 mit einer Rufnummer belegt. Man braucht zur Anwahl dann nur noch beispielsweise als Kurzwahl die »2« einzugeben.

6.2.1 Kurzwahl erstellen

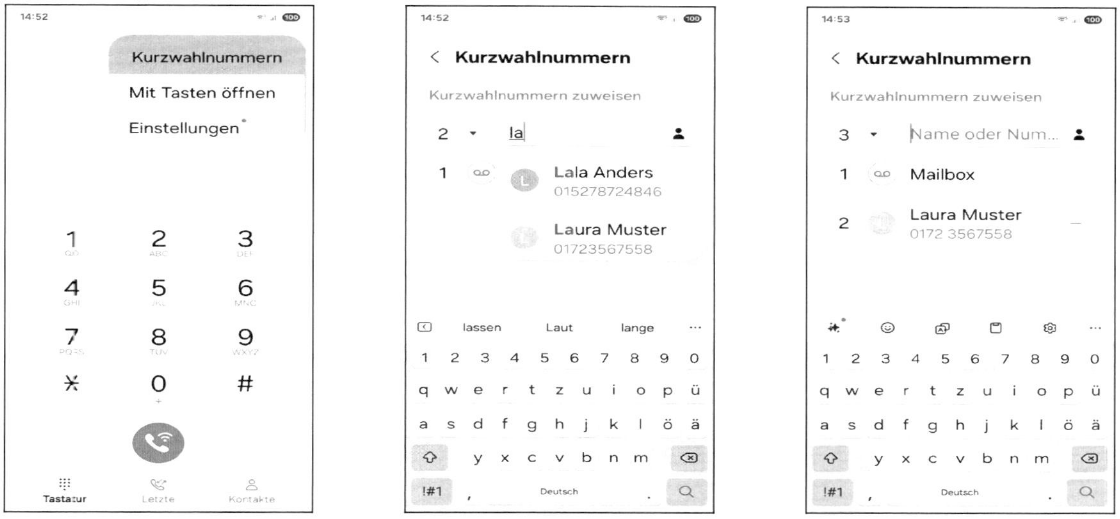

❶ Rufen Sie in der Telefonoberfläche oder im *Kontakte*-Register ⁝/*Kurzwahlnummern* auf.

❷ Geben Sie die Anfangsbuchstaben eines Kontakts aus dem Telefonbuch an, worauf das Handy Ihnen Vorschläge macht. Wählen Sie davon einen aus.

❸ Die Kurzwahl ist damit erstellt. Über die Minus-Schaltleiste hinter dem Kurzwahleintrag löschen Sie diese bei Bedarf wieder.

Die Kurzwahl »1« ist bereits für die Mailbox, siehe Kapitel *6.3 Mobilbox abrufen*, reserviert.

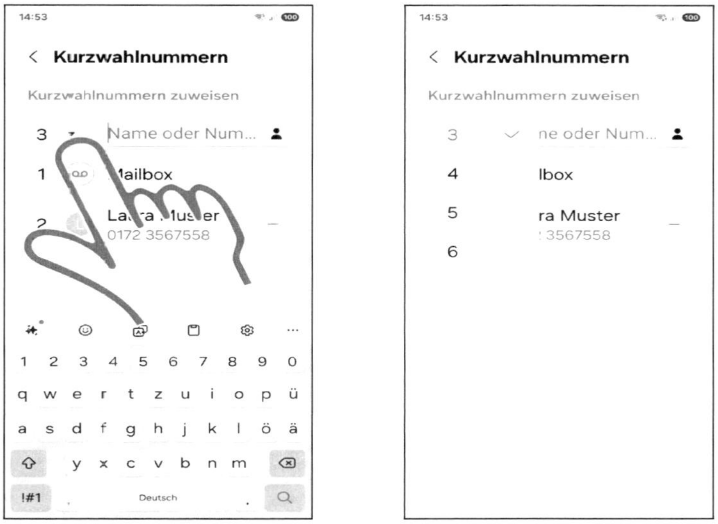

❶❷ Normalerweise gibt Ihnen das Handy die zu belegende Kurzwahl vor. Über das Auswahlmenü (Pfeil) ist es aber auch möglich, die Kurzwahl selbst einzustellen.

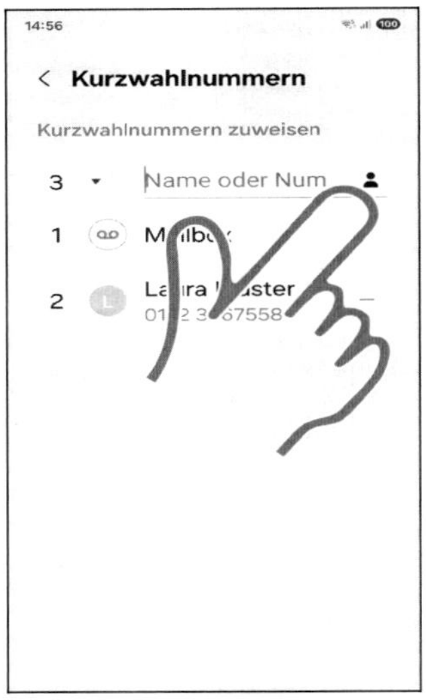

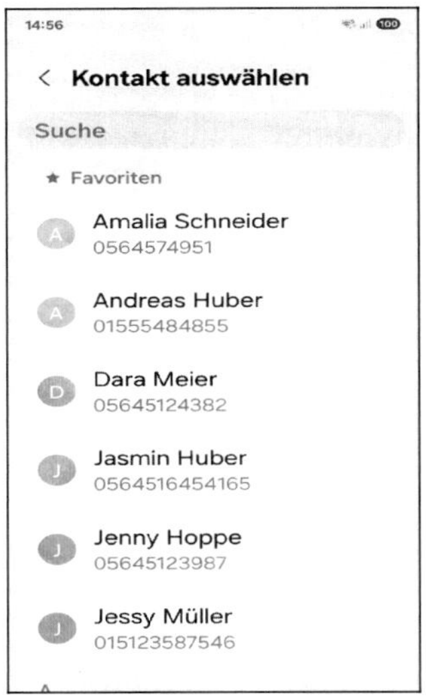

➊➋ Über die 👤-Schaltleiste öffnen Sie das Telefonbuch, in dem Sie einen Kontakt auswählen.

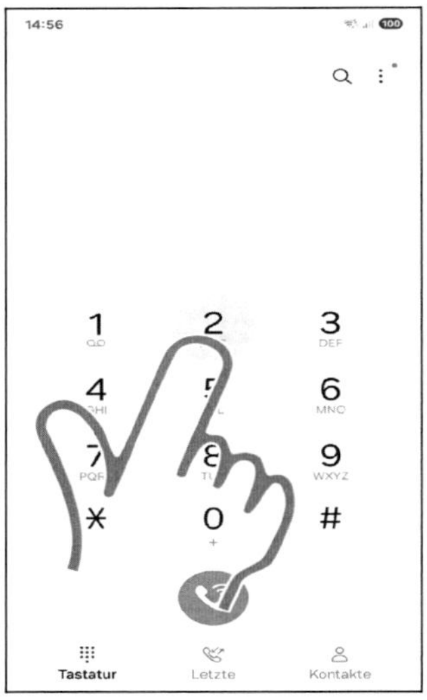

➊➋ So nutzen Sie die Kurzwahlen:

- Drücken und halten Sie die Kurzwahlnummer, worauf sofort die Anwahl startet.
- Bei mehrstelligen Kurzwahlen drücken und halten Sie die letzte Ziffer, bis die Anwahl durchgeführt wird. Beispielsweise würden Sie für die Kurzwahl 123 die ersten beiden Ziffern eingeben und dann die »3« gedrückt halten.

6.3 Mobilbox abrufen

Die Mobilnetzbetreiber bieten jedem Kunden eine »Mailbox« an, in der Anrufer wie auf einem Anrufbeantworter ihre Nachrichten hinterlassen können. Zum Abruf der Nachrichten wählen Sie entweder auf der Telefonoberfläche die Mailboxnummer, oder Sie nutzen die vom Handy angebotene Abruffunktion.

Zum Abruf der Mailbox tippen und halten Sie die »1«-Taste auf dem Telefontastenfeld, bis die Anwahl erfolgt. Es wird automatisch das Tastenfeld aktiviert.

> Die Mailbox ist auf der Kurzwahl »1« vordefiniert. Normalerweise wird die Mailbox-Rufnummer korrekt eingerichtet, wenn Sie eine neue SIM-Karte einlegen und die automatisch erscheinende Konfigurationsaufforderung bestätigen. Falls Sie eine andere Mailboxrufnummer eintragen möchten, lesen Sie im Kapitel *6.7.13 Mailboxeinstellungen* weiter.

6.4 Anruf annehmen

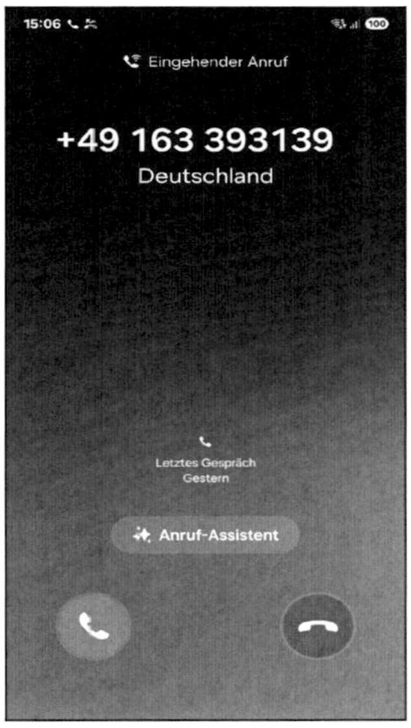

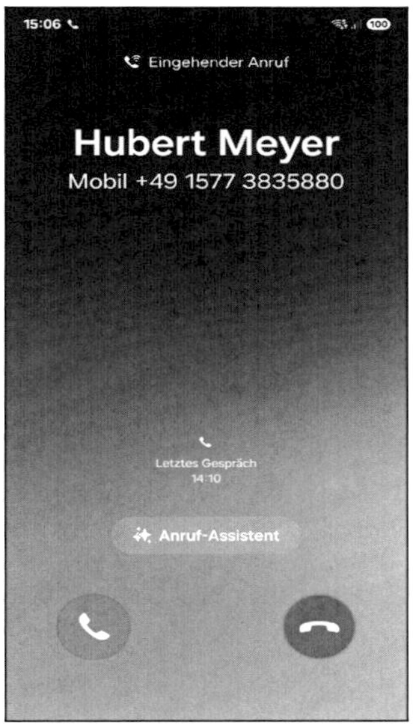

Wenn ein Anruf eingeht, gibt es zwei mögliche Anzeigen:

- Rufnummer ist nicht im Telefonbuch vorhanden: Nur die Rufnummer wird angezeigt (❶).
- Rufnummer ist im Telefonbuch vorhanden: Das Handy zeigt den Kontaktnamen und die Rufnummer an (❷).

❸ Läuft gerade eine Anwendung, dann erscheint nur ein Popup, in dem Sie den Anruf entgegen nehmen oder ablehnen.

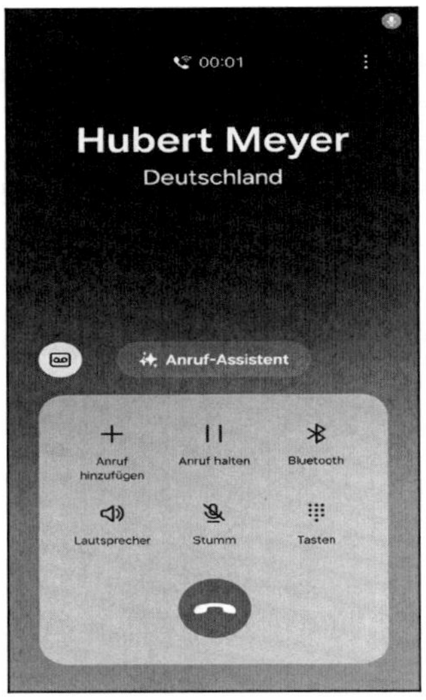

❶❷ Zum Annehmen eines Gesprächs ziehen Sie die grüne -Schaltleiste mit angedrücktem Finger nach rechts. Während eines Gesprächs stehen die gleichen Funktionen zur Verfügung, die bereits im Kapitel *6.1.4 Funktionen während eines Gesprächs* vorgestellt wurden.

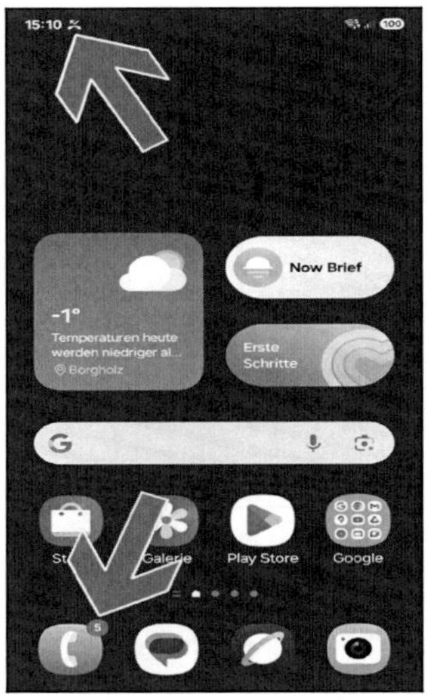

❶ Umgekehrt ziehen Sie die rote -Schaltleiste nach links, um einen Anruf zu blocken. Der geblockte Anruf landet trotzdem in der Anrufverlauf-Liste, sodass sie ihn später zurückrufen können. Siehe auch Kapitel *6.5 Anrufliste*.

❷ Wenn Sie mal einen Anruf verpasst haben, erscheint oben in der Titelleiste ein -Symbol (Pfeil). Dieses ist solange dort sichtbar, bis Sie die Anrufliste aufrufen. Eine Zahl beim *Telefon*-Schaltleiste (Pfeil) informiert zudem über die Anzahl der verpassten Anrufe.

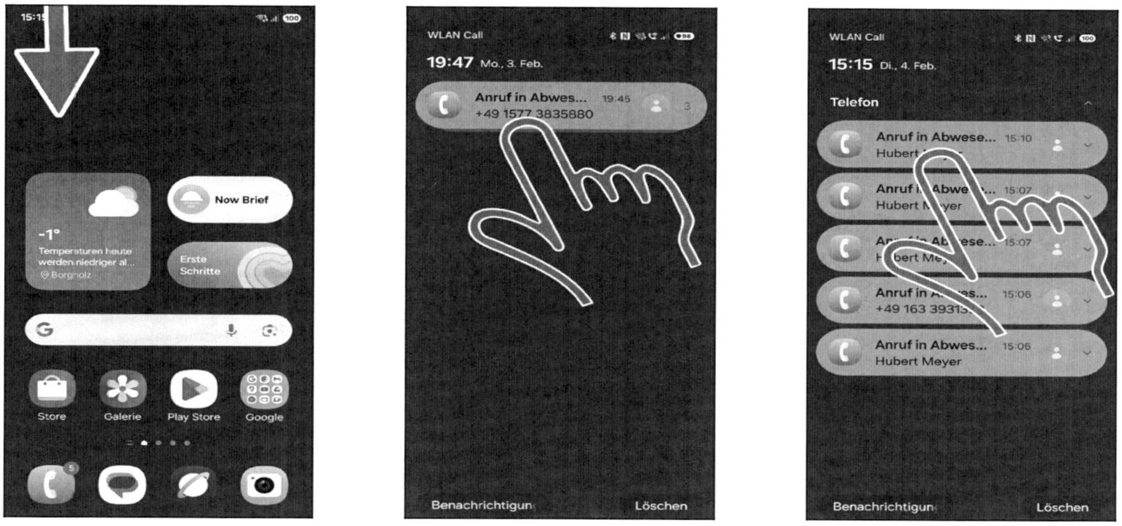

➊ Weitere Infos zum verpassten Anruf erhalten Sie ebenfalls, indem Sie das Benachrichtigungsfeld öffnen (Siehe *4.8 Die Titelleiste)*.

➋➌ Tippen Sie den Listeneintrag an, um die Anrufliste anzuzeigen. Falls mehrere verpasste Anrufe vorliegen, werden diese aufgelistet, von denen Sie einen für die Anrufliste Antippen.

Einen Anruf, den Sie nicht entgegennehmen, beziehungsweise blocken, erscheint trotzdem in der Anrufverlauf-Liste, die Kapitel *6.5 Anrufliste* beschreibt.

Betätigen der Lautstärke-leiser-Taste auf der rechten Geräteseite schaltet einen eingehenden Anruf stumm.

6.4.1 Anruf mit Mitteilung beantworten

Nicht immer ist es möglich, einen eingehenden Anrufer sofort entgegenzunehmen. Für solche Fälle bietet das Handy die Option, dem Anrufer eine SMS zu schicken.

➊ Ziehen Sie den Schieber am unteren Bildschirmrand nach oben.

➋ Es sind bereits einige Texte vorgegeben, von dem Sie einen auswählen. Der Anruf wird nun geblockt und die SMS verschickt.

➌ Wenn Sie vor der Auswahl einer Nachricht die Option *In 1 Stunde erinnern* aktivieren, macht Sie das Handy später auf den nötigen Rückruf aufmerksam.

Falls Sie den Inhalt der SMS selbst eingeben möchten, betätigen Sie *Neue Nachricht schreiben*, worauf die Nachrichten-Anwendung startet und eine neue SMS an den Anrufer erstellt.

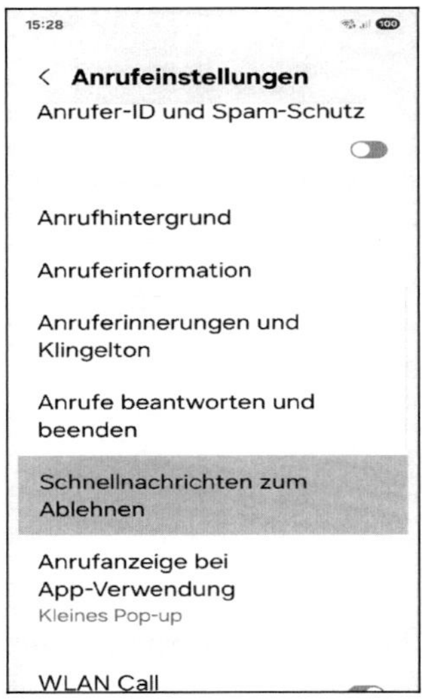

❶❷ Die vorgegebenen Textvorlagen lassen sich editieren. Gehen Sie dafür in der Telefonoberfläche auf ⋮*/Einstellungen/Schnellnachrichten zum Ablehnen*.

❶❷ Erfassen Sie einen Ablehnungstext und betätigen Sie **+**. Es bietet sich an, weitere Texte für verschiedenste Situationen anzulegen.

Falls Ihnen ein Text nicht mehr gefällt, tippen Sie ihn einfach in der Auflistung an, worauf er im Editor angezeigt wird. Sie können maximal sechs verschiedene Texte erstellen.

6.4.2 Klingelton und Klingeltonlautstärke

❶ Die Klingeltonlautstärke ändern Sie ganz einfach über die Lautstärketasten auf der rechten Geräteseite.

❷ Wenn Sie bereits die niedrigste Lautstärke eingestellt hatten und trotzdem weiter die Lautstärke-leiser-Taste drücken, schaltet das Handy auf Lautlos.

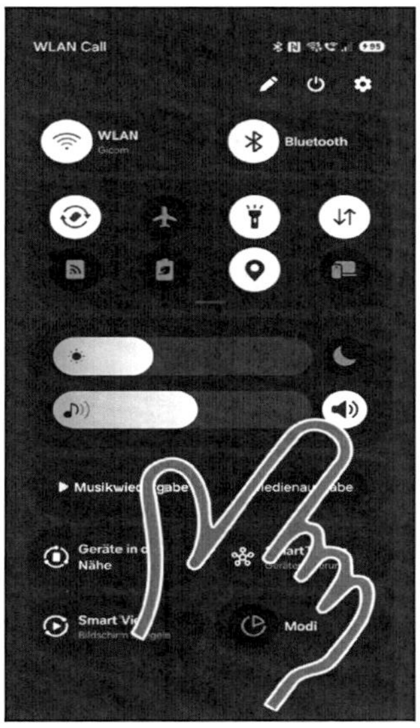

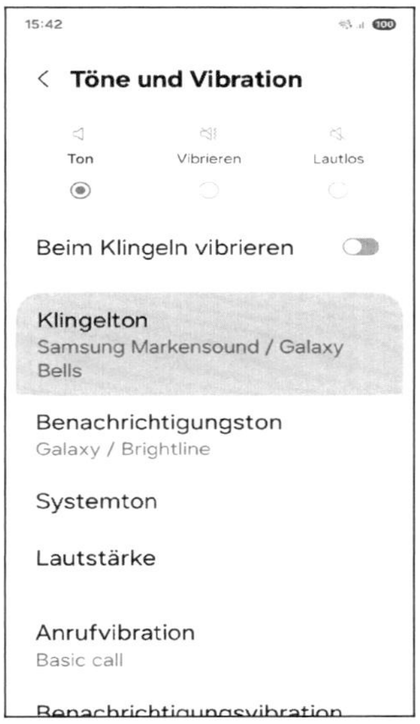

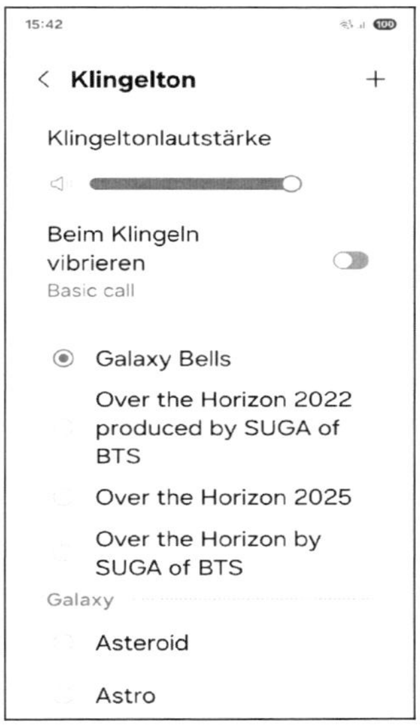

❶ Aktivieren Sie den Schnelleinstellungsbereich, dann tippen und halten Sie die 🔊-Schaltleiste.

❷ Gehen Sie auf *Klingelton*.

❸ Stellen Sie den gewünschten Klingelton ein.

> Falls Sie eigene Musikdateien als Klingel- und Benachrichtigungstöne verwenden möchten, beachten Sie bitte Kapitel *32.2 Eigene Klingel- und Benachrichtigungstöne*.
>
> Sie können auch jedem Kontakt einen eigenen Klingelton zuweisen, der dann statt dem Standard-Klingelton vom Handy verwendet wird. Siehe dazu Kapitel *8.4 Kontaktfoto und Klingelton*.

6.5 Anrufliste (Protokoll)

In der Anrufliste legt das Handy alle ein- und ausgegangenen Anrufe, auch die nicht entgegengenommenen, ab.

6.5.1 Anrufliste in der Telefonoberfläche

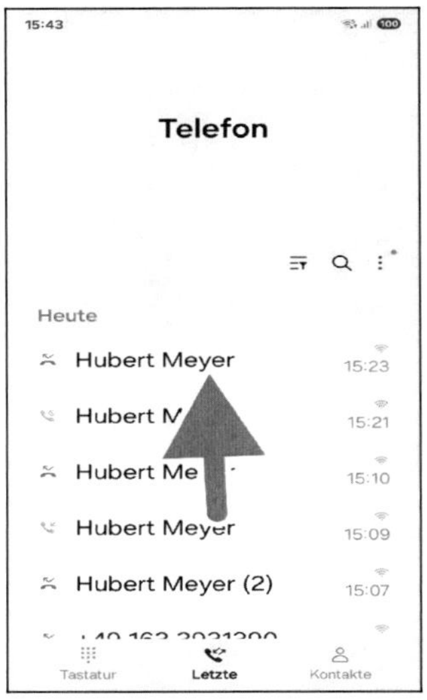

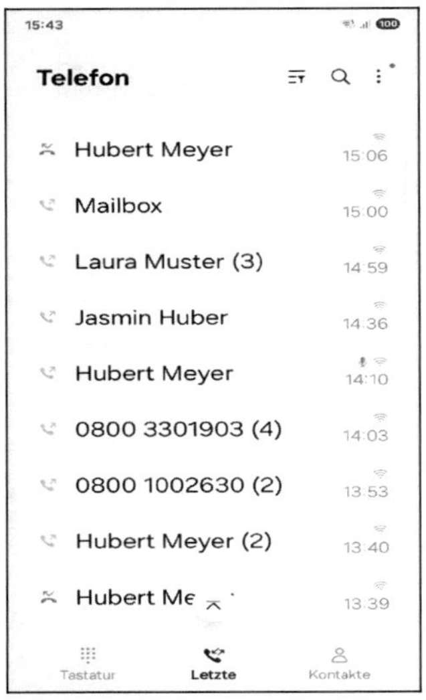

❶ Die Anrufliste zeigt die zuletzt ein- und ausgegangenen, sowie verpassten Gespräche an. Sie aktivieren sie über das *Letzte*-Register (Pfeil) in der Telefonoberfläche.

❷❸ Mit einer Wischgeste blättern Sie durch die Anrufliste.

6.5.2 Anzeige verpasster Anrufe

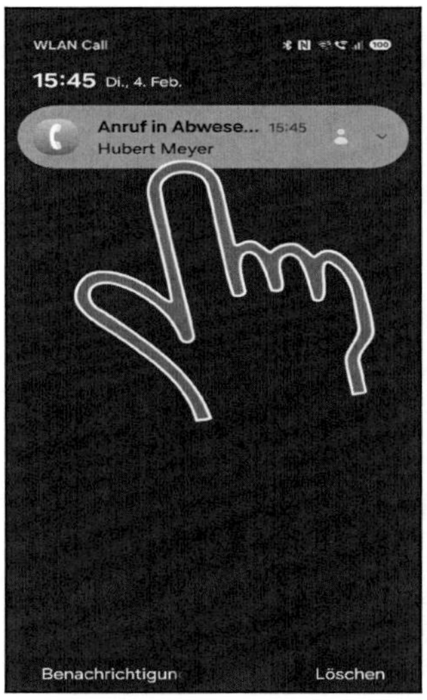

❶ Über verpasste oder von Ihnen geblockte Anrufe informiert ein ⤫-Symbol oben in der Titelleiste (Pfeil). Das Symbol bleibt solange sichtbar, bis Sie die Anrufliste aktivieren.

❷ Weitere Infos über den verpassten Anrufer erhalten Sie, indem Sie das Benachrichtigungsfeld öffnen (siehe Kapitel *4.8 Die Titelleiste*). Tippen Sie den Listeneintrag an, um die Anrufliste anzuzeigen.

❸ Ein kleines Symbol informiert bei jedem Listeneintrag, welche Aktion stattgefunden hat:

- Eingehender Anruf, der angenommen wurde.
- Eingehender Anruf, der nicht angenommen wurde.
- Ausgehender Anruf.
- Von Ihnen geblockter Anruf.

6.5.3 Funktionen in der Anrufliste

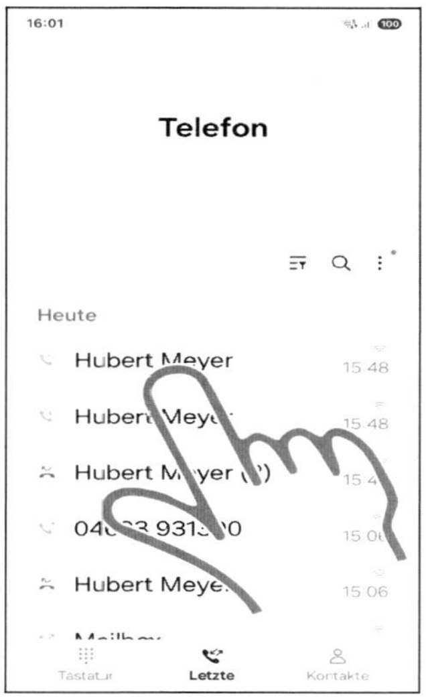

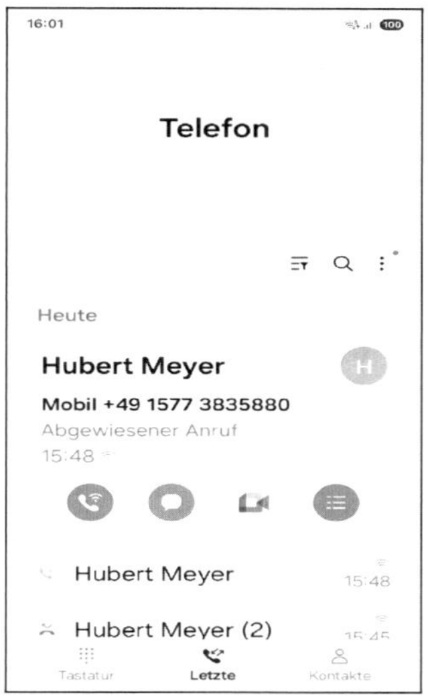

❶❷ Tippen Sie einen Namen an für die folgenden Schaltleisten:

- : *Anruf*: Kontakt anrufen.
- : *Nachricht*: SMS schreiben.
- : *Videoanruf*: Videotelefonat über Google Meet führen. Siehe dazu auch Kapitel *11.5 Meet*.
- : *Anrufliste*: Anrufliste für diese Rufnummer/diesen Kontakt anzeigen.

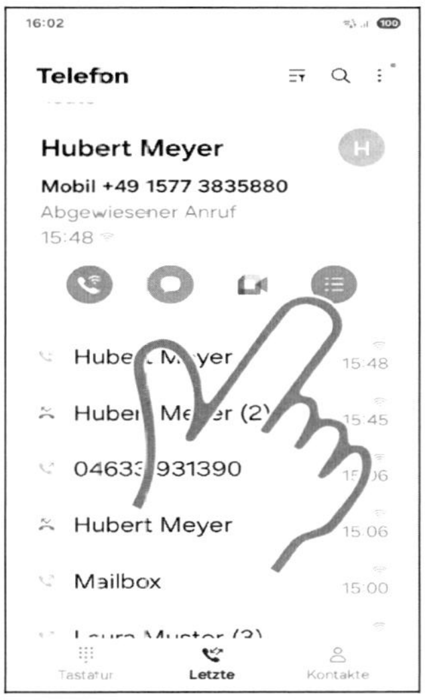

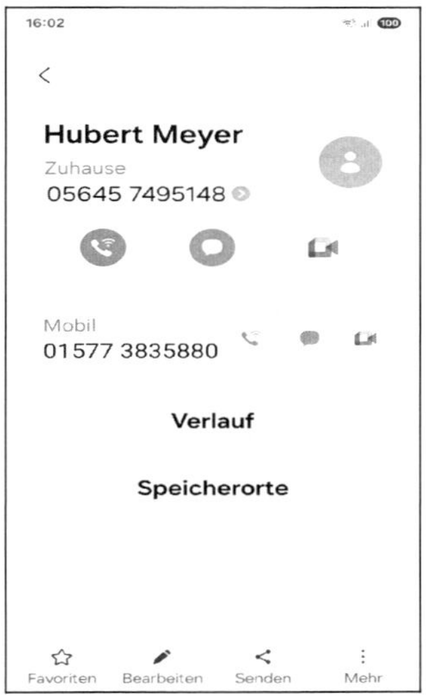

❶ Antippen von (Pfeil) zeigt die Anrufliste.

❷❸ Die ⓘ-Schaltleiste öffnet hier die Kontaktdetails (sofern sich die Rufnummer im Telefonbuch befindet).

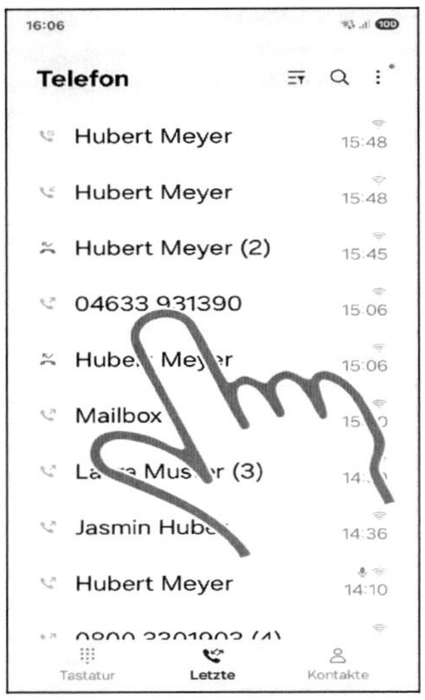

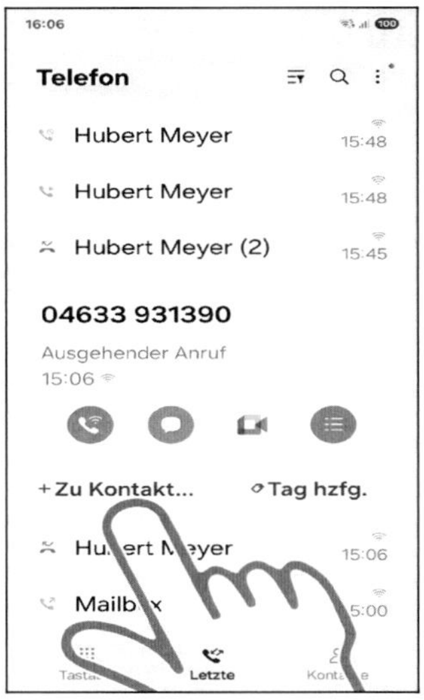

❶❷ Haben Sie eine noch nicht im Telefonbuch vorhandene Rufnummer angetippt, so ist die *Zu Kontakten hinzufügen*-Schaltleiste verfügbar, die Sie betätigen.

❸ Im Popup wählen Sie anschließend aus, ob die Rufnummer einem neuen oder bestehenden Kontakt zugewiesen wird.

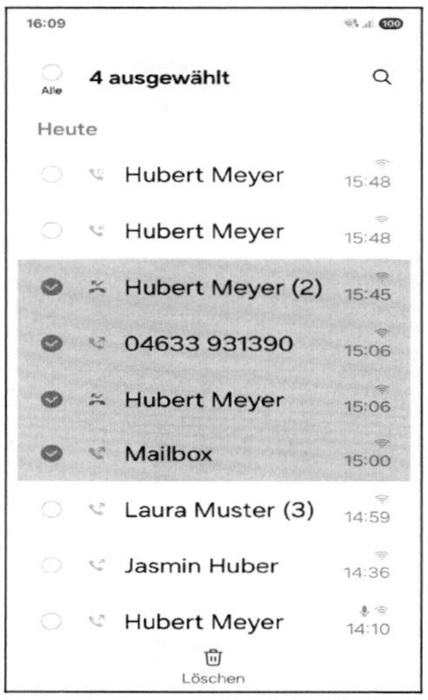

❶❷ Tippen und halten Sie den Finger über einem Listeneintrag, worauf der Markierungsmodus aktiviert wird. Sie können dann weitere Listeneinträge durch Antippen markieren und mit *Löschen* am unteren Bildschirmrand die markierten Einträge aus dem Anrufprotokoll entfernen.

6.5.4 Weitere Anzeigen

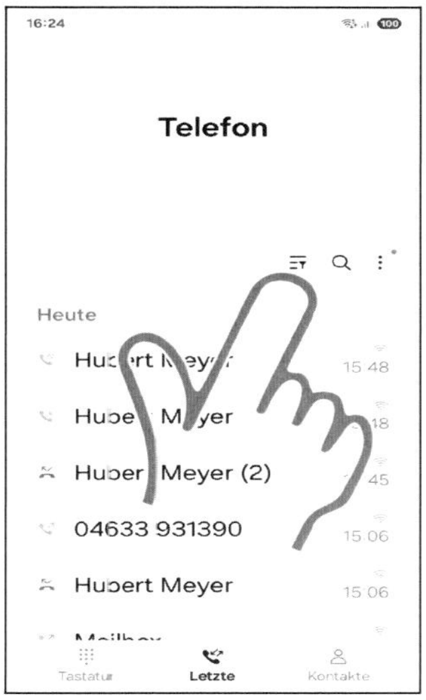

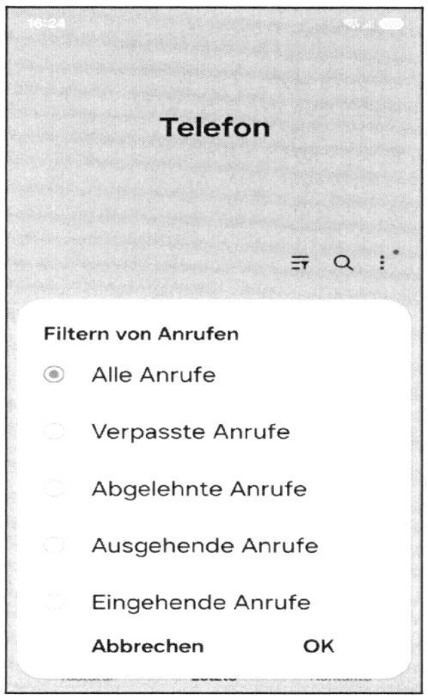

❶❷ Über ☰ schränken Sie die angezeigten Einträge auf verpasste oder abgelehnte Anrufe ein.

6.6 Flugmodus (Offline-Modus)

In manchen Umgebungen, zum Beispiel in bestimmten Abteilungen von Krankenhäusern oder Behörden, ist der Einsatz eines Handys untersagt. Für diesen Fall können Sie die Telefon-Funktionalität deaktivieren. Im Flugmodus sind neben dem Telefon, auch WLAN und Bluetooth deaktiviert.

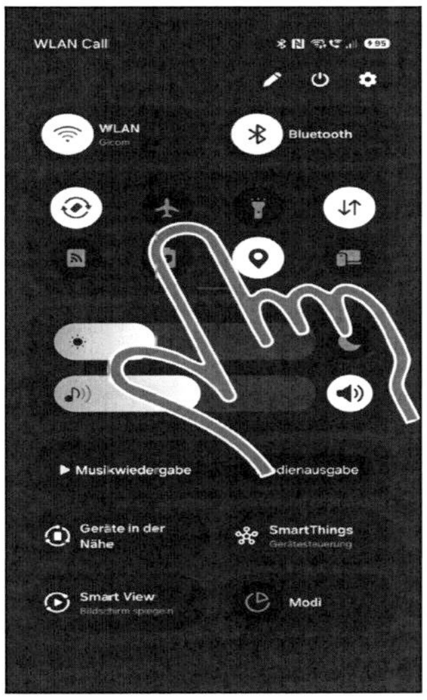

❶ Öffnen Sie den Schnelleinstellungsbereich und betätigen Sie darin die ✈-Schaltleiste.

❷ Ein ✈-Symbol macht auf den aktiven Flugzeugmodus in der Titelleiste aufmerksam (Pfeil). Erneutes Betätigen der ✈-Schaltleiste im Schnelleinstellungsbereich schaltet den Mobilfunk wieder ein.

Für den Netzbetreiber erscheint der Flugzeugmodus technisch so, als ob Sie Ihr Handy ausgeschaltet haben.

6.7 Anrufeinstellungen

In den Anrufeinstellungen finden Sie viele Funktionen, die meist nur selten benötigt werden, trotzdem aber sehr nützlich sein können.

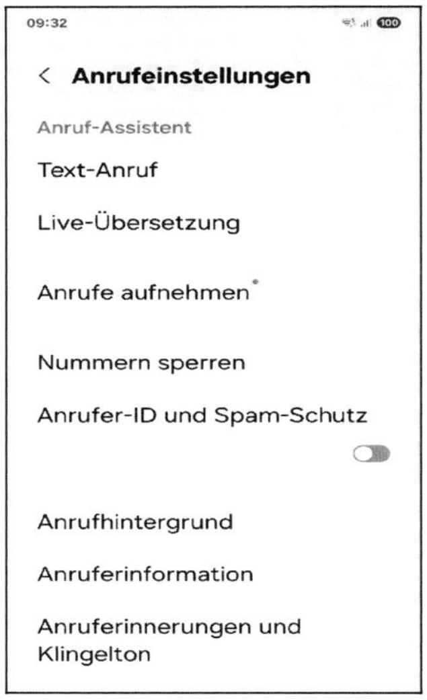

❶❷ Gehen Sie in ⋮/*Einstellungen*.

6.7.1 Text-Anruf

◆ *Einstellungen/Text-Anruf*

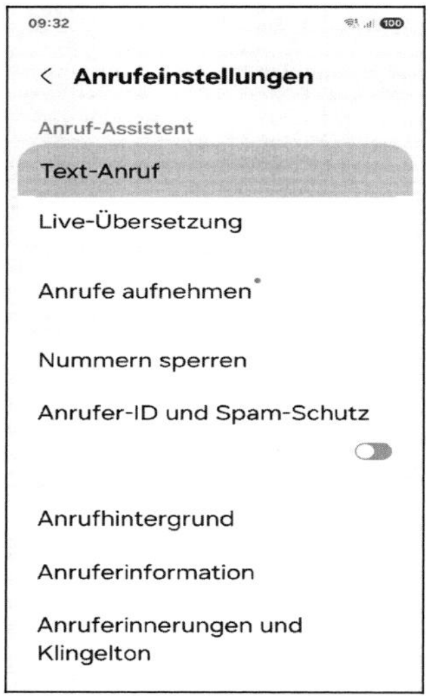

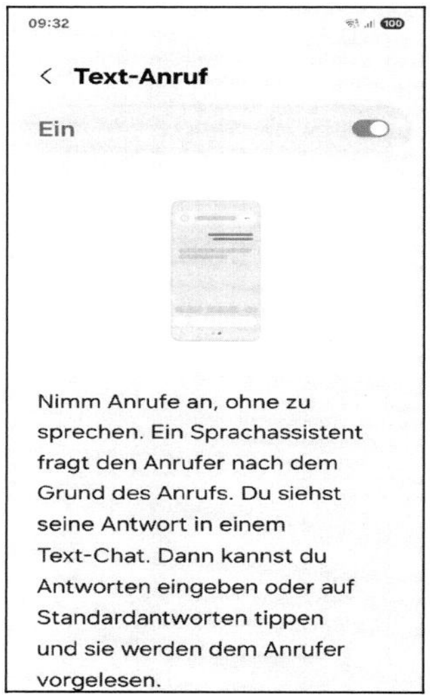

❶❷ Im *Text-Anruf*-Menü konfigurieren Sie die verwendete Sprache und Stimme für die im Kapitel *6.1.4.b Anruf-Assistent* beschriebene Funktion. Während eines Telefonats werden alle gesprochenen Worte automatisch in Text umgewandelt.

6.7.2 Live-Übersetzung

◆ *Einstellungen/Live-Übersetzung*

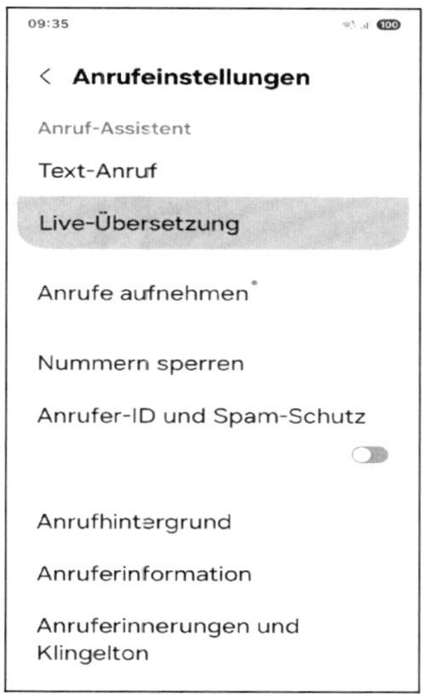

❶❷ *Live-Übersetzung* tauscht automatisch die Sprache des Gesprächspartners gegen eine Übersetzung aus. Diese Funktion setzt eine Anmeldung beim Samsung-Konto voraus, weshalb wir später im Kapitel *24.2 Simultan-Übersetzung während eines Telefonats* darauf eingehen.

6.7.3 Anrufaufnahme

◆ *Einstellungen/Anruf aufnehmen*

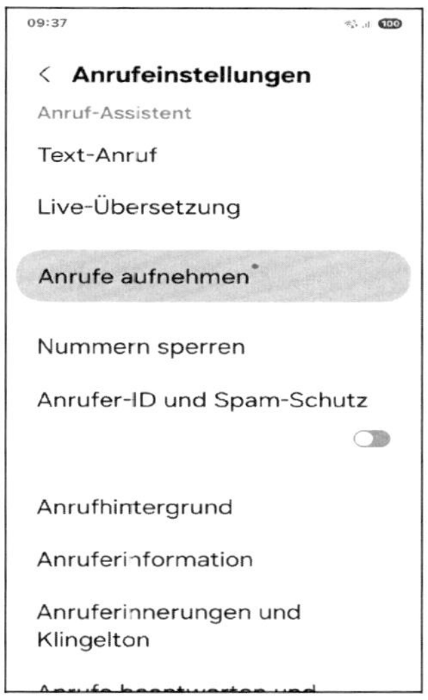

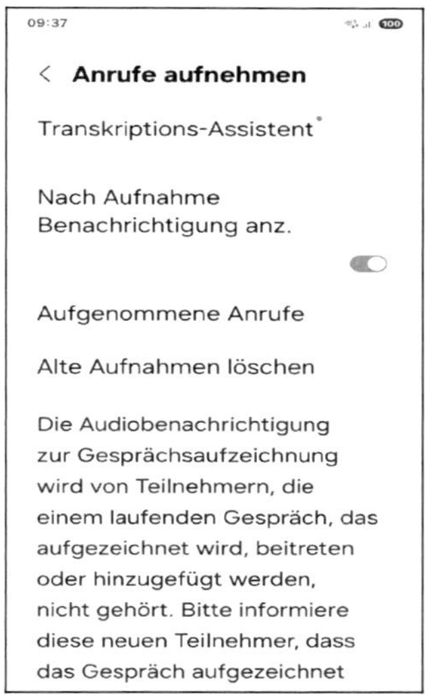

❶❷ Hiermit verwalten Sie die im Kapitel *6.7.3 Anrufaufnahme* beschriebene Funktion:

- *Nach Aufnahme Benachrichtigung anz.*: Im Benachrichtigungsfeld erscheint ein Hinweis auf die Aufnahme. Tippen Sie darauf, um die Liste mit den Aufnahmen anzuzeigen.
- *Aufgenommene Anrufe*: Auflistung der Audioaufnahmen (❸). Tippen Sie eine Aufnahme an, um sie abzuspielen.
- *Alte Aufnahmen löschen*

6.7.4 Anruf ablehnen

◆ *Einstellungen/Nummern sperren*

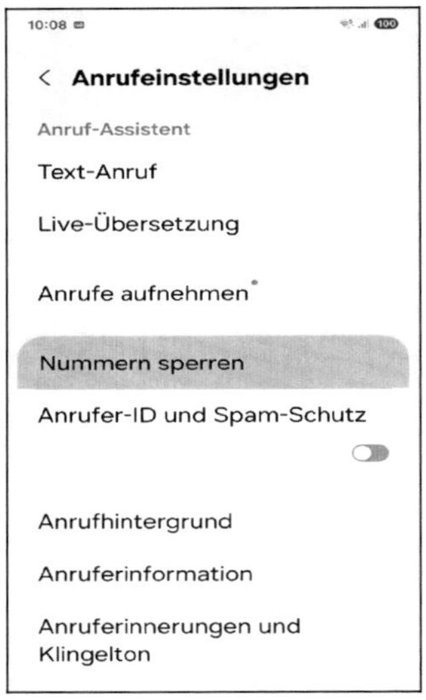

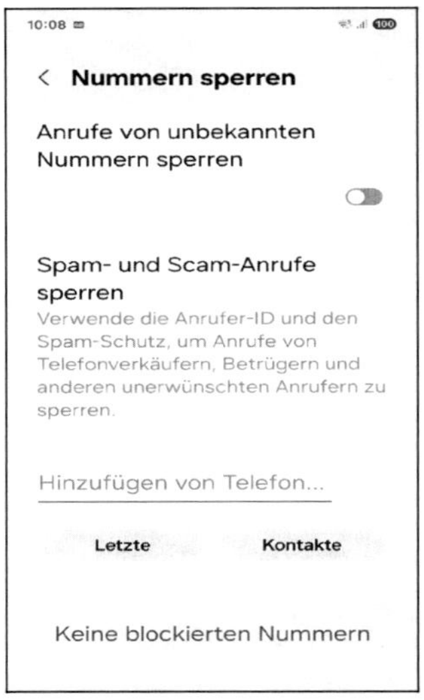

❶❷ Hiermit blockieren Sie unerwünschte Anrufer und SMS. Erfassen Sie einfach die entsprechenden Rufnummern.

6.7.5 Spam-Schutz

◆ *Einstellungen/Anrufer-ID und Spam-Schutz*

Werbeanrufe sind oft ärgerlich. In Deutschland sind unerwünschte Werbeanrufe aufgrund strenger gesetzlicher Regulierung allerdings eher selten, weshalb sich die hier vorgestellte Anrufer-Identifizierung eigentlich erübrigt. Außerdem hat diese Funktion den Nachteil, dass Rufnummern an ein fremdes Unternehmen übertragen werden. Die Nutzer der Anrufer-Identifizierung legen zudem selbst fest, welche Nummern sie als unerwünscht einstufen, was zu Missbrauch einlädt. Wir raten daher von der Anrufer-Identifizierung ab.

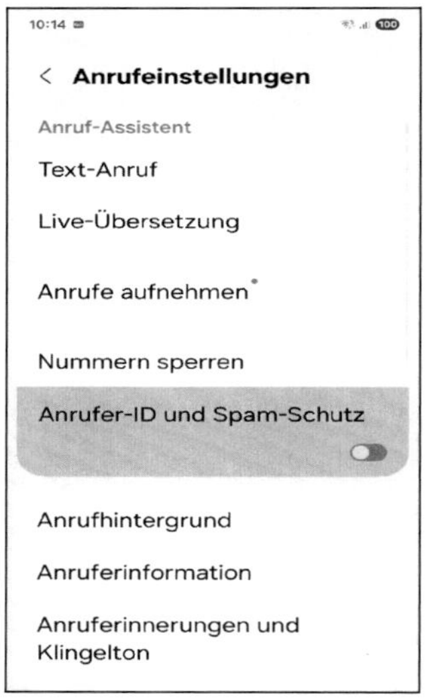

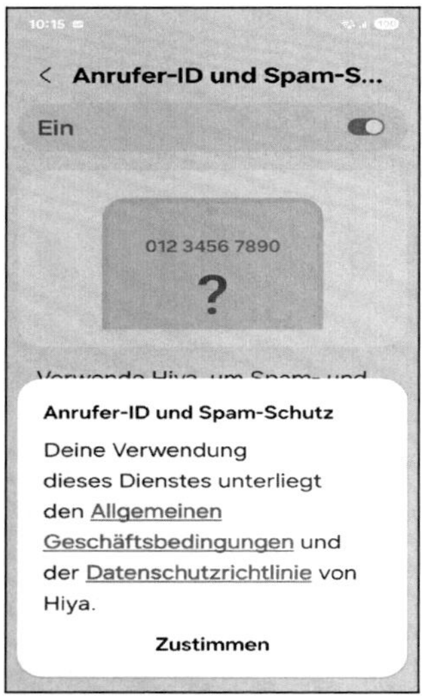

❶❷ Falls Sie trotz unserer Vorbehalte die Anruferidentifizierung nutzen möchten, gehen Sie auf *Anrufer-ID und Spam-Schutz* und aktivieren den Schalter oben rechts (Pfeil).

❸ Betätigen Sie *Zustimmen.*

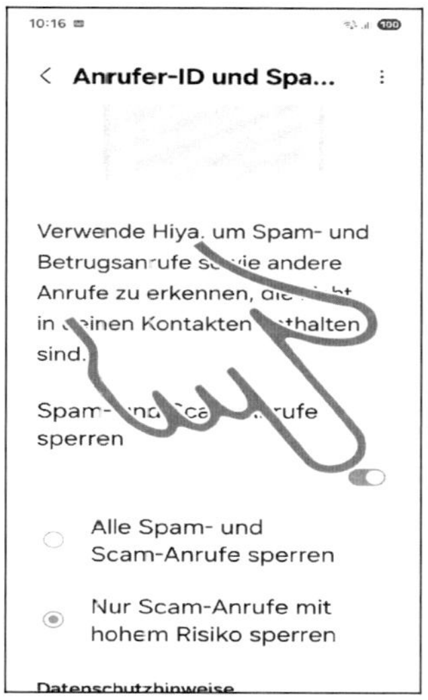

Aktivieren Sie *Spam- und Scam-Anrufe sperren.*

Die weiteren angebotenen Optionen sollten Sie unverändert lassen.

6.7.6 Anrufhintergrund

◆ *Einstellungen/Anrufhintergrund*

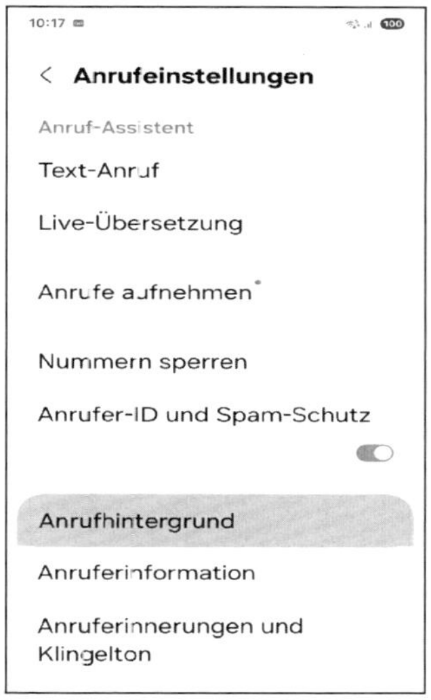

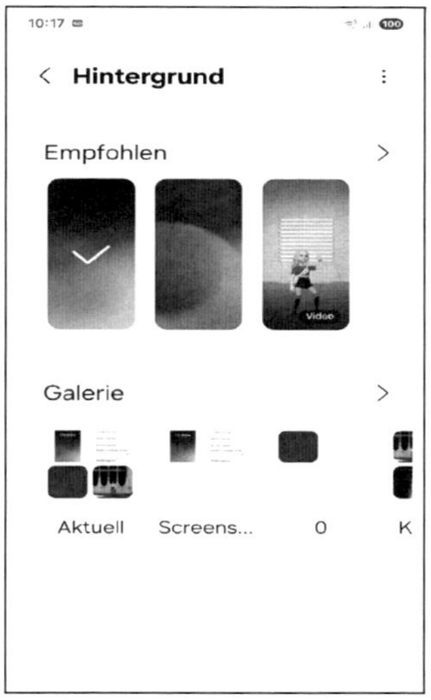

❶ Über *Anrufhintergrund* konfigurieren Sie die Anzeige bei eingehenden Anrufen.

❷❸ In *Hintergrund* wählen Sie eine Vorlage aus oder stellen ein Foto von Ihrer Kamera oder Bildergalerie ein.

6.7.7 Anruferinformation

◆ *Einstellungen/Anruferinformation*

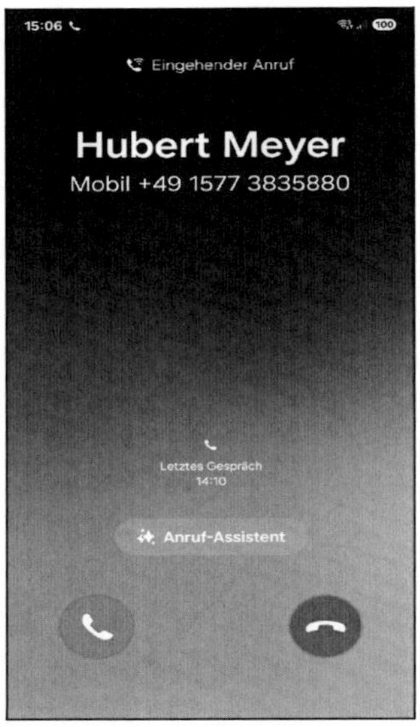

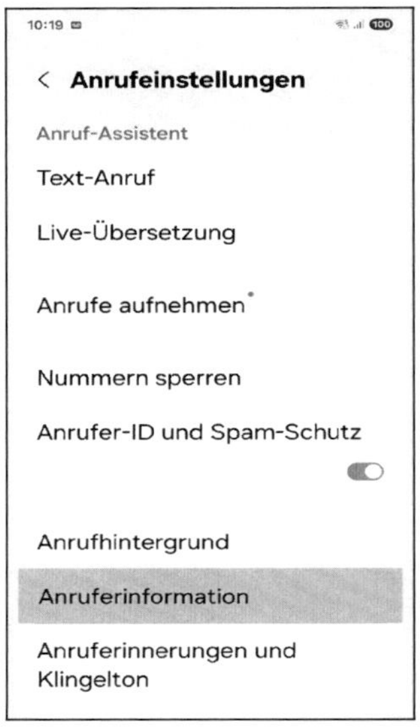

➊ So sieht standardmäßig der Bildschirm bei eingehenden Anrufen aus. Das Aussehen passen Sie mit dem *Anruferinformation*-Menü an.

➋➌ Wählen Sie *Anruferinformation.* Sie können dann die Größe des Profilbilds, die Anzeige der Kontaktdaten und die Anzeige der letzten Gespräche ändern. In der Praxis sind die Voreinstellungen allerdings bereits optimal.

6.7.8 Anrufsignale

◆ *Einstellungen/Anruferinnerungen und Klingelton*

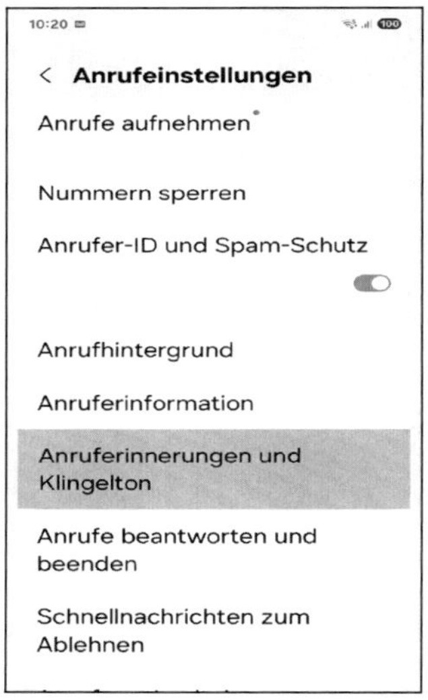

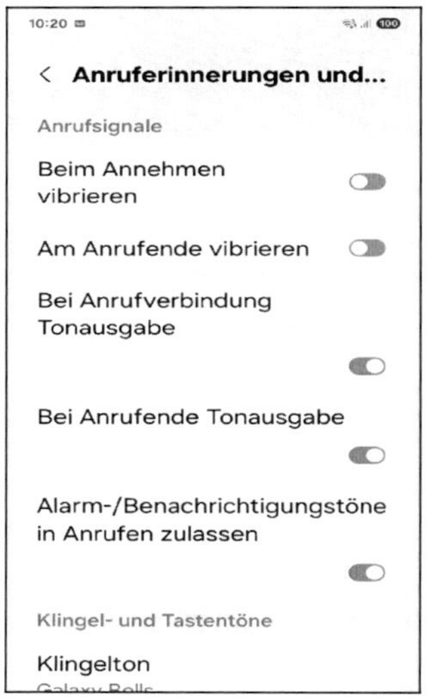

➊➋ Unter *Anruferinnerungen und Klingeltöne* stellen sie ein:

Unter *Anrufsignale*:

- *Beim Annehmen vibrieren:* Vibration, sobald der Angerufene das Gespräch annimmt.
- *Am Anrufende vibrieren:* Vibration, wenn Sie oder Ihr Gesprächspartner auflegen.
- *Bei Anrufverbindung Tonausgabe*: Wenn Sie jemanden anrufen, ertönt der Verbindungston nach der erfolgreichen Anwahl.
- *Bei Anrufende Tonausgabe*: Beim Gesprächsende ertönt ein Signal.
- *Alarm-/Benachrichtigungstöne in Anrufen zulassen*: Während eines Telefongesprächs erhalten Sie weiterhin akustische Hinweise auf neu vorhandene E-Mails, SMS usw.

Unter *Klingel- und Tastentöne*:

- *Klingelton:* Melodie für eingehende Anrufe.
- *Anrufvibration*: Legt für eingehende Anrufe eine Vibration fest. Beachten Sie bitte, dass Sie *Beim Klingeln vibrieren* aktivieren müssen, um die Vibration zu nutzen.
- *Beim Klingeln vibrieren*: Neben dem Klingelton vibriert das Handy bei eingehenden Anrufen.
- *Ton beim Tippen von Tasten; Bei Tastendruck vibrieren:* Antippen einer Taste im Tastenfeld der Telefon-Anwendung wird mit einem Signalton beziehungsweise Vibration quittiert.

6.7.9 Anrufe beantworten und beenden

◆ *Einstellungen/Anrufe beantworten und beenden*

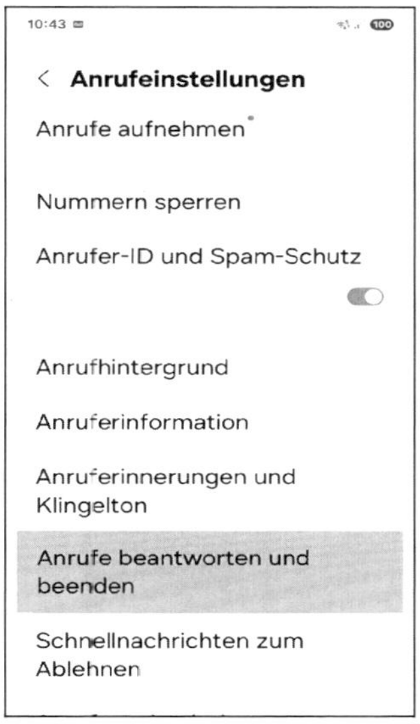

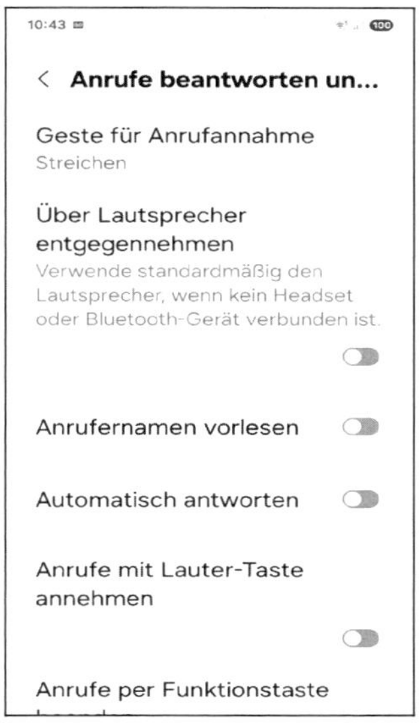

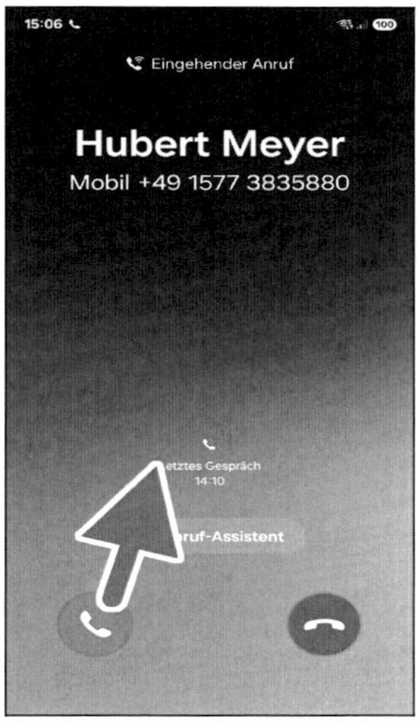

❶❷ Konfigurieren Sie unter *Anrufe beantworten und beenden*:

- *Geste für Anrufannahme*: Standardmäßig nehmen Sie einen Anruf entgegen, indem Sie die grüne Schaltleiste nach oben ziehen (❸). Stellen Sie hier *Tippen* ein, wenn Sie stattdessen einfach die grüne Schaltleiste für die Anrufannahme betätigen möchten.
- *Über Lautsprecher entgegennehmen*: Das Handy schaltet automatisch auf Freisprechen um, wenn Sie einen eingehenden Anruf annehmen.
- *Anrufernamen vorlesen*: Sofern Sie ein Headset, beispielsweise über Bluetooth, angeschlossen haben, spricht das Handy den Anrufernamen aus.
- *Automatisch antworten*: Anrufe werden automatisch nach 2 Sekunden angenommen. Sie müssen dafür ein Bluetooth-Headset nutzen (siehe dazu auch das Kapitel *31.4 Bluetooth-Headset / Freisprecheinrichtung verwenden*).
- *Anrufe mit Lauter-Taste annehmen*: Eingehende Anrufe nehmen Sie mit der Lautstärke-Lauter-Taste auf der rechten Geräteseite an.
- *Anrufe über Funktionstaste beenden*: Betätigen Sie den Ein-/Ausschalter auf der rechten Geräteseite, um Anrufe zu beenden.

6.7.10 Kurznachrichten zum Ablehnen

◆ *Einstellungen/Schnellnachrichten zum Ablehnen*

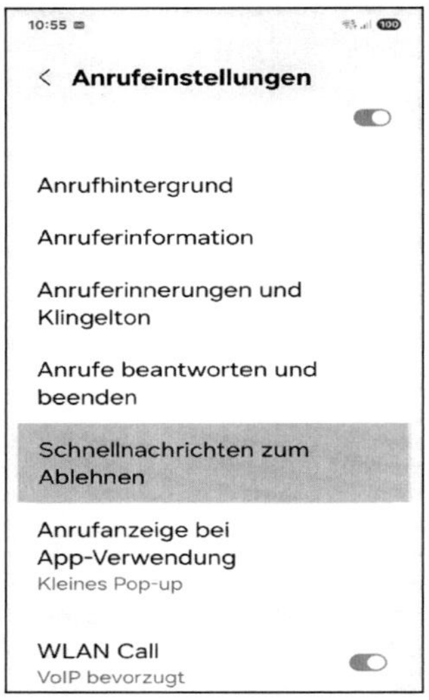

❶❷ Die Funktion des Menüs *Schnellnachrichten zum Ablehnen* beschreibt Kapitel *6.4.1 Anruf mit Mitteilung beantworten.*

6.7.11 Anrufe in Popups anzeigen

◆ *Einstellungen/Anrufanzeige bei App-Verwendung*

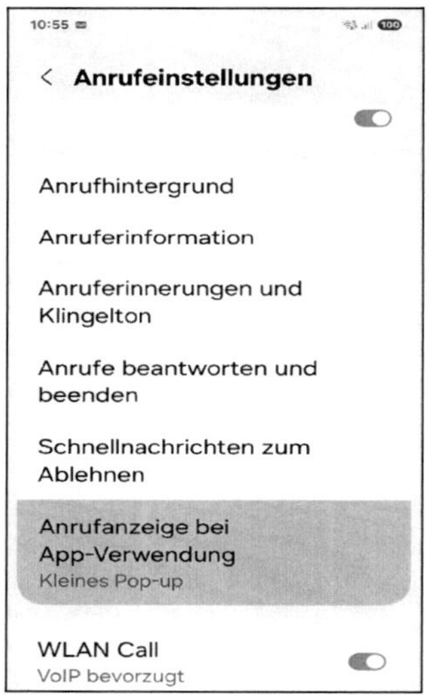

❶❷ *Anrufanzeige bei App-Verwendung* steuert die Anzeige angenommener Anrufe, wenn Sie gerade in einem Programm arbeiten. Sie können zwischen den Optionen wählen: *Vollbild, Pop-up* und *Mini-Pop-up*. Aktivieren Sie *Anrufe in Pop-ups behalten*, damit das Handy auch bei angenommenen Anrufen nicht auf den Vollbildschirm umschaltet.

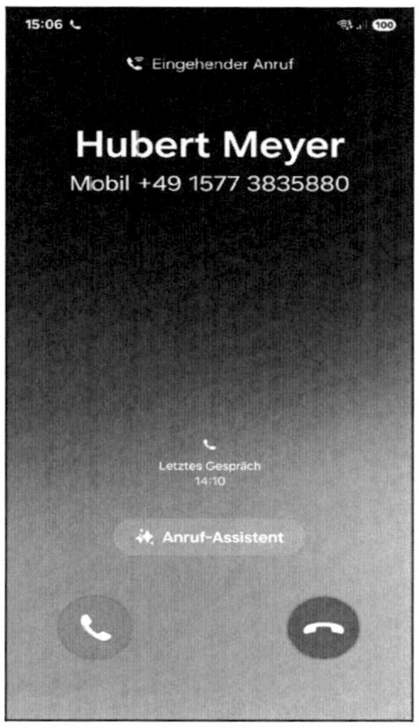

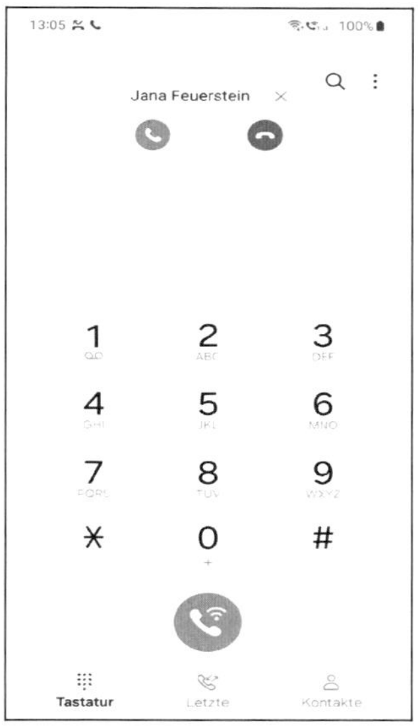

Die verschiedenen Anzeigen von *Anrufanzeige bei App-Verwendung*:

- Vollbild (❶)
- *Pop-up* (❷)
- *Mini-Pop-up* (❸)

6.7.12 WLAN-Anrufe

◆ *Einstellungen/WLAN Call*

Sofern eine WLAN-Verbindung (siehe Kapitel *10 WLAN*) besteht, können Telefonate auch darüber geführt werden, falls die Mobilfunkverbindung sehr schlecht ist. Eine SIM-Karte muss natürlich trotzdem im Handy eingelegt sein. Weitere Infos finden Sie dazu im Kapitel *6.1.1 WLAN-Call*.

6.7.13 Mailboxeinstellungen

◆ *Einstellungen/Mailbox*

Jeder Mobilnetzbetreiber bietet eine Mailbox mit Anrufbeantworterfunktion für seine Kunden an. Um die Mailbox anzurufen, müssen Sie je nach Netzbetreiber eine andere Nummer anrufen. Beim Samsung Galaxy (und fast allen anderen Handys) ist die Kurzwahl »1« bereits auf die Mailbox eingestellt.

> Sofern Sie eine Mailbox nicht benötigen, oder wenn deren Abruf Geld kostet, können Sie sie auch deaktivieren, was meist über das Sprachmenü in der Mailbox möglich ist.
>
> Die Mailboxnummer stellt das Handy normalerweise automatisch nach dem ersten Einschalten korrekt ein, weshalb Sie wahrscheinlich nie irgendwelche Einstellungen daran vornehmen.

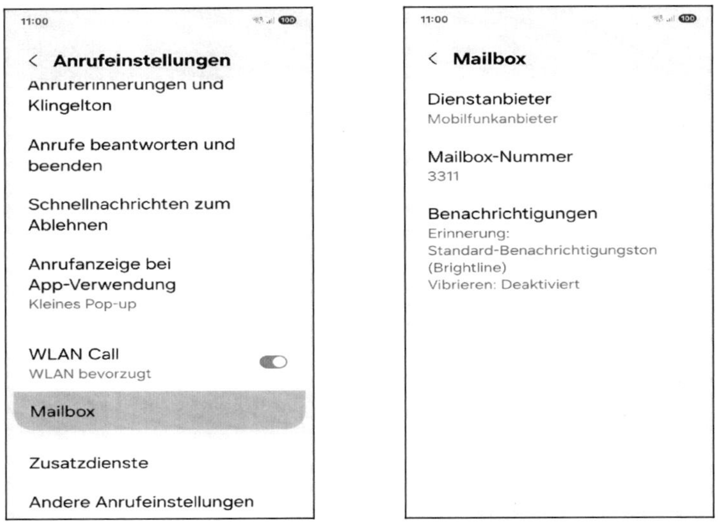

❶❷ Die Optionen im *Mailbox*-Menü:

- *Dienstanbieter*: Hier lassen sich keine Änderungen vornehmen.
- *Mailboxeinstellungen*: Mailboxrufnummer.
- *Benachrichtigungen*: Legt die Benachrichtigung über neu in der Mailbox vorhandene Sprachnachrichten fest.

6.7.14 Zusatzdienste

◆ *Einstellungen/Zusatzdienste*

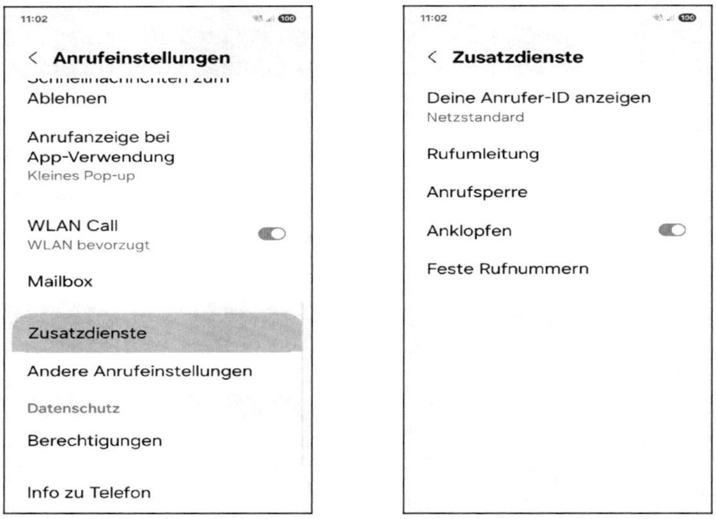

❶❷ Unter *Zusatzdienste* legen Sie fest:

- *Deine Anrufer-ID anzeigen*: Stellt ein, ob von Ihnen Angerufene Ihre Rufnummer sehen (»Rufnummernübermittlung«). Zur Auswahl stehen *Netzwerkstandard* (vorgegebene Einstellung des Mobilnetzbetreibers), *Nummer verbergen* (Rufnummer unterdrücken) und *Nummer anzeigen*.
- *Rufumleitung*: Weiterleitung von eingehenden Anrufen auf einen anderen Anschluss.
- *Anrufsperre*: Ermöglicht es, nur bestimmte ausgehende Anrufe, zum Beispiel internationale Anrufe zu erlauben. Sie benötigen dafür vom Netzbetreiber ein Kennwort. In diesem Buch wird deshalb nicht weiter darauf eingegangen.
- *Anklopfen*: Damit Sie während eines Gesprächs über einen weiteren eingehenden Ruf informiert werden, gibt es das Anklopfen-Merkmal: Geht, während Sie gerade ein Gespräch führen, ein weiterer Anruf ein, erscheint ein Hinweisdialog. Viele Handyverträge unterstützen leider kein Anklopfen.

- Verwenden Sie die *Feste Rufnummern*, um nur Anrufe auf bestimmten Rufnummern zu gestatten.

6.7.15 Andere Anrufeinstellungen

◆ *Einstellungen/Andere Anrufeinstellungen*

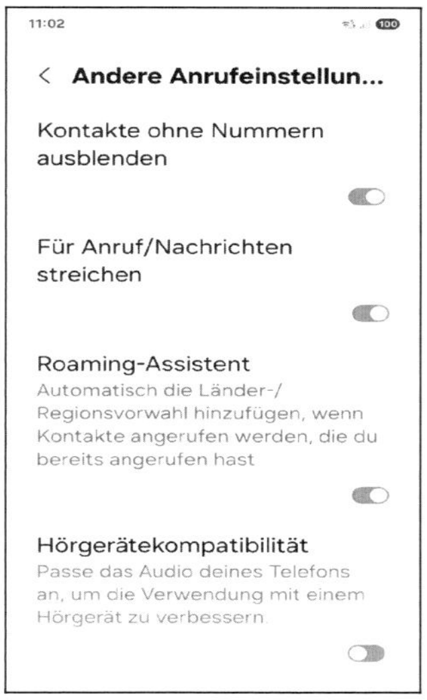

❶❷ Die Optionen in *Andere Anrufeinstellungen*:

- *Kontakte ohne Nummern ausblenden*: Wenn Sie in der Telefonoberfläche die Suchfunktion verwenden (siehe Kapitel *6.1.2 Suche*), blendet das Handy Kontakte ohne Rufnummer aus.
- *Für Anruf/Nachrichten streichen*: Wischen Sie in der Anrufliste nach rechts oder links für das Durchführen eines Anrufs beziehungsweise das Senden einer SMS.
- *Roaming-Assistent*: Bei Telefonaten im Ausland automatisch deutsche Ländervorwahl einfügen.
- *Hörgerätekompatibilität*: Frequenzgang des Lautsprechers für Hörgeräte optimieren.

7. SMS mit Messages

In der Messages-Anwendung (Messages = engl. »Nachrichten«) verwalten Sie Ihre SMS. Beachten Sie, dass jede SMS – abhängig von Ihrem Mobilfunkvertrag – 9 Cent pro gesendete Nachricht kosten.

SMS werden kaum noch genutzt, weil WhatsApp (siehe Kapitel *15 WhatsApp*) sich inzwischen für die direkte Kommunikation durchgesetzt hat. Darüber hinaus ist WhatsApp in der Nutzung praktisch kostenlos, weil die meisten Mobilfunkverträge eine kostenlose Internetnutzung beinhalten.

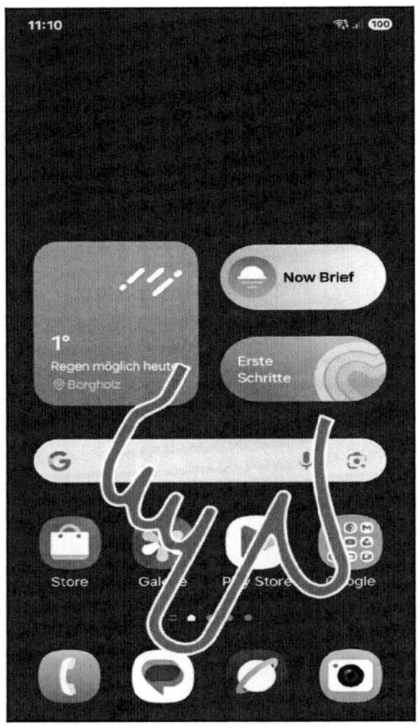

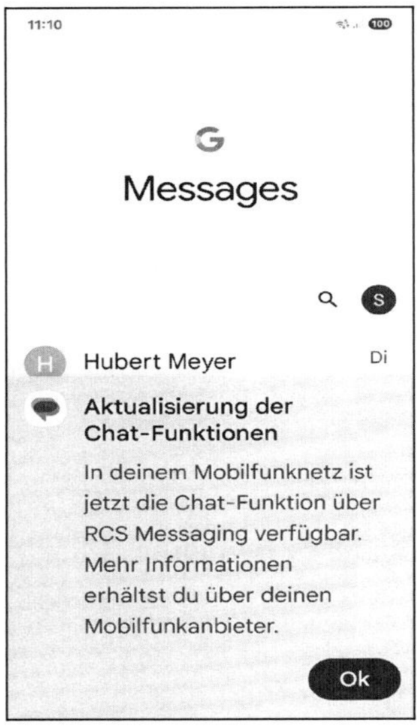

➊ Sie rufen die *Messages*-Anwendung aus dem Startbildschirm auf.

➋ Schließen Sie das Popup mit *Weiter als xxx*.

➌ Eventuell weißt Sie das Programm auf einige neue Funktionen hin – betätigen Sie dann einfach mehrmals *Jetzt nicht* oder *Ok*, bis die Benutzeroberfläche erscheint.

7.1 Nachrichtenanzeige

Die von älteren Handys gewohnte Aufteilung nach den Ordnern »Posteingang« und »Postausgang« gibt es hier nicht. Stattdessen werden alle Nachrichten nach Kontakt sortiert abgelegt.

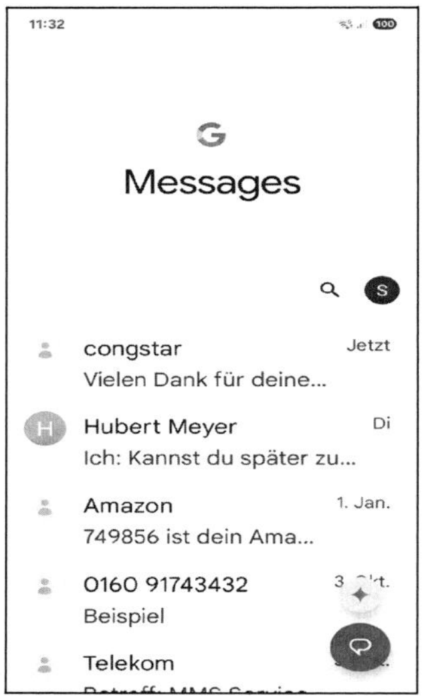

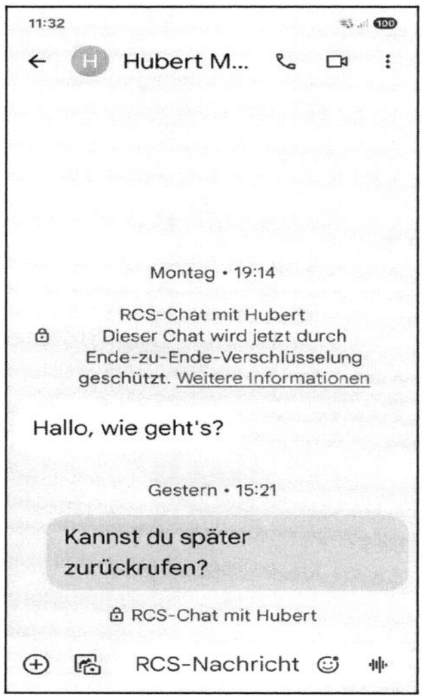

➊➋ Bereits im Hauptbildschirm zeigt die Messages-Anwendung alle Kontakte an, mit denen man geschrieben hat. Wählt man einen Kontakt aus, so zeigt das Handy alle empfangenen und gesendeten Nachrichten des Kontakts als Verlauf an.

Im weiteren Verlauf der nächsten Kapitel erfahren Sie, wie man die Nachrichtenverläufe verwaltet.

Kontakte beziehungsweise Rufnummern mit noch ungelesenen Nachrichten sind in Fettschrift hervorgehoben.

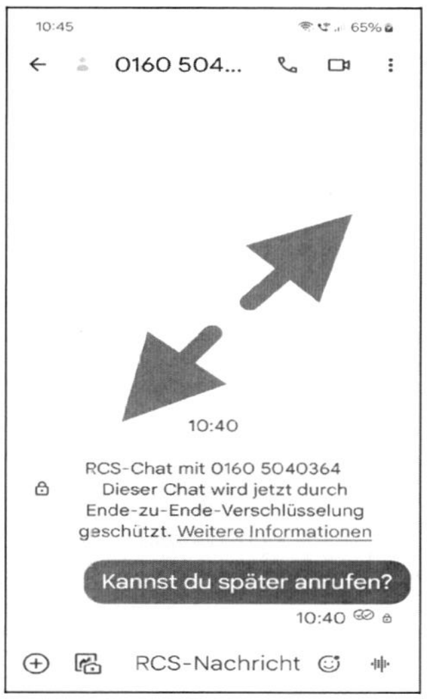

❶❷ Tipp: Sie können die Anzeige mit einer Kneifgeste verkleinern/vergrößern. Dazu halten Sie zwei Finger auf das Display und ziehen diese zusammen oder auseinander.

7.2 Nachricht senden

SMS lassen sich beispielsweise aus dem Telefonbuch oder aus der Anrufliste senden.

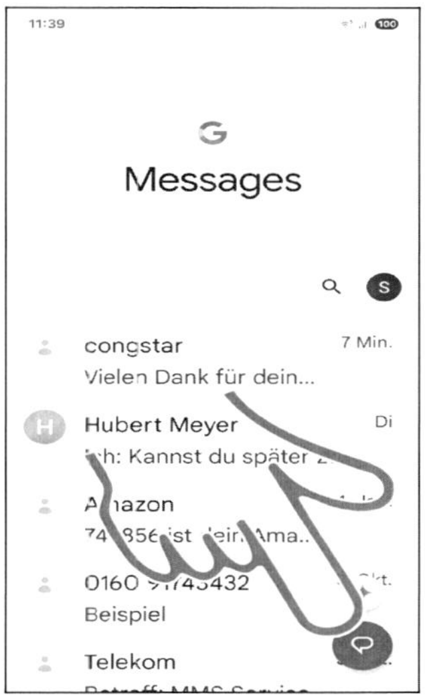

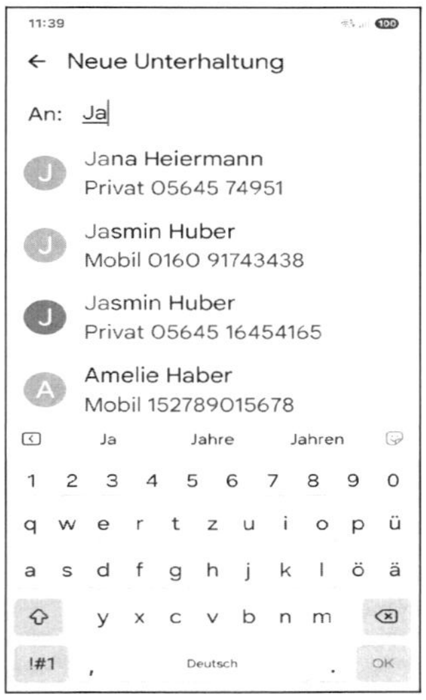

❶ Gehen Sie in der Messages-Anwendung auf .

❷ Entweder wählen Sie in der Auflistung einen Kontakt aus oder Sie geben im *An*-Eingabefeld den Empfänger an.

❸ Während der Eingabe listet das Handy alle Kontakte auf, in denen der Name vorkommt. Wählen Sie einen davon aus.

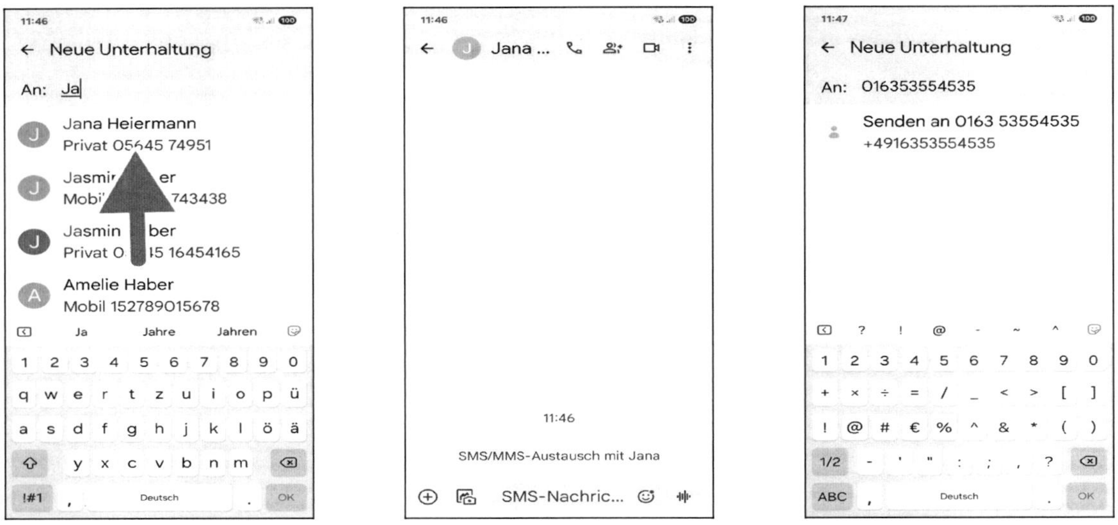

❶ Manchmal ist die Fundstellenliste sehr lang. In solchen Fällen tippen und halten Sie den Finger auf der Liste, danach ziehen Sie den Finger nach oben oder unten zum Durchrollen.

❷ Der von Ihnen in der Liste angetippte Kontakt erscheint im *An*-Feld.

❸ Sie möchten eine Rufnummer eingeben, die sich noch nicht im Telefonbuch befindet? Dann geben Sie einfach die Ziffern ein.

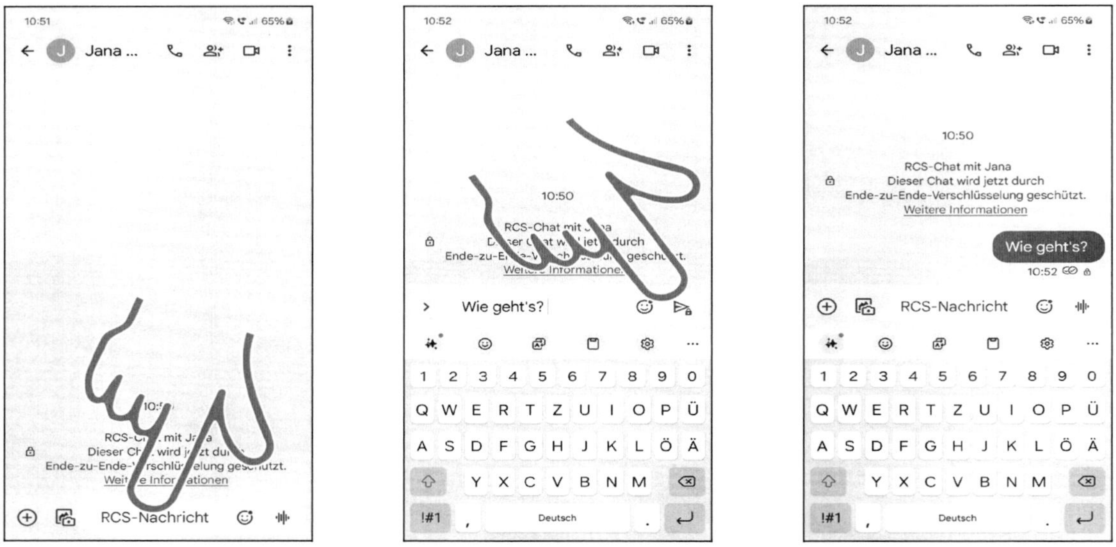

❶❷ Um den Nachrichtentext zu erfassen, müssen Sie zunächst in das Eingabefeld tippen. Nach Betätigen der ⊳-Schaltleiste (Pfeil) erfolgt der Versand und die Messages-Anwendung schaltet auf den Nachrichtenverlauf um.

❸ Zweimaliges Antippen der ⌄- beziehungsweise ‹-Taste unterhalb des Bildschirms (beim ersten Antippen schließt sich das Tastenfeld) bringt Sie wieder in den Hauptbildschirm zurück.

7.2.1 Mehrere Empfänger eingeben

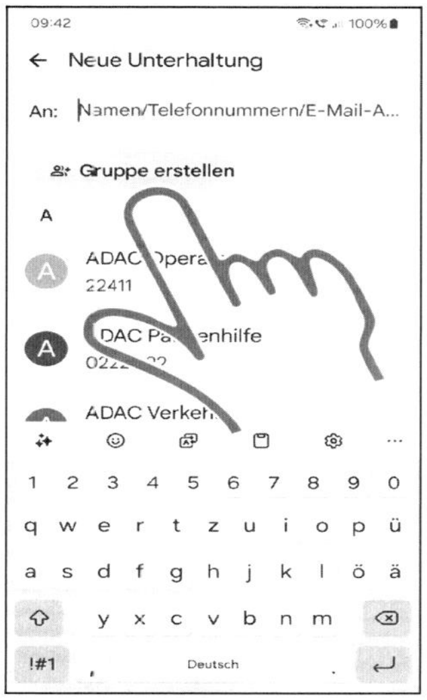

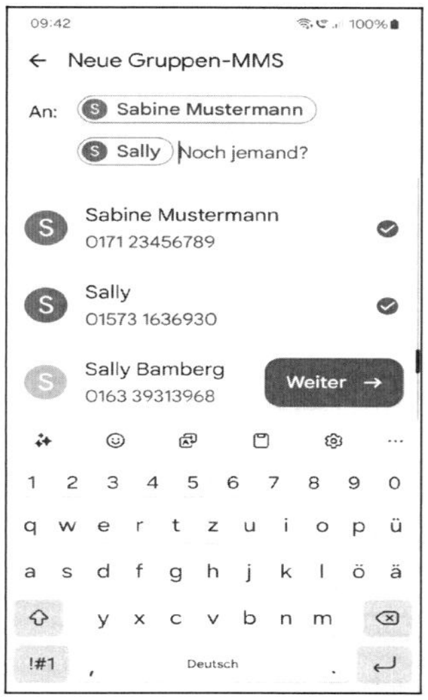

❶ Manchmal kommt es vor, dass eine Nachricht an mehrere Empfänger gehen soll. In diesem Fall tippen Sieauf *Gruppe erstellen* (Pfeil).

❷ Markieren Sie alle gewünschten Empfänger und gehen Sie auf *Weiter*.

❸ Zum Schluss vergeben Sie der Gruppe noch einen Namen und betätigen *Fertig*.

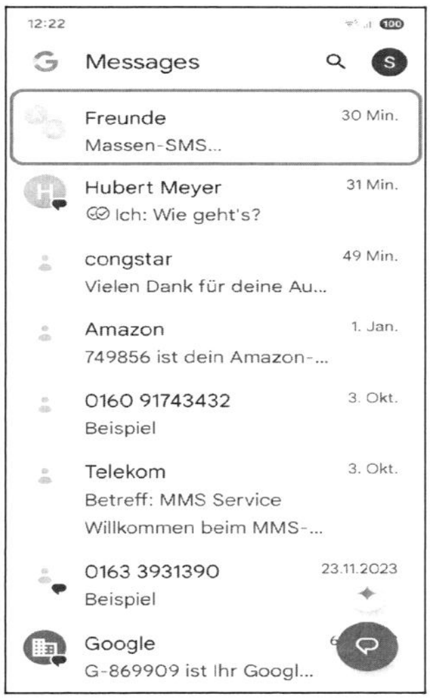

❶ Sie können nun die Nachricht erstellen und an alle Gruppenmitglieder versenden.

❷ In der Nachrichtenauflistung erscheint die Gruppe. Beachten Sie, dass Antworten auf Ihre Gruppen-SMS als einzelne Nachricht in der Auflistung erscheinen.

7.2.2 Kontakt aus Telefonbuch

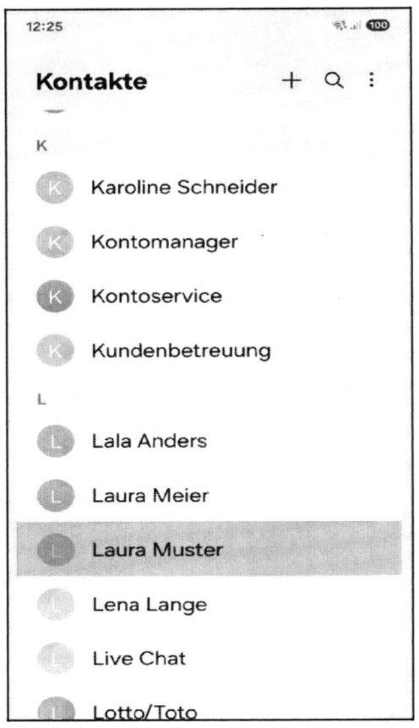

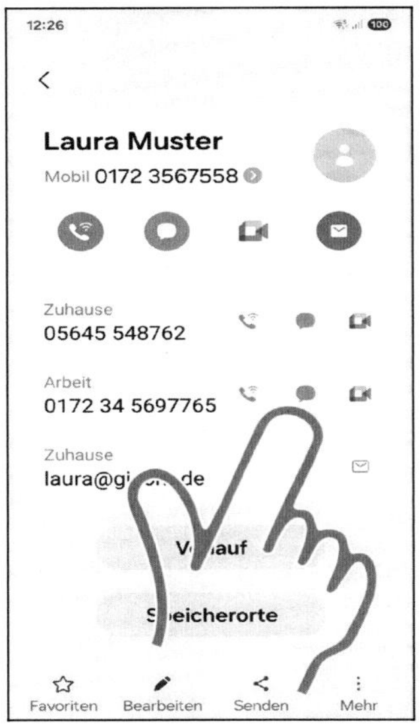

❶❷ Im einfachsten Fall tippen Sie im Telefonbuch (siehe Kapitel *8 Telefonbuch*) auf einen Kontakt, worauf die Kontaktdetails erscheinen. Tippen Sie auf 💬.

❸ Alternativ betätigen Sie die ◯-Schaltleiste, falls Sie sich oben Handynummer befindet, der Sie schreiben möchten.

7.2.3 Nachricht aus Nachrichtenverlauf

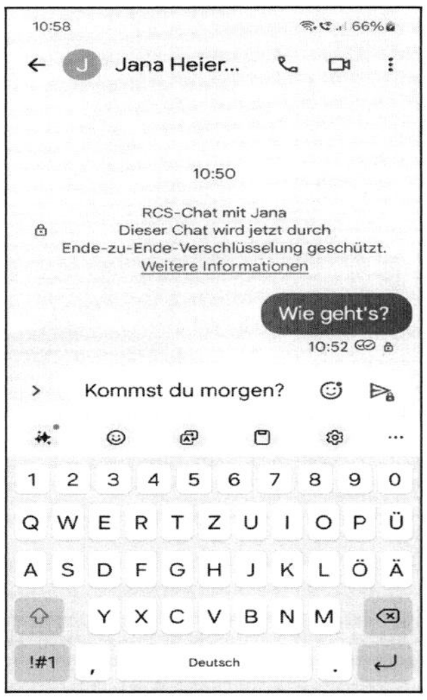

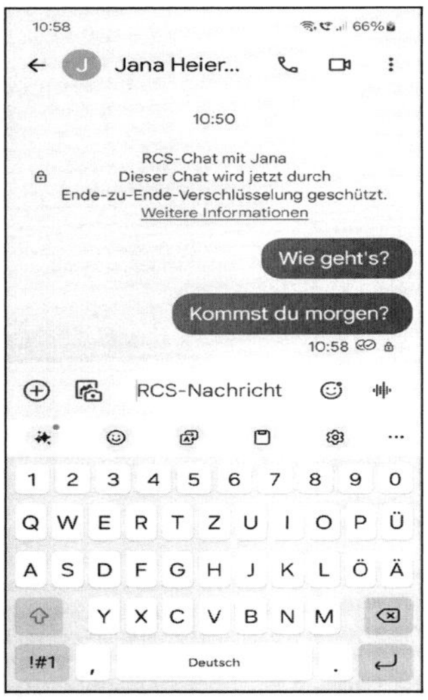

❶ Auch im Nachrichtenverlauf können Sie direkt eine Nachricht eingeben. Dazu tippen Sie den Verlauf an.

❷❸ Tippen Sie gegebenenfalls in das Eingabefeld und erfassen Sie Ihre Nachricht. Betätigen Sie nun ⊳. Damit ist Ihre SMS verschickt und eine weitere Sprechblase mit Ihrer Antwort erscheint im Nachrichtenverlauf.

7.2.4 Nachricht aus Anrufliste

In der Anrufliste der Telefonieoberfläche (siehe Kapitel *6.5 Anrufliste (Protokoll)*) ist ebenfalls der SMS-Versand möglich.

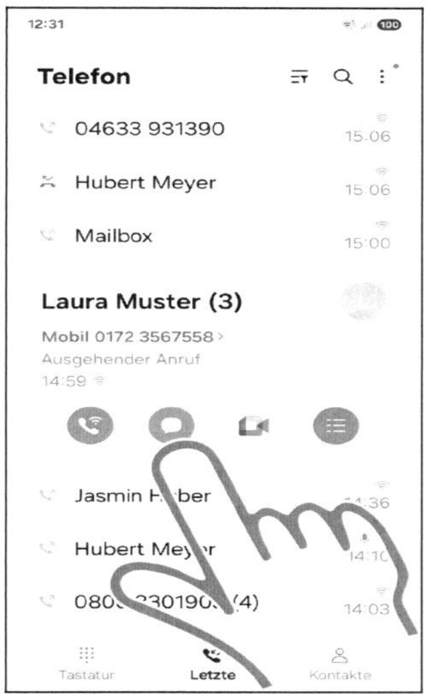

➊ Tippen Sie einen Eintrag an.

➋ Wählen Sie dann im Popup ○ aus.

SMS sind nicht nur ins Mobilnetz, sondern auch an Festnetznummern möglich. Wenn ein Festnetzanschluss mit SMS-fähigen Endgeräten (in der Regel DECT-Telefone) ausgestattet ist, lassen sich die Kurznachrichten dort abrufen und beantworten. Bei Festnetzanschlüssen ohne SMS-Unterstützung ruft eine Mailbox des Netzbetreibers an und liest die Kurznachricht vor.

7.2.5 Senden planen

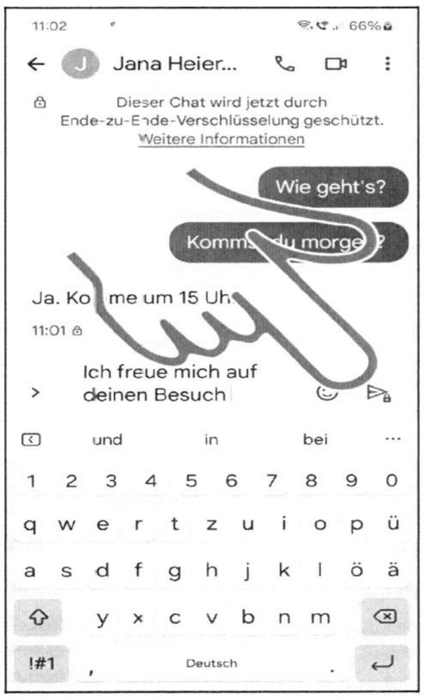

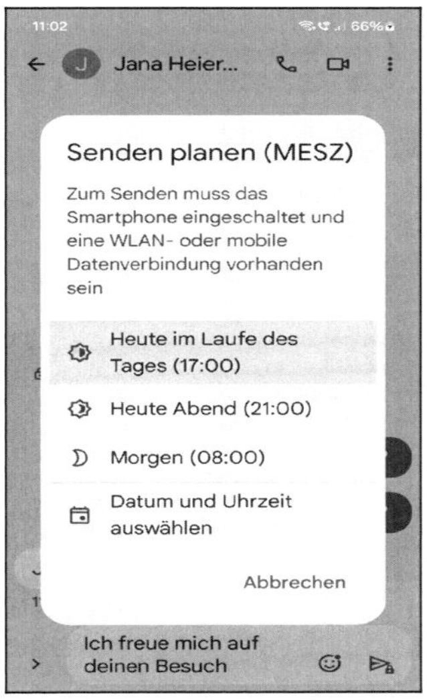

➊ Für das zeitverzögerte Senden tippen und halten Sie ⊳.

➋ Wählen Sie dann einen der angebotenen Zeitpunkte aus.

➌ Mit der ✕-Schaltleiste beenden Sie das zeitverzögerte Senden vorzeitig.

7.3 RCS

Bis vor etwa fünf Jahren schien es unwahrscheinlich, dass die SMS ernsthafte Konkurrenz durch Messenger-Dienste wie WhatsApp, Telegram oder Signal bekommen würde. Um ihre Gewinne zu maximieren, führten Mobilfunkanbieter sogar die SMS-Erweiterung MMS ein. Diese ermöglichte den Versand von Fotos, kurzen Videos und Dateien, war jedoch mit Kosten von mindestens 0,39 Euro pro Nachricht verbunden. Aufgrund dieser hohen Gebühren konnte sich die MMS nie wirklich durchsetzen – insbesondere, da der Dateiversand über Dienste wie WhatsApp oder E-Mail nahezu kostenlos ist. Mittlerweile haben alle deutschen Netzbetreiber die MMS-Unterstützung eingestellt. Im Ausland könnte MMS teilweise noch unterstützt werden.

Als Reaktion auf WhatsApp & Co wurde deshalb **RCS (Rich Communication Services)** entwickelt. Sobald Sie mit jemanden SMS austauschen, dessen Endgerät ebenfalls RCS unterstützt, schaltet Ihr Handy automatisch in den RCS-Modus. Sie dürfen dann auch Fotos und andere Dateien dem Gesprächspartner senden beziehungsweise empfangen. Im Gegensatz zur SMS beziehungsweise MMS erfolgt die Kommunikation nicht über einen separaten Datenkanal, sondern über das Internet. Die übertragenen Daten rechnet Ihr Netzbetreiber daher auf Ihr im Mobilfunkvertrag inkludiertes Datenvolumen an.

RCS hat im Vergleich zur SMS den Nachteil, dass eine Internetverbindung vorhanden sein muss, was in vielen Gegenden nicht der Fall ist. SMS können Sie dagegen fast immer empfangen, sofern eine halbwegs stabile Mobilfunkverbindung besteht. Uns liegen leider keine Erfahrungen vor, ob bei Empfangsschwierigkeiten eine automatische Umschaltung von RCS auf SMS erfolgt, Sie können RCS allerdings in den Einstellungen deaktivieren (siehe Kapitel *7.9 Konfiguration*).

Für WhatsApp und die anderen Messenger-Dienste spricht im Vergleich zur RCS der größere Bedienkomfort. So lassen sich beispielsweise Fotos vor dem Senden noch bearbeiten. Auf jedem Handy sieht zudem die WhatsApp-Benutzeroberfläche gleich aus, während Sie sich beim Wechsel des Handyherstellers eventuell an eine neue SMS/RCS-Anwendung gewöhnen müssen.

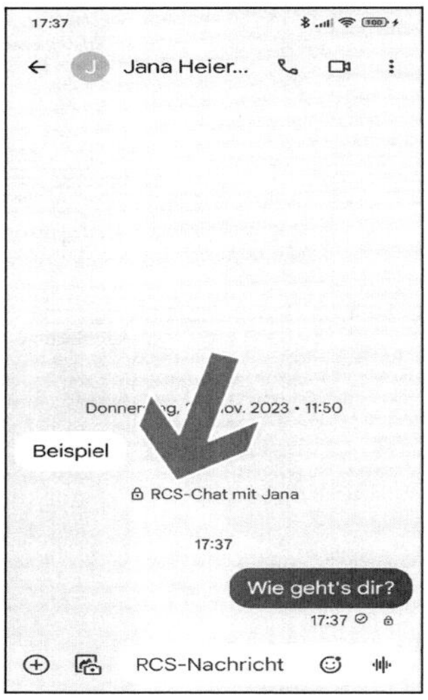

❶ Ob Ihr Handy gerade RCS nutzt, lässt sich am Hinweis *RCS-Chat mit xxx* (Pfeil) erkennen. Im Eingabefeld steht zudem »*RCS-Nachricht*«. Darüber hinaus ist der Hintergrund farbig.

❷ Unterstützt das Handy des Kommunikationspartners dagegen nur SMS, so finden Sie den Hinweis *SMS/MMS-Austausch mit xxx (Pfeil).*

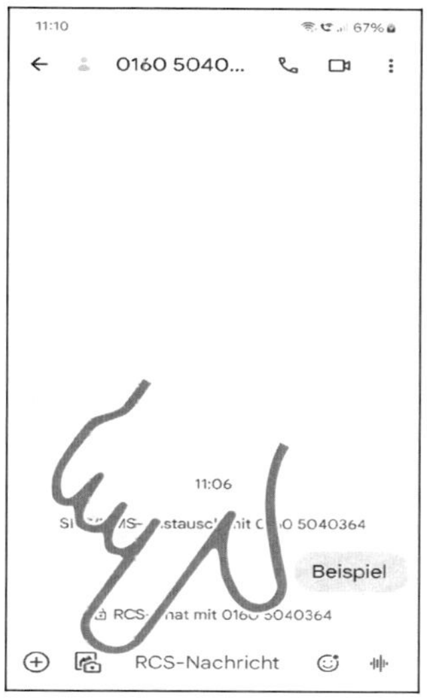

➊➋ Die Dateifunktionen rufen Sie im Nachrichteneditor über + beziehungsweise (Pfeil) auf.

7.4 Entwürfe

➊ Manchmal ist es notwendig, eine Nachricht, die man erst später absenden möchte, als Entwurf zwischenzuspeichern. In diesem Fall geben Sie die Nachricht wie gewohnt ein, betätigen dann aber die ∨- beziehungsweise ‹-Taste (sofern das Tastenfeld eingeblendet ist, müssen Sie diese zweimal betätigen).

➋ Die Nachrichtenanwendung wechselt nun in den Hauptbildschirm zurück. Die zuvor erstellte SMS wurde nicht gesendet und *Entwurf* (Pfeil) weist auf den Entwurfsstatus hin. Zum Versenden tippen Sie den Nachrichtenverlauf erneut an und betätigen dann ➤ zum Senden.

7.5 Empfangsbestätigung (Zustellungsbericht)

Nicht immer stellen die Netzbetreiber die SMS sofort zu. Wir haben beispielsweise schon erlebt, dass SMS erst einen Tag später ankamen, obwohl wir sie nicht zu »Stoßzeiten« wie beispielsweise Silvester versandt hatten. Deshalb bieten die Netzbetreiber eine kostenlose Empfangsbestätigung an, die auch als »Zustellungsbericht« oder »Übermittlungsbestätigung« bezeichnet wird. Zu beachten ist allerdings, dass damit noch nicht sicher ist, dass der Empfänger Ihre SMS auch liest beziehungsweise versteht!

Beachten Sie bitte, dass die Zustellungsbestätigung nur einen Effekt bei der Kommunikation mit einfachen Handys hat. Bei vielen Smartphones kommt inzwischen der Chat über RCS zum Einsatz, bei dem standardmäßig der Empfang automatisch bestätigt wird. Siehe Kapitel *7.3 RCS*.

❶ So aktivieren Sie die Empfangsbestätigung: Tippen Sie auf das runde Kontosymbol.

❷ Wählen Sie *Messages-Einstellungen.*

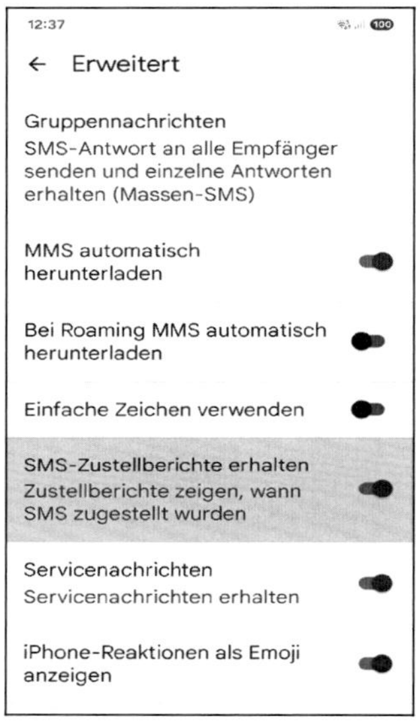

❶ Gehen Sie auf *Erweitert.*

❷ Aktivieren Sie *SMS-Zustellberichte erhalten.* Sie können danach den Bildschirm schließen.

❶ ✓✓ erscheint, sobald Ihre Nachricht den Empfänger erreicht hat. Das Symbol wird nach Antippen der gesendeten Textnachricht angezeigt.

❷ Bei einem RCS-Chat (siehe Kapitel *7.3 RCS*) erscheint ebenfalls dieses Symbol, sobald der Empfänger die Nachricht öffnet.

7.6 Alte Nachrichten löschen

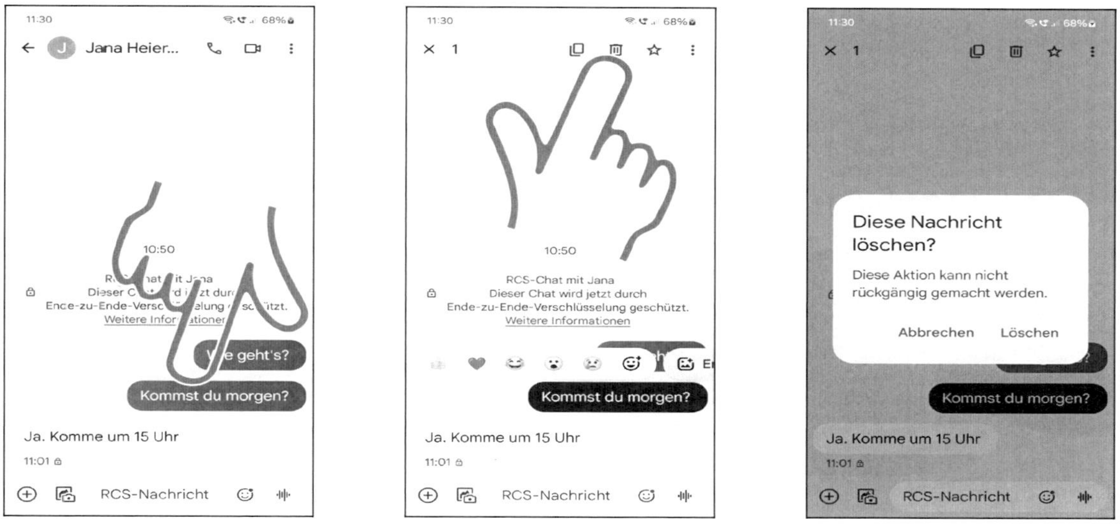

❶ Markieren Sie eine SMS zum Löschen, indem Sie den Finger darauf gedrückt halten, bis sie markiert ist (das Popup mit den sogenannten Emoticons können Sie ignorieren).

❷ Gehen Sie dann auf 🗑.

❸ Den Vorgang bestätigen Sie mit *Löschen.*

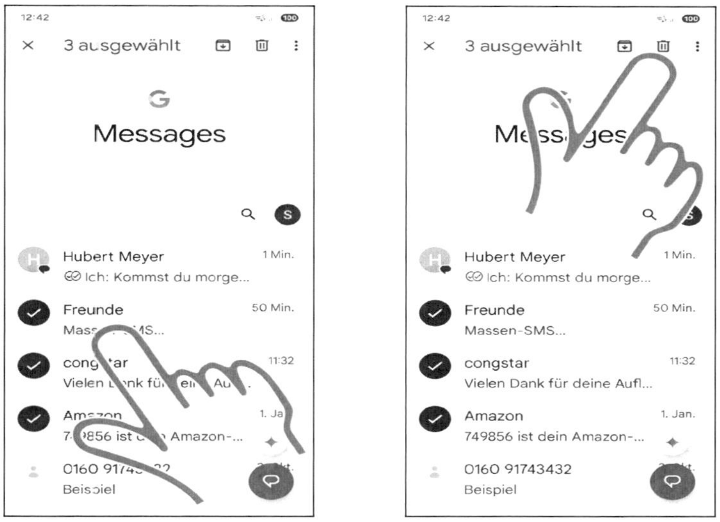

❶❷ Im Hauptmenü lassen sich einzelne oder mehrere Nachrichtenverläufe durch Tippen und Halten markieren und dann über 🗑 löschen.

7.7 Weitere Funktionen

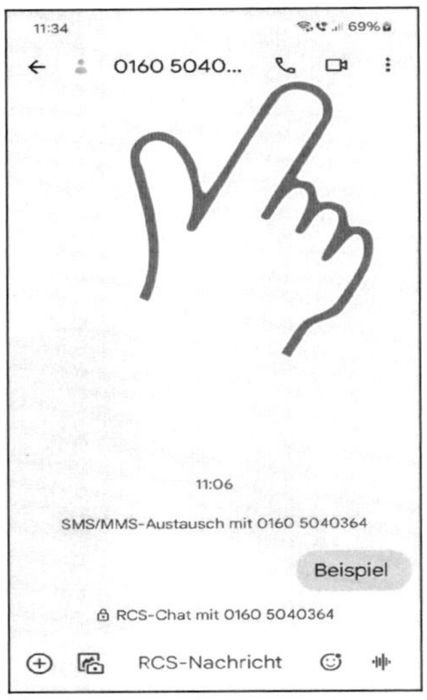

❶ Die Bedeutung der Schaltleisten am oberen Bildschirmrand:

- : Telefongespräch durchführen.
- : Videotelefonie über Google Meet. Darauf geht Kapitel *11.5 Meet* ein.

❷ Das -Menü:

- *Personen hinzufügen:* Kontakt dem Telefonbuch hinzufügen. Dieser Menüeintrag ist nur nur sichtbar, wenn die Rufnummer noch nicht im Telefonbuch enthalten ist.
- *Details* (❸):
  - *Farben ändern*: Hintergrund- und Schriftfarbe für diesen Chat anpassen.
  - *Benachrichtigungen*: Stellen Sie die Benachrichtigungsform ein. Wir raten von Änderungen ab, weil Sie sonst keine Infos zu neu vorliegenden SMS erhalten.
  - *Nur SMS und MMS senden*: Wie im Kapitel *7.3 RCS* erläutert, schaltet das Handy automatisch auf die RCS-Funktion um, wenn Ihr Kommunikationspartner diesen Standard unterstützt. Möchten Sie weiterhin nur SMS senden, dann aktivieren Sie hier *Nur SMS und MMS senden*. Wir raten allerdings davon ab.
  - *Blockieren und als Spam melden*: Sie erhalten keine Anrufe und SMS mehr von der jeweiligen Person. (siehe Kapitel *7.8.1 Schwarze Liste*).
  - *Verschlüsselung prüfen*: Die Kommunikation über RCS erfolgt verschlüsselt, das heißt kein Dritter hat Zugriff auf die ausgetauschten Nachrichten. Vor dem Austausch wichtiger Nachrichten können Sie über die mit *Verschlüsselung prüfen* angezeigten Zahlenfolge die Sicherheit überprüfen. Bei Ihrem Gesprächspartner müssen dazu die gleichen Zahlen angezeigt werden.
  - *Personen hinzufügen*: Fügen Sie weitere Personen hinzu, welche Ihre SMS erhalten sollen. Damit führen Sie eine Art Gruppen-Chat durch.
- *Suchen:* In den ausgetauschten Nachrichten nach einem Text suchen.
- *Farben ändern: Hintergrund- und Schriftfarbe für diesen Chat anpassen.*
- *Archivieren*: Den Nachrichtenverlauf ins Archiv übernehmen. Wir gehen darauf nicht ein, weil Sie alte Nachrichten in der Regel löschen werden.
- *Löschen*: Nachrichtenverlauf entfernen.
- *Blockieren und als Spam melden*: Künftig erhalten Sie keine Nachrichten mehr vom Absender.
- *Hilfe & Feedback*

7.8 SMS empfangen

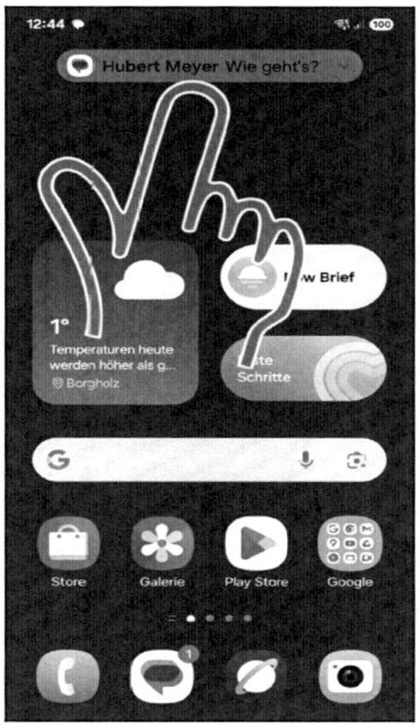

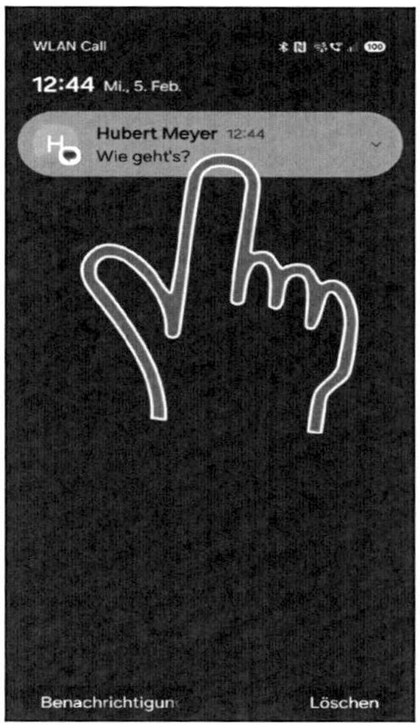

➊ Wenn Sie eine neue SMS erhalten haben, erscheint für einige Sekunden ein Popup, das Sie Antippen, um die Nachricht anzusehen.

➋ Alternativ erhalten Sie auch über das Benachrichtigungsfeld Infos zu den empfangenen Nachrichten. Das Benachrichtigungsfeld erscheint, wenn Sie den Finger auf die Titelleiste setzen und dann herunterziehen. Gehen Sie nun auf die Nachricht, was den zugehörigen Nachrichtenverlauf anzeigt.

7.8.1 Schwarze Liste

Sofern Sie Ihre Handynummer an viele Kontakte weitergeben, wird früher oder später der Zeitpunkt kommen, ab dem Sie SMS von einigen Leuten erhalten, die nur nerven. Solche Personen setzen Sie einfach auf die »schwarze Liste«.

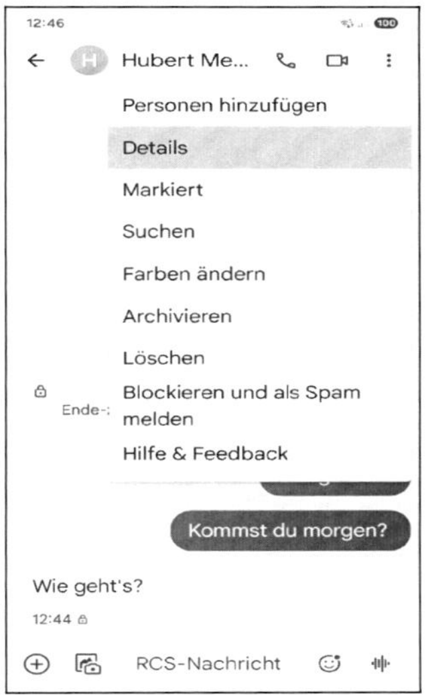

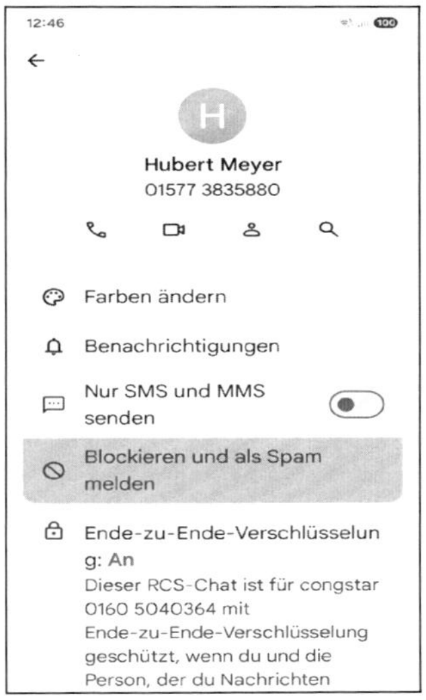

➊ Rufen Sie im Chat das ⋮-Menü auf.

➋ Wählen Sie *Details*.

➌ Nach Betätigen von *xxx blockieren und als Spam melden* landen künftig alle SMS des Absenders nicht mehr in der Messaging-Anwendung, sondern in der schwarzen Liste. Den folgenden Spam-Hinweis schließen Sie mit *Ja*.

❶❷❸ Die schwarze Liste verwalten Sie, indem Sie durch Antippen des Kontosymbols das Ausklappmenü aktivieren und dort auf *Als Spam markiert* gehen.

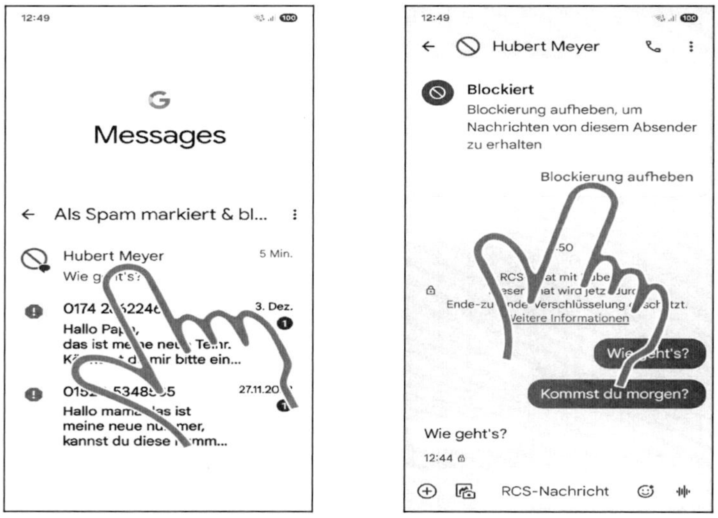

❶ Sie möchten wissen, was ein blockierter Kontakt geschrieben hat? Dann wählen Sie den zugehörigen Eintrag aus.

❷ Über *Blockierung aufheben* heben Sie die Filterung wieder auf.

7.9 Konfiguration

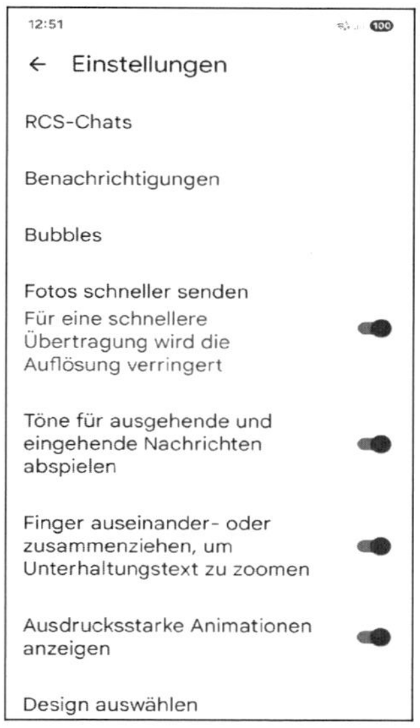

❶ Tippen Sie auf das runde Kontosymbol.

❷❸ Wählen Sie *Messages-Einstellungen.* Die Optionen:

- *RCS-Chats*: Auf die Chatfunktion geht Kapitel *7.3 RCS* ein. Lassen Sie sie aktiviert.
- *Benachrichtigungen*: Legt fest, in welcher Form Sie über neue SMS informiert werden. Wir empfehlen, nichts zu ändern.
- *Bubbles*: In den sogenannten Blasen informiert das Handy über neue SMS. Hier sollten Sie nichts ändern.
- *Fotos schneller senden*: Reduziert die Auflösung von versandten Bildern.
- *Töne für ausgehende und eingehende Nachrichten abspielen*: Ein Signal weist auf erfolgreichen SMS-Versand hin.
- *Finger auseinander- oder zusammenziehen, um Unterhaltungstext zu zoomen*: Über die im Kapitel *7.1 Nachrichtenanzeige* beschriebene Kneifgeste können Sie die Anzeige verkleinern/vergrößern.
- *Ausdrucksstarke Animationen anzeigen*: Standardmäßig werden diese Emoticons nach dem Einfügen automatisch animiert: 👍 – Daumen hoch; ❤ – Rotes Herz; 😂 – Gesicht mit Freudentränen; 😮 – Gesicht mit offenem Mund; 😡 – Wütendes Gesicht; 👎 – Daumen runter; 💩 – Pile of Poo; 🎉 – Party-Popper; 😠 – Wütendes Gesicht; 😢 – Weinendes Gesicht.
- *Design auswählen*: Sie können zwischen der hellen und invertierten Bildschirmdarstellung wählen.
- *Aktuelles Land*: Die Messaging-Anwendung verwendet im Ausland automatisch ein geeignetes Mobilfunknetz.
- *Transkript von Sprachnachrichten*: Google stellt automatisch zu Sprachnachrichten eine Transkription bereit.
- *Vorschläge*: Die Messages-Anwendung schlägt automatisch bei der Eingabe mögliche Antworten vor. Deaktivieren Sie *Intelligente Antwort* beziehungsweise *Vorschläge für Aktionen*, wenn Sie das stört.
- *Automatische Vorschau*: Ihnen zugesandte Webseitenlinks zeigt die Messages-Anwendung als Vorschaubild.
- *Spamschutz*: Filtert unerwünschte SMS, beispielsweise Werbung. In Deutschland spielen allerdings Werbe-SMS kaum eine Rolle.
- *Aktionen beim Wischen*: Wischen Sie auf einer Nachricht im Hauptmenü nach rechts oder links, um sie zu löschen oder zu archivieren.

- *Erweitert*:
  - *Gruppennachrichten*: Sofern Sie mehrere Empfänger in einer SMS angegebenen haben, erhalten alle Gruppenmitglieder ihre Nachrichten. Bitte beachten Sie, dass für jedes Mitglied der übliche SMS-Versandtarif anfällt, was sehr teuer werden kann.
  - *MMS automatisch herunterladen; Bei Roaming MMS automatisch herunterladen*: Auf die MMS geht dieses Buch nicht ein, da dieser Dienst von den Mobilnetzen inzwischen weitgehend eingestellt wurde.
  - *Einfache Zeichen verwenden*: Lassen Sie die Voreinstellung deaktiviert. Diese Einstellung ist nur für fremdsprachliche Nachrichten eventuell nötig.
  - *SMS-Zustellberichte verwenden*: Sie bekommen, sobald Ihre SMS beim Empfänger eingetroffen ist, einen Zustellhinweis.
  - *Servicenachrichten*: Der Netzbetreiber sendet gegebenenfalls eine Konfigurationsnachricht, wenn Sie die SIM-Karte wechseln.
  - *iPhone-Reaktionen als Emoji anzeigen*: Passt die Anzeige der von iPhones empfangenen Nachrichten an.
  - *Notfallbenachrichtigungen für Mobilgeräte*: Die Behörden senden über den sogenannten Cell-Broadcast Katastrophenhinweise.
  - *Nachrichten auf SIM-Karte*: Falls Sie ein alte SIM-Karte nutzen, finden Sie hier vielleicht noch einige dort gespeicherte SMS. Android unterstützt das Speichern von SMS auf SIM-Karte dagegen nicht.
  - *SMS auf anderen Galaxy-Geräten*: Nicht von Samsung dokumentiert.
  - *Telefonnummer*
  - *SMSC*: Hier sollten Sie nichts ändern, weil die Voreinstellungen zum Senden/Empfangen automatisch anhand der eingelegten SIM-Karte vorgenommen werden.

8. Telefonbuch

Das Telefonbuch speichert, wie der Name schon sagt, alle Kontakte und deren Rufnummern, E-Mail-Adressen und Adressen. Andere Anwendungen, beispielsweise die Nachrichten-Anwendung und die Telefonoberfläche, greifen auf diese Daten zurück. Das Galaxy zeigt auch SIM-Kontakte (auf der SIM-Karte gespeicherte Rufnummern) im Telefonbuch an.

Vor der ersten Nutzung des Telefonbuchs sollten Sie das eigene Google-Konto auf dem Galaxy einrichten (siehe Kapitel *22 Das Google-Konto*). Ihre angelegten Kontakte werden dann nämlich im Google-Konto gesichert und lassen sich nach einem Zurücksetzen beziehungsweise Datenverlust jederzeit wieder herstellen.

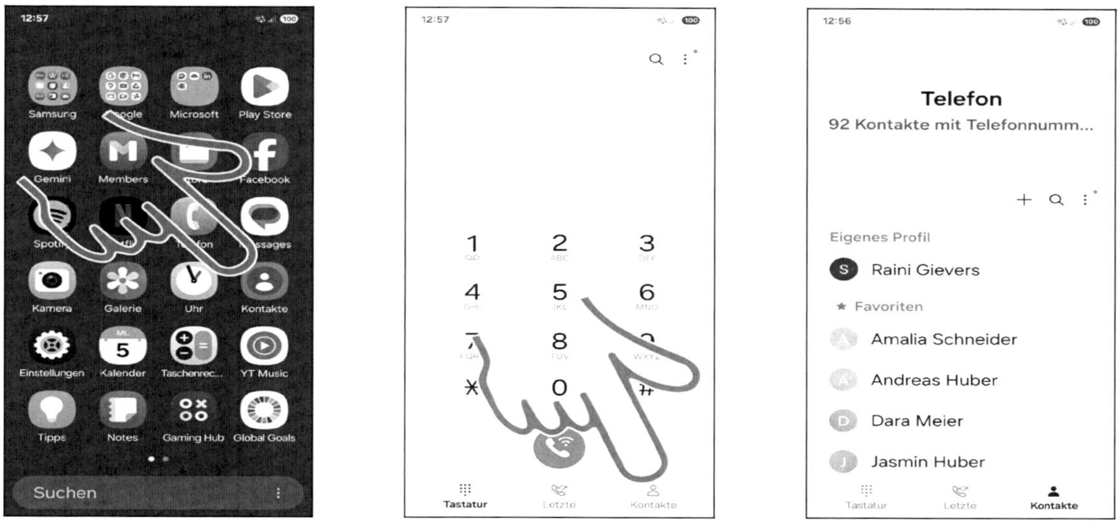

❶ So gelangen Sie ins Telefonbuch: Gehen Sie im Hauptmenü auf *Kontakte*.

❷❸ Alternativ aktivieren Sie in der Telefonoberfläche das *Kontakte*-Register (Pfeil). Bitte beachten Sie, dass hier nicht alle Funktionen des Telefonbuchs vorhanden sind.

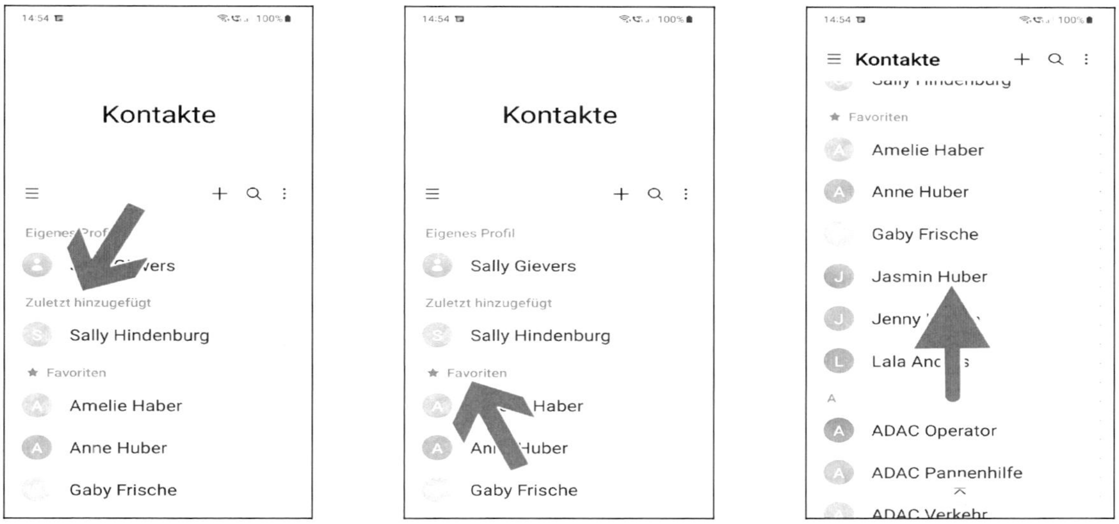

Die Kontaktanzeige ist etwas verwirrend. Wischen Sie einfach mehrmals durch die Kontaktauflistung, worauf Sie feststellen werden, dass viele Kontakte doppelt vorkommen:

- *Zuletzt hinzugefügt* (❶): Listet die zuletzt von Ihnen erstellten Kontakte auf.
- Unter *Favoriten* sind von Ihnen als wichtig eingestufte Kontakte zu finden, worauf Kapitel *8.6 Favoriten* noch eingeht (❷). Auf einem neu in Betrieb genommenen Handy sind natürlich noch keine Favoriten vorhanden.
- Die eigentliche Kontaktliste, die Sie nach ein- oder mehrmaligen Wischen zu Gesicht bekommen, ist alphabetisch sortiert (❸).

Bei Kontakten, denen ein Foto zugewiesen wurde (siehe *8.4 Kontaktfoto und Klingelton*), erscheint dieses auch in der Auflistung statt des Platzhalters.

8.1 Kontakterfassung

Im Folgenden wird beschrieben, wie Sie Rufnummern im Telefonbuch speichern.

8.1.1 Kontakt im Telefonbuch eingeben

❶ Neue Kontakte werden über + (Pfeil) angelegt.

❷ Beim ersten Mal werden Sie gefragt, in welchem Speicher Ihre Kontakte landen sollen. Wir empfehlen auf jeden Fall dann Ihr Google-Konto (*Google*) einzustellen.

Die Option *Telefon* belässt alle Kontakte auf dem Handy. Geht dieses verloren, sind auch Ihre Kontakte weg! Die Option *SIM 1* hat den Nachteil, dass Sie darin nur eine Rufnummer und eine E-Mail-Adresse speichern können. Auch hier erfolgt keinerlei Datensicherung. Beim *Samsung-Konto* (nur angezeigt, wenn Sie beim Samsung-Konto angemeldet sind, siehe Kapitel *23 Das Samsung-Konto*) erfolgt die Datensicherung auf Samsung-Servern im Internet. Bei der *Google*-Einstellung haben Sie dagegen den Vorteil, dass nicht nur eine Datensicherung im Internet erfolgt, sondern Ihnen die Kontaktdaten auf jedem Android-Gerät zur Verfügung stehen, auf dem Sie sich mit Ihrem Google-Konto anmelden.

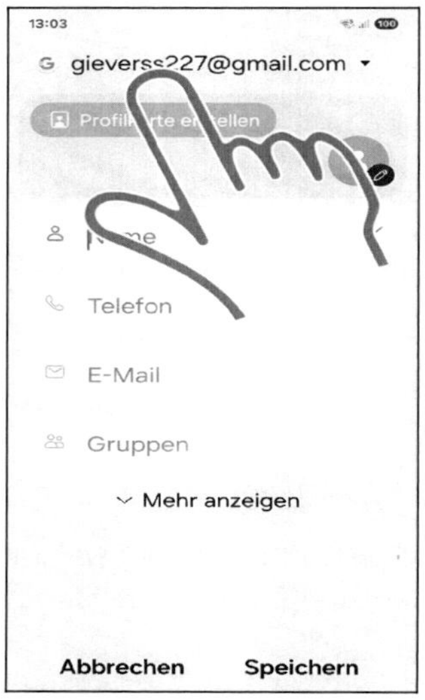

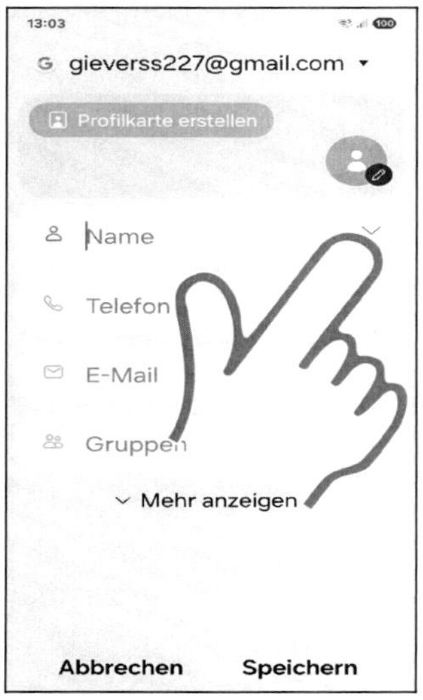

❶❷ Achten Sie auch in Zukunft immer darauf, dass als Speicherort Ihr Google-Konto (*Name@gmail.com*) eingestellt ist. Gegebenenfalls müssen Sie Ihr Konto erst festlegen. Tippen

Sie dazu einfach auf den Kontonamen.

❸ Füllen Sie nun die Eingabefelder aus. Sofern Sie mehrteilige Namen erfassen müssen (»Jasmina Maria Müller« oder »Max Graf von Strach und Witz«), tippen Sie die ∨-Schaltleiste (Pfeil) an. Sie können nun den mehrteiligen Namen eingeben.

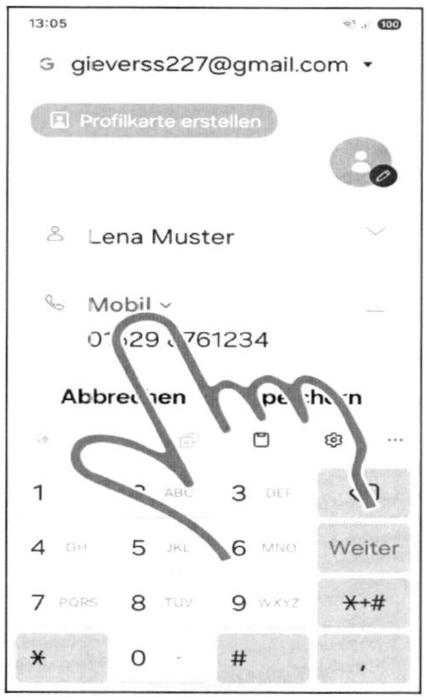

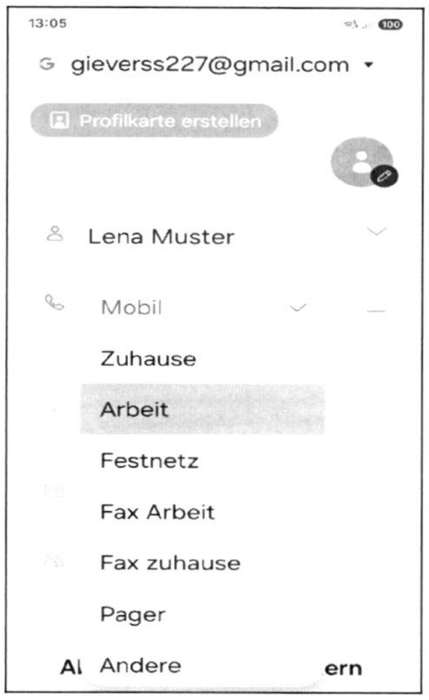

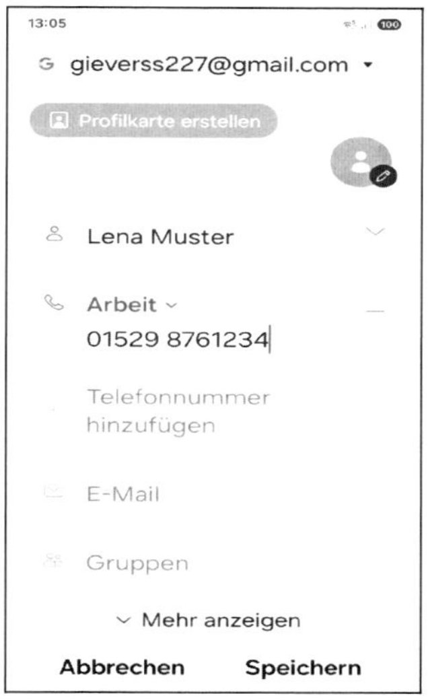

❶ Nachdem Sie eine Rufnummer eingegeben haben, tippen Sie auf den Rufnummerntyp (Pfeil).

❷ Stellen Sie die Art der Rufnummer ein, zum Beispiel *Arbeit*.

❸ Um das automatisch aufklappende Tastenfeld wieder zu schließen, betätigen Sie die <-Schaltleiste. Betätigen Sie *Speichern*, was den Kontakt ins Telefonbuch übernimmt.

8.1.2 Weitere Eingabefelder

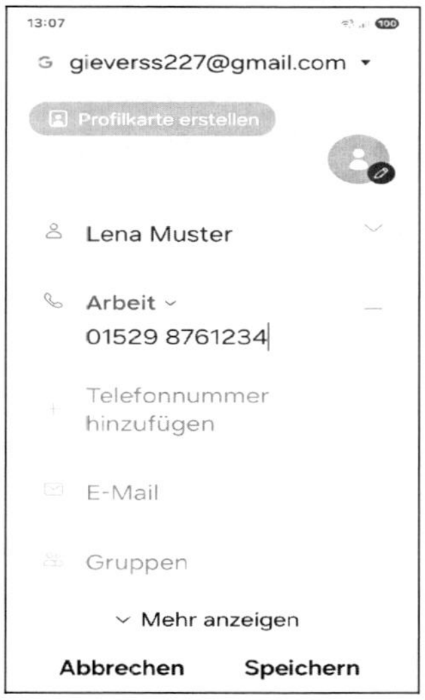

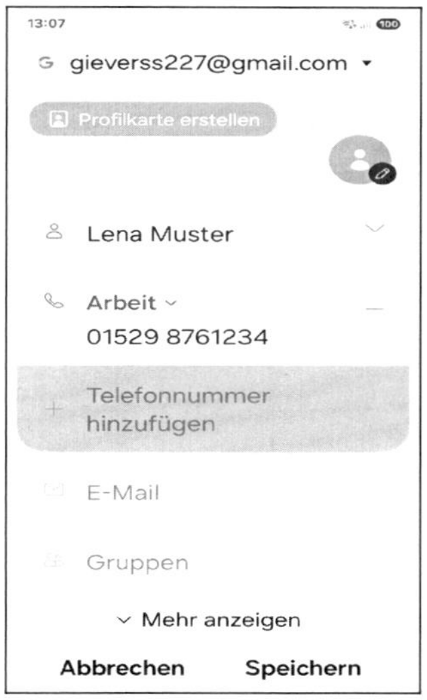

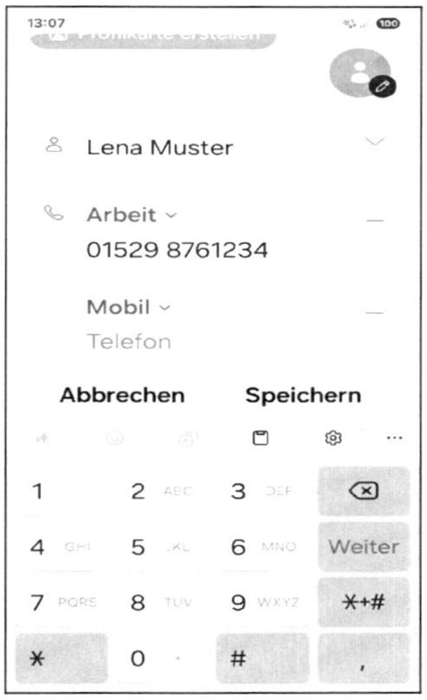

❶ Weitere Felder:

- *E-Mail:* E-Mail-Adresse des Kontakts.
- *Gruppen*: Weist den Kontakt einer Gruppe zu.

❷❸ Das Telefonbuch unterstützt mehrere Eingabefelder. Die *Telefonnummer hinzufügen*-Schaltleiste (Pfeil) blendet ein neues Eingabefeld ein. Die Minus-Schaltleiste entfernt dagegen ein Feld wieder.

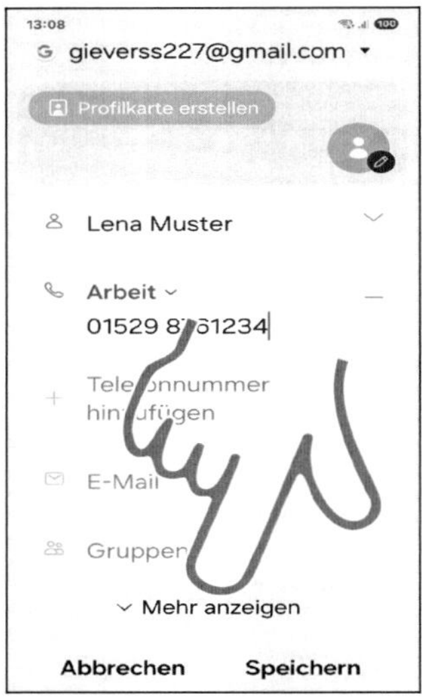

❶❷ Über *Mehr anzeigen* (Pfeil) erstellen Sie weitere Eingabefelder, beispielsweise mit der Kontaktadresse.

8.1.3 Kontakt aus Telefonoberfläche übernehmen

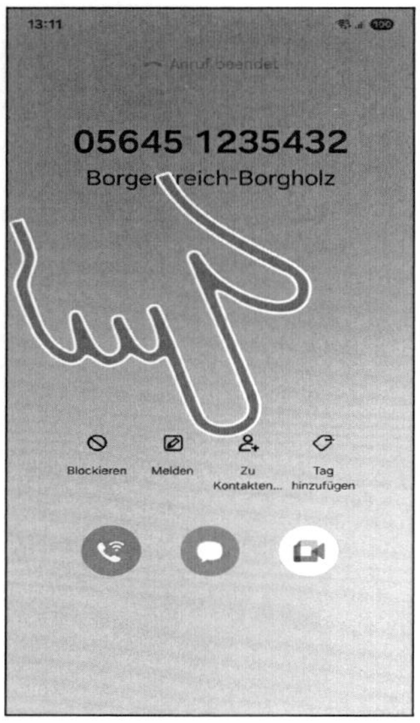

❶❷ Sie können in der Telefonoberfläche eine von Ihnen eingegebene Rufnummer über die **+**-Schaltleiste (Pfeil) ins Telefonbuch übernehmen. Danach wählen Sie aus, ob ein neuer Kontakt erstellt oder die Nummer einem bestehenden Kontakt zugewiesen wird.

❸ Wenn Sie ein Telefonat mit jemandem geführt haben, der sich noch nicht in Ihrem Telefonbuch befindet, können Sie mit *Zu Kontakten hinzufügen* ebenfalls die Rufnummer speichern.

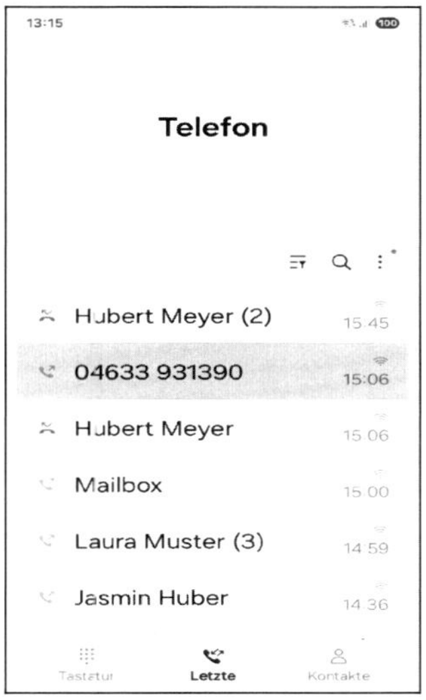

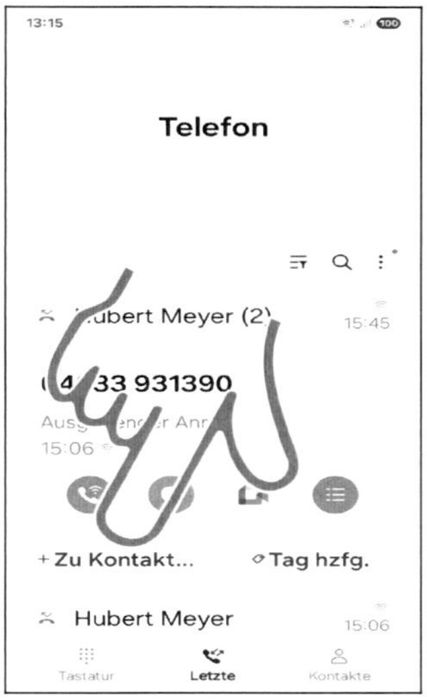

❶ Über die Anrufliste (siehe Kapitel *6.5 Anrufliste (Protokoll)*) der Telefonoberfläche ist es ebenfalls möglich, Rufnummern in die Kontaktverwaltung zu übernehmen. Tippen Sie dafür den Rufnummerneintrag an.

❷ Betätigen Sie *Zu Kontakten hinzufügen.*

8.2 Kontakt bearbeiten

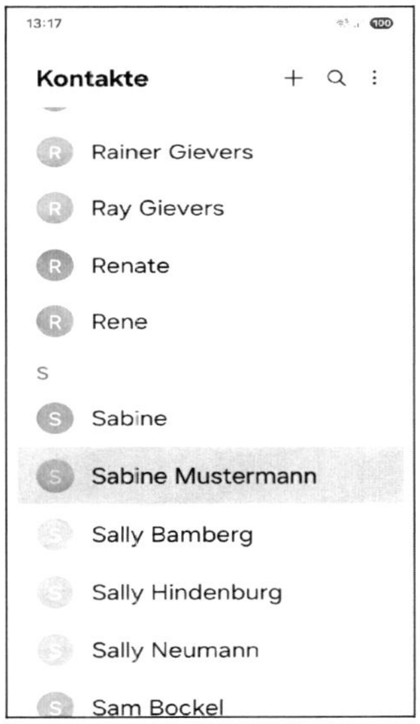

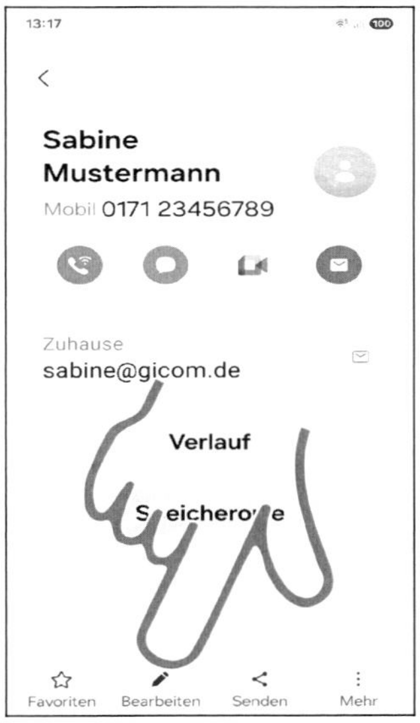

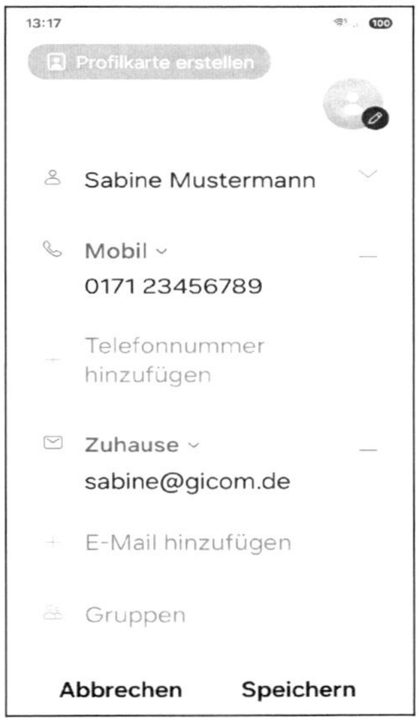

❶ Tippen Sie den Kontakteintrag an.

❷❸ Bearbeiten Sie den Kontakt mit *Bearbeiten*. Alternativ entfernen Sie ihn über ⋮/*Löschen*.

8.3 Listen- und Detailanzeige

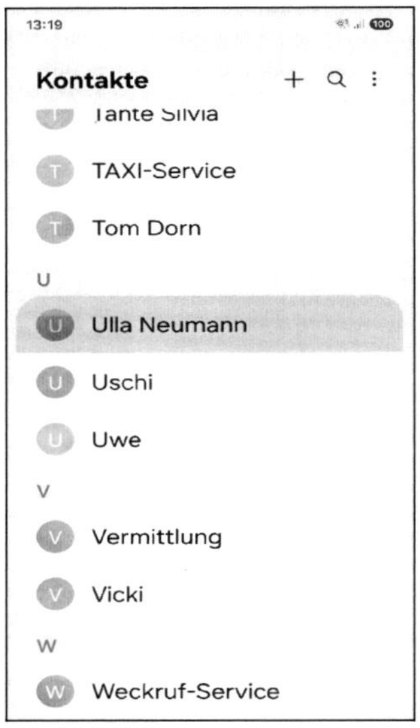

➊ Die Kontakte werden standardmäßig in einer alphabetisch sortierten Liste, nach Namen sortiert, angezeigt. Tippen Sie kurz auf einen Kontakteintrag.

➋ Es erscheinen nun die Kontaktdetails.

➊ *Verlauf* listet alle Anrufe und SMS eines Kontakts auf.

➋ Sie müssen nun zweimal im Popup *Zulassen* betätigen.

➌ Antippen eines Anrufeintrags beschränkt die Auflistung auf die Telefonate des jeweiligens Tags. Tippen Sie auf eine SMS, wenn Sie den zugehörigen Nachrichtenverlauf anzeigen möchten.

8.4 Kontaktfoto und Klingelton

Jedem Kontakt können Sie ein Kontaktfoto und einen Klingelton zuordnen, welche bei eingehenden Anrufen angezeigt beziehungsweise abgespielt werden. Dank des für jeden Kontakt unterschiedlich festgelegten Klingeltons wissen Sie sofort, wer anruft, ohne das Handy aus der Tasche zu nehmen.

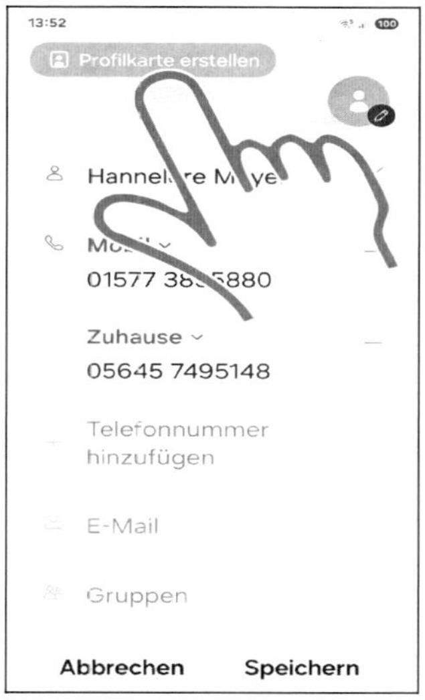

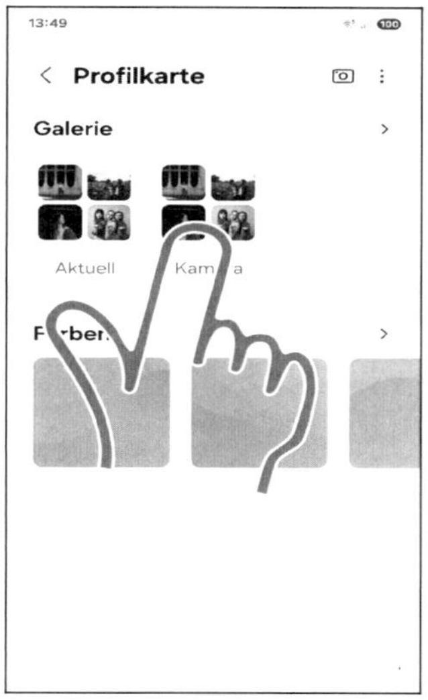

➊ Um ein Kontaktfoto zuzuweisen, tippen Sie im Bearbeitungsbildschirm auf das *Profilkarte erstellen* (Pfeil). Schließen den den einmalig angezeigten Hinweis mit *Vollen Zugriff erlauben.*

➋ Gehen Sie auf *Kamera* um ein bereits mit der Kamera erstelltes Foto zu übernehmen. Alternativ erstellt [Kamera-Symbol] (oben rechts) ein neues Foto.

➌ Wählen Sie ein Foto aus.

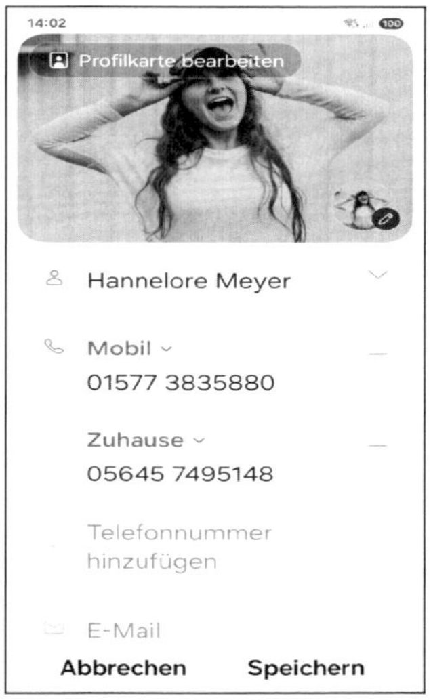

➊ Schließen Sie das einmalig angezeigte Popup mit *OK.*

➋ Das Handy zeigt eine Vorschau an, in der Sie mit einer Kneif- oder Wischgeste die Darstellung anpassen. Betätigen Sie *OK.*

➌ Vergessen Sie jetzt nicht, den Vorgang mit *Speichern* abzuschließen.

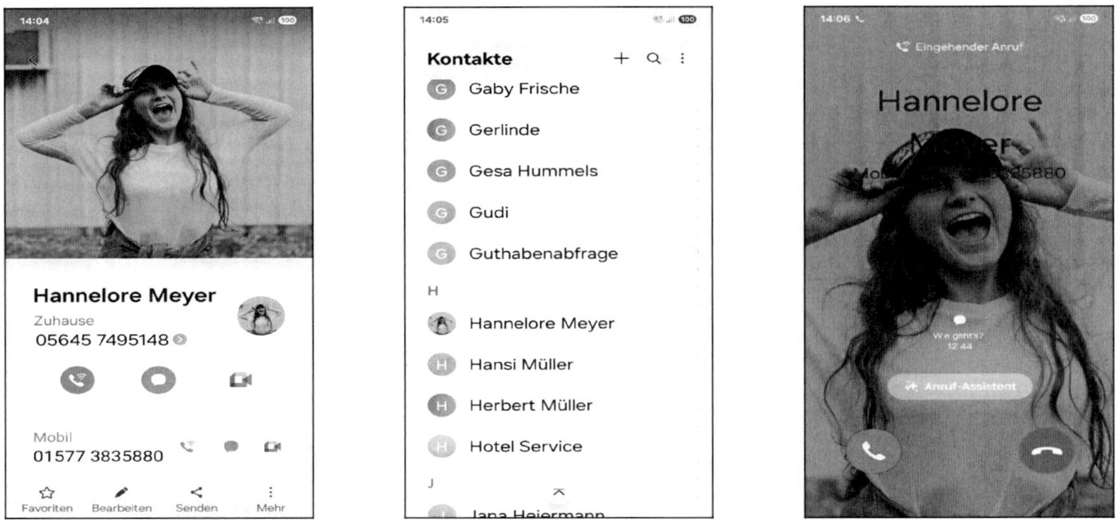

❶❷ In den Kontaktdetails und der Kontaktauflistung erscheint das Kontaktfoto.

❸ Künftig wird das Kontaktfoto bei Anrufen angezeigt.

Sie können ein Kontaktfoto auch mit der Galerie-Anwendung erstellen. Siehe Kapitel *18.3.1 Weitere Optionen*.

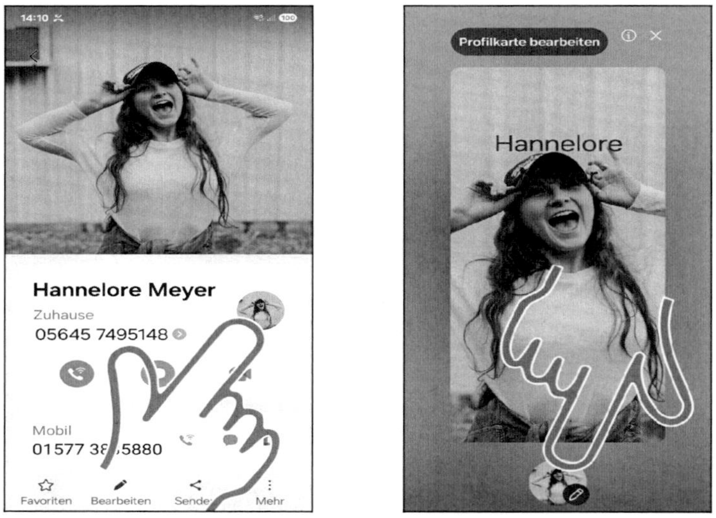

❶ Das Handy verwaltet das Kontaktfoto und das Hintergrundbild (beides hatten sie zuvor gleichzeitig eingerichtet) separat. Sie können also das Kontaktbild ändern. Dazu tippen Sie in den Kontaktdetails auf das kleine Profilbild.

❷ Tippen Sie erneut auf das Kontaktsymbol und wählen Sie dann das gewünschte Bild aus.

Falls Sie das bei Anrufen angezeigte Hintergrundbild generell bei allen Anrufen ändern möchten, gehen Sie wie im Kapitel *6.7.6 Anrufhintergrund* gezeigt vor.

❶ Der Klingelton wird im Kontaktdetails-Bildschirm eingestellt. Gehen Sie hier auf *Mehr*.

❷❸ Wählen Sie *Klingelton/Vibration ändern* und dann *Klingelton*.

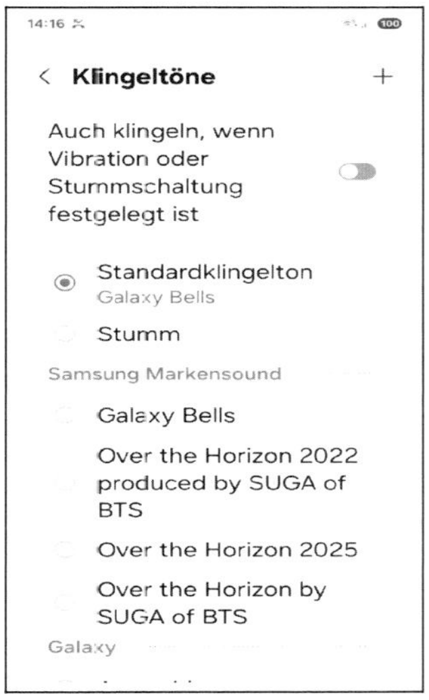

Sie können nun die Klingeltonmelodie einstellen. Schließen Sie den Bildschirm dann mit der <-Taste.

Für das Zurücksetzen des Klingeltons auf die Standardmelodie rufen Sie diesen Bildschirm erneut auf und stellen wieder auf *Standardklingelton.*

Geht ein Anruf ein, wird das Kontaktfoto angezeigt und der zugehörige Klingelton abgespielt.

Wie Sie eigene Audiodateien als Klingeltöne auf dem Galaxy einrichten, erfahren Sie im Kapitel *4.14.1 Signaltöne*.

Der kontaktabhängige Klingelton funktioniert natürlich nur, wenn der Anrufer seine Rufnummer nicht unterdrückt.

8.5 Suchen

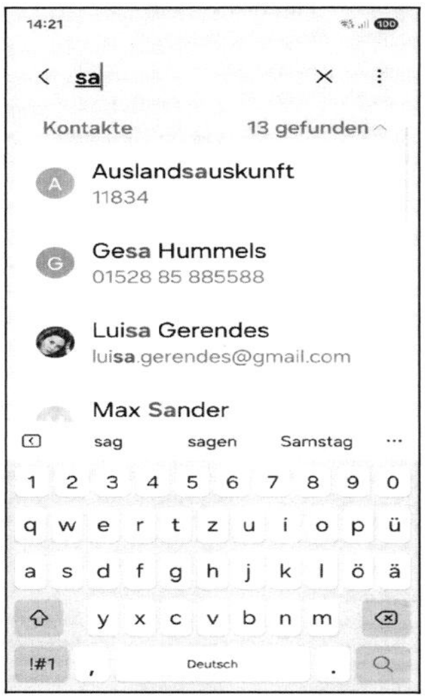

➊ Es ist nicht unbedingt notwendig, umständlich durch Halten und Ziehen des Fingers in der Kontaktauflistung zu blättern. Tippen Sie oben auf 🔍.

➋ Geben Sie den aufzufindenden Namen ein. Zu den eingegebenen Buchstaben beziehungsweise Namen, zeigt das Handy die passenden Kontakte an. Dabei werden Nach- und Vorname der Kontakte durchsucht. Tippen Sie eine der Fundstellen an, um dessen Details anzuzeigen. Die Suche beenden Sie mit der ✕-Schaltleiste neben dem Suchfeld.

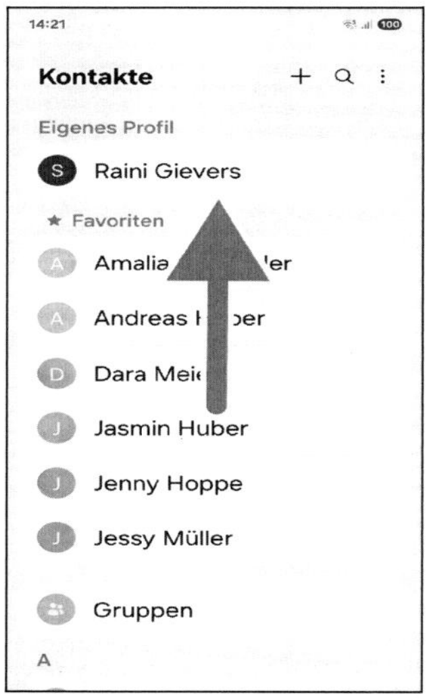

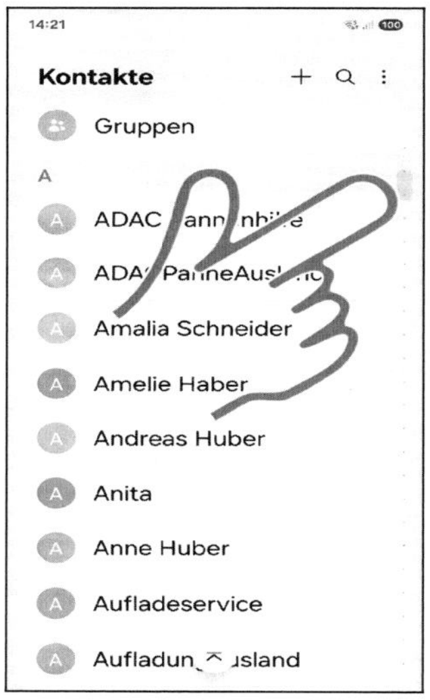

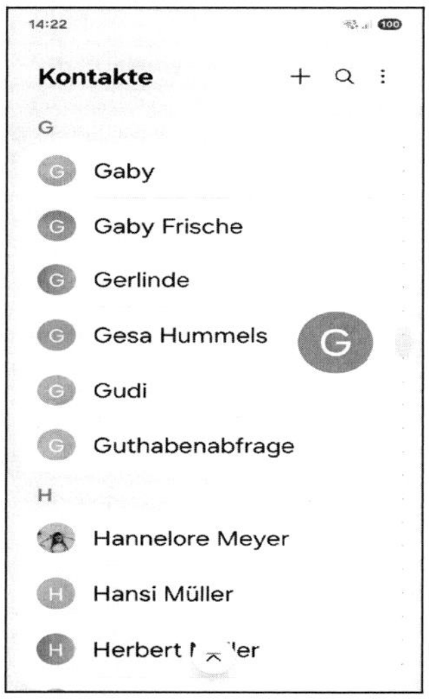

➊ Alternativ wischen Sie einmal in den Kontakten.

➋➌ Auf der rechten Seite erscheint eine Leiste. Halten Sie dort den Finger angedrückt und ziehen Sie nun nach oben oder unten. In der Bildschirmmitte zeigt das Telefonbuch währenddessen den Anfangsbuchstaben an, zu dem Sie nach Loslassen des Fingers springen. Alternativ tippen Sie direkt einen Buchstaben an, zu dem Sie springen möchten.

8.6 Favoriten

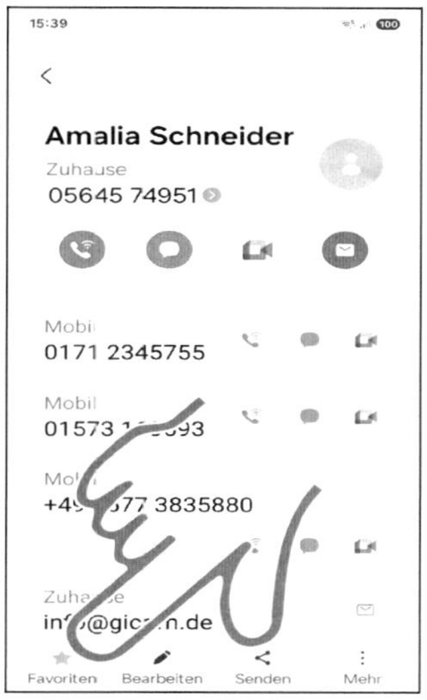

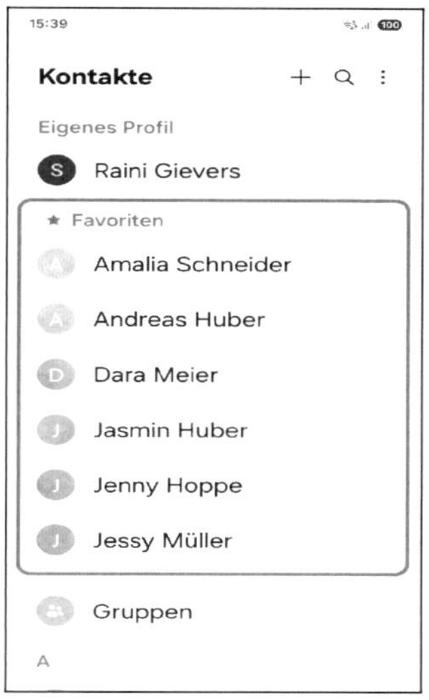

❶ Kontakte, mit denen Sie häufiger zu tun haben, sollten Sie als Favoriten markieren. Dazu aktivieren Sie in den Kontaktdetails jeweils den Stern. Erneutes Antippen des Sterns deaktiviert den Favoritenstatus wieder.

❷ Das Telefonbuch zeigt die Favoriten ganz oben in der Kontaktauflistung an.

8.7 SIM-Kontakte

Das Telefonbuch blendet die Telefonnummern auf der SIM-Karte (»SIM-Kontakte«) ein. Beachten Sie, dass Sie bei den SIM-Kontakten auf Komfortfunktionen darunter die Option, ein Kontaktfoto zuzuweisen, verzichten müssen.

Früher sprach für die SIM-Kontakte, dass man die SIM-Karte einfach aus dem Handy nahm, in ein anderes Handy einsteckte und dann sofort wieder die SIM-Kontakte im Telefonbuch hatte. Dies hat sich inzwischen geändert, denn die modernen SIM-Karten sind nicht für häufigen Handywechsel ausgelegt.

Android-Handys wie das Galaxy speichern die Telefonbuchkontakte im Google-Konto auf einem Internetserver ab; die Kontakte werden dann automatisch auf ein anderes Android-Handy übernommen, sobald man sich dort mit dem gleichen Google-Konto anmeldet (siehe dazu auch Kapitel *22 Das Google-Konto*).

Die meisten SIM-Karten enthalten vordefinierte SIM-Kontakte, beispielsweise mit Rufnummern von Auskunftsdiensten, ADAC-Pannenhilfe, Hotelvermittler oder diverse Service-Hotlines. Weil die Nutzung der SIM-Kontakte auf einem modernen Handy keinen Sinn macht, zeigen wir in diesem Kapitel nur, wie Sie die bereits vom Mobilnetzbetreiber vordefinierten SIM-Kontakte anzeigen und nutzen.

Falls Sie eine eSIM verwenden, stehen keine SIM-Kontakte zur Verfügung, denn die eSIM dient ausschließlich der Identifikation im Mobilfunknetz. Siehe auch Kapitel *2.3 Die SIM-Karte*.

❶ Sie finden die SIM-Nummern in der Kontaktverwaltung und Telefonoberfläche zwischen den »normalen« Telefonkontakten.

❷ Ein Symbol weist in den Kontaktdetails darauf hin, dass es sich um einen SIM-Kontakt handelt.

❸ Auch beim Bearbeiten erkennt man schnell, dass es sich um einen SIM-Kontakt handelt, denn es gibt meistens nur ein Eingabefeld für die Rufnummer.

8.8 Kontakte im Startbildschirm

Im Startbildschirm lassen sich Verknüpfungen auf Kontakte anlegen, um den Zugriff zu erleichtern. Zum Einsatz kommen dabei sogenannte Widgets (weitere Infos zu den Widgets finden Sie im Kapitel *4.7.2 Widgets*).

8.8.1 Direktwahl

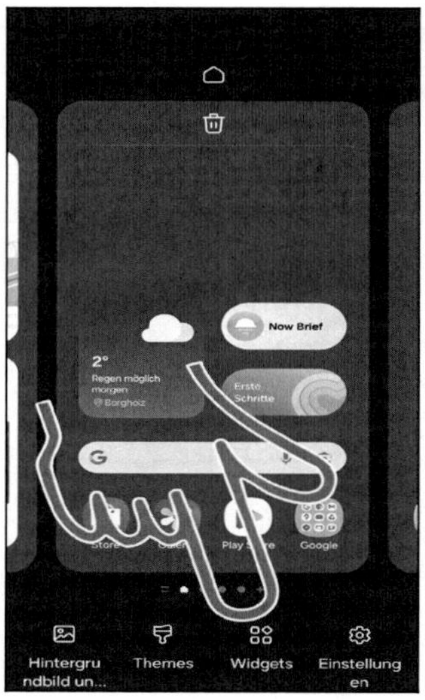

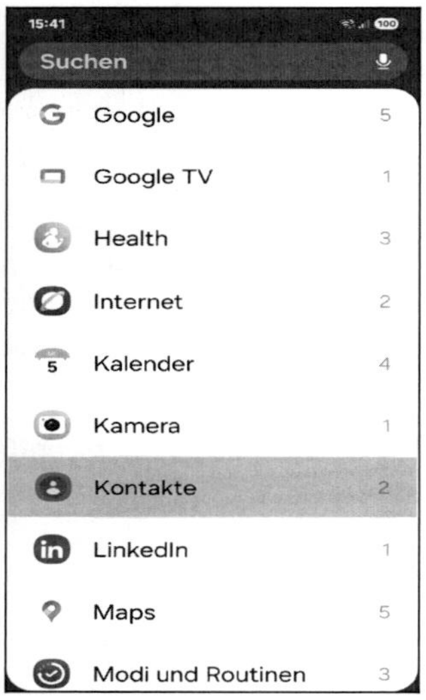

❶ Wechseln Sie zuerst mit mehreren Wischgesten nach links oder rechts in eine freie Seite des Startbildschirms (löschen Sie gegebenenfalls, wie im Kapitel *4.7.1 Schnellzugriffe anlegen und verwalten* beschrieben, nicht benötigte Widgets auf einer Startbildschirmseite). Führen Sie dann eine Kneifgeste durch und rufen Sie *Widgets* auf.

❷ Aktivieren Sie das *Widgets*-Register.

❸ Blättern Sie mit einer Wischgeste nach oben durch die Widgets. Tippen Sie dann auf *Kontakte*.

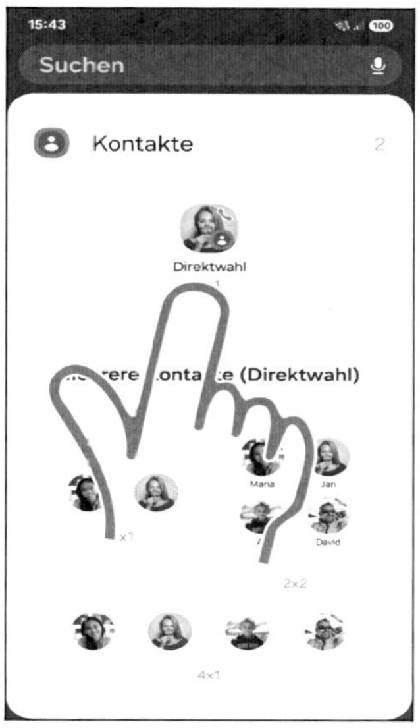

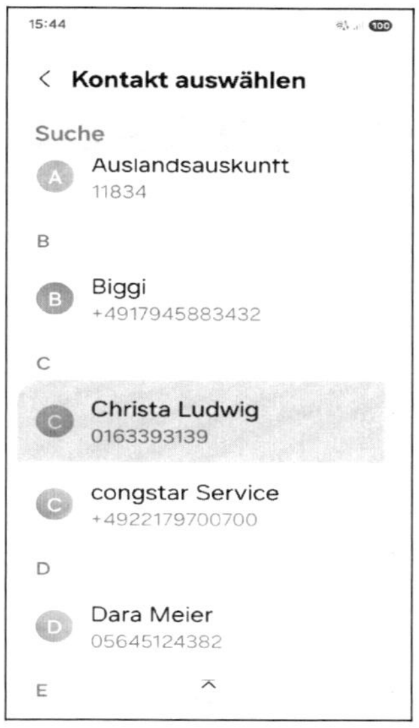

❶ Es stehen mehrere Kontakte-Widgets zur Verfügung, zwischen denen Sie auswählen können. In unserem Beispiel tippen und halten wir den Finger auf *Direktwahl*, bis das Handy auf den Startbildschirm umschaltet.

❷ Platzieren Sie das Widget in den gewünschten Bildschirmbereich und lassen Sie den Finger los.

❸ Sie müssen nun den Kontakt auswählen.

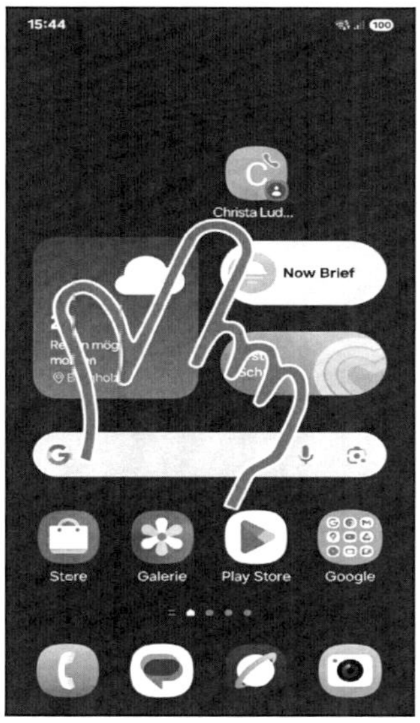

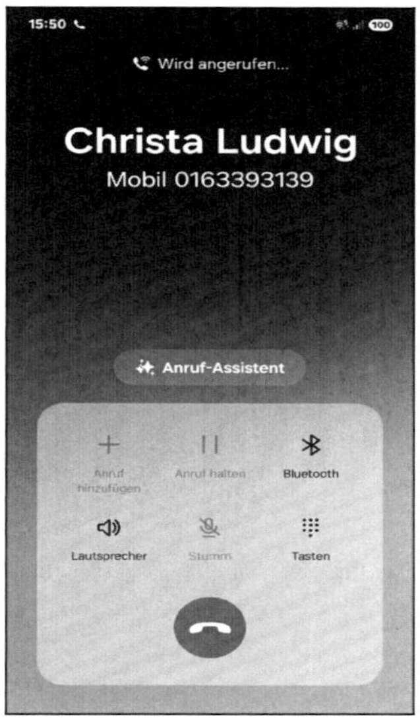

❶❷ Antippen des Kontakts im Startbildschirm startet die Anwahl.

8.9 QR-Code

Die QR-Codes sind zweidimensionale Barcodes, die von vielen Handys ohne zusätzliche Software über die Kamera eingelesen und weiterverarbeitet werden können. Das Samsung Galaxy bietet die Möglichkeit, Kontaktdaten aus einem QR-Code einzulesen und umgekehrt Kontaktdaten als QR-Code darzustellen.

QR-Codes müssen nicht unbedingt gedruckt auf Papier vorliegen, sondern lassen sich auch direkt von einem Bildschirm einlesen.

❶❷ In unserem Beispiel möchten wir einen QR-Code von einem Kontakt erzeugen. Dazu gehen wir in die Kontaktdetails und rufen *Mehr/QR-Code* auf.

❸ Eine andere Person muss nun sein QR-Code-Leseprogramm auf seinem Handy aktivieren und hält dann dessen Kamera auf den angezeigten QR-Code. Bei einem iPhone erkennt die Kamera-Anwendung automatisch QR-Codes und bietet den Import ins Telefonbuch an.

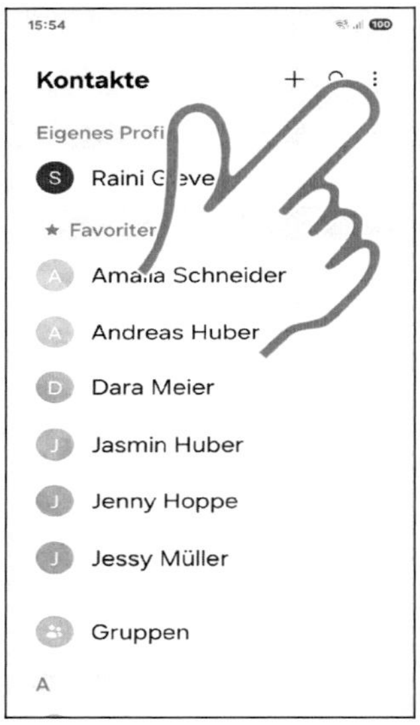

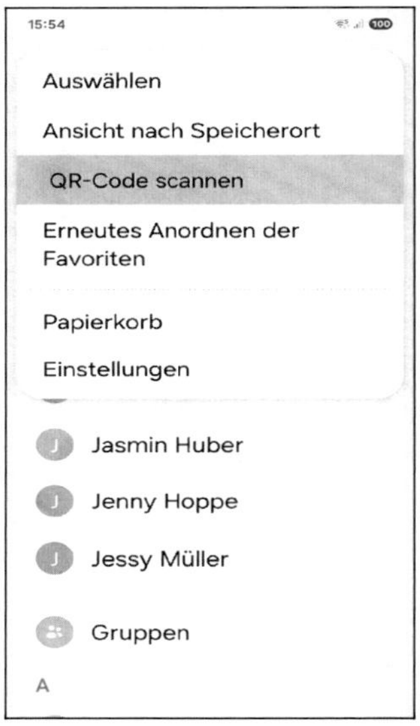

❶❷❸ Das Einlesen eines QR-Codes erfolgt auf jedem Samsung-Handy mit ⋮*/QR-Code scannen* in der Kontaktauflistung (Pfeil).

8.10 Einstellungen

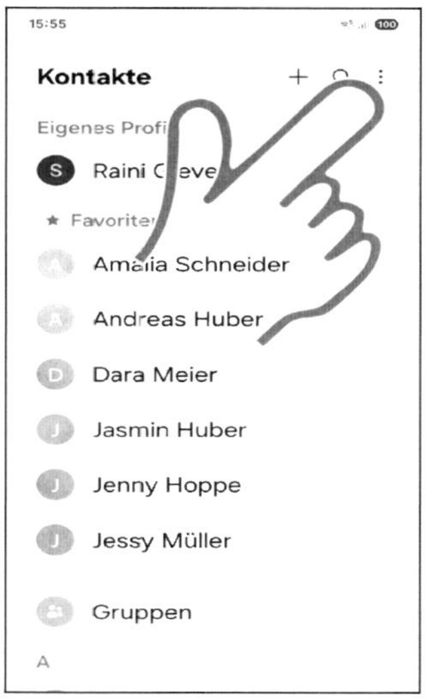

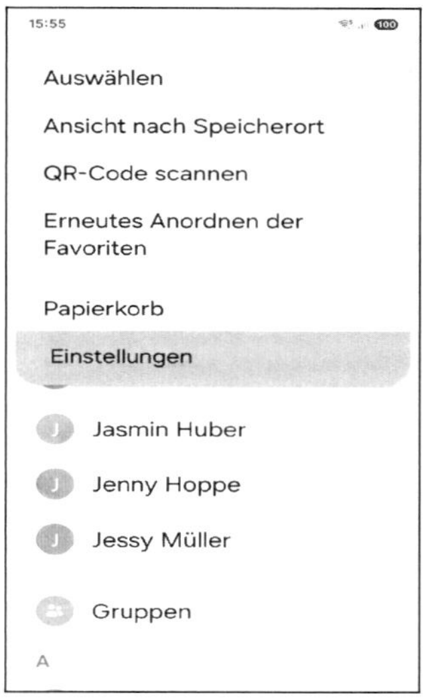

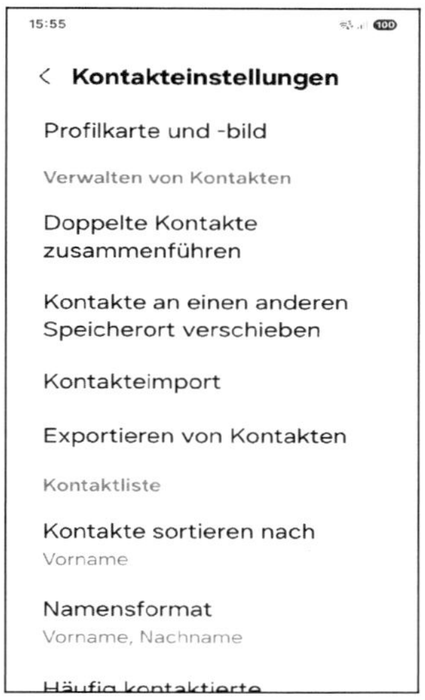

❶❷ Öffnen Sie das Ausklappmenü und gehen Sie auf ⁝/*Einstellungen*.

❸ Die verfügbaren Optionen:

- *Profilfreigabe und -bild*: Über die *Profilfreigabe* können Sie Ihre persönlichen Daten den Kontakten in Ihrem Telefonbuch zugänglich machen. Weil dies nur mit Samsung-Handys funktioniert, gehen wir in diesem Buch nicht darauf ein.

Unter *Verwalten von Kontakten*:

- *Doppelte Kontakte zusammenführen*: Kontakteinträge, welche die gleiche Rufnummer enthalten, führt das Handy zu einem Kontakt zusammen.
- *Kontakte an einen anderen Speicherort verschieben*: Kontakte können im Telefon, Google-Konto (empfohlen), Samsung-Konto oder der SIM-Karte gespeichert sein. Hiermit verschieben Sie einzelne Kontakte zwischen den Speicherbereichen.
- *Exportieren von Kontakten*: Kontakte als Textdatei abspeichern.

Unter *Kontaktliste*:

- *Kontakte sortieren nach*: Sortierung der Kontaktliste nach *Vorname* oder *Nachname*.
- *Namensformat*: Namen nach Vorname, Nachname oder umgekehrt auflisten.
- *Häufig kontaktierte anzeigen*: Diese Option listet alle Kontakte, die Sie mehrmals angerufen haben als erstes in der Kontaktliste auf.

Unter *Weitere Einstellungen*:

- *Papierkorb*: Gelöschte Kontakte werden zunächst im Papierkorb abgelegt, den Sie über das Ausklappmenü erreichen.
- *Drittanbieteroptionen anzeigen*: Nicht von Samsung dokumentiert.
- *Kontakte synchronisieren*: Zeigt das Google-Konto an, in dem das Handy Ihre Kontakte sichert.

9. Internet einrichten und nutzen

Ihr Galaxy ist ein wahres Kommunikationsgenie. Sie können damit im Internet surfen, E-Mails und SMS verarbeiten. Um die Konfiguration des Internetzugangs brauchen Sie sich in der Regel nicht zu kümmern, da dies vom Galaxy automatisch erledigt wird.

Sie brauchen dieses Kapitel nicht durchzuarbeiten, um Internet über Ihren Mobilnetzbetreiber zu nutzen. Lesen Sie aber mindestens Kapitel *9.2.1 WLAN aktivieren/deaktivieren* durch, wo erklärt wird, wie Sie zwischen WLAN- und Mobilfunk-Internet umschalten.

9.1 Internetzugang einrichten

Sie können das Internet über WLAN oder Mobilnetzwerk nutzen.

9.1.1 WLAN

Heutzutage gibt es an vielen Orten beispielsweise Flughäfen, Hotels oder Bars, WLAN-Hotspots, über die Sie kostenlos online gehen können. Auch in Innenstädten findet man häufig »offene« WLANs, die kostenlos nutzbar sind, weil einige ihr WLAN absichtlich oder unabsichtlich unverschlüsselt zur Verfügung stellen.

Sobald Sie Ihr Handy manuell mit einem WLAN-Zugangspunkt verbunden haben, stellt es künftig automatisch eine Verbindung her, sobald Sie sich erneut in dessen Reichweite befinden. Weitere Einstellungen sind dafür nicht erforderlich.

9.1.2 Datenflatrate des Netzbetreibers

Das Galaxy-Handy ist wegen seiner Kommunikationsfunktionen auf eine dauerhafte Internetverbindung über das Mobilfunkinternet angewiesen. Sofern Sie ihr Gerät im Handy-Shop erworben haben, wird Sie der Verkäufer mit Sicherheit darauf aufmerksam gemacht haben, eine ausreichende Datenflatrate mit zu buchen. Für die meisten Nutzer reichen unserer Ansicht nach übrigens 2 GB/Monat an inkludiertem Übertragungsvolumen aus.

Sobald das im Paket enthaltene Datenvolumen überschritten wird, reduzieren die Netzbetreiber in der Regel die Übertragungsgeschwindigkeit auf ein niedrigeres Niveau. Dies macht sich im Webbrowser beispielsweise durch einen sehr langsamen Seitenaufbau bemerkbar.

Damit Sie den Datenverbrauch nachverfolgen können, empfehlen wir Ihnen, die von Ihrem Netzbetreiber bereitgestellte Anwendung aus dem Play Store (siehe Kapitel *26.1 Play Store*) zu installieren, welche den monatlichen Datenverbrauch anzeigt.

Zwar ist es möglich, die Option »*Mobile Daten*« zu deaktivieren (siehe Kapitel *9.2.2 Mobilfunk-Internet aktivieren/deaktivieren*), damit kein Mobilfunk-Internet genutzt wird, damit geht aber ein großer Teil des Charmes vom Galaxy-Handy verloren.

9.1.3 Automatische Einrichtung

Sobald Sie das Handy nach dem Einlegen einer neuen SIM-Karte einschalten, werden alle Mobilnetz-abhängigen Einstellungen, darunter Mailbox, SMS-Konfiguration und mobiles Internet automatisch konfiguriert.

9.2 Umschaltung WLAN und Mobilfunk-Internet

Sie können einstellen, dass alle Internetverbindungen über WLAN oder eine Mobilfunkverbindung ablaufen. Beachten Sie aber, dass Sie unterwegs nur bei einer Mobilfunkverbindung immer das Internet nutzen können, da WLAN nur an bestimmten Orten, beispielsweise in Hotels, Bars, Flughäfen usw. zur Verfügung steht. Meist finden Sie an den mit WLAN ausgestatteten Orten auch entsprechende Hinweisschilder.

Leider hat Samsung die WLAN-Verwaltung verwirrend gelöst. Abhängig davon, ob Sie bereits mal die Verbindung mit einem WLAN hergestellt hatten – was beispielsweise bei der Ersteinrichtung der Fall ist – verhält sich das WLAN-Menü unterschiedlich.

9.2.1 WLAN aktivieren/deaktivieren

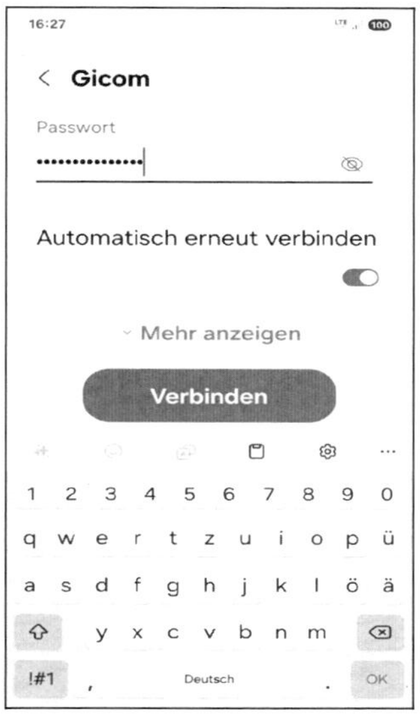

❶ Nach Aktivierung des Schnelleinstellungsbereichs betätigen Sie (Pfeil).

❷❸ Falls Sie zuvor noch keinen WLAN-Zugangspunkt eingestellt hatten, erscheint dieses Menü: Wählen Sie einen der gefundenen WLAN-Zugangspunkte aus. Sofern dieser verschlüsselt ist, fragt Sie das Galaxy nach dem Passwort, das Sie eventuell vom WLAN-Betreiber erfragen müssen. Betätigen Sie dann *Verbinden.*

> Vielleicht haben Sie bereits einen WLAN-Zugangspunkt auf dem Galaxy eingerichtet? In diesem Fall erscheint nicht das WLAN-Auswahlmenü, sondern das Handy baut sofort die Verbindung zum WLAN-Zugangspunkt auf.
>
> Weitere Hinweise zur WLAN-Nutzung finden Sie im Kapitel *10 WLAN.*
>
> Wenn Sie WLAN am Galaxy ausschalten und später erneut einschalten, baut das Gerät automatisch eine Verbindung zum WLAN-Zugangspunkt auf. Das benötigte Passwort wird nicht erneut abgefragt.

9.2.2 Mobilfunk-Internet aktivieren/deaktivieren

Haben Sie keinen Mobilfunkvertrag mit Datenflatrate, dann sollten Sie das Mobilfunk-Internet am Galaxy ausschalten.

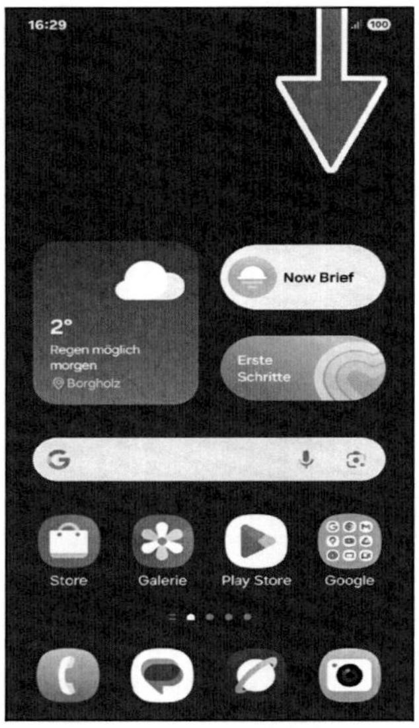

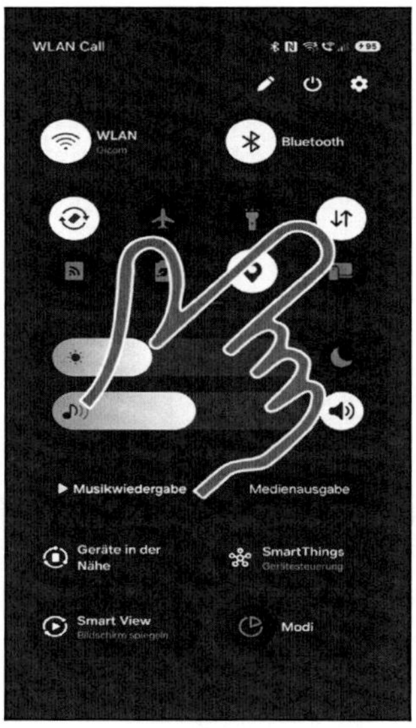

❶ Die Aktivität des Mobilfunk-Internets steuern Sie über den Schnelleinstellungsbereich. Führen Sie dafür eine Wischgeste von oben rechts nach unten durch.

❷ Deaktivieren Sie ↓↑, um das Mobilfunk-Internet abzuschalten (auf dem gleichen Wege lässt sich Mobilfunk-Internet auch wieder aktivieren).

9.3 Empfangsstärke Mobilfunk und WLAN

Für eine gute und unterbrechungsfreie Datenübertragung über WLAN oder Mobilfunknetz ist eine hohe Signalstärke jeweils Voraussetzung.

Die Mobilfunknetzsignalstärke erkennen Sie .ıl in der Titelleiste (Pfeil). Wenn ein oder mehrere der Balken fehlen, besteht kein optimaler Empfang, das heißt, Sie befinden sich zu weit vom Mobilfunkmast entfernt. Die Balkenangaben sind naturgemäß recht ungenau, was aber meistens keinen Beinbruch darstellt.

Auch die Qualität des WLAN-Empfangs lässt sich mit einem Symbol ablesen: . Die kleine Zahl »5« im WLAN-Symbol informiert über das verwendete Übertragungsprotokoll, hat aber in der Praxis keinen Nutzen.

10. WLAN

Seit mehr als zwei Jahrzehnten gehört Internet über WLAN (Wireless Local Area Network) zu unserem Alltag. Die Vorteile dieses drahtlosen Standards gegenüber dem Mobilfunk-Internet sind offensichtlich: Neben der meist höheren Übertragungsgeschwindigkeit bietet WLAN auch die Möglichkeit, unterschiedliche Geräte wie Drucker und PCs und Handys miteinander zu koppeln – aber das soll nicht Thema dieses Buchs sein.

WLAN wird im Privatbereich fast ausschließlich dazu genutzt, um PCs, Notebooks, Handhelds usw. ans Internet anzuschließen. Dazu benötigt man nur einen sogenannten WLAN-DSL-Router, wie er heute schon für weniger als hundert Euro zu haben ist. Unterwegs kann man auch sogenannte WLAN-Hotspots (»WLAN-Zugangspunkte«) nutzen, die man in zahlreichen Hotels, Flughäfen, Bars usw. findet.

An vielen Orten finden Sie »offene« WLAN-Zugangspunkte, bei denen Unternehmen als Kundenbindung die Nutzung Ihres WLANs erlauben. Beachten Sie, dass einige kommerzielle WLAN-Zugangspunkte kostenpflichtig sind und Sie erst nach Bezahlung das Passwort dazu erhalten.

10.1 WLAN-Verbindung aufbauen

Wenn Sie das erste Mal WLAN nutzen, müssen Sie erst das WLAN-Modul am Galaxy einschalten und dann eine Verbindung zum WLAN-Zugangspunkt aufbauen, was in diesem Kapitel beschrieben wird.

Beachten Sie auch Kapitel *9.2.2 Mobilfunk-Internet aktivieren/deaktivieren*, in dem erläutert wird, wie Sie zwischen WLAN- und Mobilfunk-Internet umschalten.

10.1.1 WLAN über die Einstellungen einrichten

❶ Nach Aktivierung des Schnelleinstellungsbereichs tippen Sie an (Pfeil). Das -Symbol sollte sich hell färben. Falls WLAN bereits aktiv war, müssen Sie also erneut betätigen.

❷ Warten Sie, bis die gefundenen WLANs anzeigt werden, wovon Sie einen auswählen.

Vielleicht haben Sie bereits einen WLAN-Zugangspunkt auf dem Galaxy eingerichtet? In diesem Fall erscheint nicht das WLAN-Auswahlmenü, sondern das Handy baut die Verbindung zum WLAN-Zugangspunkt auf.

❸ Sofern das WLAN verschlüsselt ist, fragt Sie das Galaxy nach dem Passwort, das Sie eventuell vom WLAN-Betreiber erfragen müssen. Betätigen Sie dann *Verbinden*.

10.1.2 WLAN-Zugangspunkte wechseln

➊ Sie möchten einen anderen WLAN-Zugangspunkt verwenden? Aktivieren Sie den Schnelleinstellungsbereich, dann tippen und halten Sie die -Schaltleiste.

➋ Wählen Sie einen der aufgelisteten Zugangspunkte aus.

10.2 WLAN-Verwaltung

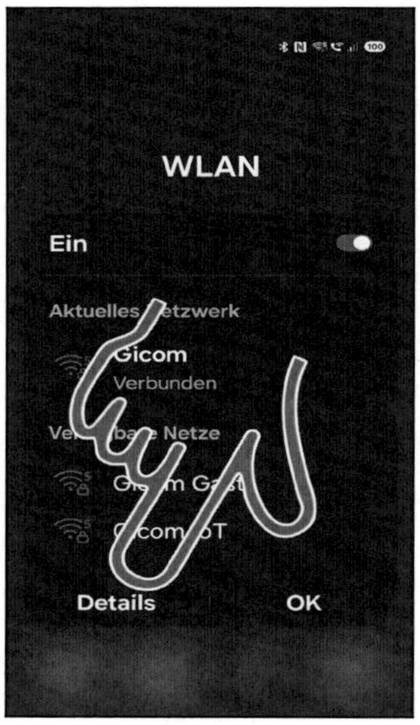

➊ Aktivieren Sie den Schnelleinstellungsbereich, dann tippen und halten Sie die -Schaltleiste.

➋ Gehen Sie auf *Details.*

❶ Nun gehen Sie auf ⁝/*Erweiterte Einstellungen*.

❷ Die Optionen:

- *Mit Samsung Cloud synchronisieren*: Das Handy synchronisiert alle WLAN-Zugangsdaten mit dem im Kapitel *23 Das Samsung-Konto* vorgestellten Konto. Diese Funktion ist nützlich, wenn Sie mal in der Zukunft Ihr aktuelles Samsung-Handy gegen ein neues austauschen. Die bereits angelegten WLAN-Zugangsdaten werden dann auf das neue Samsung-Handy übernommen und müssen nicht erneut eingegeben werden.

Unter *Netzeinstellungen*:

- *Netzwerke verwalten*: Listet die bereits von Ihnen genutzten WLAN-Zugangspunkte auf.
- *Verlauf für WLAN ein-/aus*: Einige Programme, die hier aufgelistet werden, können selbsttätig das WLAN ein- und ausschalten.
- *Hotspot 2.0*: Dieser Standard soll den Verbindungsaufbau mit WLAN-Zugangspunkten von Drittanbietern, beispielsweise von Mobilfunkunternehmen, erleichtern. Derzeit gibt es allerdings noch keinen Anbieter, der diese Funktion unterstützt.
- *WEP-Netzwerke zulassen*: Einige ältere WLAN-Zugangspunkte nutzen ein veraltetes Sicherheitsprotokoll. Das Risiko für Sie ist allerdings gering.
- *Netzwerkzertifikate installieren*: Einige Programme benötigen Verschlüsselungszertifikate, beispielsweise in Unternehmensnetzwerken, welche Sie hiermit installieren.

❶❷ Die Einstellungen unter *Intelligent Wi-Fi*:

- *Zu mobilen Daten wechseln*: Bei schlechter WLAN-Verbindung wechselt das Handy automatisch auf das Mobilfunkinternet. Diese Option ist nur aktiv, wenn Sie *Mobile Daten* (= Internet über die Mobilfunkverbindung) aktiviert haben (siehe Kapitel *9.2.2 Mobilfunk-Internet aktivieren/deaktivieren*).
- *Zu besseren WLANs wechseln*: Wenn an einem Standort mehrere WLAN-Zugangspunkte vorhanden sind (mit denen Sie sich jeweils bereits mal verbunden hatten), wechselt das Handy automatisch zu dem mit dem besseren Empfang.
- *WLAN automatisch ein-/ausschalten*: Wenn Sie sich im Empfangsbereich eines WLANs befinden, den Sie schon mal genutzt haben, aktiviert sich WLAN automatisch.
- *Echtzeitdaten priorisieren*: Nutzeraktivitäten wie Online-Spiele oder Videostreaming werden gegenüber Hintergrunddiensten (interne Datensynchronisierung mit Google-Servern) bevorzugt.
- *Verdächtige Netzwerke erkennen*: Das Handy identifiziert Aktivitäten, die auf Datendiebstahl hinweisen und blockiert diese.
- *Automatische Hotspot-Verbindung*: Nicht von Samsung dokumentiert.
- *Intelligent Wi-Fi*: Wenn Sie diesen Eintrag fünfmal hintereinander antippen, schalten Sie das Menü *Connectivity Labs* frei (❸). Dieses listet unter anderem Infos zur Verbindungsqualität und Übertragungsgeschwindigkeit des verbundenen WLAN-Zugangspunkts auf.

11. Gmail

Wie bereits im Kapitel *2.1 Das ist bei Android anders* erläutert, dient das von Ihnen angelegte Google-Konto – im Format *(Ihr Name)@gmail.com* auch als E-Mail-Adresse. Mit der in diesem Kapitel vorgestellten Gmail-Anwendung können Sie E-Mails senden, empfangen und verwalten.

Falls Sie bereits eine eigene E-Mail-Adresse (beispielsweise von Ihrem Arbeitgeber, oder ein E-Mailkonto bei GMX, T-Online usw.) besitzen, verwenden Sie die im Kapitel *12 Outlook E-Mail* vorgestellte Anwendung. Die Gmail-Anwendung dürfte nur für Nutzer interessant sein, die Gmail bereits auf ihrem vorherigen Handy im Einsatz hatten.

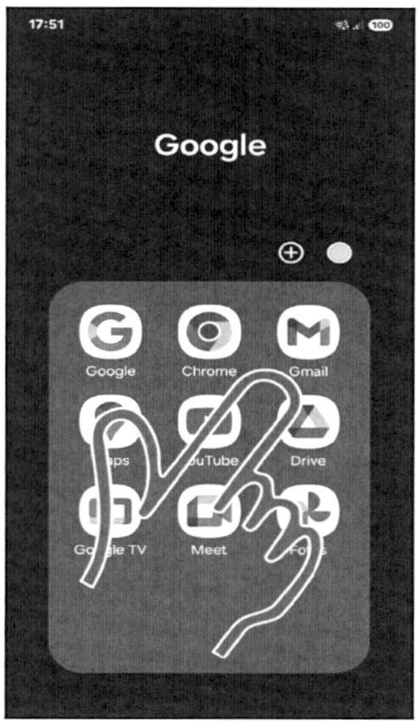

❶❷ Gehen Sie im Hauptmenü oder Startbildschirm in den *Google*-Ordner und dann auf *Gmail.*

❶❷ Betätigen Sie beim ersten Start *OK* und dann *WEITER ZU GMAIL.*

❸ Das Popup schließen Sie mit *Zulassen.*

17:58
Smarte Funktionen aktivieren, um Gmail, Chat und Meet optimal zu nutzen
aktivieren
Wenn Sie diese Einstellung aktivieren, erhalten Sie u. a. Zugriff auf Folgendes:
Automatisches Filtern/ Kategorisieren von E-Mails („Allgemein", „Soziale
1 von 3
Weiter

17:58
Smarte Funktionen in Google Workspace
Sie stimmen zu, dass Ihre Workspace-Inhalte und -Aktivitäten von Google Workspace verwendet werden dürfen, um Ihre Workspace-Umgebung zu personalisieren.
Smarte Funktionen in Workspace aktivieren
Wenn Sie diese Einstellung aktivieren, erhalten Sie u. a. Zugriff auf Folgendes:
Termine aus Gmail in Ihren Google Kalender anzeigen lassen (z. B. Reisepläne und Einladungen)
2 von 3
Zurück
Weiter

17:59
Smarte Funktionen in anderen Google-Produkten
Sie stimmen zu, dass Ihre Workspace-Inhalte und -Aktivitäten von Google verwendet werden dürfen, um Ihre Umgebung in weiteren Google-Produkten zu personalisieren.
Smarte Funktionen in anderen Google-Produkten aktivieren
Wenn Sie diese Einstellung aktivieren, erhalten Sie u. a. Zugriff auf Folgendes:
Restaurantreservierungen
3 von 3
Zurück
Speichern

❶❷❸ Zwischendurch – wenn Sie die Gmail-Anwendung bereits einige Zeit nutzen – werden Sie gefragt, ob Sie die Automatiken nutzen möchten. Betätigen Sie jeweils *Weiter* und dann *Speichern.*

Google wertet künftig die E-Mail-Inhalte aus und ordnet beispielsweise E-Mails den Kategorien *Werbung* oder *Soziale Netzwerke* zu.

18:11
In E-Mails suchen
Allgemein
Google Meet, jetzt in Gmail
Videokonferenzen für bis zu 100 Personen mit automatischen Untertiteln und Bildschirmfreigabe
Weitere Informationen
OK

18:01
In E-Mails suchen
Allgemein
Zum Auswählen der entsprechenden Konversation auf ein Absenderbild tippen.
Schließen
Google
3. Feb.
Sicherheitswarnung
Die Telefonnummer zur Kont...
Google
3. Feb.
Information about your ne...

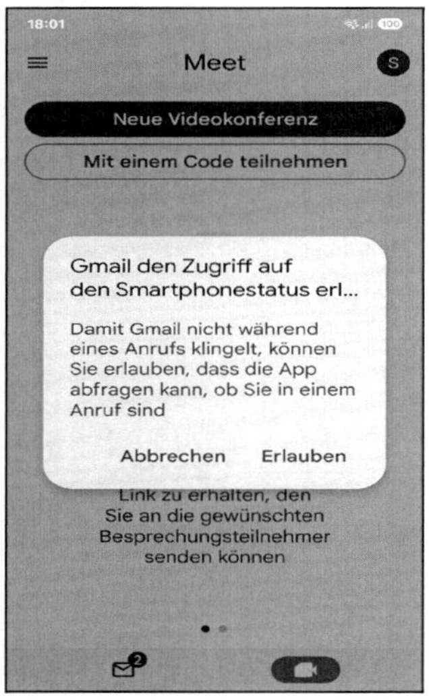
18:01
Meet
Neue Videokonferenz
Mit einem Code teilnehmen
Gmail den Zugriff auf den Smartphonestatus erl...
Damit Gmail nicht während eines Anrufs klingelt, können Sie erlauben, dass die App abfragen kann, ob Sie in einem Anruf sind
Abbrechen
Erlauben

❶ Schließen Sie den einmaligen Hinweis auf Google Meet mit *OK*.

❷❸ Am unteren Bildschirmrand sind nun zwei Register vorhanden, mit denen Sie zwischen *E-Mail* und der Videokonferenzfunktion *Meet umschalten. Wir gehen* auf Letzteres *noch im Kapitel 11.5 Meet ein.* Schließen Sie auch hier die einmaligen Poups mit *Erlauben* und *Zulassen.*

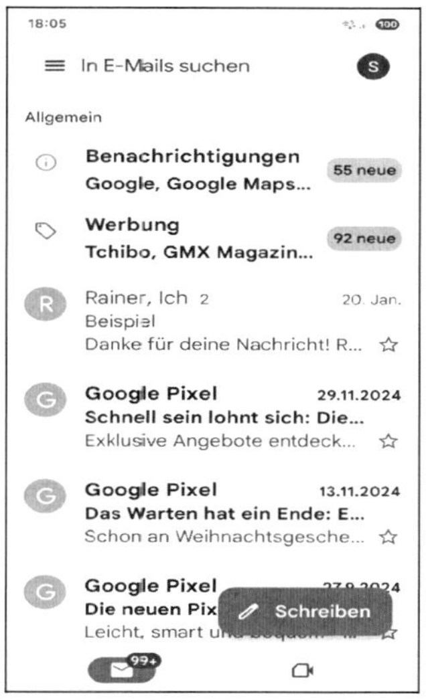

Die großen bunten Symbole vor den einzelnen Nachrichten enthalten jeweils den ersten Buchstaben des Absenders, im Beispiel also »G« für Google usw.

> Sie sollten Ihren Bekanntenkreis bitten, Ihnen E-Mails an Ihr Gmail-E-Mail-Adresse (= Ihr Google-Konto) zu senden. Auf diesem Wege können Sie die folgenden Bedienungsanweisungen direkt nachvollziehen.

11.1 Gmail in der Praxis

11.1.1 E-Mails abrufen

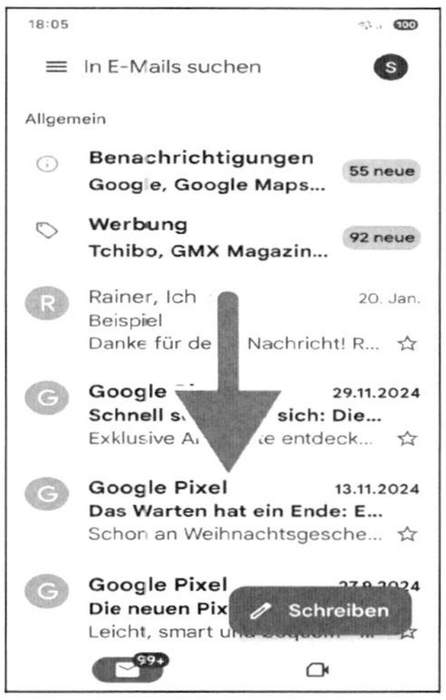

❶ Für die Synchronisierung der E-Mails in der Gmail-Anwendung mit dem E-Mail-Konto führen Sie eine Wischgeste von oben nach unten in der E-Mail-Oberfläche durch (dies ist in der Regel aber nicht nötig, weil neue Nachrichten automatisch abgerufen werden).

❷❸ Alternativ können Sie sich die neuen E-Mails auch auf einem weiteren Wege anzeigen: Wenn neue Nachrichten vorliegen, erscheint in der Titelleiste ein M-Symbol (Pfeil). Öffnen Sie das Benachrichtigungsfeld (siehe Kapitel *4.8 Die Titelleiste*) und tippen Sie auf *x neue Nachrichten*, worauf der Gmail-Posteingang angezeigt wird. Sofern nur eine neue Nachricht empfangen wurde, zeigt Gmail diese statt des Posteingangs an. Auch das Archivieren (siehe Kapitel *11.2.4 Archivieren*) und Beantworten einer Nachricht ist direkt über zwei Schaltleisten im Benachrichtigungsfeld möglich.

> Die Gmail-Anwendung arbeitet speicheroptimiert, das heißt beim Blättern in der Nachrichtenauflistung lädt sie automatisch die als nächstes anzuzeigenden Mails nach. Dies kann bei einer langsamen Mobilfunkverbindung manchmal einige Sekunden dauern. Sie sehen dann »*Konversationen werden geladen*«.

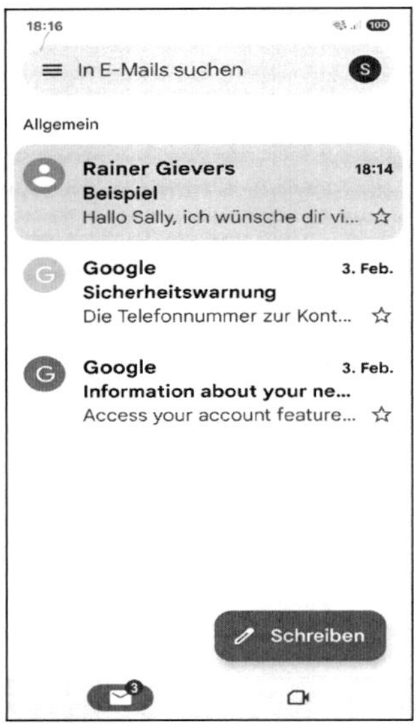

❶ Alle noch ungelesenen Nachrichten erscheinen in Fettschrift. Tippen Sie nun eine Nachricht an, die Sie lesen möchten.

❷ Die Bedeutung der Schaltleisten am oberen Bildschirmrand:

- (Archivieren): Entfernt eine Nachricht aus dem Posteingang, ohne sie zu löschen. Siehe auch Kapitel *11.2.4 Archivieren.*
- : Nachricht löschen.
- (Ungelesen): Setzt den Nachrichtenstatus auf »ungelesen« und schaltet wieder auf den Posteingang um.

❸ Über eine Kneifgeste (zwei Finger, beispielsweise Daumen und Zeigefinger, gleichzeitig auf das Display drücken), können Sie die Ansicht vergrößern/verkleinern. Verschieben Sie bei Bedarf dann mit dem Finger den angezeigten Bildschirmausschnitt. Alternativ tippen Sie zweimal schnell hintereinander auf den Nachrichtentext.

❶ Ziehen Sie mit angedrücktem Finger nach links/rechts, um zur nächsten älteren/neueren Nachricht zu blättern.

❷ Die -Schaltleiste erstellt eine Antwort-Nachricht an den Absender.

❶❷ Das ⋮-Menü:

- *Allen antworten*: Sofern die E-Mail mehrere Empfänger enthält, können Sie Ihre Antwort-Nachricht an alle Empfänger senden. Wir raten davon aber ab, weil dies unter Umständen zu peinlichen Situationen führen kann, beispielsweise, wenn ein Kunde die interne Kommunikation eines Unternehmens zugesandt bekommt.
- *Weiterleiten*: Erstellt eine neue Nachricht mit dem Nachrichtentext.
- *Markieren; Markierung entfernen*: Markiert eine Nachricht als Favoriten beziehungsweise entfernt die Markierung wieder. Siehe Kapitel *11.2.7 Markierungen.*
- *Ab hier als ungelesen markieren:* Setzt den »Gelesen«-Status für diese und alle früher empfangenen Nachrichten wieder zurück.
- *Übersetzen*: Fremdsprachlichen E-Mail-Text nach Deutsch übersetzen.
- *Drucken*: Auf die Druckausgabe geht dieses Buch nicht ein.
- *xxx blockieren*: Künftig landen alle E-Mails des Absenders im *Spam*-Ordner.

❶ Weitere wichtige Funktionen finden Sie am Ende der E-Mail: Betätigen Sie dazu ↰.

❷ Sie können nun die Nachricht beantworten oder weiterleiten. *Empfänger ändern* erstellt eine neue Antwort und fügt einen weiteren Empfänger hinzu.

❸ Für eine schnelle Antwort tippen Sie ins Eingabefeld, aber darauf kommen wir später noch.

11.1.2 Dateianlagen

❶ Nachrichten mit Dateianlagen erkennen Sie am an den Symbolen (Pfeil) in der Nachrichtenauflistung.

❷❸ Bild-Dateianlagen zeigt Gmail in einer Vorschau. Tippen Sie sie jeweils für eine Vollbildanzeige an. Über ⋮/*Speichern* beziehungsweise ⋮/*Alle speichern* landen die Dateien im Gerätespeicher.

Heruntergeladene Dateianlagen landen im Verzeichnis *Download* auf dem Handy.

11.1.3 Labels

Labels haben bei Gmail die gleiche Funktion wie Ordner. Deshalb werden auch die klassischen E-Mail-Ordner *Postausgang, Entwürfe, Gesendet* usw. bei Gmail als »Label« bezeichnet. Man darf einer Mail mehrere Labels gleichzeitig zuweisen.

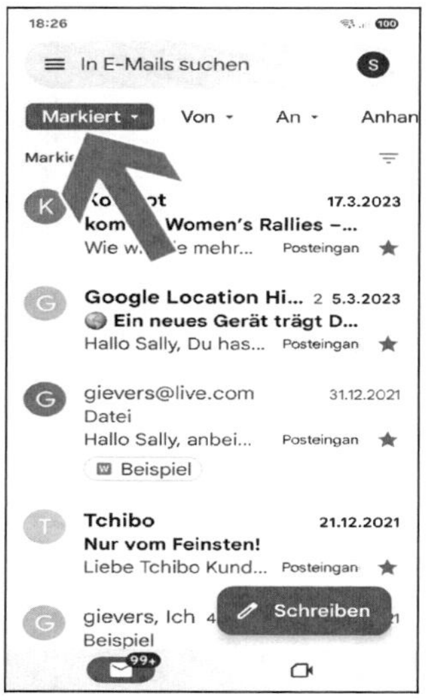

❶❷ Zur Anzeige der E-Mails eines Labels tippen Sie oben links (Pfeil) für das Ausklappmenü:

Die Nachrichten sind eingeteilt nach:

- *Alle Posteingänge*: Falls Sie mehrere Google-Konten nutzen, zeigen Sie diese alle zusammen an.
- *Allgemein:* Nachrichten von Freunden und Verwandten sowie sonstige Nachrichten, die nicht in einem der anderen Labels angezeigt werden.

- *Werbung*: Werbeaktionen, Angebote und sonstige Werbe-E-Mails.
- *Soziale Netzwerke*: E-Mails aus sozialen Netzwerken, Plattformen zum Teilen von Inhalten, Online-Partnervermittlungen, Spieleplattformen oder anderen sozialen Websites.
- *Benachrichtigungen:* Benachrichtigungen wie Bestätigungen, Belege, Rechnungen und Kontoauszüge.
- *Foren:* E-Mails aus Online-Gruppen, Diskussionsforen und Mailinglisten.

Unter *Alle Labels* finden Sie:

- *Markiert*: Der »Markiert«-Status kann Nachrichten oder Konversationen zugewiesen werden. Siehe dazu auch Kapitel *11.2.7 Markierungen*.
- *Zurückgestellt*: Sie können sich an Nachrichten, die Sie erst später bearbeiten wollen, erinnern lassen. Siehe Kapitel *11.2.3 Zurückstellen*.
- *Wichtig*: Gmail erkennt automatisch Nachrichten, die für Sie interessant oder wichtig sind und ordnet sie unter *Wichtig* ein. Siehe auch Kapitel *11.2.6 Wichtig-Ordner*.
- *Gesendet*: Versandte Nachrichten.
- *Postausgang*: Zum Versand bereitstehende Nachrichten.
- *Entwürfe*: Nachrichten, die bereits vorbereitet, aber noch nicht versandt wurden.
- *Alle E-Mails*: Zeigt alle Mails sortiert als sogenannte Konversationen an.
- *Spam*: Als Spam erkannte Mails.
- *Papierkorb*: Von Ihnen gelöschte Mails.

Tippen Sie ein Label, deren zugeordneten E-Mails Sie ansehen möchten, an.

❸ Am oberen Bildschirmrand (Pfeil) sehen Sie, in welchem Ordner Sie sich gerade befinden.

> Auf die Funktion der einzelnen Label gehen die folgenden Kapitel ein. Nicht genutzte Label blendet die Gmail-Anwendung aus.
>
> Befinden Sie sich in einem anderen Ordner als *Allgemein*, dann kehren Sie mit der ❮-Taste wieder zu *Allgemein* zurück.

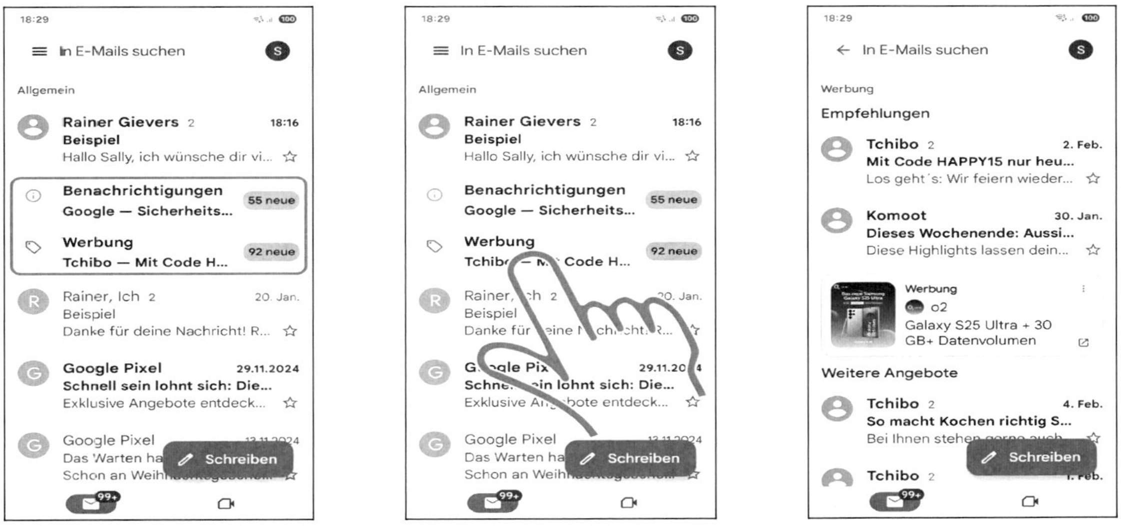

❶ Im Beispiel wurden E-Mails von Gmail automatisch dem Label *Werbung* zugewiesen (Markierung).

❷❸ Tippen Sie ein Label an, um dessen Inhalt aufzulisten.

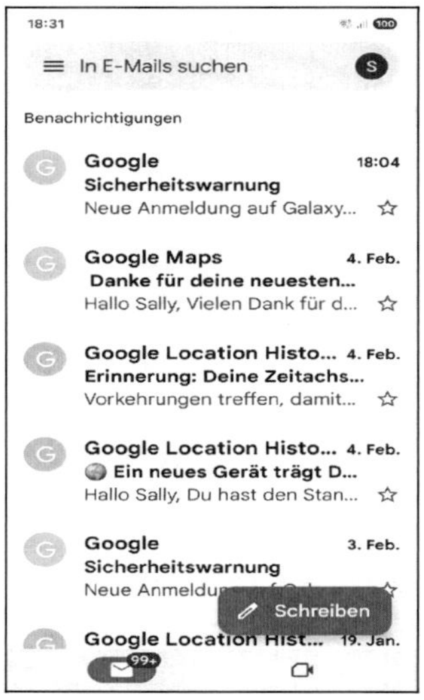

❶❷ Alternativ gehen Sie im Ausklappmenü auf das Label.

Die <-Taste bringt Sie wieder in die E-Mail-Gesamtansicht zurück.

11.1.4 E-Mails beantworten

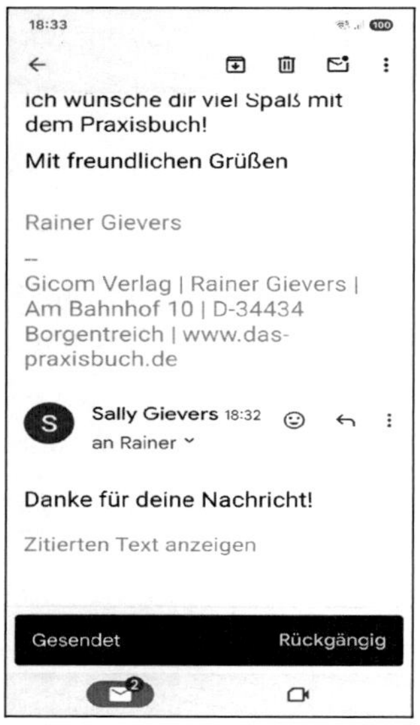

❶ Zum Beantworten einer gerade angezeigten E-Mail betätigen Sie einfach die ↰-Schaltleiste (Pfeil). Alternativ gehen Sie auf *Antworten* am Ende des E-Mail-Textes.

❷ Geben Sie nun den Nachrichtentext ein und betätigen Sie ▷. Es erscheint dann für einige Sekunden der Hinweis »*Nachricht wird gesendet*«, während die Nachricht verschickt wird.

❸ Die von Ihnen verschickte E-Mail erscheint unter dem Nachrichtentext der beantworteten. Verlassen Sie den Bildschirm mit der <-Taste.

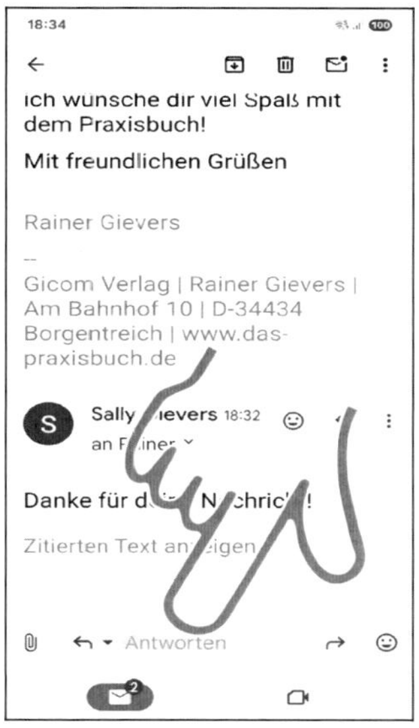

❶ Für eine schnelle Antwort tippen Sie dagegen ins Eingabefeld unterhalb der Nachricht und geben Ihren Text ein.

❷ ⊳ versendet dann Ihre Nachricht.

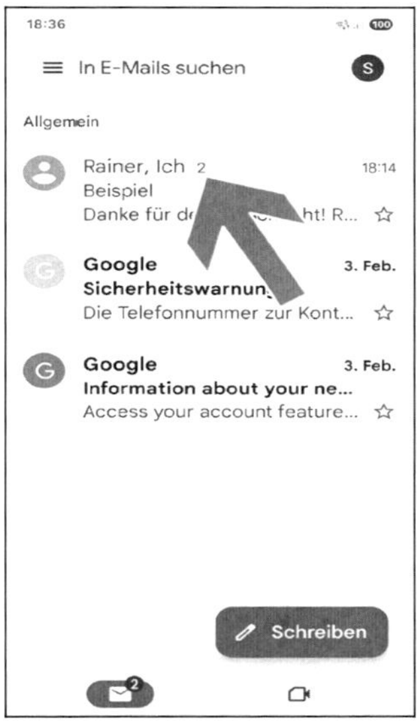

❶ Gmail verwaltet die Nachrichten als »Konversationen«, das heißt, alle Nachrichten, die Sie mit einem Kommunikationspartner austauschen, werden unter einem Eintrag zusammengefasst. Sie erkennen die Konversationen daran, dass beim Betreff ein »*ich*« und die Zahl der ausgetauschten Nachrichten erscheint. Tippen Sie den Betreff an, um die Konversation anzuzeigen.

❷❸ Es erscheinen Karteireiter mit den Nachrichten, die Sie mit dem Kommunikationspartner ausgetauscht haben. Tippen Sie einen Karteireiter an, um die zugehörige Nachricht auszufalten. Erneutes Antippen eines Karteireiters blendet die Nachricht wieder aus. Mit einer vertikalen Wischgeste können Sie zudem durch die aufgeklappten Nachrichten rollen.

11.1.5 E-Mail neu schreiben

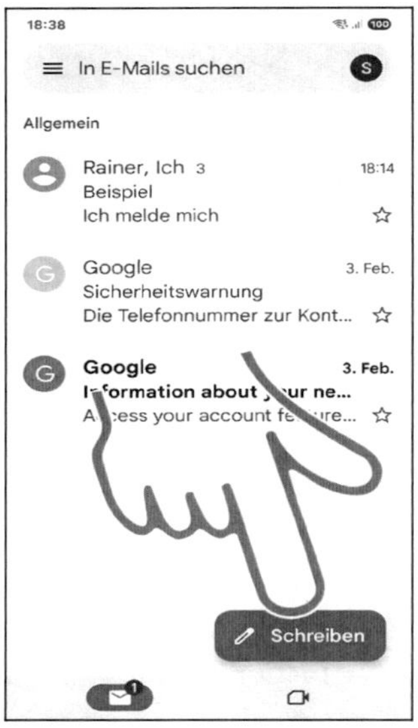

❶ Betätigen Sie die bunte *Schreiben*-Schaltleiste (Pfeil).

❷ Im *An*-Feld erfassen Sie nun den Empfänger.

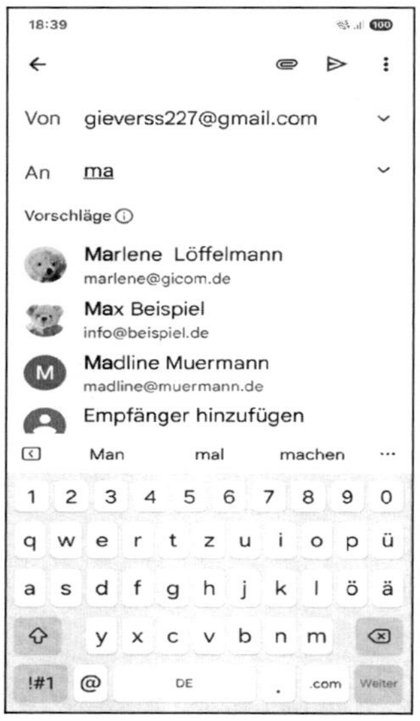

❶ Gmail sucht bereits bei der Eingabe des Kontaktnamens passende E-Mail-Adressen und listet diese auf. Tippen Sie einfach die Gewünschte an.

❷ Die E-Mail-Adresse landet im Empfängerfeld. Falls Sie einen weiteren Empfänger hinzufügen möchten, geben Sie diesen einfach dahinter ein. Geben Sie nun Betreff und Nachrichtentext ein und betätigen Sie ▷ (oben rechts) zum Senden.

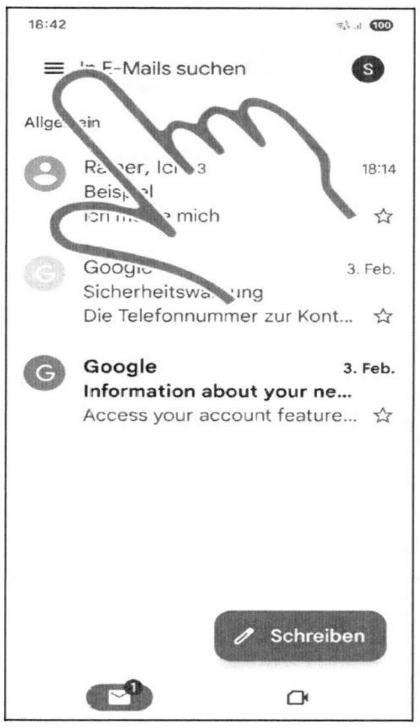

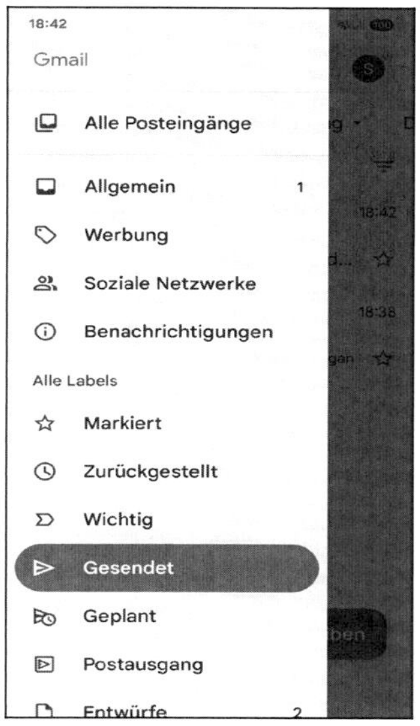

❶ Die versandte Mail finden Sie im *Gesendet*-Ordner. Aktivieren Sie dafür das Ausklappmenü (Pfeil).

❷❸ Wählen Sie *Gesendet* aus, worauf die versandten Nachrichten aufgelistet werden.

11.1.6 Weitere Funktionen bei der E-Mail-Erstellung

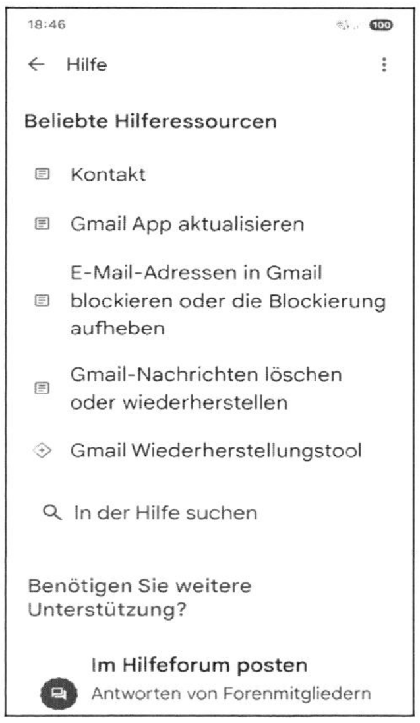

❶ Im E-Mail-Editor finden im ⁝-Menü folgende Optionen:

- *Senden planen*: E-Mail nicht sofort versenden, sondern zu einem anderen Zeitpunkt.
- *Aus Kontakten hinzufügen*: Weiteren Empfänger hinzufügen (nur wenn Sie sich gerade im Empfänger-Eingabefeld befinden).
- *Modus „Vertraulich"*: Damit schränken Sie den Handlungsspielraum des Empfängers ein. Dies kann die E-Mail nicht weiterleiten und benötigt zum Öffnen gegebenenfalls einen Sicherheitscode. Hat der Empfänger keine Gmail-Adresse, so erhält er einen Link, über den er die E-Mail auf der Gmail-Webseite öffnet.
- *Entwurf speichern*: Speichert die E-Mail als Entwurf. Siehe Kapitel *11.1.7 Entwürfe*.
- *Verwerfen*: Nachricht ohne zu senden verwerfen.
- *Einstellungen*: Die Einstellungen beschreibt bereits Kapitel *11.3 Einstellungen*.
- *Hilfe & Feedback* (❷): Ausführliche Hilfeseiten. Falls Ihnen etwas an Gmail auffällt, das Ihnen nicht gefällt können Sie es außerdem an Google senden.

11.1.6.a Cc/Bcc

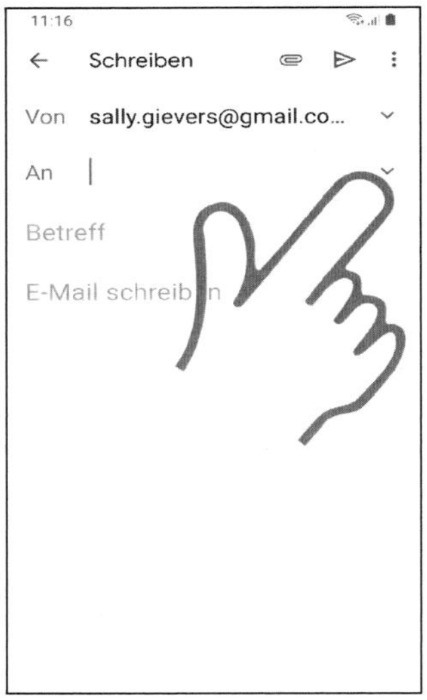

❶❷ Über ∨ (Pfeil) hinter dem *An*-Eingabefeld aktivieren Sie zusätzliche Eingabefelder. Deren Bedeutung:

- *Cc*: Der Begriff Cc steht für »Carbon Copy«, zu deutsch »Fotokopie«. Der ursprüngliche Adressat (im *An*-Eingabefeld) sieht später die unter *Cc* eingetragenen weiteren Empfänger. Die *Cc*-Funktion ist beispielsweise interessant, wenn Sie ein Problem mit jemandem per E-Mail abklären, gleichzeitig aber auch eine zweite Person von Ihrer Nachricht Kenntnis erhalten soll.
- *Bcc*: Im *Bcc* (»Blind Carbon Copy«)-Eingabefeld erfassen Sie weitere Empfänger, wobei der ursprüngliche Adressat im *An*-Feld nicht mitbekommt, dass auch noch andere Personen die Nachricht erhalten.

11.1.6.b Dateianlage

❶ Mit ⊜ (Pfeil) fügen Sie Ihrer E-Mail eine Datei als Anhang hinzu.

❷ Wählen Sie dann aus:

- *Datei anhängen*: Eine beliebige Datei (zum Beispiel ein Word-Dokument).
- *Aus Drive einfügen*: Eine Datei aus dem Online-Speicherdienst Google Drive (siehe Kapitel *21.7 Google Drive*) übernehmen.
- *Foto einfügen*: Ein mit der Kamera erstelltes Foto verwenden.

In unserem Beispiel gehen wir auf *Datei anhängen*.

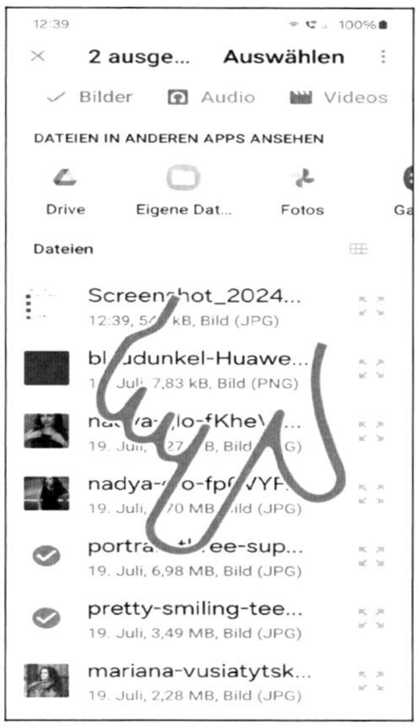

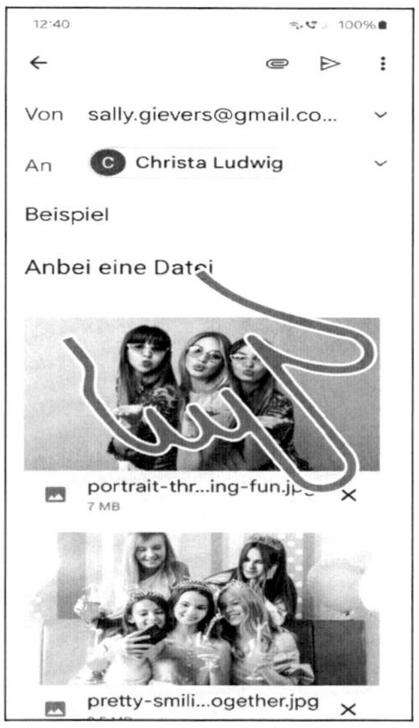

❶ Gmail listet die zuletzt auf das Gerät kopierten beziehungsweise genutzten Dateien auf, wovon Sie die gewünschte antippen. Alternativ wählen Sie einen Dateityp aus, in unserem Beispiel *Bilder*.

❷ Tippen und halten Sie den Finger über der ersten Datei, bis diese markiert ist, danach markieren Sie weitere Dateien durch kurzes Antippen. Betätigen Sie dann oben rechts im Bildschirm *Auswählen*.

❸ Zum Entfernen der Bilddatei tippen Sie auf die ✕-Schaltleiste (Pfeil).

11.1.7 Entwürfe

Manchmal kommt es vor, dass man eine fertige Nachricht erst später verschicken möchte. Dafür bietet sich die Entwürfe-Funktion an.

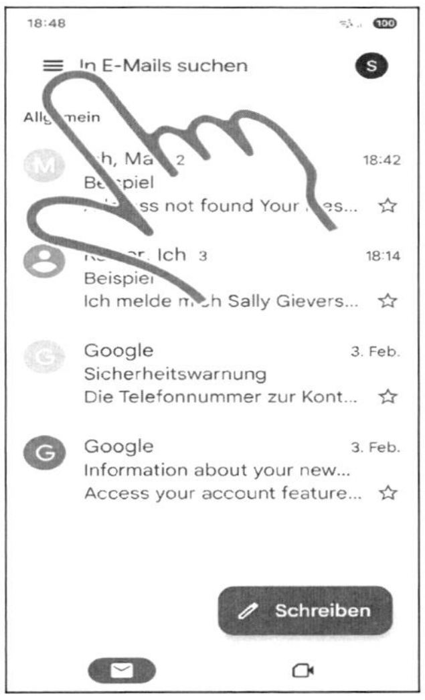

❶ Geben Sie die Nachricht wie gewohnt ein. Danach betätigen Sie zweimal die ✓- beziehungsweise ‹-Taste, worauf die Meldung »*Nachricht als Entwurf gespeichert*« erscheint und Gmail zur Nachrichtenübersicht zurückkehrt.

❷❸ Aktivieren Sie das Ausklappmenü und rufen Sie darin *Entwürfe* auf.

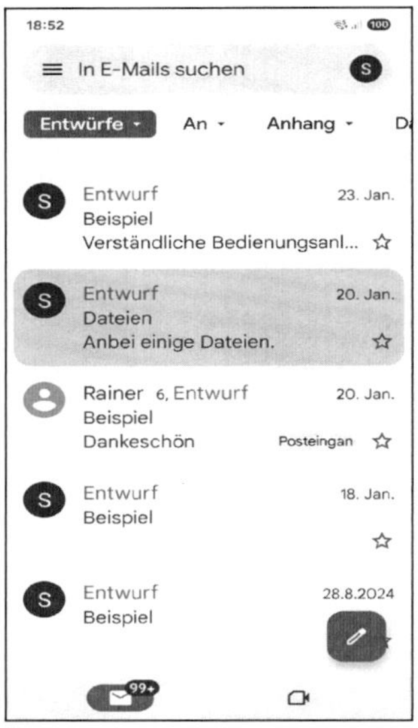

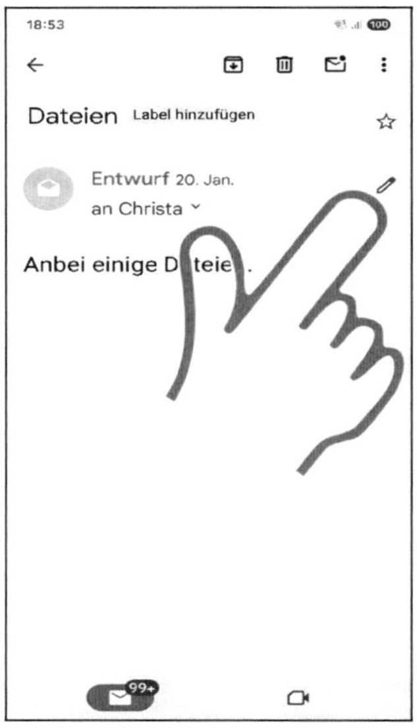

➊ Tippen Sie in der Auflistung des *Entwürfe*-Ordners eine Nachricht an, die Sie bearbeiten und später verschicken möchten.

➋ Zum Bearbeiten und späteren Senden des Entwurfs tippen Sie ✎ an.

➌ Eine Besonderheit gibt es bei Nachrichten, die man als Antwort geschrieben hat und dann als Entwurf speichert: In diesem Fall wird der Entwurf in die Konversation eingebettet und es erscheint dort der Hinweis »*Entwurf*«.

11.1.8 E-Mails löschen

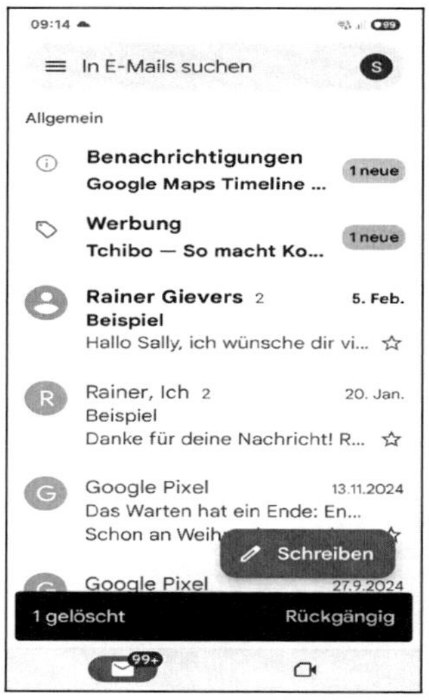

➊ Zum Entfernen einer E-Mail oder Konversation verwenden Sie in der E-Mail-Detailansicht 🗑.

➋ Die Nachricht ist dann entfernt und Gmail schaltet in den Posteingang um. Falls Sie sich mit dem Löschen vertan haben, ist es noch möglich, den Löschvorgang durch Antippen von *Rückgängig machen* am unteren Bildschirmrand rückgängig zu machen. Dieser Hinweis verschwindet allerdings, wenn Sie im E-Mail-Programm weiterarbeiten, also beispielsweise eine Nachricht öffnen oder den E-Mail-Ordner wechseln.

Wenn Sie zum ersten Mal eine Nachricht löschen, fragt Sie das Handy, wie nach dem Löschen verfahren werden soll. Tippen Sie *Konversationsliste* an, damit Gmail dann in die Nachrichtenansicht zurückkehrt.

❶❷ Die gelöschten Mails sind aber noch nicht verloren, sondern werden im *Papierkorb*-Ordner zwischengespeichert. Diesen erreichen Sie, indem Sie ins Ausklappmenü gehen (Pfeil), dann das *Papierkorb*-Label auswählen.

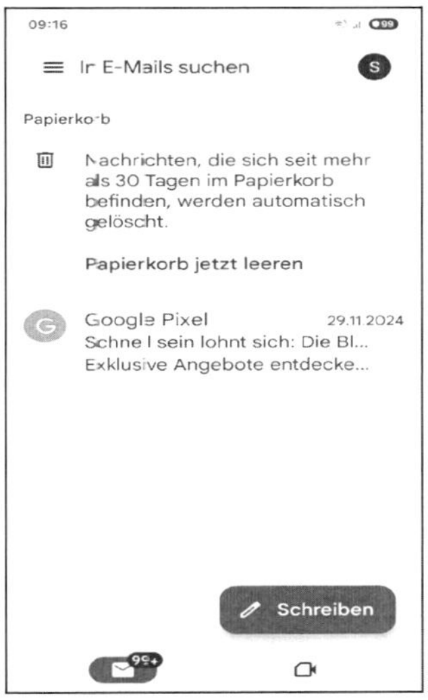

❶ Im Prinzip verhält sich der *Papierkorb*-Ordner ähnlich wie der *Posteingang*, das heißt sie können hier die Nachrichten noch einmal ansehen. Die gelöschten Nachrichten werden im Papierkorb für 30 Tage vorgehalten.

❷❸ Zum »Retten« einer Nachricht aus dem Papierkorb verschieben Sie sie einfach wieder in den Posteingang. Gehen Sie in der Nachrichtenansicht auf ⋮/*Verschieben nach* und wählen Sie *Allgemein* aus.

11.2 Weitere Funktionen

11.2.1 Nachrichten durchsuchen

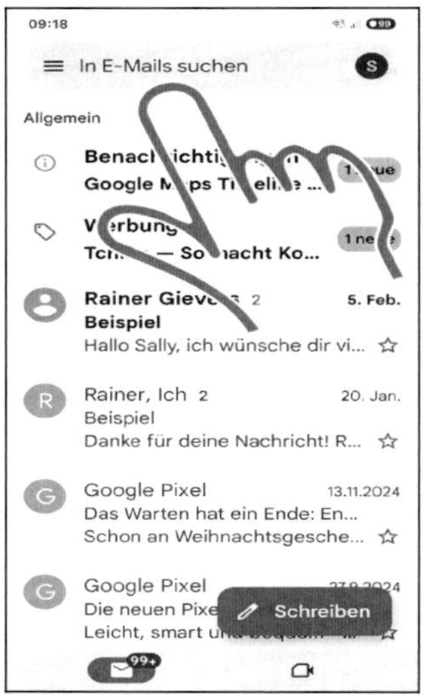

❶ Tippen Sie in das Eingabefeld am oberen Bildschirmrand, wenn Sie die Nachrichten eines Ordners durchsuchen möchten.

❷ Die 🔍-Taste (Pfeil) im Tastenfeld führt dann die Suche durch. Alternativ wählen Sie einen der Suchvorschläge aus.

❸ Tippen Sie eine Nachricht an, die Sie lesen möchten. Die ‹-Taste bringt Sie wieder in die Nachrichtenauflistung zurück.

11.2.2 E-Mail aus Telefonbuch senden

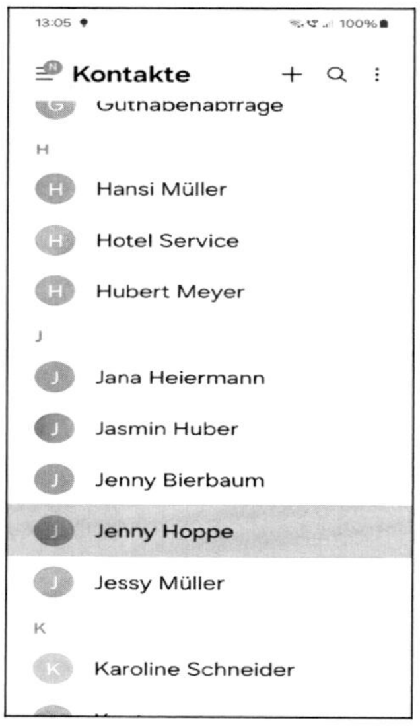

❶ Auch das Senden von Nachrichten über das Telefonbuch (siehe Kapitel *8 Telefonbuch*) ist möglich. Tippen Sie einfach kurz einen Kontakteintrag an.

❷ Gehen Sie dann auf die E-Mail-Adresse.

11.2.3 Zurückstellen

Sie kennen das Szenario, dass Sie häufig Nachrichten erhalten, die zum aktuellen Zeitpunkt nicht relevant sind. Damit Sie nicht den Überblick verlieren, können Sie sie zurückstellen. Die jeweilige Nachricht verschwindet dann für einen einstellbaren Zeitraum aus dem Posteingang.

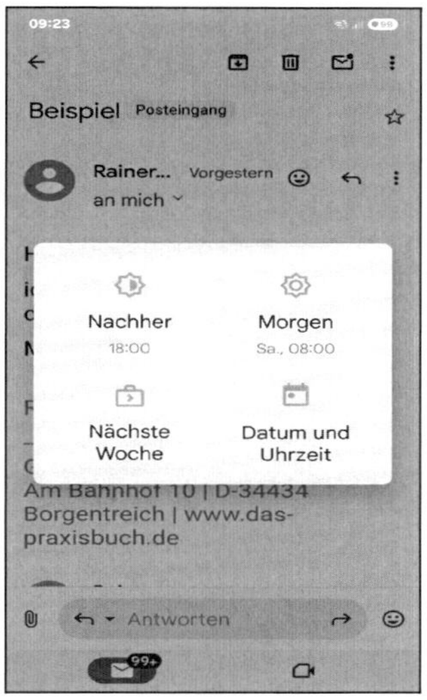

❶❷ In der Nachricht gehen Sie auf ⁝/*Zurückstellen.*

❸ Wählen Sie den Zeitraum aus. Die Nachricht verschwindet aus dem Posteingang und wird nach einiger Zeit wieder eingeblendet.

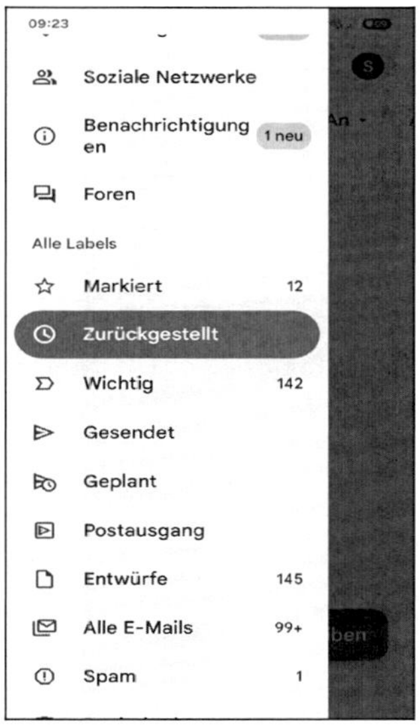

❶❷ Die zurückgestellten Nachrichten finden Sie im Ausklappmenü unter *Zurückgestellt.* Dort können Sie sie auch bearbeiten beziehungsweise beantworten.

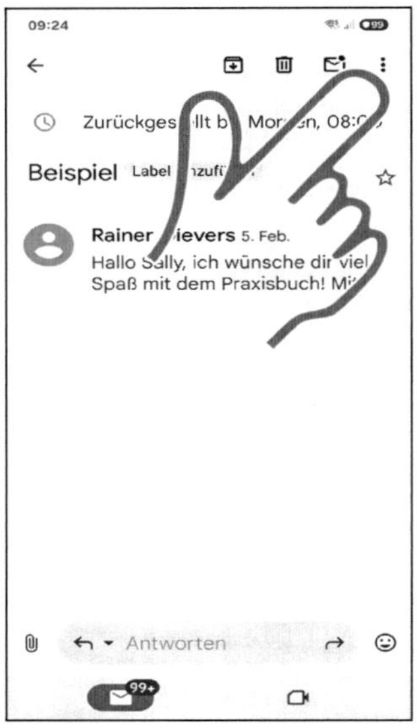

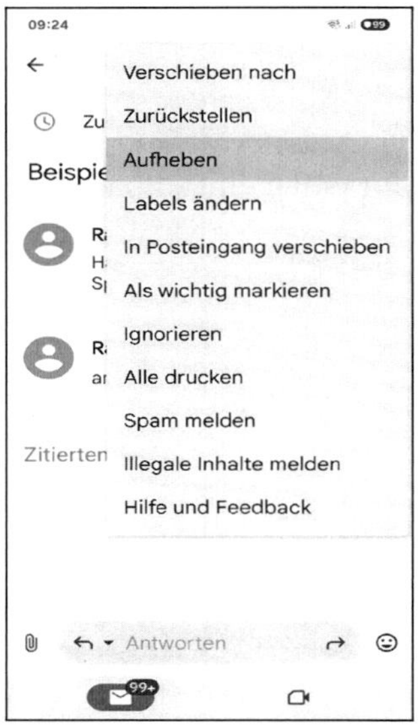

❶❷ Eine zurückgestellte Nachricht können Sie jederzeit über ⋮/*Aufheben* vorzeitig wieder in den Posteingang zurückbefördern. Alternativ verändern Sie mit ⋮/*Zurückstellen* den Zurückstellungszeitpunkt.

11.2.4 Archivieren

Obwohl Gmail Nachrichten, die mit dem gleichen Empfänger ausgetauscht wurden als »Konversationen« in einem Eintrag zusammenfasst, kann der Posteingang unübersichtlich werden. Unwichtige Nachrichten/Konversationen lassen sich deshalb im Posteingang ausblenden, was mit der Archivieren-Funktion geschieht.

❶ Betätigen Sie in der E-Mail-Detailansicht (Pfeil). Die Nachricht ist nun »archiviert« und Gmail schaltet wieder auf den Posteingang um.

❷ Zum Anzeigen der archivierten Nachrichten aktivieren Sie das Ausklappmenü.

❸ Wählen Sie *Alle E-Mails* aus.

Gmail zeigt nun alle Nachrichten, das heißt, neben den archivierten auch die aus *Entwürfe*, *Gesendet* usw. an.

> Alle Nachrichten, die im Posteingang vorhanden sind, sind mit einem grauen »*Posteingang*« markiert.
>
> Betätigen der ‹-Taste oder erneutes Aktivieren des Ausklappmenüs und Auswahl von *Allgemein* bringt Sie wieder in den Posteingang zurück.
>
> Antwortet jemand auf eine archivierte Nachricht/Konversation, so verschiebt Gmail diese automatisch wieder in den Posteingang.

❶❷ Das Archivieren ist auch über eine Wischgeste in der Nachrichtenauflistung möglich. Wischen Sie dort einfach über einem E-Mail-Eintrag von rechts nach links beziehungsweise umgekehrt.

11.2.5 Unterdrücken

Die zuvor erwähnte Archivieren-Funktion mag zwar sehr praktisch sein, wenn Sie aber laufend Nachrichten einer Konversation (beispielsweise auf einer Mailing-Liste) erhalten, die Sie überhaupt nicht interessieren, ist es sehr lästig, immer wieder erneut die einzelnen Nachrichten zu archivieren.

Mit der Unterdrücken-Funktion lassen sich dagegen alle Nachrichten einer Konversation automatisch archivieren, das heißt, wenn neue Nachrichten in einer unterdrückten Konversation eingehen, werden diese automatisch ebenfalls archiviert. Sie sollten die Unterdrücken-Funktion aber vorsichtig einsetzen, weil Sie ja von neuen Nachrichten einer unterdrückten Konversation nichts mitbekommen. Dies ist aber meist nicht weiter schlimm, denn ist Ihre E-Mail-Adresse im Feld »*An*« oder »*Cc*« enthalten, wird die Konversation wieder in Ihren Posteingang eingeordnet. Sie verpassen also keine Nachrichten, die direkt an Sie adressiert sind.

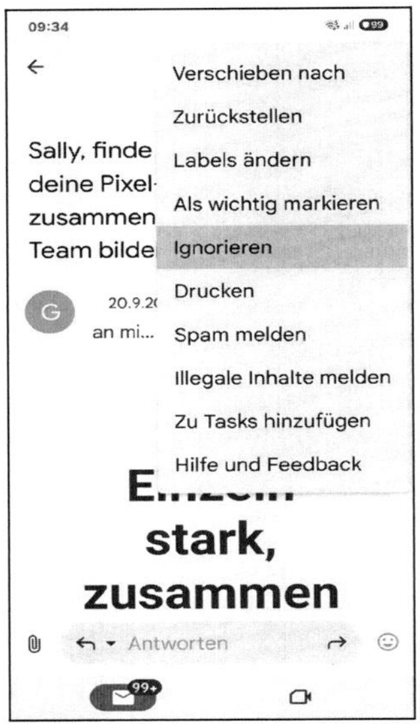

❶❷ In der Nachrichtenansicht rufen Sie ⋮/*Ignorieren* auf. Die Nachricht/Konversation verschwindet aus dem Posteingang.

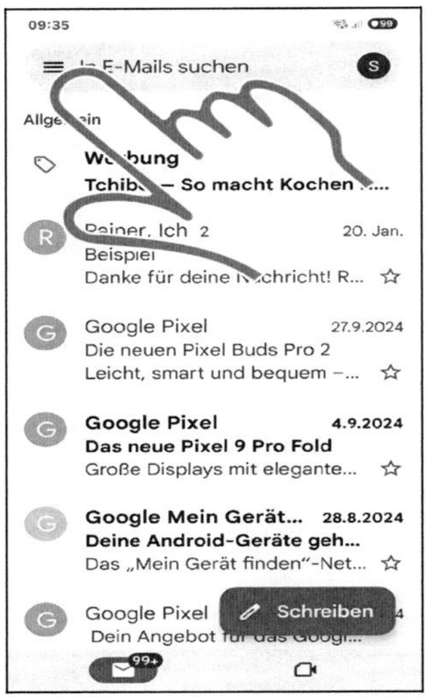

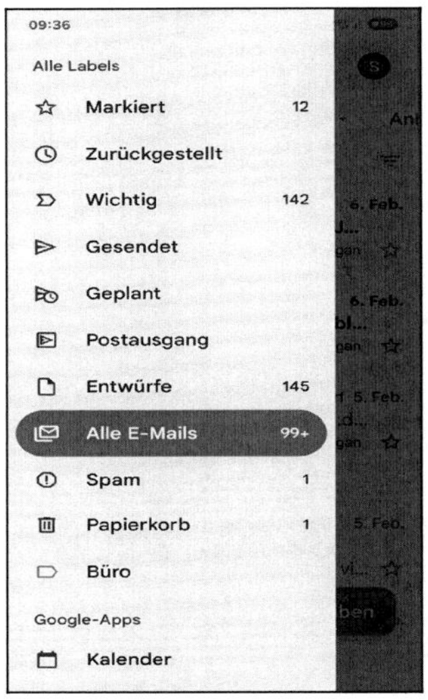

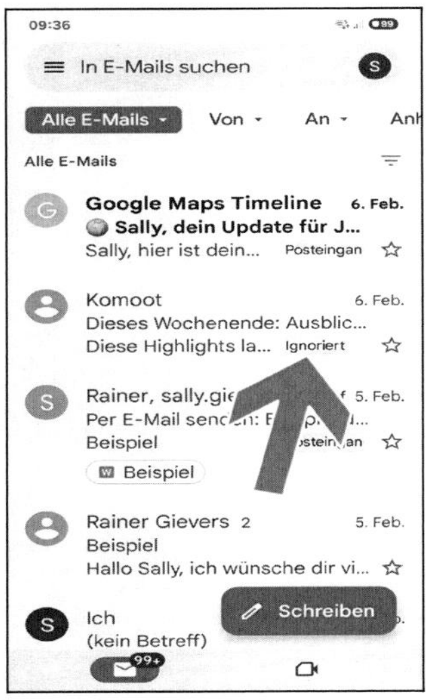

❶ Zum Anzeigen der ignorierten Nachrichten aktivieren Sie das Ausklappmenü (Pfeil).

❷ Wählen Sie *Alle E-Mails* aus.

❸ Unterdrückte Nachrichten sind mit dem Label *Ignoriert* markiert (Pfeil).

So verschieben Sie unterdrückte Nachrichten wieder in den Posteingang: Gehen Sie in die Nachrichtenansicht und rufen Sie ⋮/*In den Posteingang verschieben* auf.

11.2.6 Wichtig-Ordner

Erhalten Sie extrem viele Nachrichten, unterstützt Sie Gmail dabei, die lesenswerten von den weniger lesenswerten Nachrichten zu unterscheiden. Die Lesenswerten landen dann im *Wichtig-Ordner*. Aber wie funktioniert diese Filterung genau? Dazu schreibt Google:

Gmail berücksichtigt automatisch eine Reihe von Signalen, um festzustellen, welche eingehenden Nachrichten wichtig sind, unter anderem:

- An wen Sie E-Mails senden: Falls Sie viele E-Mails an Thomas senden, sind E-Mails von Thomas höchstwahrscheinlich wichtig.
- Welche Nachrichten Sie öffnen: Nachrichten, die Sie öffnen, sind höchstwahrscheinlich wichtiger als ungeöffnete Nachrichten.
- Welche Themen Ihre Aufmerksamkeit wecken: Falls Sie Nachrichten über Fußball immer lesen, ist eine E-Mail zum Thema Fußball höchstwahrscheinlich wichtig.
- Welche E-Mails Sie beantworten: Falls Sie Nachrichten von Ihrer Mutter immer beantworten, sind ihre Nachrichten an Sie höchstwahrscheinlich wichtig.
- Wie Sie die Funktionen "Markieren", "Archivieren" und "Löschen" verwenden: Nachrichten, die Sie markieren, sind höchstwahrscheinlich wichtiger als Nachrichten, die Sie ungeöffnet archivieren.

❶❷ Über ⋮/*Als wichtig markieren* beziehungsweise ⋮/*Als nicht wichtig markieren* in der Nachrichtenansicht nehmen Sie Einfluss auf die automatische Einordnung weiterer E-Mails vom gleichen Absender.

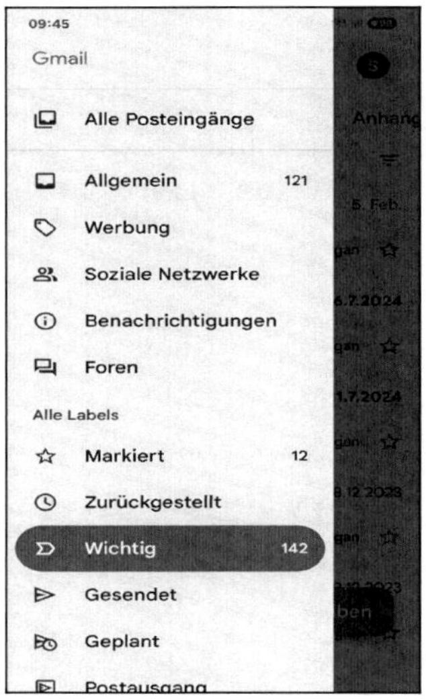

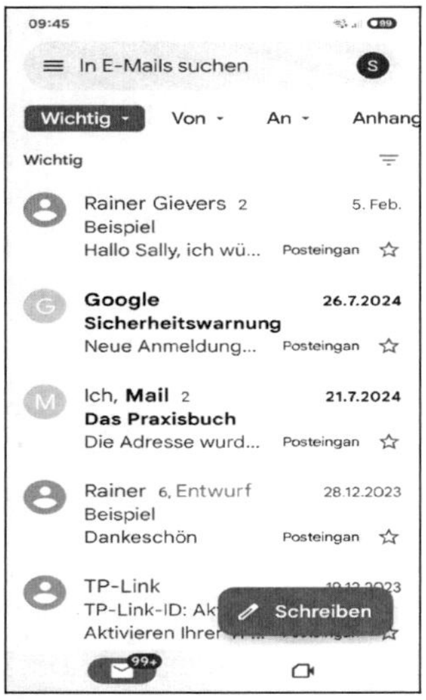

➊➋➌ Möchten Sie, dass Gmail nur die als wichtig eingestuften Nachrichten auflistet, dann rufen Sie das Ausklappmenü auf und wählen *Wichtig*. Umgekehrt zeigen Sie mit *Allgemein* wieder alle Nachrichten an.

11.2.7 Markierungen

Nachrichten, die für Sie wichtig sind, heben Sie einfach durch Markierung mit einem »Stern« hervor.

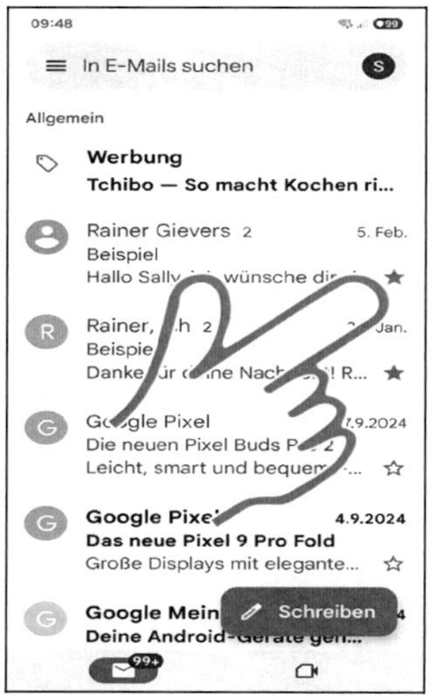

➊ Um einen Stern zu setzen, tippen Sie einfach den ausgeblendeten Stern hinter einer Nachricht an. Ein zweites Antippen deaktiviert den Stern wieder.

➋ Auch in der Nachrichtenanzeige können Sie den Stern setzen/entfernen (Pfeil).

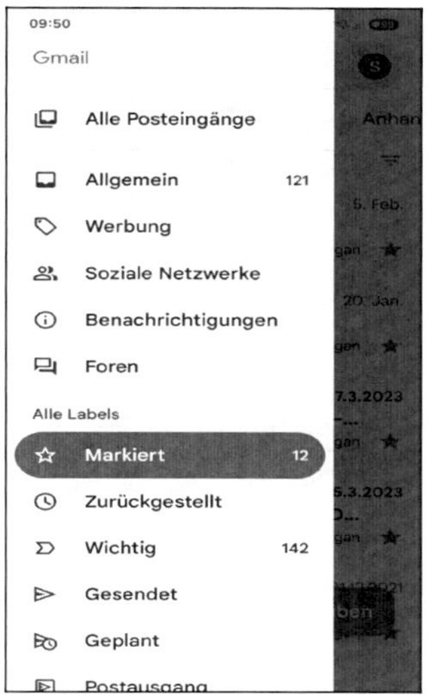

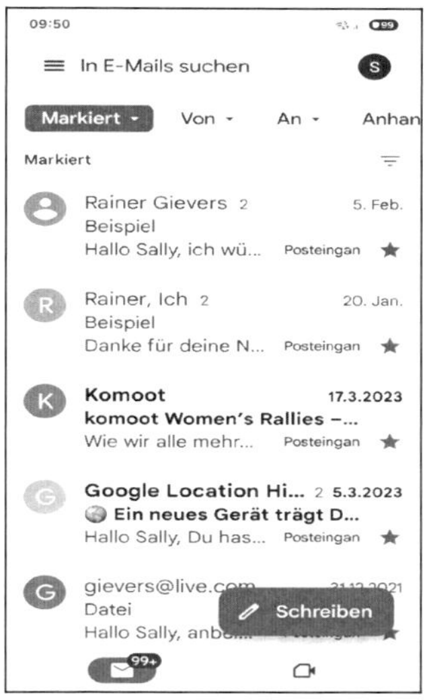

❶❷❸ Die Anzeige beschränken Sie mit *Markiert* im Label-Ausklappmenü auf die markierten Nachrichten.

11.2.8 Spam

Unter Spam versteht man unerwünschte Werbemails. Abhängig davon, ob Sie Ihre E-Mail-Adresse irgendwo mal auf einer Website hinterlassen haben oder durch Zufall ein Spam-Versender Ihre Gmail-Adresse mit Ausprobieren erraten hat, können pro Tag einige dutzend oder hundert Werbemails in Ihrem E-Mail-Konto auflaufen. Damit Ihre wichtige Kommunikation nicht im ganzen Spam untergeht, verfügt Ihr Gmail-Konto über einen automatischen Spam-Filter. Alle Spam-Mails landen dabei im *Spam*-Ordner.

Damit Google weiß, was für Sie Spam ist, müssen sie die unerwünschten Mails einzeln als Spam markieren.

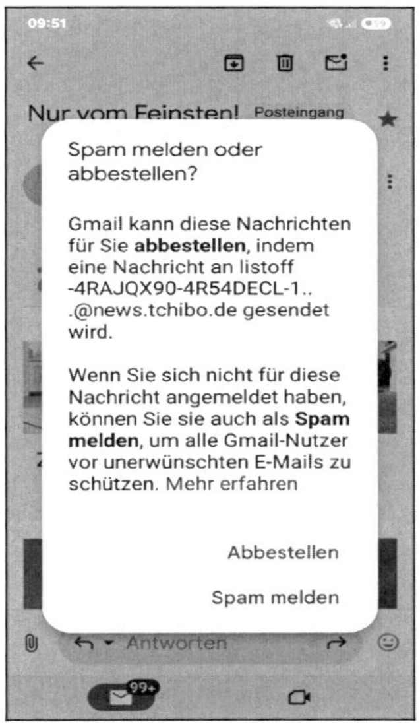

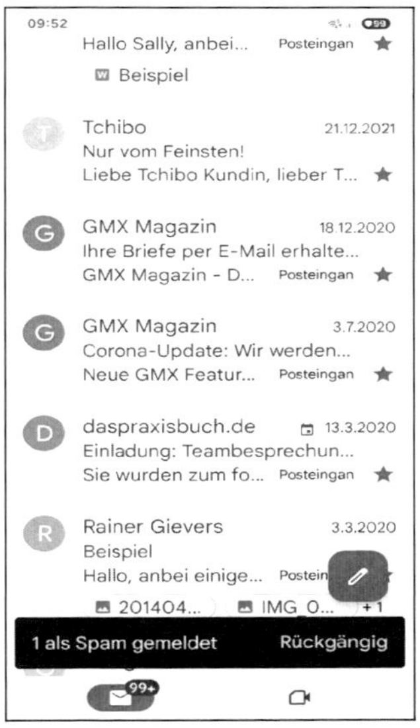

❶ Rufen Sie in der Nachrichtenansicht ⋮/*Spam melden* auf.

❷ Sollte es sich um einen seriösen Absender handeln, so wird Sie Gmail darauf hinweisen. *Abbestellen* führt in dem Fall eine Abmeldung von einem Newsletterversender durch. In unserem Fall betätigen wir aber *Spam melden*, um den weiteren Empfang von unerwünschten E-Mails zu verhindern.

❸ Die betreffende Nachricht wird aus dem *Posteingang* entfernt und landet im *Spam*-Ordner.

Nutzen Sie ⋮/*Illegale Inhalte melden* bei Nachrichten, die ganz offenbar auf Ihre Daten aus sind. Beliebt sind unter anderem vorgeschobene Warnungen vor Kontosperrungen, weshalb man seine Kontodaten eingeben müsse.

❶❷❸ So zeigen Sie den *Spam*-Ordner an: Aktivieren Sie das Label-Ausklappmenü, worin Sie *Spam* auswählen.

Wenn Sie meinen, dass eine Nachricht doch kein Spam ist, dann rufen gehen Sie in die Nachricht und betätigen die *Kein Spam*-Schaltleiste.

Es ist sehr **wichtig**, dass im *Spam*-Ordner wirklich nur unerwünschte Mails enthalten sind. Gmail vergleicht nämlich eingehende Nachrichten mit denen im Spam-Ordner und ordnet sie als Spam ein, wenn eine große Ähnlichkeit besteht. Schauen Sie deshalb ab und zu mal in Ihren *Spam*-Ordner, um falsche Einordnungen wieder rückgängig zu machen.

11.2.9 Stapelvorgänge

Wenn eine Aktion, wie Label ändern, Löschen, Markierung hinzufügen usw. auf mehrere Nachrichten anzuwenden ist, verwenden Sie die Stapelvorgänge.

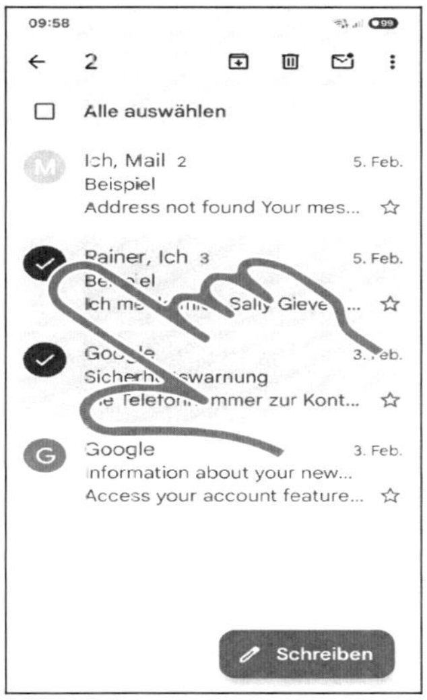

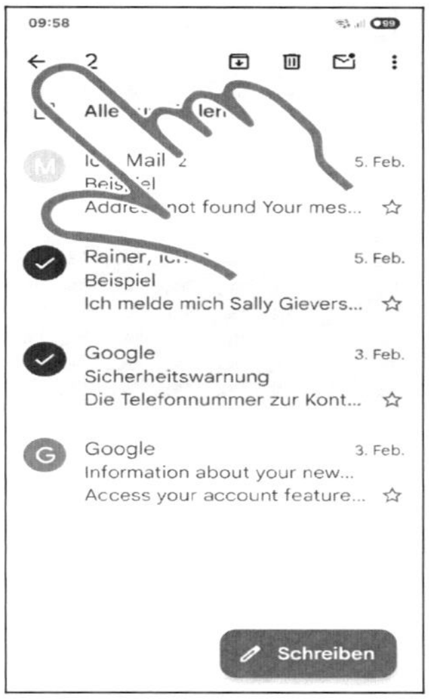

❶ Zum Markieren tippen Sie auf die bunten Symbole vor den Nachrichten. Über die Schaltleisten am oberen Bildschirmrand können Sie dann die Nachrichten archivieren, löschen, einem Label zuweisen, auf gelesen/ungelesen setzen oder als Favoriten markieren.

❷ Den Markierungsmodus verlassen Sie gegebenenfalls mit der ←-Schaltleiste (Pfeil). Alternativ betätigen Sie die ‹-Taste.

Die Funktion »Stapelvorgänge« können Sie in den Einstellungen über *Kontrollkästchen ausblenden* deaktivieren, siehe Kapitel *11.3 Einstellungen*.

11.2.10 Wischgeste zum Archivieren

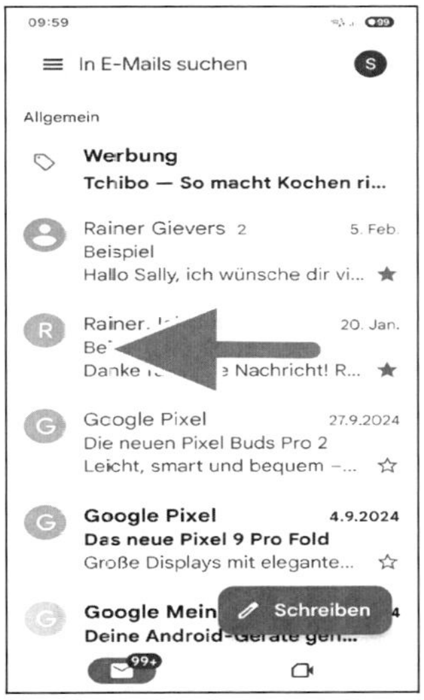

❶ Mit einer Wischgeste nach links oder rechts über einer Nachricht archivieren Sie diese.

❷ Über die *Rückgängig*-Schaltleiste können Sie den Vorgang wieder zurücksetzen.

Welche Aktion die Wischgeste durchführt, legen Sie in *⋮/Einstellungen/Allgemeine Einstellungen* fest. Gehen Sie dort auf *Gmail-Standardaktion*, bei der Sie die Wahl zwischen *Löschen* und *Archivieren* haben.

11.3 Einstellungen

11.3.1 Allgemeine Einstellungen

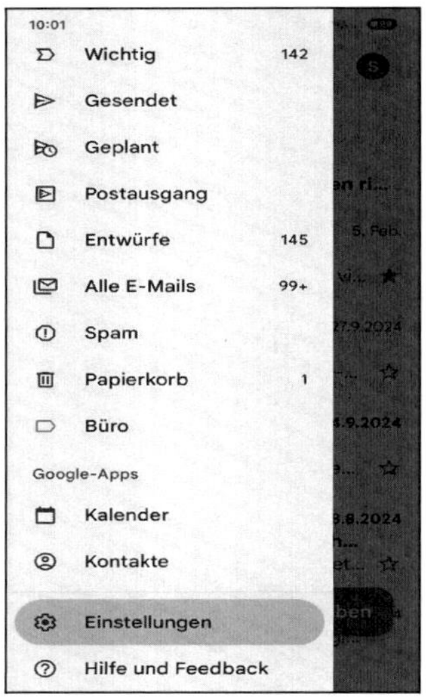

❶❷❸ Rufen Sie zunächst *Einstellungen* im Ausklappmenü auf und gehen dann auf *Allgemeine Einstellungen*.

- *Design*: Schaltet die Bildschirmanzeige um zwischen heller und invertierter Darstellung. Letzteres ist sinnvoll, wenn Sie das Handy in einer dunklen Umgebung nutzen, um nicht geblendet zu werden. Siehe auch Kapitel *27.5 Dunkelmodus (Dark Mode)*.
- *Standardaktion für Benachrichtigungen:* Nicht von Google dokumentiert.
- *Benachrichtigungen verwalten*: Hier können Sie einstellen, ob bei eingegangenen Nachrichten ein Signalton ertönt und ein Hinweis in der Titelleiste erscheint. Wir raten davon ab, Änderungen an den Voreinstellungen vorzunehmen.
- *Konversationsansicht*: Wenn Sie E-Mails beantworten beziehungsweise jemand auf Ihre E-Mails antwortet, so fasst Gmail diese in einer sogenannten Konversation zusammen.
- *Kompaktheitsgrad der Konversationsliste*: Wählen Sie die Auflistung im Posteingang aus:
  - *Standard*: Zeigt die Kontaktsymbole vor den Nachrichten und enthaltene Dateianhänge an.
  - *Normal*: Dateianhänge werden nicht in der Auflistung angezeigt.
  - *Schmal*: Verzichtet auf die Kontaktsymbole in der Auflistung.
- *Aktionen beim Wischen*: Konfiguriert die Wischgeste (siehe *11.2.10 Wischgeste zum Archivieren*). Wählen Sie aus, was passiert, wenn Sie in der Nachrichtenauflistung auf einem Eintrag nach links oder rechts wischen. Standardmäßig ist *Archivieren* aktiv.
- *Navigation am unteren Rand beim Scrollen ausblenden*: Beim Durchrollen der Nachrichtenauflistung erscheinen Schaltleisten für die einfachere Navigation.
- *Standardaktion beim Antworten*: Sofern in einer beantworteten Nachricht mehrere weitere Empfänger enthalten sind, können Sie diesen mit der *Allen-Antworten*-Option neben dem ursprünglichen Empfänger ebenfalls Ihre Antwort-Mail zukommen lassen. Wir raten allerdings davon ab, *Allen Antworten* zu aktivieren, da sonst Außenstehende Ihre E-Mails erhalten könnten, die nicht für sie bestimmt sind.
- *Nachrichten automatisch anpassen*: Normalerweise zeigt die Gmail-Anwendung alle Nachrichten in Originalgröße an, sodass Sie im Nachrichtentext mit dem Finger rollen müssen. Aktivieren Sie *Nachrichten autom. anpassen,* wenn stattdessen die Nachrichten auf Bildschirmbreite verkleinert werden sollen.
- *Automatisch fortfahren*: Konfiguriert, wie sich Gmail verhält, wenn Sie eine Nachricht archivieren oder löschen. Standardmäßig landen Sie dann wieder in der Nachrichtenauflistung (*Konversationsliste*).

- *Weblinks in Gmail öffnen*: Die Anzeige von angetippten Links erfolgt nicht in einem Webbrowser, sondern direkt in der Gmail-Anwendung.

Unter *Aktionsbestätigungen:*

- *Vor dem Löschen bestätigen; Vor dem Archivieren bestätigen; Vor dem Senden bestätigen*: Die Aktionen Archivieren, Löschen und Senden erfolgen bei Gmail ohne Rückfrage. Falls Sie das stört, aktivieren Sie hierüber die Sicherheitsabfrage.

11.3.1.a Kompaktheitsgrad der Konversationsliste

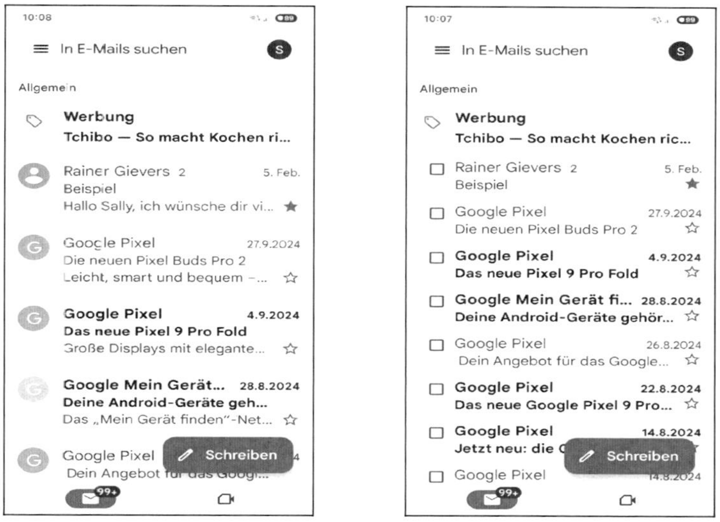

Die Unterschiede zwischen *Standard* (❶) und *Schmal* (❷) bei der Option *Kompaktheitsgrad der Konversationsliste.*

11.3.2 Konto-Einstellungen

❶ Aktivieren Sie das Ausklappmenü und wählen Sie *Einstellungen*.

❷❸ Über *(Ihr Google-Konto)* konfigurieren Sie:

Unter *Konto*:

- *Google-Konto verwalten*: Diverse Sicherheitseinstellungen, die nichts mit der Gmail-Anwendung zu tun haben.

Unter *Posteingang:*

- *Art des Posteingangs*: Wählen Sie darin *Sortierter Eingang*, dann zeigt Gmail nicht mehr alle erhaltenen Nachrichten an, sondern nur solche, die als *Wichtig* markiert sind (siehe dazu Kapitel *11.2.6 Wichtig-Ordner*).

- *Posteingangskategorien:* Gmail sortiert Werbung, Nachrichten sozialer Netzwerke usw. automatisch unter bestimmte Label ein. Siehe auch Kapitel *11.3.2.b Automatisch zugewiesene Labels*.

Unter *Benachrichtigungen*:

- *Benachrichtigungen*: Wenn neue Nachrichten empfangen wurden, meldet Gmail dies in der Titelleiste. Deaktivieren Sie *E-Mail-Benachrichtigung*, um diese Benachrichtigungen auszuschalten.
- *Posteingangsbenachrichtigungen*: Benachrichtigungseinstellungen für Gmail.
  - *Labelbenachrichtigungen*: Muss aktiv sein, damit Sie Gmail über neue Nachrichten informiert.
  - *Bei jeder E-Mail benachrichtigen*: Nicht von Google dokumentiert.
- *Labels verwalten*: Legen Sie fest, welche Label mit Ihrem Gmail-Konto synchronisiert werden. Normalerweise brauchen Sie hier nichts zu ändern.
- *Benachrichtigungstöne*: Wählen Sie aus, auf welche Art Sie über neue E-Mails benachrichtigt werden.
- *Benachrichtigungen verwalten*: Hier können Sie einstellen, ob bei eingegangenen Nachrichten ein Signalton ertönt und ein Hinweis in der Titelleiste erscheint. Wir raten davon ab, Änderungen an den Voreinstellungen vorzunehmen.

Unter *Allgemein*:

- *Chat*: Die Chat (engl. Gespräch)-Funktion dient dem Austausch von Textnachrichten, ähnlich WhatsApp.
- *Standardaktion beim Antworten*: Die Voreinstellung *Antworten* sollten Sie nicht ändern. In E-Mails können mehrere Empfänger enthalten sein, die ihre Antwort, ebenfalls erhalten, wenn Sie *Allen antworten* einstellen. Dies kann den unerwünschten Effekt haben, dass Außenstehende Ihre Nachricht erhalten.
- *Mobile Signatur*: Die Signatur ist ein Text, den Gmail automatisch beim Erstellen einer neuen Nachricht einfügt. Nutzen Sie sie, um den Empfängern Ihrer E-Mails auf weitere Kontaktmöglichkeiten per Telefon, oder ähnlich hinzuweisen.
- *Konversationsansicht*: Wenn Sie E-Mails beantworten beziehungsweise jemand auf Ihre E-Mails antwortet, so fasst Gmail diese in einer sogenannten Konversation zusammen.
- *Smarte Funktionen*: Nutzt die Daten aus Ihren E-Mails in anderen Google-Anwendungen. Beispielsweise werden beispielsweise Restaurant-Reservierungen in Google Maps (siehe Kapitel *16 Google Maps*) angezeigt oder Sie werden auf die Fälligkeit von Rechnungen hingewiesen.
- *Smarte Funktionen in Google Workspace*: Aktivieren Sie in diesem Menü *Smarte Funktionen in Google Workspace aktiviert lassen*, damit die einzelnen Google-Anwendungen Daten untereinander austauschen dürfen.
- *Paketverfolgung*: Falls Sie im Google Store einen Artikel bestellt haben, erhalten Sie Infos zur Sendungsverfolgung.
- *Intelligentes Schreiben*: Gmail lernt von Ihren Eingaben und macht Ihnen nach einiger Zeit Textvorschläge, die Sie übernehmen können.
- *Intelligente Antwort*: Wenn Sie eine Nachricht anzeigen, schlägt Gmail automatisch drei mögliche Antworten vor. Diese sind vom Nachrichtenkontext abhängig. Derzeit funktioniert diese Funktion nur in englischer Sprache.
- *Abwesenheitsnotiz*: Ein sehr nützliches Feature, wenn Sie mal nicht erreichbar sind und Personen, die Ihnen geschrieben haben, automatisch über Ihre Abwesenheit informieren möchten.

Unter *Meet*:

- *Google Meet-Tab für Videoanrufe anzeigen*: damit deaktivieren Sie die zwei Register *E-Mail* und *Meet* am unteren Bildschirmrand in der Benutzeroberfläche.

- *Weitere Diagonoseinformationen senden*: Sendet Meet-Nutzungsdaten an Google.
- *Datennutzung beschränken*: Reduziert die übertragenen Daten, falls Ihr Mobilfunkvertrag die monatliche Datenmenge begrenzt.
- *Anrufe ohne Teilnehmer verlassen*: Anrufe ohne Teilnehmer werden nach einiger Zeit automatisch beendet.
- *Unterwegs-Modus automatisch*: Nicht von Google dokumentiert.
- *Klingelton*: Klingelton, wenn Sie über Google Meet zu einem Gespräch eingeladen werden.

Unter *Automatische Erinnerungen*:

- *Antworten und abklären*: Gmail erkennt den Nachrichtenkontext und macht Ihnen Beantwortungsvorschläge. Zur Zeit wird diese Funktion nur im englischen Sprachraum unterstützt.

Unter *Tipps im Posteingang:*

- *Einstellungen für Inbox-Tipps*: Bei einigen Massen-E-Mail-Sendungen blendet Gmail eine Schaltleiste ein, über die Sie sich aus dem E-Mail-Verteiler abmelden.

Unter *Datenverbrauch:*

- *Gmail synchronisieren*: Diese Schaltleiste führt Sie in die Kontenverwaltung, welche Kapitel *22.2 Google-Konto entfernen* beschreibt, worin Sie unter anderem den Datenabgleich mit dem Google-Konto steuern. Für die meisten Nutzer dürfte es aber keinen Sinn machen, dort den E-Mail-Abruf vom Google-Mail-Konto zu deaktivieren.
- *E-Mails: Zu synchronisierende Tage*: Legt fest, wie lange empfangene Nachrichten von der Gmail-Anwendung aufbewahrt werden. Ältere Nachrichten werden natürlich nicht gelöscht, sondern sind weiterhin über die Weboberfläche von Gmail (*mail.google.com*) im Webbrowser anzeigbar.
- *Anhänge herunterladen*: Dateianhänge sind häufig mehrere Megabyte groß, weshalb diese nur automatisch heruntergeladen werden, wenn eine WLAN-Verbindung besteht. Lassen Sie diese Option am Besten aktiviert, da sonst beim Öffnen von Dateianhängen längere Wartezeiten entstehen.
- *Bilder*: Standardmäßig lädt Gmail immer alle eingebetteten Bilder aus dem Posteingang herunter und zeigt diese an. Dies betrifft vor allem Werbe-E-Mails von Unternehmen (Newsletter, u.ä.). Sie können aber auch diese Einstellung auf *Vor dem Anzeigen erst fragen* stellen, sodass Sie die Bilderanzeige in jeder betroffenen E-Mail erst bestätigen müssen.
- *Dynamische E-Mails aktivieren*: Der Absender kann interaktive Inhalte in einer E-Mail bereitstellen, beispielsweise Kataloge, die man durchblättern kann oder editierbare Dokumente. In der Praxis machen nach unseren Informationen nur einige wenige werbetreibende Unternehmen davon Gebrauch.

11.3.2.a Abwesenheitsnotiz

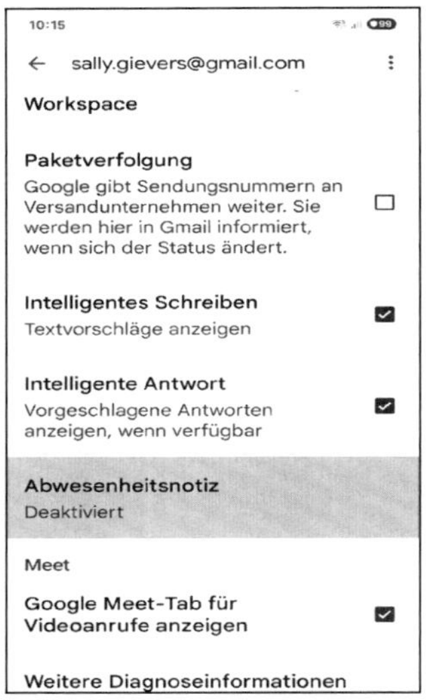

❶❷ Unter *Abwesenheitsnotiz* geben Sie einen Text ein, der während des eingestellten Zeitraums an alle E-Mail-Sender geschickt wird. Aktivieren Sie *Nur an meinen Kontakte senden*, damit nur Ihnen bekannte (im Telefonbuch gespeicherte) Kontakte die Abwesenheitsnotiz erhalten. Vergessen Sie nicht, zum Schluss die Abwesenheitsnotiz über den Schalter oben rechts zu aktivieren!

11.3.2.b Automatisch zugewiesene Labels

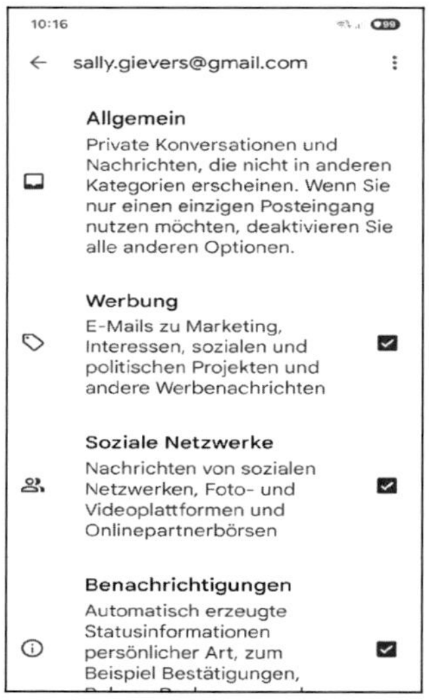

❶❷ Gmail weist Nachrichten, die von einem bestimmten Typ sind, automatisch Labeln zu. Dazu zählen laut Google:

- *Allgemein*: Nachrichten von Freunden und Verwandten sowie sonstige Nachrichten, die nicht in einem der anderen Tabs angezeigt werden
- *Werbung*: Werbeaktionen, Angebote und sonstige Werbe-E-Mails
- *Soziale Netzwerke*: E-Mails aus sozialen Netzwerken, Plattformen zum Teilen von Inhalten, Online-Partnervermittlungen, Spieleplattformen oder anderen sozialen Websites
- *Benachrichtigungen*: Benachrichtigungen wie Bestätigungen, Belege, Rechnungen und Kontoauszüge
- *Foren*: E-Mails aus Online-Gruppen, Diskussionsforen und Mailinglisten.

Die automatisch zugewiesenen Labels listet Gmail als erstes im Ausklappmenü auf. Labels, die keine Nachrichten enthalten, werden ausgeblendet.

Haben Sie dagegen alle automatisch zugewiesenen Labels deaktiviert, ordnet Gmail die empfangenen Nachrichten dem Label *Posteingang* zu.

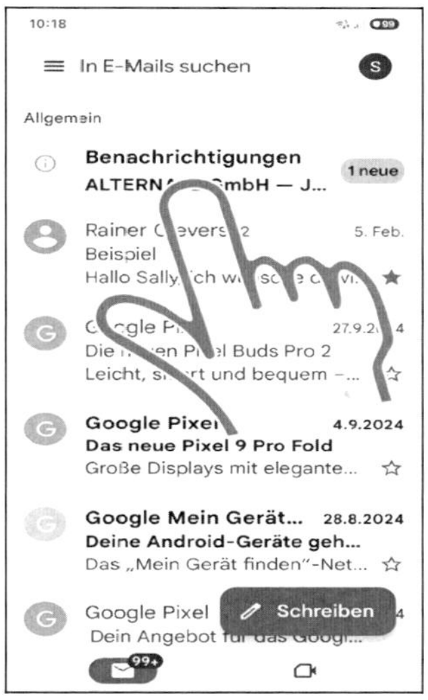

❶❷ Der *Allgemein*-Ordner erscheint sehr aufgeräumt, wenn die automatisch zugewiesenen Labels aktiv sind. Schaltflächen weisen dann im Allgemein-Ordner auf neu vorhandene Nachrichten in den Labels hin. Wählen Sie ein Label aus, um die zugewiesenen Nachrichten anzuzeigen.

11.4 Zugriff auf Gmail vom Startbildschirm

Auf dem Samsung Galaxy lässt sich ein direkter Zugriff auf die Gmail-Ordner/Labels vom Startbildschirm aus einrichten.

Beachten Sie zu den Widgets auch Kapitel *4.7.2 Widgets*.

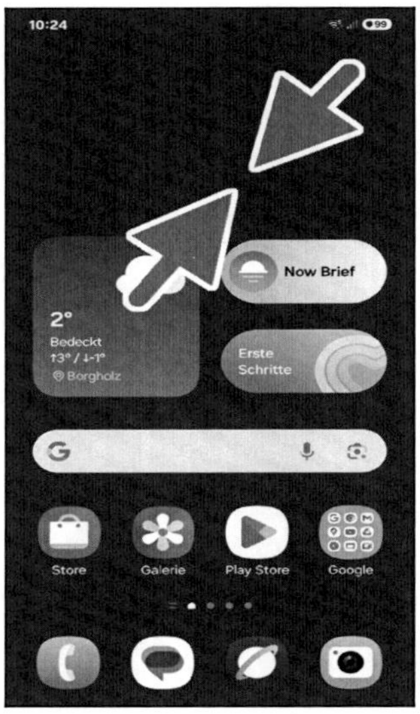

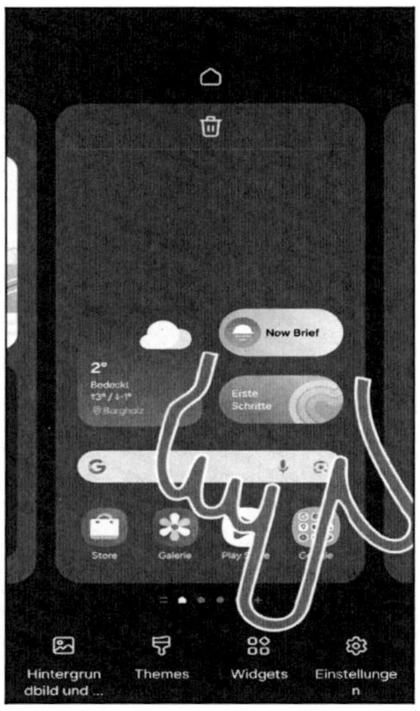

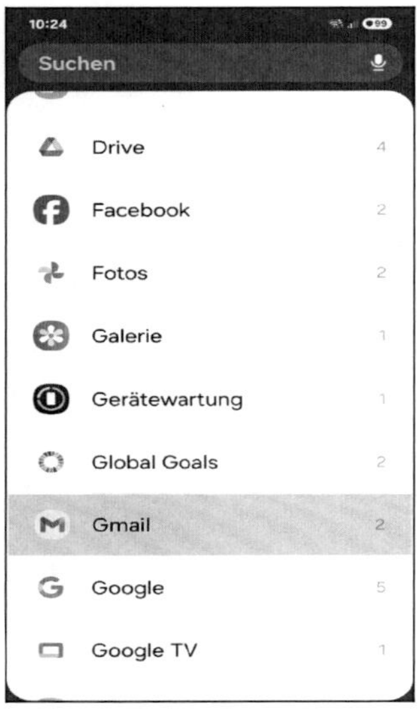

❶ Blättern Sie mit einer Wischgeste nach links oder rechts im Startbildschirm zu einem noch freien Bildschirm beziehungsweise entfernen Sie nicht benötigte Widgets (siehe auch Kapitel *4.7.2 Widgets*). Rufen Sie mit einer Kneifen-Geste (zwei Finger auf das Display halten und zusammen ziehen) den Bearbeitungsbildschirm auf. Beim ersten Mal benötigen Sie dazu mit Sicherheit mehrere Versuche.

❷ Betätigen Sie *Widgets* (Pfeil).

❸ Tippen Sie auf *Gmail* (Sie müssen vorher mit einer Wischgeste nach oben mehrmals durch die aufgelisteten Widgets blättern).

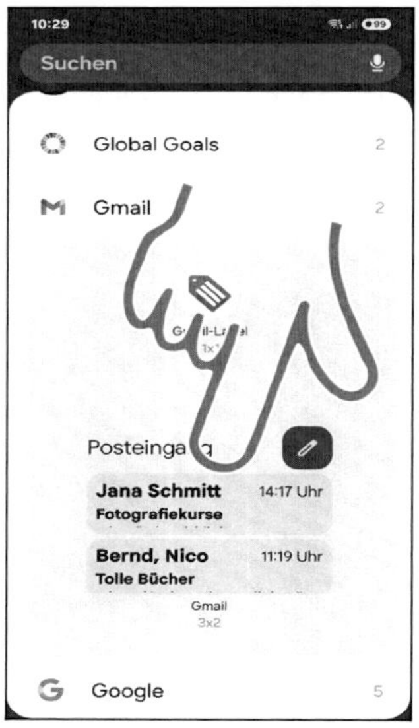

❶ Tippen und halten Sie den Finger auf dem Gmail-Vorschaubild. Lassen Sie den Finger aber noch nicht los!

❷❸ Auf dem Startbildschirm ist standardmäßig kaum Platz für das Widget. Halten Sie daher den Finger auf dem Display gedrückt und ziehen Sie ihn zusammen mit dem Widget an den Bildschirmrand. Das Handy erstellt eine neue Bildschirmseite. Hier lassen Sie dann den Finger los.

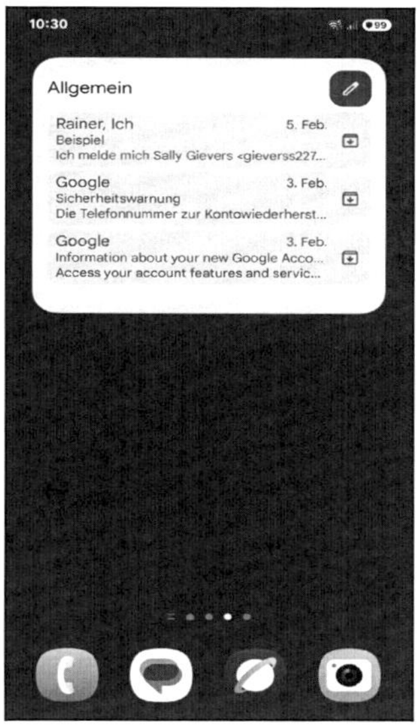

❶ Wählen Sie einen Ordner, idealerweise *Allgemein,* aus.

❷❸ Zum Schluss sollten Sie noch die Widget-Größe anpassen: Halten und ziehen Sie die hellblauen Ränder nach außen. Schließen Sie mit der <-Taste den Vorgang ab.

Auch nachträglich ist jederzeit eine Größenänderung des Gmail-Widgets möglich, indem Sie den Finger auf dem Widget halten, bis es hervorgehoben ist und dann loslassen.

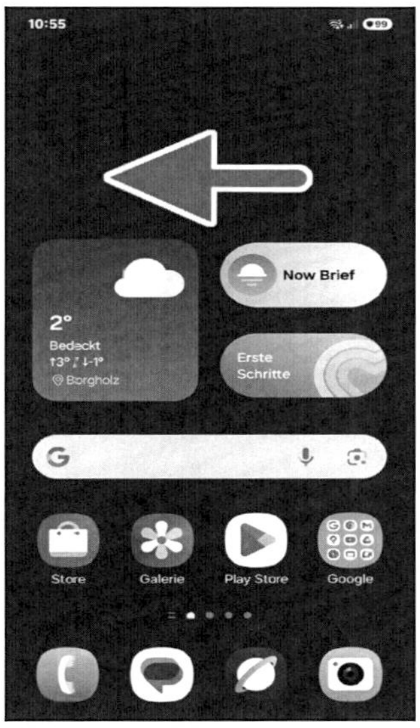

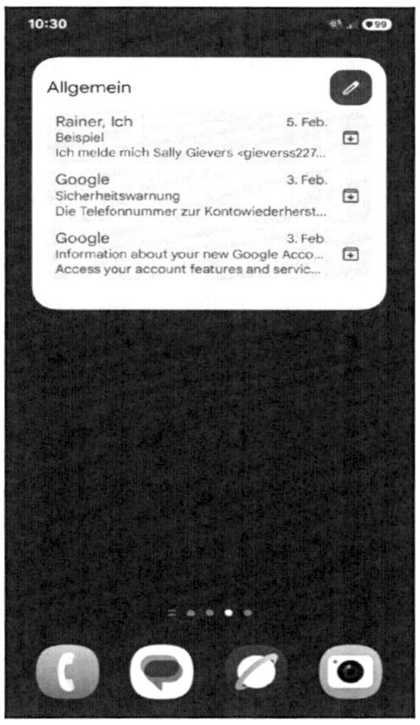

❶❷ Zur Anzeige der zweiten Bildschirmseite wischen Sie im Startbildschirm einfach nach links.

11.5 Meet

Meet (engl. »Treffen«) ist eine Videotelefonielösung für bis zu 100 Teilnehmer (in der Profiversion werden bis zu 250 Teilnehmer unterstützt). Videotelefonie hat gegenüber normalen Telefonaten den Vorteil größerer Vertrautheit, da man sich ja von Angesicht zu Angesicht sieht. Kosten fallen übrigens keine an, denn die Übertragung erfolgt über das Internet.

Damit andere Personen mit Ihnen über Meet kommunizieren können, müssen diese Gmail auf Ihrem Handy installiert haben. Die ist bei Android immer der Fall; auf dem iPhone muss Gmail aus dem App Store installiert werden. Alternativ nutzt man Meet im Webbrowser, wobei der jeweilige PC mit Kamera und Mikrofon ausgestattet sein muss. Ideal sind dafür deshalb Notebooks, die bereits entsprechende Hardware besitzen.

❶❷❸ Wenn Sie *Meet* das erste Mal aufrufen, erscheint ein Popup, in dem Sie *Erlauben* und dann *Zulassen* auswählen. Sie sorgen damit dafür, dass eingehende Telefonanrufe während der Meet-Nutzung automatisch stumm geschaltet werden.

11.5.1 Videokonferenz einleiten

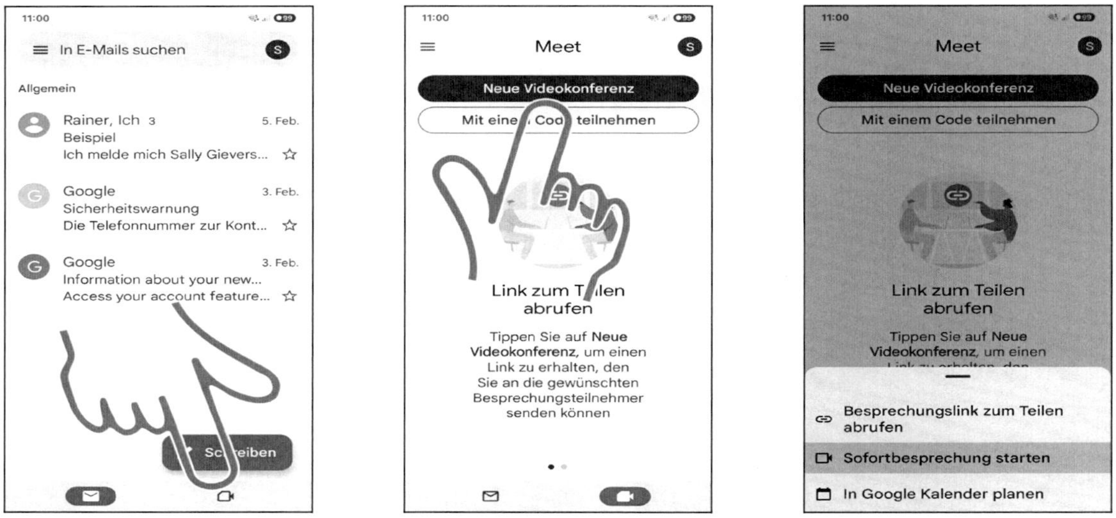

❶ Aktivieren Sie das *Meet*-Register. Sie müssen nun über mehrere Popups dem Handy den Zugriff mit *Erlauben* beziehungsweise *Zulassen* gestatten.

❷ In unserem Fall möchten wir selbst ein Videotelefonat beginnen und gehen daher auf *Neue Videokonferenz.*

❸ Wählen Sie *Sofortbesprechung starten.*

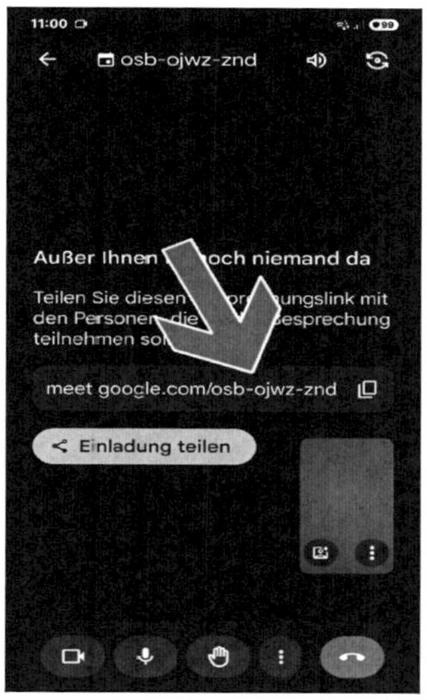

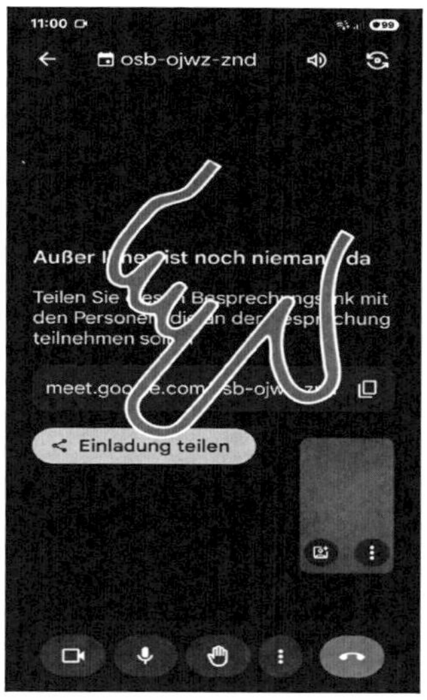

➊ Sie erhalten eine Webadresse angezeigt, über die andere Personen teilnehmen können (Pfeil).

➋➌ Wenn Sie möchten, geben Sie die Webadresse über *Einladung teilen* beispielsweise per E-Mail weiter.

Die angezeigte Webadresse *meet.google.com/osb-ojwz-znd* enthält übrigens den Freigabecode, in unserem Beispiel *osb-ojwz-znd.* Darauf kommen wir noch zurück.

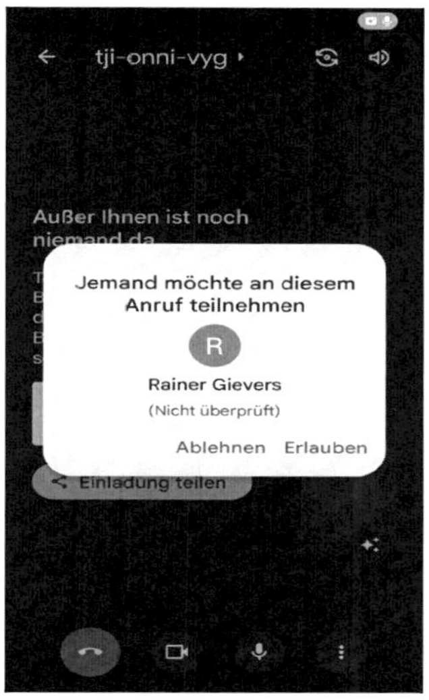

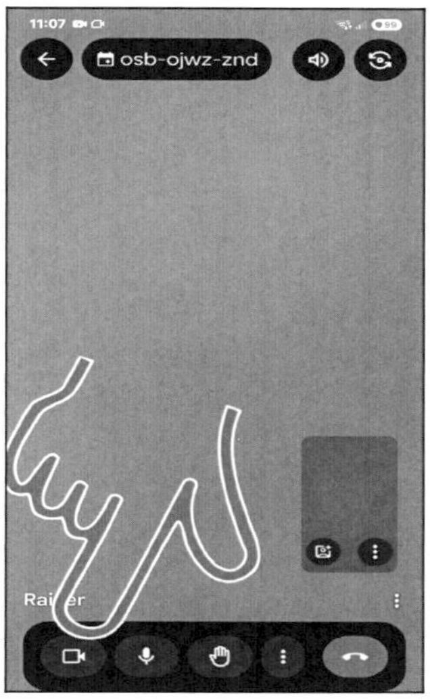

➊ Sobald jemand anders sich an Ihrer Videokonferenz anmeldet, müssen sie ihn erst mit *Zulassen* freigeben.

➋ Über die vier Schaltleisten am unteren Bildschirmrand steuern Sie das Telefonat:

- Eigenes Kamerabild ein/ausschalten
- Mikro ein/ausschalten
- Hand heben – für Konferenzen mit vielen Teilnehmern
- Auflegen (Videokonferenz beenden)

Achtung: Machen Sie die anderen Teilnehmer darauf aufmerksam, dass sie ihr Mikro immer ausgeschaltet lassen und es erst aktivieren, wenn sie sprechen möchten. Danach sollten sie es wieder ausschalten. Es kommt sonst zu sehr unangenehmen Rückkopplungen.

11.5.2 An Videokonferenz teilnehmen

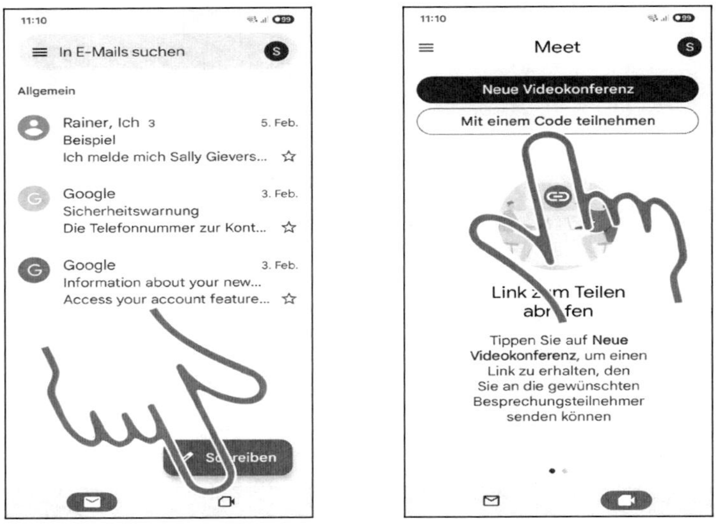

❶❷ So nimmt jemand Ihre Videokonferenz an: Nach dem Gmail-Aufruf aktiviert er das *Meet*-Register und betätigt *Mit einem Code teilnehmen.*

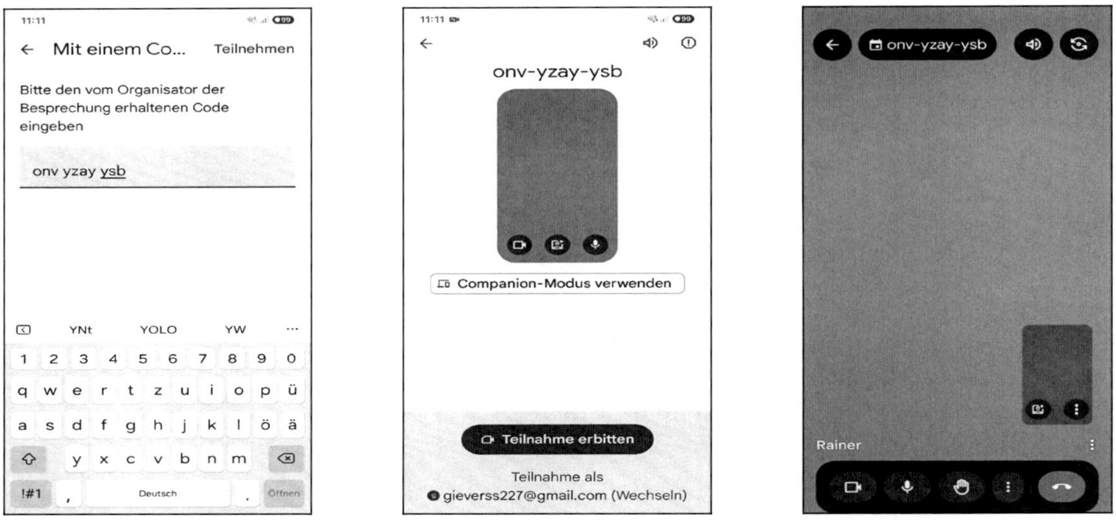

❶ Nun ist der oben erwähnte Code einzugeben (die Bindestriche können Sie einfach weglassen) und *Teilnehmen* zu betätigen.

❷❸ *Teilnahme erbitten* aktiviert die Videokonferenz.

12. Outlook E-Mail

Über die E-Mail-Anwendung verwalten, senden und empfangen Sie E-Mails. Zuvor müssen Sie den Internetzugang, wie im Kapitel *9 Internet einrichten und nutzen* beschrieben, richtig konfiguriert haben. Anwender, die mehrere E-Mail-Konten, zum Beispiel privat und geschäftlich nutzen, können problemlos auch mehrere Konten anlegen.

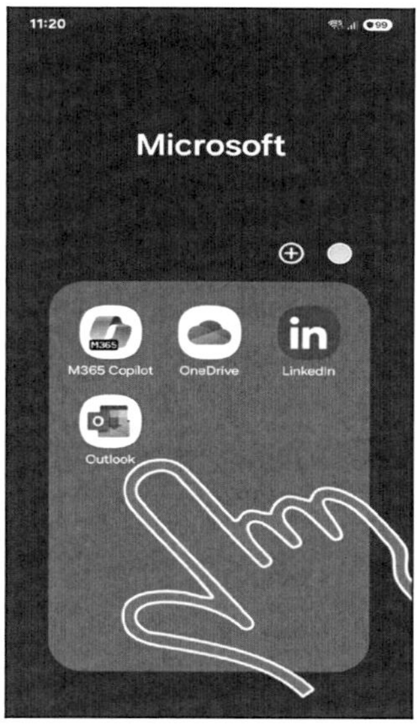

❶❷ Starten Sie die *Outlook*-Anwendung aus dem *Microsoft*-Ordner des Hauptmenüs. Beim ersten Aufruf wird ein Popup erscheinen, das Sie mit *Zulassen* beantworten.

❸ Gehen Sie auf *KONTO HINZUFÜGEN.*

12.1 E-Mail-Einrichtung

12.1.1 E-Mail-Konto automatisch einrichten

Die E-Mail-Anwendung kennt bereits die wichtigsten kostenlosen E-Mail-Dienste wie beispielsweise GMX, Outlook.de, Web.de und T-Online. Sie brauchen für diese Anbieter nur Ihre E-Mail-Adresse und das Passwort eingeben.

Besitzen Sie dagegen eine Website mit eigener E-Mail-Adresse, ist häufig eine automatische Einrichtung nicht möglich. Lesen Sie in diesem Fall im Kapitel *12.1.2 E-Mail-Konto manuell einrichten* weiter.

Von einigen E-Mail-Anbietern wird im Google Play Store (siehe Kapitel *26.1 Play Store*) auch eine spezielle E-Mail-Anwendung angeboten. Suchen Sie im Play Store einfach nach dem Namen des E-Mail-Anbieters.

➊ Tippen Sie in das Eingabefeld.

➋ Im Beispiel wird ein E-Mail-Konto für den kostenlosen E-Mail-Anbieters GMX eingerichtet: Geben Sie Ihre E-Mail-Adresse ein und betätigen Sie *WEITER.*

➌ Falls nach dem E-Mail-Protokoll gefragt wird, wählen Sie *POP3.*

➊ In den meisten Fällen kennt Outlook bereits Ihren E-Mail-Anbieter und füllt die verschiedenen Eingabefelder korrekt aus. Sie selbst müssen nur noch eingeben:

- *Anzeigename*: Wird in Ihren E-Mails als Absender angegeben.
- *POP-Kennwort*: Passwort Ihres E-Mail-Kontos für den Nachrichtenabruf.
- *SMTP-Kennwort*: Passwort Ihres E-Mail-Kontos für das Nachrichtensenden. Das *SMTP-Kennwort* entspricht fast immer dem *POP-Kennwort.*

➋ Gehen Sie zum Schluss auf ✓.

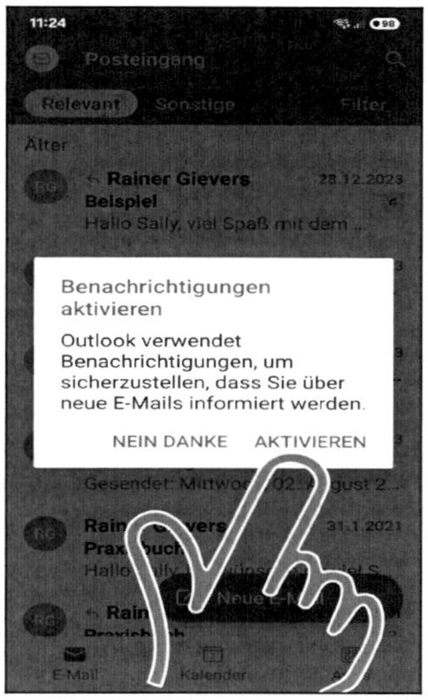

❶ Betätigen Sie *VIELLEICHT SPÄTER.*

❷❸ Die einmalig angezeigten Popups schließen Sie mit *AKTIVIEREN* und *Zulassen.*

Ihr Posteingang wird geladen und Sie können nun mit dem Programm arbeiten.

Auf die Kalenderfunktionen von Outlook geht dieses Buch nicht ein, weil Sie damit nicht mehr von den Vorteilen der Kalender-Anwendung (siehe Kapitel *20 Kalender*) profitieren. Dazu zählt die zentrale Sicherung Ihrer Daten im Google-Konto und die nahtlose

12.1.2 E-Mail-Konto manuell einrichten

Hier wird beschrieben, wie Sie eine E-Mail-Adresse einrichten, wenn Sie eine Website mit eigenem E-Mail-Konto besitzen.

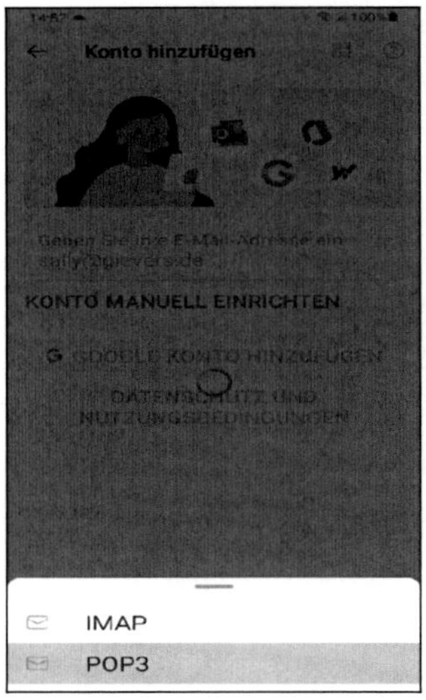

❶ Geben Sie zuerst Ihre E-Mail-Adresse ein, danach betätigen Sie *WEITER*.

❷ Zur Auswahl stehen nun als Kontotyp *POP3*-Konto und *IMAP-Konto*. Wir wählen *POP3-Konto*, das im Gegensatz zum IMAP von jedem E-Mail-Betreiber unterstützt wird.

❸ In den meisten Fällen kennt Outlook bereits Ihren E-Mail-Anbieter und füllt die verschiedenen Eingabefelder korrekt aus. Sie selbst müssen nur noch eingeben:

- *Anzeigename*: Wird in Ihren E-Mails als Absender angegeben.
- *POP-Kennwort*: Passwort Ihres E-Mail-Kontos für den Nachrichtenabruf.
- *SMTP-Kennwort*: Passwort Ihres E-Mail-Kontos für das Nachrichtensenden. Das *SMTP-Kennwort* entspricht fast immer dem *POP-Kennwort.*

❶ Gehen Sie zum Schluss auf ✓.

❷ Betätigen Sie *VIELLEICHT SPÄTER.*

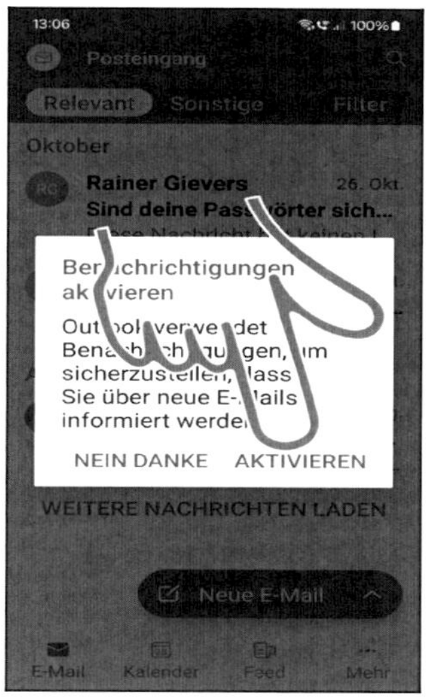

❶ Betätigen Sie *VIELLEICHT SPÄTER.*

❷❸ Die Abfrage zu den Benachrichtigungen schließen Sie mit *AKTIVIEREN* und *Zulassen.*

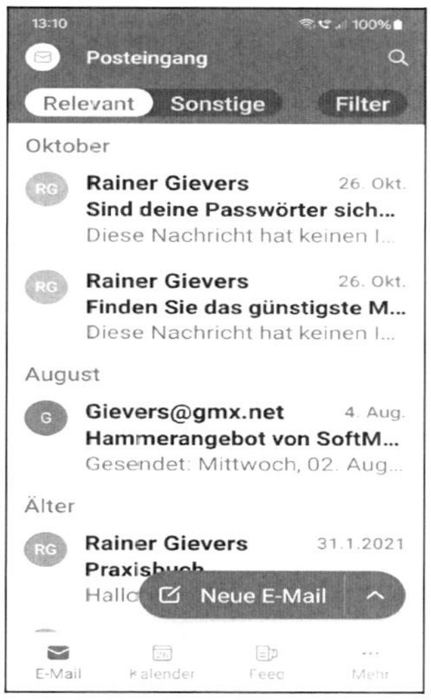

Ihr Posteingang wird geladen und Sie können nun mit dem Programm arbeiten.

Outlook enthält auch weitere Funktionen, darunter eine Kalenderverwaltung. Darauf geht dieses Buch nicht ein, weil Sie damit nicht mehr von den Vorteilen der Google Kalender-Anwendung (siehe Kapitel *20 Kalender*) profitieren. Dazu zählt die zentrale Sicherung Ihrer Daten im Google-Konto und die nahtlose Synchronisation zwischen mehreren Android-Geräten.

12.1.3 E-Mail-Konto manuell einrichten

Hier wird beschrieben, wie Sie eine E-Mail-Adresse einrichten, wenn Sie eine Website mit eigenem E-Mail-Konto besitzen.

❶ Geben Sie zuerst Ihre E-Mail-Adresse ein, danach betätigen Sie *WEITER*.

❷ Zur Auswahl stehen nun als Kontotyp *POP3*-Konto und *IMAP-Konto*. Wir wählen *POP3-Konto*, das im Gegensatz zum IMAP von jedem E-Mail-Betreiber unterstützt wird.

❸ In den meisten Fällen kennt Outlook bereits Ihren E-Mail-Anbieter und füllt die verschiedenen Eingabefelder korrekt aus. Sie selbst müssen nur noch eingeben:

- *Anzeigename*: Wird in Ihren E-Mails als Absender angegeben.
- *POP-Kennwort*: Passwort Ihres E-Mail-Kontos für den Nachrichtenabruf.
- *SMTP-Kennwort*: Passwort Ihres E-Mail-Kontos für das Nachrichtensenden. Das *SMTP-Kennwort* entspricht fast immer dem *POP-Kennwort.*

❶ Gehen Sie zum Schluss auf ✓.

❷ Betätigen Sie *VIELLEICHT SPÄTER.*

12.1.4 Mehrere E-Mail-Konten verwalten

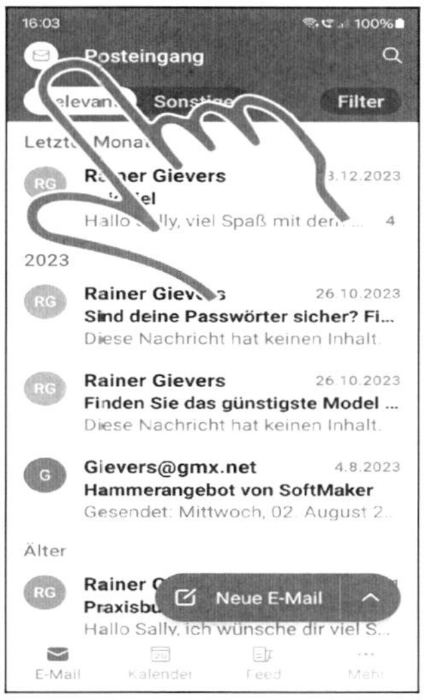

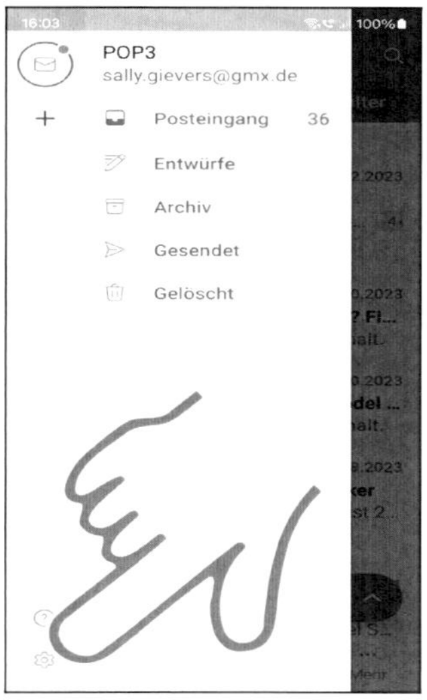

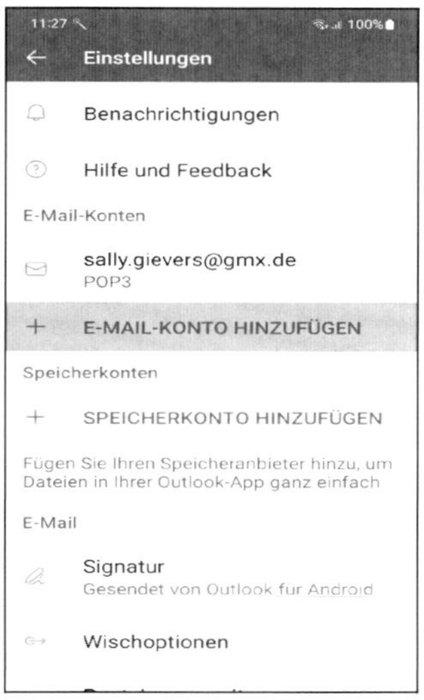

❶❷ In der Outlook-Anwendung dürfen Sie mehrere E-Mail-Konten verwenden. Aktivieren Sie dafür das Ausklappmenü und tippen Sie auf ⚙.

❸ Gehen Sie auf *E-MAIL-KONTO HINZUFÜGEN* und erfassen Sie, wie bereits in den vorherigen Kapiteln beschrieben, die Kontodaten.

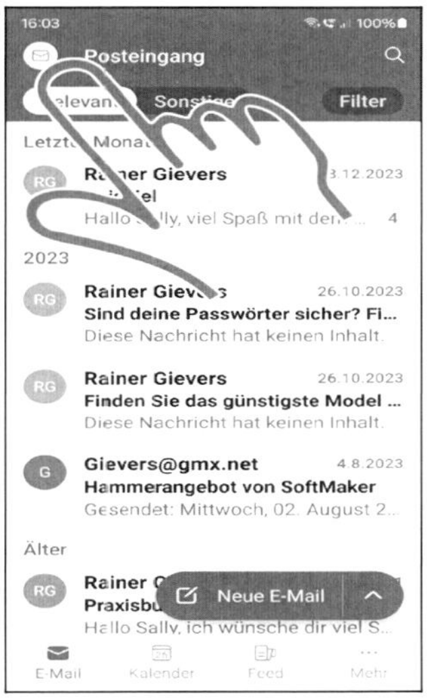

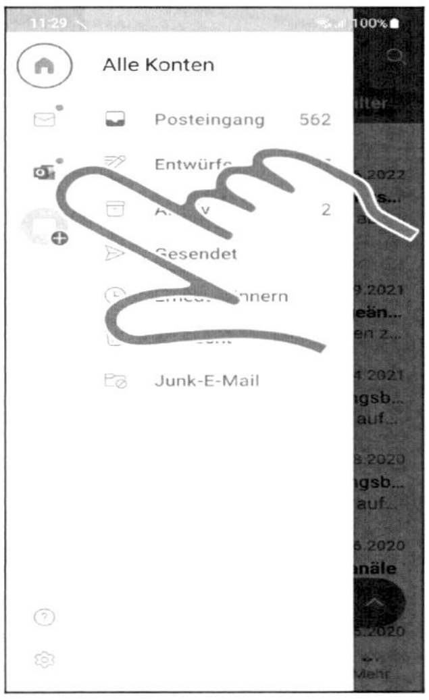

❶❷ So schalten Sie später zwischen den Konten um: Aktivieren Sie das Ausklappmenü und tippen Sie ein Kontosymbol an.

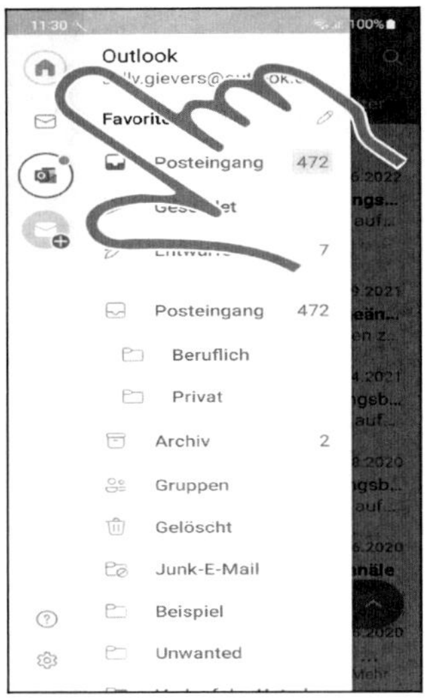

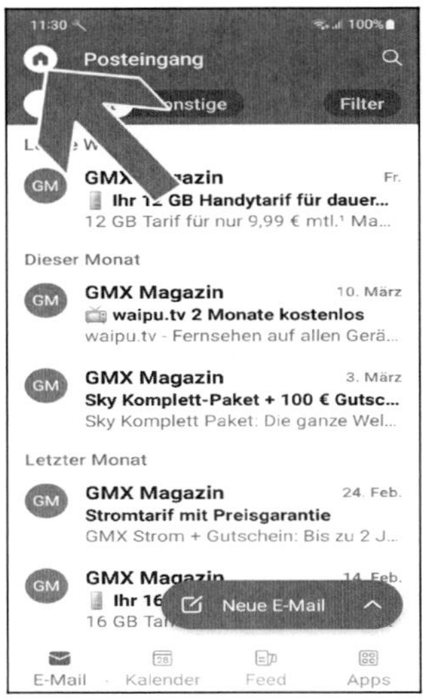

❶ Eine Besonderheit ist *Alle Konten*, das Sie ebenfalls im Ausklappmenü aktivieren (Pfeil).

❷ Am oberen Bildschirmrand informiert ⌂ darüber, dass nun Nachrichten aus allen E-Mail-Konten zusammen aufgelistet werden.

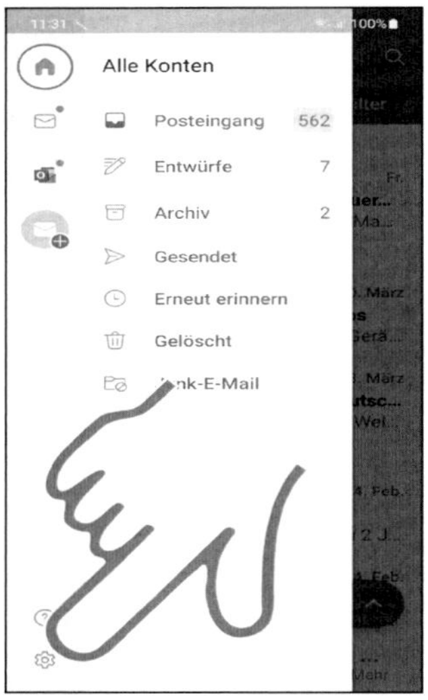

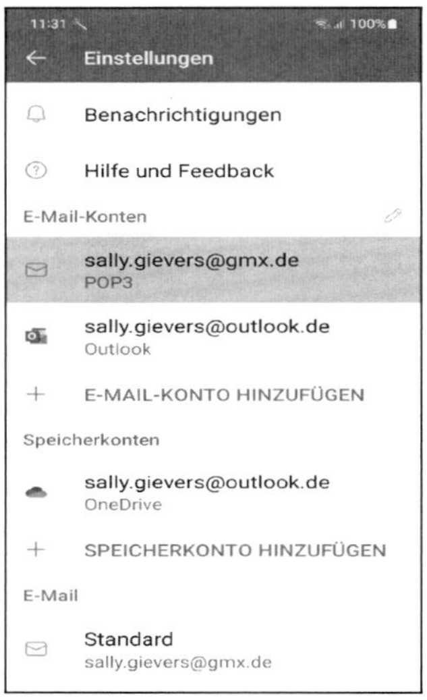

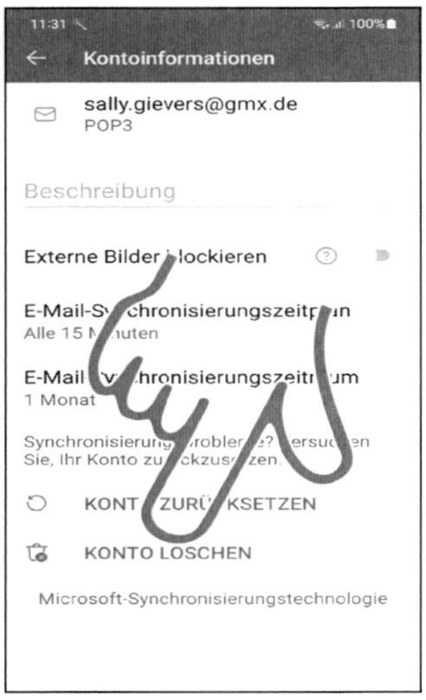

❶❷ Zum Entfernen eines Kontos rufen Sie ⚙ im Ausklappmenü auf und gehen auf das zu löschende Konto.

❸ Tippen Sie auf *KONTO LÖSCHEN*.

Die Nachrichten in Ihrem E-Mail-Konto bleiben beim E-Mail-Anbieter erhalten. Wenn Sie also beispielsweise erneut das E-Mail-Konto auf dem Handy einrichten, sind auch Ihre Nachrichten wieder vorhanden.

12.2 E-Mail-Konto bearbeiten

12.2.1 Allgemeine Einstellungen

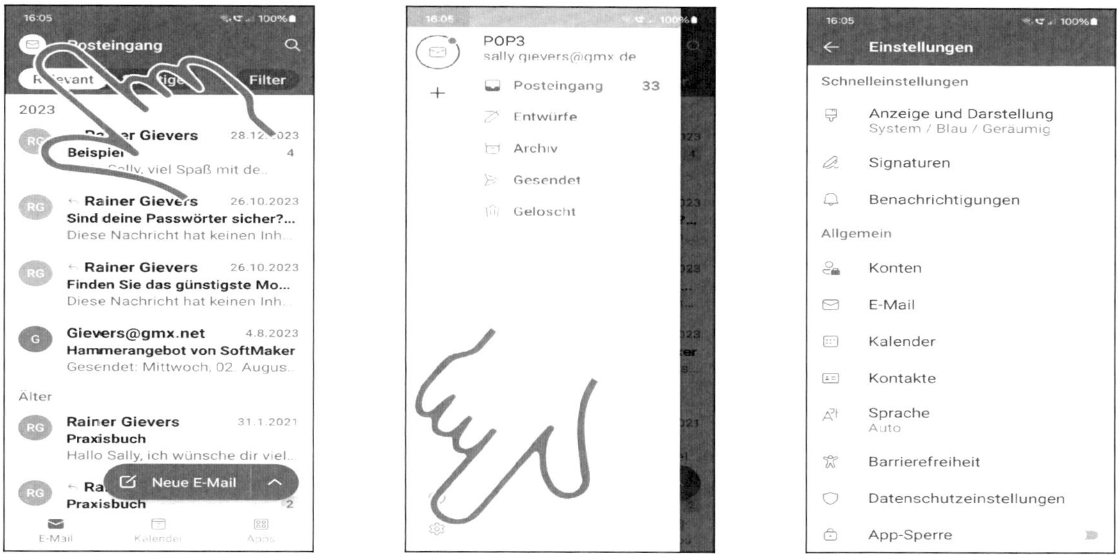

❶❷❸ Die für **alle** Konten verwendeten Voreinstellungen finden Sie unter ⚙ im Ausklappmenü.

Unter *Schnelleinstellungen*:

- *Anzeige und Darstellung*: Das verwendete Farbschema und die Art der Nachrichtenauflistung.
- *Signaturen*: Die Signatur erscheint unter allen von Ihnen erstellten E-Mails. Geben Sie darin beispielsweise alternative Kontaktmöglichkeiten an.
- *Benachrichtigungen*: Wählen Sie in dem Menü aus, in welcher Form das Handy bei neu vorliegenden Nachrichten informiert. Hier sollten Sie nichts ändern.

Unter *Allgemein*:

- *Konten*: Die von Ihnen angelegten E-Mail-Konten. Wird bereits im Kapitel *12.1.2 E-Mail-Konto manuell einrichten* beschrieben.
- *E-Mail*:
  - *Posteingang mit Relevanz*: Outlook erkennt anhand Ihres Nutzungsverhaltens relevante (=wichtige) Nachrichten. Siehe Kapitel *12.3.10 Relevante Nachrichten*.
  - *E-Mails in Threads organisieren*: Fasst alle mit einem Dritten ausgetauschten Nachrichten in einem Eintrag zusammen, was die Übersicht im Posteingang erhöht.
  - *Wischoptionen*: Konfiguriert, welche Aktion Outlook bei einer Wischgeste im Posteingang durchführt. Darauf gehen wir im Kapitel *12.3.12 Wischgeste* ein.

… die weiteren Menüpunkte sind für die tägliche Arbeit mit Outlook nicht relevant.

12.2.2 Konto-Einstellungen

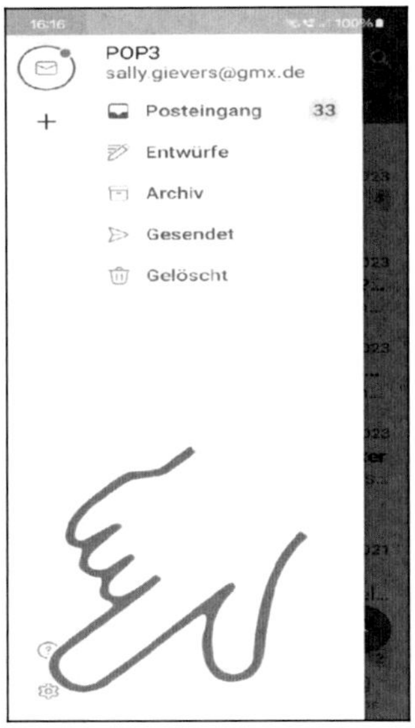

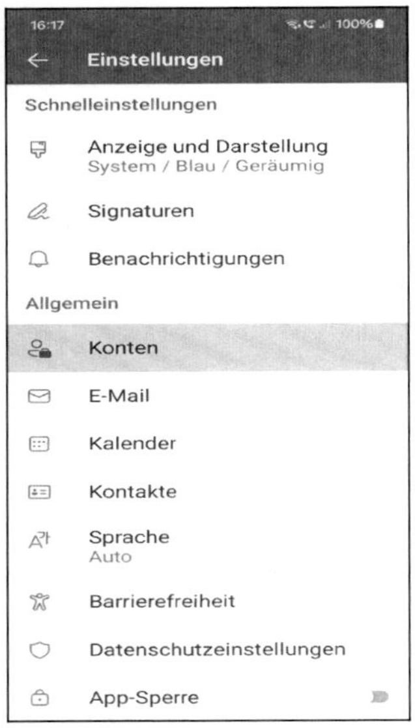

❶❷ Rufen Sie das Ausklappmenü auf und gehen Sie darin auf ⚙.

❸ Wählen Sie *Konten.*

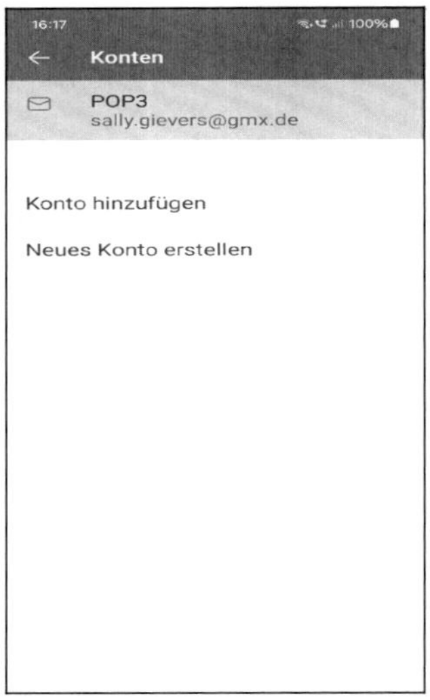

❶ Wählen Sie das Konto aus.

❷ Die Parameter:

- *Kontobeschreibung*
- *Externe Bilder blockieren*: Aus Datenschutzgründen lädt Outlook standardmäßig keine Bilder aus dem Internet, weil damit der Absender weiß, dass Sie seine Nachricht gelesen haben. Mitgeschickte Bilder zeigt Outlook dagegen an.
- *Kategorien*: Stehen nur bei Outlook-E-Mail-Konten zur Verfügung.
- *KONTO ZURÜCKSETZEN*: Löscht den Datenspeicher und lädt die E-Mails neu vom Server. Eventuell nützlich, falls es Probleme bei der E-Mail-Verarbeitung gibt.
- *KONTO ENTFERNEN*: Löscht das E-Mail-Konto in der Outlook-Anwendung. Alle E-Mails im Internet-E-Mail-Konto bleiben dabei erhalten.

Sofern Sie ein Konto der Microsoft-Dienste einsetzen, stehen einige weitere Optionen zur Verfügung, beispielsweise zur verwendeten Sprache und zur Kategorisierung Ihrer E-Mails.

12.3 E-Mail-Anwendung in der Praxis

12.3.1 E-Mail-Ordner

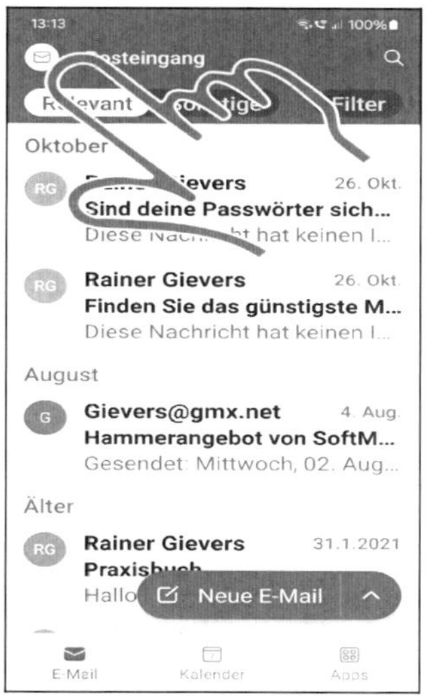

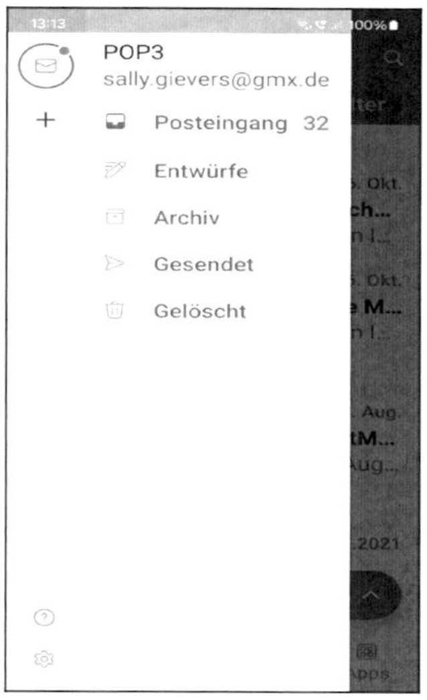

❶ Die Nachrichten verwaltet die E-Mail-Anwendung in Ordnern, zwischen denen man über das Ausklappmenü (Pfeil) umschaltet.

❷ Das Menü ist unterteilt in:

- *Posteingang*: Empfangene E-Mails.
- *Entwürfe*: E-Mails, die Sie für späteren Versand erstellt haben.
- *Archiv*: E-Mails, die Sie gelesen haben und für spätere Verwendung abgelegt haben.
- *Gesendet:* Verschickte E-Mails
- *Gelöscht*: Gelöschte E-Mails.
- *Junk-E-Mail*: Als Spam eingeordnete Nachrichten (nur bei Konten von Microsoft-E-Mail-Diensten).

12.3.2 E-Mails abrufen

❶ Führen Sie eine Wischgeste nach unten durch für den E-Mail-Abruf. Alternativ können Sie auch in den Einstellungen (siehe Kapitel *12.2.2 Konto-Einstellungen*) festlegen, wie häufig der automatische Mail-Abruf erfolgt.

❷ Hat der Abruf geklappt, dürfte es im Fenster ungefähr so wie hier aussehen. Alle Nachrichten werden mit Absender, Empfangsdatum und Betreff anzeigt. Gelesene Nachrichten hebt die E-

Mail-Anwendung mit grauer Schrift hervor. Tippen Sie eine Nachricht an, so wird sie angezeigt.

12.3.3 E-Mails lesen und beantworten

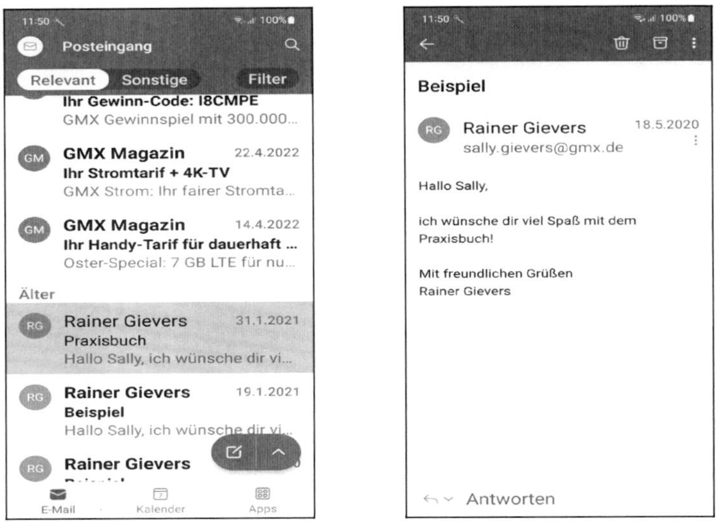

❶❷ Tippen Sie die anzusehende E-Mail an.

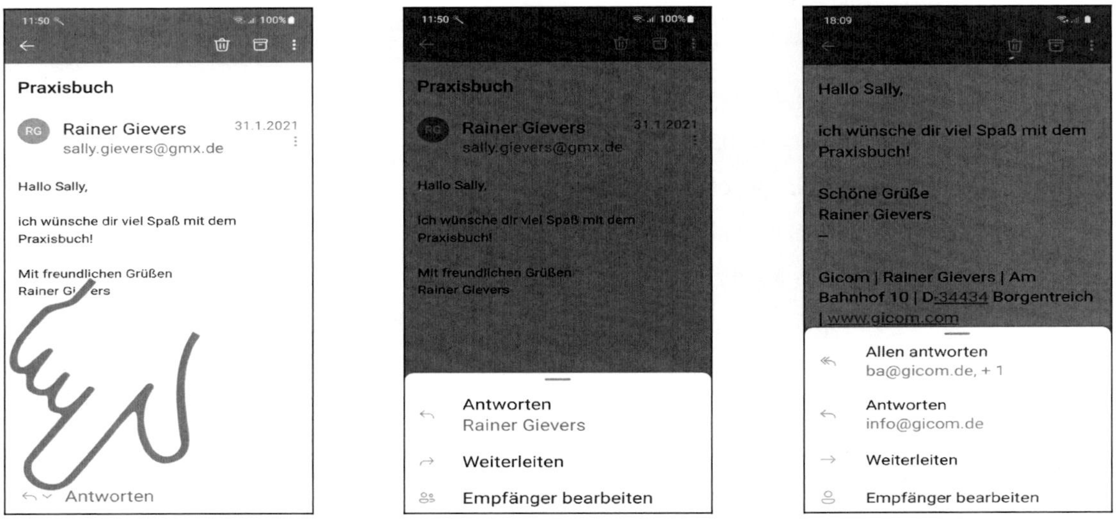

❶❷ Weitere Funktionen erhalten Sie über die Schaltleisten (Pfeil):

- *Antworten*: Erstellt eine Antwort-Nachricht an den Absender.
- ↶ ⌄:
  - *Antworten*
  - *Weiterleiten*: E-Mail an einen weiteren Empfänger weiterleiten.
  - *Empfänger bearbeiten*: E-Mail beantworten, vorher aber weitere Empfänger hinzufügen.

❸ *Allen Anworten* steht zur Verfügung, wenn die empfangene E-Mail weitere Empfänger hat. Diese erhalten dann ebenfalls Ihre Anwort. Bitte kontrollieren Sie vor dem Absenden, ob wirklich alle Empfänger Ihre Nachricht erhalten sollten.

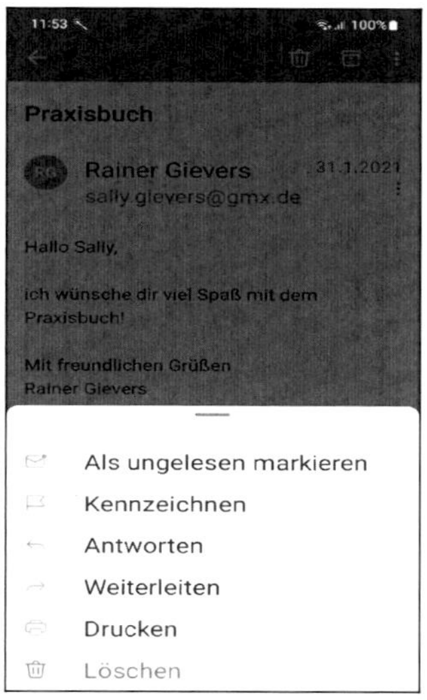

➊➋ Das ⋮-Menü (das ⋮-Symbol ist schwer mit dem Finger zu treffen; gegebenenfalls mehrfach probieren):

- *Als ungelesen markieren*: Setzt den Lesestatus auf »ungelesen« zurück.
- *Kennzeichnen*: Hebt eine Nachricht farbig im Posteingang hervor.
- *Antworten; Weiterleiten; Löschen*
- *Drucken*: Speichert die E-Mail-Nachricht als PDF-Datei.

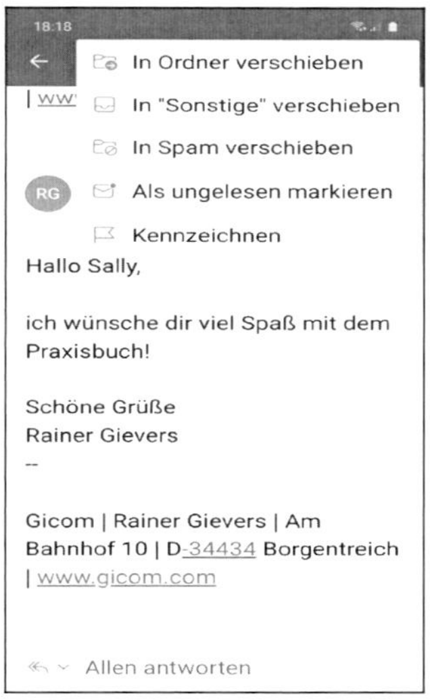

➊➋ Die Schaltleisten am oberen Bildschirmrand:

- : Nachricht löschen.
- : Nachricht archivieren (siehe Kapitel *12.3.13 Archiv*).
- Das ⋮-Menü:
  - *In Ordner verschieben*: E-Mail zwischen den Ordnern verschieben.
  - *In "Sonstige" verschieben*: Darauf geht Kapitel *12.3.10 Relevante Nachrichten* ein.
  - *In Spam verschieben*: Siehe Kapitel *12.3.11 Spam*.
  - *Als ungelesen markieren*: Setzt den Lesestatus auf »ungelesen« zurück (anschließend Wechsel zum Posteingang).
  - *Kennzeichnen*: Nachricht farbig im Posteingang hervorheben.

❶ Zur nächsten/vorherigen Nachricht wechseln Sie mit einer Wischgeste.

❷ Ziehen Sie zwei gleichzeitig auf dem Display gedrückte Finger auseinander beziehungsweise zusammen, so vergrößert/verkleinert das Handy die Nachrichtenanzeige. Mit einem Fingerwischen ändern Sie dann den angezeigten Bildausschnitt.

12.3.4 E-Mails löschen

Das Löschen in der E-Mail-Anwendung ist eine Philosophie für sich... Empfangene E-Mails werden standardmäßig nicht vom Internet-E-Mail-Konto gelöscht und lassen sich somit erneut mit dem E-Mail-Programm auf dem Desktop-PC abrufen oder auf der Weboberfläche des E-Mail-Anbieters anzeigen.

❶ Löschen Sie eine E-Mail, beispielsweise mit 🗑 in der Nachrichtenansicht, so verschwindet die E-Mail nicht sofort aus der Nachrichten-Anwendung, sondern landet im *Papierkorb*-Ordner.

❷ Falls Sie sich übrigens beim Löschen vertan haben, können Sie es mit *RÜCKGÄNGIG* widerrufen.

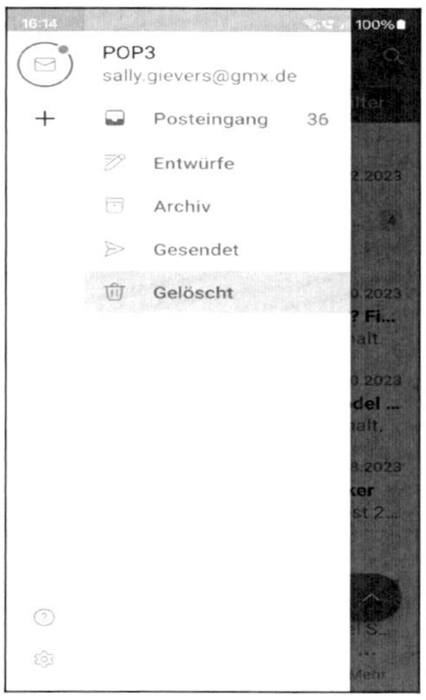

❶❷❸ Sie können sich davon auch selbst überzeugen, indem Sie das Ausklappmenü aktivieren und dann auf *Gelöscht* gehen.

Viele E-Mail-Programme auf dem PC löschen standardmäßig alle empfangenen Mails vom Internet-E-Mail-Konto. Die E-Mail-Anwendung auf dem Galaxy erkennt das und entfernt bei sich die gelöschten Nachrichten ebenfalls. Wundern Sie sich also nicht, wenn auf dem Galaxy nach dem E-Mail-Abruf plötzlich Mails verschwunden sind!

12.3.5 Dateianlagen

In E-Mails enthaltene Dateianlagen kann man anzeigen und weiterverarbeiten.

❶ Über Dateianlagen informiert 📎 (Pfeil) in der Nachrichtenauflistung.

❷ Zum Anzeigen in der jeweiligen Anwendung tippen Sie die Datei an.

12.3.6 Favoriten (»gekennzeichnet«)

Sie können Nachrichten, die in irgendeiner Weise wichtig sind, als »Favoriten« kennzeichnen, um sie später schneller wiederzufinden.

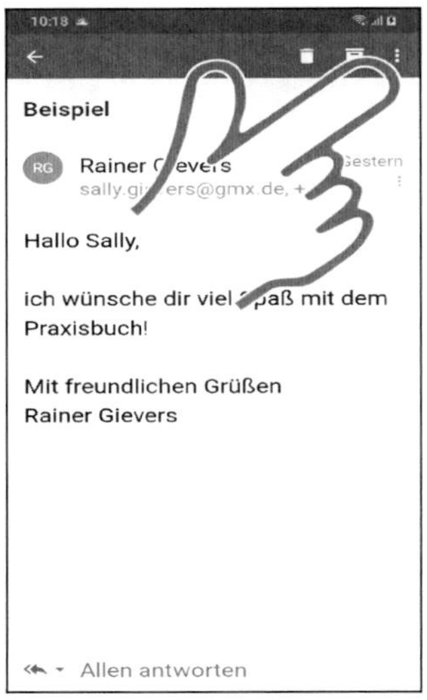

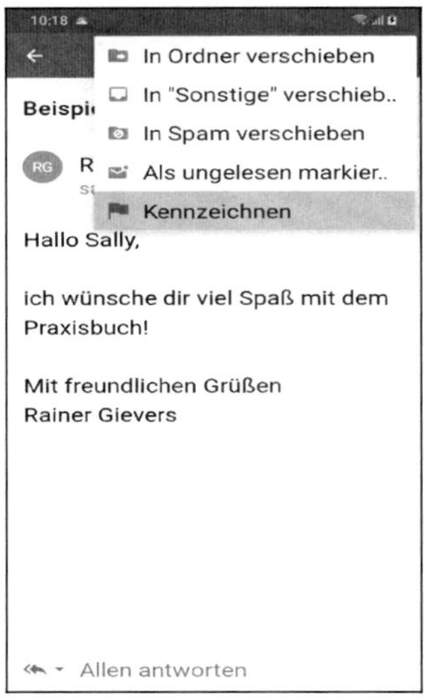

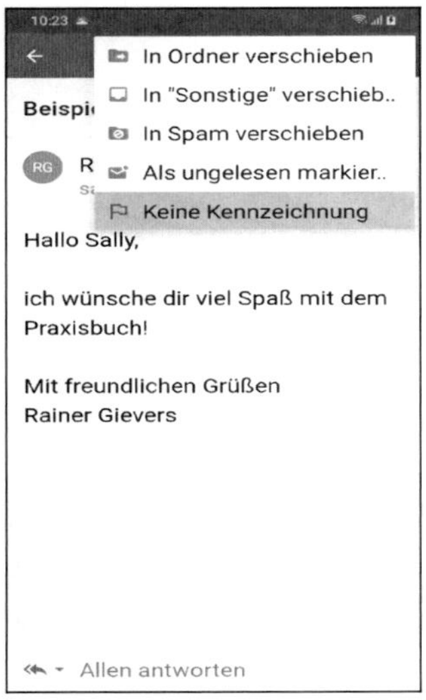

❶❷ Rufen Sie das ⁝-Menü auf und gehen Sie auf *Kennzeichnen.*

❸ Erneuter Aufruf des ⁝-Menüs und Auswahl von *Keine Kennzeichnung* entfernt dagegen später die Favoriten-Kennzeichnung.

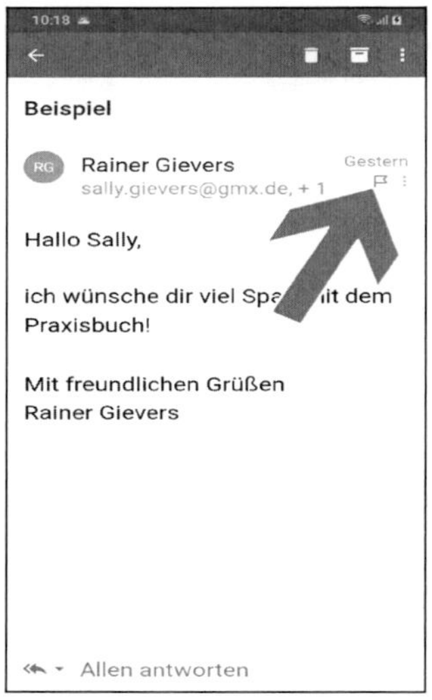

❶❷ Eine »Flagge« informiert über die Favoriten-Kennzeichnung und auch im Posteingang wird die Nachricht hervorgehoben.

Tipp: Mit der im Kapitel *12.3.7 Filter* beschriebenen Funktion beschränken Sie die Nachrichtenauflistung im Posteingang auf gekennzeichnete.

12.3.7 Filter

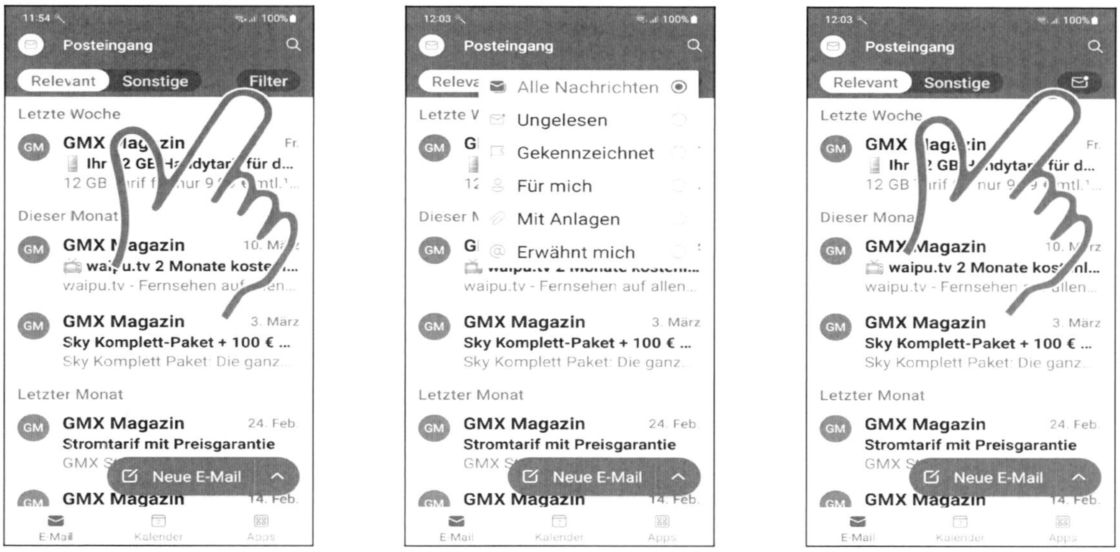

❶❷ *Filter* (Pfeil) beschränkt die Anzeige auf ungelesene, gekennzeichnete (siehe Kapitel *12.3.6 Favoriten (»gekennzeichnet«)*) oder Nachrichten mit Dateianhang (siehe Kapitel *12.3.5 Dateianlagen*)

❸ Antippen (Pfeil) beendet die Filterung.

12.3.8 Suche

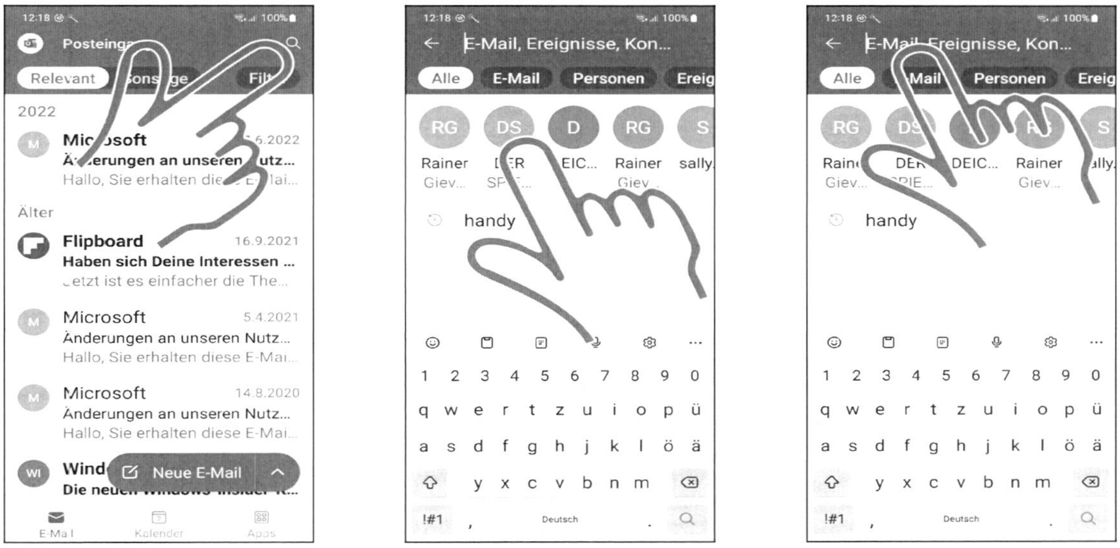

❶ Gehen Sie auf 🔍 am oberen Bildschirmrand.

Sie haben nun zwei Möglichkeiten: Entweder tippen Sie auf eine der aufgelisteten E-Mail-Adressen (❷), was nur die damit ausgetauschten Nachrichten anzeigt, oder Sie tippen ins Eingabefeld und erfassen dort den Suchbegriff (❸).

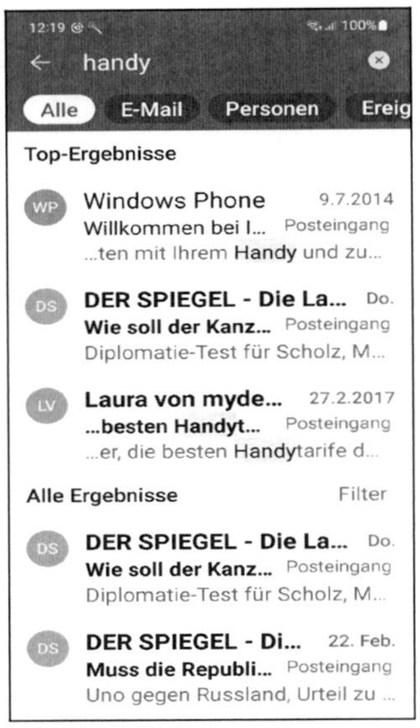

Schon bei der Eingabe des Suchbegriffs aktualisiert Outlook die Fundliste.

Mehrmaliges Betätigen der ‹-Taste schließt den Suchbildschirm und kehrt in den Posteingang zurück.

12.3.9 Stapelvorgänge

Wenn eine Aktion wie Löschen, Favoriten-Kennzeichnung hinzufügen, Archivierung usw. auf mehrere Nachrichten anzuwenden ist, verwenden Sie die Stapelvorgänge.

❶❷ Zum Markieren tippen Sie auf das runde Symbol vor einer Nachricht, was diese »abhakt«.. Danach lassen sich weitere Nachrichten durch Antippen markieren. Über die 🗑-Schaltleiste am oberen Bildschirmrand können Sie dann die Nachrichten entfernen. Den Markierungsmodus verlassen Sie gegebenenfalls mit der ‹-Taste.

12.3.10 Relevante Nachrichten

Für Überblick in den E-Mails sorgt eine automatische Filterfunktion, die E-Mails als »relevant« oder »andere« einordnet. Dabei wertet Outlook aus, mit welchen Absendern Sie interagieren.

> Falls Sie die Funktion »relevante Nachrichten« nicht nutzen möchten, deaktivieren Sie sie in den Einstellungen (siehe Kapitel *12.2.1 Allgemeine Einstellungen*, Option *Posteingang mit Relevanz*).

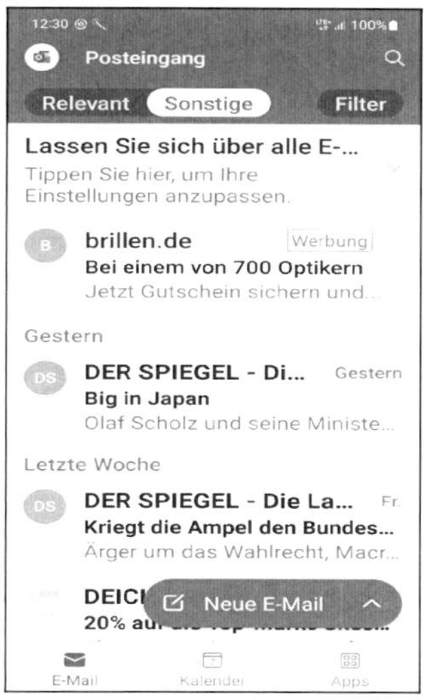

❶❷ Über die Schaltleisten *Relevant* (für Sie wichtig) und *Sonstige* (für Sie unwichtig) schalten Sie die Anzeige um.

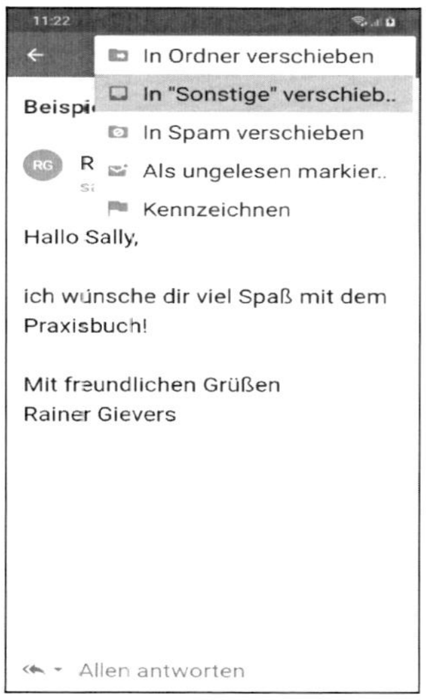

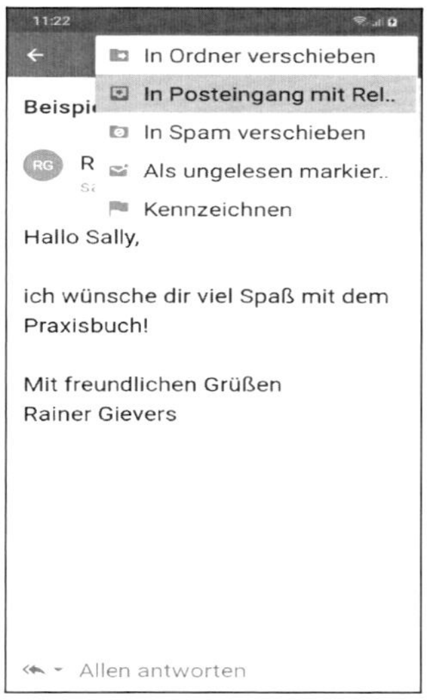

❶❷ ⁝/*In "Sonstige" verschieben* beziehungsweise *In Posteingang mit Relevanz verschieben* sortieren die Nachrichten in den Relevant/Sonstige-Ordner ein.

12.3.11 Spam

Als »Spam« bezeichnet man unerwünschte E-Mails, meistens von Werbetreibenden.

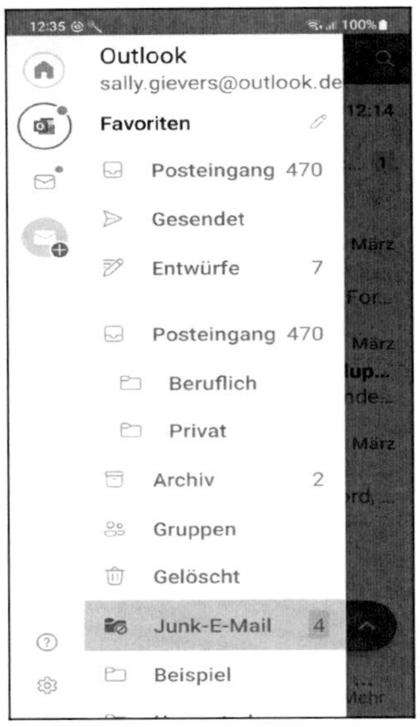

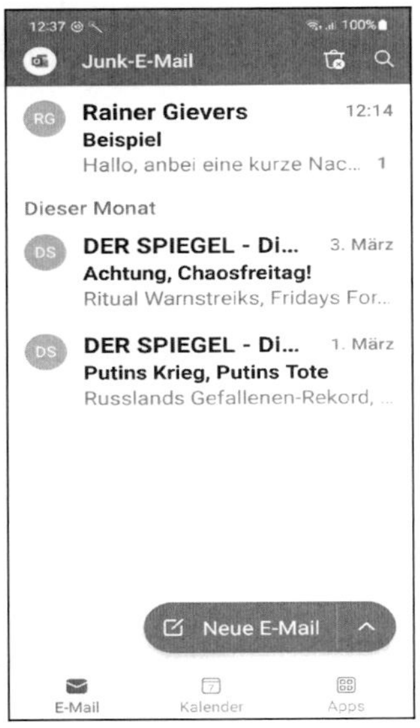

❶ Rufen Sie ⁝/*Junk-E-Mail melden* bei unerwünschten Nachrichten auf. Künftig ordnet Outlook alle ähnlichen Nachrichten ebenfalls als Spam ein. Die Spam-Nachricht verschwindet zudem aus dem Posteingang.

❷❸ Ab und zu sollten Sie kontrollieren, ob nicht aus Versehen legitime Nachrichten als Spam eingeordnet wurden. Dazu gehen Sie auf *Junk-E-Mail* im Ausklappmenü.

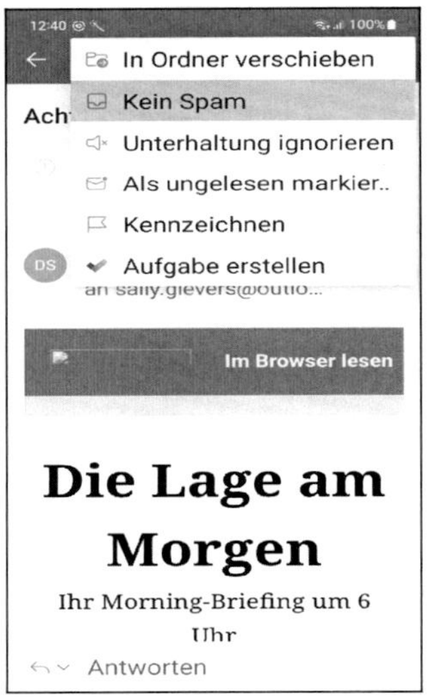

❶❷ Sie möchten den Spam-Status rückgängig machen? Dann rufen Sie die Nachricht auf und gehen auf ⁝/*Kein Spam*. Die Nachricht landet wieder im Posteingang.

12.3.12 Wischgeste

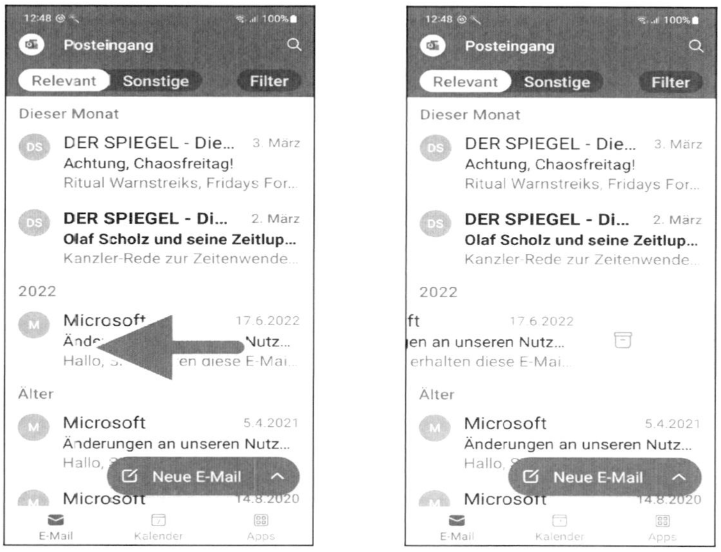

❶❷ Wischen Sie auf einer Nachricht nach links, um sie zu archivieren (siehe Kapitel *12.3.13 Archiv*).

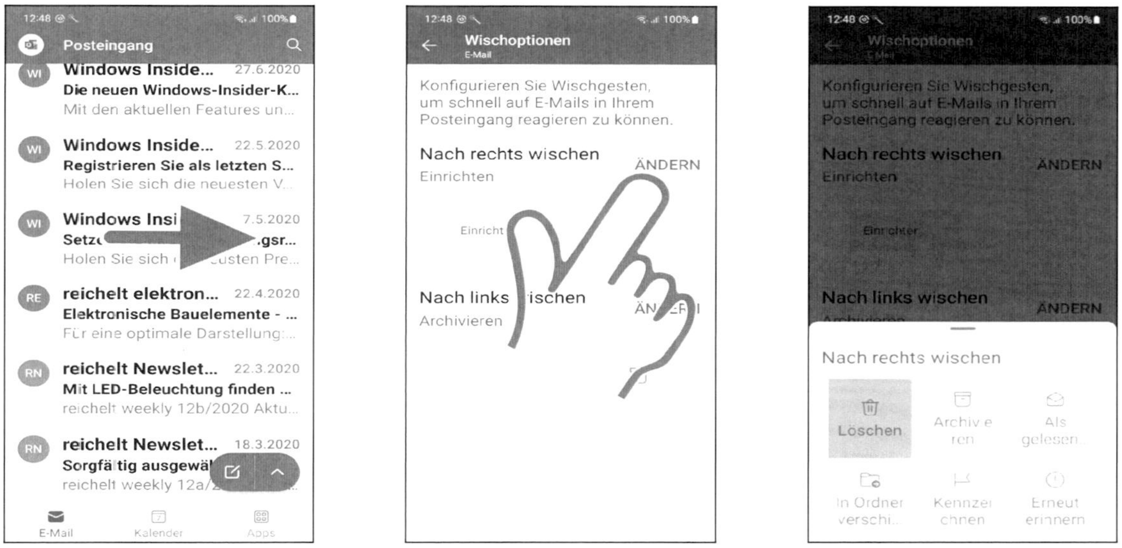

❶ Wischen Sie im Posteingang über eine Nachricht nach rechts.

❷❸ Sie können nun über *ÄNDERN* (Pfeil) festlegen, welche Aktion Outlook bei einer Wischgeste nach rechts durchführen soll. Wir empfehlen die Option *Löschen.*

12.3.13 Archiv

Outlook bietet die Option, E-Mails, die Sie vielleicht später noch einmal benötigen, aus dem Posteingang ins Archiv zu verschieben.

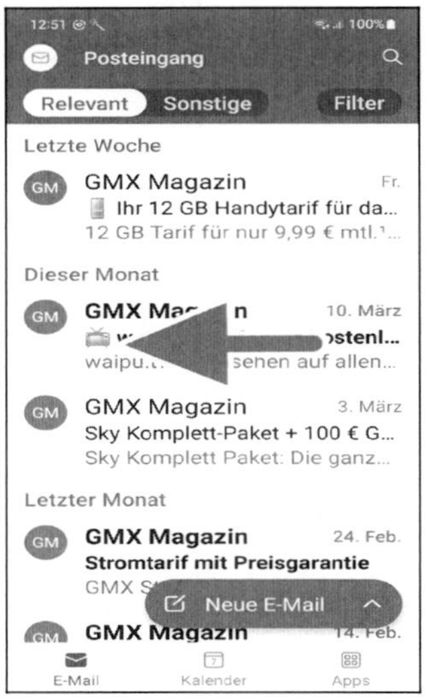

❶ Betätigen Sie in einer Nachricht die ⊟-Schaltleiste.

❷ Alternativ wischen Sie im Posteingang über einer Nachricht nach links.

❶❷ Die archivierten Nachrichten zeigt *Archiv* im Ausklappmenü an.

12.4 E-Mail erstellen und senden

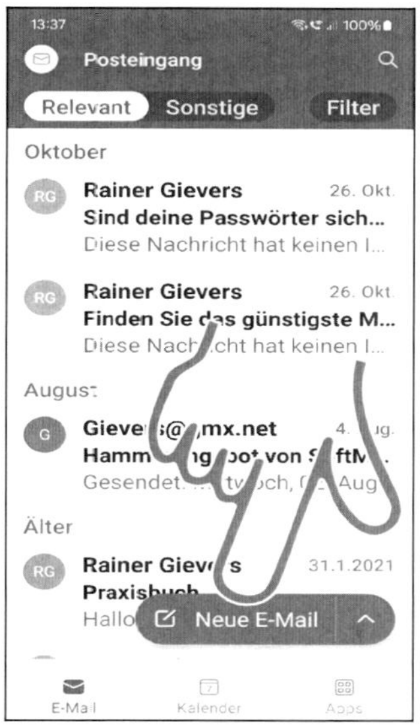

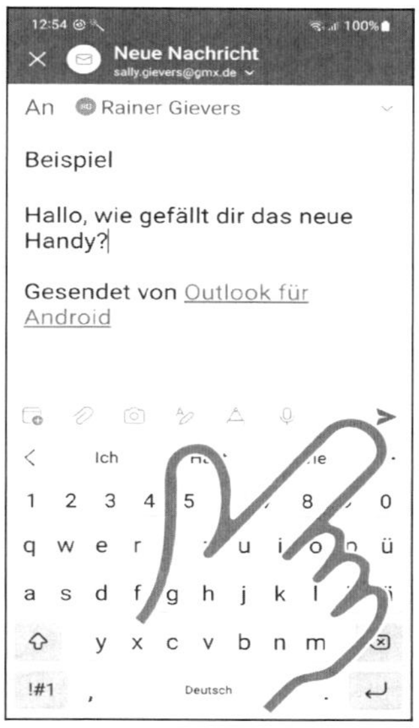

❶ Die blaue Schaltleiste (Pfeil) erstellt eine neue Nachricht.

❷ Sobald Sie einige Buchstaben in das *An*-Feld eingetippt haben, öffnet sich die Empfängerliste. Dabei greift Outlook allerdings nicht auf das Telefonbuch (siehe Kapitel *8 Telefonbuch*) zu, sondern nur auf E-Mail-Adressen, mit denen Sie schon mal Nachrichten ausgetauscht haben.

❸ Geben Sie noch Betreff und Nachrichtentext ein, dann betätigen Sie ➤. Outlook schaltet wieder auf den Posteingang um, während der Versand im Hintergrund erfolgt.

❶❷ Weitere Empfänger lassen sich bei Bedarf übrigens hinzufügen, indem Sie in das *An*-Eingabefeld (Pfeil) tippen und dann einfach die Mail-Adresse eingeben.

12.4.1 Cc/Bcc

❶❷ Eine Besonderheit sind die *Cc/Bcc*-Eingabefelder, die Sie über die ⋀-Schaltleiste (Pfeil) aktivieren:

- *Cc*: Der Begriff Cc steht für »Carbon Copy«, zu deutsch »Fotokopie«. Der ursprüngliche Adressat (im *An*-Eingabefeld) sieht später die unter *CC* eingetragenen weiteren Empfänger. Die *CC*-Funktion ist beispielsweise interessant, wenn Sie ein Problem mit jemandem per E-Mail abklären, gleichzeitig aber auch eine zweite Person von Ihrer Nachricht Kenntnis erhalten soll.
- *Bcc*: Im Bcc (»Blind Carbon Copy«)-Eingabefeld erfassen Sie weitere Empfänger, wobei der ursprüngliche Adressat im *An*-Feld nicht mitbekommt, dass auch noch andere Personen die Nachricht erhalten.

12.4.2 Entwürfe

❶❷ Betätigen Sie während der Nachrichtenerstellung statt ➤ die ✕-Schaltleiste (Pfeil). Die Nachricht wird als Entwurf gespeichert und Outlook kehrt in den Posteingang zurück.

❶ Möchten Sie den Entwurf später senden, rufen Sie das Ausklappmenü auf.

❷❸ Dann gehen Sie in den *Entwürfe*-Ordner. Die hier abgelegten Nachrichtenentwürfe können Sie nach dem Antippen wie gewohnt bearbeiten und dann verschicken.

12.4.3 E-Mail-Anhänge

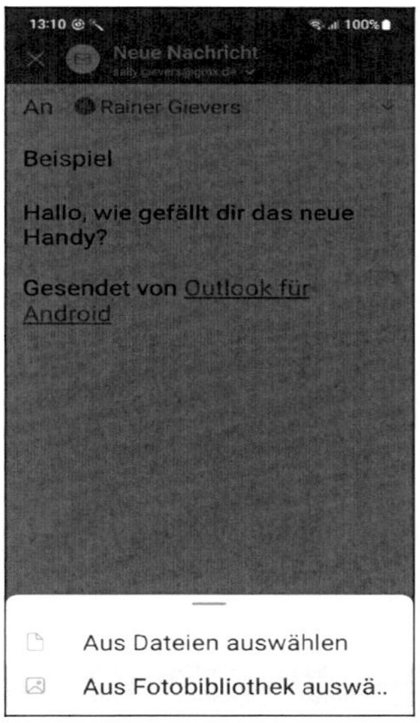

❶ Über 📎 fügen Sie eine Datei als Anhang hinzu.

❷ Zur Auswahl stehen:

- *Aus Dateien auswählen*: Stellt Dateien zur Verfügung, die Sie zuvor mal in E-Mails empfangen hatten.
- *Aus Fotobibliothek auswählen*: Fotos im Kameraordner zur Auswahl auflisten.

In unserem Beispiel gehen wir auf *Aus Fotobibliothek auswählen*.

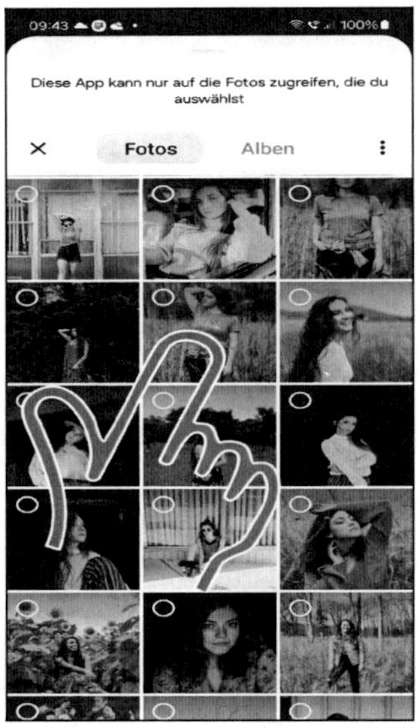

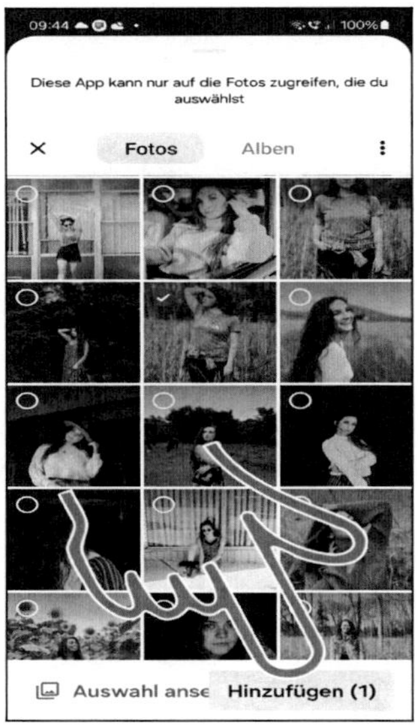

➊ Tippen Sie auf ein Bild, um es zu markieren. Markieren Sie auf diesem Wege bei Bedarf weitere Bilder, die Sie versenden möchten.

➋ Betätigen Sie *Hinzufügen.*

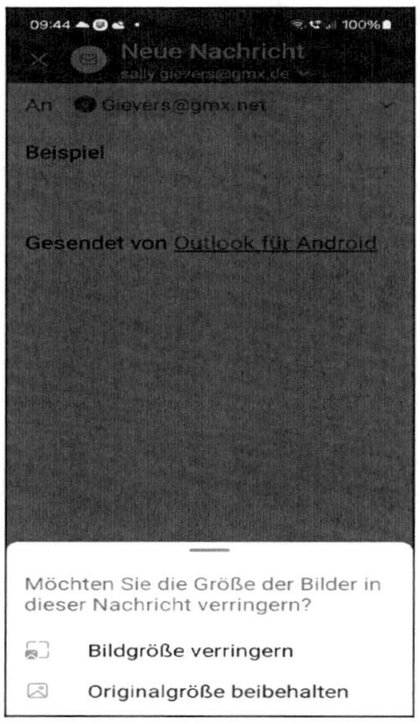

➊ Wählen Sie anschließend aus, ob das Bild verkleinert werden soll, was bei langsamen Mobilfunkverbindungen empfehlenswert ist.

➋ Das Bild befindet sich in der E-Mail und kann verschickt werden.

12.5 E-Mails auf dem Startbildschirm

➊ Über neu vorhandene E-Mails informiert die Titelleiste (Pfeil).

➋➌ Öffnen Sie das Benachrichtigungsfeld und gehen Sie auf den E-Mail-Eintrag, worauf die Nachricht anzeigt wird.

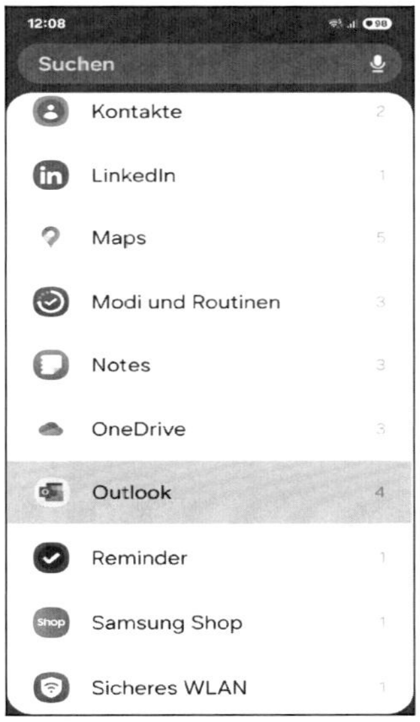

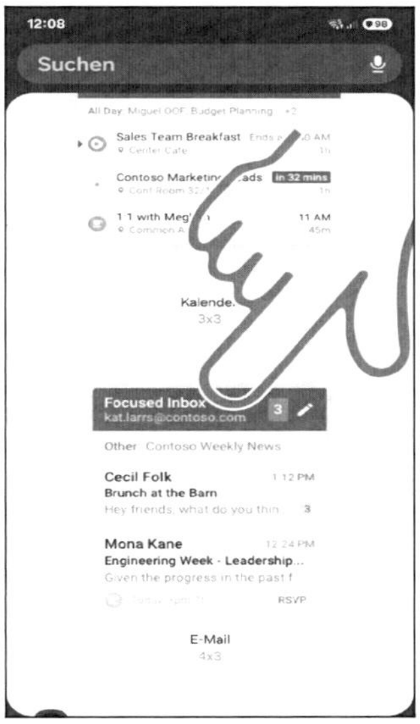

➊ Verwenden Sie das *Outlook*-Widget, um den Posteingang direkt im Startbildschirm anzuzeigen (wie Sie Widgets anlegen, erfahren Sie im Kapitel *4.7.2 Widgets*). Wählen Sie erst *Outlook* aus.

➋ Dann tippen und halten Sie den Finger auf *Focused Inbox*-Widget…

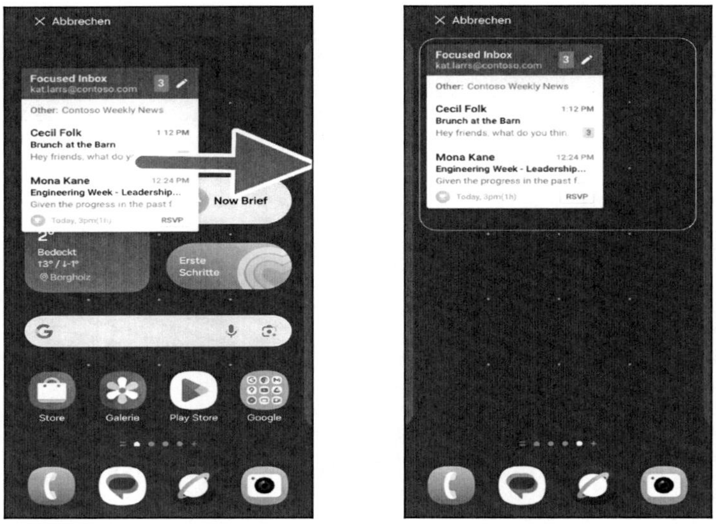

❶❷ … und weil auf dem Startbildschirm eventuell zu wenig Platz ist, lassen Sie das Widget nicht los, sondern ziehen es an den Bildschirmrand, bis das Handy auf eine weitere Bildschirmseite umschaltet. Erst dann lassen Sie den Finger los.

❶ Schließen Sie den Konfigurationsbildschirm mit der *WIDGET HINZUFÜGEN*-Schaltleiste.

❷ Jetzt können Sie noch die Widget-Größe einstellen, indem Sie an dessen Rändern ziehen. Wenn Sie damit fertig sind, tippen Sie entweder in einen freien Bildschirmbereich oder betätigen die ❮-Taste.

❸ Damit ist das Widget auf der Startbildschirmseite eingerichtet.

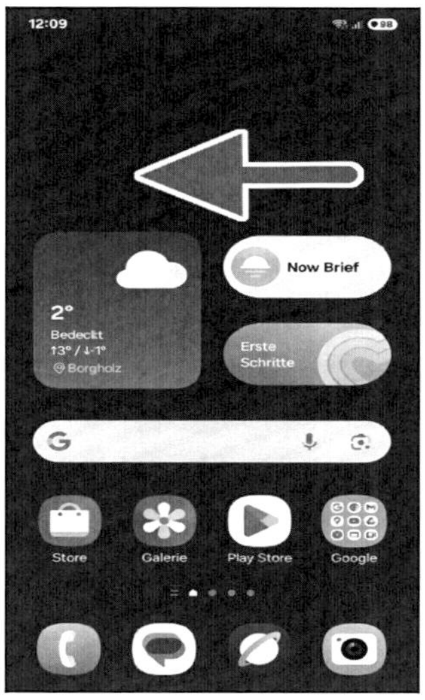

❶❷ Vergessen Sie nicht, dass Sie mit Wischgesten auf dem Startbildschirm zur Bildschirmseite mit dem Widget wechseln.

13. Webbrowser

Das Galaxy besitzt, neben dem hier vorgestellten Webbrowser »Internet«, mit »Chrome« (siehe Kapitel *14 Chrome-Webbrowser*) gleich zwei Webbrowser, die sich kaum unterscheiden.

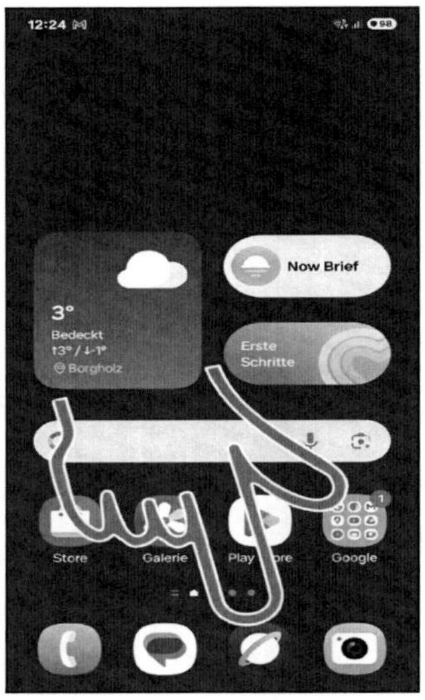

❶ Sie starten die *Internet*-Anwendung aus dem Startbildschirm oder Hauptmenü.

❷ Beim ersten Start erscheint ein Hinweis, den Sie mit *Mehr* und *Weiter* schließen. Auch in der eventuellen Abfrage zum Standard-Browser wählen Sie *Fortsetzen.*

Sofern Sie den Browser bereits mal nach den Anweisungen im Kapitel *4.10.5 Das Ausklappmenü* gestartet hatten, erscheint direkt die Benutzeroberfläche.

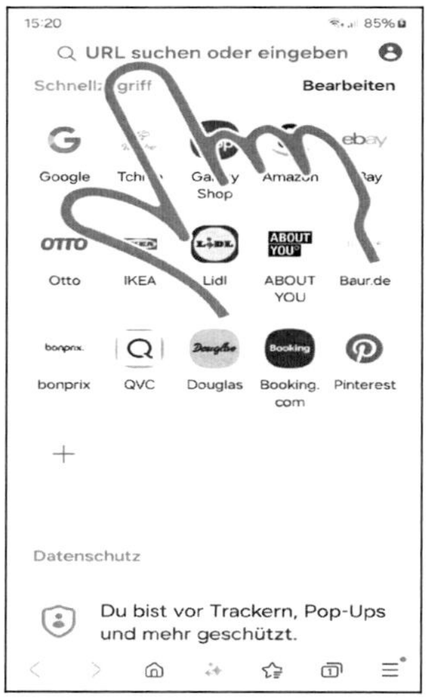

❶❷ Beim Start zeigt der Browser die zuletzt geöffnete Webseite an – beim ersten Aufruf wird dagegen nur ein leerer Bildschirm mit Lesezeichenvorschlägen angezeigt. Tippen Sie in die Adresszeile, um eine Webadresse einzugeben (wenn gerade eine größere Webseite angezeigt wird, ist eventuell die Adresszeile nicht sichtbar, führen Sie dann eine vertikale Wischgeste von oben nach unten durch). Betätigen Sie dann die *Öffnen*-Taste (Pfeil) auf dem Tastenfeld.

❸ Die Webadresse wird geladen und angezeigt. Sie sehen natürlich nur einen Teilausschnitt, den Sie einfach ändern, indem Sie mit dem Finger auf den Bildschirm drücken und dann in die gewünschte Richtung ziehen.

Besonders bei der Webseitenanzeige kann eine horizontale Bildschirmorientierung optimaler sein. Halten Sie dafür einfach das Galaxy waagerecht statt aufrecht.

Auch das sogenannte »Kneifen« wird unterstützt: Tippen und halten Sie Mittelfinger und Daumen gleichzeitig auf dem Bildschirm und ziehen Sie beide auseinander, was in die Webseite herein zoomt. Ziehen Sie dagegen die beiden Finger zusammen, zoomen Sie wieder heraus. Es ist egal, ob Sie nun vertikal oder waagerecht »kneifen«.

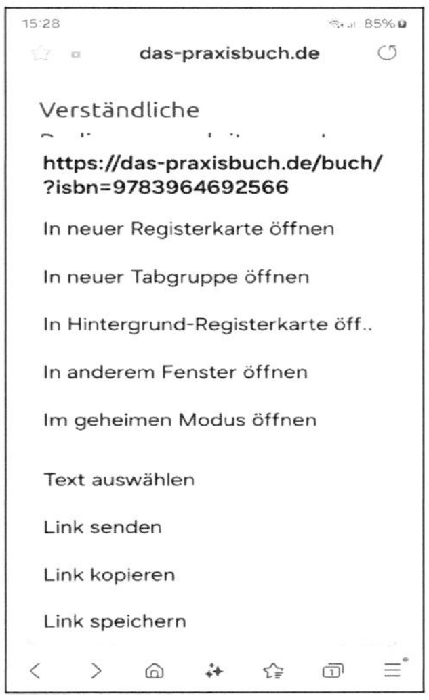

❶❷ Einem Link folgen Sie, indem Sie ihn antippen.

❸ Tippen und halten Sie den Finger über einem Link für weitere Funktionen:

- *In neuer Registerkarte öffnen*: Öffnet den Link in einem neuen Browser-Tab und zeigt diesen an.
- *In neuer Tabgruppe öffnen*: Erstellt eine sogenannte Tabgruppe, der mehrere Tabs zugewiesen werden können. In diesem Buch gehen wir nicht weiter darauf ein, weil die »normalen« Tabs in der Praxis völlig ausreichen.
- *In Hintergrund-Registerkarte öffnen*: Öffnet den Link in einem neuen Browser-Tab im Hintergrund.
- *In anderem Fenster öffnen*: Der Browser-Bildschirm wird zweigeteilt und der Link im unteren Bildschirmbereich geöffnet.
- *In geheimen Modus öffnen*: Im geheimen Modus werden keine Website-Daten (Cookies) gespeichert und einige weitere Sicherheitsmaßnahmen aktiviert. Wenn Sie den geheimen Modus verlassen löscht der Browser alle Website-Daten.
- *Text auswählen*: Markiert die Link-Beschreibung, damit Sie diese in die Zwischenablage einfügen können. Siehe Kapitel *34.5 Texte kopieren, ausschneiden und einfügen*.
- *Link senden*: Link an jemand anders senden, beispielsweise per E-Mail.
- *Link kopieren*: Kopiert die Webadresse des Links in die Zwischenablage, von wo man sie später in andere Anwendungen wieder einfügen kann.
- *Link speichern*: Speichert die Webseite als HTML-Datei im Verzeichnis *Download* des Gerätespeichers.

❶❷ Die Schaltleisten am unteren Bildschirmrand sind häufig ausgeblendet und erscheinen erst nach einer Wischgeste von oben nach unten.

Die Schaltleisten:

- ᐸ (Zurück): Zur letzten Webseite zurückkehren. Verwenden Sie dafür alternativ die ᐸ-Taste unterhalb des Bildschirms. Beachten Sie aber, dass der Browser verlassen wird, wenn Sie die ᐸ-Taste drücken, während die zuerst aufgerufene Seite angezeigt wird.
- ᐳ (Vorwärts): Bringt Sie eine Seite vorwärts (dies funktioniert nur, wenn Sie zuvor eine Seite zurückgeblättert hatten).
- ⌂ (Startseite): Startseite, standardmäßig die Samsung-Website, anzeigen. Die Startseite ändern Sie in den Einstellungen (siehe Kapitel *13.4.2 Startseite*).
- ✨: Eine KI (künstliche Intelligenz) fasst den Inhalt der angezeigten Webseite in einem kurzen Text zusammen. Weil die KI das sogenannte Samsung-Konto voraussetzt, gehen wir darauf im Kapitel *24.4 KI in Samsung Internet* ein.
- ⧉ (Tabs): Geöffnete Browser-Tabs auflisten (siehe Kapitel *13.1 Tabs (Registerkarten)*).
- ☰ (Menü): Diverse Einstellungen, auf die Kapitel *13.4 Einstellungen* eingeht.

❸ Bereits während der Eingabe einer Webadresse macht der Browser Vorschläge. Wählen Sie in der Liste einfach die anzuzeigende Webseite aus.

13.1 Tabs (Registerkarten)

❶❷ Manchmal ist es sinnvoll, mehrere Browserfenster (»Tabs«) gleichzeitig offen zu haben. In diesem Fall tippen und halten Sie einen Finger über dem Link, bis das Popup-Menü erscheint.

Wählen Sie dann *In neuer Registerkarte öffnen*.

❸ Sie befinden sich nun im neu geöffneten Browserfenster.

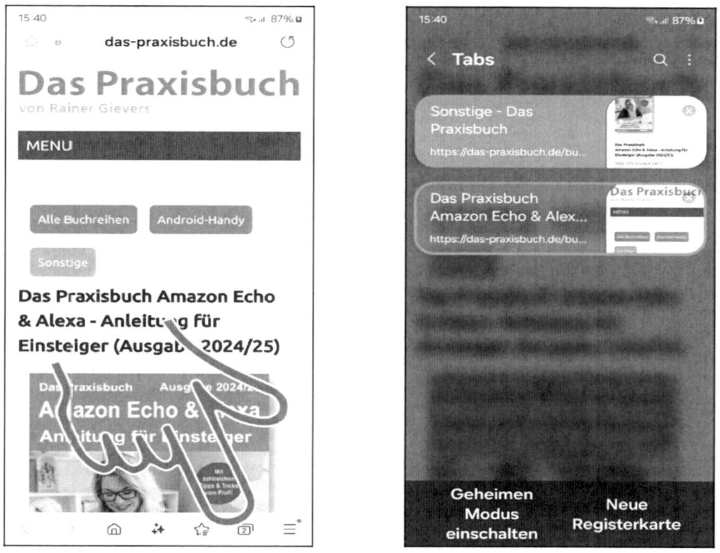

❶ So wechseln Sie zwischen den Browser-Tabs: Gehen Sie auf ⧉ (Tabs) am unteren Bildschirmrand.

❷ Es erscheint die Vorschau der aktiven Fenster, worin Sie das anzuzeigende antippen.

Weitere Funktionen erhalten Sie über die Schaltleisten am unteren Bildschirmrand:

- *Geheimen Modus einschalten*: Aktiviert den sogenannten Inkognito-Modus. Sie browsen anonym, das heißt, der Browser speichert nach Verlassen des Inkognito-Tabs keine Daten und löscht von Websites angelegte Cookies.
- *Neue Registerkarte*: Öffnet einen neuen leeren Tab.

❸ Die ✕-Schaltleisten schließen jeweils einen Tab, alternativ führen Sie über dem Tab eine Wischgeste durch.

Es dürfen maximal 16 Browser-Tabs gleichzeitig geöffnet sein.

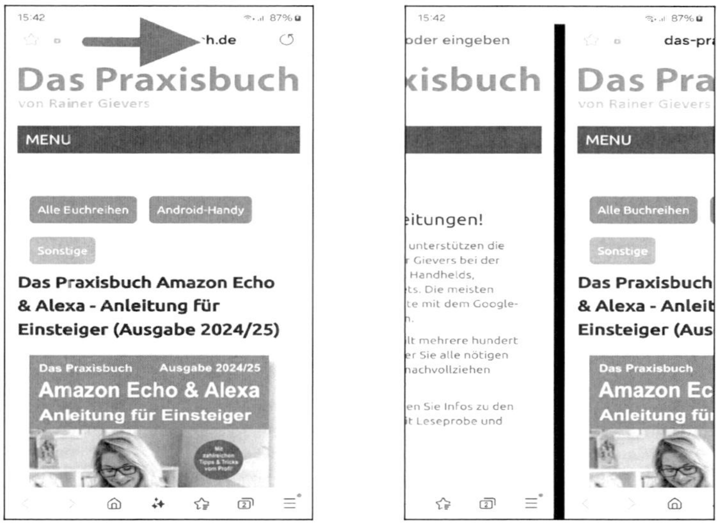

❶❷ Zwischen den Tabs schalten Sie alternativ mit einer Geste um: Wischen Sie einfach über die Adressleiste nach links oder rechts.

13.2 Lesezeichen

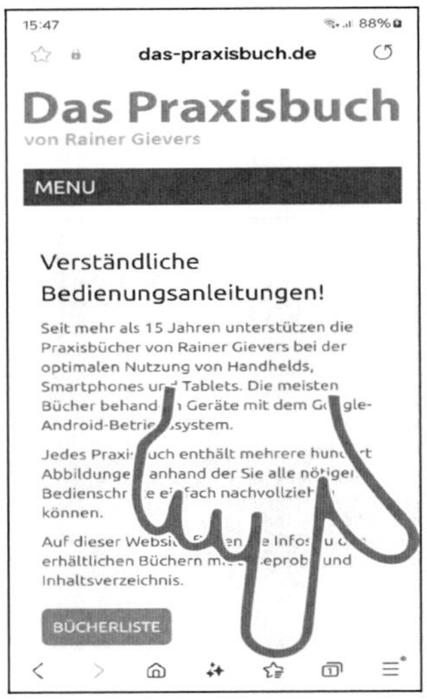

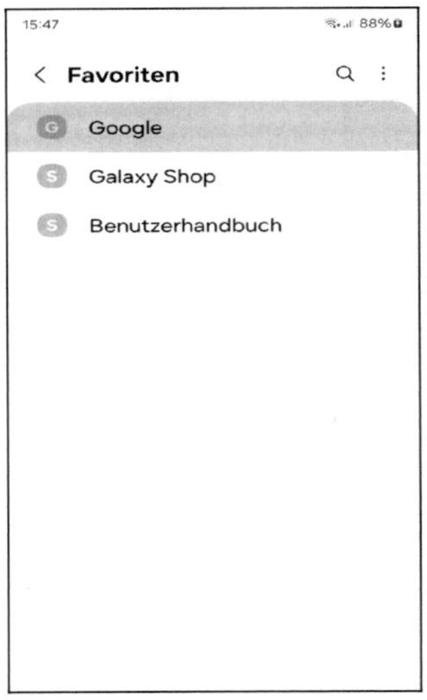

❶ Für die Lesezeichenverwaltung (Favoriten) betätigen Sie die ☆-Schaltleiste (Pfeil).

❷❸ Kurzes Antippen eines Lesezeichens öffnet die zugehörige Webseite.

❶ Tippen und halten Sie den Finger über einem Lesezeichen, worauf die Lesezeichenverwaltung auf den Markierungsmodus umschaltet.

❷ Markieren Sie bei Bedarf weitere Lesezeichen durch Antippen, anschließend entfernt *Löschen* die markierten Lesezeichen.

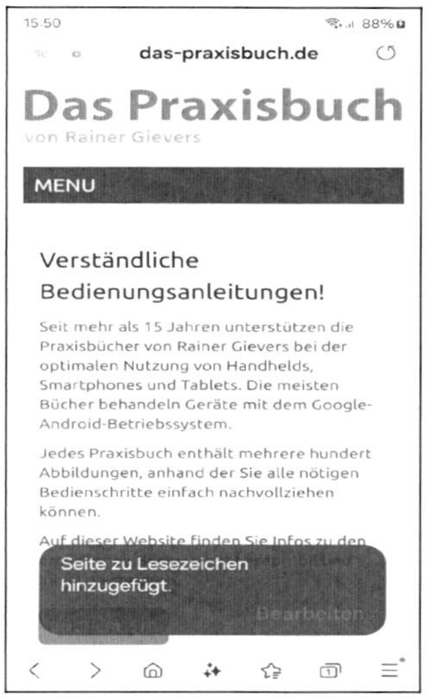

❶❷ Tippen Sie auf den Stern neben der Adressleiste, um eine angezeigte Webseite als Lesezeichen zu speichern.

13.3 Dateien herunterladen

❶ Wenn Sie einen Link antippen, der auf eine Datei verweist, müssen Sie eventuell beim ersten Mal das Herunterladen zulassen.

❷ Wählen Sie anschließend das Anzeigeprogramm aus beziehungsweise ob die Datei in den Gerätespeicher heruntergeladen wird.

Alle heruntergeladenen Dateien landen im Verzeichnis *Download* im Gerätespeicher.

13.4 Einstellungen

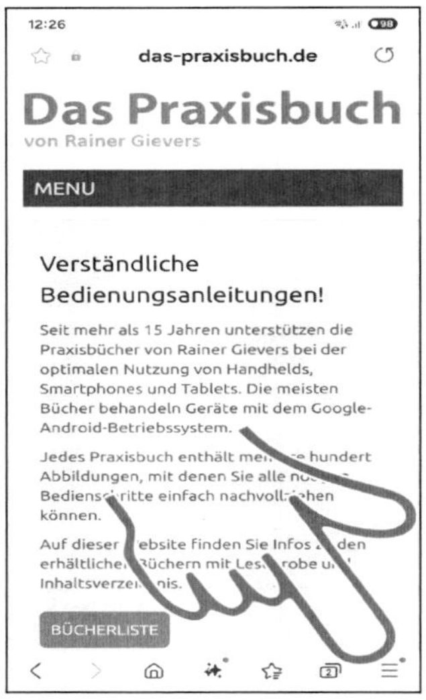

❶ Für die Browserkonfiguration gehen Sie auf die ☰-Schaltleiste.

❷ Die hier angebotenen Optionen:

- *Downloads*: Von Ihnen heruntergeladene Dateien (siehe Kapitel *13.3 Dateien herunterladen*).
- *Verlauf*: Listet die zuletzt besuchten Webseiten auf.
- *Gespeicherte Seiten*: Von Ihnen auf das Handy heruntergeladene Webseiten.
- *Seite hinzufügen zu*: Aktion auf die gerade geöffnete Webseite durchführen:
  - *Favoriten*: Als Lesezeichen (siehe Kapitel *13.2 Lesezeichen*) speichern.
  - *Schnellzugriff*: Die Schnellzugriffe werden aufgelistet, wenn Sie oben in das Adressfeld tippen. Siehe Kapitel *13.5 Schnellzugriffe.*
  - *Startbildschirm*: Lesezeichen als Verknüpfung auf dem Startbildschirm ablegen.
  - *Gespeicherte Seiten*: Webseite auf dem Gerät abspeichern.
- *Senden*: Webadresse per E-Mail, SMS, usw. senden.
- *Dunkles Webseiten-Theme*: Zwischen Nachtmodus (dunkle Bildschirmfarben) und Tagmodus umschalten. Damit dies funktioniert, müssen Sie *Dark Mode* im Schnelleinstellungsbereich aktiviert haben (siehe Kapitel *4.9.1 Schnelleinstellungsbereich*).
- *Werbesperren*: Aktivieren Sie einen der angebotenen Werbeblocker, damit keine Werbeanzeigen mehr angezeigt werden. Beachten Sie bitte, dass viele Webseiten Werbeblocker erkennen und dann nur eingeschränkt nutzbar sind.
- *Auf Seite suchen*
- *Desktop-Webseite*: Schaltet zwischen der Handyansicht (*Mobile Version*) und Desktop-Ansicht (*Desktopversion*) um. Siehe Kapitel *13.4.1 Desktop-Anzeige.*
- *Textgröße*: Die Textgröße sollten Sie nicht ändern, weil sonst einige Webseiten nicht mehr korrekt angezeigt werden.
- *Zoom*: Textgröße an die eigenen Sehgewohnheiten anpassen.
- *Add-Ons*: Über Add-Ons (engl. Erweiterungen) erweitern Sie die Funktionalität des Webbrowsers. Derzeit stehen *Amazon Assistant* (Preissuche im Amazon Online-Shop) und *Werbesperren* (Addblocker) zur Verfügung.
- *Drucken/PDF*: Auf die Druckausgabe gehen wir in diesem Buch nicht weiter ein.
- *Datenschutz*: Informiert über sogenannte Tracker (engl. Verfolger). Über diverse Mechanismen verfolgen damit beispielsweise Werbeanbieter Ihre Nutzungsgewohnheiten, um Ihnen passende Werbung anzuzeigen. Wir raten davon ab, hier irgendetwas zu ändern,

weil dann manche Webseiten nicht mehr nutzbar sind.

- *Vorlesen*: Eine lispelnde Frauenstimme liest den Text auf der Webseite vor. Nützlich für Anwender mit Sehproblemen.
- *Einstellungen*: Darauf gehen wir unten ein.

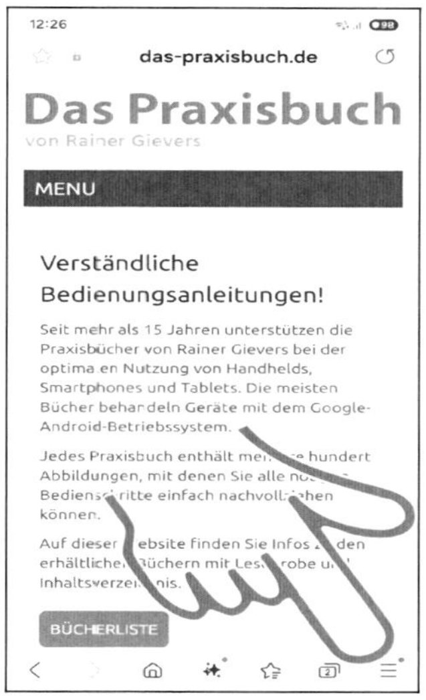

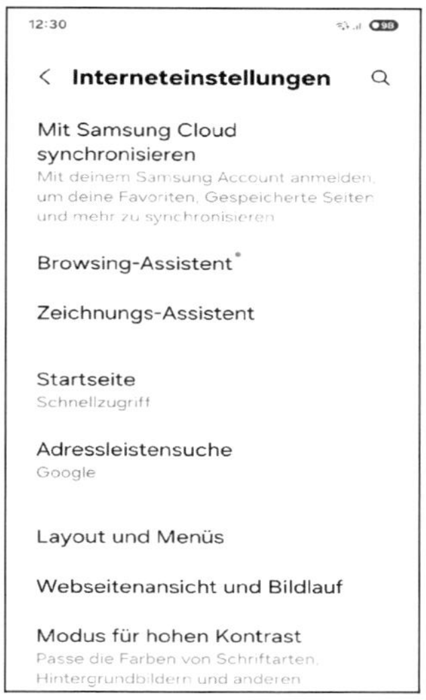

❶❷❸ Gehen Sie auf *Einstellungen* im ☰-Menü:

- *Mit Samsung Cloud synchronisieren*: Die Lesezeichen legt der Browser im Samsung-Konto ab, auf das Kapitel *23 Das Samsung-Konto* eingeht.
- *Browsing-Assistent; Zeichnungs-Assistent*: Auf die KI-Funktionen des Handys geht Kapitel *24.4 KI in Samsung Internet* ein.
- *Startseite*: Sie stellen hier ein, welche Webseite beim Browserstart als Startseite angezeigt wird. Sie können sie jederzeit auch über die ⌂-Taste am unteren Bildschirmrand aufrufen.
- *Adressleistensuche*: Zu Ihren Eingaben in der Adressleiste macht der Browser Vorschläge von der hier eingestellten Suchmaschine. Die Voreinstellung ist dabei *Google*.
- *Layout und Menüs:* Sie können die angezeigten Bedienelemente im Browser an Ihre Vorlieben anpassen:
  - *Adressleiste unten anzeigen*: Wählen Sie aus, ob die Adressleiste unten oder oben angezeigt wird.
  - *Registerkartenleiste anzeigen*: Blendet die geöffneten Tabs als Schaltleisten im Browser ein.
  - *Lesezeichenleiste anzeigen*: Blendet unter dem Adressfeld eine sogenannte Lesezeichenleiste ein, in der Sie häufig aufgerufene Webseiten hinterlegen. Anschließend können Sie dieser Lesezeichen für den schnelleren Aufruf zuweisen. Wir gehen darauf im Kapitel *14.5 Lesezeichen* ein.
  - *Statusleiste ausblenden*: Blendet die Titelleiste aus. Wenn Sie eine Webseite durchrollen, wird die Titelleiste wieder angezeigt.
  - *Menüs anpassen*: Schaltleisten im ☰-Menü anpassen.
- *Webseitenansicht und Bildlauf*:
  - *Schaltfläche „Nach oben" anzeigen; Schaltfläche „Nach unten" anzeigen*: Wenn Sie durch eine Webseite rollen, erscheint am unteren Bildschirmrand eine Schaltleiste, über die Sie zum Seitenanfang beziehungsweise Seitenende springen.
  - *Bildlaufleiste*: Wenn Sie mit einer Wischgeste durch längere Webseiten rollen, erscheint auf der rechten Seite eine Schaltleiste, welche die gleiche Funktion erfüllt. Wählen Sie unter *Bildlaufleiste* aus, ob und wo diese Schaltleiste erscheint.

  - *Webseiten-Aktualis.: abwärtsziehen*: Um eine angezeigte Webseite zu aktualisieren: halten Sie den Finger auf die Webseite und ziehen Sie ihn sofort nach unten, dann lassen Sie den Finger wieder los.
  - *Dark Mode*: Invertiert die Bildschirmdarstellung, was besonders Abends angenehmer für die Augen ist. Siehe auch Kapitel *27.5 Dunkelmodus (Dark Mode).*
  - *Textgröße der Webseite*: Falls Sie Probleme mit der Lesbarkeit von einigen Webseiten haben, können Sie hier die Größe bis auf 200% verändern. Beachten Sie bitte, dass Sie dann noch mehr durch die Webseiten rollen müssen, weil nicht mehr soviel Text auf den Bildschirm passt.
  - *Für Webseitenzoom Finger zusammenziehen*: Halten Sie zwei Finger (Daumen und Zeigefinger) auf eine Webseite und ziehen Sie diese auseinander oder zusammen für eine Vergrößerung/Verkleinerung der Ansicht.
  - *Desktopseiten anfordern*: Aktiviert die im Kapitel *13.4.1 Desktop-Anzeige* beschriebene Anzeige.
- *Modus für hohen Kontrast*: Invertierter Bildschirm, damit Sie das Handydisplay bei Dunkelheit nicht blendet.

Unter *Datenschutz*:

- *Datenschutz-Dashboard*: Auf die Datenschutzeinstellungen gehen wir weiter unten ein.
- *Persönliche Browserdaten*:
  - *Browserdaten löschen*: Alle vom Webbrowser zwischengespeicherten Daten (unter anderem Liste der besuchten Webseiten und Cookies) löschen.
  - *Automatisches Ausfüllen von Formularen*: Hinterlegen Sie hier Ihre Kreditkartendaten, damit der Browser bei Bedarf automatisch Zahlungsfelder beim Online-Shopping ausfüllt. Weil in Europa (im Gegensatz zu anderen Ländern) Kreditkarten keine Rolle spielen, wird diese Funktion in der Praxis nicht benötigt.
  - *Benutzernamen und Passwörter*: Der Browser speichert automatisch Anmeldedaten (Login und Passwort) von Websites die Sie besuchen, damit Sie sich leichter einloggen können. Falls Sie das nicht wünschen, müssen Sie *Anmeldedaten speichern* und *Automatische Anmeldung* deaktivieren.
  - *Einstellungen für geheimen Modus*: Im »geheimen« Modus löscht der Browser automatisch alle zwischengespeicherten Daten. Im Alltag macht der »geheime« Modus allerdings keinen Sinn, weil Sie trotzdem im Internet identifizierbar bleiben.
- *Webseiten und Downloads*: Erweiterte Optionen, auf die wir unten eingehen.
- *Nützliche Funktionen*:
  - *Automatische Videowiedergabe zulassen*: In Webseiten eingebettete Videos spielt der Browser sofort ab.
  - *Videoassistent*: Steuerungsschaltleisten bei Videos in Webseiten einblenden.
  - *Hintergrundwiedergabe*: Audio und Video werden weiter abgespielt, auch wenn Sie einen anderen Tab geöffnet haben. Diese Option ist standardmäßig deaktiviert.
  - *Lesemodus-Schaltfläche anzeigen*: Blendet oben rechts in einigen Webseiten eine Schaltleiste ein, über die Sie eine vereinfachte Textdarstellung aktivieren.
  - *App-Links im Browser öffnen*: Es gibt einige zum Download angebotene Dateien, die sich direkt in den zugehörigen Android-Anwendungen öffnen lassen. Wir raten davon aus Sicherheitsgründen ab.
- *Labs*: Hier finden Sie experimentelle Funktionen der Entwickler, die später einmal Eingang in den Browser finden könnten.

Unter *Datenschutz*:

- *Datenschutzhinweise*
- *Berechtigungen*: Listet die vom Browser genutzten Handy-Funktionen auf.

- *Samsung Internet nicht mehr verwenden*: Löscht alle vom Browser gespeicherten Daten und deaktiviert anschließend den Browser, sodass Sie ihn nicht mehr weiter nutzen können. Dies ist für Nutzer gedacht, die einen anderen Webbrowser installiert haben.
- *Info zu Samsung Internet*; *Kontaktieren Sie uns*

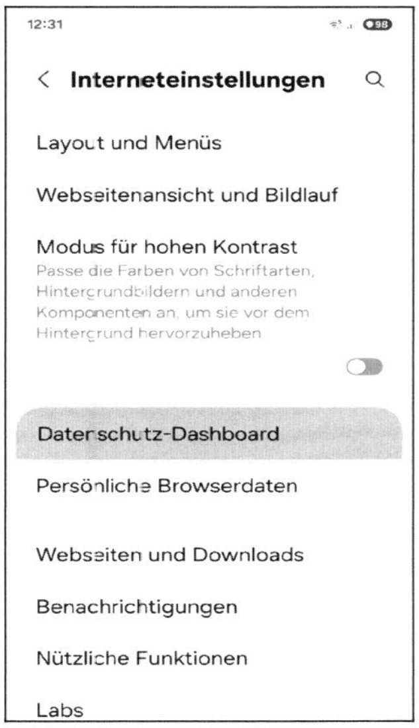

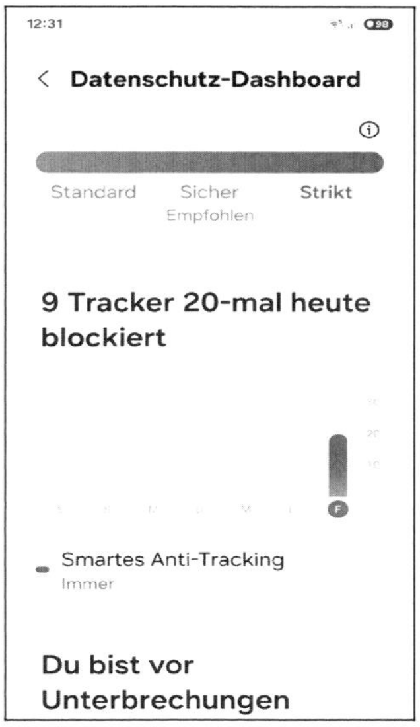

❶❷ Das *Datenschutz-Dashboard*-Menü informiert Sie über blockierte Elemente in Webseiten.

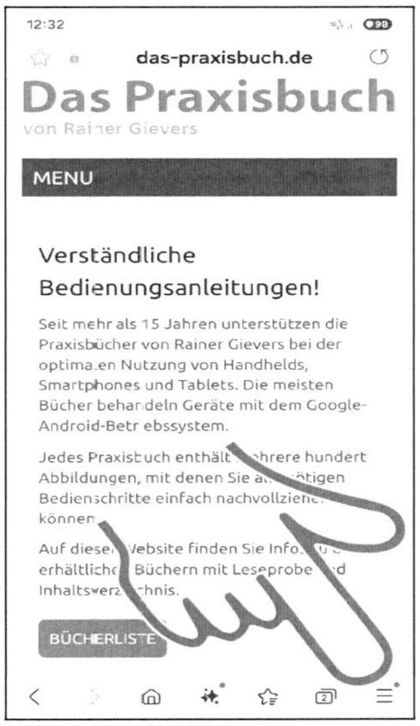

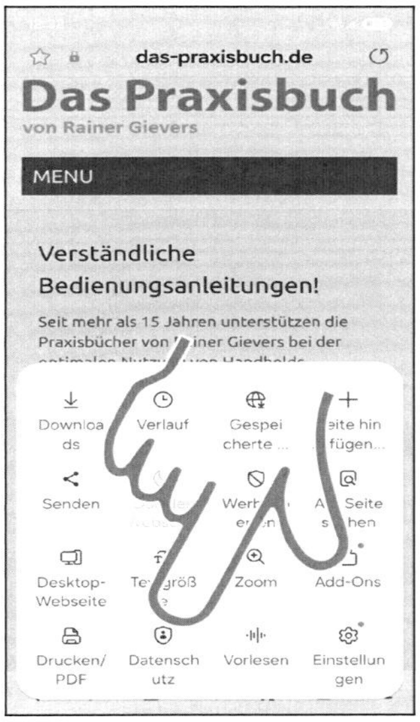

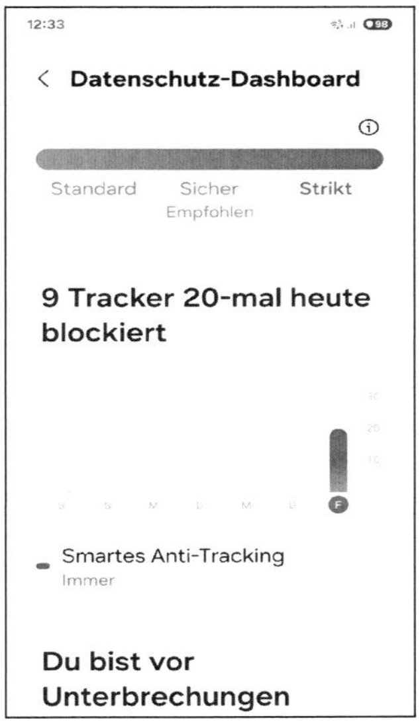

❶❷ Das gleiche Menü rufen Sie allerdings einfacher direkt im Browser auf: Öffnen Sie mit ☰ (Pfeil) das Menü und gehen Sie auf *Datenschutz*.

❸ Für das Verständnis dieses Menüs müssen Sie wissen, dass viele Websites das Verhalten ihrer Besucher auswerten, was unter Datenschutzgesichtspunkten kritisch zu bewerten ist. Auch gibt es einige böswillige Website-Betreiber, die Ihnen mit Tricks Schadprogramme unterschieben möchten.

Sie können hier einstellen:

- *Smartes Anti-Tracking*: Blockiert Versuche von Werbetreibenden, Ihre Webseitenbesuche zu verfolgen. Sie haben die Wahl zwischen *Ein*, *Nur „Geheimer Modus"* (siehe Kapitel *13.1 Tabs (Registerkarten)*) oder *Aus*. Sollte es Fehlermeldungen geben oder Webseiten nicht wie gewünscht funktionieren, sollten Sie das *Smartes Anti-Tracking* deaktivieren.
- *Rückwärtsumleitungen blockieren*: Einige betrügerische Websites bieten keine Rückkehr auf die zuvor besuchten Seiten an. Auf dieses Problem werden Sie aber nur sehr selten stoßen.

- *Pop-ups blockieren*: Viele Websites öffnen Popup-Fenster, beispielsweise mit Werbung, wenn man sie besucht. Deshalb werden Popup-Fenster standardmäßig blockiert.
- *Apps hindern, „Internet" zu öffnen*: Auf dem Handy installierte Programme dürfen normalerweise Webseiten in diesem Browser öffnen. Das wird häufig genutzt, um Bedienungsanleitungen anzuzeigen. Im *Apps hindern, „Internet" zu öffnen*-Menü legen Sie fest, welche Programme dies dürfen.
- *Vor schädlichen Webseiten warnen*: Der Browser zeigt eine Warnung an, wenn Sie eine Webseite öffnen, die möglicherweise Schadcode enthält.
- *Automatische Downloads sperren*: Einige Websites starten ungefragt Downloads, die Sie hiermit blockieren.
- *Zu sicherer Verbindung (HTTPS) wechseln*: Der Aufruf Websites ohne Unterstützung von verschlüsselten Verbindungen wird mit einem Warnhinweis quittiert. Wir raten von der Aktivierung dieser Option ab, da sie keine zusätzliche Sicherheit bietet, denn fast alle Websites, die Verschlüsslung unterstützen schalten automatisch beim ersten Aufruf darauf um.
- *Datenschutzeinstellungen zurücksetzen*

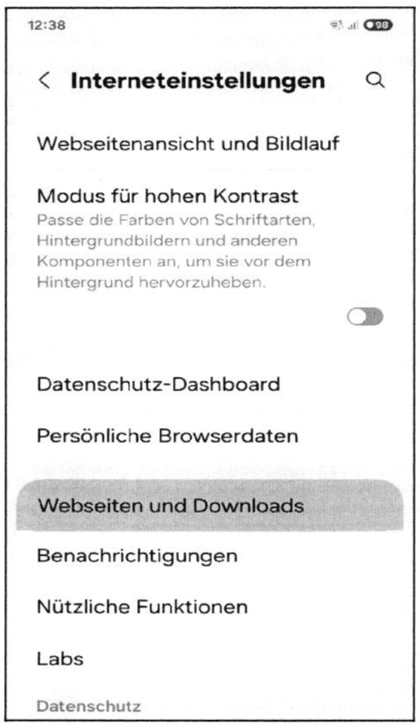

❶❷ Das *Webseiten und Downloads*-Menü konfiguriert:

Unter *Webseiten*:

- *Benachrichtigungen:* Einige Websites nutzen sogenannte Web-Benachrichtigungen, um Sie über Dinge zu informieren, die Ihre Aufmerksamkeit erfordern. Beispielsweise könnte eine Kalender-Website Sie über Termine informieren.
- *Verwalten von Webseitendaten*: Webseiten können sogenannte Cookies hinterlegen, die Sie hierüber löschen. Dies dürfte in der Praxis nie nötig sein.
- *Webseitenberechtigungen*: Hier legen Sie fest, auf welche Funktionen und Gerätedaten Webseiten zugreifen dürfen:
  - *Cookies*: Cookies sind wichtig, damit man von Webseiten eindeutig zugeordnet werden kann. Insbesondere Websites, in die man sich über Login und Passwort einloggen kann, sowie Webshops, sind häufig auf Cookies angewiesen. Sie sollten in dem Menü also keine Änderungen durchführen.
  - *JavaScript zulassen*: JavaScript ist eine Programmiersprache, die in Webseiten eingebettet sein kann, um dort interaktive Funktionen zu realisieren. Dazu gehören zum Beispiel Eingabefeldprüfungen. Weil sonst viele Webseiten nicht mehr funktionieren, sollten Sie JavaScript immer aktiviert haben.
  - *Kamera; Standort; Mikrofon*: Beim Zugriff auf diese Gerätefunktionen erfolgt immer eine Sicherheitsabfrage des Browsers.

Unter *Downloads*:

- *Vor dem Download-Start fragen*: Vor jedem Download, beispielsweise von PDF- oder Word-Dateien, erscheint eine Sicherheitsabfrage.
- *Download-Dateien speichern unter*: Sie können hier einen anderen Speicherort für heruntergeladene Dateien festlegen.

13.4.1 Desktop-Anzeige

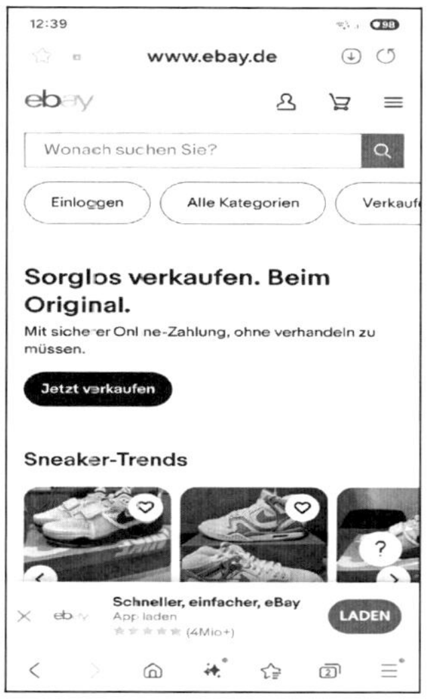

Viele Websites werten den verwendeten Browser aus und optimieren dann die Webseitenanzeige für die Besucher entsprechend. Ein gutes Beispiel ist Ebay, wo man mit Smartphones nur eine vereinfachte Weboberfläche zu sehen bekommt.

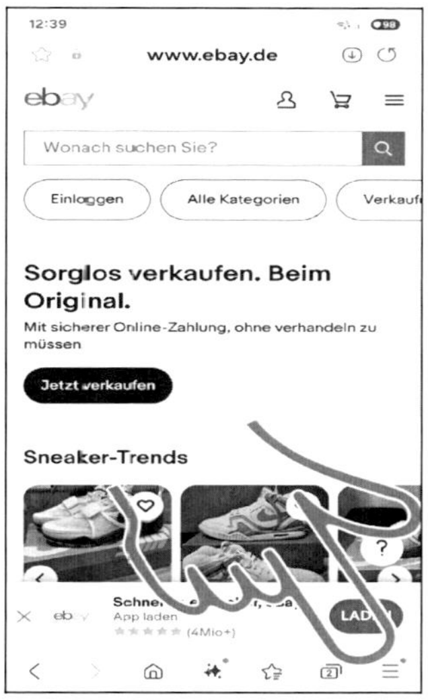

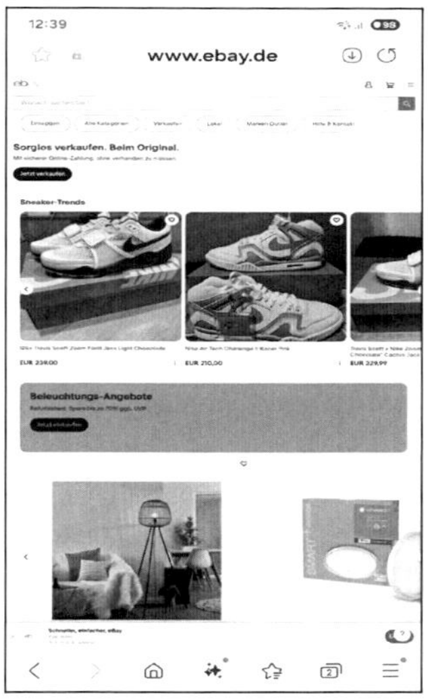

❶❷ Aktivieren Sie das ☰-Menü und gehen Sie auf *Desktopversion*.

❸ Die für PC-Browser optimierte Webseite wird angezeigt. *Mobile Webseite* aus dem ☰-Menü schaltet die Darstellung wieder auf die Handybrowser-Version um.

13.4.2 Startseite

Sie haben mit Sicherheit eine Lieblingswebseite, die Sie regelmäßig besuchen. Dies kann beispielsweise eine Seite mit Lokalnachrichten oder ein soziales Netzwerk sein. Wenn Sie Ihre Lieblingswebseite als sogenannte Startseite festlegen, können Sie sie mit einer Schaltleiste schnell aufrufen.

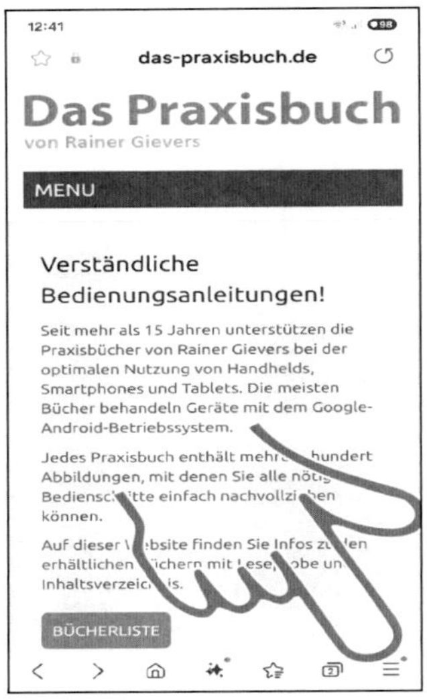

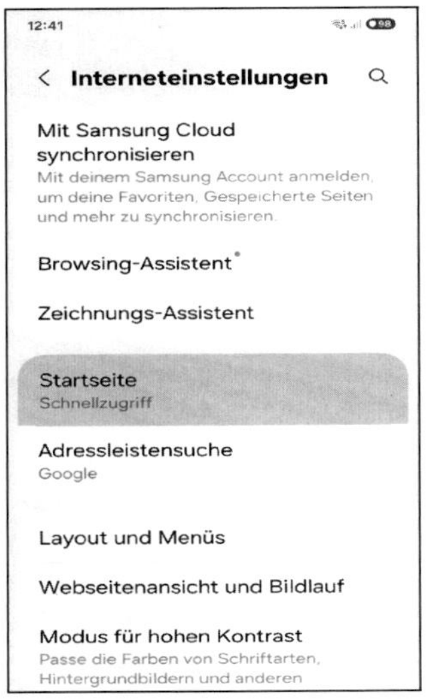

❶❷ Gehen Sie auf *Einstellungen* im ☰-Menü.

❸ Wählen Sie *Startseite*.

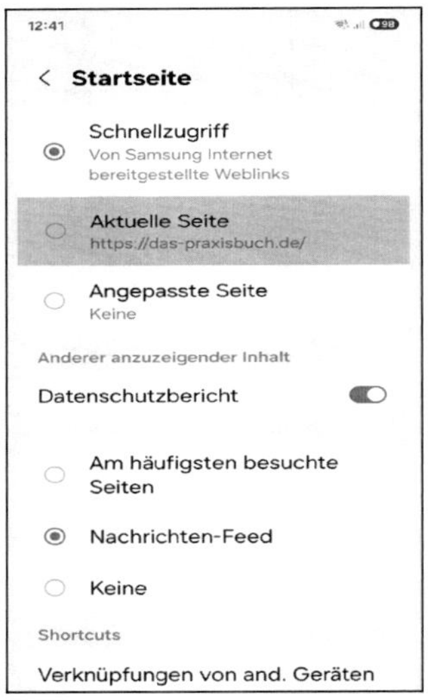

❶ In unserem Beispiel möchten wir die gerade angezeigte Webseite als Startseite übernehmen und gehen daher auf *Aktuelle Seite*. Sie können nun das Menü verlassen.

❷ Antippen der ⌂-Schaltleiste öffnet die zuvor eingestellte Startseite.

13.5 Schnellzugriffe

Der Webbrowser unterstützt zwar Lesezeichen (»Favoriten«), in der Praxis werden Sie aber meistens die Schnellzugriffe nutzen.

❶ Die Schnellzugriffe zeigt der Browser an, sobald Sie in die Adressleiste tippen.

❷ Hier wählen Sie die aufzurufende Webseite aus.

Die vorgegebenen Lesezeichen wurden von den jeweiligen Unternehmen »gekauft«, weshalb nur große Online-Shops vertreten sind.

❶ So passen Sie die Schnellzugriffe an: Gehen Sie auf *Bearbeiten* (schließen Sie eventuell vorher das Tastenfeld mit der ✓-Taste).

❷ Im Beispiel markieren wir einige nicht benötigte Schnellzugriffe, die wir anschließend mit *Löschen* (am unteren rechten Bildschirmrand) entfernen.

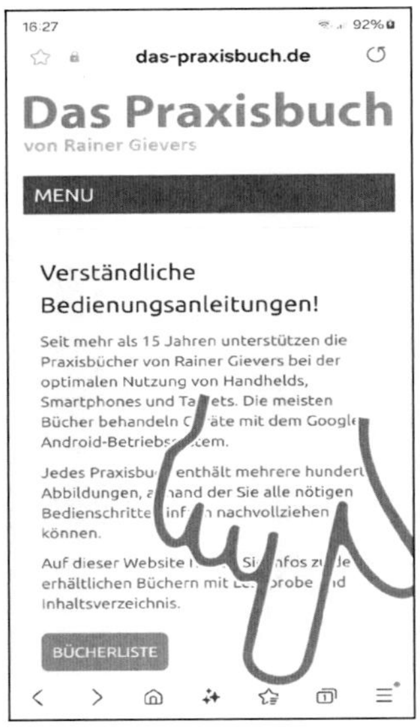

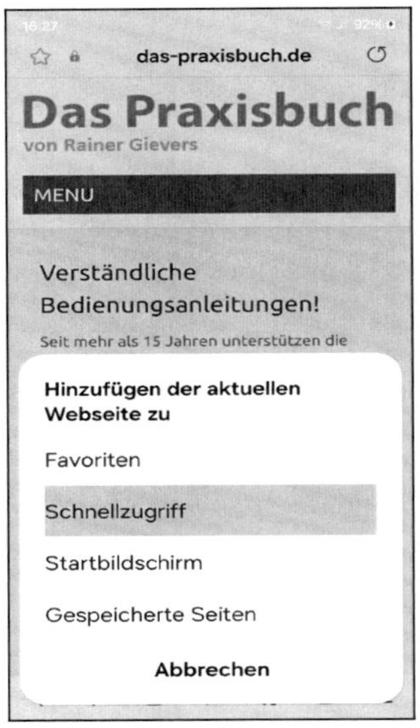

❶ Weitere Webseiten lassen sich einfach den Schnellzugriffen hinzufügen. Tippen und halten Sie den Finger auf der ☆-Schaltleiste.

❷ Wählen Sie *Schnellzugriff.*

❸ Künftig rufen Sie die Webseite aus den Schnellzugriffen direkt auf.

Sie müssen erst einige der Schnellzugriffe löschen (wie zuvor beschrieben), bevor Sie weitere hinzufügen können.

13.6 Lesezeichenleiste

Die Lesezeichenleiste ist eine Alternative zu den im vorherigen Kapitel vorgestellten Schnellzugriffen. Von Ihnen selbst festgelegte Webseiten lassen sich dabei über Schaltleisten unterhalb der Adresszeile aufrufen.

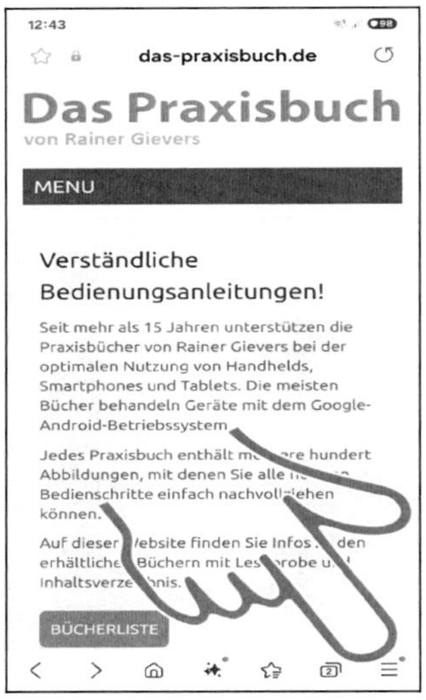

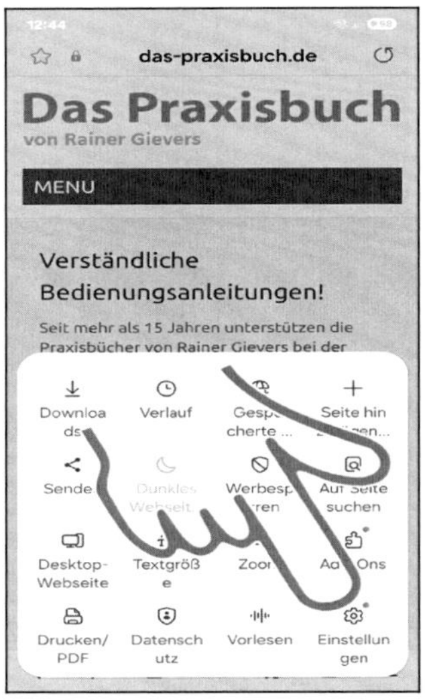

❶❷ Zuerst müssen Sie die Lesezeichenleiste aktivieren. Gehen Sie auf *Einstellungen* im ☰-Menü.

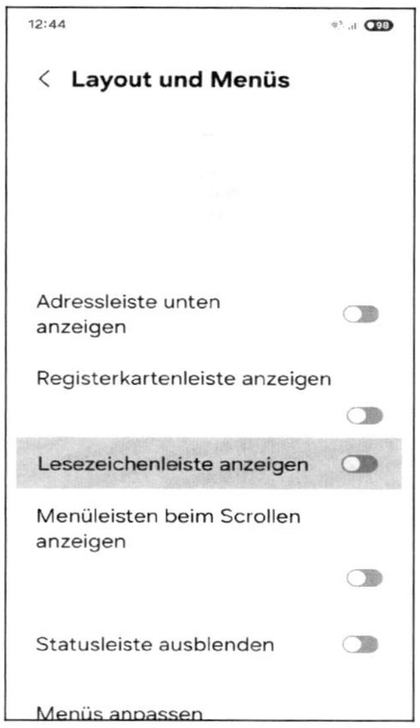

❶ Rufen Sie *Layout und Menüs* auf.

❷ Aktivieren Sie *Lesezeichenleisten anzeigen.* Verlassen Sie dann die Einstellungen.

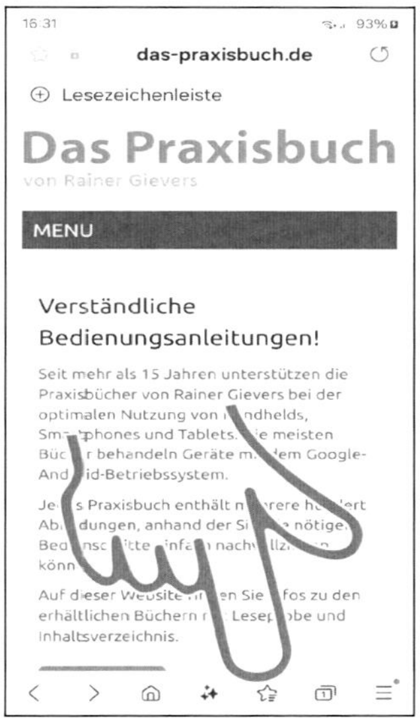

❶❷ Sie fügen ein Lesezeichen einfach hinzu, indem Sie den Finger auf ☆ tippen und halten, bis das Popup erscheint. Darin wählen Sie *Lesezeichenleiste*.

❸ Künftig rufen Sie die jeweilige Webseite über die Schaltleiste unterhalb der Adresszeile auf.

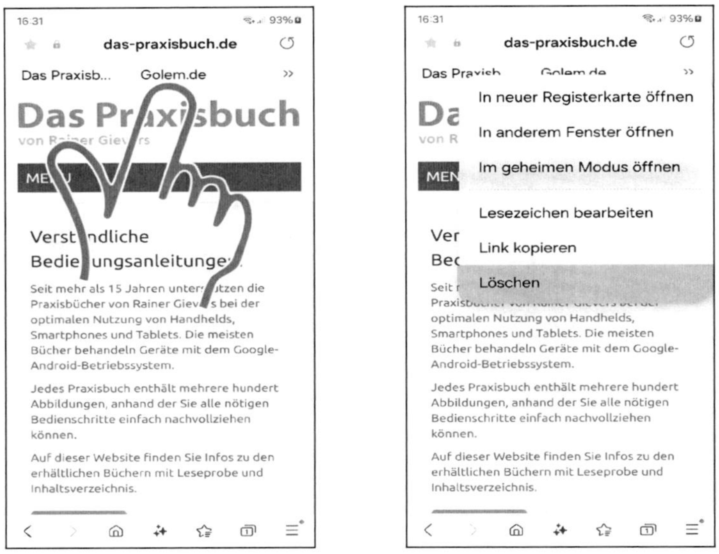

❶❷ So löschen Sie ein Lesezeichen in der Lesezeichenleiste: Tippen und halten Sie den Finger auf dem Lesezeichen, bis das Popup erscheint und wählen Sie *Löschen.*

13.7 Werbung im Webbrowser deaktivieren

Die meisten Nachrichtenportale und viele weitere Websites finanzieren sich durch Werbung, die zwischendurch auf ihren Webseiten eingeblendet wird. Die Werbung hat aber für Sie als Nutzer gleich mehrere Nachteile, denn zum einen verzögert sie den Seitenaufbau teilweise massiv, zum anderen geht dafür unnötig das Datenvolumen Ihres Mobilfunkvertrags drauf. Davon abgesehen sind Webseiten ohne Werbung wesentlich einfacher zu lesen.

Der Internet-Browser von Samsung verfügt standardmäßig über einen Werbeblocker, den Sie nur aktivieren müssen.

❶ Rufen Sie den Browser auf und gehen Sie auf *Einstellungen* im ☰-Menü.

❷ Gehen Sie auf *Werbesperren.*

❸ Aktivieren Sie *AdBlock for Samsung Internet.* Sie können den Bildschirm verlassen.

Falls es Probleme mit *AdBlock for Samsung Internet* gibt, beispielsweise Webseiten nicht richtig angezeigt werden, können Sie es im *Werbesperren*-Menü jederzeit deaktivieren oder einen anderen Werbeblocker auswählen.

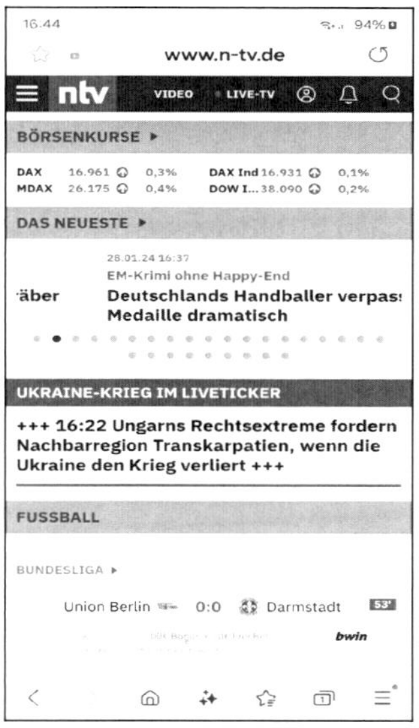

Eine Webseite ohne (❶) und mit aktiviertem Werbeblocker (❷).

14. Chrome-Webbrowser

Den Chrome-Browser werden Sie vermutlich nur verwenden, wenn Sie ihn bereits auf dem PC nutzen. Sonst empfehlen wir Ihnen die im Kapitel *13 Webbrowser* vorgestellte Anwendung.

09:28
Samsung
Google
Microsoft
Play Store
Gemini
Spotify
Telefon
Messages
Kamera
Galerie
Kontakte
Einstellungen
Kalender
Taschenrech...
YT Music
Tipps
Notes
Gaming Hub
Global Goals
Suchen

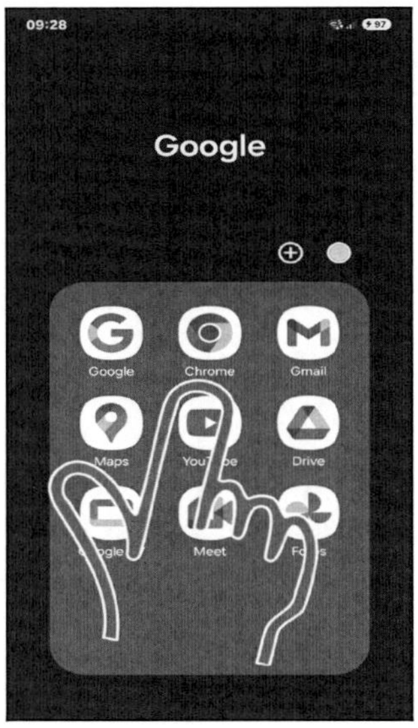
09:28
Google
Google
Chrome
Gmail
Maps
Drive
Meet

❶❷ Gehen Sie in den *Google-Ordner* und rufen Sie *Chrome* auf.

09:28
Chrome personalisieren
Melde dich an, damit du deine Lesezeichen, Passwörter und andere Daten auf allen deinen Geräten abrufen kannst
Sally Gievers
gieverss227@gmail.com
Als Sally fortfahren
Ohne Konto verwenden
Wenn du fortfährst, akzeptierst du damit die Nutzungsbedingungen. Chrome sendet Nutzungsstatistiken und Absturzberichte an Google, damit wir die App verbessern können. Verwalten

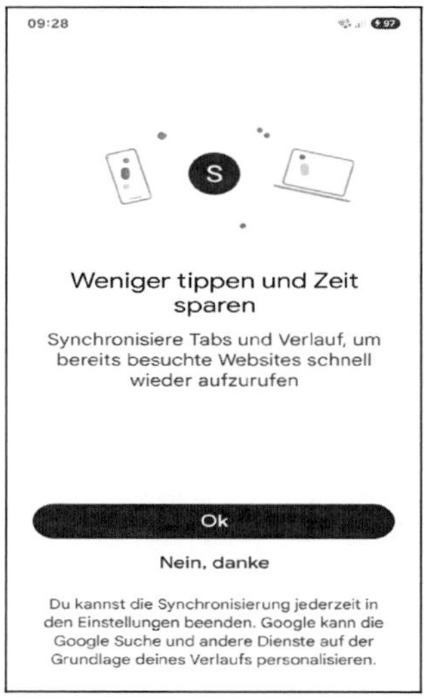
09:28
Weniger tippen und Zeit sparen
Synchronisiere Tabs und Verlauf, um bereits besuchte Websites schnell wieder aufzurufen
Ok
Nein, danke
Du kannst die Synchronisierung jederzeit in den Einstellungen beenden. Google kann die Google Suche und andere Dienste auf der Grundlage deines Verlaufs personalisieren.

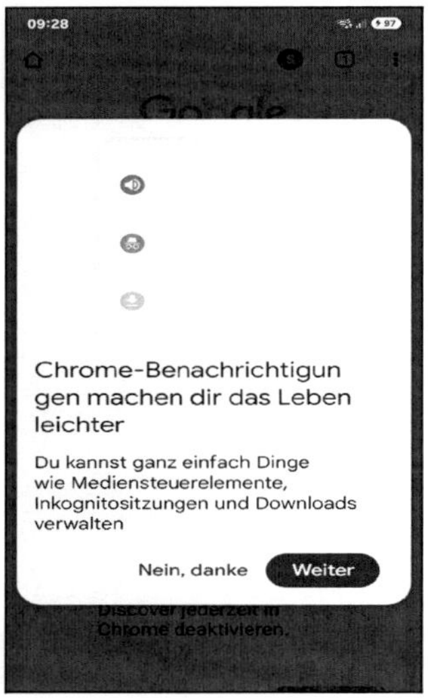
09:28
Chrome-Benachrichtigungen machen dir das Leben leichter
Du kannst ganz einfach Dinge wie Mediensteuerelemente, Inkognitositzungen und Downloads verwalten
Nein, danke
Weiter

❶❷ Beim ersten Aufruf gehen Sie auf *Als xxx fortfahren* und *Ok.*

❸ Gehen Sie auf *Weiter* und schließen Sie das Popup mit *Zulassen.*

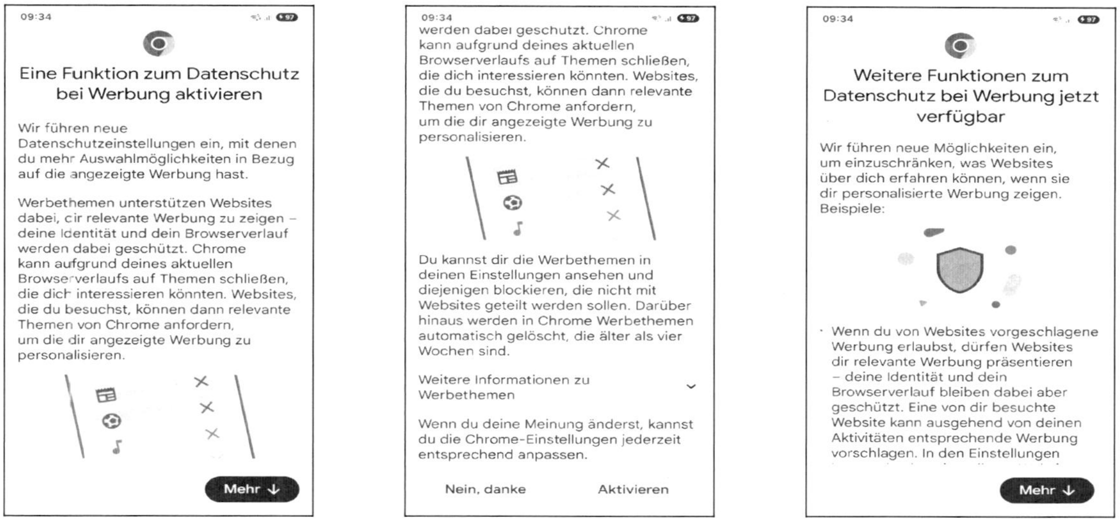
09:34
Eine Funktion zum Datenschutz bei Werbung aktivieren
Wir führen neue Datenschutzeinstellungen ein, mit denen du mehr Auswahlmöglichkeiten in Bezug auf die angezeigte Werbung hast.
Werbethemen unterstützen Websites dabei, dir relevante Werbung zu zeigen – deine Identität und dein Browserverlauf werden dabei geschützt. Chrome kann aufgrund deines aktuellen Browserverlaufs auf Themen schließen, die dich interessieren könnten. Websites, die du besuchst, können dann relevante Themen von Chrome anfordern, um die dir angezeigte Werbung zu personalisieren.
Mehr
09:34
werden dabei geschützt. Chrome kann aufgrund deines aktuellen Browserverlaufs auf Themen schließen, die dich interessieren könnten. Websites, die du besuchst, können dann relevante Themen von Chrome anfordern, um die dir angezeigte Werbung zu personalisieren.
Du kannst dir die Werbethemen in deinen Einstellungen ansehen und diejenigen blockieren, die nicht mit Websites geteilt werden sollen. Darüber hinaus werden in Chrome Werbethemen automatisch gelöscht, die älter als vier Wochen sind.
Weitere Informationen zu Werbethemen
Wenn du deine Meinung änderst, kannst du die Chrome-Einstellungen jederzeit entsprechend anpassen.
Nein, danke
Aktivieren
09:34
Weitere Funktionen zum Datenschutz bei Werbung jetzt verfügbar
Wir führen neue Möglichkeiten ein, um einzuschränken, was Websites über dich erfahren können, wenn sie dir personalisierte Werbung zeigen. Beispiele:
Wenn du von Websites vorgeschlagene Werbung erlaubst, dürfen Websites dir relevante Werbung präsentieren – deine Identität und dein Browserverlauf bleiben dabei aber geschützt. Eine von dir besuchte Website kann ausgehend von deinen Aktivitäten entsprechende Werbung vorschlagen. In den Einstellungen
Mehr

❶❷ Zwischendurch fragt der Chrome-Browser, ob Sie Datenschutzfunktionen aktivieren möchten. Betätigen Sie *Mehr* und dann *Aktivieren*.

❸ Die folgenden Hinweise schließen Sie mit *Mehr* und *OK*.

14.1 Erster Start

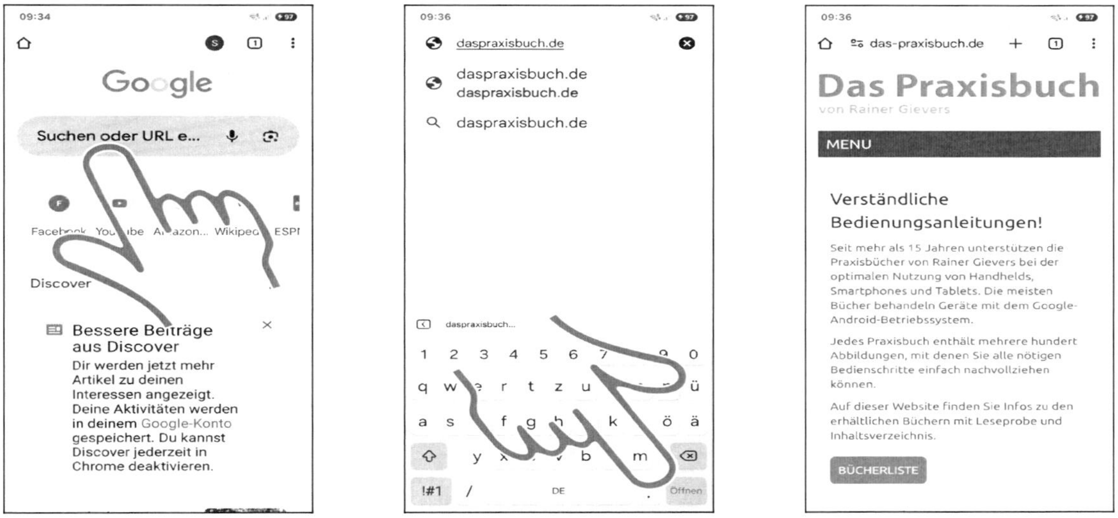
09:34
Google
Suchen oder URL e...
Discover
Bessere Beiträge aus Discover
Dir werden jetzt mehr Artikel zu deinen Interessen angezeigt. Deine Aktivitäten werden in deinem Google-Konto gespeichert. Du kannst Discover jederzeit in Chrome deaktivieren.
09:36
daspraxisbuch.de
daspraxisbuch.de
daspraxisbuch.de
daspraxisbuch.de
Öffnen
09:36
das-praxisbuch.de
Das Praxisbuch
von Rainer Gievers
MENU
Verständliche Bedienungsanleitungen!
Seit mehr als 15 Jahren unterstützen die Praxisbücher von Rainer Gievers bei der optimalen Nutzung von Handhelds, Smartphones und Tablets. Die meisten Bücher behandeln Geräte mit dem Google-Android-Betriebssystem.
Jedes Praxisbuch enthält mehrere hundert Abbildungen, mit denen Sie alle nötigen Bedienschritte einfach nachvollziehen können.
Auf dieser Website finden Sie Infos zu den erhältlichen Büchern mit Leseprobe und Inhaltsverzeichnis.
BÜCHERLISTE

❶ Tippen Sie ins das Eingabefeld am oberen Bildschirmrand.

❷❸ Geben Sie einen Suchbegriff oder eine Webadresse ein und betätigen Sie die *Öffnen*-Taste auf dem Tastenfeld. Alternativ können Sie auch einen der Vorschläge unterhalb des Eingabefeld auswählen.

14.2 Weitere Nutzung

09:40
gievers.net/autor/
HIER TIPPE FÜR
Die Entscheidung eine "Karriere" in der EDV hat sich für mich angebahnt, als mein Bruder Anfang der 1980er Jahre einen sogenannten Homecomputer (Commodore VC-20) zu Weihnachten bekam. Ich brachte mir dann selbst das Programmieren bei.
Nach dem Abitur und meiner Ausbildung als Informatikassistent/Wirtschaft am B.I.B. in Paderborn war ich mehrere Jahre selbstständig im Computervertrieb tätig und zwischendurch in einem Computergroßhandel beschäftigt.
1997 begann meine Zusammenarbeit mit dem Data Becker-Verlag. Für die Redaktion von PC Intern steuerte ich als freier Autor zahlreiche Artikel über Internet-Themen bei. Auch für PC Praxis, PC Professionell und die Online-Medien Computerchannel und Focus Online habe ich regelmäßig geschrieben.
Derzeit schreibe ich hauptsächlich Bücher,

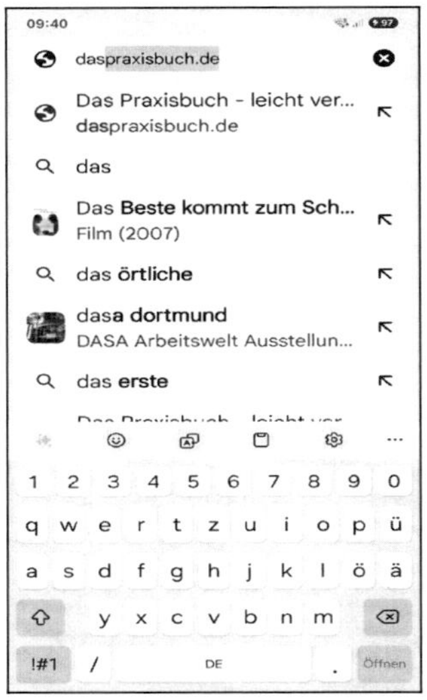
09:40
daspraxisbuch.de
Das Praxisbuch - leicht ver...
daspraxisbuch.de
das
Das Beste kommt zum Sch...
Film (2007)
das örtliche
dasa dortmund
DASA Arbeitswelt Ausstellun...
das erste

09:42
das-praxisbuch.de
Das Praxisbuch
von Rainer Gievers
MENU
Verständliche Bedienungsanleitungen!
Seit mehr als 15 Jahren unterstützen die Praxisbücher von Rainer Gievers bei der optimalen Nutzung von Handhelds, Smartphones und Tablets. Die meisten Bücher behandeln Geräte mit dem Google-Android-Betriebssystem.
Jedes Praxisbuch enthält mehrere hundert Abbildungen, mit denen Sie alle nötigen Bedienschritte einfach nachvollziehen können.
Auf dieser Website finden Sie Infos zu den erhältlichen Büchern mit Leseprobe und Inhaltsverzeichnis.
BÜCHERLISTE

❶ Das Adressfeld steht Ihnen künftig am oberen Bildschirmrand zur Verfügung. Tippen Sie einfach dort hinein, wenn Sie eine andere Webseite aufrufen möchten.

❷❸ Erfassen Sie eine Webadresse oder Suchbegriffe, wobei unter dem Eingabefeld Vorschläge erscheinen, von denen Sie einen antippen.

09:43
Politikversagen
ISBN: 978-3-96469-274-0
Softcover mit 122 Seiten
Lieferstatus: Erhältlich
Ausführliche Infos
Das Praxisbuch
Amazon Echo & Alexa - Anleitung für Einsteiger (Ausgabe 2024/25)

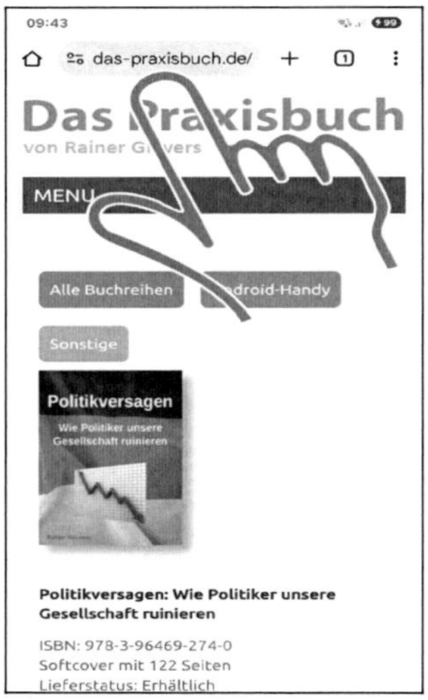
09:43
das-praxisbuch.de/
Alle Buchreihen
Sonstige
Politikversagen
Politikversagen: Wie Politiker unsere Gesellschaft ruinieren
ISBN: 978-3-96469-274-0
Softcover mit 122 Seiten
Lieferstatus: Erhältlich

❶❷ Wird eine umfangreichere Webseite angezeigt, müssen Sie später eventuell erst mit dem Finger auf dem Bildschirm nach unten ziehen (Wischgeste), um die Adressleiste anzuzeigen. Tippen Sie dann in das Eingabefeld.

➊ Durch »Kneifen« ändern Sie die Anzeige: Tippen und halten Sie Mittelfinger und Daumen gleichzeitig auf dem Bildschirm und ziehen Sie beide auseinander, was in die Webseite hereinzoomt. Ziehen Sie dagegen die beiden Finger zusammen, zoomen Sie wieder heraus. Es ist egal, ob Sie nun vertikal oder waagerecht »kneifen«.

➋ Die ⇱-Schaltleiste bei den Vorschlägen verzweigt auf weitere Vorschläge.

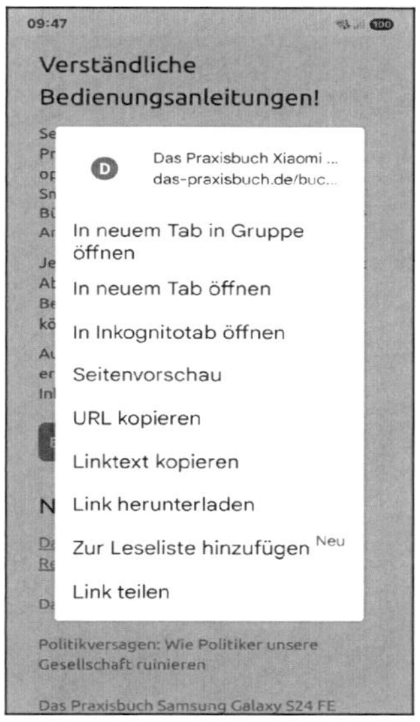

➊ Einem Link folgen Sie, indem Sie ihn antippen.

➋ Tippen und halten Sie den Finger über einem Link für weitere Funktionen:

- *In neuem Tab in Gruppe öffnen*: Öffnet den Link in einem neuen Browser-Tab als Gruppe. Diese werden separat von den »normalen« Browser-Tabs verwaltet. Siehe Kapitel *14.4 Gruppen-Tabs*.
- *In neuem Tab öffnen*: Öffnet den Link in einem neuen Browser-Tab.
- *In Inkognitotab öffnen*: Öffnet den Link im privaten Modus, bei der alle Cookies oder andere Daten wieder gelöscht werden, wenn man den Tab später schließt.
- *Seitenvorschau*: Verlinkte Seite in einem Vorschaufenster anzeigen.
- *URL kopieren; Linktext kopieren*: Kopiert die Webadresse beziehungsweise den Linktext in die Zwischenablage, von wo man sie später in andere Anwendungen wieder einfügt.
- *Link herunterladen*: Speichert die Webseite auf dem Gerät.
- *Zur Leseliste hinzufügen*: Der Chrome-Browser fügt die Webseite den Lesezeichen hinzu, sodass Sie sie später noch aufrufen können. Siehe Kapitel *14.7 Leseliste*.
- *Link teilen*: Webadresse an jemand anders per E-Mail, Bluetooth usw. senden.

Verwenden Sie die ❮-Taste, um zur letzten angezeigten Seite zurückzukehren. Beachten Sie aber, dass der Browser verlassen wird, wenn Sie die ❮-Taste drücken, während die zuerst aufgerufene Seite angezeigt wird.

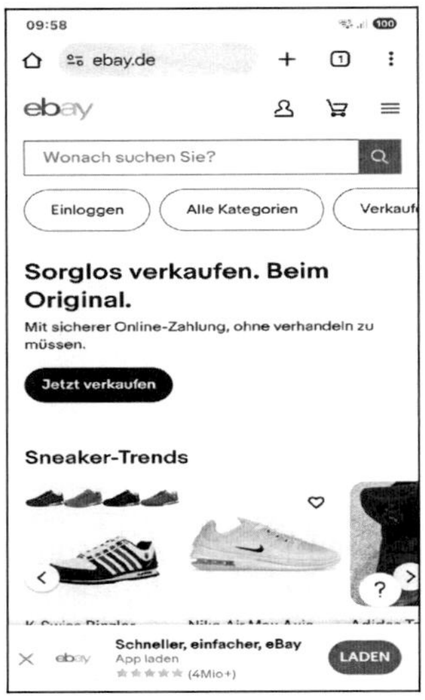

❶ Viele Websites werten den verwendeten Browser aus und optimieren dann die Webseiten für die Besucher entsprechend. Ein gutes Beispiel ist Ebay, wo man mit Smartphones eine vereinfachte Weboberfläche zu sehen bekommt.

❷❸ Eine vollwertige Anzeige erhalten Sie im Browser, wenn Sie ⁝/*Desktopwebsite* aktivieren. Beachten Sie, dass sich dann häufig die Ladezeiten erhöhen.

14.3 Tabs

Jeder PC-Webbrowser bietet die Möglichkeit, mehrere Webseiten gleichzeitig anzuzeigen, wobei die sogenannten Tabs zum Einsatz kommen. Dies ist auch mit dem Chrome-Browser möglich.

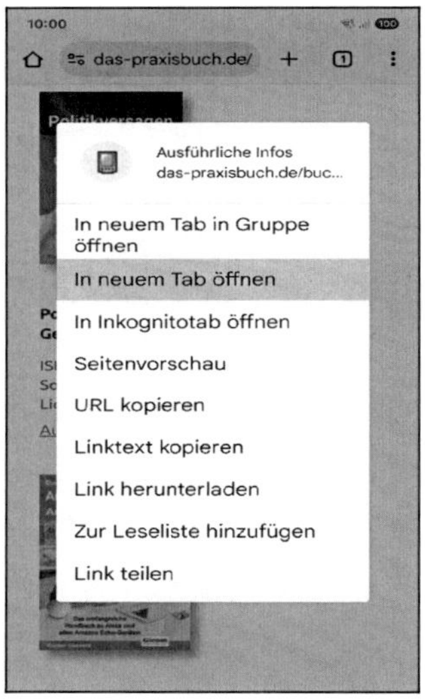

❶ Im einfachsten Fall öffnen Sie einen neuen Tab, indem Sie den Finger auf einem Link gedrückt halten, bis das Popup erscheint.

❷ Wählen Sie darin *In neuem Tab öffnen*.

❶❷ Tippen und halten Sie einen Finger über 1, bis das Popup erscheint. Wählen Sie dann *Neuer Tab.*

❸ Im Eingabefeld erfassen Sie dann eine Webadresse oder Suchbegriffe.

Einen leeren Tab öffnen Sie alternativ mit ⋮/*Neuer Tab*.

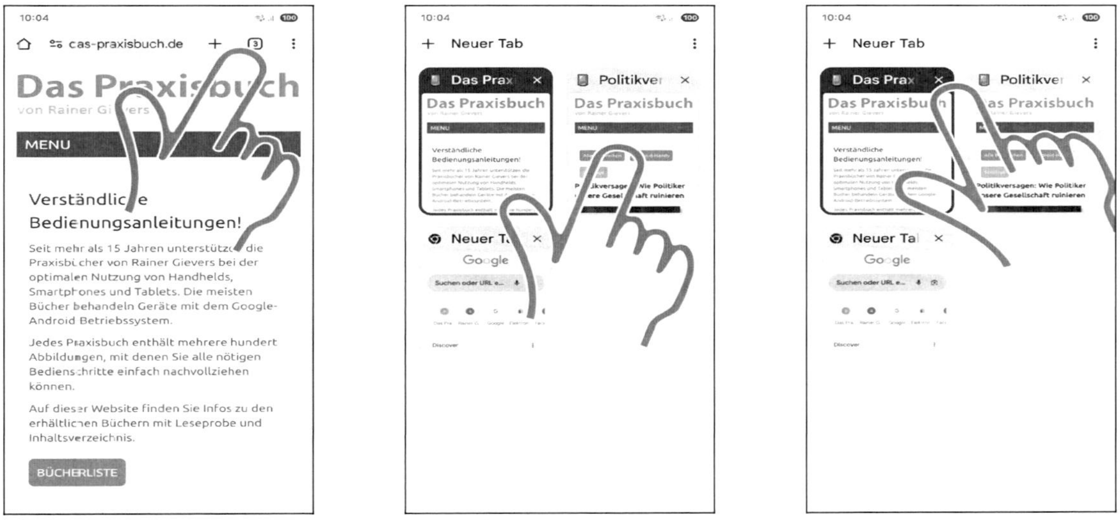

❶ Die geöffneten Tabs zeigt dann die 2-Schaltleiste (Pfeil) an.

❷ Tippen Sie einen Tab an, den Sie wieder im Browser anzeigen möchten.

❸ Die X-Schaltleisten löschen Tabs.

10:06
Das Praxisbuch
von Rainer Gievers
MENU
Verständliche Bedienungsanleitungen!
Seit mehr als 15 Jahren unterstützen die Praxisbücher von Rainer Gievers bei der optimalen Nutzung von Handhelds, Smartphones und Tablets. Die meisten Bücher behandeln Geräte mit dem Google-Android-Betriebssystem.
Jedes Praxisbuch enthält mehrere hundert Abbildungen, mit denen Sie alle nötigen Bedienschritte einfach nachvollziehen können.
Auf dieser Website finden Sie Infos zu den erhältlichen Büchern mit Leseprobe und Inhaltsverzeichnis.
BÜCHERLISTE

10:06
Das Pr
von Rainer Gieve
MENU
Alle Buchreihen
Sonstige
Politikversag
unsere Gesell

❶❷ Auch mit einer Wischgeste über die Adressleiste ist der Tab-Wechsel möglich.

10:06
Neuer Tab
Neuer Inkognitotab
Verlauf
Browserdaten lösc...
Downloads
Lesezeichen
Zuletzt geöffnete T...
Zoomen
Teilen...
Auf Seite suchen
Übersetzen...
Diese Seite anhören
Zum Startbildschir...

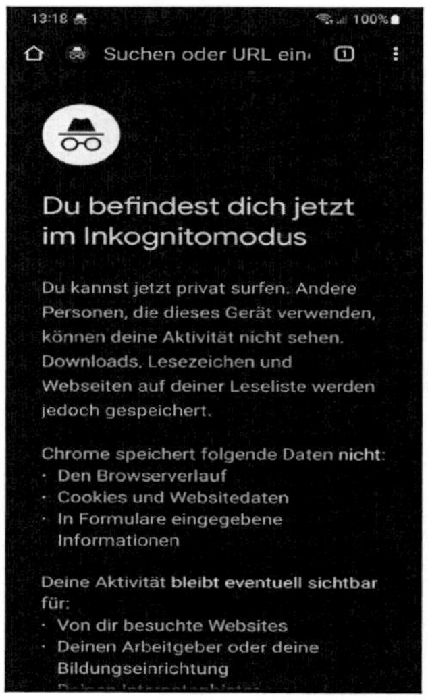
13:18
Suchen oder URL ein
Du befindest dich jetzt im Inkognitomodus
Du kannst jetzt privat surfen. Andere Personen, die dieses Gerät verwenden, können deine Aktivität nicht sehen. Downloads, Lesezeichen und Webseiten auf deiner Leseliste werden jedoch gespeichert.
Chrome speichert folgende Daten nicht:
Den Browserverlauf
Cookies und Websitedaten
In Formulare eingegebene Informationen
Deine Aktivität bleibt eventuell sichtbar für:
Von dir besuchte Websites
Deinen Arbeitgeber oder deine Bildungseinrichtung

❶❷ Eine Besonderheit ist der Inkognito-Modus, den Sie über ⁝/*Neuer Inkognito-Tab* aktivieren: In diesem Tab surfen Sie anonym, das heißt, der Browser speichert nach Verlassen des Inkognito-Tabs keine Daten und löscht von Websites angelegte Cookies.

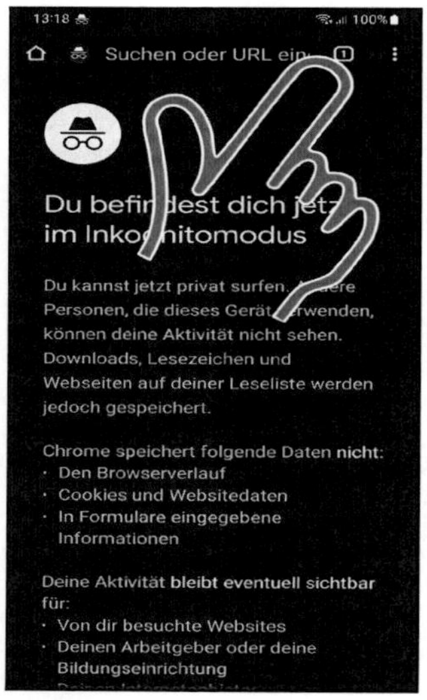
13:18
Chrome speichert folgende Daten nicht:
Den Browserverlauf
Cookies und Websitedaten
In Formulare eingegebene Informationen
Deine Aktivität bleibt eventuell sichtbar für:
Von dir besuchte Websites
Deinen Arbeitgeber oder deine Bildungseinrichtung

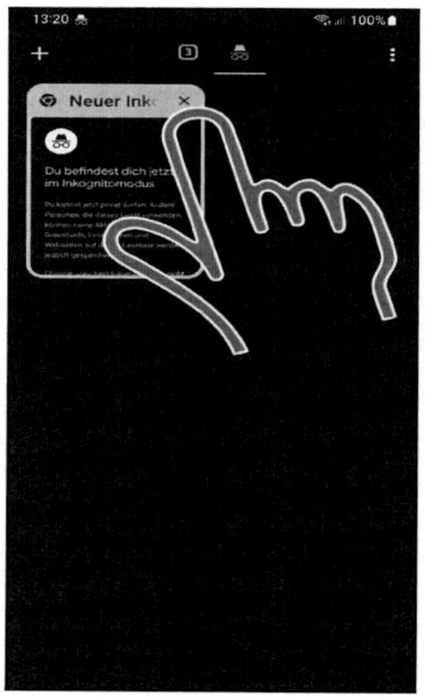
13:20

❶❷ Den Inkognito-Modus verlässt man, indem Sie die 2-Schaltleiste (Pfeil) antippen und dann die X-Schaltleiste betätigen.

14.4 Gruppen-Tabs

Die Gruppen-Tabs verwaltet der Chrome-Browser separat von den im vorherigen Kapitel vorgestellten Tabs.

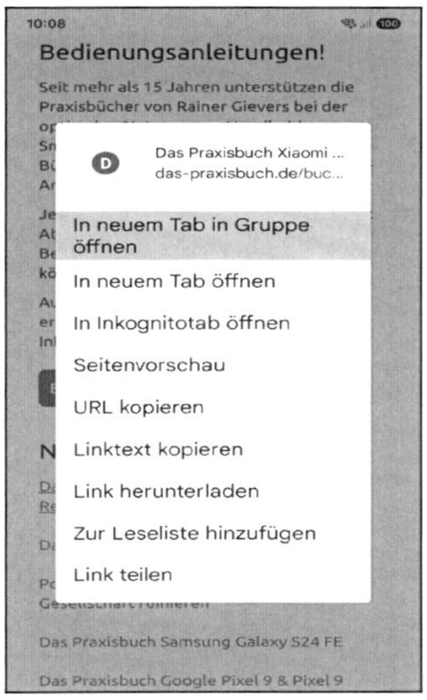

❶❷ Tippen und halten Sie einen Finger über dem Link, bis das Popup-Menü erscheint. Wählen Sie dann *In neuem Tab in Gruppe öffnen*. Der Browser-Tab wird im Hintergrund geöffnet.

Einen leeren Tab öffnen Sie mit ⋮/*Neuer Tab*.

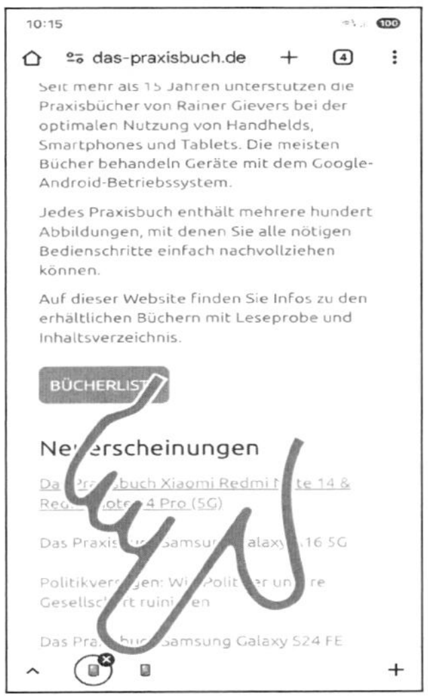

❶ Zwischen den Tabs wechseln Sie über die Schaltleisten am unteren Bildschirmrand.

❷ Den jeweils aktiven (gerade angezeigten) Tab löschen Sie mit der blauen X-Schaltleiste.

❸ Einen leeren Tab fügt + hinzu.

14.5 Lesezeichen

Häufig besuchte Webseiten werden Sie als sogenanntes Lesezeichen abspeichern, damit Sie die entsprechende Webadresse nicht immer neu eingeben müssen. Stattdessen rufen Sie einfach das Lesezeichen auf.

❶ So speichern sie ein Lesezeichen: Aktivieren Sie das ⋮-Menü und tippen Sie darin ★ an. Das Lesezeichen wird angelegt.

❷❸ Falls Sie es noch bearbeiten möchten (zum Beispiel einen anderen Namen geben) dann tippen Sie auf das Popup. Schließen Sie den Bildschirm über die ←-Schaltleiste oben links.

❶ Mit ⋮/*Lesezeichen* öffnen Sie die Lesezeichenverwaltung.

❷ Gehen Sie auf *Mobile Lesezeichen*, sofern Sie sich noch nicht darin befinden.

❶ Tippen Sie in der Lesezeichenverwaltung ein Lesezeichen an, damit die zugehörige Webadresse im Browser geladen wird.

❷ Halten Sie den Finger über einem Lesezeichen für den Markierungsmodus gedrückt. Bei Bedarf können Sie nun weitere Lesezeichen durch kurzes Antippen markieren. Die Bedeutung der Schaltleisten:

- : Lesezeichen bearbeiten (es darf nur ein Lesezeichen markiert sein).
- : Lesezeichen in einen anderen Ordner verschieben. Auf die Ordner-Funktion geht dieses Buch nicht ein.
- : Lesezeichen löschen.

Die <-Taste beendet den Markierungsmodus.

Die Lesezeichen werden mit Ihrem Google-Konto synchronisiert, das heißt, wenn Sie sich auf einem anderen Android-Gerät bei Ihrem Google-Konto anmelden, sind dort im Browser Ihre Lesezeichen verfügbar.

14.6 Dateien herunterladen

❶ Tippen Sie auf eine zum Herunterladen angebotene Datei, im Beispiel eine PDF.

❷ Eventuell erfolgt eine Abfrage nach der Anwendung, mit dem Sie die Datei öffnen möchten. Dies geschieht immer, wenn mehr als eine vorinstallierte Anwendung den gleichen Dateityp verarbeiten kann. Wählen Sie eine der Optionen aus. Für PDF-Dateien ist beispielsweise *Samsung* keine schlechte Wahl. Betätigen Sie dann *Immer*.

❸ Die Datei wird angezeigt.

Alle heruntergeladenen Dateien landen im Verzeichnis *Downloads* im Gerätespeicher.

14.7 Leseliste

Sie stoßen häufig auf interessante Webseiten, die Sie später mal genauer durchlesen möchten, weil Sie gerade keine Zeit haben. Webseiten, die Sie ohnehin nur einmal ansehen und dann nie wieder benötigen, werden Sie nicht dauerhaft als Lesezeichen speichern wollen. In diesem Kapitel stellen wir mit der Leseliste eine Alternative dazu vor.

10:28
Bedienungsanleitungen!
Seit mehr als 15 Jahren unterstützen die Praxisbücher von Rainer Gievers bei der optimalen Nutzung von Handhelds, Smartphones und Tablets. Die meisten Bücher behandeln Geräte mit dem Google-Android-Betriebssystem.
Jedes Praxisbuch enthält mehrere hundert Abbildungen, mit denen Sie alle nötigen Bedienschritte einfach nachvollziehen können.
Das Praxisbuch Samsung Galaxy S24 FE
Das Praxisbuch Google Pixel 9 & Pixel 9

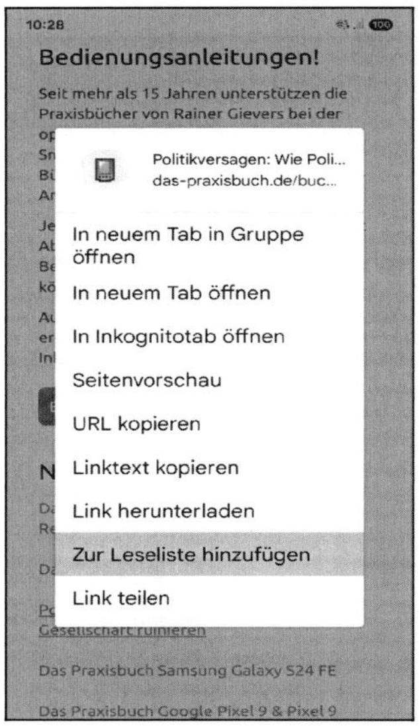
10:28
Bedienungsanleitungen!
Politikversagen: Wie Poli...
das-praxisbuch.de/buc...
In neuem Tab in Gruppe öffnen
In neuem Tab öffnen
In Inkognitotab öffnen
Seitenvorschau
URL kopieren
Linktext kopieren
Link herunterladen
Zur Leseliste hinzufügen
Link teilen
Das Praxisbuch Samsung Galaxy S24 FE
Das Praxisbuch Google Pixel 9 & Pixel 9

❶❷ Halten Sie den Finger über einem Link gedrückt, dessen zugehörige Webseite Sie speichern möchten. Im Popup wählen Sie *Zur Leseliste hinzufügen.*

10:29
das-praxisbuch.de
MENU
Verständliche Bedienungsanleitungen!
Seit mehr als 15 Jahren unterstützen die Praxisbücher von Rainer Gievers bei der optimalen Nutzung von Handhelds, Smartphones und Tablets. Die meisten Bücher behandeln Geräte mit dem Google-Android-Betriebssystem.
Jedes Praxisbuch enthält mehrere hundert Abbildungen, mit denen Sie alle nötigen Bedienschritte einfach nachvollziehen können.
Auf dieser Website finden Sie Infos zu den erhältlichen Büchern mit Leseprobe und Inhaltsverzeichnis.
BÜCHERLISTE

10:29
Neuer Tab
Neuer Inkognitotab
Verlauf
Browserdaten lösc...
Downloads
Lesezeichen
Zuletzt geöffnete T...
Zoomen
Teilen...
Auf Seite suchen
Übersetzen...
Diese Seite anhören
Zum Startbildschir...

10:29
heise online - IT-Ne...
www.heise.de
Nachrichten, aktuel...
www.n-tv.de
WELT TV: Live-Stre...
www.welt.de

❶❷ Mit ⁝/*Lesezeichen* öffnen Sie die Lesezeichenverwaltung.

❸ Falls nicht die Lesezeichenübersicht angezeigt wird, gehen Sie auf ←.

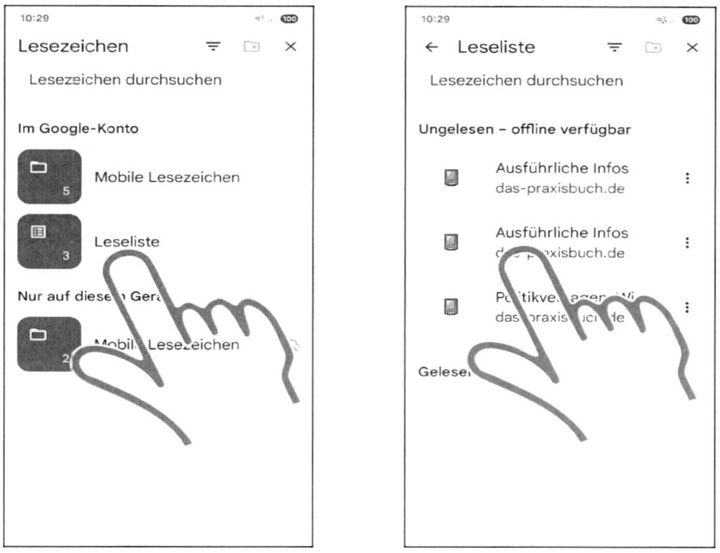

➊ Gehen Sie auf *Leseliste*.

➋ Wählen Sie eine Webseite in der Liste aus, die Sie ansehen möchten.

14.8 Zum Suchen tippen

Die »Zum Suchen tippen«-Funktion liefert zu von Ihnen in Webseiten markierten Wörtern Suchergebnisse.

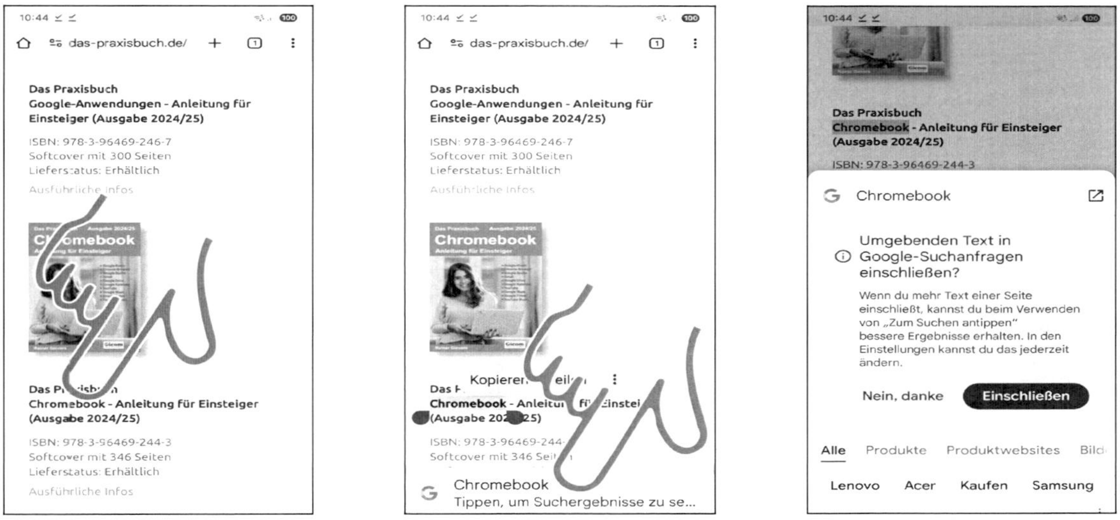

➊ Tippen und halten Sie den Finger auf einer Webseite über einem Wort, zu dem Sie mehr wissen möchten.

➋ Am unteren Bildschirmrand gehen Sie dann auf den Begriff.

➌ Betätigen Sie die *Einschließen*-Schaltleiste.

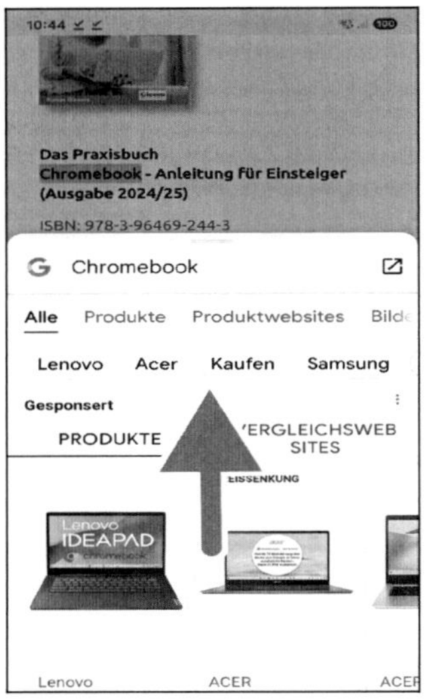

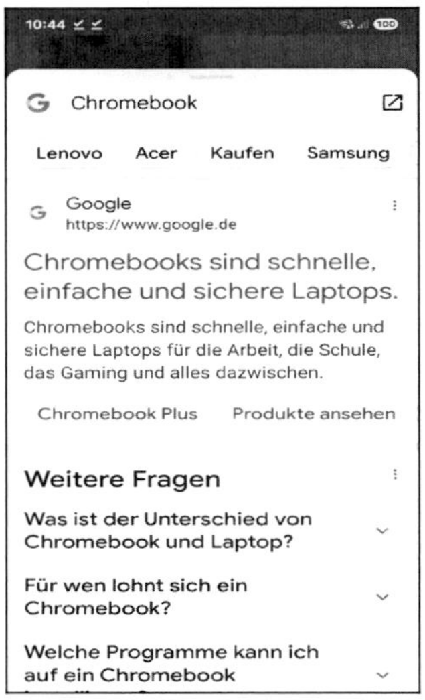

❶❷ Der Webbrowser zeigt die Google-Suchergebnisse an. Ziehen Sie diese mit einer Wischgeste nach unten, um sie zu schließen, oder nach oben, was sie im Vollbildschirm anzeigt.

14.9 Einstellungen

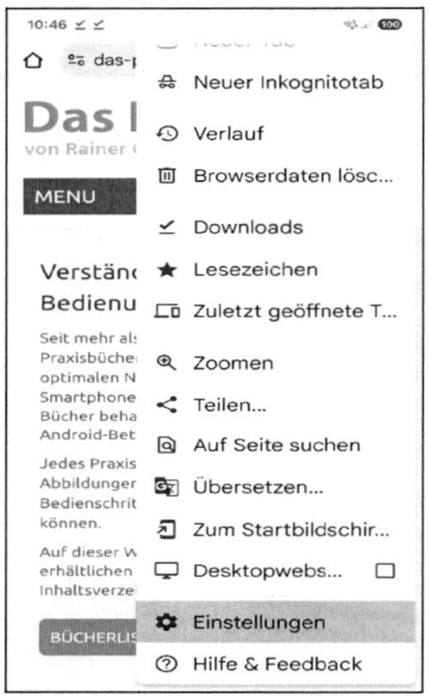

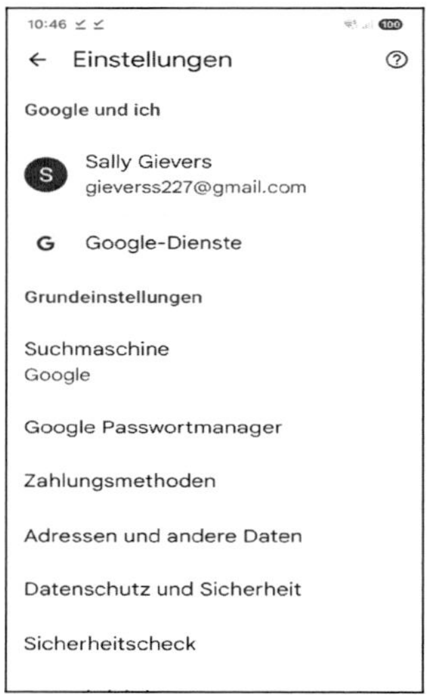

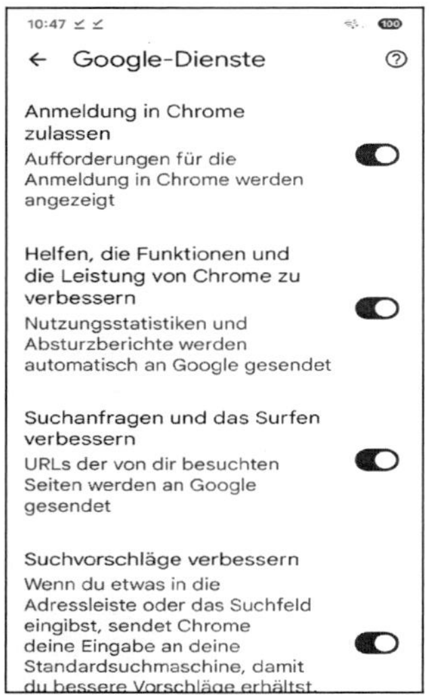

❶ Für die Browserkonfiguration gehen Sie auf ⋮/*Einstellungen.*

❷ Die hier angebotenen Optionen:

- *(Ihr Konto)@gmail.com*: Verwaltet die Synchronisation der Lesezeichen mit Ihrem Google-Konto.
- *Synchronisierung*: Hier können Sie festlegen, welche Daten im Google-Konto abgelegt werden. Die Option *Alles synchronisieren* sollten Sie nicht ändern.
- *Google-Dienste* (❸):
  - *Anmeldung in Chrome zulassen*: Muss aktiv sein, damit Lesezeichen und Einstellungen des Chrome-Browsers in Ihrem Google-Konto gesichert werden.
  - *Helfen, die Funktionen und die Leistung von Chrome zu verbessern:* Legt fest, ob der Chrome-Browser anonyme Nutzungsberichte an Google senden darf, die Google dann für Optimierungen verwendet.
  - *Suchanfragen und das Surfen verbessern*: Überträgt alle Ihre besuchten Webseiten an Google.
  - *Suchvorschläge verbessern*: Google macht anhand Ihrer Eingaben in der Adressleiste Vorschläge für möglicherweise passende Webseiten.

- *Zum Suchen antippen*: Infos zu einem angetippten Begriff anzeigen. Siehe Kapitel *14.8 Zum Suchen tippen.*

Unter *Grundeinstellungen*:

- *Suchmaschine*: Stellt die zu verwendende Suchmaschine ein (die Suche erfolgt automatisch, wenn Sie einen Begriff in der Browser-Adresszeile eingeben).
- *Google Passwortmanager*: Verwaltet alle Passwörter, die zwischengespeichert und das nächste Mal automatisch eingefügt werden. Sofern das Motorola von mehreren Personen genutzt wird, sollten Sie diese Option deaktivieren.
- *Zahlungsmethoden*: Wenn Sie online einkaufen, füllt Ihnen der Chrome-Browser automatisch Eingabefelder aus, in denen nach Ihrer Kreditkarte gefragt wird. Weil in Europa meistens per Überweisung oder PayPal bezahlt wird, macht dieses Menü keinen Sinn.
- *Adressen und andere Daten*: Die hier erfassten Texte mit Ihren Adressdaten schlägt der Browser automatisch vor, wenn Sie in ein passendes Eingabefeld tippen (zum Beispiel Adressfelder in einem Online-Shop).
- *Datenschutz und Sicherheit*: Löschen Sie hier vom Chrome-Browser gespeicherte Daten und stellen Sie ein, ob der Browser bei der Adresseingabe Vorschläge macht.
- *Sicherheitscheck*: Überprüft, ob der Chrome-Browser aktuell ist und ob Ihre Passwörter sicher sind.
- *Benachrichtigungen*: Die Benachrichtigungen sollten Sie nicht ändern, zumal sie ohnehin nur selten stattfinden.
- *Design*: Anzeige zwischen dunkel und hell umschalten. Standardmäßig verwendet der Browser die Systemeinstellung.

Unter *Erweitert:*

- *Startseite*: Die Startseite lädt der Chrome-Browser beim ersten Aufruf. Sie können hier eine beliebige andere Webseite einstellen.
- *Karten auf der Seite „Neuer Tab"*: Nicht von Google dokumentiert.
- *Verknüpfung in Symbolleiste*: Der Browser zeigt oben in der Symbolleiste kontextabhängig bestimmte Schaltleisten an. Sie können allerdings stattdessen auch eine immer angezeigte Schaltleiste auswählen. Nützlich sind beispielsweise die Favoriten- oder Übersetzungfunktion .
- *Bedienungshilfen*: Standardschriftgröße bei den angezeigten Webseiten.
- *Website-Einstellungen*: Cookies, Übermittlung des Standorts, JavaScript usw. zulassen.
- *Sprachen*: Bei jedem Abruf einer Webseite übermittelt der Chrome-Browser die gewünschte Sprachversion, in der Regel *Deutsch*. Einige Websites werten dies aus und stellen dann die deutsche Sprachversion zur Verfügung.
- *Downloads*: Legen Sie fest, in welchem Verzeichnis heruntergeladene Dateien (siehe Kapitel *14.6 Dateien herunterladen*) abgelegt werden.
- *Über Google Chrome*

14.9.1 Datenschutz und Sicherheit

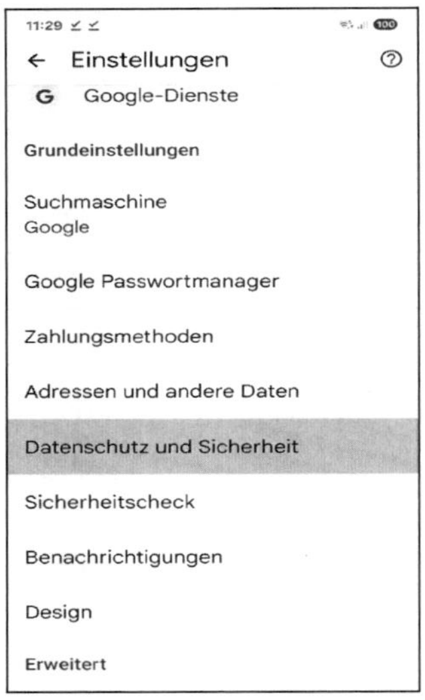

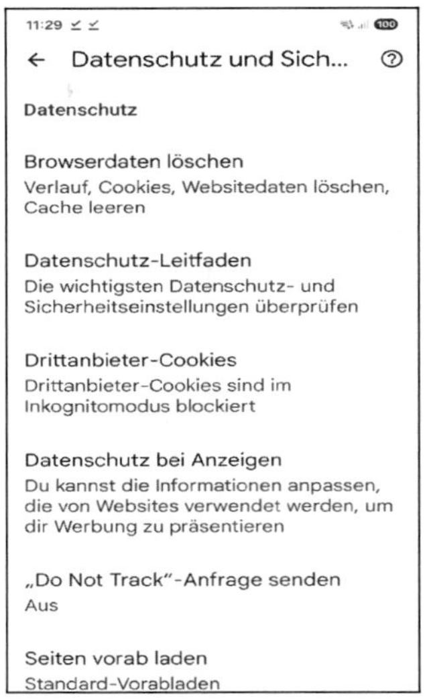

❶❷ Das *Datenschutz und Sicherheit*-Menü konfiguriert:

- *Browserdaten löschen*: Darauf gehen wir unten ein.
- *Datenschutz-Leitfaden*: Ein Assistent unterstützt Sie bei der Konfiguration des Browsers.
- *Drittanbieter-Cookies*: Webseiten können im Inkognito-Modus aus Datenschutzgründen keine Cookies speichern. Auf den Inkognito-Modus geht Kapitel *14.3 Tabs* (am Ende des Kapitels) ein.
- *Datenschutz bei Anzeigen*: Google plant eine umstrittene Umstellung bei Werbung auf Webseiten. Künftig können Sie selbst festlegen, welche Daten für Werbezwecke verwendet werden.
- *"Do Not Track'-Anfrage senden"*: Der Browser sendet an aufgerufene Webseiten einen Befehl, dass diese keine Benutzerdaten auswerten darf (beispielsweise für Werbung). In der Praxis hat dies aber keine Auswirkungen, weil sich kein Webseitenbetreiber daran hält.
- *Seiten vorab laden*: Der Browser lädt alle verlinkten Webseiten vorab, die Sie vermutlich als nächstes durch Antippen öffnen.
- *Inkognito-Tabs beim Verlassen von Chrome sperren*: Wenn den den Chrome-Browser verlassen, werden Inkognito-Tabs automatisch gesperrt und erst nach Eingabe einer PIN oder per Fingerabdruck wieder freigegeben. Dazu muss die Gerätesperre des Handys aktiviert sein.

Unter *Sicherheit*:

- *Safe Browsing*: Schützt Sie vor Angriffen durch bösartige Webseiten. Die Voreinstellung sollten Sie nicht ändern.
- *Immer sichere Verbindungen verwenden*: Der Aufruf Websites ohne Unterstützung von verschlüsselten Verbindungen wird mit einem Warnhinweis quittiert. Wir raten von der Aktivierung dieser Option ab, da sie keine zusätzliche Sicherheit bietet, denn fast alle Websites, die Verschlüsslung unterstützen, schalten automatisch beim ersten Aufruf darauf um.
- *Sicheres DNS verwenden*: Das DNS-Protokoll wird verwendet, um Websites im Internet zu finden und anzuzeigen (Umsetzung von Website-Namen in IP-Adressen). Sie sollten die Voreinstellung nicht ändern.
- *Smartphone als Sicherheitsschlüssel*: Nicht von Google dokumentiert.
- *Auf Zahlungsmethoden zugreifen*: Nicht von Google dokumentiert.

❸ Rufen Sie *Browserdaten löschen* auf für das Auswahlmenü:

- *Browserverlauf*: Die Adressen einmal besuchter Seiten speichert der Browser zwischen und zeigt sie dann als Auswahl an, wenn Sie eine ähnliche Webadresse in der Adresszeile angeben.

- *Cookies und Websitedaten*: Cookies sind Daten, die von Webseiten auf Ihrem Gerät abgelegt werden, um Sie bei einem späteren Besuch wiedererkennen zu können. Es dürfte nur sehr selten Sinn machen, die vom Browser angelegten Cookies zu löschen.
- *Bilder und Dateien im Cache*: Zwischengespeicherte Dateien.

Nachdem Sie die gewünschten Optionen eingestellt haben, betätigen Sie *Daten löschen.*

14.9.2 Bedienungshilfen

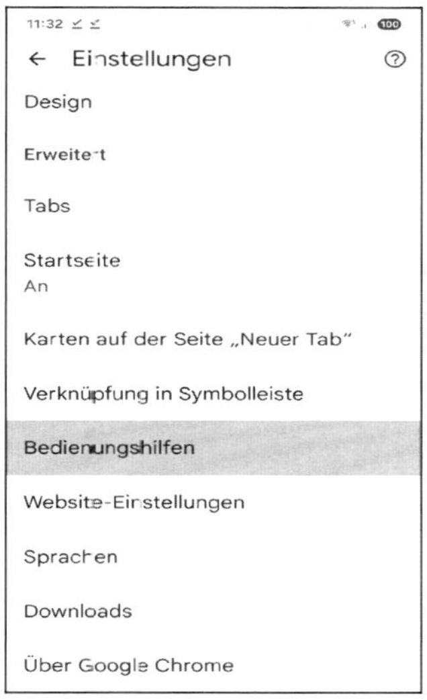

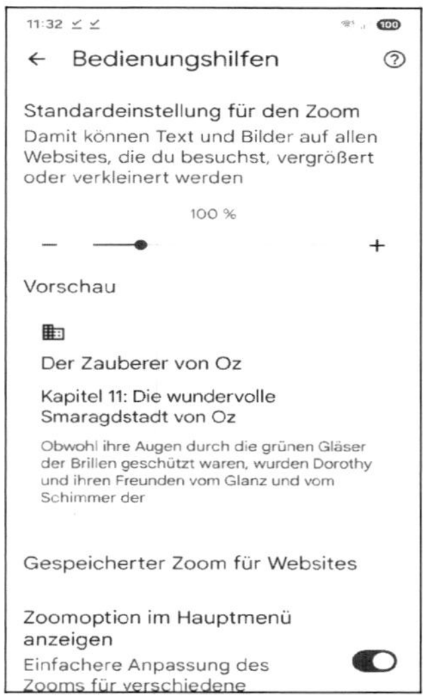

❶❷ Das *Bedienungshilfen*-Menü sind für Personen mit eingeschränkter Sehkraft gedacht:

- *Standardeinstellung für den Zoom*: Vergrößert die Textdarstellung.
- *Gespeicherter Zoom für Websites*: Nicht von Google dokumentiert.
- *Zoomoption im Hauptmenü anzeigen*: Im ⋮-Menü finden Sie die Option *Zoomen.*
- *Zoom zwingend aktivieren*: Manche für Handys optimierte Webseiten lassen sich nicht durch Doppeltippen oder eine Kneifgeste vergößern. Wenn Sie das stört, aktivieren Sie diese Option.
- *Vereinfachte Ansicht für Webseiten*: Sofern eine Webseite bestimmte Merkmale aufweist, können Sie über eine Schaltleiste neben der Adressleiste auf eine reine Textansicht umschalten.
- *Untertitel*

14.9.3 Website-Einstellungen

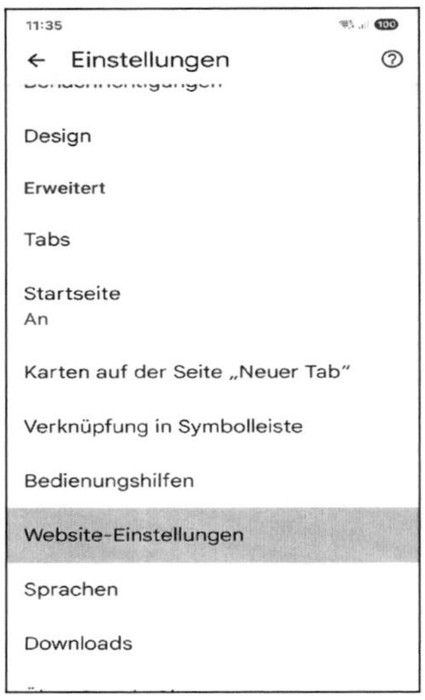

❶❷ *In den Website-Einstellungen legen Sie fest, welche Daten oder Funktionen von Ihnen besuchte Websites nutzen dürfen. Sie sollten die Voreinstellungen nicht verändern.*

14.10 Lesezeichen auf dem Startbildschirm

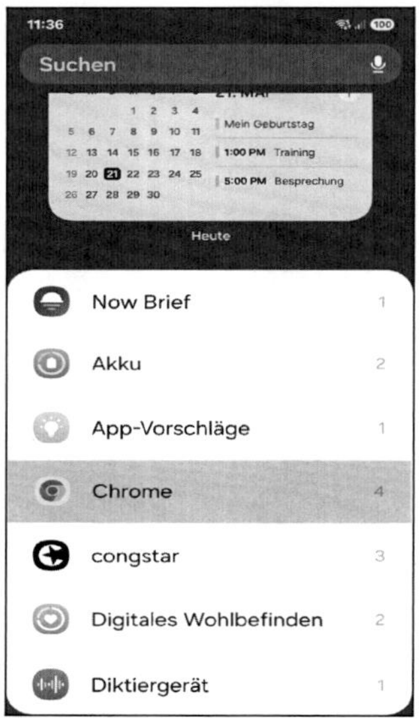

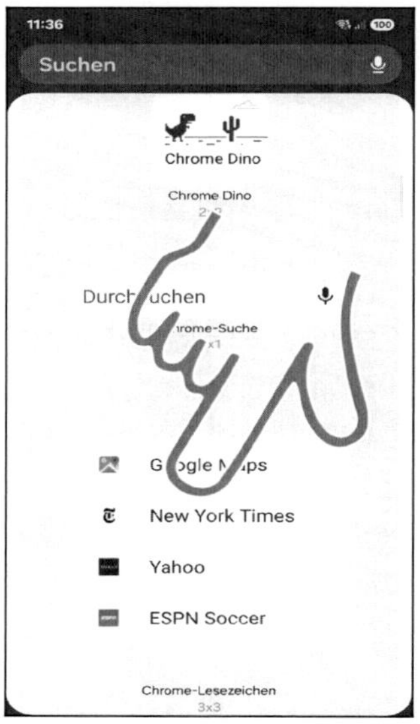

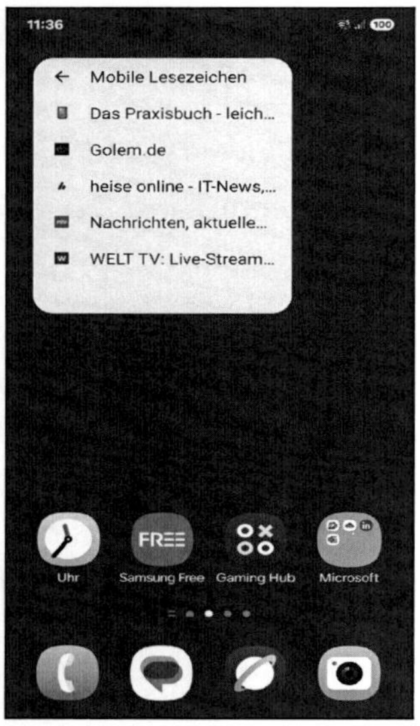

❶❷ Der schnelle Aufruf von Lesezeichen aus dem Startbildschirm ist über das *Chrome-Lesezeichen*-Widget möglich. Gehen Sie dazu auf *Chrome* und dann auf *Chrome-Lesezeichen* in den Widgets. Wie Sie Widgets auf dem Startbildschirm anlegen, erfahren Sie im Kapitel *4.7.2 Widgets*.

❸ Das Chrome-Lesezeichen-Widget ist aktiv.

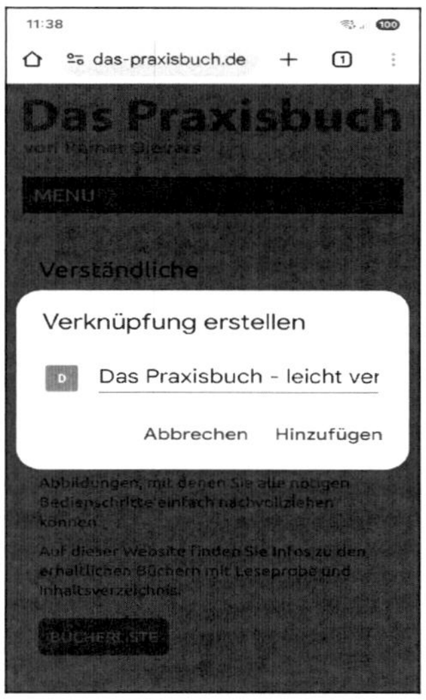

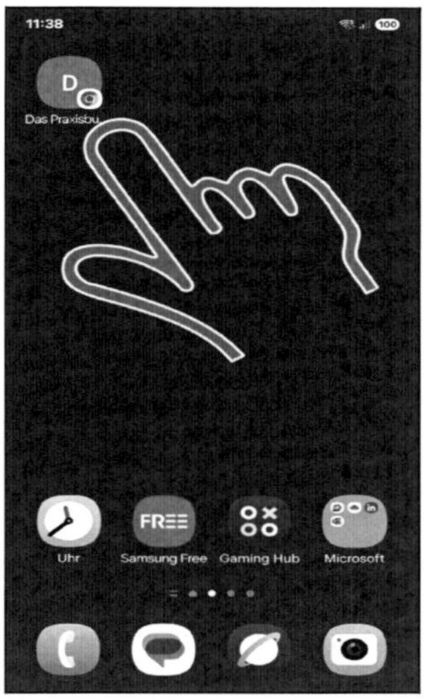

❶❷ Alternativ rufen Sie ⋮/*Zum Startbildschirm zufügen* auf, während eine Webseite angezeigt wird. Ändern Sie gegebenenfalls den Namen und betätigen Sie *Hinzufügen* und dann erneut *Hinzufügen.*

❸ Die Webseite können Sie nun direkt über den Schnellzugriff im Startbildschirm aufrufen.

15. WhatsApp

WhatsApp ist eine beliebte Anwendung, mit der man ganz einfach Nachrichten, Bilder, Videos und Sprachnachrichten an Freunde senden kann. Damit ersetzt WhatsApp die früher beliebte SMS, ist im Gegensatz dazu aber kostenlos solange man mit dem WLAN verbunden ist oder genug mobiles Datenvolumen hat.

WhatsApp ist einfach zu bedienen und weltweit verbreitet. Man braucht nur eine Handynummer zur Anmeldung, und die Anwendung synchronisiert automatisch die Kontakte aus dem Telefonbuch. Außerdem gibt es Funktionen wie Status-Updates, die ähnlich wie Stories auf Instagram oder Facebook funktionieren.

15.1 Erster Start

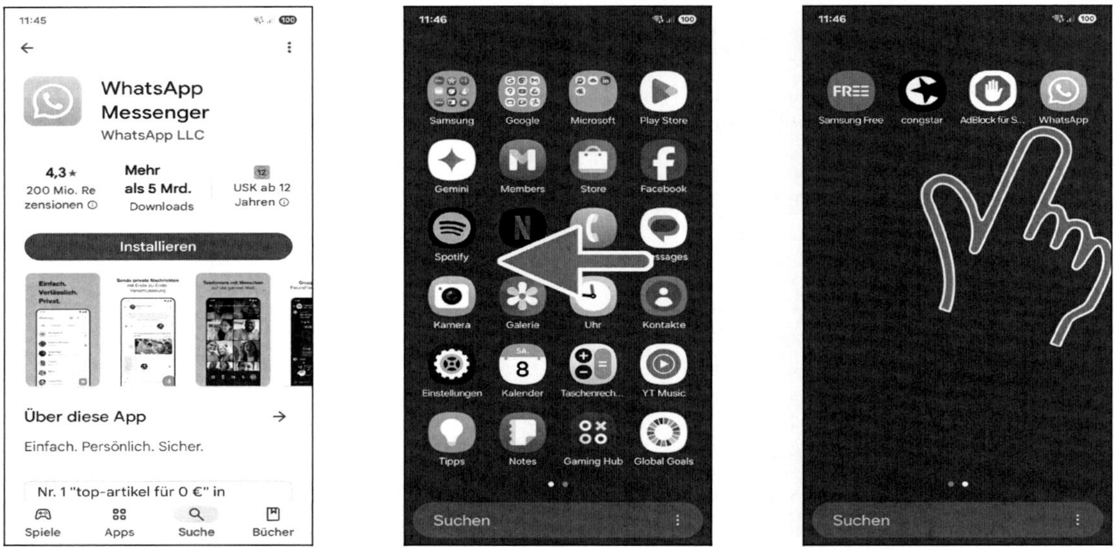

❶ Suchen und installieren Sie *WhatsApp Messenger* aus dem Google Play Store (siehe Kapitel *26.1 Play Store*).

❷❸ Sie finden das installierte Programm im Hauptmenü. Wechseln Sie gegebenenfalls mit einer Wischgeste nach links auf die zweite Bildschirmseite. Dort starten Sie dann *WhatsApp.*

❶ Beim ersten Start bestätigen Sie mit der grünen Schaltleiste die genutzte Sprache.

❷ Dann gehen Sie auf *Zustimmen und fortfahren.*

❸ Schließen Sie die zwei folgenden Popups mit *Zulassen.*

11:50
WhatsApp muss deine Telefonnummer verifizieren (ggf. fallen Kosten durch den Mobilfunkanbieter an). Was ist meine Nummer?
Deutschland
+ 49
01605040364
Weiter
Du musst mindestens 13 Jahre alt sein, um dich zu registrieren. Erfahre mehr darüber, wie WhatsApp mit den Meta-Unternehmen zusammenarbeitet.

11:50
WhatsApp muss deine Telefonnummer verifizieren (ggf. fallen Kosten durch den Mobilfunkanbieter an). Was ist meine Nummer?
Deutschland
+ 49
01605040364
Ist das die richtige Nummer?
+49 160 5040364
Bearbeiten
Ja

11:50
Nummer verifizieren
Zur automatischen Verifizierung durch einen verpassten Anruf auf deinem Telefon:
Erlaube WhatsApp, diesen Anruf zu verwalten, damit wir deine Telefonnummer anrufen und den Anruf automatisch beenden können.
Erlaube WhatsApp eine einmalige Überprüfung durch Zugreifen auf deine Anrufliste, damit wir bestätigen können, dass du den Anruf erhalten hast.
Erfahre mehr darüber, wie du deine Berechtigungen zur Telefonverifizierung verwalten kannst.
Weiter
Auf andere Weise verifizieren

➊ Dann müssen Sie sich erst beim WhatsApp-Netzwerk identifizieren, was über eine SMS geschieht. Geben Sie Ihre Handynummer ein und schließen Sie den Vorgang mit der *Weiter*- Schaltleiste ab.

➋ Betätigen Sie die Sicherheitsabfrage mit *OK*.

➌ Die Bestätigung Ihrer Handynummer kann, den Umständen entsprechend, unterschiedlich erfolgen. Bei neuen Nutzern erfolgt in der Regel der Versand einer SMS oder ein Anruf im Hintergrund. Folgen Sie einfach den Anweisungen!

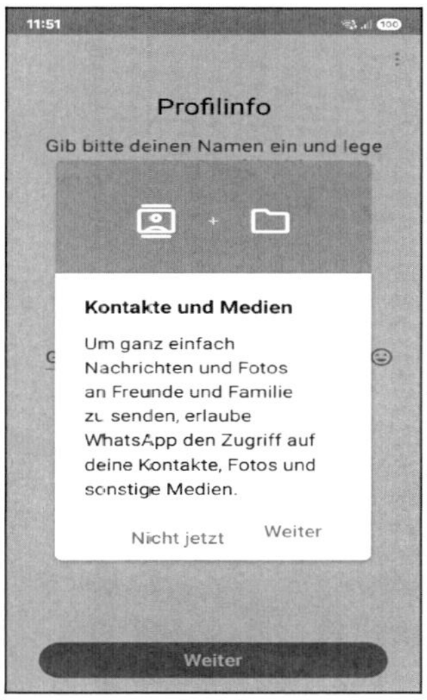
11:51
Profilinfo
Gib bitte deinen Namen ein und lege
Kontakte und Medien
Um ganz einfach Nachrichten und Fotos an Freunde und Familie zu senden, erlaube WhatsApp den Zugriff auf deine Kontakte, Fotos und sonstige Medien.
Nicht jetzt
Weiter
Weiter

11:55
Profilinfo
Gib bitte deinen Namen ein und lege optional ein Profilbild fest.
Gib hier deinen Namen ein.
WhatsApp erlauben, auf Fotos und Videos auf diesem Gerät zuzugreifen?
Eingeschränkten Zugriff zulass...
Vollen Zugriff zulassen
Nicht zulassen

11:55
Wenn du in der Vergangenheit ein Backup im Google-Speicher erstellt hast und es wieder herstellen möchtest, erlaube WhatsApp, dein Google-Konto nach Backups zu durchsuchen.
Berechtigung gewähren
Überspringen

➊ Betätigen Sie *Weiter*.

➋ Schließen Sie die folgenden Popups mit *Zulassen* beziehungsweise *Vollen Zugriff zulassen*.

➌ Falls Sie bisher noch kein WhatsApp genutzt hatten, betätigen Sie hier *Überspringen*, sonst *Berechtigung gewähren*.

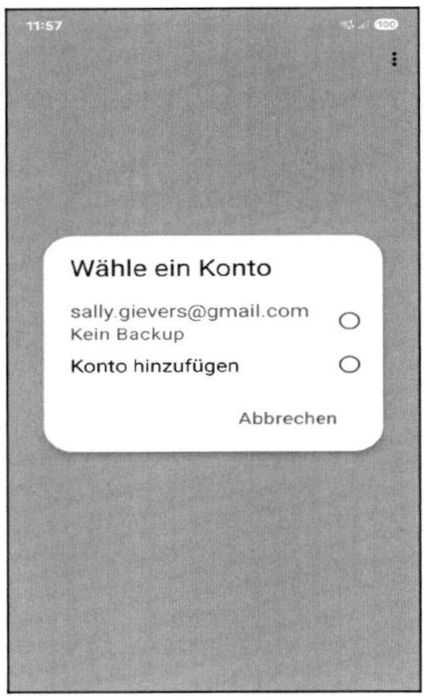

Sofern Sie zuvor *Berechtigung gewähren* gewählt hatten, erscheint ein Popup, in dem Sie das Google-Konto auswählen, wo die Datensicherung hinterlegt ist. Folgen Sie dann den Anweisungen

In diesem Fall wurde keine Datensicherung gefunden, weshalb Sie auf *Abbrechen* gehen (worauf Sie wieder im vorherigen Dialog landen, den Sie nun mit *Überspringen* schließen).

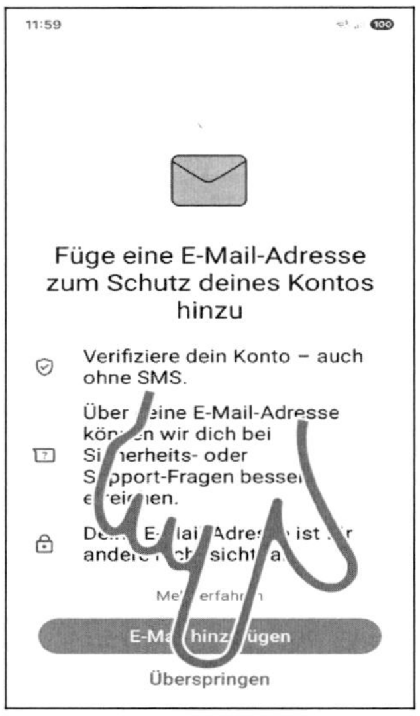

➊ Erfassen Sie Ihren Namen und tippen Sie auf *Weiter*.

➋ Das Angebot, eine E-Mail-Adresse zu hinterlegen, können Sie mit *Überspringen* ablehnen.

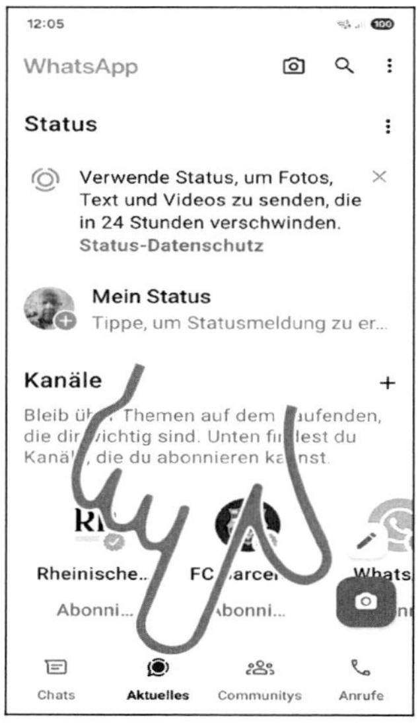

➊ Sie können nun das Programm nutzen!

➋ Die Register am unteren Bildschirmrand schalten um zwischen:

- *Chats*: Schreiben Sie mit anderen WhatsApp-Nutzern. Dabei ist es auch möglich, Sprachaufnahmen und Dateien zu versenden.
- *Aktuelles*: WhatsApp-Nutzer haben die Option, Fotos, Videos und Texte einzustellen, die dann für allen ihrer Kontakte für 24 Stunden angezeigt werden.
- *Communitys*: Verwaltet Gruppen, in denen sich mehrere WhatsApp-Nutzer austauschen können.
- *Anrufe*: Sie können mit anderen WhatsApp-Nutzern telefonieren. Dabei baut das Handy keine Sprachverbindung über das Mobilfunknetz auf, sondern die Sprachübertragung erfolgt über das Internet. Deshalb fallen keine Telefonkosten an.

15.2 Nachrichten schreiben

Damit Sie einer anderen Person per WhatsApp schreiben können, muss er sich mit seiner Handynummer in Ihrem Telefonbuch (siehe Kapitel *8 Telefonbuch*) befinden. Außerdem ist es notwendig, auf seinem Handy oder Tablet ebenfalls WhatsApp zu installieren.

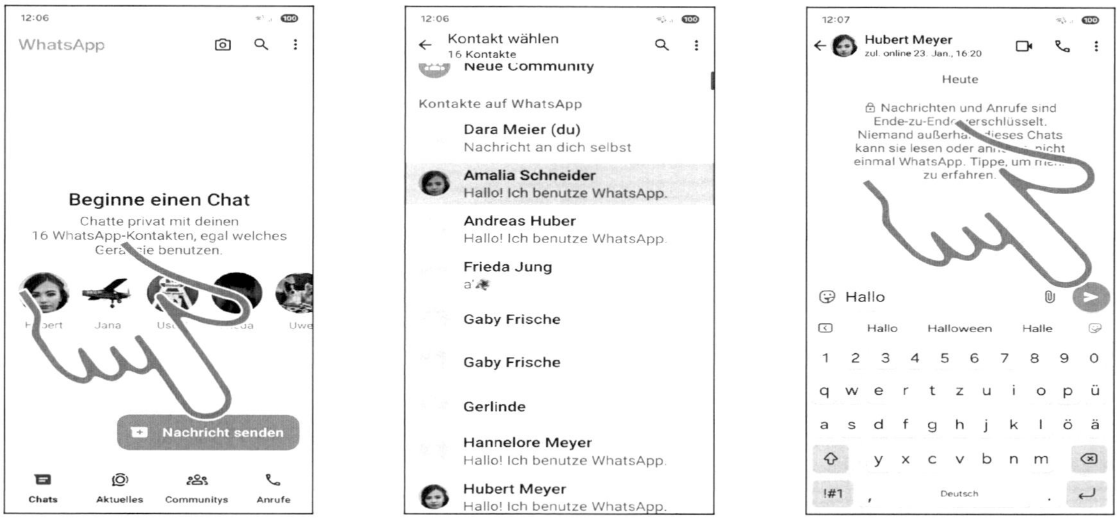

❶ Betätigen Sie ⊞.

❷ WhatsApp listet alle Kontakte auf, die das soziale Netzwerk nutzen, aus denen Sie einen auswählen.

❸ Nach Eingabe eines Textes versenden Sie ihn mit ➤.

❶ Ein Haken hinter jeder Ihrer Nachrichten informiert über den Versandstatus:

- ✓: Nachricht wurde erfolgreich versandt, aber noch nicht dem Empfänger zugestellt (beispielsweise weil er sich gerade in einem Funkloch befindet oder sein Handy ausgeschaltet hat).

- ✓✓: Der Doppelhaken erscheint zunächst grau, sobald die Nachricht den Empfänger erreicht. Hat der Empfänger sie gelesen, wir der Doppelhaken blau eingefärbt.

❷ Der Hinweis »online« beziehungsweise die Uhrzeit (Pfeil) informiert am oberen Bildschirmrand darüber, ob und wann der Empfänger zuletzt online war.

Wenn die Häkchen bei Ihnen grau bleiben, kann das folgende Gründe haben:

- Lesebestätigungen deaktiviert: Sowohl Sie als auch der Empfänger können in den Einstellungen von WhatsApp die Lesebestätigungen deaktivieren. Prüfen Sie bitte unter *Einstellungen/Datenschutz/Lesebestätigungen*, ob die Funktion bei Ihnen aktiviert ist. Wichtig: Wenn Sie die Lesebestätigungen deaktivieren, können Sie auch nicht sehen, ob andere Ihre Nachrichten gelesen haben.
- Der Empfänger hat die Lesebestätigungen deaktiviert: Auch wenn Ihre Einstellungen korrekt sind, werden die Häkchen grau bleiben, wenn der Empfänger die Funktion deaktiviert hat.
- Der Empfänger hat WhatsApp nicht geöffnet: Blaue Häkchen erscheinen erst, wenn der Empfänger WhatsApp öffnet und die Nachricht ansieht. Falls er die App längere Zeit nicht benutzt, bleiben die Häkchen grau.
- Gruppenchats: In Gruppenchats erscheinen blaue Häkchen erst, wenn alle Teilnehmer die Nachricht gelesen haben. Solange nicht alle die Nachricht angesehen haben, bleiben die Häkchen grau.

15.3 Nachrichten empfangen

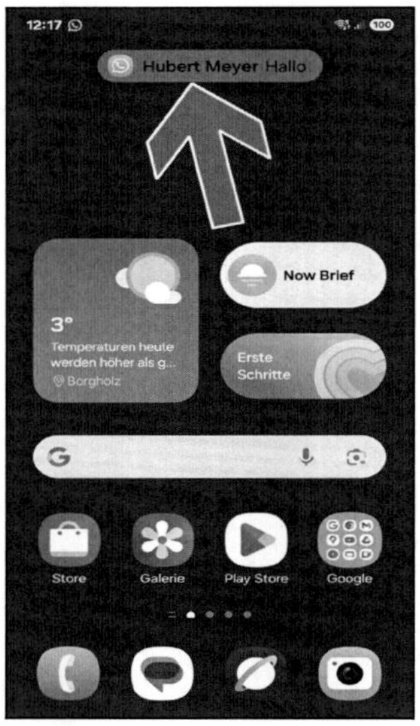

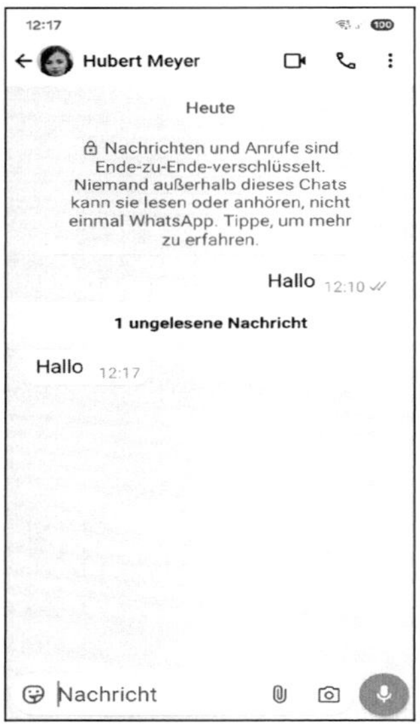

❶ Sie müssen die WhatsApp-Anwendung nicht permanent geöffnet haben, denn auch wenn Sie gerade nicht damit arbeiten, informiert Sie das Xiaomi mit akustischem Signal und Popup über neu vorliegende Nachrichten.

❷❸ Starten Sie dann entweder die WhatsApp-Anwendung oder gehen Sie im Benachrichtigungsfeld auf den WhatsApp-Eintrag.

15.4 Weitere Funktionen

12:17
WhatsApp
Jenny Hoppe
14:38
Hallo
Sally
14:31
Hallo, wie geht's euch denn?
Tippe und halte einen Chat für weitere Optionen
Chats
Aktuelles
Communitys
Anrufe

12:17
WhatsApp
Heute
Nachrichten und Anrufe sind Ende-zu-Ende-verschlüsselt. Niemand außerhalb dieses Chats kann sie lesen oder anhören, nicht einmal WhatsApp. Tippe, um mehr zu erfahren.
Hallo, wie geht's euch denn?
14:31
Nachricht

❶❷ Auf die Konversationen mit Ihren Kontakten greifen Sie über die Auflistung im Hauptmenü zu.

12:17
Jenny Hoppe
HEUTE
Nachrichten in diesem Chat sowie Anrufe sind jetzt mit Ende-zu-Ende-Verschlüsselung geschützt. Tippe für mehr Infos.
Hallo
12:04
Was machst Du heute Abend?
12:09

Video
Foto

Nach oben wischen für Filter
Bildunterschrift hinzufügen ...
Sally

❶ Besonders beliebt ist die Option, Fotos oder Sprachaufnahmen zu verschicken, was über die Schaltleisten am unteren Bildschirmrand (Pfeil) erfolgt.

❷❸ Beim Fotoversand knipsen Sie zunächst mit der runden Schaltleiste (Pfeil) ein Bild, danach erfolgt mit ➤ der Versand.

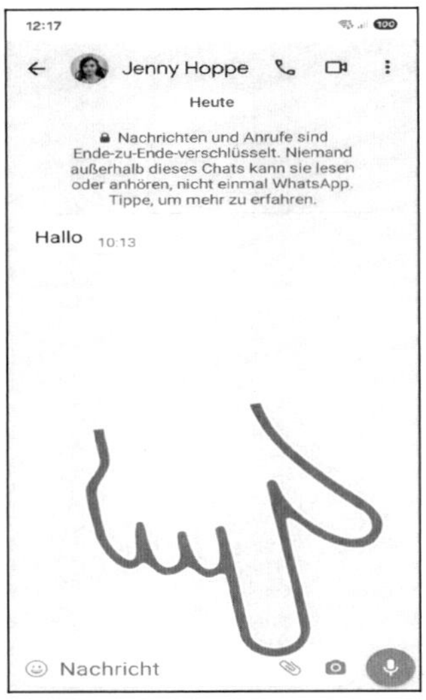

❶❷ Andere Dateien, darunter auch bereits auf dem Handy vorhandene Fotos, verschicken Sie dagegen über die 📎-Schaltleiste.

15.5 Telefonie mit WhatsApp

Wie bereits erwähnt, bietet WhatsApp eine Telefonie-Funktion, welche über das Internet statt über eine Mobilfunk-Sprachverbindung erfolgt und deshalb kostenlos ist.

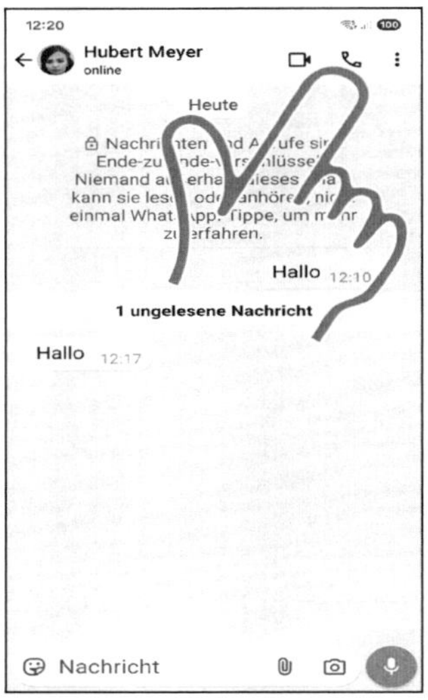

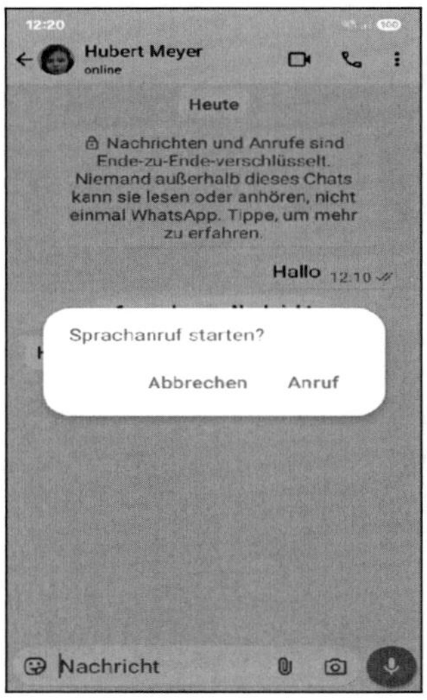

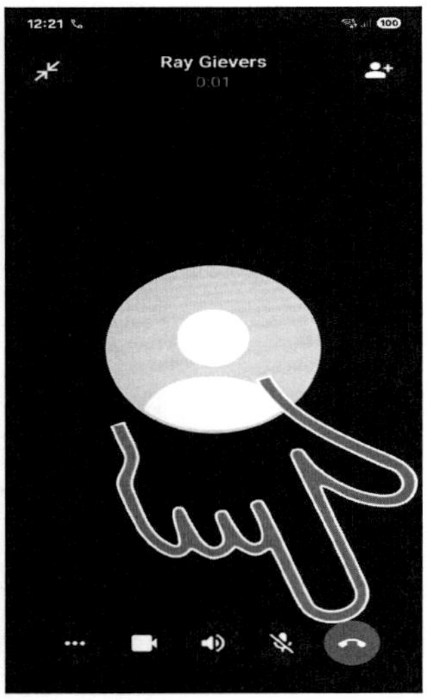

❶❷ Anrufe führen Sie jederzeit in einem Chat über die 📞-Schaltleiste (Pfeil) durch (die Schaltleiste daneben dient Videoanrufen). Schließen Sie die folgenden Popups mit *Anruf* beziehungsweise *Weiter* und *Bei Nutzung der App*.

❸ Die rote Schaltleiste im unteren Bildschirmdrittel beendet später das Gespräch.

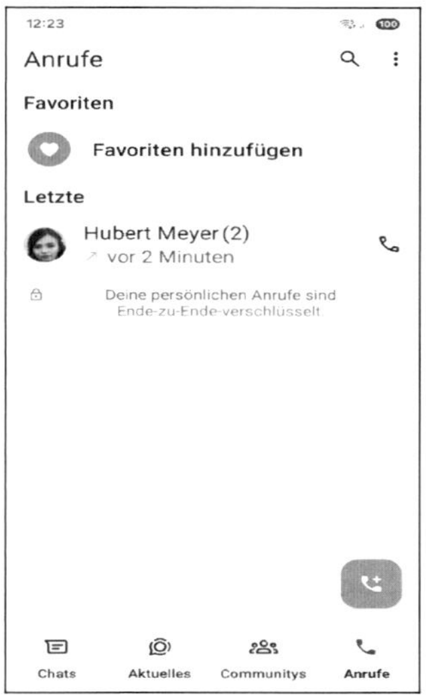

❶❷ Die durchgeführten Anrufe listet das *Anrufe*-Register (Pfeil) auf.

❸ Nehmen Sie eingehende Anrufe über *Annehmen* im Popup am oberen Bildschirmrand an.

15.6 Videotelefonie mit WhatsApp

Die Videotelefonie ähnelt der oben vorgestellten Telefonie, allerdings sehen Sie die beiden Kommunikationspartner. Dadurch wird das Gespräch persönlicher.

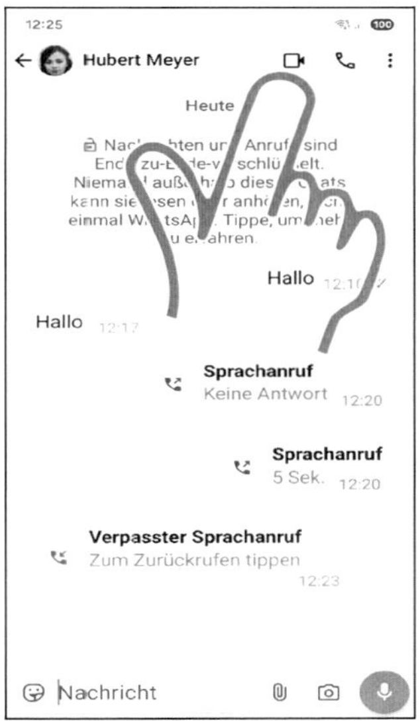

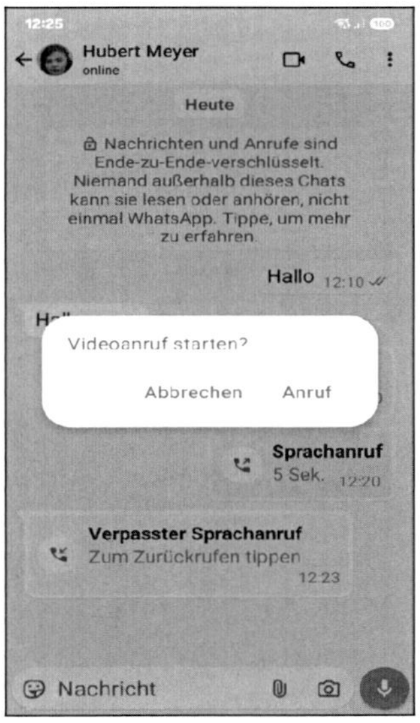

❶❷ Betätigen Sie die -Schaltleiste und bestätigen Sie mit *Anruf*. Die folgenden Abfragen beantworten Sie mit *Weiter* beziehungsweise *Bei Nutzung der App*.

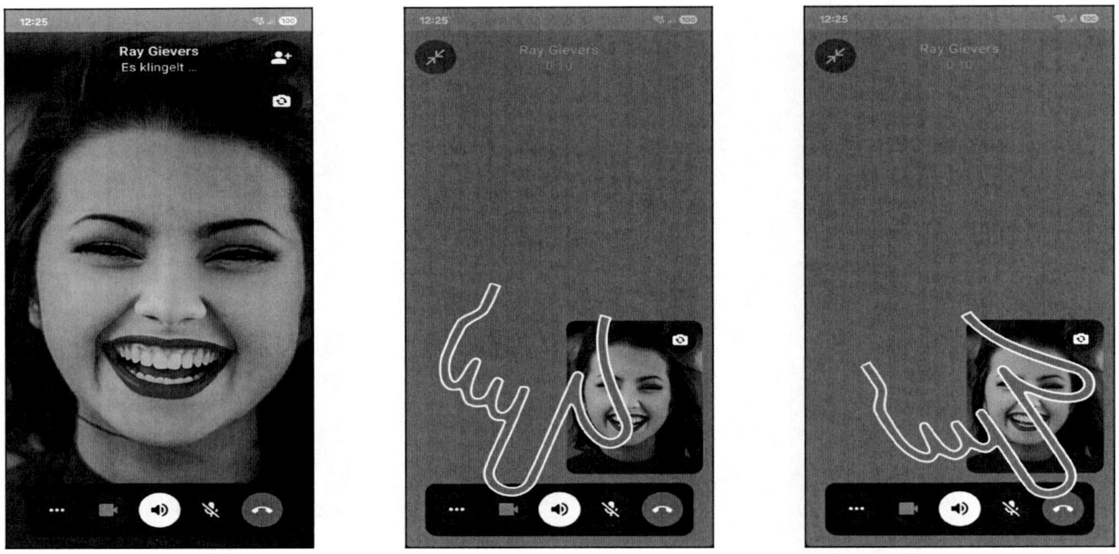

❶ Während Sie warten, dass der Angerufene annimmt, sehen Sie bereits Ihr eigenes Videobild.

❷ Antippen Ihres Videobilds bringt Ihr eigenes Bild in den Vordergrund, während das Bild Ihres Gegenübers als »Briefmarke« erscheint.

Die Schaltleisten am unteren Bildschirmrand:

- : Videoanzeige umschalten
- : Eigenes Videobild ausschalten
- : Eigenes Video stumm schalten

❸ Die rote Schaltleiste beendet das Gespräch.

Das Handy informiert über eingehende Videoanrufe mit einem Popup. Betätigen Sie dort *Video*.

15.7 Eigene Kontaktinfos

Sie haben die Möglichkeit, Ihr eigenes WhatsApp-Konto zu personalisieren.

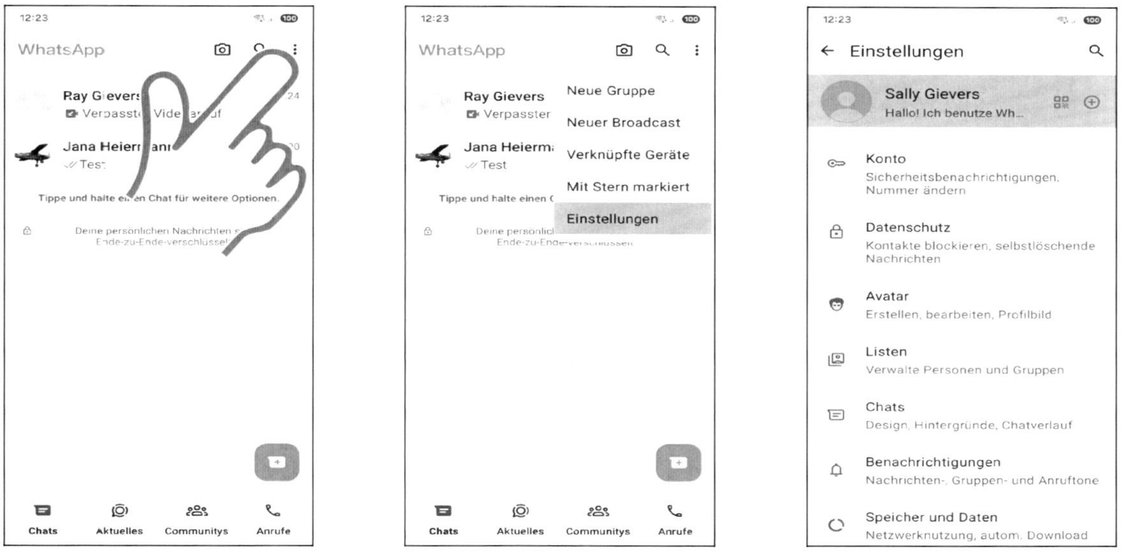

❶❷ Rufen Sie ⁝/*Einstellungen* auf.

❸ Hier gehen Sie auf das erste Menü.

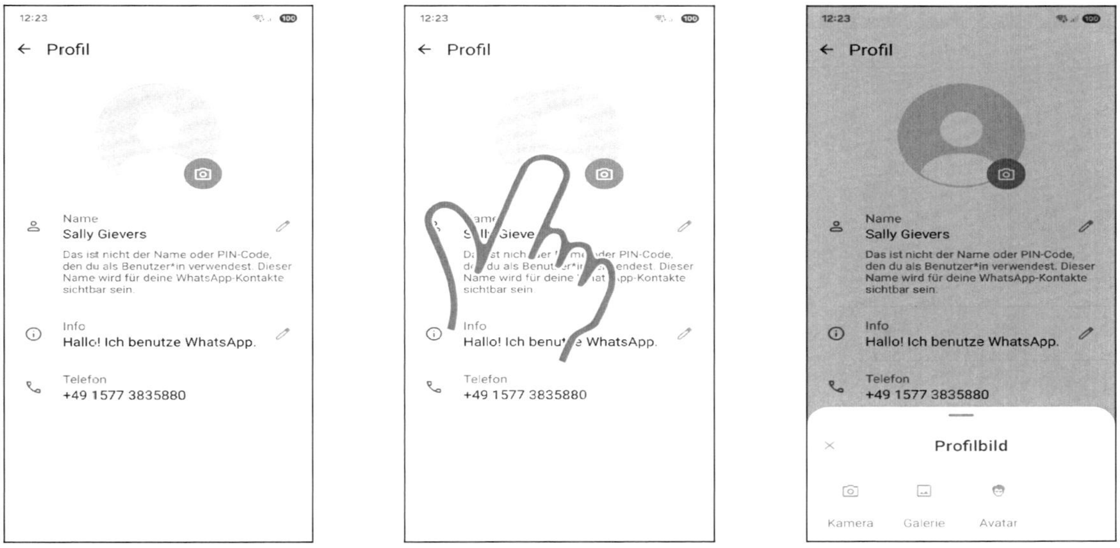

❶ In diesem Bildschirm können Sie bei Bedarf Ihren Namen (den Sie bei der Ersteinrichtung von WhatsApp eingegeben hatten) ändern. Unter *Info* erfassen Sie weitere Infos, beispielsweise Hinweise zur Erreichbarkeit oder über Ihre Person.

❷ Sie möchten Ihr Foto bei WhatsApp hinterlegen, damit Gesprächspartner sofort wissen, wer Sie sind? Dann tippen Sie oben ins runde Kontaktsymbol.

❸ Folgende Optionen stehen zur Auswahl:

- *Kamera*: Foto mit der Kamera erstellen.
- *Galerie*: Ein bereits zuvor geknippstes Foto verwenden.
- *Avatar*: Eine Art Comicfigur erstellen.

In unserem Beispiel verwenden wir *Kamera*.

❶ Halten Sie die Kamera auf das Motiv und betätigen Sie die weiße Schaltleiste.

❷ Falls Sie mit dem Foto nicht zufrieden sind, tippen Sie auf ✕, sonst erneut auf die weiße Schaltleiste.

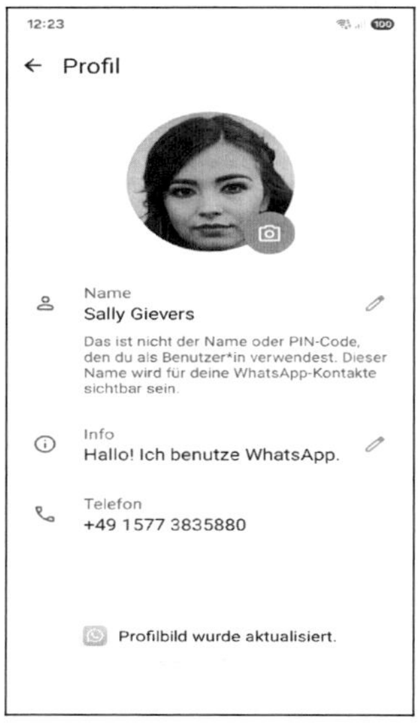

❶ Verschieben Sie die Begrenzungen auf den gewünschten Bildausschnitt und gehen Sie auf *Fertig.*

❷ Das Profilfoto ist nun bei allen Ihren Gesprächspartnern sichtbar.

16. Google Maps

Google Maps zeigt nicht nur Straßenkarten, sondern auch Satellitenansichten an und dient als mobiles Navigationsgerät. Beachten Sie, dass Google Maps die Kartenausschnitte jeweils aus dem Internet lädt, also eine WLAN- oder Mobilfunkverbindung bestehen muss.

Google Maps können Sie auch auf dem Desktop-PC im Webbrowser nutzen: Geben Sie dort *maps.google.de* als Webadresse ein.

16.1 Google Maps nutzen

➊➋ Gehen Sie im Startbildschirm oder Hauptmenü auf den *Google*-Ordner und darin auf *Maps*.

➌ Wir empfehlen Ihnen jetzt, das Handy neu zu starten (siehe Kapitel *4.16 Handy ausschalten oder neu starten*). Rufen Sie dann Google Maps erneut auf. Sie sorgen damit dafür, dass das Programm seine Benutzeroberfläche korrekt einrichtet.

➊➋ Schließen Sie jetzt mit einer Wischgeste nach unten das Ausklappmenü.

❶❷ Sie müssen für Google Maps Ihre GPS-Position einmalig freigeben. Dazu tippen Sie auf den Kompass und schließen das Popup mit *Bei Nutzung der App*. Sie gestatten damit Google Maps den Zugriff auf Ihren aktuellen Standort.

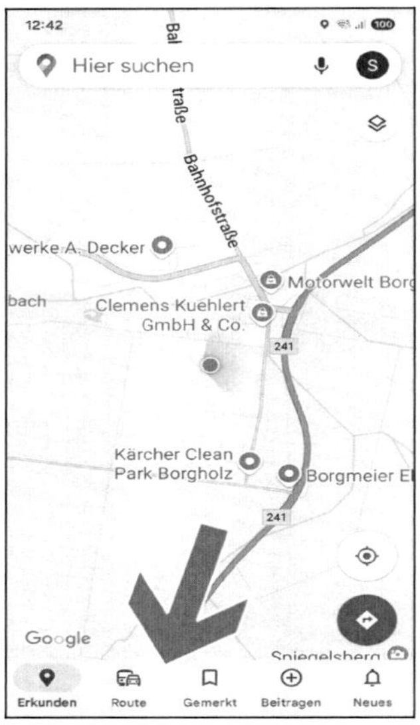

❶ Eventuell zeigt Google Maps bei Ihnen 5 Schaltleisten am unteren Bildschirmrand an. Dies weist darauf hin, dass die Anwendung nicht richtig installiert wurde. Starten Sie in dem Fall einfach das Handy neu (siehe Kapitel *4.16 Handy ausschalten oder neu starten*) und rufen Sie Google Maps erneut auf.

❷ Google Maps ist nun korrekt installiert, wie man an den 3 Schaltleisten erkennt.

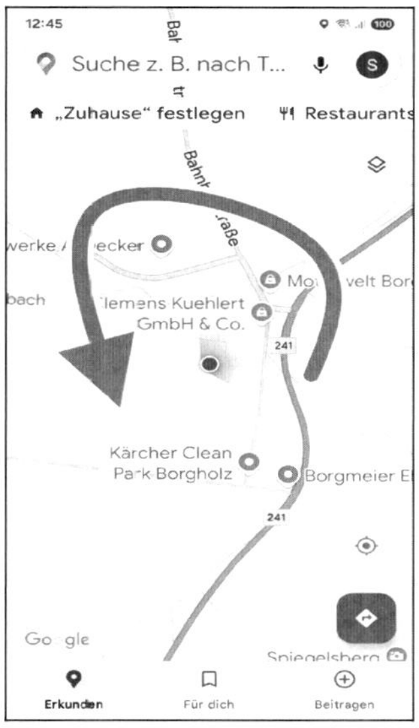

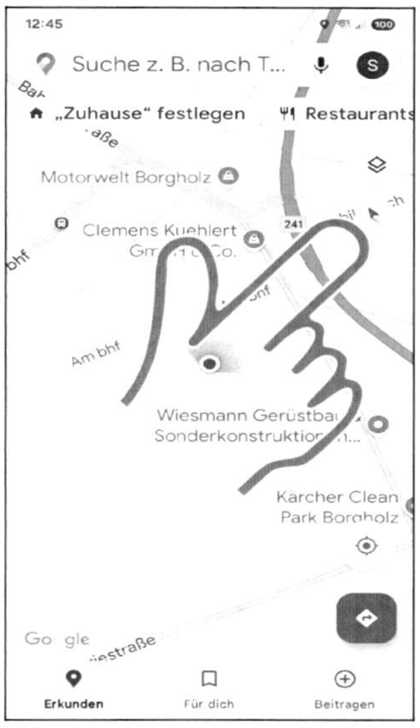

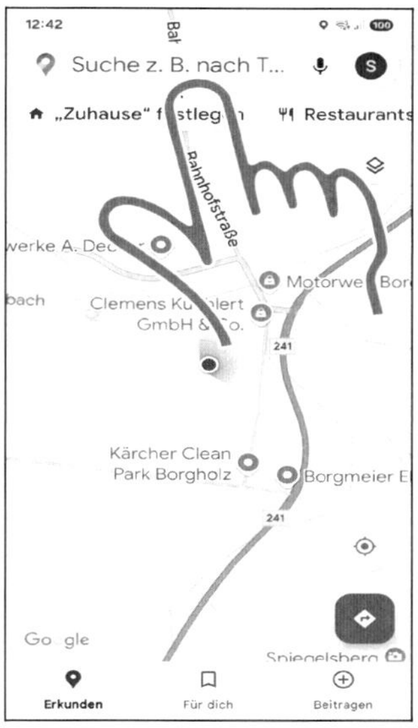

➊ Bei Google Maps ist Norden standardmäßig oben. Fußgänger dürften deshalb die Drehfunktion begrüßen: Tippen Sie mit zwei Fingern, zum Beispiel Daumen und Zeigefinger, auf das Display und drehen Sie beide Finger dann um sich selbst. Der Kartenausschnitt dreht sich mit. Als Fußgänger richten Sie so den Kartenausschnitt genau in Gehrichtung aus.

➋ Eine Kompassnadel oben rechts zeigt nun die Nord/Süd-Achse an. Tippen Sie darauf, richtet sich der Kartenausschnitt wieder nach Norden aus.

➌ Die Bedienelemente:

- Suchfeld (Pfeil): Nach Orten, Firmen, Adressen oder Sehenswürdigkeiten suchen.
- 🎤 (im Suchfeld): Sprechen Sie einen Ort oder einen Point of Interest, nach dem Google Maps suchen soll.
- ⊙ (»Mein Standort«, unten rechts im Bildschirm): Zeigt nach Antippen Ihre vom GPS-Empfänger ermittelte Position auf der Karte an. Dazu muss allerdings der GPS-Empfang (siehe nächstes Kapitel) aktiviert sein.
- ◆ (»*Los*«): Plant eine Route und gibt Ihnen eine Wegbeschreibung.

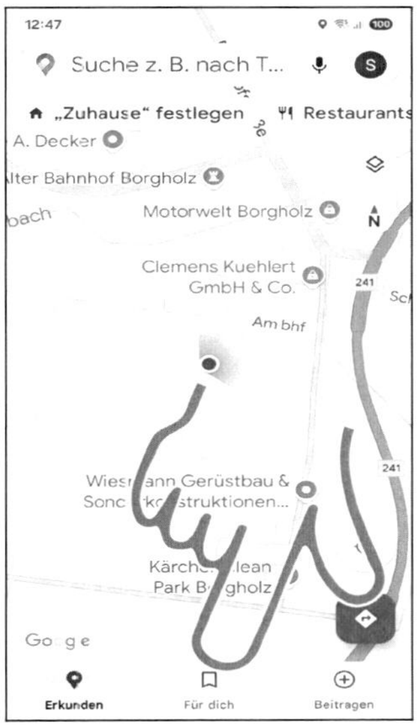

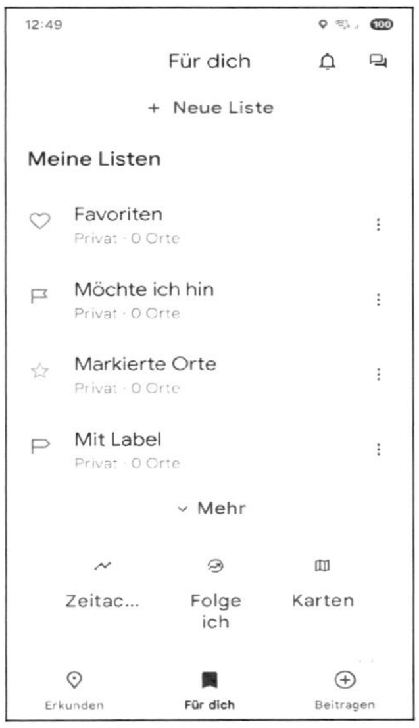

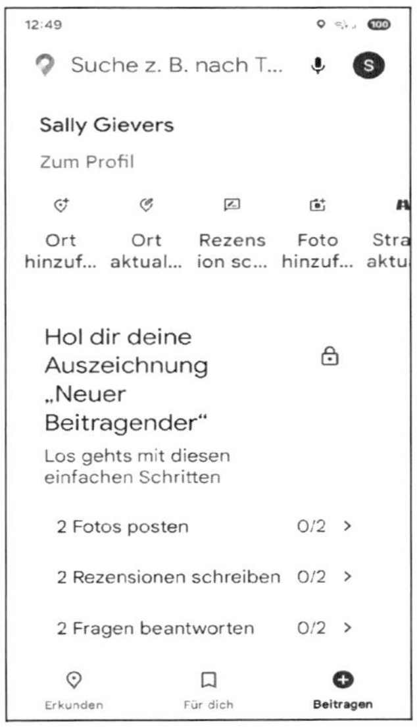

➊ Die Register am unteren Bildschirmrand:

- *Erkunden*: Die standardmäßige Kartenanzeige.
- *Für dich* (➋): Verwaltet die von Ihnen als Favoriten markierten Points of Interest, worauf Kapitel *16.8.1 Markierungen* noch eingeht.
- *Beitragen* (➌): Google legt großen Wert auf Nutzerbeteiligung. Beispielsweise dürfen Sie

fehlerhafte Daten melden und Rezensionen zu Restaurants, Läden usw. schreiben.

Für die in diesem Buch beschriebene Kartennutzung aktivieren Sie das *Erkunden*-Register.

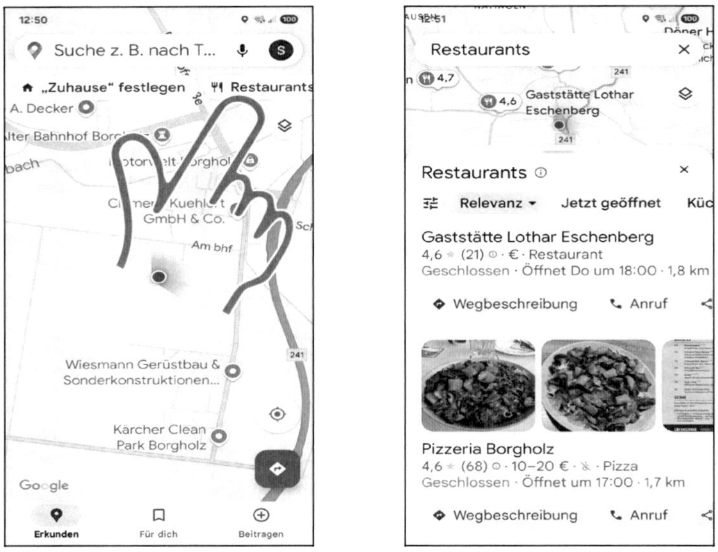

❶❷ Google Maps kennt fast alle Firmen, Geschäfte und Gastronomiebetriebe. Die Schaltleisten am oberen Bildschirmrand listen diese auf – aber darauf kommen wir noch später (Kapitel *16.8 Google Local*).

16.2 Eigene Position

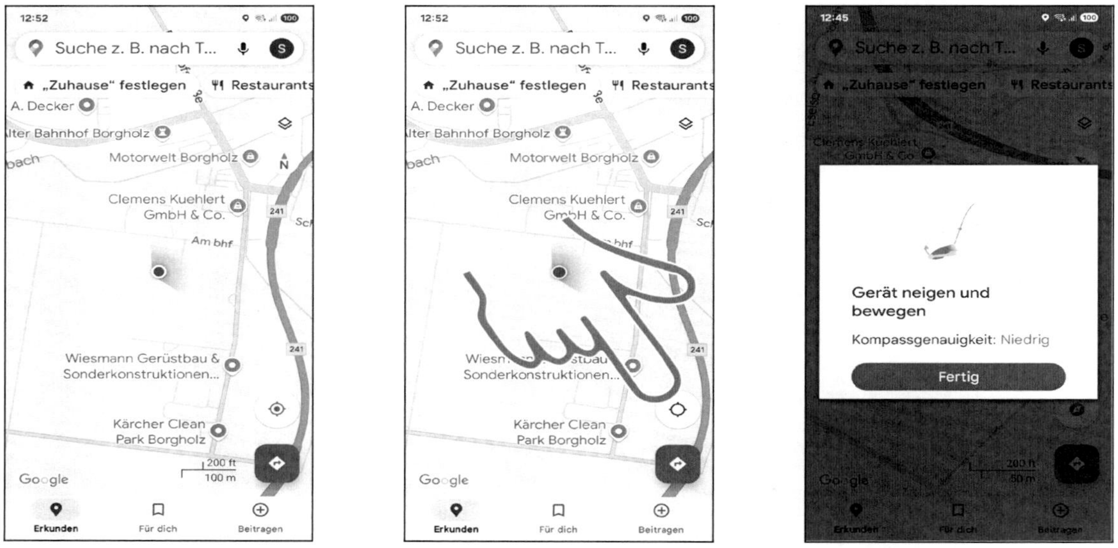

❶ Vielleicht ist Ihnen schon der kleine blaue Punkt aufgefallen, der Ihren aktuellen Standort anzeigt. Der vom blauen Punkt ausgehende Schweif zeigt Ihre ungefähre Blickrichtung (genauer: die Richtung, in die Sie das Handy halten) an.

❷ Sie haben mit Wischgesten die Kartenansicht geändert? Dann bringt Sie einmaliges Antippen von ⌖ wieder zum aktuellen Standort zurück.

❸ Beim ersten Mal wird Sie das Handy zur Kompasskalibrierung auffordern, dem Sie nachkommen sollten. Betätigen Sie dann *Fertig*.

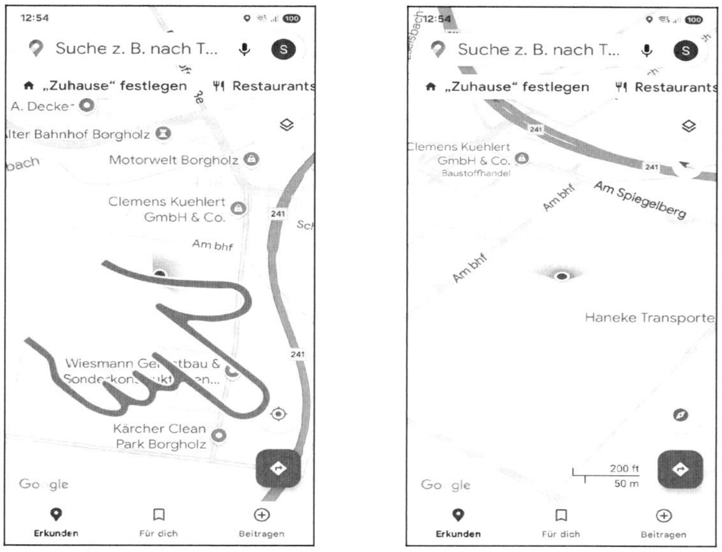

❶❷ Falls Sie zu Fuß unterwegs sind, dürfte die sogenannte isometrische Ansicht für Sie interessant sein: Tippen Sie auf ⊕, worauf sich die Bildschirmanzeige an die Richtung orientiert, in die Sie das Handy halten. Betätigen von ⊘ schaltet wieder auf die Standardansicht um.

16.3 Parken

Falls Sie häufiger an verschiedenen Orten mit Ihrem Auto parken müssen, dürften Sie manchmal nach Ihrem Gefährt später länger gesucht haben. Abhilfe schafft die Parken-Funktion von Google Maps.

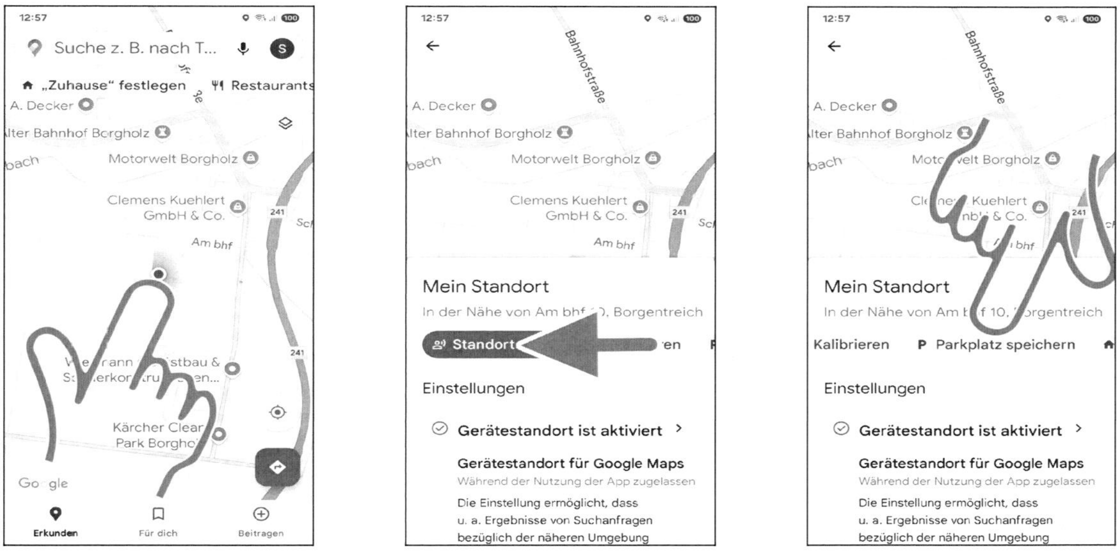

❶ Tippen Sie auf die blaue Standortanzeige.

❷❸ Wischen Sie auf den Schaltflächen nach links und gehen Sie auf *Parkplatz speichern.*

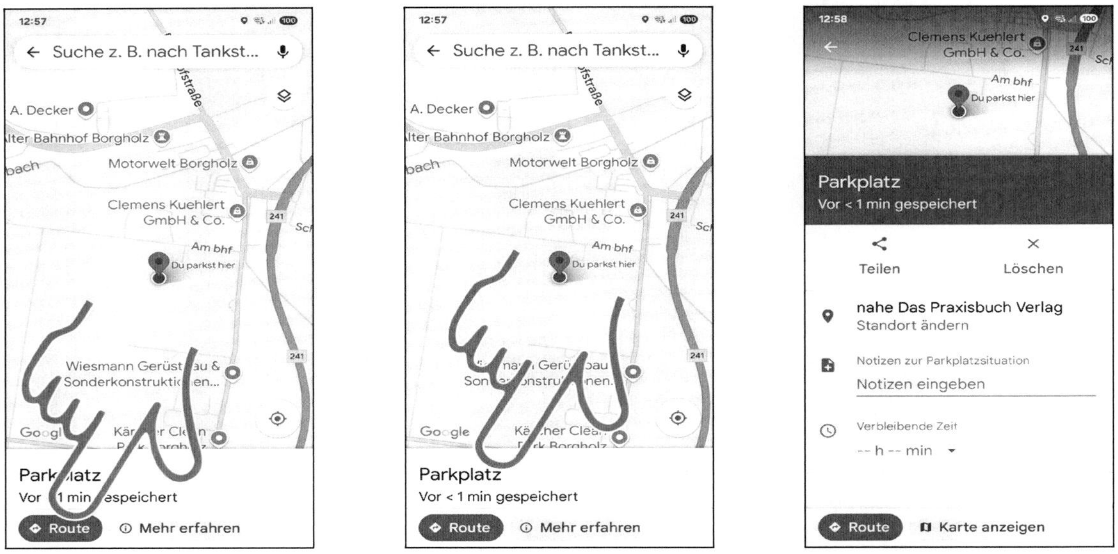

❶ Google Maps informiert mit einer Markierung in der Karte über Ihren Parkplatz. *Route* am unteren linken Bildschirmrand führt Sie später wieder zu Ihrem Gefährt zurück.

❷❸ Antippen von *Parkplatz* öffnet das Menü, in dem Sie unter *Verbleibende Zeit* einen nützlichen »Wecker« einstellen, damit Sie sich kein Bußgeld für die Überziehung der Parkzeit einhandeln. *Löschen* beendet die Parkplatz-Funktion.

16.4 Kartenausschnitt auf dem Gerät speichern

Google Maps hat gegenüber normalen Navis den Vorteil, immer tagesaktuelle Karten bereitzustellen, welche aus dem Internet nachgeladen werden. Problematisch wird es nur, wenn man das Handy unterwegs nutzt, da dann ja das Fehlen des WLAN-Empfangs die Kartenaktualisierung verlangsamt, denn häufig steht dann nur eine langsame Mobilfunkverbindung zur Verfügung, mit der Google Maps kaum Spaß macht. Deshalb unterstützt Google Maps die lokale Speicherung der Kartendaten auf dem Gerät.

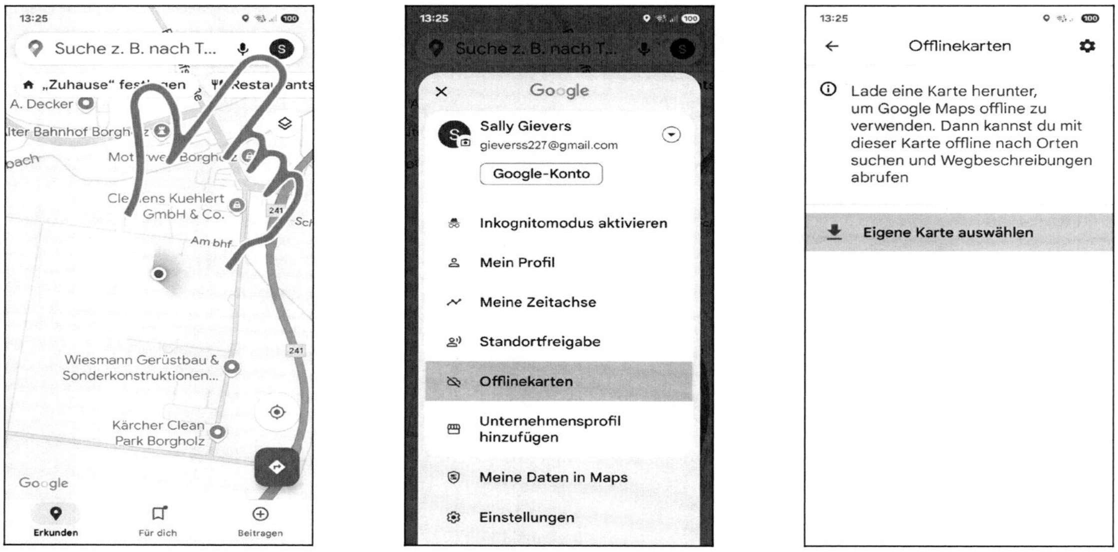

❶ Tippen Sie auf das runde Kontosymbol.

❷ Rufen Sie *Offlinekarten* auf.

❸ Tippen Sie auf *Eigene Karte auswählen.*

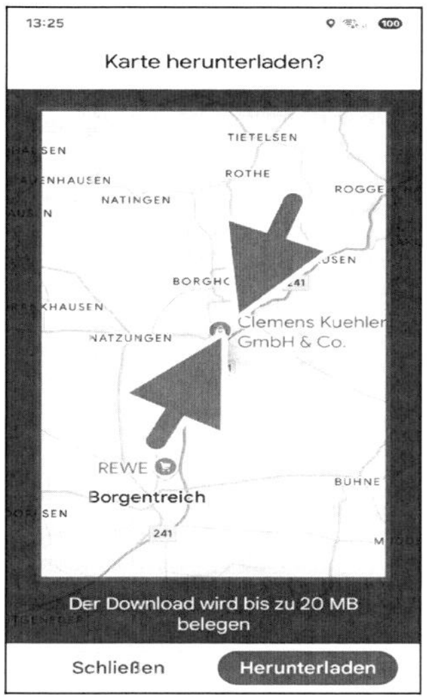

❶❷ Die Größe des lokal gespeicherten Kartenausschnitts stellen Sie ein, indem Sie den Kartenausschnitt vergrößern oder verkleinern (mit zwei Fingern auf das Display halten und dann beide auseinander-/zusammenziehen). Betätigen Sie dann *Herunterladen.* Schließen Sie den Bildschirm mit der ᐸ-Taste. Das Herunterladen geschieht im Hintergrund.

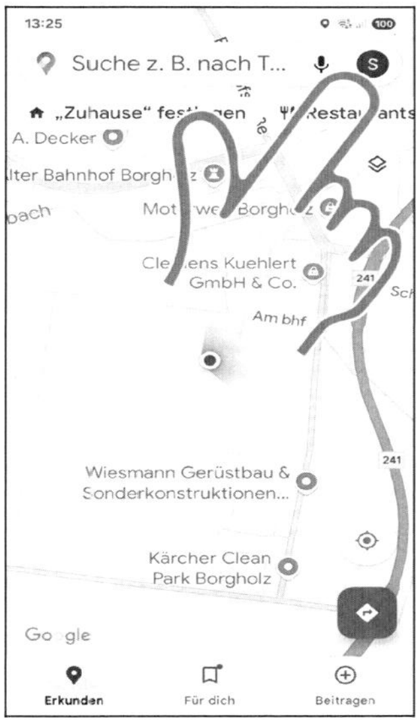

❶ So aktualisieren beziehungsweise löschen Sie die Kartendaten: Tippen Sie auf das runde Kontosymbol.

❷ Rufen Sie *Offlinekarten* auf.

❶❷ Öffnen Sie das ⁝-Menü. Sie können die Kartendaten nun löschen oder aktualisieren.

16.5 Suche

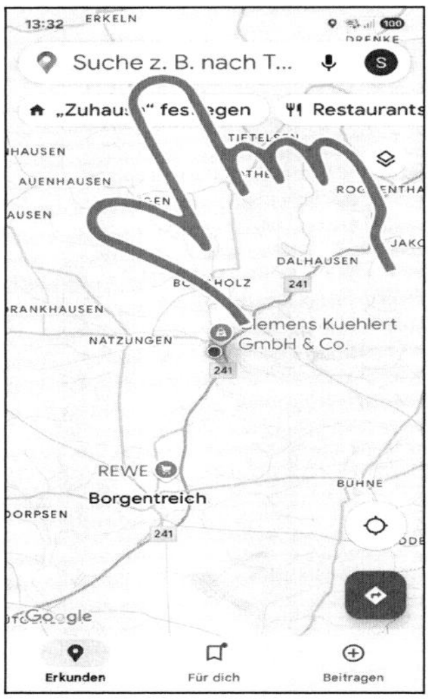

❶ Gehen Sie ins Suchfeld (Pfeil), um Adressen oder Sehenswürdigkeiten (Points of Interest) aufzufinden.

❷ Geben Sie eine Adresse ein und bestätigen Sie mit 🔍 im Tastenfeld. Google Maps macht hier während der Eingabe auch Vorschläge, die Sie direkt auswählen können.

➊ Google Maps zeigt die Adresse mit einer Markierung in der Karte an. Am unteren Bildschirmrand erscheint ein Ortshinweis, daneben die Fahrtzeit mit dem Auto. Tippen Sie auf den Ortshinweis (Pfeil).

➋ Es öffnet sich ein Dialog mit weiteren Bedienelementen:

- *Route*: Fahrtrouten vorschlagen.
- *Starten:* Zum Ort navigieren (siehe Kapitel *16.6 Navigation*).
- *Speichern*: Den Ort als Favorit speichern. Siehe Kapitel *16.8.1 Markierungen*.
- *Teilen*: GPS-Position als Web-Link beispielsweise per SMS oder E-Mail versenden.

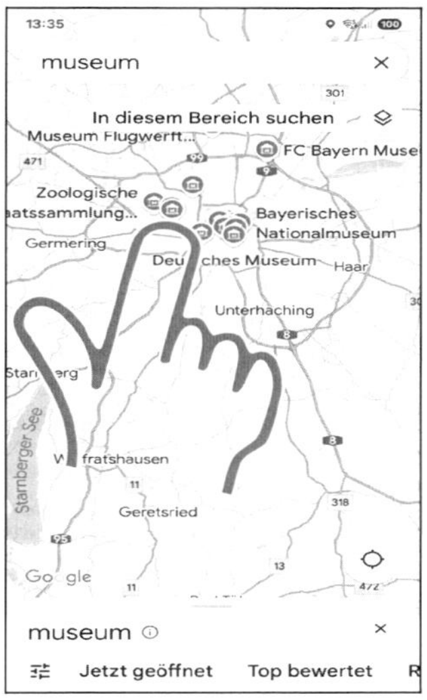

➊ Häufig findet Google Maps auch mehrere Orte oder Points of Interest, die dann aufgelistet werden. Führen Sie in der Liste eine Wischgeste von unten nach oben durch, um die Listeneinträge zu durchblättern. Tippen Sie einen Eintrag für weitere Infos an.

➋➌ Umgekehrt schließen Sie die Liste, indem Sie (gegebenenfalls mehrfach) von oben nach unten wischen, worauf Sie wieder zur Kartenansicht gelangen. Hier stellt Google Maps alle Fundstellen mit Symbolen dar. Wenn Sie weitere Infos über einen Point of Interest haben möchten, tippen Sie ihn an. Zum Löschen der Suchergebnisse in der Karte tippen Sie oben rechts neben dem Suchfeld die ✕-Schaltleiste an.

> Möchten Sie beispielsweise wissen, welche Sehenswürdigkeiten es in einer bestimmten Region/Stadt gibt, dann wechseln Sie zuerst den entsprechenden Kartenausschnitt (Sie können auch die Stadt suchen) und geben im Suchfeld einen allgemeinen Begriff wie »Museum« ein.

➊ Tippen Sie in der Auflistung am unteren Bildschirmrand für weitere Infos zum Standort, Öffnungszeiten, Bewertungen usw..

➋➌ Weitere Infos stehen Ihnen mit einer Wischgeste von unten nach oben zur Verfügung.

✕ (Pfeil) beendet die Suche.

16.5.1 Suche über Schaltleisten

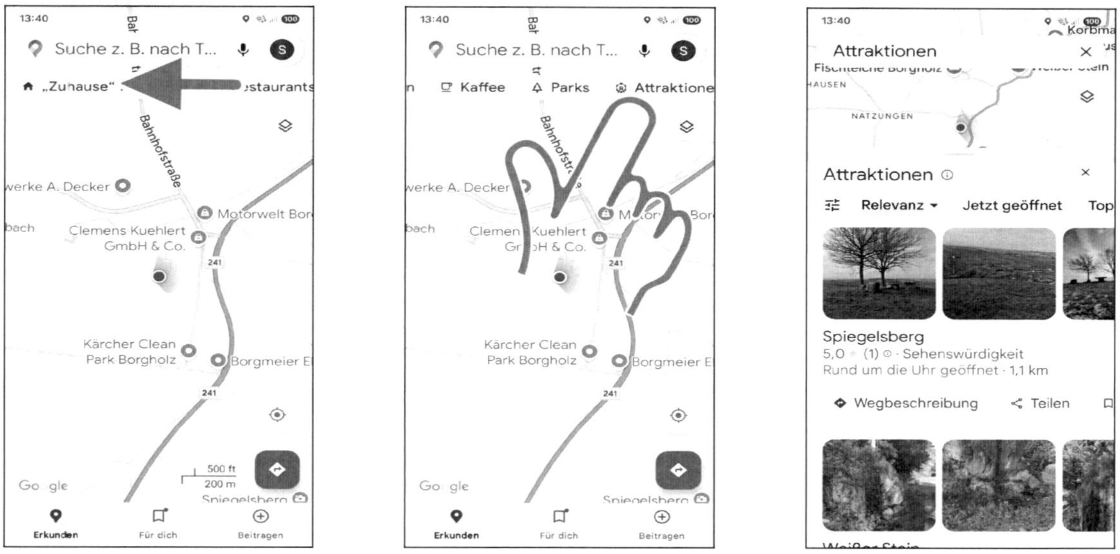

❶ Häufig gesuchte Handels- und Gastronomiebetriebe zeigen die Schaltleisten am oberen Bildschirmrand an. Mit einer Wischgeste nach links/rechts blättern Sie darin.

❷❸ Tippen Sie den gesuchten Begriff, im Beispiel *Attraktionen*, für die Auflistung aller touristischen Aktivitäten an.

16.6 Navigation

Google Maps Navigation stellt eine vollwertige Alternative zu Autonavigationsgeräten dar, wobei man allerdings den Nachteil in Kauf nehmen muss, dass laufend Kartenmaterial aus dem Internet nachgeladen wird. Für den Praxiseinsatz empfiehlt sich der Kauf einer Universal-Halterung für das Auto.

Beachten Sie, dass die Routenführung von Google Maps manchmal extrem schlecht ist. Achten Sie deshalb immer auf die Beschilderung, damit Sie sich nicht verirren oder auf unbefahrbaren Feldwegen landen.

16.6.1 Routenplaner

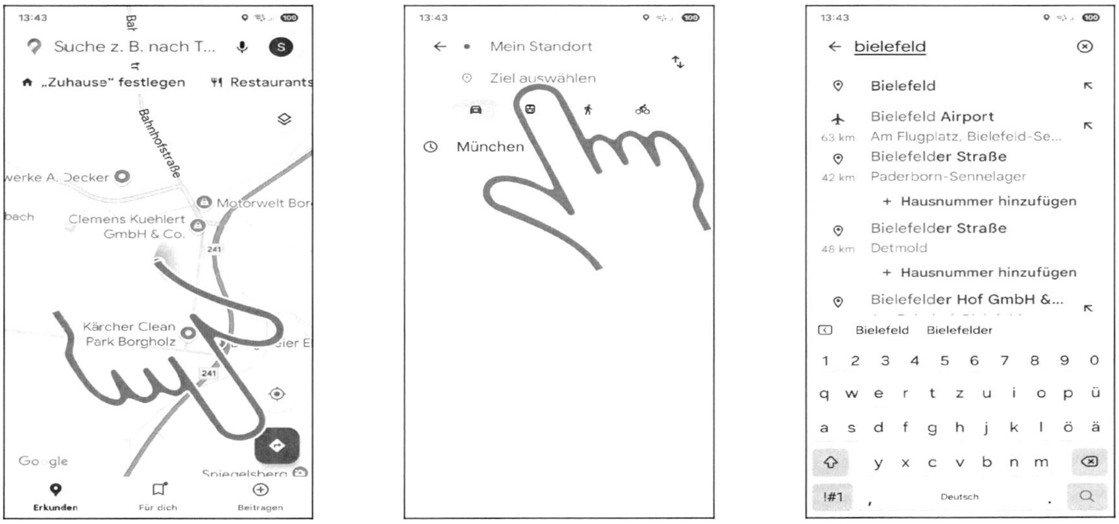

❶ ◆ (Pfeil) berechnet den optimalen Fahrtweg zwischen zwei Orten.

❷ Tippen Sie auf *Ziel auswählen.*

❸ Geben Sie auch hier eine Adresse beziehungsweise eine Stadt ein und schließen mit 🔍 auf dem Tastenfeld ab.

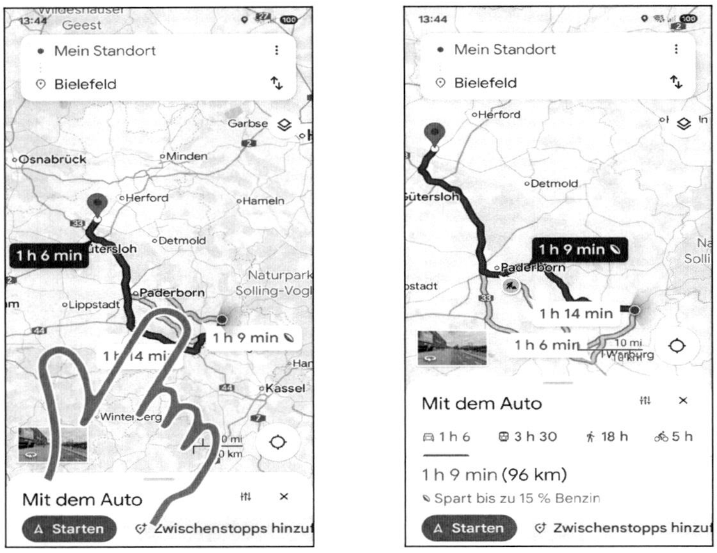

❶❷ Die Route wird berechnet und angezeigt. Bei längeren Strecken existieren häufig Alternativrouten, die Sie durch Antippen in der Kartenansicht auswählen.

Hinweis: Die farbigen Strecken (rot oder orangefarbig) weisen auf die aktuelle Verkehrslage hin. Die Daten stammen von anderen Android-Handys, welche in anonymer Form ihre Position und Geschwindigkeit an Google-Server übermitteln, woraus Google den Verkehrsfluss berechnet.

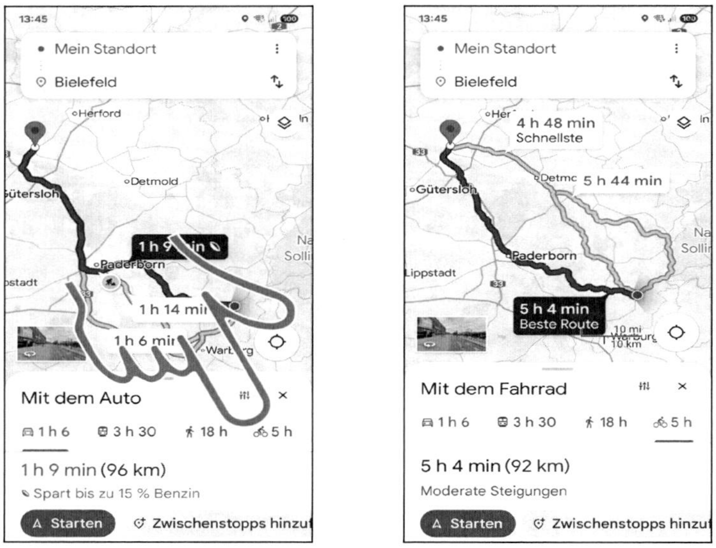

❶❷ Über die Piktogramme am oberen Bildschirmrand (Pfeil) wählen Sie die Art Ihres Fahrzeugs (Auto, öffentliche Verkehrsmittel, Fußgänger oder Fahrrad), was direkte Auswirkungen auf die empfohlene Route hat.

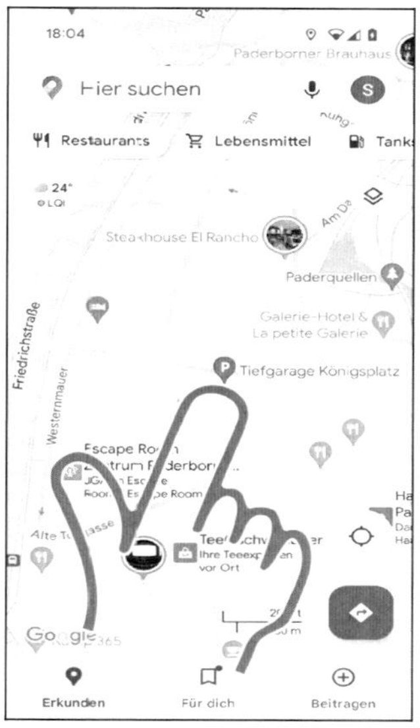

➊ Alternativ tippen und halten Sie den Finger auf einem Point of Interest beziehungsweise Kartenbereich, bis am unteren Bildschirmrand das Popup erscheint.

➋ Danach gehen Sie auf *Route*, worauf der zuvor im Popup angezeigte Ort als Zielort übernommen wird. Wählen Sie, falls nötig wie zuvor bereits beschrieben, einen der Routenvorschläge aus.

➊ Betätigen Sie *Starten*, worauf Google Maps in den Navigationsmodus wechselt.

➋ Schließen Sie den Hinweis mit *OK*.

➌ Beim ersten Aufruf der Navigationsfunktion schlägt Google vor, die Benachrichtigungen zu aktivieren. Bestätigen Sie mit *Zulassen* und betätigen Sie auch *Zulassen* im Popup.

Da die Navigation innerhalb von Google Maps abläuft, stehen dort viele der bereits ab Kapitel *16.1 Google Maps nutzen* beschriebenen Funktionen zur Verfügung. Zum Beispiel können Sie mit angedrücktem Finger den Kartenausschnitt verschieben, oder durch »Kneifen« mit zwei Fingern im Kartenmaterial heraus- und hineinzoomen.

Praktisch: Ist ein Unternehmen, Restaurant oder eine Freizeitattraktion zur Ankunftszeit bereits geschlossen, erfolgt ein entsprechender Hinweis.

Eine Streckenänderung während der Navigation ist nicht möglich. Sie müssen für diesen Fall den Navigationsmodus mit der ✕-Taste unten links beenden und dann die Routenplanung erneut aufrufen.

16.6.2 Navigation in der Praxis

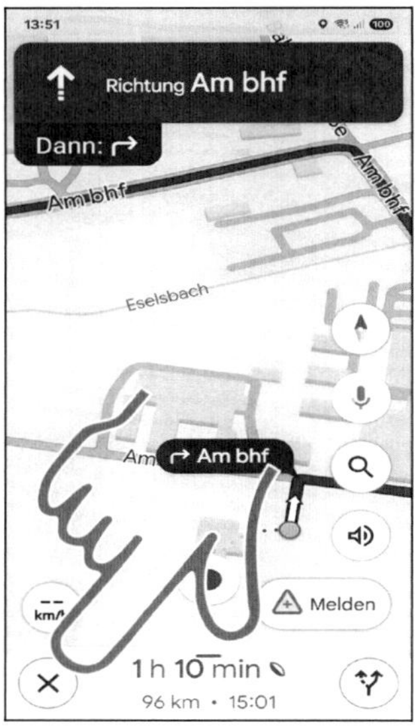

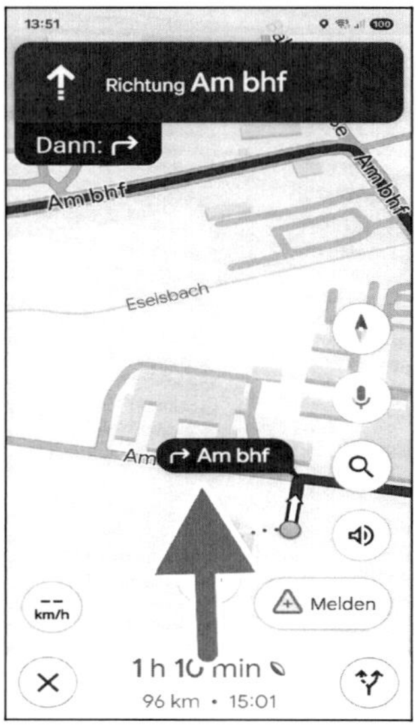

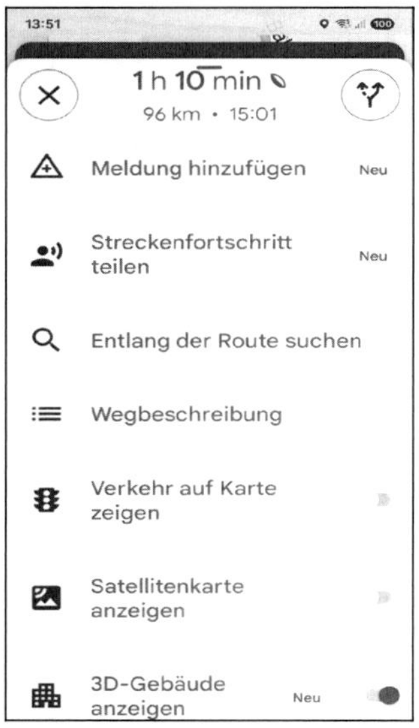

❶ X (unten links) beendet die Navigation.

❷❸ Wischen Sie auf der Fahrtzeitanzeige nach oben für weitere Optionen (alternativ tippen Sie einmal auf die Fahrzeit):

- *Meldung hinzufügen*: Google wertet für die Routenplanung die Fließgeschwindigkeit des Verkehrs sowie offizielle Quellen aus. Falls Sie auf eine Verkehrsbehinderung stoßen, die nicht auf Google Maps hinterlegt ist, können Sie Google davon in Kenntnis setzen.
- *Streckenfortschritt teilen*: Ausgewählte Personen sehen Ihre aktuelle Position.
- *Entlang der Route suchen*: Lassen Sie sich Tankstellen, Restaurants usw. in Routennähe auf der Karte anzeigen.
- *Wegbeschreibung*: Auflistung der Fahrtanweisungen
- *Verkehr auf Karte anzeigen*: Google Maps informiert in der Karte mit Symbolen über das Verkehrsgeschehen.
- *Satellitenkarte anzeigen*: Satellitenbild einblenden. Beachten Sie, dass dabei das aus dem Internet übertragene Datenvolumen stark ansteigt!
- *3D-Gebäude anzeigen*: Die eingeblendeten Gebäude erleichtern die Orientierung.
- *Einstellungen*: Darauf gehen wir unten ein.

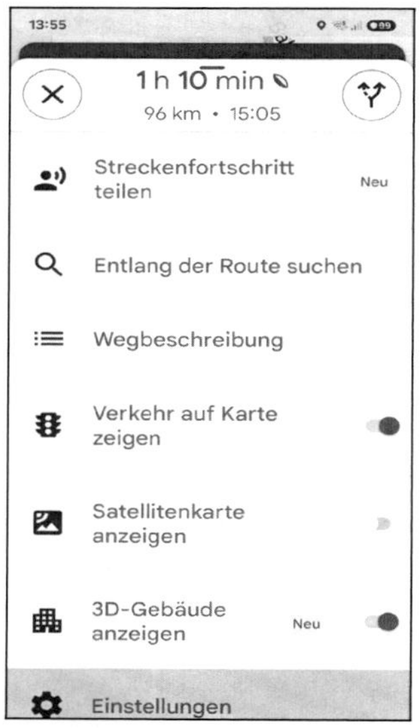

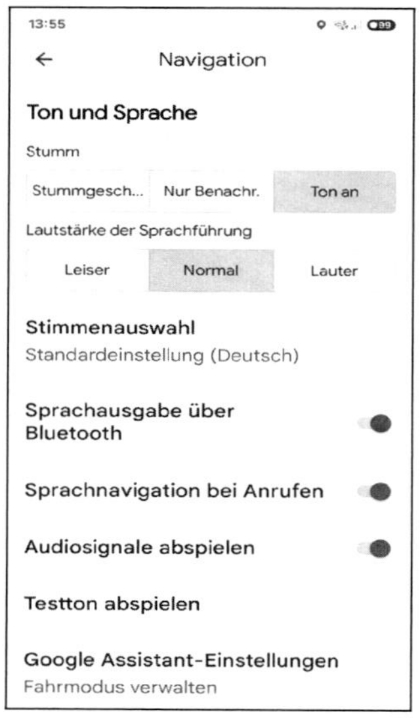

❶❷ Die *Einstellungen*:

Unter *Ton und Sprache*:

- *Stumm*: Wählen Sie aus, wie gesprächig die Navigation abläuft.
- *Lautstärke der Sprachführung*: Die Lautstärke lässt sich in drei Stufen einstellen.
- *Stimmenauswahl*: Stellt die verwendete Sprache ein.
- *Sprachausgabe über Bluetooth*: Die Navigationsanweisungen werden über ein Bluetooth-Gerät abgespielt (siehe Kapitel *31.4 Bluetooth-Headset / Freisprecheinrichtung verwenden*).
- *Sprachnavigation bei Anrufen*: Auch während Sie Telefonieren erfolgen Sprachanweisungen durch Google Maps.
- *Audiosignale abspielen*: Nicht von Google dokumentiert.
- *Testton abspielen*: Prüfen Sie die Lautstärke der Sprachanweisungen.
- *Google Assistant-Einstellungen*: Legen Sie fest, ob und die Sprachsteuerung während der Navigation aktiv ist.
- *Standardmedienanbieter für Assistant*: Wählen Sie eine Musikanwendung aus, die während der Navigation aktiv ist.

Unter *Routenoptionen* können Sie bestimmte Strecken von der Navigation ausschließen:

- *Autobahnen vermeiden*
- *Mautstraßen vermeiden*
- *Fähren vermeiden*
- *Kraftstoffsparende Routen bevorzugen*: Es werden Routen bevorzugt, die aufgrund der nötigen Fahrweise Sprit sparen. Dazu werden beispielsweise Strecken mit vielen Ampeln und zähflüssigem Verkehr gemieden.
- *Meine Fahrzeuge*: Wählen Sie einen Motortyp Ihres Autos aus, für den die Routenvorschläge optimiert werden.

Unter *Kartendarstellung*:

- *Farbschema*: Google Maps schaltet automatisch – abhängig von der Uhrzeit – zwischen Tag- und Nachtansicht um. Letztere verwendet eine dunkle Farbgebung, um Blendung im dunklen Auto zu vermeiden.
- *Entfernungseinheiten:* Entfernungsangaben in der Sprachausgabe beziehungsweise in den Bildschirmanzeigen richten sich nach dem Land, in dem Sie sich befinden. Bei Bedarf können Sie aber auch *Kilometer* oder *Meilen* fest einstellen.
- *Norden immer oben*: Kartenansicht folgt nicht Richtungsänderungen. Wir raten von dieser Einstellung ab.
- *3D-Gebäude anzeigen*: Die eingeblendeten Gebäude erleichtern die Orientierung.

Unter *Schnellinfos zur Info beim Navigieren*:

- *Aktualisierte voraussichtliche Ankunftszeiten…*: Google Maps informiert Sie über die Ankunftszeit und über den Zeitpunkt der nächsten Abzweigung.

Unter *Optionen für Kraftfahrzeuge:*

- *Tachometer*: Blendet die aktuelle – per GPS ermittelte – Geschwindigkeit ein.
- *Benachrichtigungen beim Fahren*: Nicht von Google dokumentiert.
- *Bluetooth-Beacons für Tunnel*: Einige Tunnelbetreiber betreiben spezielle Bluetooth-Sender für GPS-Signale.

Unter *Fußwegoptionen*:

- *Live View*: Im Fußgängermodus zeigt Google Maps Fotos von Straßenansichten an.
- *Detailierte Sprachführung*: Diese Funktion ist nur bei der Fußgängernavigation aktiv.

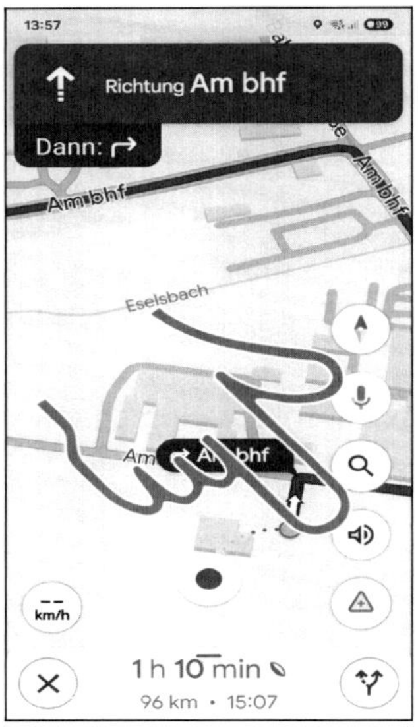

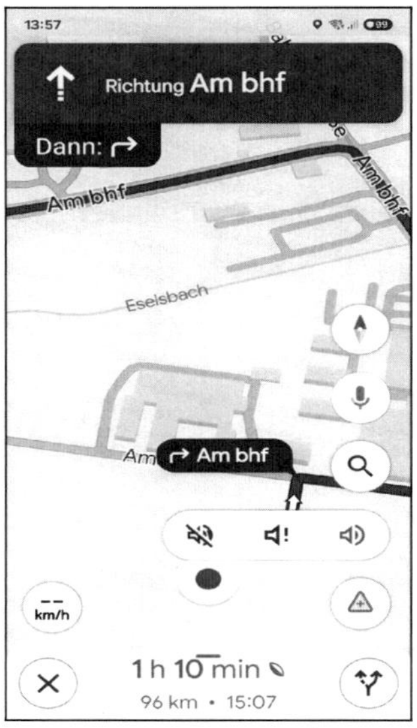

❶❷ 🔊 (Pfeil) klappt zwei Schaltleisten aus, mit denen Sie die Sprachausgabe abschalten oder nur Benachrichtigungen zulassen (beispielsweise »*Kein Empfang*«) oder alle Ansagen wieder erlauben.

16.6.3 Schnelle Navigation

Die Strecke zwischen Wohnort und Arbeit dürften die meisten Anwender am häufigsten fahren. Während Pendler, die nur wenige Kilometer zur Arbeitsstelle zurücklegen, dafür kein Navi brauchen, sieht es für längere Strecken anders aus. Häufig lohnt es sich dann die Navigation über Google Maps, weil es das aktuelle Verkehrsgeschehen berücksichtigt.

16.6.3.a Ersteinrichtung der Pendelstrecke

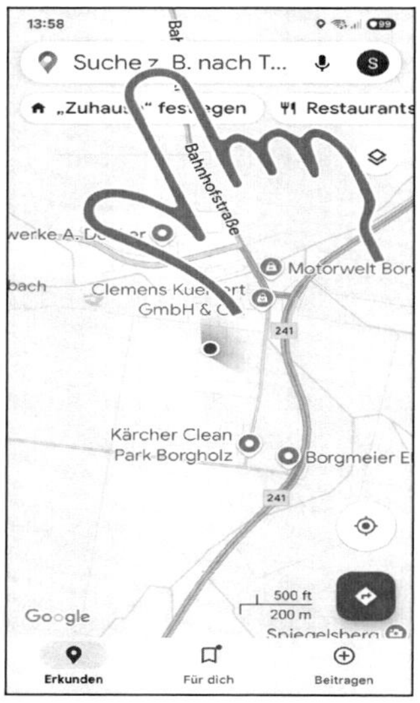

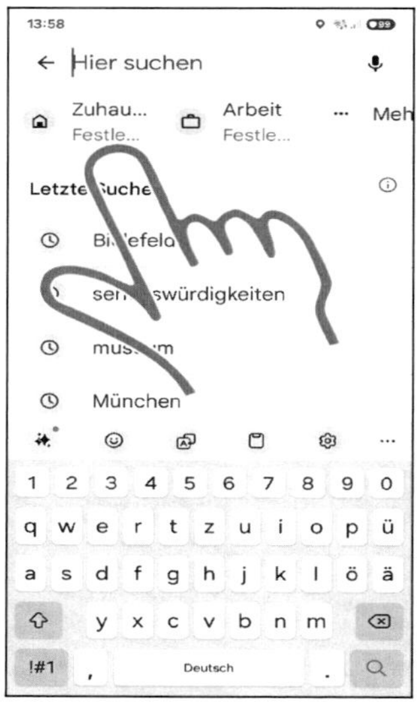

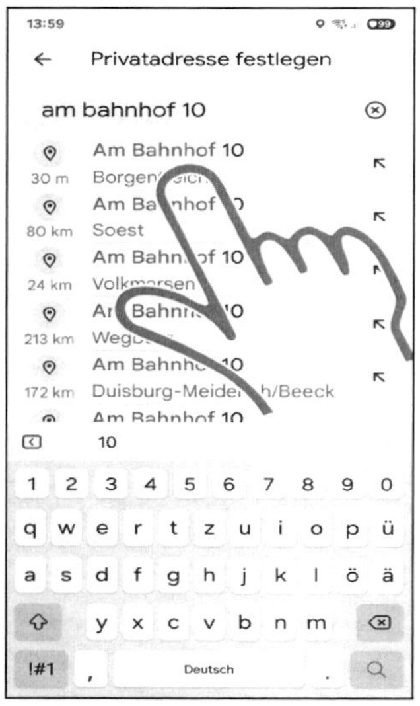

❶ Tippen Sie ins Suchfeld.

❷❸ Hier gehen Sie auf *Zuhause* und erfassen Ihre Privatadresse im Format »Straße Hausnummer PLZ Ort«. Google Maps schlägt unter dem Eingabefeld passende Adressen vor, von denen Sie eine auswählen können.

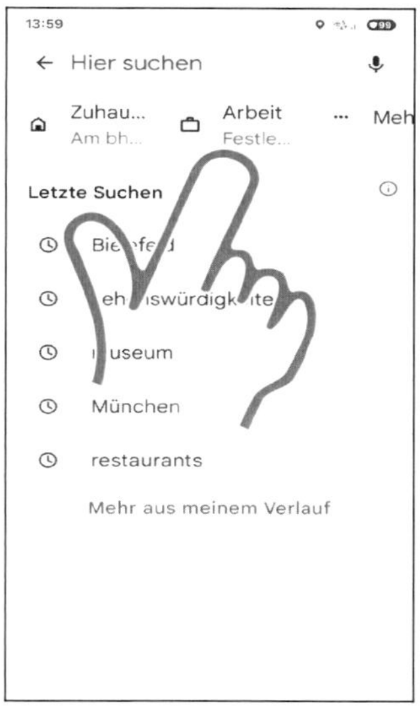

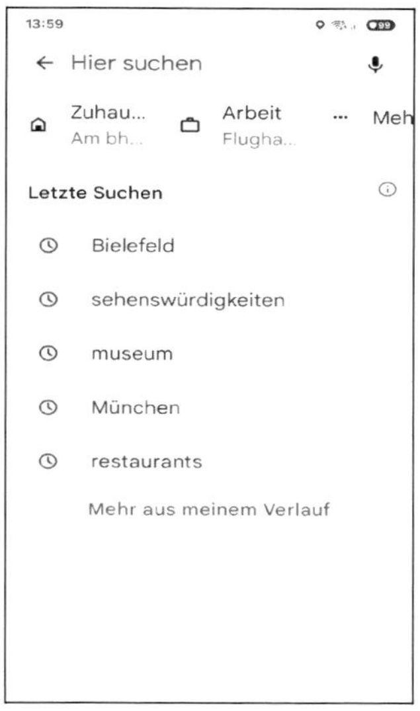

➊ Schließen Sie den Bildschirm mit *Fertig.*

➋ Sie befinden sich wieder im Suchbildschirm, wo Sie auf *Arbeit* gehen und die Adresse Ihres Arbeitsplatzes erfassen.

➌ Verlassen Sie den Bildschirm mit der ‹-Taste.

> Wenn Sie später mal die bei *Arbeitsplatz* hinterlegte Adresse ändern möchten, dann tippen Sie einfach darauf und geben Sie die neue Adresse ein.

16.6.3.b Praxiseinsatz

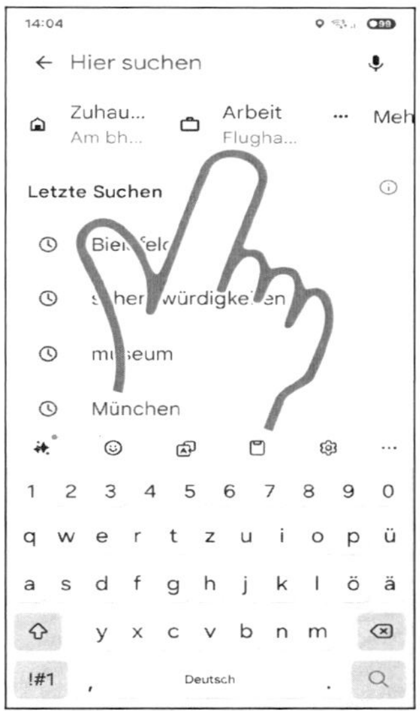

➊➋ Zum Navigieren gehen Sie ins Suchfeld und tippen auf *Zuhause* beziehungsweise *Arbeit.*

➌ Betätigen Sie *Starten*, worauf die Navigation startet.

16.7 Ansichten

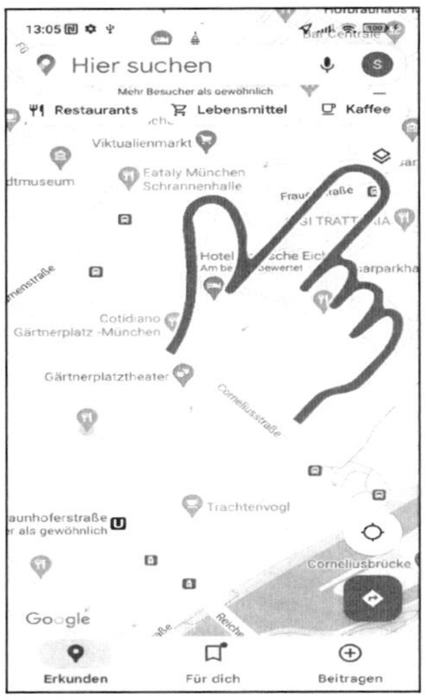

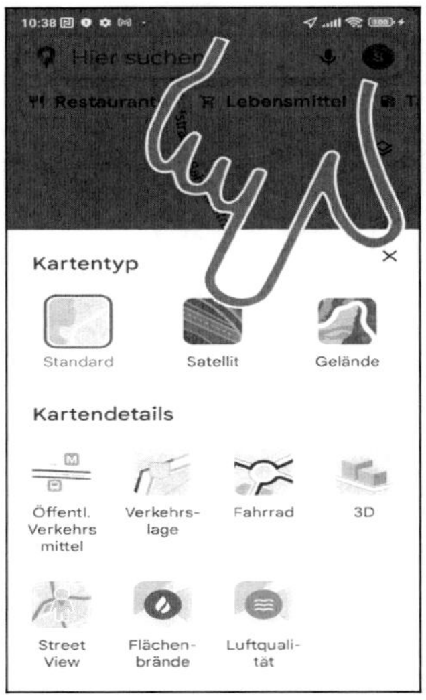

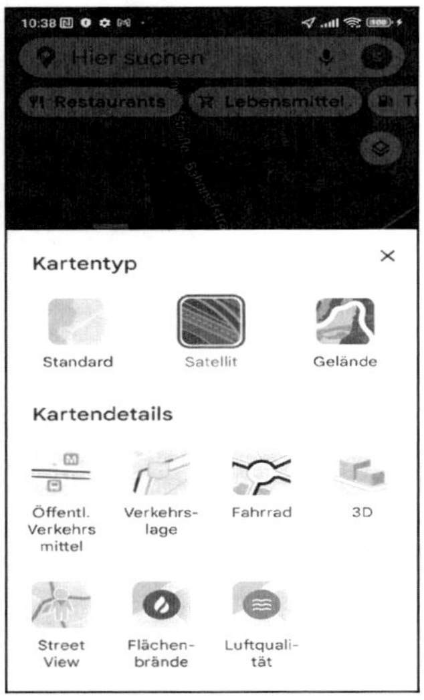

❶❷ Aktivieren Sie über ◈ (Pfeil) das Menü, worin Sie auf *Satellit* gehen. Die Satellitenansicht ist insbesondere dann praktisch, wenn man sich genau orientieren will, weil die normale Kartenansicht kaum Hinweise auf die Bebauung und markante Geländemerkmale gibt.

❸ Das Popup-Menü schließen Sie mit der <-Taste – alternativ tippen Sie auf einen Kartenbereich neben dem Popup.

Um die eingestellten Ansichten wieder auszuschalten, tippen Sie einfach im Popup erneut darauf.

Die Optionen *Flächenbrände* und *Luftqualität* werden in Deutschland nicht unterstützt.

Beachten Sie, dass die Satellitenansicht auf einige Jahre alten Luftbildern basiert. Sensible Zonen und Gebäude, darunter Militär- und Regierungsgebäude, sind teilweise digital verfälscht, damit potenzielle Angreifer keine Planungsgrundlage erhalten.

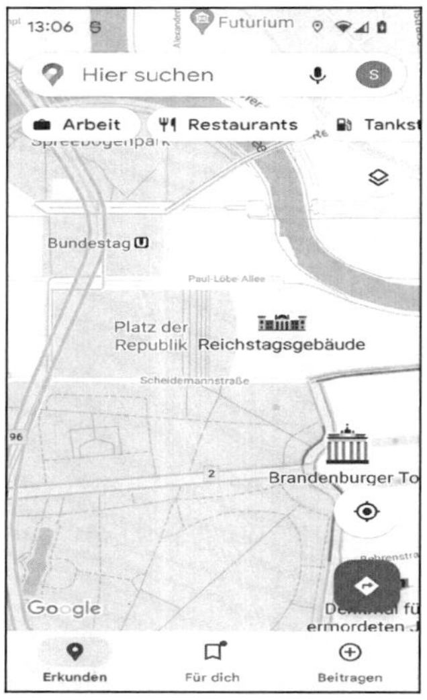

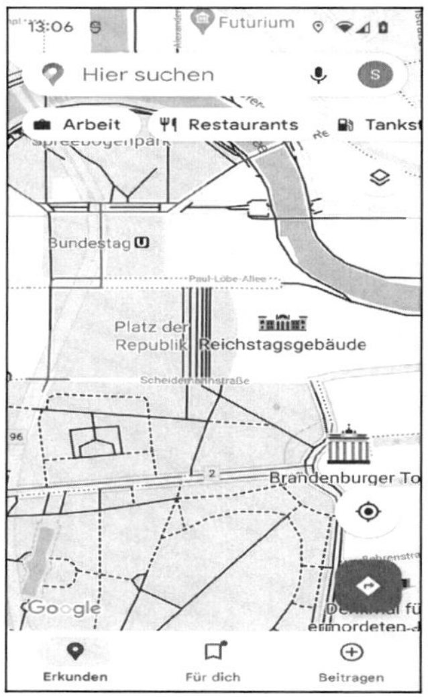

❶ *Verkehrslage* aus dem Dialog blendet die aktuelle Straßenlage in der Kartenanzeige ein, wobei das Verkehrsgeschehen mit orange/rot (zähflüssig/Stau) oder grün (freie Fahrt) bewertet wird. Für die Staudaten, welche Google Maps im Minutentakt aktualisiert, wertet Google das Bewegungsprofil von Android-Handys aus. Jedes Android-Gerät sendet ja in anonymisierter Form im Minutenabstand seine aktuelle, per GPS ermittelte Position an die Google-Server, woraus sich dann ein Bewegungsmuster errechnen lässt.

❷ Verwenden Sie *Fahrrad* aus dem Dialog, um Fahrradtouren anhand der ausgewiesenen Fahrradwege zu planen.

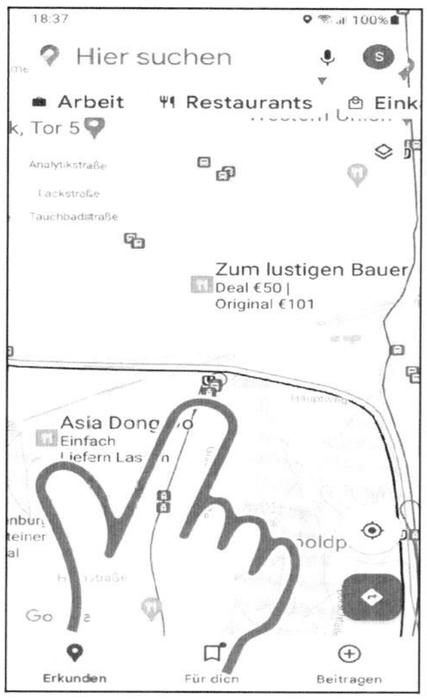

➊ Ebenfalls praktisch ist die Ansicht *Öffentl. Verkehrsmittel*. Google Maps zeichnet dann alle Routen und Haltestellen öffentlicher Verkehrsmittel ein. Tippen Sie auf eine Haltestelle in der Kartenansicht.

➋➌ Tippen Sie eine Linie an, zu der Sie die Route erfahren möchten.

16.8 Google Local

Der Suchmaschinenbetreiber Google führt eine riesige Datenbank mit den Standorten von »Points of Interest« (POIs), darunter Unternehmen, Sehenswürdigkeiten, Restaurants usw. Wenn Sie eine Suche, beispielsweise nach »Restaurant«, in Google Maps durchführen, greift Google Maps auf diese Datenbank zurück und listet die Fundstellen auf. Mit einem Fingerdruck kann man sich dann die Position eines Restaurants in der Karte, sowie weitere Infos, darunter auch Kundenbewertungen, Öffnungszeiten und Telefonnummern anzeigen. Diese Suche beschreibt bereits Kapitel *16.5 Suche*. Google Local vereinfacht die Suche und arbeitet mit Google Maps zusammen, um die Kartenposition anzuzeigen.

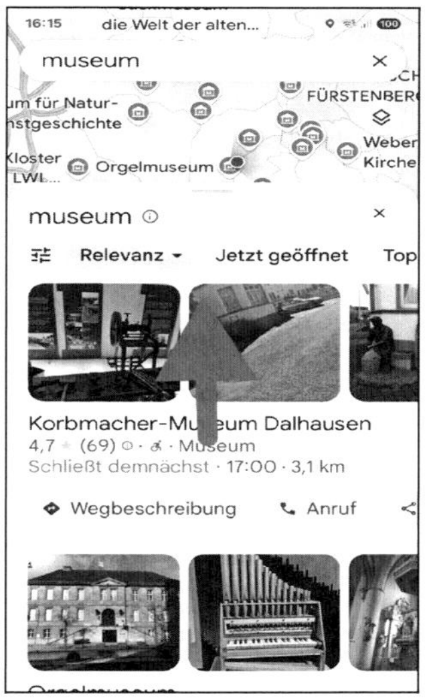

➊ Die Funktionen von Google Local stehen automatisch nach Antippen der Suchleiste zur Verfügung.

➋ Sie haben nun zwei Möglichkeiten; Entweder geben Sie einen Suchbegriff ein oder Sie wählen Sie eine der vorgegebenen Kategorien unterhalb des Suchfelds aus.

➌ Blättern Sie mit einer Wischgeste und wählen Sie einen Eintrag aus, zu dem Sie mehr Infos wünschen. Alternativ beschränken Sie über die Filter am oberen Bildschirmrand jeweils die Anzeige auf eine bestimmte Kategorie, beispielsweise *Jetzt geöffnet* oder *Top bewertet*.

Etwas simpler ist die Option, einfach in den Kartenbereich zu wechseln, für den Sie Points of Interest suchen (zum Beispiel mit der im Kapitel *16.5 Suche* beschriebenen Suchfunktion), die Suche mit ✕ beenden, die Suchleiste erneut antippen und dann eine der Schaltleisten, beispielsweise für Restaurants zu betätigen.

Alle Point of Interest erscheinen zudem direkt in der Karte, wenn Sie tief genug hereinzoomen.

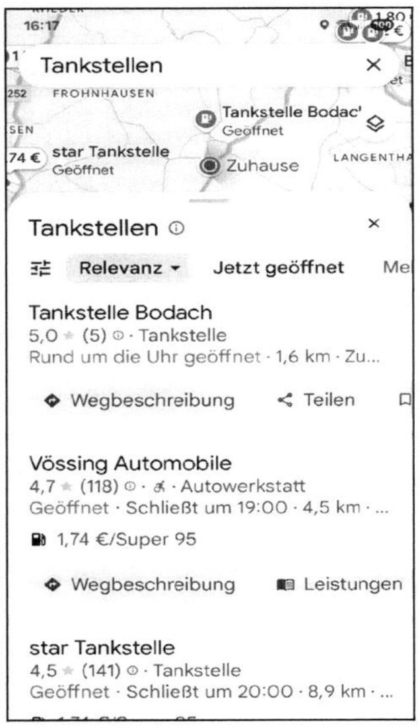

❶ Alternativ nutzen Sie die Vorschläge unter dem Eingabefeld: Mit einer Wischgeste »blättern« Sie in den Schaltleisten.

❷❸ Tippen Sie dann eine Schaltleiste an, beispielsweise *Tankstellen*, wenn Ihnen mal unterwegs der Sprit ausgeht.

16.8.1 Markierungen

Points of Interest, die Sie häufiger benötigen, können Sie für spätere Verwendung markieren. Die Markierungen werden dann in Ihrem Google-Konto und nicht nur lokal auf Ihrem Galaxy gespeichert.

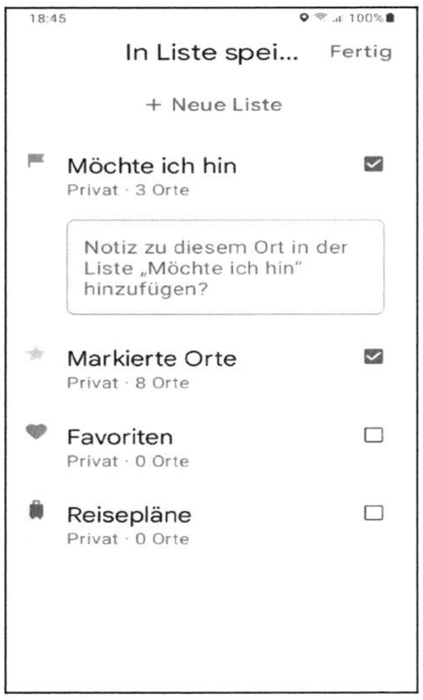

❶❷ In der Auflistung wischen Sie auf den Schaltleisten nach links und betätigen Sie *Speichern.*

❸ Anschließend wählen Sie die Favoriten-Art aus.

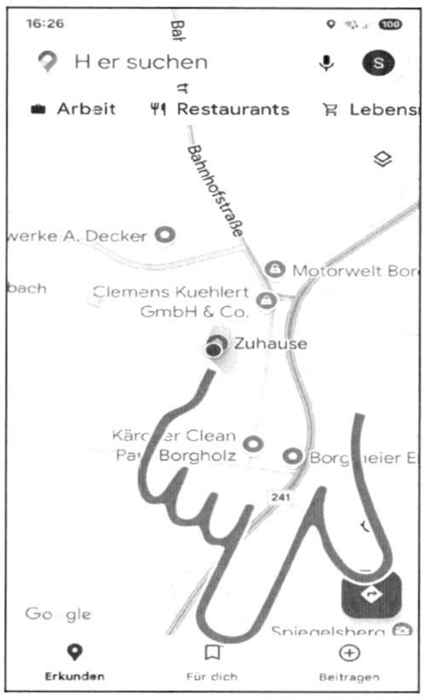

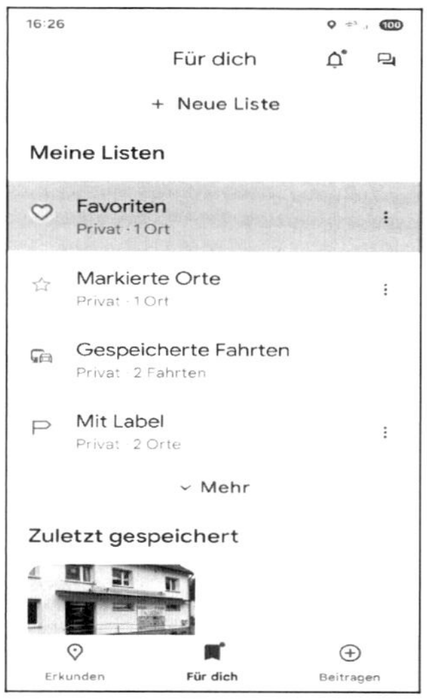

➊ Die von Ihnen gespeicherten Orte finden Sie im *Für dich*-Register.

➋➌ Wählen Sie einen Favoritentyp aus, worauf Sie die Favoritenauflistung erhalten.

16.9 Adressen aus dem Telefonbuch

Google verknüpft alle von Ihnen auf dem Handy verarbeiteten Daten. Dies trifft auch auf Ihre Kontakte zu, die in Google Maps angezeigt werden.

➊➋ Haben Sie zu einem Kontakt im Telefonbuch eine Adresse hinterlegt, dann können Sie direkt dort hin navigieren, indem Sie diese antippen.

16.10 Einstellungen

❶ Tippen Sie auf das runde Profilsymbol.

❷ Gehen Sie auf *Einstellungen.*

❸ Die verfügbaren Optionen:

- *App-Sprache*: Anwender, die des Deutschen nicht mächtig sind, können die Benutzeroberfläche inklusive Sprachausgabe auf eine andere Sprache umstellen.
- *Einstellungen für Offlinekarten*: Google Maps hält sein Kartenmaterial nicht auf dem Handyspeicher vor, sondern lädt es aus dem Internet. Damit das Kartenmaterial auch zur Verfügung steht, wenn Sie mal keinen Internetzugang haben (zum Beispiel bei der Navigation wichtig), sollten Sie die Offline-Einstellungen aktiviert haben.
    - *Offlinekarten automatisch aktualisieren*: Durch die Aktualisierung berücksichtigt Google auch das aktuelle Verkehrsgeschehen und gesperrte Straßen in der Navigation.
    - *Offline-Karten automatisch herunterladen*: Lädt Kartendaten automatisch bei Bedarf herunter. Dies geschieht, sobald Sie sich einen Kartenausschnitt ansehen oder die Navigationsfunktion verwenden.
    - *Downloadeinstellungen*: Falls dies Ihr Mobilfunkvertrag hergibt, können Sie Aktualisierung von Offline-Karten (siehe Kapitel *16.4 Kartenausschnitt auf dem Gerät speichern*) nicht nur über WLAN, sondern auch über Mobilfunkinternet durchführen lassen.
    - *Über Offlinekarten*: Weitere Informationen anzeigen.
- *Nur WLAN*: Hiermit reduzieren Sie die über eine Mobilfunkverbindung heruntergeladene Datenmenge. Beachten Sie, dass dann unterwegs keine Kartenanzeige erfolgt. Sie sollten die Option deshalb nicht aktivieren.
- *Design*: Das Aussehen der Benutzeroberfläche lässt sich zwischen einem hellen und dunklen Design umschalten. Siehe auch Kapitel *27.5 Dunkelmodus (Dark Mode).*
- *Adressen bearbeiten*: Legen Sie für die einfachere Routenberechnung (siehe Kapitel *16.6 Navigation*) Heim- und Arbeitsadresse fest. Diese werden dann bei der Routeneingabe vorgeschlagen.
- *Videoeinstellungen*: Nicht von Google dokumentiert.
- *Einstellungen für gespeicherte Fahrten*: Nicht von Google dokumentiert.
- *Google-Standorteinstellungen*: Diverse Einstellungen für Google Local, auf die Kapitel *16.8 Google Local* eingeht.
- *Persönliche Inhalte*: Darauf gehen wir weiter unten ein.
- *Bedienungshilfe-Einstellungen*: Liefert Infos über die Zugänglichkeit von gesuchten oder

angezeigten Orten für Menschen mit Behinderung.

- *Tipps zur Standortgenauigkeit*: Sofern das Handy Ihre Position nicht exakt orten kann, gibt das Gerät hier Hinweise.
- *Google Maps-Verlauf:* Listet alle Orte auf, nach denen Sie gesucht beziehungsweise zu denen Sie navigiert haben. Auch als Favoriten markierte Orte (siehe Kapitel *16.8.1 Markierungen*) werden hier aufgelistet.
- *Meine Fahrzeuge*: Die hier vorgenommene Auswahl des Ladesteckers wird derzeit nicht von Google Maps ausgewertet.
- *Benachrichtigungen*: Informiert über Veranstaltungen (zum Beispiel Sportereignisse), welche die Verkehrssituation in Ihrer Nähe beeinflussen.
- *Chat*: Nicht von Google dokumentiert.
- *Entfernungseinheiten*: Sie können die Anzeige zwischen Meilen und Kilometer umschalten.
- *Maps in Satellitenansicht starten*: Die Satellitenansicht benötigt eine schnelle Internetverbindung und verbraucht in kurzer Zeit ein hohes Datenvolumen, weshalb wir von deren Nutzung abraten.
- *Maßstab auf der Karte anzeigen*: Informiert beim Zoomen in der Karte über den gerade aktiven Kartenmaßstab.
- *Navigation*: Auf diese Einstellungen geht Kapitel *16.6 Navigation* ein.
- *Einstellungen verwalten*: Legen Sie Themen fest, die Sie besonders interessieren oder nicht interessieren, sodass Google Maps dies bei den Navigationsvorschlägen berücksichtigen kann.
- *Gebietseinstellungen verwalten*: Zu den hier vorgenommenen Eingaben erhalten Sie später später in Google Maps gegebenenfalls Vorschläge.
- *Schütteln, um Feedback zu senden*: Falls Sie Verbesserungsvorschläge haben oder auf einen Programmfehler stoßen, können Sie ihn den Entwicklern melden.
- *Infos, Datenschutz & Bedingungen*
- *Aus Google Maps abmelden*: Über das Menü wechseln Sie das Google-Konto, in dem Google Maps Ihre Nutzungsdaten ablegt.

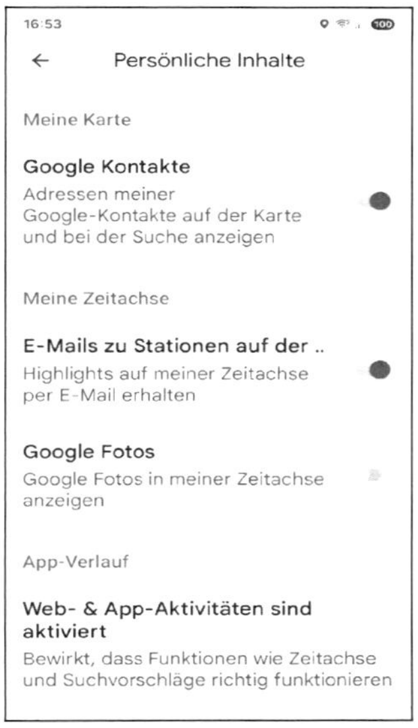

❶❷ Die Optionen in *Persönliche Inhalte* beziehen sich zum großen Teil auf die sogenannte Zeitachse. Dies ist eine Funktion, die genau auflistet, wo Sie sich zu bestimmten Zeitpunkten befunden haben. Wegen des damit verbundenen Eingriffs in Ihre Privatsphäre müssen Sie die Zeitachse erst im Ausklappmenü unter *Meine Zeitachse* aktivieren, bevor Sie sie nutzen können.

Unter *Meine Karte*:

- *Google-Kontakte*: Sofern Sie bei Ihren Kontakten im Telefonbuch (siehe Kapitel *8 Telefonbuch*) eine Adresse eingegeben haben, erscheinen diese in Google Maps.

Unter *Meine Zeitachse:*

- *E-Mails zu Stationen auf der Zeitachse*: Falls es neues zu Standorten gibt, die Sie mal besucht haben, erhalten Sie eine E-Mail.
- *Google Fotos*: Fotos, die Sie mit der Kamera erstellt haben, werden in der Zeitachse eingeblendet.

Unter *App-Verlauf:*

- *Web- & App-Aktivitäten sind aktiviert*: Steuert, welche Aktivitäten in der Zeitachse verzeichnet werden.

Unter *Standorteinstellungen:*

- *Standorterfassung ist aktiviert; Zeitachse ist aktiviert*: Erlaubt die Speicherung Ihres Standorts in der Zeitachse.
- *Alle Zeitachsendaten löschen; Teil der Zeitachsendaten löschen*: Verwaltet Ihren Standortverlauf, der in der Zeitachse erscheint.
- *Zeitachse automatisch löschen*: Nach Verstreichen des von Ihnen ausgewählten Zeitraums (3 Monate, 18 Monate oder nie) löscht Google automatisch die aufgezeichneten Standortdaten.

Unter *Profileinstellungen*:

- *Eingeschränktes Profil*: Google erlaubt die Bewertung von Geschäften und Institutionen. Von Ihnen geschriebene Bewertungen erscheinen in der Karte.

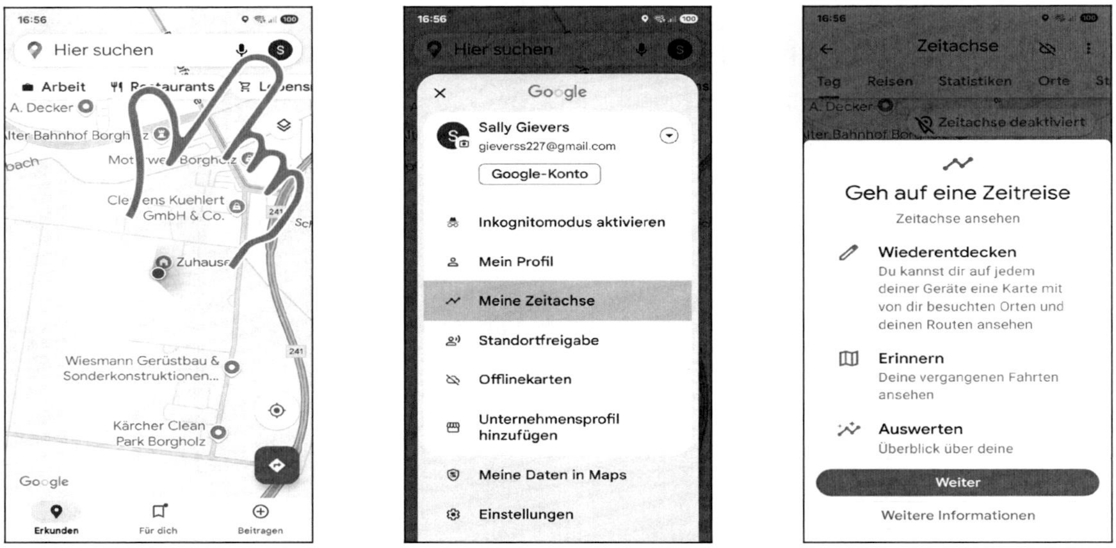

❶❷❸ Die oben erwähnte Zeitachse finden Sie im Ausklappmenü unter *Meine Zeitachse.*

17. Kamera

Ihr Galaxy verfügt über mehrere Kameralinsen. Diese sind nicht permanent aktiv, sondern werden abhängig vom gewählten Motivprogramm genutzt. Auch wenn Sie den Zoom verwenden, schaltet die Kamera-Anwendung nahtlos zwischen den Linsen um.

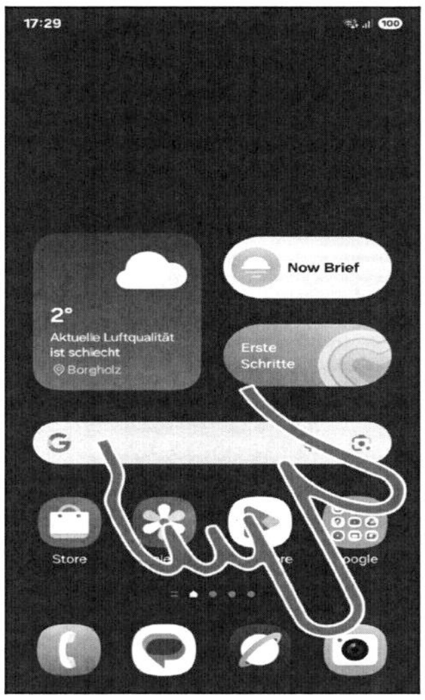

➊ Sie rufen die *Kamera*-Anwendung aus dem Startbildschirm oder Hauptmenü auf.

➋ Auch aus dem Sperrbildschirm ist ein Kamera-Aufruf möglich. Ziehen Sie einfach vom Kamera-Symbol aus nach oben.

Die Kamera legt die Fotos und Videos auf dem Gerät im Verzeichnis *DCIM\Camera* ab.

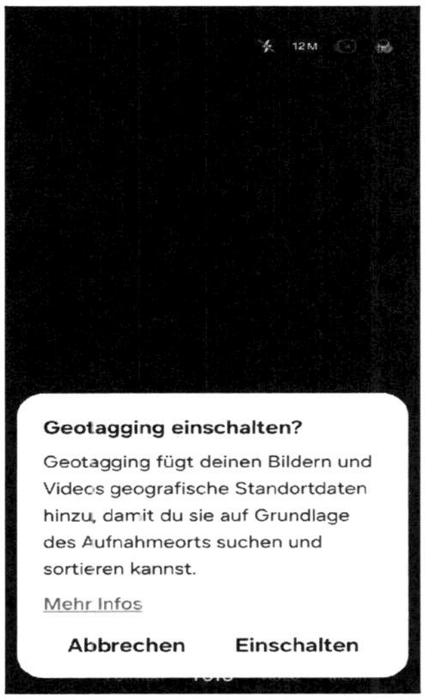

➊➋ Die Frage zum Geotagging erscheint nach einiger Nutzungszeit. Beantworten Sie sie mit mit *Einschalten* und dann *Bei Nutzung der App*. Das Handy speichert nun in den Fotos die GPS-Koordinaten des Aufnahmeorts.

In der Kamera-Oberfläche steuern Sie alle Funktionen über die Schaltleisten:

Die Schaltleisten auf der linken Seite:

- : Diverse Bildverfremdungen.
- : Bewegungsaufnahme: In den Fotos speichert die Kamera einige Sekunden Video, die später im Bildanzeiger abgespielt werden können. Weil dies nur auf dem Handy selbst möglich ist und zudem sehr große Bilddateien erzeugt werden, raten wir davon ab.
- **12M**: Schaltet die Fotoauflösung zwischen 12 und 50 Megapixel (Galaxy S25) beziehungsweise 50 oder 200 Megapixel um. Bitte beachten Sie, dass im 50/200 Megapixel-Modus kein Zoom zur Verfügung steht und die Fotodateien sehr groß werden.
- : LED-Blitz ein/aus/automatisch.
- : Weitere Einstellungen.

Mit den Registern auf der rechten Seite schalten Sie zwischen verschiedenen Modi um:

- *PORTRAIT*: Für Personenfotos, wobei mehrere Fotofilter zur Verfügung stehen.
- *FOTO*: Die Standardeinstellung, in der Sie die meisten Fotos erstellen werden.
- *VIDEO*: Videos aufnehmen.
- *MEHR*:
  - (Bixby Vision): Analysiert das Foto.
  - *NACHT*: Für Fotos bei sehr schlechten Lichtverhältnissen. Sie sollten dabei das Handy sehr ruhig halten.
  - *HYPERLAPSE*: Erstellt Zeitraffer-Videos.
  - *EXPERT-RAW*: Speichert Ihre Fotos im sogenannten RAW-Format. Für den normalen Anwender macht das keinen Sinn, weil RAW-Dateien mehrere dutzend Megabyte groß sind und zur Anzeige und Weiterverarbeitung auf dem Spezialprogramme benötigt werden.
  - *PRO-VIDEO*: Video mit frei einstellbaren Parametern (ISO, Belichtung, Weißabgleich und Farbton).
  - *ZEITLUPE*: Videos mit hoher Bildzahl aufnehmen, die dann erheblich langsamer abgespielt werden.
  - *SINGLE TAKE*: Die Kamera erstellt mehrere Fotos und wählt davon automatisch das Beste aus.
  - *PRO:* Im Pro-Modus dürfen Sie viele Bildeinstellungen selbst vornehmen, darunter ISO, Belichtung und Fokus.
  - *PANORAMA*: Aus mehreren Einzelfotos ein Panorama erstellen.
  - *DUAL-AUFNAHME*: Gleichzeitige Aufnahme von Front- und Hauptkamera. Außerdem kann man während der Aufnahme zwischen den Kameralinsen umschalten (von Standard bis Weitwinkel).
  - *EXPERT RAW*: Fotos im RAW-Format speichern. Beachten Sie, dass die erzeugten Dateien extrem groß sind. Nur für erfahrene Anwender geeignet, die wissen, wie man RAW-Dateien verwendet.

- ◦ *ESSEN*: Stellt einen runden Bereich (beispielsweise um einen Teller) scharf.
- ◦ *PORTRAITVIDEO*: Nicht von Samsung dokumentiert.

Die Schaltleisten auf der rechten Seite:

- ⟳: Zwischen Front- und Rückkamera umschalten. Alternativ wischen Sie einfach auf dem Bildschirm nach links oder rechts.
- (Weiße Schaltleiste): Foto erstellen.
- (Vorschaubild): Zeigt das zuletzt erstellte Foto an. Tippen Sie darauf, um das Foto in der Galerie-Anwendung anzuzeigen.

Die Kameraelektronik benötigt relativ viel Strom, weshalb sich die Kamera-Anwendung bei Nichtnutzung automatisch beendet.

Abhängig davon, wie Sie das Handy halten, erscheinen die Schaltleisten bei Ihnen auf der jeweils gegenüberliegenden Bildschirmseite.

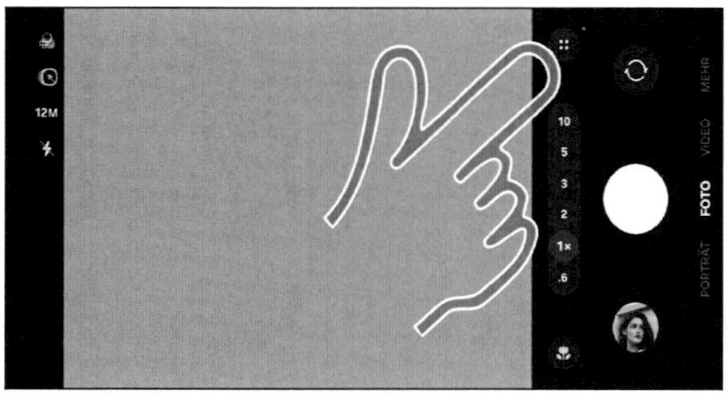

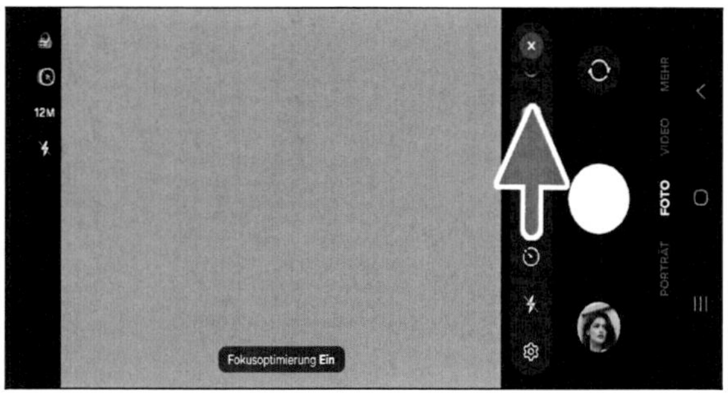

❶ Weitere Optionen sind nach Betätigen von ⁚⁚ verfügbar.

❷ Mit einer Wischgeste ändern Sie die angezeigten Schaltleisten (einige der hier vorhandenen Funktionen sind bereits über die Schaltleisten auf der rechten Seite verfügbar):

- ⚙: Darauf geht Kapitel 17.4 Einstellungen ein.
- ⚡: LED-Blitz ein/aus/automatisch.
- ⏲: Timer für zeitversetzte Aufnahme (2, 5 oder 10 Sekunden).
- 4:3: Bildformat zwischen 4:3, 16:9, 1:1 und Full (»Vollformat«) umschalten. Falls Sie vorhaben, Ihre Bilder später bei einem Fotodienstleister drucken zu lassen, sollten Sie die Voreinstellung 4:3 nicht verändern. Bei anderen Formaten wird sonst möglicherweise der Rand auf 4:3 abgeschnitten.
- Schaltet die Fotoauflösung zwischen 12 und 50 Megapixel (Galaxy S25) beziehungsweise 50 oder 200 Megapixel um. Bitte beachten Sie, dass im 50/200 Megapixel-Modus kein Zoom zur Verfügung steht und die Fotodateien sehr groß werden.
- ⊙: Bewegungsaufnahme: In den Fotos speichert die Kamera einige Sekunden Video, die später im Bildanzeiger abgespielt werden können. Weil dies nur auf dem Handy selbst möglich ist und zudem sehr große Bilddateien erzeugt werden, raten wir davon ab.
- ⊙: Belichtung einstellen.
- ⊙: Diverse Bildverfremdungen.
- ⊙: Selfie beziehungsweise Portraitfoto erstellen.

17.1 Fotomodus auswählen

❶❷ Die Aufnahmemodi sind größtenteils selbsterklärend, weshalb wir nur auf einige wichtige in diesem Buch eingehen. Zur Modus-Auswahl wählen Sie einfach eines der Register am rechten Rand aus.

17.2 Foto erstellen

❶ Tippen Sie zuerst auf den scharf zu stellenden Bereich im Sucher. Meistens ist dies übrigens nicht nötig, weil die Kamera automatisch auf das Objekt in der Bildschirmmitte scharf stellt.

❷ Anschließend betätigen Sie die weiße Schaltleiste auf der rechten Seite. Alternativ betätigen Sie eine der Lautstärketasten auf der rechten Geräteseite. Die Kamera speichert das Foto und kehrt sofort in den Fotomodus zurück.

❶ Das erstellte Foto erscheint unten rechts als Vorschau. Tippen Sie es für die Vollbildschirmansicht an.

❷ Tippen Sie gegebenenfalls auf das Foto, um die Bedienelemente zu aktivieren:

- ♡: Als Favorit markieren.
- ✎: Fotoeditor aufrufen.
- ✦: Foto mit KI-Funktionen bearbeiten. Darauf geht Kapitel *24.5 KI-Bildbearbeitung in der Galerie* ein.
- <: Foto an eine andere Person per E-Mail usw. senden.
- 🗑: Foto ohne Speichern verwerfen.
- ⟳: Foto an ein anderes Android-Gerät übertragen.

- 👁: Aktiviert die Bilderkennung (siehe Kapitel *18.3.3 Bixby Vision*).

Die ‹-Taste bringt Sie wieder in die Kamera-Anwendung zurück.

> Beim Fotografieren gibt es angesichts der vollautomatischen Aufnahmesteuerung moderner Digitalkameras eigentlich nicht viel zu beachten. Trotzdem ruinieren viele Anwender ihre Aufnahmen.
>
> Unsere Tipps: Wischen Sie vor jedem Fotografieren die Kameralinse mit einem Mikrofasertuch ab, damit Ihre Aufnahmen nicht durch »Nebel« entstellt werden. Zum Zweiten sollten Sie nach Möglichkeit Ihre Motive immer so fotografieren, dass die Sonne in Ihrem Rücken steht. Sie überfordern sonst die Belichtungssteuerung.

17.3 Weitere Funktionen

Die nachfolgend beschriebenen Features unterstützen Sie beim Fotografieren.

17.3.1 Zoom

Zoomen Sie mit einer Kneifgeste (zwei Finger gleichzeitig auf das Display halten und auseinander/zusammenziehen).

Ab einer gewissen Zoom-Stufe sollten Sie ein Stativ verwenden oder sich abstützen.

Alternativ betätigen Sie eine der Schaltleisten mit der gewünschten Zoom-Stufe (beim S25 und S25+ wird bis 3-fach-Zoom, beim S25 Ultra bis 10-fach-Zoom unterstützt).

Mit der 0.6-Schaltleiste aktivieren Sie den Ultra-Weitwinkel.

17.3.2 Lokale Helligkeit

❶ Wie bereits gezeigt, stellt das Handy automatisch auf die im Vorschaubild angetippte Stelle scharf. Dabei wird auch die Helligkeit passend eingestellt.

❷ Für den Fall, dass dann andere Bildbereiche überstrahlen oder zu dunkel ausfallen, können Sie dann selbst mit einer Wischgeste die gewünschte Helligkeit einstellen (vorher einmal in der Vorschau auf eine Stelle tippen).

Tipp: Halten Sie den Finger für einige Sekunden auf einen Bereich im Vorschaubild für die AF-Sperre. Wenn Sie anschließend die Kamera vom Objekt weg/zum Objekt bewegen, wird die Schärfe nicht mehr angepasst. Antippen von »*AF Sperre*« deaktiviert diese wieder.

17.3.3 Texterkennung

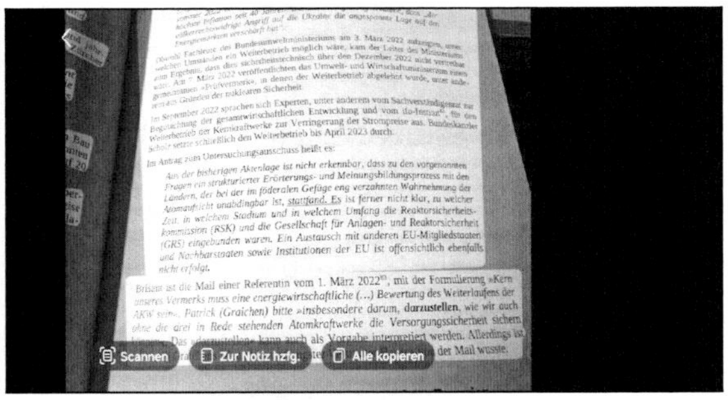

❶❷ Die Kamera erkennt automatisch Texte, worauf die gelbe Schaltleiste hinweist. Betätigen Sie sie, um den Text einzuscannen und weiterzuverarbeiten.

17.4 Einstellungen

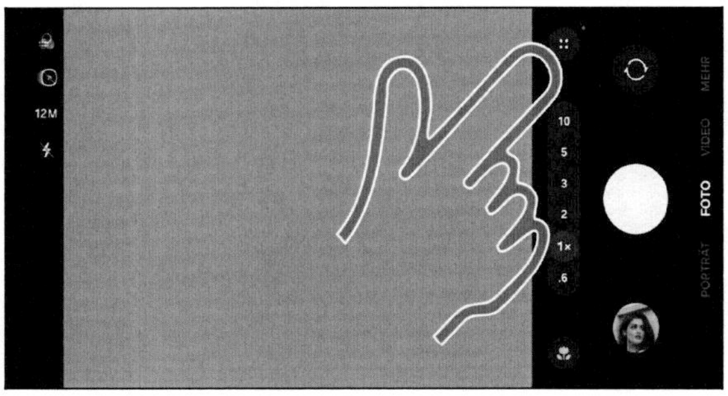

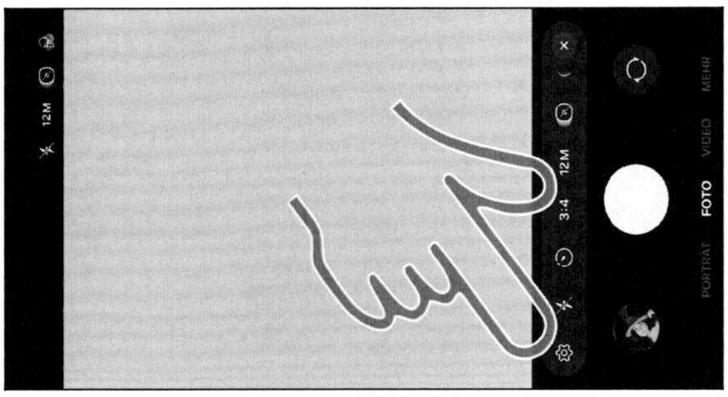

❶❷ Betätigen Sie ⁘ und dann ⚙ (Pfeil) für weitere Einstellungen.

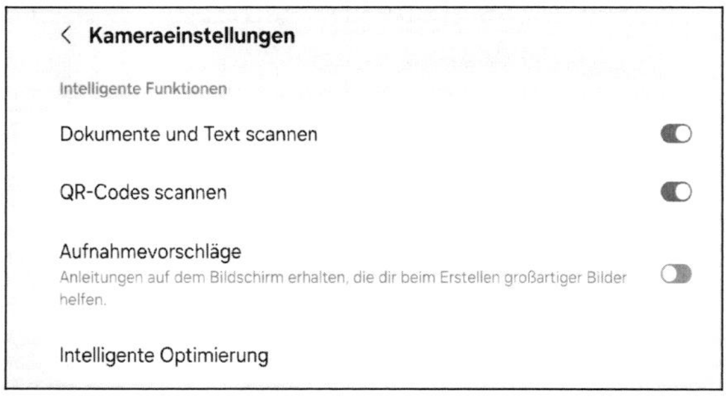

Unter *Intelligente Funktionen:*

- *Dokumente und Text scannen*: Wenn Sie die Kamera auf ein Dokument halten, können Sie über die T-Schaltleiste (oben rechts) den Text einscannen und in anderen Anwendungen weiterverarbeiten (siehe vorheriges Kapitel).
- *QR-Codes scannen*: In vielen Werbeanzeigen und auf Plakaten werden sogenannte QR-Codes abgedruckt. Halten Sie die Kamera darauf, erscheint ein Popup, das Sie antippen, worauf der Webbrowser die im QR-Code enthaltene Website öffnet.
- *Aufnahmevorschläge*: Die Kamera weist darauf hin, wenn das Motiv optimal scharf gestellt ist.
- *Intelligente Optimierung*: Standardmäßig führt das Handy nach der Fotoaufnahme eine Optimierung der Bilddarstellung durch. Dies kann einige Sekundenbruchteile dauern, weshalb Sie die Optimierungszeit reduzieren können.

Unter *Bilder*:

- *Auslöser gedrückt halten:*
  - *Serienbilder aufnehmen*: Solange Sie die Kameraschaltfläche gedrückt halten, erstellt die Kamera Fotos.
  - *GIF erstellen*: Sogenannte GIF-Datei erstellen, die mehrere Bilder enthält, welche später wie ein Video abgespielt werden.
- *Wasserzeichen*: Fügt einen Text unten in den Fotos ein. Wir raten davon ab, denn das Wasserzeichen lässt sich nicht nachträglich entfernen.
- *Erweiterte Bildoptionen*:
  - *HEIF-Bilder (Foto)*: Das HEIF-Dateiformat ist eine Alternative zu JPEG. Wir raten von dessen Verwendung ab, weil es nur von wenigen Bildverarbeitungsprogrammen und Bildanzeigern unterstützt wird.
  - *Pro-Modus-Bildformat*: Die Kamera erzeugt standardmäßig JPG-Dateien. Alternativ lassen sich RAW-Dateien erstellen. Das RAW-Dateiformat ist für Profis interessant, da es mehr Bildinformationen (Farben in 16 Bit statt 8 Bit) enthält. Zur Weiterverarbeitung sind allerdings Spezialprogramme nötig, weshalb wir von dieser Option abraten. Außerdem belegen RAW-Fotodateien sehr viel Speicherplatz.
  - *Bewegungsaufnahme*: Diese Option ermöglicht es Ihnen, nicht nur ein einzelnes Foto aufzunehmen, sondern auch die Sekunden unmittelbar vor und nach dem Auslösen als kurze Videosequenz festzuhalten. Damit fangen Sie spontane Bewegungen ein. Nach der Aufnahme können Sie in der Galerie das Hauptfoto betrachten und bei Bedarf die kurze Videosequenz abspielen oder ein anderes Standbild aus der Sequenz auswählen.

Unter *Selfies*:

- *Selfies wie angezeigt speichern*: Selfies (Fotos von Gesichtern) werden nicht passend gedreht gespeichert.
- *Kamerawechsel: hoch/runter streichen*: Wischen Sie auf dem Bildschirm, um zwischen den Kameras umzuschalten.

Unter *Videos*:

- *Automatischer FPS-Wert:* Reduziert bei Videoaufnahmen unter schlechten Lichtverhältnissen die Bildrate, sodass der Auslöser länger offen ist. Dies ergibt hellere Videos.
- *Videostabilisierung*: Korrigiert leichte Ruckler, sodass aufgenommene Videos ruhig wirken.
- *Erweiterte Videooptionen*:
  - *HEVEC; H.264 (höchste Kompatibilität)*: Videoaufnahmen werden in einem hochoptimierten Format gespeichert, das Speicherplatz spart. Beachten Sie allerdings, dass einige ältere Geräte später die Videos nicht abspielen können, weil sie das neue HVEC-Videoformat nicht unterstützen.
  - *Videos mit hoher Bitrate*: Die Bitrate und damit die Videoqualität bei der Videoaufnahme erhöhen. Achtung! Dies führt zu sehr großen Videodateien.
  - *HDR*: Aktiviert *Videos mit hoher Effizienz* und erhöht durch ein spezielles Verfahren den Bildkontrast und Farbqualität.
  - Log: Erweiterter Dynamikbereich im Pro-Videomodus
  - *Audio-Zoom*: Wenn Sie den Zoom verwenden (siehe Kapitel *17.3.1 Zoom*) erhöht das Handy automatisch die Aufnahmelautstärke. Damit erhalten auch weiter entfernt aufgenommene Szenen den passenden Ton.
  - *360-Audioaufnahme*: Spezialfunktion für Besitzer der Bluetooth-Kopfhörer Galaxy Buds Pro: Diese nehmen Audio auf und sorgen somit für Videos mit 360-Grad-Effekt. Bitte überprüfen Sie vor dem Kauf von Galaxy Buds-Kopfhörern, ob diese die 360-Grad-Aufnahme unterstützen.

  - *Audiowiedergabe*: Musik- beziehungsweise Audiowiedergabe auf dem Galaxy während der Videoaufnahme weiter ablaufen lassen. Sie vertonen so sehr einfach ein Video schon während der Aufnahme!

Unter *Allgemein*:

- *Verfolgungs-Autofocus*: Die Kamera stellt automatisch auf ein bewegtes Motiv scharf. Dies kann beispielsweise ein Fahrzeug oder Sportler sein.
- *Kompositionsanleitung*: Blendet Gitterlinien oder eine Wasserwaage im Sucher ein, was bei einigen Motiven, zum Beispiel Architektur, die optimale Kamerapositionierung erleichtert.
- *Geotagging*: Wenn eingeschaltet, werden in jedem Foto die GPS-Koordinaten Ihrer aktuellen Position mitgespeichert. Später können Sie sich in der Galerie-Anwendung die Aufnahmeorte anzeigen lassen.
- *Auslöser*:
  - *Drücken der Lautstärketaste*:
    - *Bild oder Video aufnehmen*: Betätigen Sie eine der beiden Lautstärketasten auf der linken Seite, um ein Foto aufzunehmen.
    - *Heran- oder Herauszoomen*: Mit den Lautstärketasten verändern Sie den Zoom (siehe Kapitel *17.3.1 Zoom*).
    - *Systemlautstärke steuern*: Stellt die Standardfunktion der Lautstärketasten ein.
  - *Sprachbefehle*: Mit den Befehlen »*Lächeln*«, »*Bitte lächeln*«, »*Klick*« oder »*Aufnahme*« macht die Kamera ein Foto. »*Video aufnehmen*« erstellt ein Video.
  - *Schwebender Auslöser*: Eine zweite Aufnahme-Taste lässt sich frei auf dem Bildschirm platzieren.
  - *Zeigen der Handfläche*: Halten Sie kurz die Handfläche über der Kamera und ziehen Sie sie weg. Die Kamera wartet ca. 2 Sekunden und erstellt dann das Foto.
- *Zu behaltende Einstellungen*: Die Kamera verbleibt im zuletzt gewählten Modus, wenn Sie sie beenden und später erneut aufrufen.
- *Einstellungen zurücksetzen*: Alle Einstellungen auf den Auslieferungszustand des Handys zurücksetzen.
- *Info zu Kamera*: Versionsinformation und Update durchführen.
- *Kontaktiere uns*

17.5 Positionsdaten

Das Galaxy hinterlegt in den Fotos die jeweiligen Positionsdaten, sodass man später jederzeit anzeigen kann, wo genau die Bilder entstanden sind. Interessant ist so etwas zum Beispiel für Wanderer, Urlauber oder Bootsfahrer, die dann auch gleich ihre genommene Route erfahren.

❶ Zuerst müssen Sie dafür sorgen, dass die Kamera die GPS-Koordinaten speichert. Gehen Sie, wie im vorherigen Kapitel *17.4 Einstellungen* beschrieben, in die Einstellungen.

❷ Prüfen Sie ob Geotagging aktiviert ist (Schalter ist blau) und schließen Sie den Bildschirm mit der ‹-Taste. Beantworten Sie das folgende Popup mit *Bei Nutzung der App*.

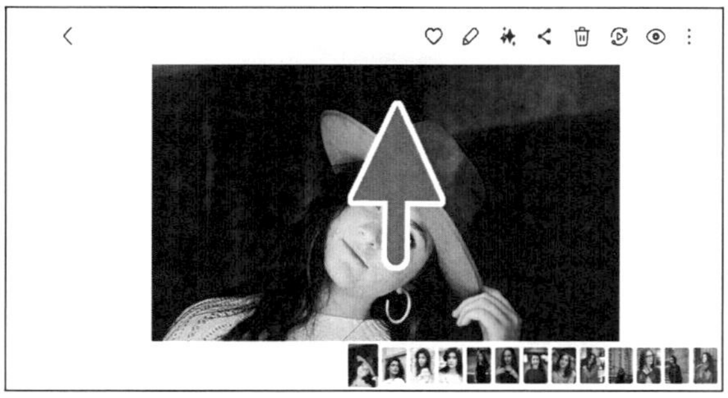

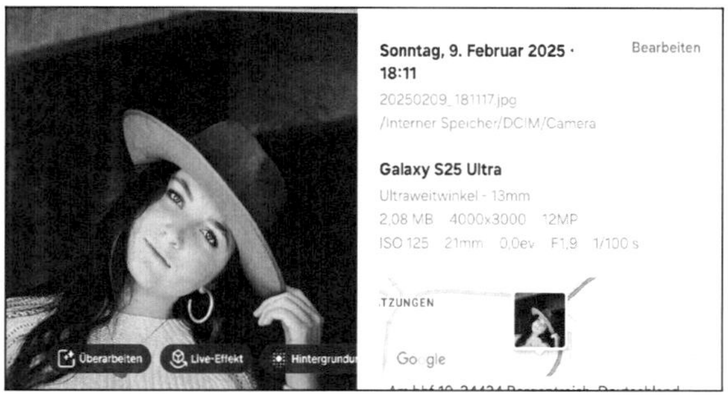

❶ Sie können zum Standort, an dem das Foto entstand, über die Galerie-Anwendung (siehe Kapitel *18 Galerie*) anzeigen: Rufen Sie dort die Vollbildansicht auf und wischen Sie nach oben. Alternativ betätigen Sie oben die ⓘ-Schaltleiste.

❷ Tippen Sie auf den Kartenausschnitt, worauf die Kartenanwendung Google Maps startet und die Aufnahmeposition anzeigt.

17.6 Motivprogramme

Die Galaxy-Kamera unterstützt diverse Motivprogramme, über die Sie Ihrer Kreativität freien Lauf lassen können. Wir empfehlen allerdings, während des Fotografierens auf Effekte zu verzichten und sie erst später im Bildanzeiger (siehe Kapitel *18 Galerie*) anzuwenden.

❶ Betätigen Sie die -Schaltleiste.

❷ Über die Schaltleisten (Pfeil) wählen Sie zwischen den Filtern. Betätigen Sie nun den Auslöser, um ein Foto mit den Einstellungen aufzunehmen.

17.7 Selfies

Die Frontkamera (über dem Display) hat zwei Funktionen: Zum einen verwendet man sie für Videotelefonie (siehe zum Beispiel Kapitel *15 WhatsApp*), zum erstellen Sie damit Selbstportraits, die auch als »Selfies« (self = engl. »selbst«) bezeichnet werden.

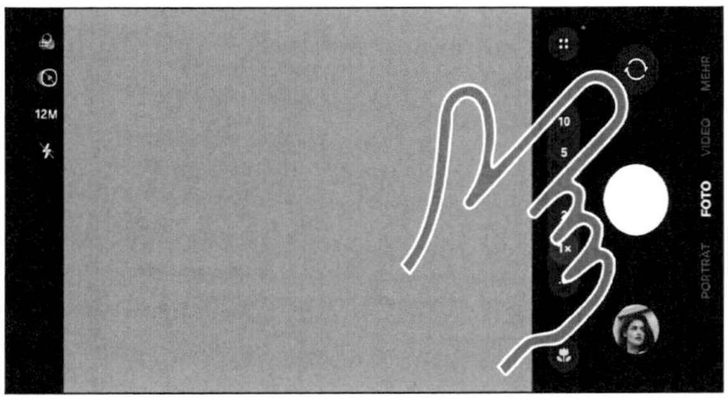

❶❷ Auf die Frontkamera schalten Sie mit der -Schaltleiste um. Alternativ wischen Sie einfach nach links oder rechts auf dem Bildschirm. Auf dem gleichen Wege schalten Sie den Selfie-Modus wieder ab.

17.8 Video-Funktion

❶ Aktivieren Sie das *VIDEO*-Register.

❷ Tippen Sie die ●-Schaltleiste (Pfeil) an, worauf die Aufnahme startet. Mit der Stopp- und Pause-Taste beenden beziehungsweise pausieren Sie die Aufnahme.

Viele Funktionen im Videomodus sind identisch zur Kamerafunktion, auf die bereits die vorhergehenden Kapitel eingehen.

17.9 AR-Zone

Falls Ihnen »AR Zone« nichts sagt, können Sie genau genommen dieses Kapitel überlesen. AR Zone war seit dem Jahr 2020 in jeder Kamera-Anwendung auf Galaxy-Handys vorhanden und enthielt lustige Foto- und Videoeffekte. Damit sprach Samsung eher eine jüngere Zielgruppe an. Falls Sie die AR-Funktionen dennoch nutzen möchten, können Sie sie als eigenständige Apps über die im Kapitel *26.2 Galaxy Store* beschriebenen Anwendung auf Ihrem Gerät installieren.

Im Galaxy Store finden Sie folgende ehemalige AR Zone-Anwendungen wieder:

- Deco Pic (Deko-Bild): Blendet verschiedene Effekte ein, beispielsweise Brillen, Bärte, Hüte usw.
- AR Doodle (AR-Zeichnung): Bildbereiche mit einem Stift markieren.
- Quick Measure (Schnellmessung): Die Abmessungen von Objekten in bis zu 3 Meter Entfernung ermitteln.

Beachten Sie bitte, dass Sie diese Anwendungen nur über ihren englischen Namen finden, sie später aber auf dem Gerät unter ihrem deutschen Namen erscheinen.

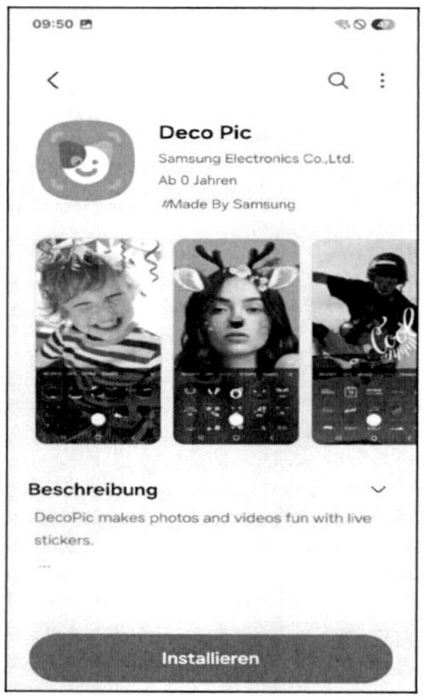

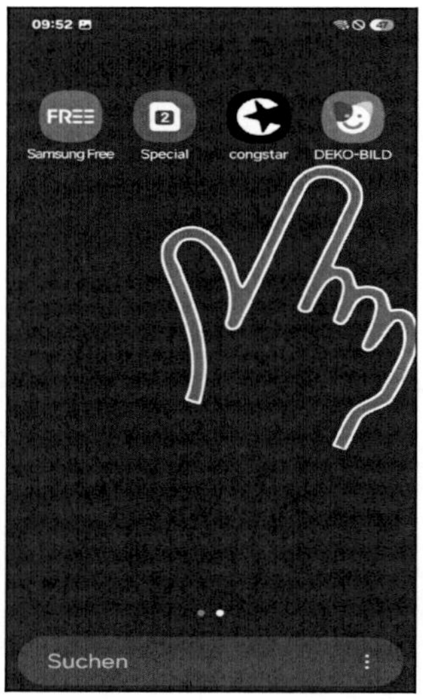

❶ Beispiel für Deco Pic (Deko-Bild) im Galaxy Store.

❷❸ Das Programm starten Sie nach der Installation mit *DEKO-BILD* im Hauptmenü.

18. Galerie

Mit der Galerie-Anwendung zeigen Sie Bilder und Videos auf dem Handy an.

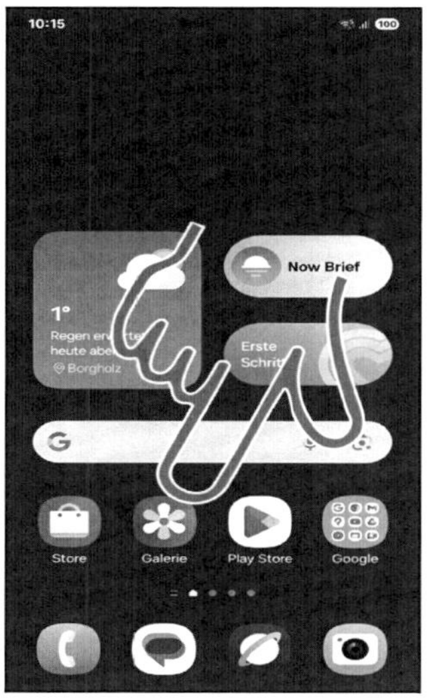

➊➋ Sie starten die *Galerie*-Anwendung aus dem Startbildschirm oder Hauptmenü.

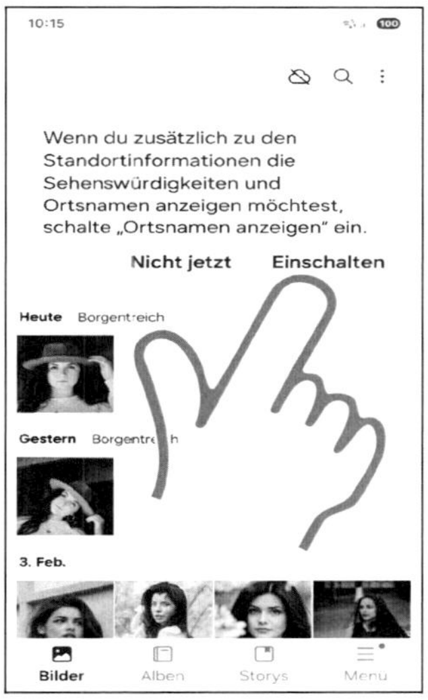

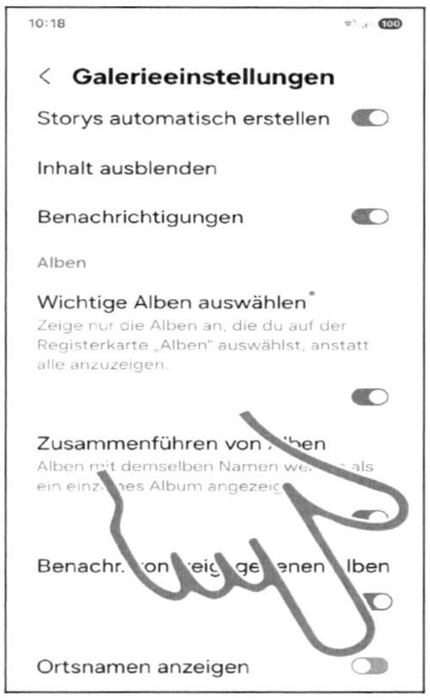

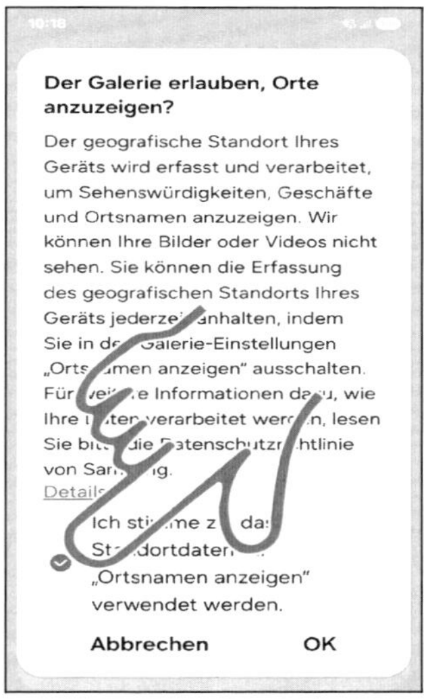

➊ An dieser Stelle können Sie bereits die eine erste Einrichtung vornehmen, damit Ihnen die Galerie-Anwendung Infos zu den Aufnahmeorten Ihrer Fotos anzeigt: Betätigen Sie *Jetzt Einschalten.*

➋ Aktivivieren Sie *Ortsnamen anzeigen.*

➌ Im Popup haken Sie *Ich stimme zu…* ab und schließen mit *OK* ab.

18.1 Ansichten

❶ Die Sortierung in der Galerie ist über die Register (Pfeil) umschaltbar zwischen:

- *Bilder*: Datumssortierung.
- *Alben* (❷): Bei den Alben handelt es sich um Verzeichnisse.
- *Storys*: Von Ihnen zusammengestellte Fotoalben.

❶❷ Über eine Kneifgeste (mit zwei Fingern gleichzeitig auf den Bildschirm halten und dann auseinander oder zusammenziehen) verkleinern/vergrößern Sie die Bildervorschau.

❶❷ Weitere Funktionen finden Sie im Ausklappmenü am unteren Bildschirmrand:

- *Videos*: Anzeige auf Videos beschränken.
- *Favoriten*: Nur als Favoriten markierte Fotos anzeigen.
- *Aktuell*: Nur die 100 aktuellsten Fotos anzeigen.
- *Vorschläge*: Die Galerie-Anwendung zur Fotooptimierung.
- *Standorte*: Alle Fotos nach Aufnahmestandort gruppieren (siehe Kapitel *17.5 Positionsdaten*).
- *Freigegebene Alben*: Bilder an andere Personen senden. Auf diese Funktion gehen wir nicht ein, weil alle Personen, denen Sie die Bilder zugänglich machen, ein Samsung-Handy besitzen müssen.
- *Papierkorb*: Im Papierkorb werden von Ihnen gelöschte Fotos bis zu 30 Tage aufbewahrt und dann automatisch gelöscht. Versehentlich gelöschte Fotos lassen sich aus dem Papierkorb wieder herstellen.
- *Einstellungen*: Anzeigeeinstellungen.
- *Zu Studio wechseln*: Die Studio-Funktion erstellt aus Ihren Fotos Filme.

18.1.1 Datumssortierung

Die Datumssortierung ist praktisch, um Bilder wiederzufinden, von denen Sie das ungefähre Aufnahmedatum wissen.

❶ Aktivieren Sie gegebenenfalls das *Bilder*-Register.

❷ Die Bildervorschau durchrollen Sie mit einer Wischgeste.

18.2 Bilder verarbeiten

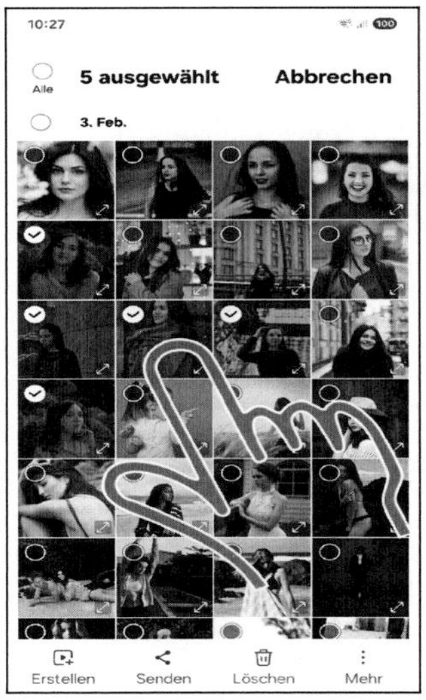

❶ Rufen Sie in der Bildervorschau das ⋮-Menü auf und gehen Sie auf *Auswählen*.

❷ Markieren Sie Elemente, indem Sie sie antippen (dabei nicht auf ⤢ tippen, weil damit die Vollbildansicht aufgerufen wird).

Über die Schaltleisten am unteren Bildschirmrand können Sie:

- *Erstellen:* GIF (animiertes Bild), Collage oder Film aus den markierten Fotos erstellen.
- *Senden*: Dateien per E-Mail oder andere Wegen versenden.
- *Löschen*: Dateien entfernen.

Zusätzliche Weiterverarbeitungsoptionen finden Sie im ⋮-Menü.

18.2.1 Gelöschte Dateien wiederherstellen

Es kommt schon mal vor, dass Sie aus Versehen Dateien löschen, die Sie eigentlich behalten möchten. Für solche (Un)Fälle können Sie sie noch einige Zeit retten.

❶❷ Wenn Sie ein oder mehrere Fotos/Videos löschen, erscheint eine Sicherheitsabfrage, die Sie mit *In den Papierkorb* beantworten.

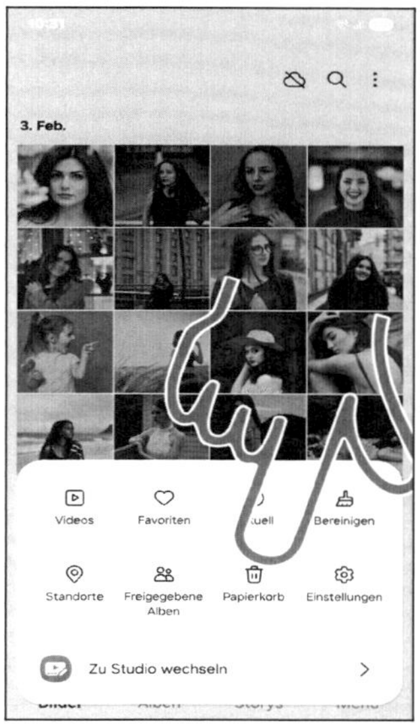

❶❷ So stellen Sie die gelöschten Dateien wieder her: Rufen Sie das Ausklappmenü auf und wählen Sie *Papierkorb*.

❸ Tippen und halten Sie den Finger über der ersten Datei, bis diese markiert ist, dann markieren Sie die weiteren Dateien mit kurzem Antippen. Nun gehen Sie auf *Wiederherstellen*.

18.3 Vollbildansicht

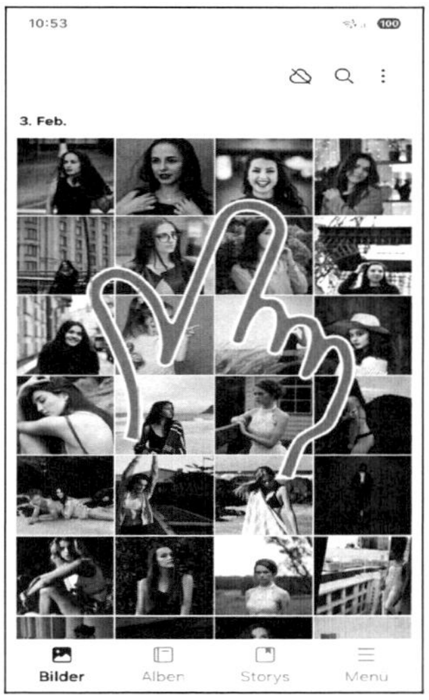

❶ Nach Antippen des Vorschaubilds (Pfeil) erscheint das Foto in der Vollbildansicht.

❷ Die Funktionen oben rechts:

- : Foto an ein anderes Android-Gerät übertragen.
- : Aktiviert die im Kapitel *18.3.3 Bixby Vision* beschriebene Funktion.

Die Schaltleisten am unteren Bildschirmrand:

❷ Tippen Sie gegebenenfalls auf das Foto, um die Bedienelemente zu aktivieren:

- : Als Favorit markieren.
- : Fotoeditor aufrufen.
- : Foto mit KI-Funktionen bearbeiten. Darauf geht Kapitel *24.5 KI-Bildbearbeitung in der Galerie* ein.
- : Foto an eine andere Person per E-Mail usw. senden.
- : Foto ohne Speichern verwerfen.

❸ Ziehen des angedrückten Fingers auf dem Foto nach links/rechts (»Wischgeste«): Vorheriges/nächstes Foto anzeigen.

Halten Sie das Handy um 90 Grad gedreht, um gegebenenfalls ein querformatiges Foto auf dem gesamten Bildschirm anzuzeigen.

❶❷ Das Samsung Galaxy unterstützt die »Kneifen«-Geste, um in Fotos herein- oder heraus zu zoomen: Tippen und halten Sie dazu gleichzeitig den Mittelfinger und Daumen einer Hand auf das Display und ziehen dann die beiden Finger auseinander beziehungsweise zusammen. Übrigens spielt es keine Rolle, ob Sie nun vertikal oder waagrecht »kneifen«.

Alternativ tippen Sie einfach mit einem Finger zweimal schnell hintereinander auf die gleiche Stelle auf dem Bildschirm.

18.3.1 Weitere Optionen

❶❷ Rufen Sie das ⋮-Menü auf:

- *Details*: Aufnahmedatum, Aufnahmeparameter und Dateigröße. Diese Infos erhalten Sie auch mit einer Wischgeste auf dem Foto nach oben.
- *In Ablage kopieren*: Kopiert das Bild in die Zwischenablage, wovon es sich anschließend in anderen Anwendungen wieder einfügen lässt.
- *Als Hintergrund festlegen*: Hintergrund für Displaysperre, Startbildschirm, oder Anrufbildschirm einstellen (siehe Kapitel *4.7.4 Hintergrundbild*).

- *Zu Sicherer Ordner verschieben*: Auf die geschützte Dateiablage gehen wir in diesem Buch nicht ein, weil sie in der Praxis keine Vorteile bringt. Sofern Sie die Gerätesperre nutzen (siehe Kapitel *30.2 Gerätesperre*), sind Ihre Dateien ohnehin vor fremden Zugriff geschützt.
- *Drucken*: Auf die Druckausgabe geht dieses Buch nicht ein.

18.3.2 Einzelnes Bild bearbeiten

❶ Rufen Sie mit den Bildbearbeitungsmodus auf.

❷ Über die Schaltleisten am unteren Bildschirmrand wählen Sie zwischen den Werkzeugen aus:

- : Ausrichtung ändern.
- : Farbe anpassen.
- : Helligkeit, Kontrast, Sättigung, Farbtemperatur oder Schärfe ändern.
- : Zeichnung, Sticker oder Text hinzufügen.
- : Auf die Spezialfunktionen gehen wir als Nächstes ein.

In der Fotobearbeitung haben Sie mit der -Schaltleiste Zugriff auf KI-Funktionen. Diese beschreibt Kapitel *24.5 KI-Bildbearbeitung in der Galerie*.

❶❷ Besonders interessant sind die Funktionen, welche Sie mit der -Schaltleiste aufrufen:

Zur Verfügung stehen (wischen Sie nach links über die Schaltleisten, um weitere anzuzeigen):

- *Objektradierer*: Eine KI entfernt störende Objekte auf dem Foto und ersetzt sie durch den Hintergrund. Dies ist zum Beispiel nützlich, um eine aus Versehen aufgenommene Person im Hintergrund zu entfernen.
- *Lasso*: Person oder Objekt ausschneiden (»freistellen«).
- *Gesichtseffekte*: Gesicht glätten, aufhellen, Flecken entfernen, Kinn, Beine, Kieferpartie bearbeiten, rote Augen entfernen.
- *Punktfarbe*: In Schwarzweißfoto umwandeln und einzelne Bereiche farbig lassen.
- *Farboptimierung*
- *Stil*: Künstlerische Verfremdung.

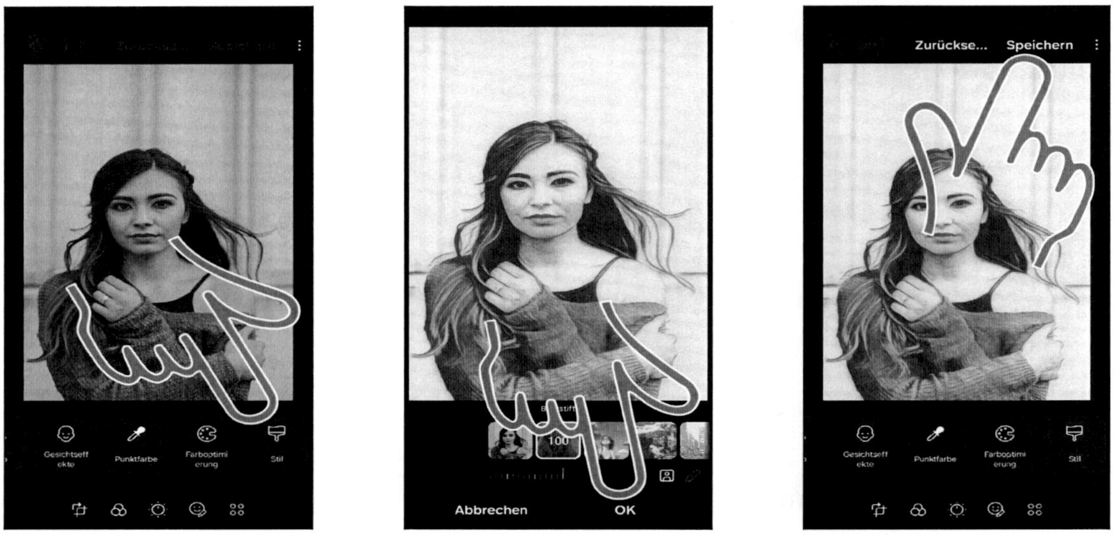

❶ Im Beispiel wählen wir *Stil.*

❷ Nach Auswahl eines Effekts schließen Sie den Bildschirm mit *OK.*

❸ Übernehmen Sie Ihre Änderungen mit der *Speichern*-Schaltleiste. Falls Sie das Originalfoto behalten möchten, gehen Sie stattdessen auf ⁝/*Als Kopie speichern*.

18.3.3 Bixby Vision

Bixby Vision sucht nach Fotos mit ähnlichen Motiven im Internet oder liefert Bildbeschreibungen. Für die meisten Anwender von keinem Nutzen.

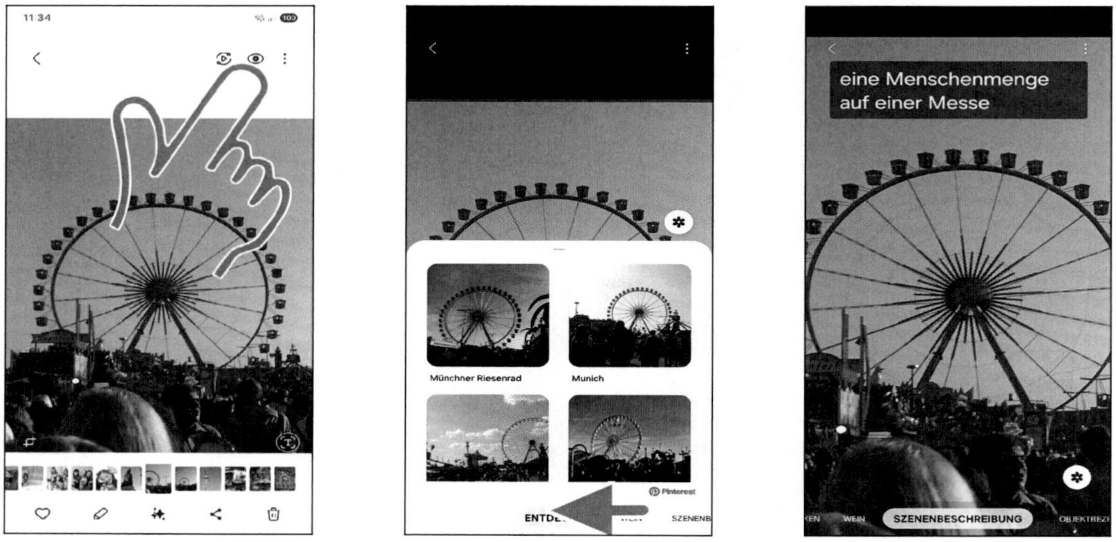

❶ In der Vollbildansicht gehen Sie auf 👁.

❷❸ Mit einer Wischgeste wählen Sie eine der Optionen am unteren Bildschirmrand aus.

18.4 Videos

❶ Fotos und Videos listet die Galerie-Anwendung zusammen auf. Dabei erkennen Sie Videos anhand des ▶-Symbols. Tippen Sie ein Video an.

❷ Die Wiedergabe steuern Sie über einige Schaltleisten (Pfeil).

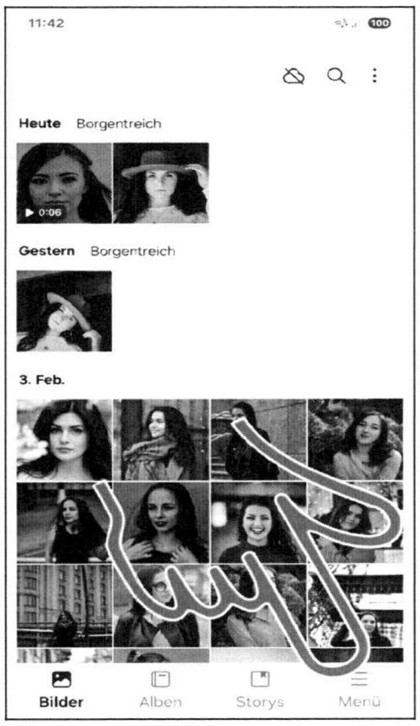

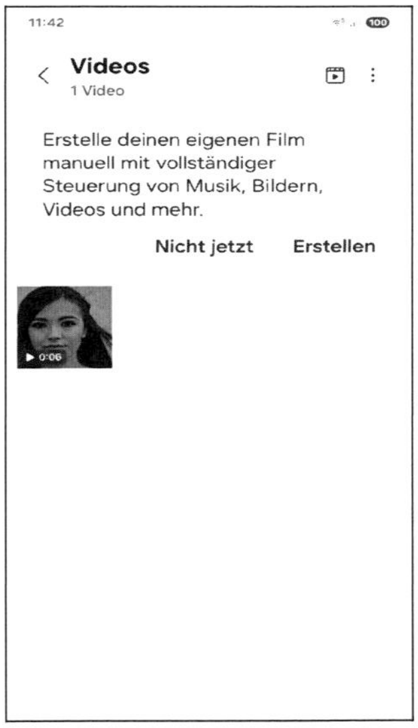

❶❷ Alternativ öffnen Sie das Ausklappmenü und wählen *Videos.*

❸ Alle Videos werden aufgelistet.

18.5 Positionsdaten

Ihr Handy verfügt über einen eingebauten GPS-Empfänger, dessen Koordinaten in den Fotos Ihrer Kamera (siehe Kapitel *17 Kamera*) hinterlegt werden. Später lässt sich dann zu jedem Foto der Aufnahmeort herausfinden. Interessant ist so etwas zum Beispiel für Wanderer, Urlauber oder Bootsfahrer, die dann auch gleich ihre genommene Route erfahren.

In Kapitel *17.5 Positionsdaten* erfahren Sie, wie Sie mit der eingebauten Kamera Fotos mit eingebetteten GPS-Positionsdaten erstellen.

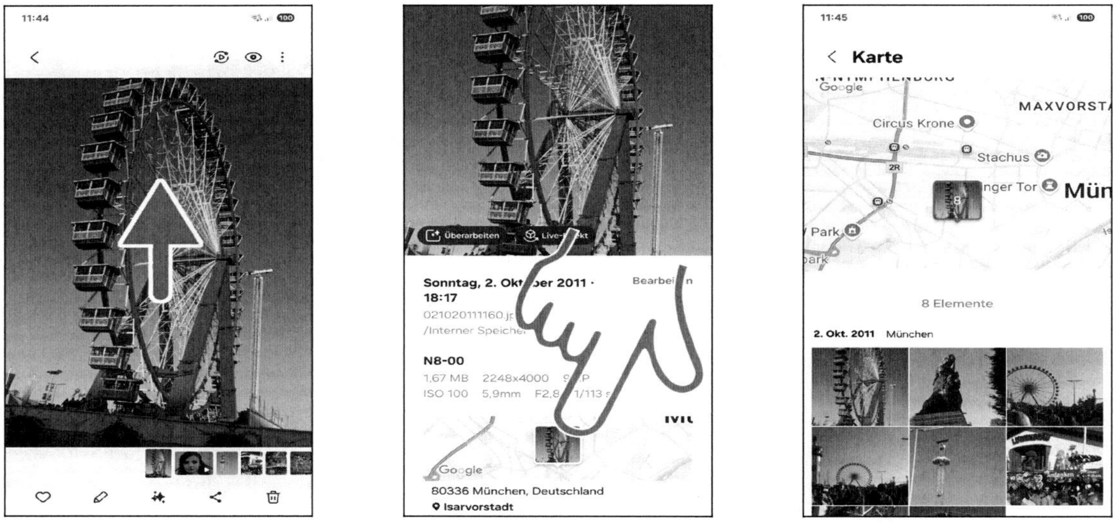

❶ In der Galerie-Anwendung wischen Sie, während ein Bild in der Vollbildansicht angezeigt wird, nach oben. Alternativ betätigen Sie unten die ⓘ-Schaltleiste.

❷ Tippen Sie die Kartenvorschau an.

❸ Anschließend wischen Sie unten in der Bilderauflistung nach rechts/links und wählen Sie davon eines der anzuzeigenden Fotos aus.

> Beachten Sie bitte, dass die in den Fotos enthaltenen GPS-Koordinaten je nach GPS-Genauigkeit während des Fotografierens um mehrere hundert Meter von der Realität abweichen können.

18.6 Storys

Über die Story-Funktion stellen Sie mehrere Fotos in einem Album zusammen, das man aber nur auf dem Handy anzeigen kann.

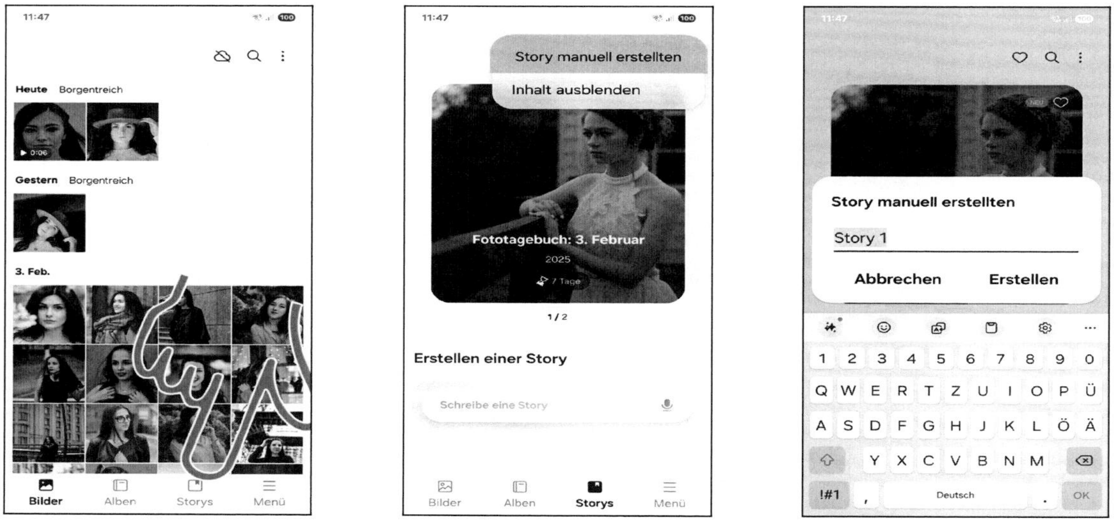

❶ Gehen Sie in das *Storys*-Register. Beachten Sie, dass die Galerie-Anwendung aus Ihren Fotos im Hintergrund automatisch »Fototagebücher« erstellt, die Sie hier abspielen können.

❷ Über ⋮/*Story manuell erstellen* kreieren wir ein neues Story-Album.

❸ Vergeben Sie dem Album einen Namen.

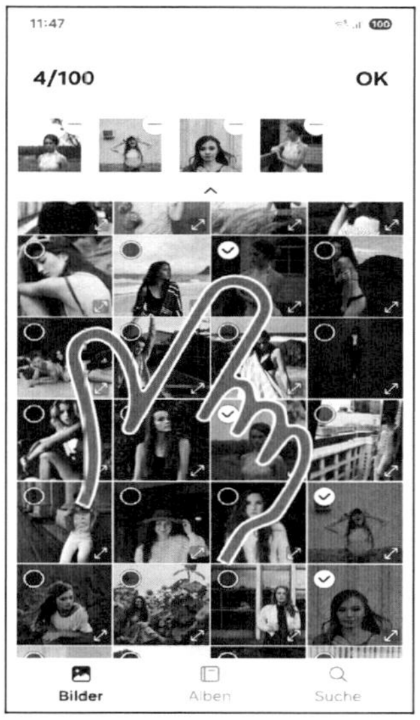

➊ Markieren Sie mehrere Bilder und gehen Sie auf *OK*.

➋ Die Diashow läuft sofort ab. Tippen Sie einmal auf den Bildschirm für die Anzeige der Navigationstasten.

➌ Hier bearbeiten Sie die Musik und die Inhalte. Sie können die Diashow mit der ❮-Taste beenden.

➊➋ Im *Storys*-Register rufen Sie künftig die neu erstellte Diashow auf.

18.7 Einstellungen

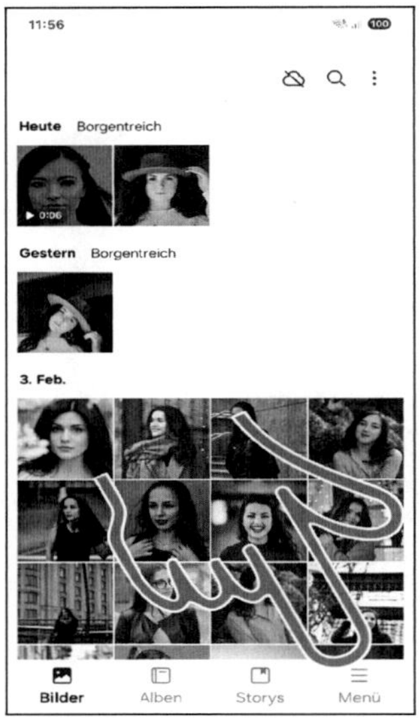

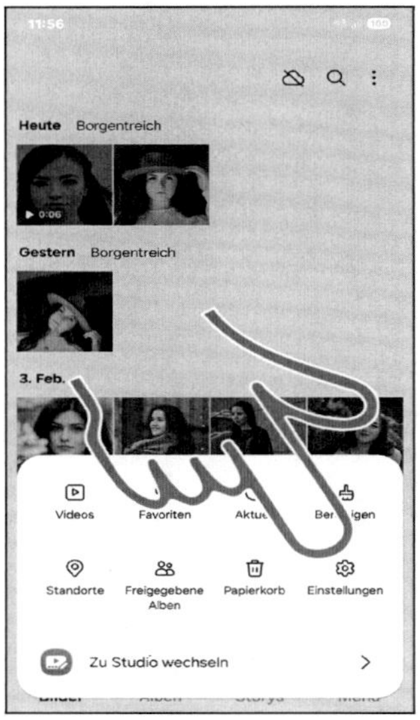

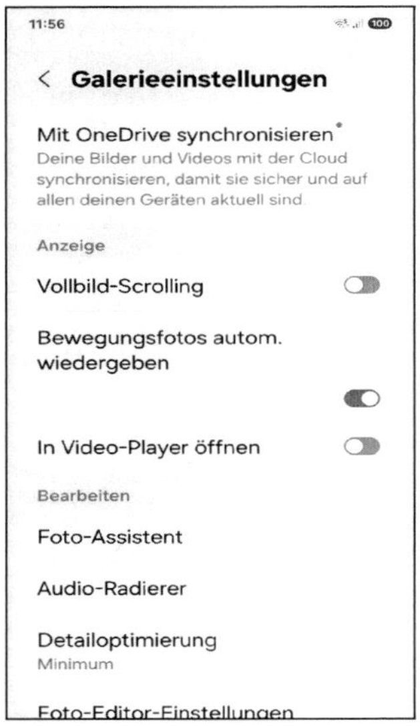

❶ Öffnen Sie das Ausklappmenü.

❷❸ Rufen Sie *Einstellungen* auf. Die Optionen:

- *Mit OneDrive synchronisieren*: Sie können – nach einmaliger Anmeldung – Ihre Fotos und Videos auf den OneDrive-Dienst von Microsoft sichern. Der kostenlose Speicherplatz von 5 GB ist sehr knapp bemessen, kann aber kostenpflichtig erweitert werden. Wir empfehlen stattdessen, das Handy, wie im Kapitel *29 Gerätespeicher* beschrieben, an einen PC anzuschließen und dann die Fotos/Videos herüber zu kopieren.

Unter *Anzeigeoptionen*:

- *Vollbild-Scrolling*: Wenn Sie in der Bildervorschau wischen, blendet das Handy alle Schaltleisten aus.
- *Bewegungsfotos autom. wiedergeben*: Die Kamera-Anwendung speichert – je nach Einstellung – eventuell mehrere Fotos in einer Bilddatei. Diese gibt die Galerie-Anwendung dann schon in der Vorschau wieder.
- *Im Video-Player öffnen*: Videos nicht in der Galerie, sondern im separatem Video-Player abspielen.

Unter *Bearbeiten* werden die eingebauten KI-Bearbeitungsfunktionen vorgestellt, die später noch Kapitel *24.5 KI-Bildbearbeitung in der Galerie* beschreibt.

Unter *Storys*:

- *Stories automatisch erstellen*: Erstellt aus Ihren Fotos Alben, die Sie im *Storys*-Register abspielen können.
- *Inhalt ausblenden*: Bestimmte Fotos nicht in den Story-Alben verwenden.
- *Benachrichtigungen*: Die Galerie informiert Sie über neu erstellte Story-Alben.

Unter *Alben*:

- *Wichtige Alben auswählen*: Blenden Sie im *Alben*-Register nicht gewünschte Alben aus.
- *Zusammenführen von Alben*: Diese Funktion ist nur für Anwender nützlich, die Fotoverzeichnisse von einem anderen Gerät auf das Samsung kopieren. Unterverzeichnisse mit gleichem Namen zeigt das Handy dann als ein einziges Verzeichnis an.
- *Benachr. von freigegebenen Alben*: Nicht von Samsung dokumentiert.
- *Ortsnamen anzeigen*: Sofern in einem Foto die GPS-Daten hinterlegt sind, wird der Aufnahmeort angezeigt.

19. Musik

Der Musikmarkt wurde in den letzten Jahrzehnten gleich mehrmals umgewälzt. Zunächst fand die Schallplatte in den 1980er Jahren mit der CD einen Nachfolger, ab den 2000er Jahren kam dann der Kauf von Songs über das Internet in Mode. Seit einigen Jahren revolutioniert allerdings das »Streaming« die Musiknutzung. Beim »Streaming« erfolgt die Wiedergabe direkt aus dem Internet, ohne dass der abgespielte Song lokal auf dem Gerät gespeichert wird. Ein Vorteil des Streamings ist die zentrale Ablage aller Songs auf einem Server, wobei die Wiedergabe auf jedem beliebigen Endgerät, vom PC bis zum Handy möglich ist – es wird nur eine Internetverbindung benötigt, die noch nicht einmal besonders schnell sein muss.

Beim Streaming zahlen Sie – je nach Anbieter – eine monatliche Pauschale von ca. 5 bis 15 Euro, haben dafür aber Zugriff auf mehrere dutzend Millionen (!) Songs. Es ist möglich, sich eigene Abspiellisten zusammenzustellen, einige Streaming-Dienste stellen zudem fertige Abspiellisten zur Verfügung, die jeden Musikgeschmack bedienen. Kündigen Sie ihr Streaming-Abo, dann verlieren Sie auch alle von Ihnen selbst angelegten Abspiellisten.

Einziger Nachteil des Streamings: Die Musik gehört nicht Ihnen und kann auch nicht auf eine CD gebrannt werden. Je nach gewähltem Tarif ist zudem die gleichzeitige Wiedergabe auf ein einzelnes Gerät beschränkt. Läuft die Musik also gerade im Wohnzimmer, dann stoppt sie dort, sobald Sie die Wiedergabe auf dem Gerät in der Küche starten.

Neben Google sind auch noch Spotify, Apple, Deezer, Amazon und einige kleinere Anbieter im Streaming-Markt aktiv.

Die Musikwiedergabe erfolgt sehr flexibel entweder im Webbrowser auf dem PC, über smarte Lautsprecher (Google Home, Apple Homekit, Amazon Alexa usw.) oder die YouTube Music-App auf dem Handy.

19.1 Die Tarife von YouTube Music

- **YouTube Music**: Für diesen Dienst brauchen Sie sich nicht kostenpflichtig anzumelden oder irgendwas bezahlen, denn die Finanzierung erfolgt durch zwischendurch eingeblendete Werbung.
- **YouTube Music Premium**: Der günstigste Tarif kostet 10,99 Euro im Monat. Als Student können Sie bis zu ca. 4 Jahre den Tarif für 5,49 Euro pro Monat buchen. Jedes Jahr erfolgt dann eine Überprüfung.
- **YouTube Premium**: Falls Sie sehr häufig Videos auf YouTube (in der gleichnamigen App oder auf der Website) anschauen, dann dürfte YouTube Premium interessant sein. Auf YouTube gibt es dann keinerlei nervende Werbung und Sie erhalten Zugriff auf einige weitere exklusive Inhalte (»YouTube Originals«). Zur Anmeldung besuchen Sie *www.youtube.com/premium*. Die Kosten betragen 11,99 Euro.

19.2 YouTube Music-App

In diesem Buch können wir leider aus Platzgründen nur auf die wichtigsten Funktionen der YouTube Music-App eingehen. In der Regel werden Sie ausschließlich die Musikvorschläge nutzen, die bereits alle wichtigen Musikgeschmäcker bedienen.

❶❷ Rufen Sie *YT Music* auf. Betätigen Sie gegebenenfalls *Anmelden.*

❶ Zunächst sollen Sie die Grundfunktionen der App kennenlernen, weshalb wir im Abo-Bildschirm die ╳-Schaltleiste (Pfeil) antippen.

❷ Schließen Sie die Abo-Frage mit *Nein danke.*

19.2.1 Grundfunktionen von YouTube Music

❶ Alle wichtigen Funktion verbergen sich in den Registern (Pfeil):

- *Start*: Schlägt ausgehend von Ihren Interessen und bisher abgespielten Songs passende Playlists und Songs vor.
- *Samples*: Stellt angesagte Musikvideos vor.
- *Entdecken* (❷): Angesagte Alben und Singles.
- *Bibliothek* (❸): Verwaltet Playlists, Alben, einzelne Musiktitel und Künstler, die Sie Ihrer Bibliothek hinzugefügt haben.
- *Upgrade*: Kostenpflichtiges YouTube Music-Abo aktivieren und verwalten. Darauf geht Kapitel *19.4 YouTube Music Premium* noch ein.

❶ In unserem Beispiel möchten wir im *Start*-Register vorgeschlagene Musik abspielen. Wischen Sie durch die Vorschläge.

❷ Tippen Sie auf einen der Interpreten/Bands, Alben oder Abspiellisten.

❸ Wahlweise tippen Sie einen abzuspielenden Titel an oder betätigen die ▶-Schaltleiste (Pfeil).

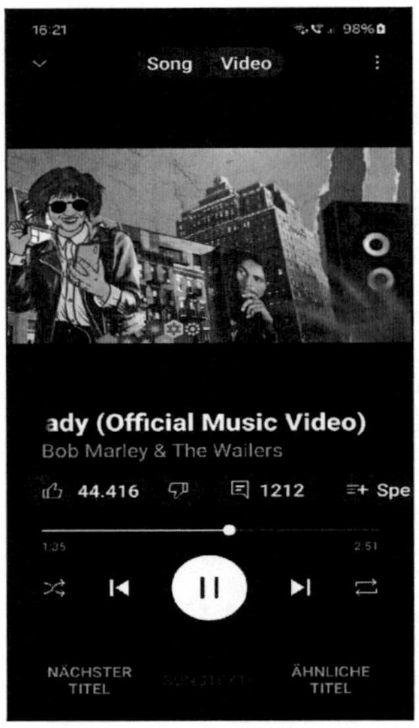

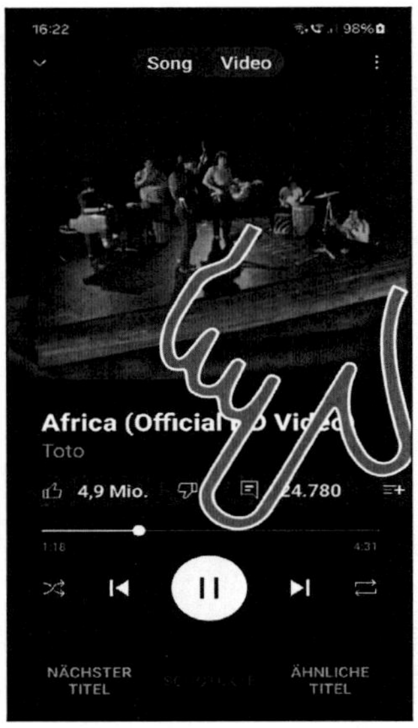

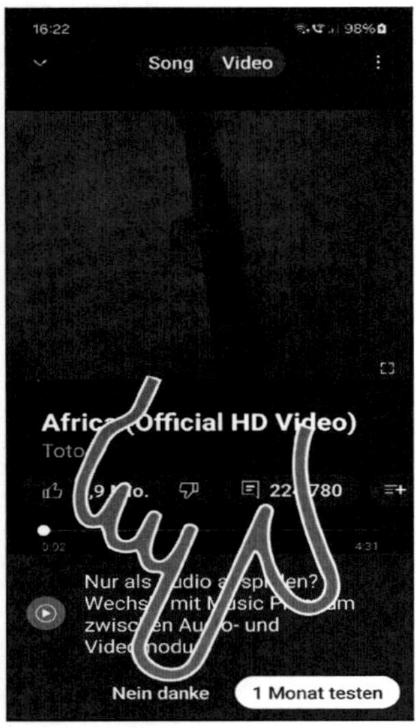

❶ Die Wiedergabe erfolgt.

❷ Tippen Sie in einen beliebigen Bereich des Fortschrittsbalkens (Pfeil), wenn Sie zu einem bestimmten Punkt im abgespielten Song springen möchten.

Weitere Funktionen:

- |◀ / ▶|: Zum vorherigen/nächsten Titel springen (dies ist auch über eine Wischgeste nach links oder rechts möglich).
- ▶ / ❚❚ : Starten/Pausieren der Wiedergabe.
- ⤮: Zufällige Wiedergabe der Titel in der Wiedergabeliste.
- ⮂: Abgespielten Titel wiederholen.

❸ Schließen Sie gegebenenfalls den Hinweis auf YouTube Music Premium mit *Nein danke*.

Die kostenlose Musiknutzung finanziert Google durch Werbeclips, die zwischendurch vor den Songs abgespielt werden.

❶ Über die Schaltleisten 👎 👍 (»Mag ich/Mag ich nicht«) markieren Sie Songs, die ihnen gefallen oder nicht gefallen. Je mehr Songs Sie auf diese Weise bewerten, desto besser sind die automatischen Musikvorschläge.

❷ Beim ersten Mal weist Sie die App mit einem Popup auf die Vorteile hin. Schließen Sie es mit *OK*.

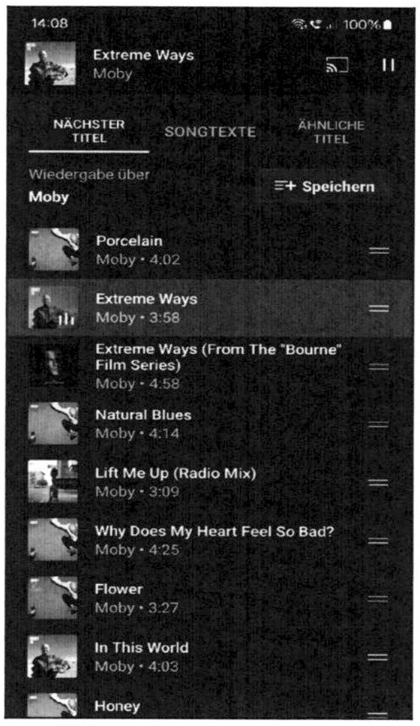

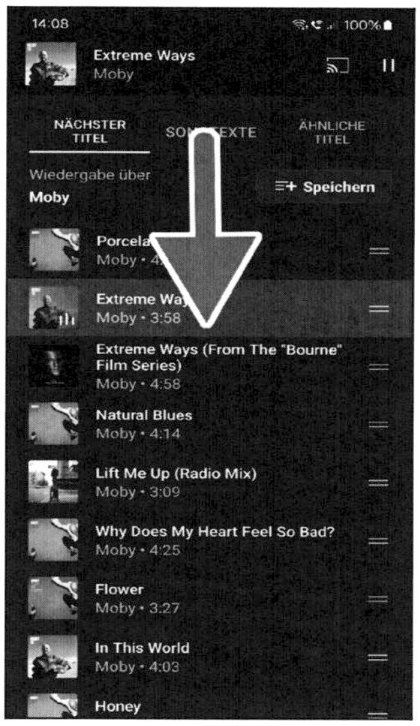

❶ Ihnen gefällt der gerade abgespielte Song eines Radios oder eine Playlist nicht? Dann wischen Sie im unteren Bildschirmrand nach oben.

❷ Antippen eines anderen Titels spielt ihn als Nächstes ab.

❸ Wischen über der »Lasche« nach unten schließt die Titelliste wieder.

❶❷ Eine Wischgeste nach unten im oberen Bildschirmdrittel minimiert das Wiedergabefenster auf einen kleinen Balken. Antippen des Titels schaltet auf das Wiedergabefenster um, åpausiert und X beendet die Wiedergabe.

19.3 Radiosender

Der Begriff »Radiosender« ist etwas verwirrend, denn es handelt sich nicht um Sender, wie man sie vom klassischen Rundfunk kennt. Tatsächlich sind alle YouTube Music-Radiosender dynamische Playlists, welche sich an Ihre Hörgewohnheiten anpassen. Songs, die Sie überspringen, werden künftig nicht mehr so häufig oder überhaupt nicht mehr gespielt. Nach einiger Zeit spielt der jeweilige Radiosender nur noch Ihre Lieblingsmusik.

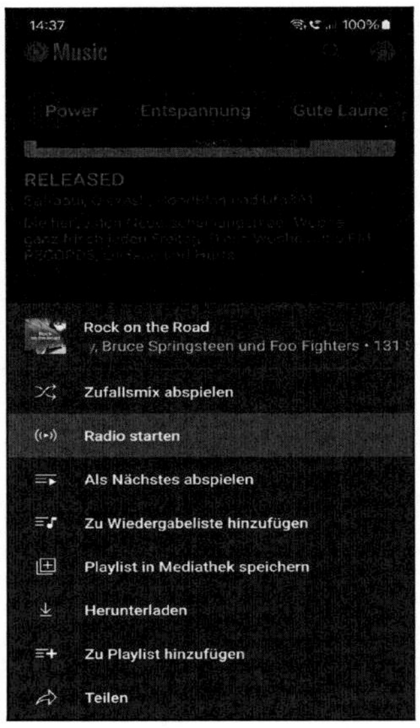

❶❷ Zu jeder Playlist existiert auch ein entsprechender Sender. Halten Sie einfach den Finger auf einer Playlist gedrückt, bis das Popup erscheint, in dem Sie auf *Radio starten* gehen.

❸ Die Wiedergabe startet.

Im Abspielbildschirm sind alle Funktionen verfügbar, die auch bereits Kapitel *19.2.1 Grundfunktionen von YouTube Music* vorstellt.

19.3.1 Favorisierte Songs

Jeder hat einen anderen Musikgeschmack. Damit Google Ihnen passende Songs/Alben/Interpreten vorschlagen kann und die angebotenen Radiosender nur Ihre Lieblingsmusik spielen, wertet Google einige »Signale« aus, wozu beispielsweise die abgespielten und übersprungenen Titel gehören.

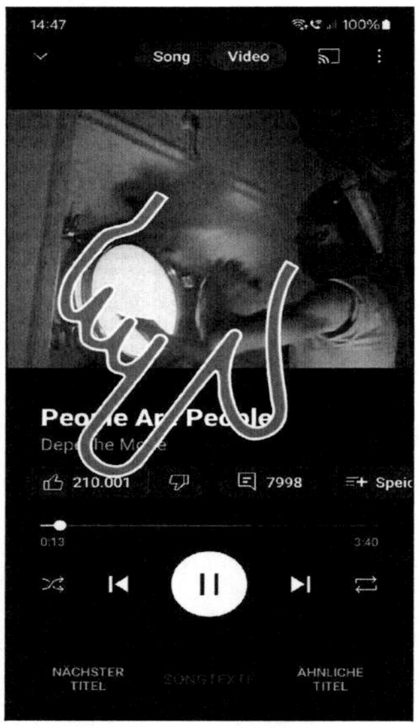

❶❷ Sie favorisieren einen Song mit 👍. Die 👎-Schaltleiste markiert dagegen einen Titel, der Ihnen nicht gefällt.

Je nach Nutzungsmuster wird YouTube Music schon nach einigen Tagen in den Radiosendern ausschließlich Ihre Lieblingsmusik spielen.

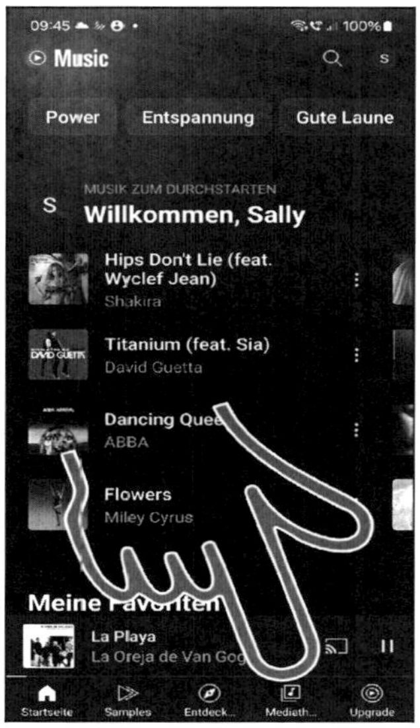

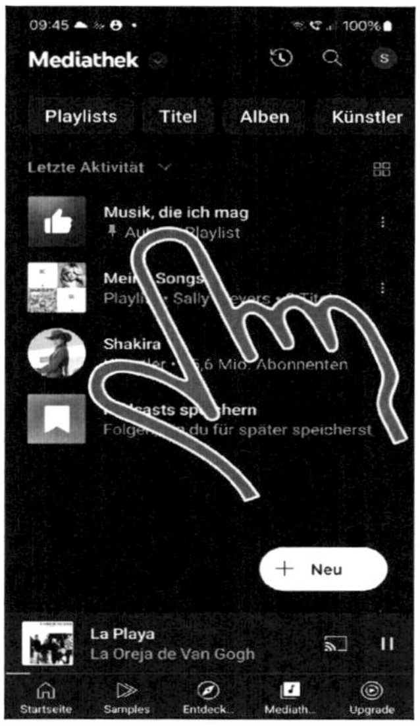

➊ Die favorisierten Songs finden Sie im *Mediathek*-Register, das Sie aktivieren.

➋ Gehen Sie auf *Musik, die ich mag.*

➊ Tippen Sie einen Titel an oder starten Sie die Wiedergabe über die weiße Schaltleiste.

➋ Ihnen gefällt ein Song nicht mehr? Dann gehen Sie auf 👍.

19.3.2 Suche

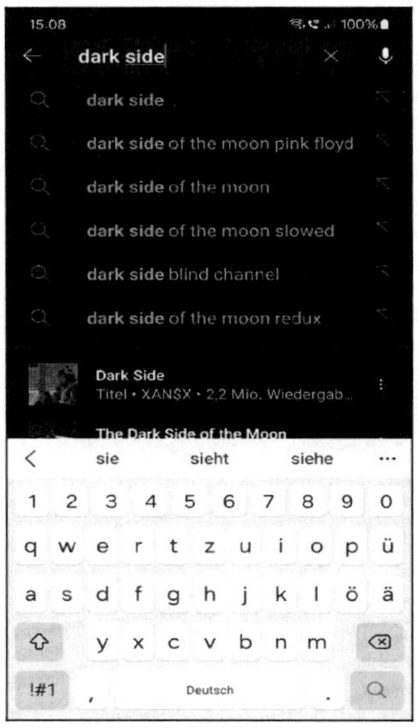

❶ Die Suchfunktion aktivieren Sie über 🔍.

❷ Bereits während der Eingabe erhalten Sie passende Vorschläge, wovon Sie einen auswählen.

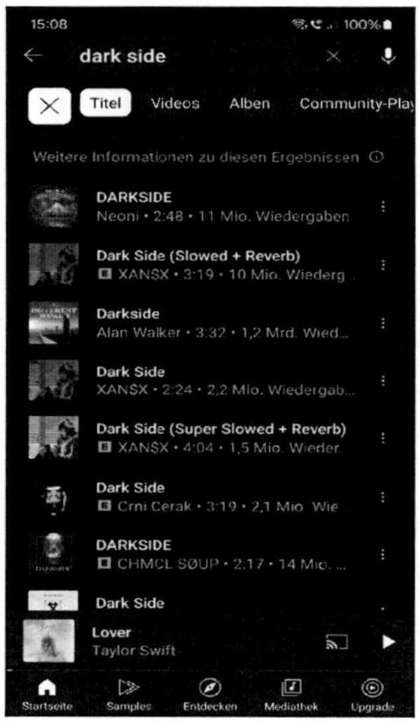

❶❷ Je nach Suchbegriff listet die App mehrere Tausend Ergebnisse auf. Mit den Schaltleisten (Pfeil) am oberen Bildschirmrand grenzen Sie die Suche ein. Wählen Sie dann einen Song, ein Album, Video oder Playlist aus, die dann abgespielt wird.

❸ In der Ergebnisliste wird bei einigen Alben und Songs ein »E« als »explicit« (Pfeil) angezeigt. Damit markiert Google Songs mit jugendgefährdenden Inhalten, beispielsweise Gewalt, Alkohol oder Sex.

19.4 YouTube Music Premium

Wie bereits erwähnt, kostet das Musikabo »YouTube Music Premium« standardmäßig 10,99 Euro im Monat. Dafür erhalten Sie folgende zusätzliche Funktionen:

- Keine lästige Werbung mehr.
- Wiedergabe im Hintergrund: Wenn Sie die App verlassen, läuft die Musik weiter.
- Musik herunterladen: Sie können Ihre Lieblingsmusik herunterladen, um Sie auch ohne Internetverbindung abzuspielen.
- Audiomodus: Die App spielt auch – sofern vorhanden – Musikvideos ab. Im Audiomodus

wird davon nur die Audiospur abgespielt, was bei schlechter Internetverbindung vorteilhaft ist.

19.4.1 YouTube Music Premium-Abo aktivieren

➊ Tippen Sie auf *Upgrade*.

➋ Gehen Sie auf *Testzeitraum beginnen* beziehungsweise 1 Monat für 0 € testen.

➌Wählen Sie den Musiktarif aus. Falls Sie nur Musik auf dem Handy hören möchten, dürfte *Einzelperson* ausreichen. Sie können jederzeit später noch den Tarif wechseln beziehungsweise beenden. Betätigen Sie dann *Bestätigen*.

19.4.2 YouTube Music Premium-Abo verwalten

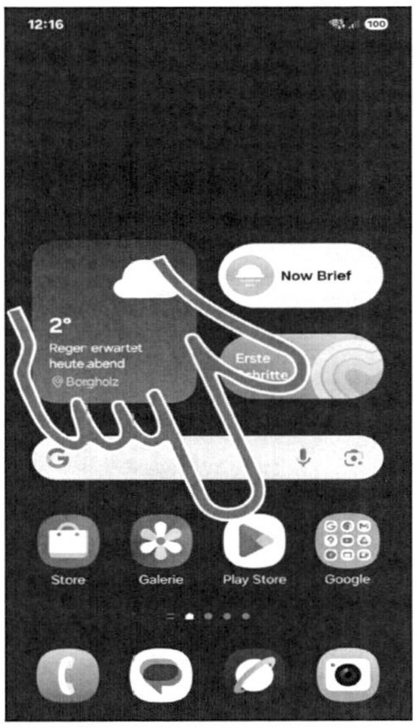

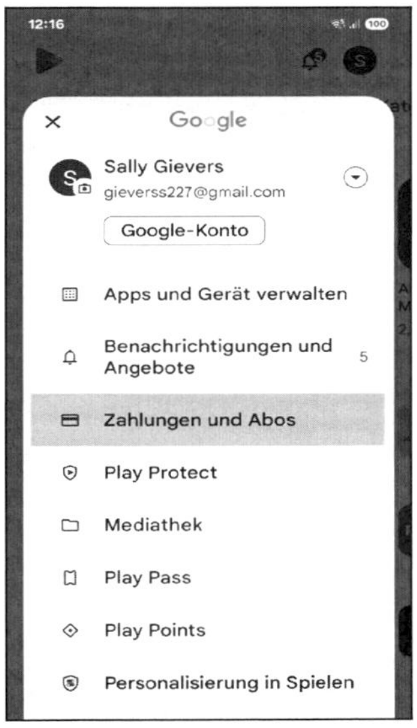

➊ Wir empfehlen, die zentrale Aboverwaltung des Play Stores zu nutzen. Rufen Sie dafür im Startbildschirm oder Hauptmenü den *Play Store* auf.

➋ Tippen Sie oben rechts auf das runde Konto-Symbol.

➌ Wählen Sie *Zahlungen und Abos*.

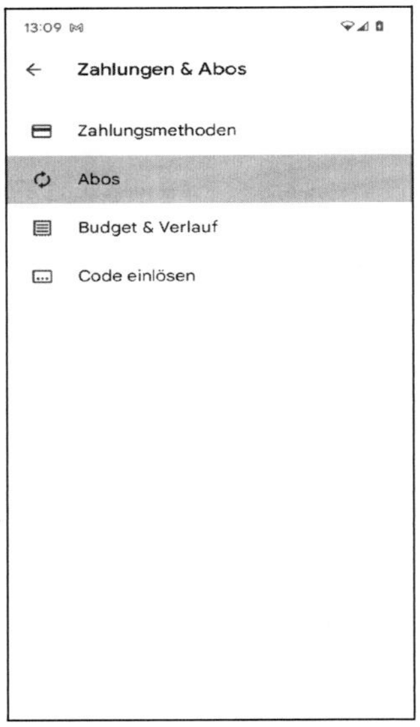
13:09
Zahlungen & Abos
Zahlungsmethoden
Abos
Budget & Verlauf
Code einlösen

12:58
Abo verwalten
YouTube Music
YouTube Music Premium
Nächste Zahlung: 9,99 € am 22.11.2022
Erwartete Kosten
Beginnt: 22.11.2022
9,99 €/Monat
Abo kündigen
Verlängerung des Abos beenden
Abbrechen
Keine

12:58
Diese Vorteile kannst du dann nicht mehr nutzen
Wenn du kündigst, hast du nach dem 22.11.2022 keinen Zugriff mehr auf die folgenden Vorteile von YouTube Music:
· Videos ohne Werbeanzeigen
· Hintergrund- und Offlinewiedergabe
Abo beibehalten
Weiter

➊ Gehen Sie auf *Abos.*

➋ Hier werden alle aktiven Abos aufgelistet, in unserem Beispiel nur *YouTube Music.*

➌ *Abbrechen* kündigt das Abo (Sie dürfen es jederzeit später erneut abschließen, haben dann aber keinen kostenlosen Probemonat). Betätigen Sie hier *Weiter.*

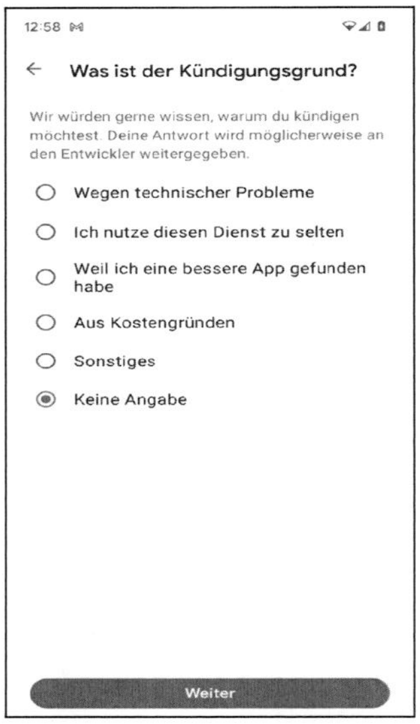
12:58
Was ist der Kündigungsgrund?
Wir würden gerne wissen, warum du kündigen möchtest. Deine Antwort wird möglicherweise an den Entwickler weitergegeben.
Wegen technischer Probleme
Ich nutze diesen Dienst zu selten
Weil ich eine bessere App gefunden habe
Aus Kostengründen
Sonstiges
Keine Angabe
Weiter

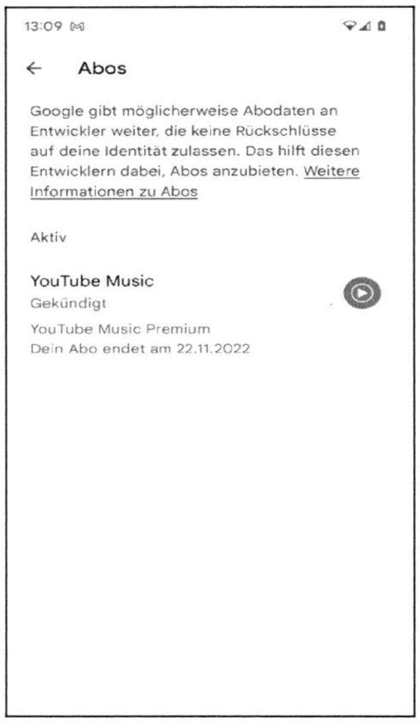
13:09
Abos
Google gibt möglicherweise Abodaten an Entwickler weiter, die keine Rückschlüsse auf deine Identität zulassen. Das hilft diesen Entwicklern dabei, Abos anzubieten. Weitere Informationen zu Abos
Aktiv
YouTube Music
Gekündigt
YouTube Music Premium
Dein Abo endet am 22.11.2022

➊➋ Als Grund wählen sie einfach *Keine Angabe* und gehen auf *Weiter.* Damit ist das *YouTube Music*-Abo beendet. Wie oben erwähnt, haben Sie innerhalb des Probemonats keine weiteren Kosten.

19.5 Welcher Song ist das?

Sie kennen sicher das Problem, ab und zu im Radio, TV, Kaufhaus oder Club einen unbekannten Song zu hören, der Ihnen gefällt. Den Songtitel herauszufinden gestaltete sich dann schwierig. Als Problemlösung bietet sich eine Automatik an, die anhand eines mitgehörten Ausschnitts Interpret, Titel und Album ermittelt.

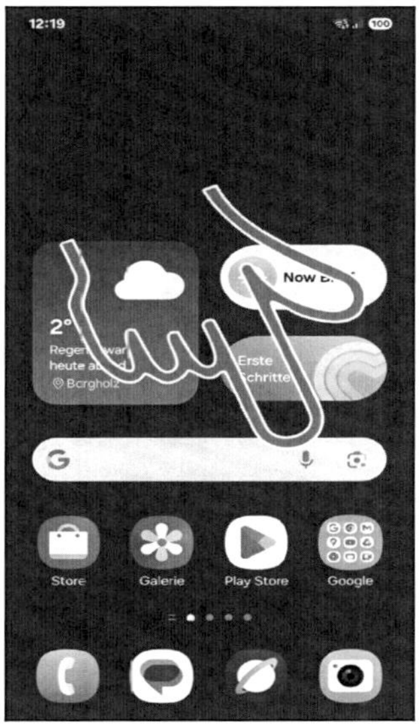

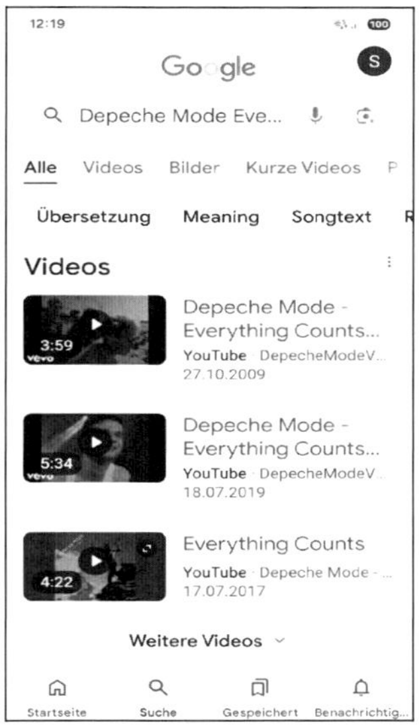

❶ Betätigen Sie – während die Musik gespielt wird – die 🎤-Schaltleiste im Google-Such-Widget (Pfeil) des Startbildschirms.

❷ Tippen Sie dann auf *Musik erkennen* (Pfeil).

❸ Google analysiert nun die Musik und zeigt Songtitel und Interpreten an.

20. Kalender

Der Kalender verwaltet Ihre Termine, die sich mit dem Google-Kalender synchronisieren lassen.

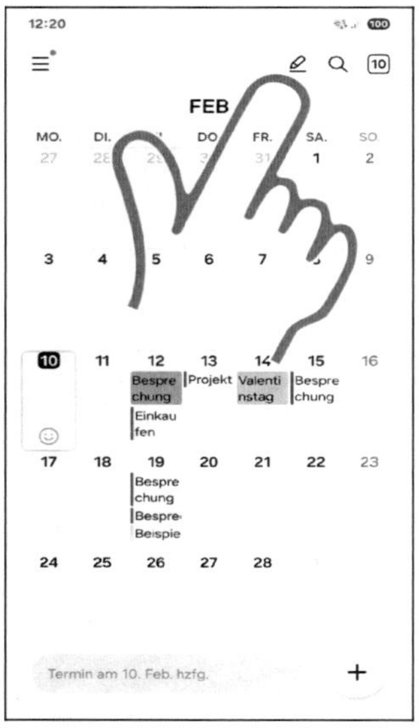

❶❷ Sie finden den *Kalender* im Hauptmenü (Pfeil).

❸ Beim Galaxy S25 Ultra wird ein Bedienstift (Stylus) mitgeliefert. Die Kalender-Anwendung bietet bei diesem Gerät einige zusätzliche Funktionen (Pfeil), auf die Kapitel *36.7 Zeichnungen im Kalender* eingeht.

Sofern Sie bereits ein Google-Konto auf dem Galaxy eingerichtet haben, erscheinen in der Kalender-Anwendung schon beim ersten Aufruf diverse im Google-Kalender hinterlegte Termine.

20.1 Kalenderansichten

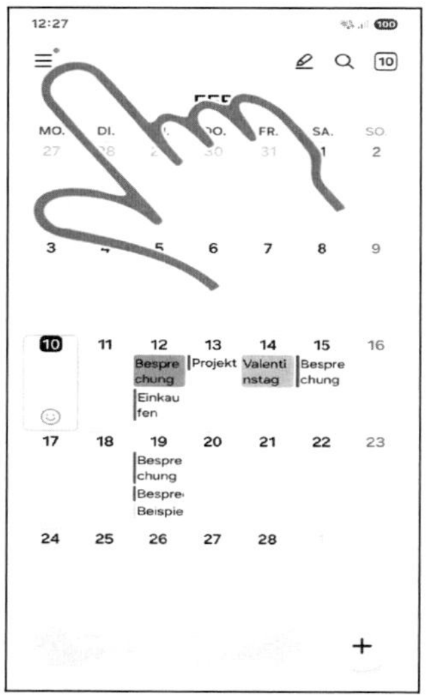

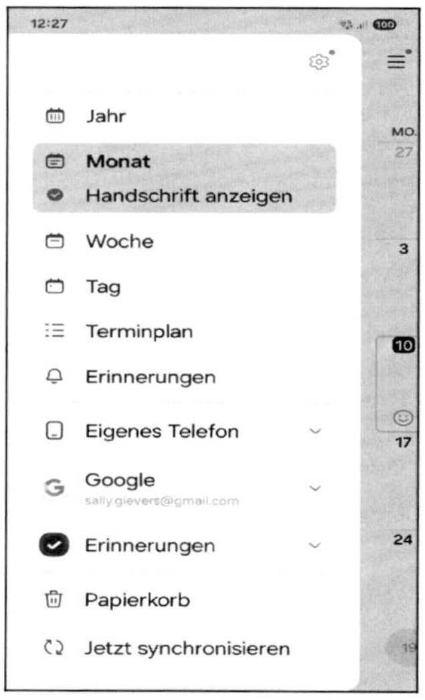

❶❷ Der Kalender zeigt beim Start standardmäßig den aktuellen Monat an. Um auf eine andere Kalenderansicht umzuschalten, aktivieren Sie das Ausklappmenü und gehen auf *Jahr Monat, Woche, Tag* oder *Erinnerungen*. Letzteres ist eine separate Anwendung zur Aufgabenverwaltung.

20.1.1 Jahresansicht

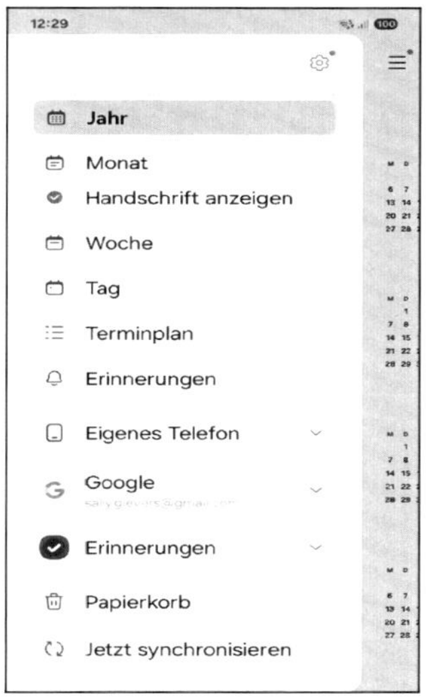

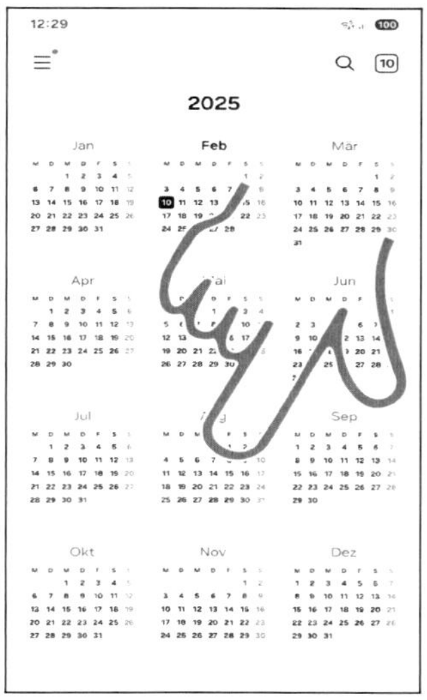

❶ Über *Jahr* im Ausklappmenü springen Sie schnell zu einem bestimmten Monat.

❷❸ Tippen Sie dann einfach einen Monat im angezeigten Kalender an.

20.1.2 Monatsansicht

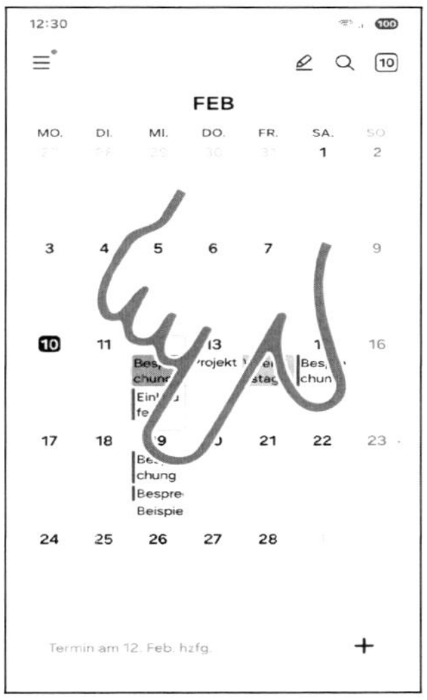

❶ Tippen Sie einen Kalendertag kurz an, so listet der Kalender alle zugehörigen Termine in einem Popup auf.

❷❸ Dort wählen Sie dann den anzuzeigenden Termin aus.

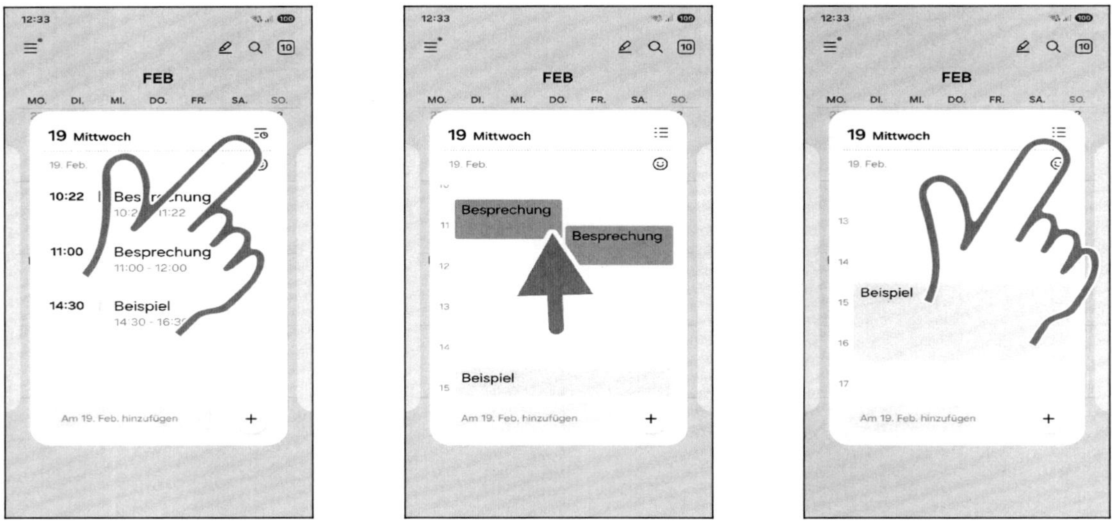

❶❷ (Pfeil) schaltet auf eine alternative Ansicht um. Sie können dann mit einer Wischgeste in der Zeitachse des ausgewählten Tags blättern.

❸ wechselt wieder zur Terminauflistung.

Auf die Bedeutung der ☺-Schaltleiste geht später Kapitel *20.6 Sticker* ein.

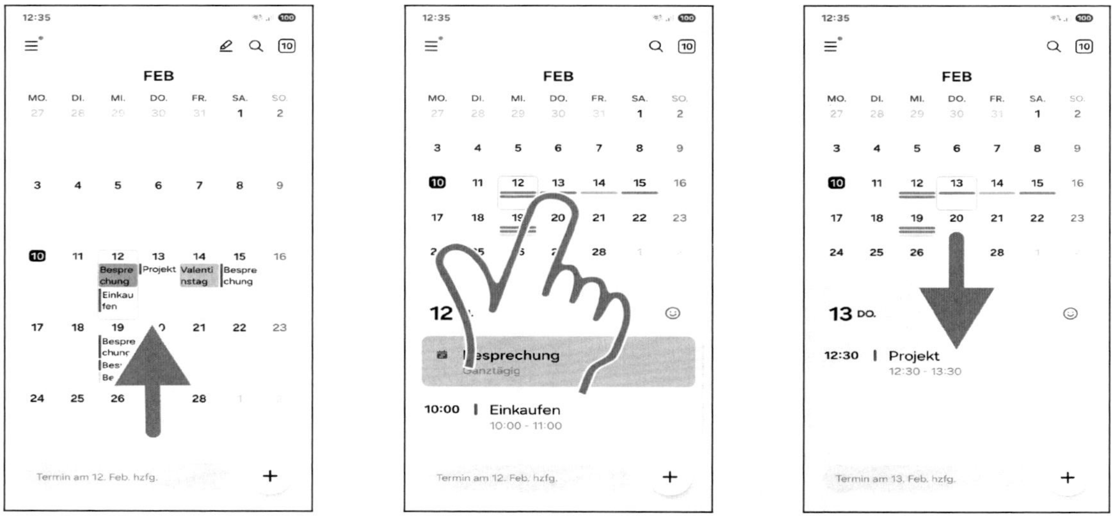

❶ Über eine Wischgeste von unten nach oben schalten Sie auf eine alternative Ansicht um.

❷ Tippen Sie einen Tag an, worauf im unteren Bildschirmdrittel die Tagestermine angezeigt werden.

❸ Wischen Sie nach unten, um die alternative Ansicht wieder auszuschalten.

20.1.3 Wochenansicht

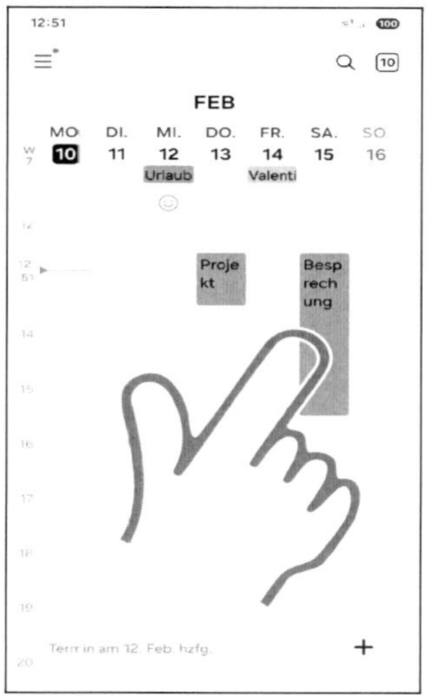

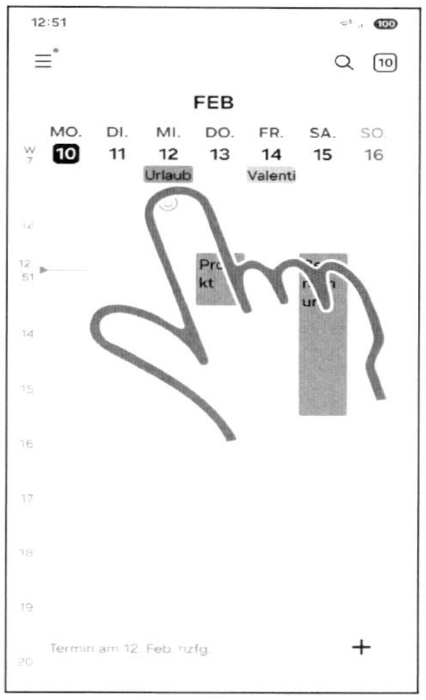

❶❷ In der Wochenansicht sind alle Termine als Balken auf einer Zeitachse angelegt. Man sieht auf diesem Wege sofort, ob und wo noch freie Zeiträume sind. Antippen eines Termins (Pfeil) zeigt diesen wiederum an.

❸ Ganztagstermine blendet der Kalender jeweils am oberen Bildschirmrand ein. Diese können Sie für Termindetails antippen.

20.1.4 Tagesansicht

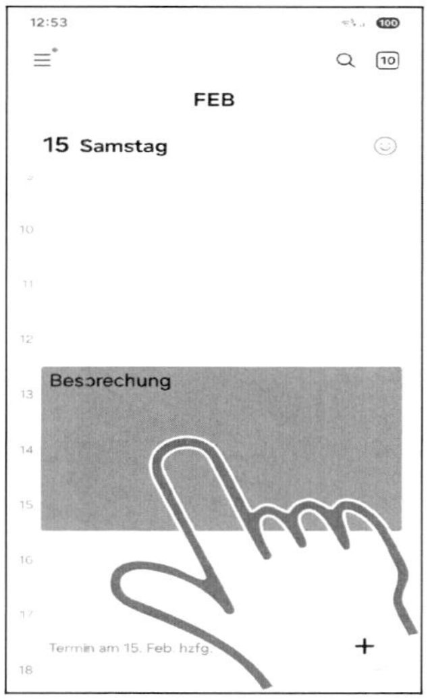

❶❷ Auch die Tagesansicht stellt die Termine in einer Zeitachse dar. Tippen Sie einen Termin (Pfeil) für die Detailansicht an.

20.2 Navigation im Kalender

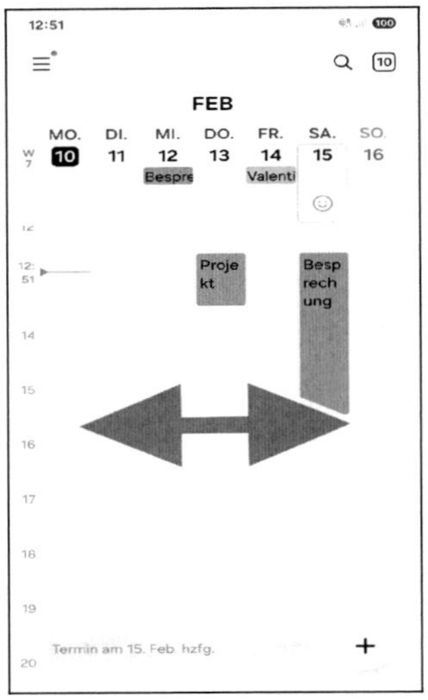

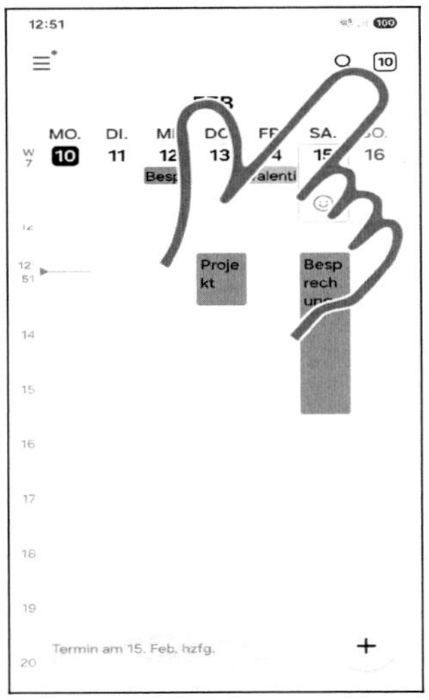

❶ Mit einer Wischgeste nach links/rechts blättern Sie in den Terminen vor oder zurück.

❷ Über die Schaltleiste am oberen rechten Bildschirmrand kehren Sie zum aktuellen Datum zurück.

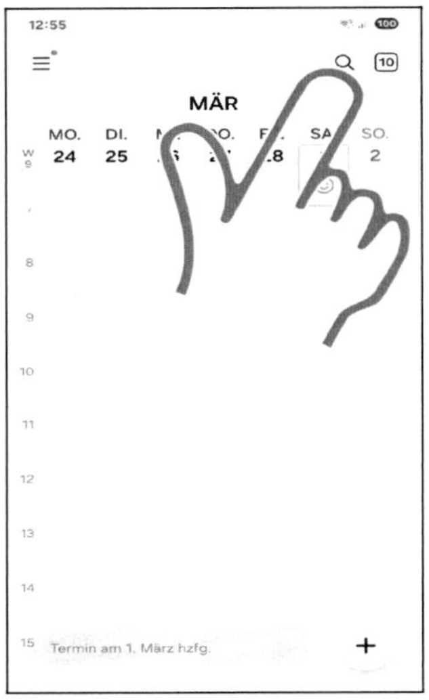

❶❷ Als Hilfreich erweist sich die Suche mit 🔍. Bereits während der Eingabe werden Fundstellen angezeigt.

20.3 Neuen Termin hinzufügen

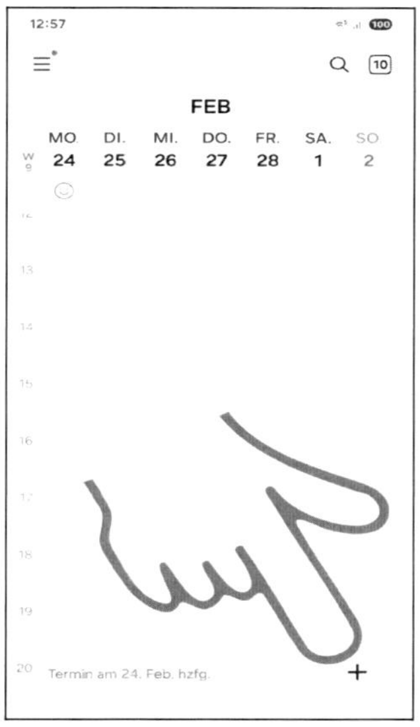

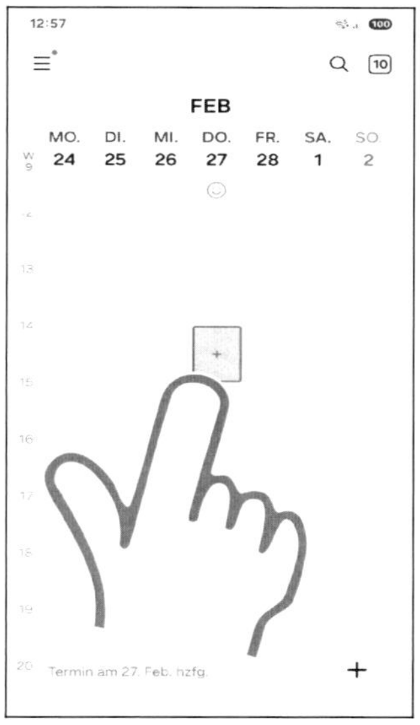

❶ In allen Kalenderansichten erzeugt die +-Schaltleiste einen neuen Termin.

❷ Sie ersparen sich so übrigens etwas Arbeit, indem Sie vor Betätigen der +-Schaltleiste kurz auf den Kalendertag (Monatsansicht) oder in die Zeitleiste (Wochen- und Tagesansicht) tippen (Pfeil). Der Kalendertag wird dann in den Termineditor übernommen.

Der Kalender unterstützt noch eine weitere Methode für die Terminerfassung: Doppeltippen Sie mit dem Finger auf einen Kalendertag beziehungsweise eine Uhrzeit in der Zeitleiste von Tages- oder Wochenansicht.

❸ Erfassen Sie im Bearbeitungsbildschirm die Termindaten. Sofern es sich um einen Termin ohne feste Uhrzeit, beispielsweise einen Geburtstag, handelt, aktivieren Sie *Ganzen Tag*.

❶❷ Über das Auswahlmenü (Pfeil) stellen Sie ein, was mit den Daten geschieht:

- *Eigene Kalender*: Der Termin bleibt auf dem Gerät und wird weder mit dem Samsung-Konto noch dem Google-Konto abgeglichen.
- *Samsung Calendar*: Dieser Menüeintrag wird nur angezeigt, wenn Sie ein Samsung-Konto nutzen (siehe Kapitel *23 Das Samsung-Konto*). Wir gehen in diesem Buch nicht darauf ein.
- *(Ihr Konto)@gmail.com*: Datenabgleich des Termins mit Google Kalender über das Internet. Sie sollten immer Ihr Google-Konto verwenden, da die Speicherung auf dem Gerät keinen Sinn macht.

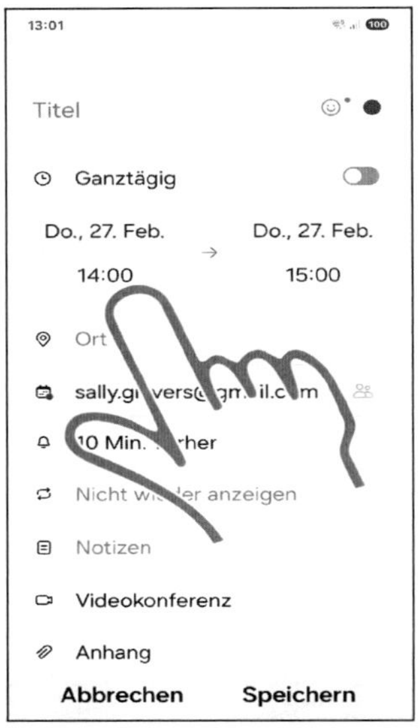

❶ Die Terminzeit stellen durch Antippen von Kalendertag beziehungsweise Uhrzeit ein.

❷ Wischen Sie einfach über die Uhrzeitziffern nach oben oder unten. Falls Sie die Uhrzeit lieber über ein Tastenfeld erfassen möchten, tippen Sie auf die Zahlen.

❸ Tippen Sie nun die Endzeit an, um diese einzustellen.

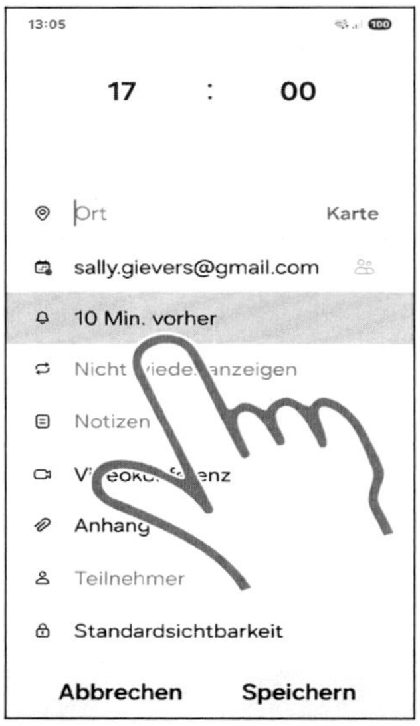

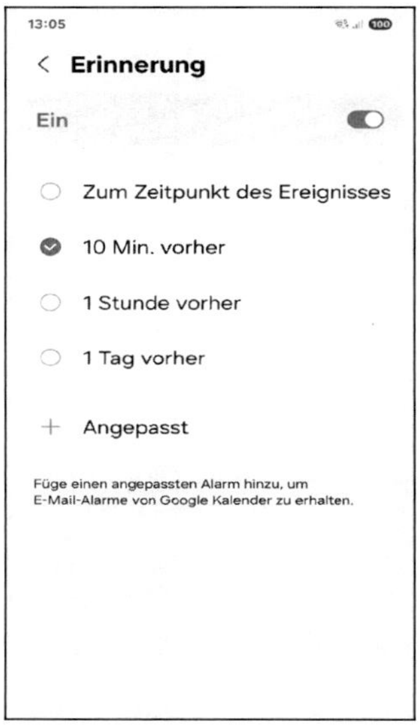

❶❷ Das Handy macht Sie standardmäßig auf den Termin 10 Minuten vorher aufmerksam. Diese Erinnerung können Sie durch Antippen jederzeit auf einen anderen Zeitraum ändern.

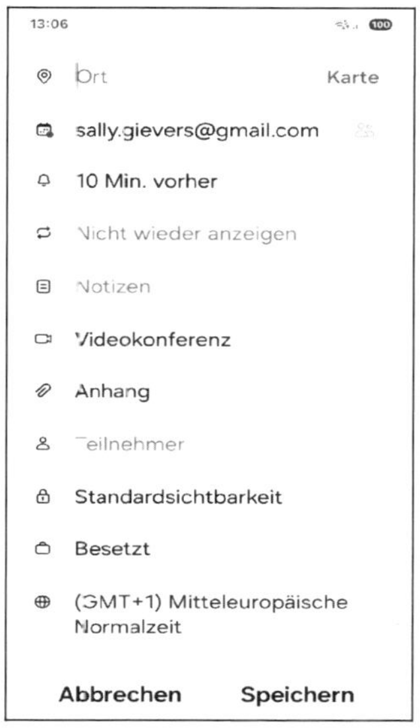

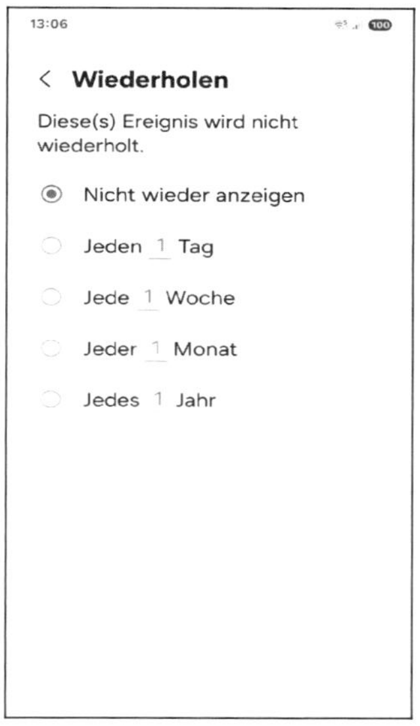

❶ Die Eingabefelder in der Übersicht:

- *Ort*: Wo der Termin stattfindet.
- *xxx@gmail.com*: Termine werden in Ihrem Google-Konto gespeichert.
- *10 Min. vorher*: Erinnerung erfolgt 10 Minuten vor dem Termin.
- *Nicht wieder anzeigen* (❷) ermöglicht es, den Termin in bestimmten Zeiträumen automatisch erneut anzusetzen, beispielsweise wöchentlich oder monatlich.
- *Notizen*
- *Videokonferenz*: Sofern Sie mit den unter Teilnehmer aufgeführten Personen eine Videokonferenz führen möchten, müssen Sie hierüber *Google Meet* freischalten.
- *Anhang*: Nicht von Samsung dokumentiert.
- *Teilnehmer*: Legen Sie Kontakte aus dem Telefonbuch fest, die automatisch über Terminupdates per E-Mail informiert werden. In diesem Buch gehen wir nicht weiter auf Termineinladungen ein.
- *(GMT+1)*: Die Zeitzone ist ausschließlich für Anwender interessant, die Termine in anderen Ländern wahrnehmen. Standardmäßig rechnet der Kalender alle Terminuhrzeiten auf die jeweilige Lokalzeit des Aufenthaltslandes um. Wenn Sie dies nicht möchten, stellen Sie die Zeitzone entsprechend ein.

❸ Die Hintergrundfarbe des Termins in der Tages- und Wochenansicht legen Sie über die Schaltleiste oben rechts fest.

Betätigen Sie anschließend *Speichern* am unteren Bildschirmrand.

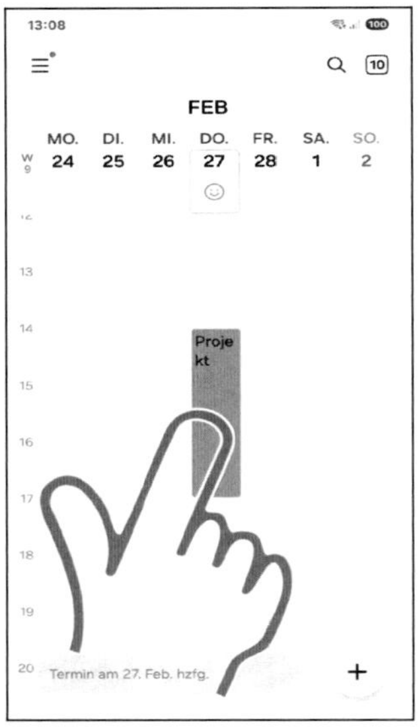

❶❷ Der Termin erscheint im Kalender. Tippen Sie ihn an für die Termindetails. Falls Sie ihn ändern möchten, tippen Sie einfach eines der angezeigten Datenfelder an, was automatisch in den Bearbeitungsmodus umschaltet.

20.4 Schneller Termin

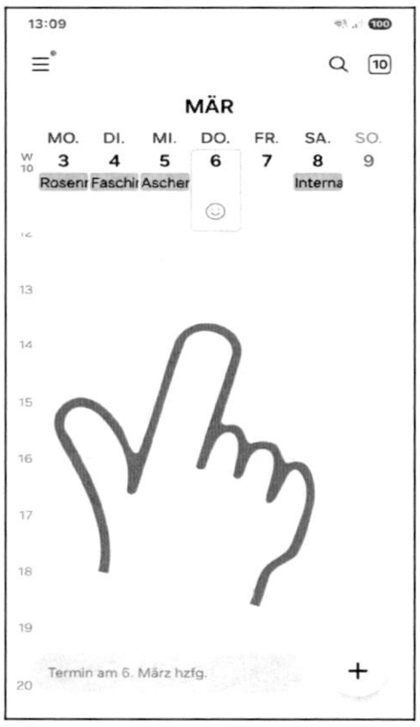

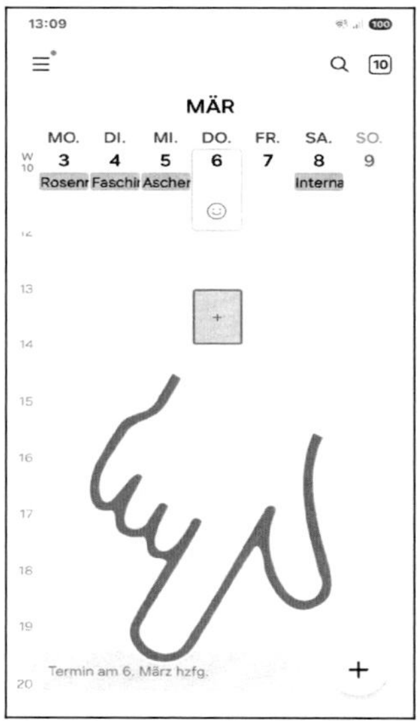

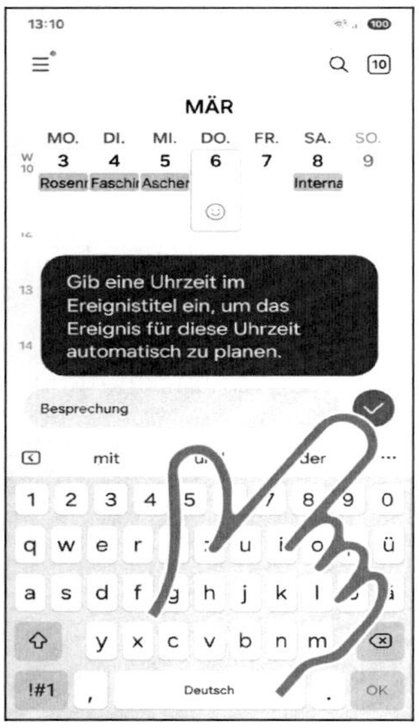

In der Tag-, Wochen- und Monatsansicht ist auch eine »schnelle Termineingabe« möglich:

❶ Beispielsweise tippen Sie in der Monatsansicht kurz auf einen Wochentag, zu dem Sie einen Termin anlegen möchten.

❷ Tippen Sie dann unten auf die Schaltleiste.

❸ Erfassen Sie den Termineintrag und schließen Sie mit der blauen Schaltleiste ab.

Standardmäßig wird ein Ganztagstermin erstellt. Einen normaler Termin erstellen Sie durch Angabe einer Uhrzeit, beispielsweise mit »*15:00 Mama abholen*« oder »*Besprechung um 15 Uhr*«.

20.5 Weitere Terminverwaltungsfunktionen

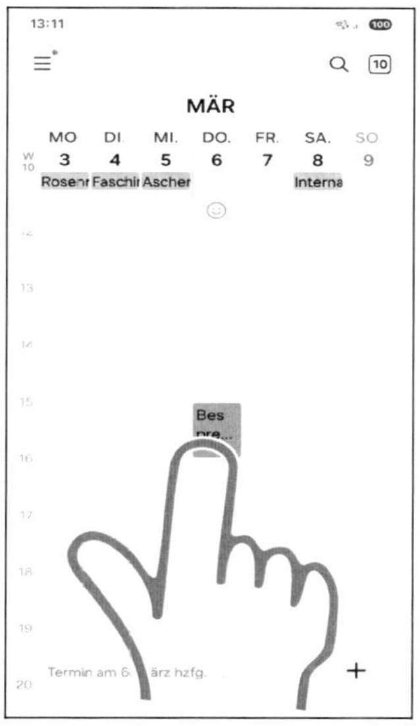

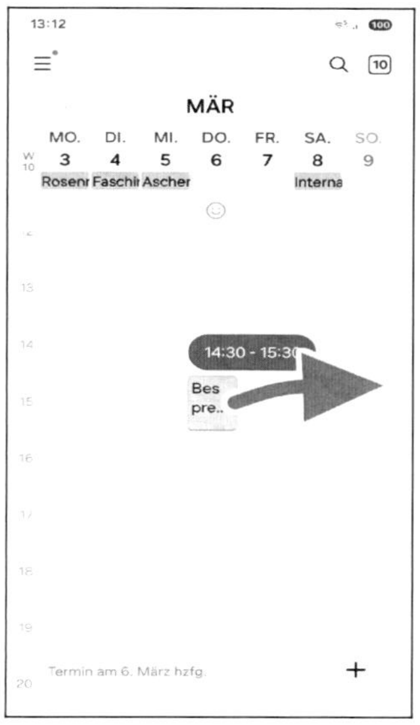

❶❷ In der Tages- und Wochenansicht lassen sich Termine sehr einfach auf eine andere Uhrzeit oder sogar ein anderes Datum verlegen, ohne dass man sie erst in der Bearbeitungsansicht öffnen muss: Tippen und halten Sie für einige Sekunden den Finger auf einem Eintrag und ziehen Sie ihn dann auf der Zeitachse an die gewünschte Position.

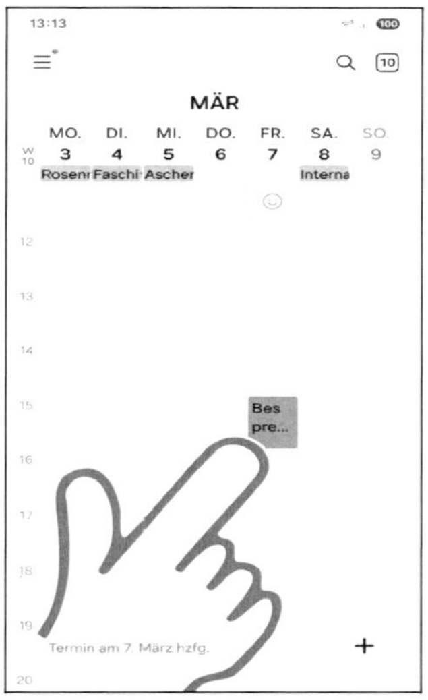

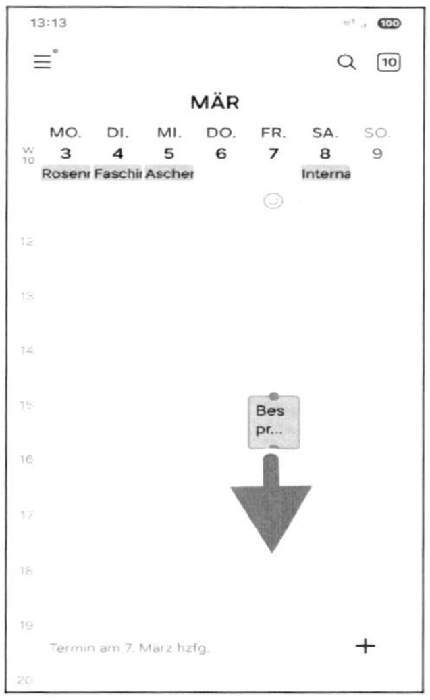

❶❷ Die Terminlänge lässt sich ebenfalls ändern: Tippen und halten Sie den Finger für einige Sekunden auf einem Termin, bis dieser »markiert« ist. Danach ziehen Sie unten oder oben an den Kugeln.

20.6 Sticker

Die sogenannten Sticker ersetzen keine Kalendertermine, sondern dienen als zusätzlicher Hinweis. Vielleicht haben Sie ja in Ihrem Papierkalender auch schon mal farbige Etiketten eingeklebt?

❶ In der Monatsansicht tippen Sie zunächst in den Tag, zu dem Sie einen Hinweis hinzufügen möchten.

❷ Nun betätigen Sie ☺.

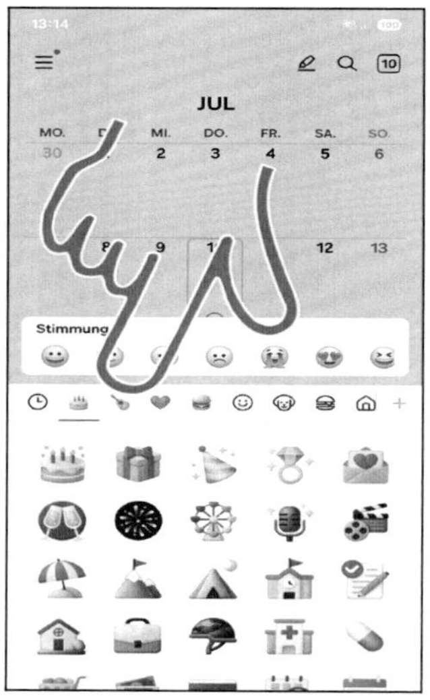

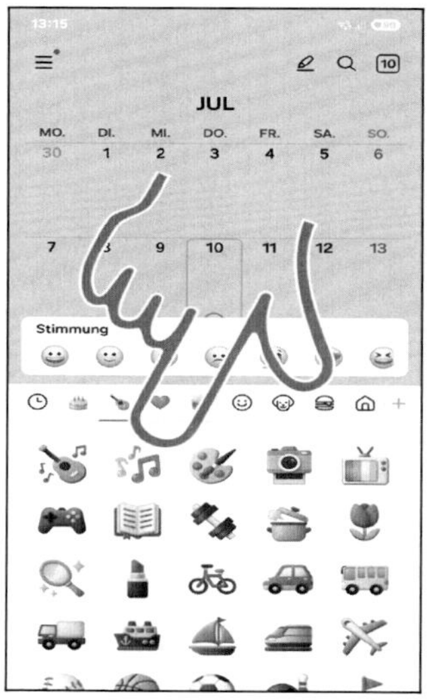

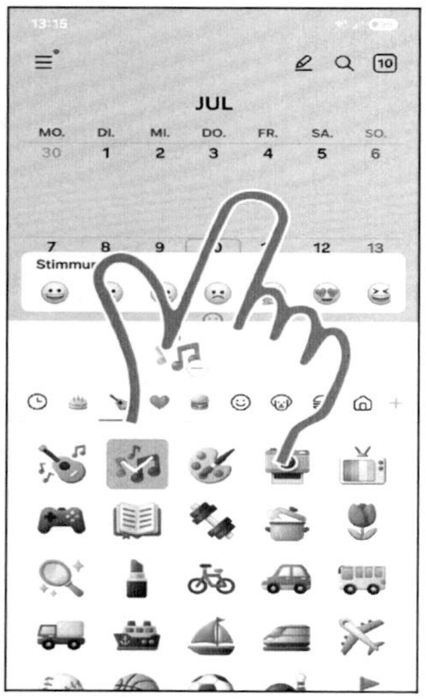

❶❷ Wählen Sie erst ein Register aus, danach tippen Sie auf eines der angebotenen Symbole.

❸ Schließen Sie das Menü, indem Sie entweder die ‹-Taste betätigen oder außerhalb des Menüs auf den Bildschirm tippen (Pfeil).

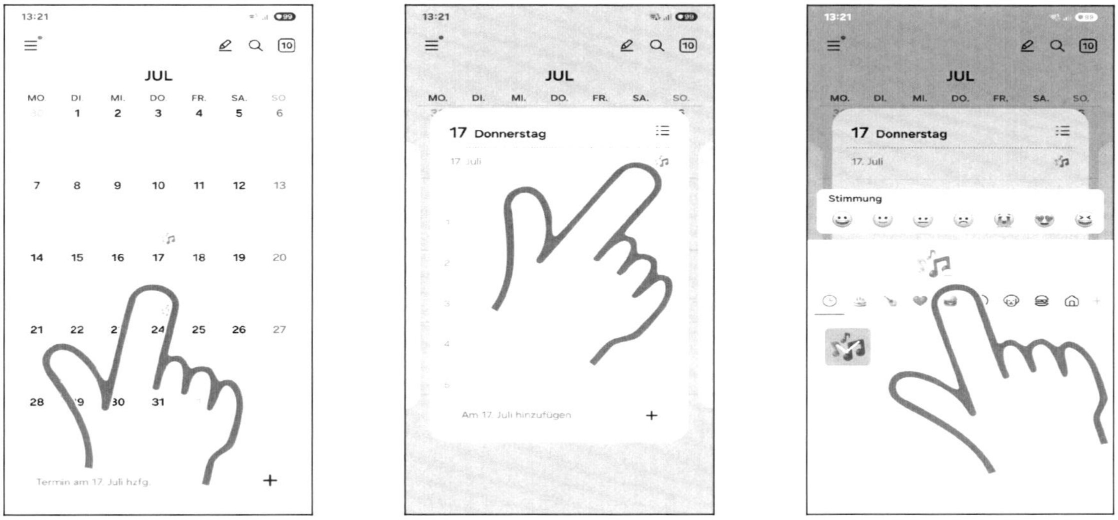

➊ Der Sticker wird in der Monatsansicht angezeigt. Tippen Sie den Wochentag an, um den Sticker wieder zu löschen.

➋➌ Tippen Sie auf den Sticker, anschließend betätigen Sie die Minus-Schaltleiste.

20.7 Terminerinnerung

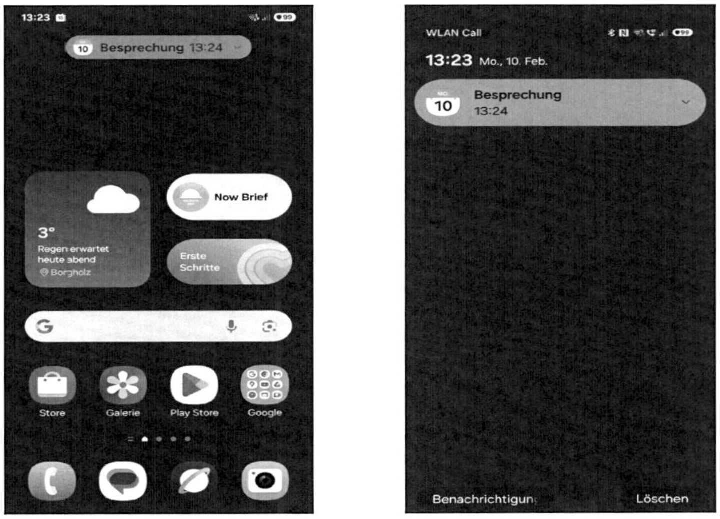

➊ Zum eingestellten Termin ertönt der Erinnerungston und ein Popup erscheint am oberen Bildschirmrand.

➋ Auch im Benachrichtigungsfeld ist ein Terminhinweis vorhanden.

Den Alarmton für Kalendertermine stellen Sie, wie im Kapitel *4.14 Medienlautstärke und Signaltöne* erläutert, ein.

20.8 Einstellungen

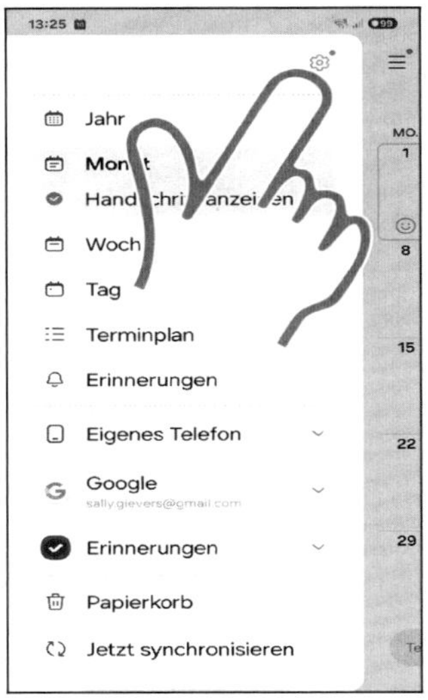

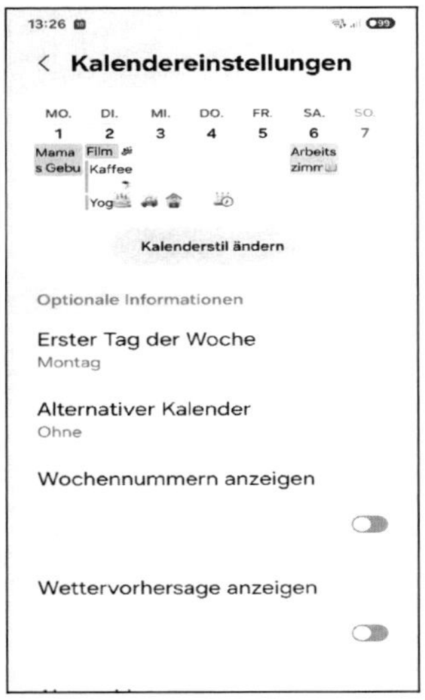

❶❷❸ ⚙ im Ausklappmenü öffnet die Einstellungen:

- *Kalenderstil ändern*: Hier passen Sie an (was die einzelnen Einstellungen bewirken wird in einer Vorschau angezeigt):
  - *Schriftgröße des Ereignistitels*: Allgemeine Schriftgröße.
  - *Ereignisfarben*: Die farbliche Hinterlegung von Terminen.
  - *Kurze Ereignisse hervorheben*: Besondere Hervorhebung für Termine in der Monatsansicht.
  - *Ereignistitel umbrechen lassen*: Lange Termintitel in den Kalenderansicht nicht abschneiden.
  - *Dark Mode*: Bildschirmdarstellung invertieren. Siehe auch Kapitel *27.5 Dunkelmodus (Dark Mode)*.

Unter *Optionale Informationen*:

- *Erster Tag der Woche*: In manchen Kulturkreisen beginnt die Woche bereits am Sonntag, was Sie hier festlegen.
- *Alternativer Kalender*: Kalender auf asiatische Gegebenheiten umstellen.
- *Wochennummern anzeigen*: Wochennummer in der Wochenansicht einblenden (oben im Bildschirm).
- *Wettervorhersage anzeigen*: Zeigt in der Wochen- und Tagesansicht an der Oberseite ein Symbol für das zu erwartende Wetter an. In der Monatsansicht erscheint das Wettersymbol direkt im Tageskästchen.
- *Abgeschlossene Erinnerungen anzeigen*: Dies betrifft Erinnerungen eines separat zu installierenden Kalenderprogramms, auf die dieses Buch nicht eingeht.
- *Abgelehnte Ereignisse ausblenden*: Terminanfragen, die Sie ablehnen (in diesem Buch gehen wir nicht weiter darauf ein), blendet der Kalender aus.

Unter *Warnungen*:

- *Alarmtyp*: Wählen Sie das Aussehen der Terminerinnerung auf dem Bildschirm aus. Außerdem stellen Sie hier eine der vordefinierten Klangfolgen beziehungsweise die Vibration als Terminalarm ein.
- *Erinnerungshintergrund*: Bild oder Farbverlauf in der Terminerinnerung.
- *Standardalarmzeiten*: Legt die voreingestellte Terminerinnerung fest:
  - *Ereignisse*: Als Voreinstellung setzt der Kalender bei der Terminneuanlage jeweils *10 Minuten* ein, können aber auch kürzere oder längere Zeiträume einstellen. Sie haben so genügend Zeit, um sich auf die Wahrnehmung Ihrer Termine zu konzen-

trieren.

    - *Ganztägige Ereignisse*: An einen ganztägigen Termin werden Sie um 17 Uhr des Vortags erinnert.
    - *Wichtige Daten der Kontakte*: In Kontakten (siehe Kapitel *8 Telefonbuch*) hinterlegte Geburtstage und Jahrestage.
- *Alarme von allen Geräten verwerfen*: Beenden Sie einen Terminalarm auf diesem Handy, dann wird er auch auf allen anderen Android-Geräten beendet. Dies funktioniert nur auf Samsung-Geräten und nur unter bestimmten Voraussetzungen. Wir gehen deshalb nicht weiter darauf ein.

Unter *Weitere Einstellungen*:

- *Verwalten von Kalendern*: In den Menü können Sie die Anzeige von Kalenderdaten ein/ausschalten:
    - *Eigenes Telefon*: Termine, die nicht mit Ihrem Google-Konto synchronisiert werden.
    - *Google*: Die in Ihrem Google-Konto abgelegten Termine. Wenn Sie, wie in diesem Buch beschrieben, Ihren ersten Termin angelegt haben, landen dieser und auch alle folgenden automatisch im Google-Konto.
    - *Erinnerungen*: Aufgaben (siehe Kapitel *20.9 Erinnerungen*).
- *Zeitzone festlegen*: Befinden Sie sich in einer anderen Zeitzone, so rechnet das Galaxy automatisch alle Termine von Mitteleuropäischer Zeit auf die besuchte Zeitzone um. Stellen Sie hier dagegen ein, in welcher Zeitzone Sie sich befinden, so erfolgt keine automatische Umrechnung der Terminzeiten.
- *Papierkorb*: Gelöschte Termine werden zunächst im sogenannten Papierkorb aufbewahrt, aus dem Sie sie wieder herstellen können. Sie finden den *Papierkorb* unten im Ausklappmenü.
- *Uhrzeit aus Titeln entfernen*: Nutzen Sie die im Kapitel *20.4 Schneller Termin* vorgestellte Funktion, dann wird die Uhrzeit aus dem Termintext entfernt.
- *Schaltfl. „Erinnerung hinzufügen"*: Fügt eine Schaltfläche für die Erstellung von Erinnerungen in der Benutzeroberfläche hinzu. Diese erscheint, wenn Sie die + betätigen.
- *Labs*: Weitere Funktionen, die testweise zur Verfügung stehen, aber möglicherweise später wieder entfernt werden.

Unter *Datenschutz*:

- *Berechtigungen*: Listet die Berechtigungen der Kalender-Anwendung auf.
- *Personalisierter Dienst*: Nicht von Samsung dokumentiert.

20.9 Erinnerungen

Die Erinnerungen verwaltet das Galaxy getrennt von den Kalenderterminen.

20.9.1 Aufruf

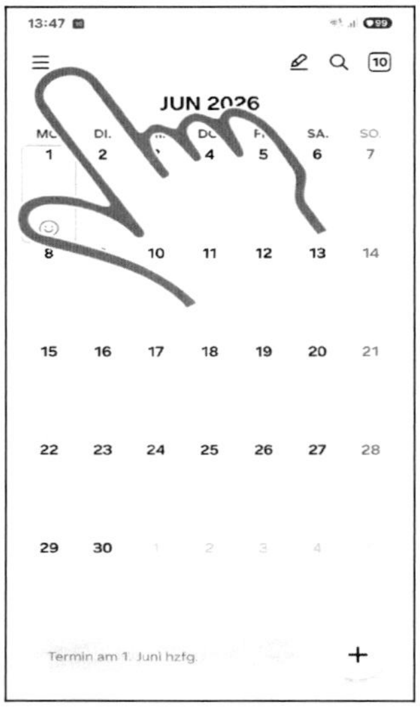

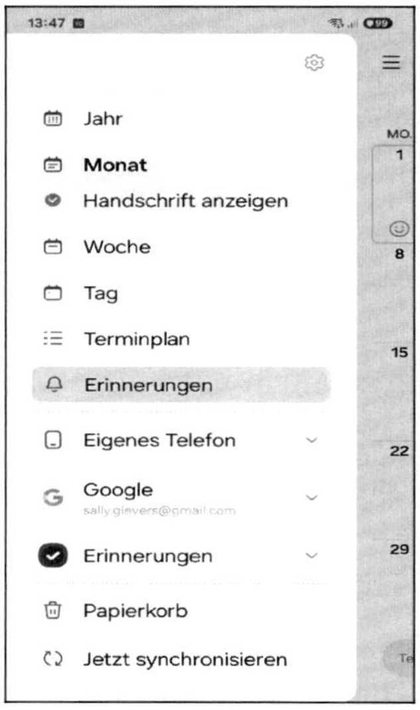

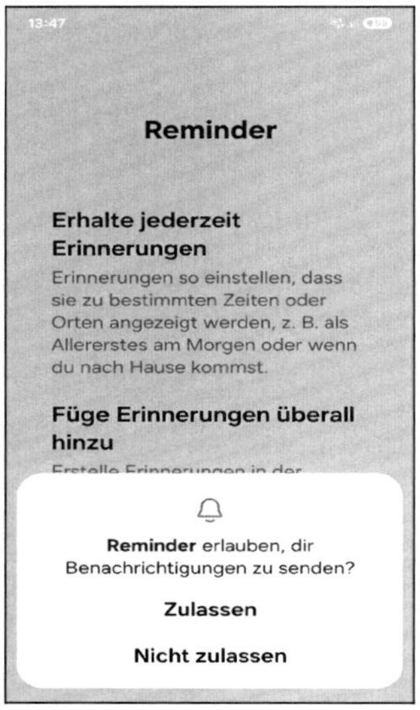

❶❷ *Erinnerungen* rufen Sie im Ausklappmenü des Kalenders auf.

❸ Schließen Sie das einmalige Popup mit *Zulassen* und gehen Sie auf *Fortsetzen*.

20.9.2 Erinnerungen in der Praxis

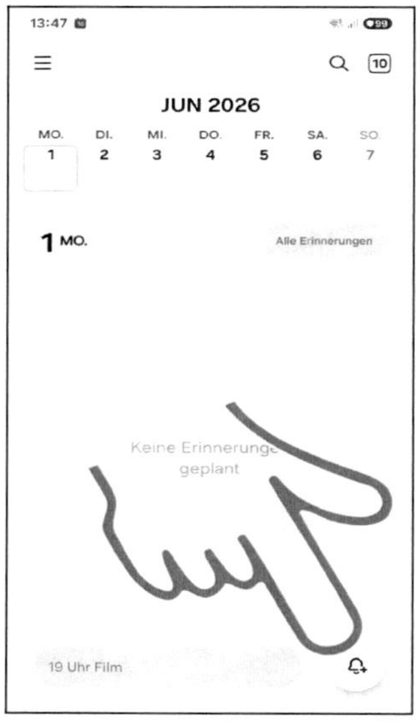

❶❷ erstellt eine neue Erinnerung. Schließen Sie mit *Speichern* ab.

❸ Die neue Erinnerung erscheint in der Auflistung.

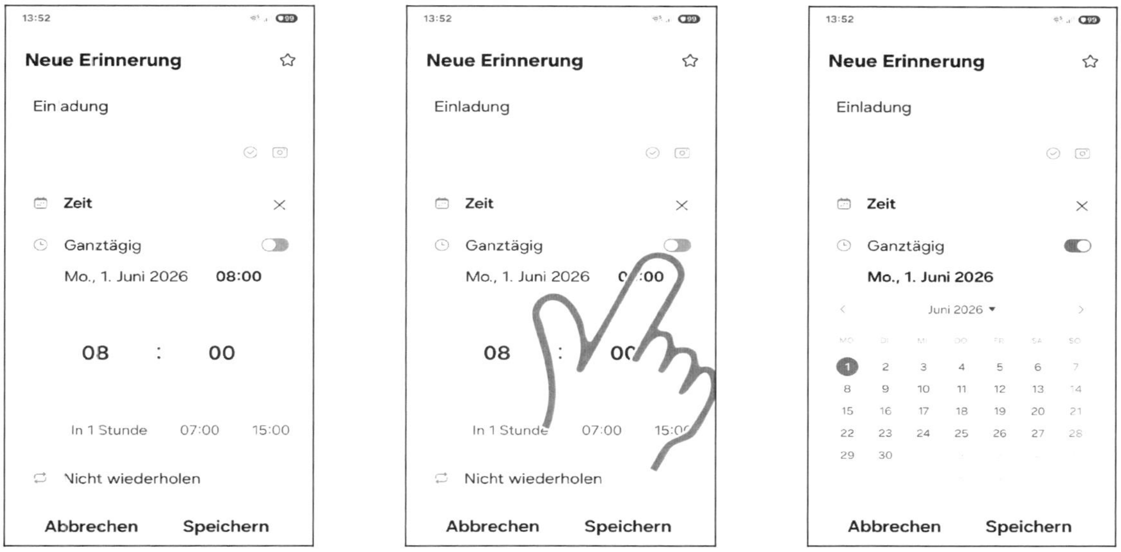

➊ Während der Erinnerungsanlage legen Sie weitere Daten fest:

- *Zeit*: Sie werden zu einer bestimmten Uhrzeit über die Erinnerung benachrichtigt.
- *Ort*: Wenn Sie einen bestimmten Standort erreichen, erfolgt der Alarm.

➋➌ Falls die Erinnerung nicht stundengenau sein muss, aktivieren Sie *Ganztägig*.

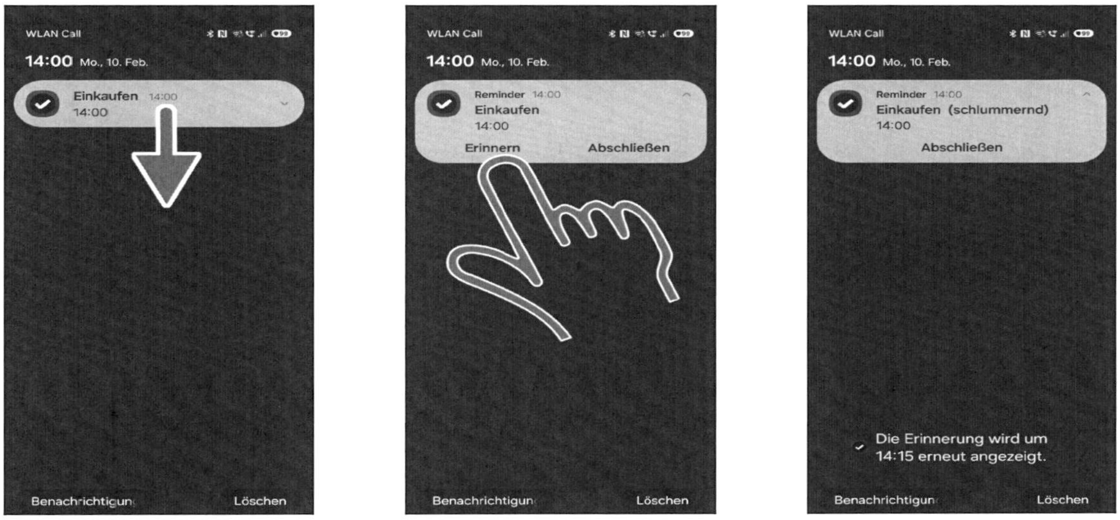

➊ Das Handy informiert Sie akustisch über eine fällige Erinnerungen. Öffnen Sie das Benachrichtigungsfeld für die Anzeige der Erinnerung. Möchten Sie erneut erinnert werden, dann wischen Sie über der Erinnerung nach unten.

➋➌ Betätigen Sie *Erinnern*, worauf Sie erneut nach 15 Minuten benachrichtigt werden.

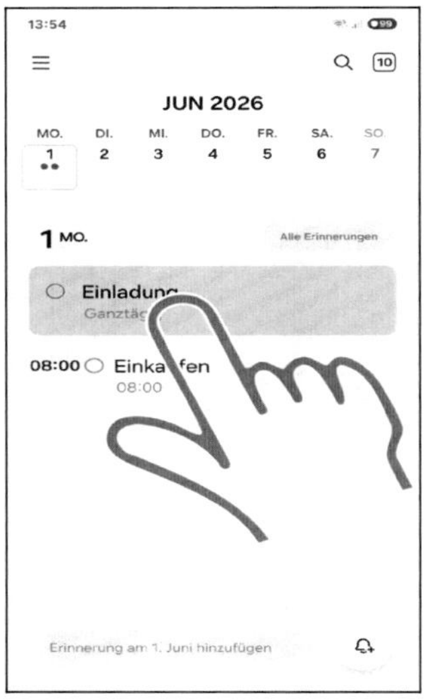

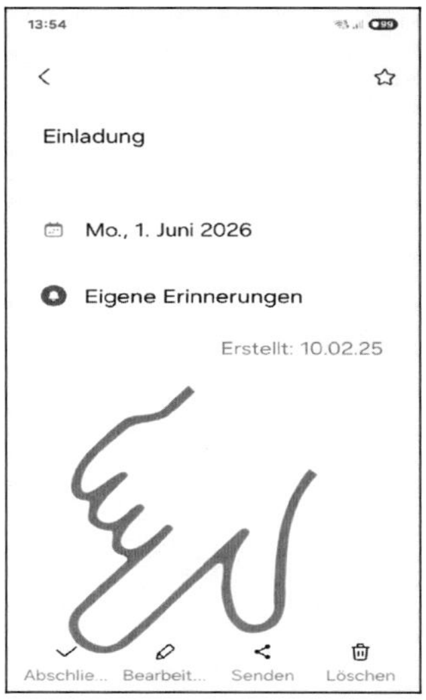

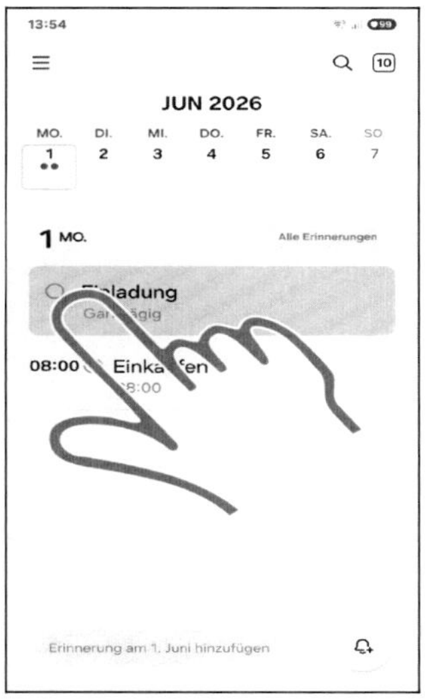

❶❷ So entfernen Sie erledigte Erinnerungen: Tippen Sie die jeweilige Erinnerung an und gehen Sie dann auf *Abschließen.*

❸ Alternativ tippen Sie das Abhakkästchen vor einer Erinnerung an, was diese aus der Liste entfernt.

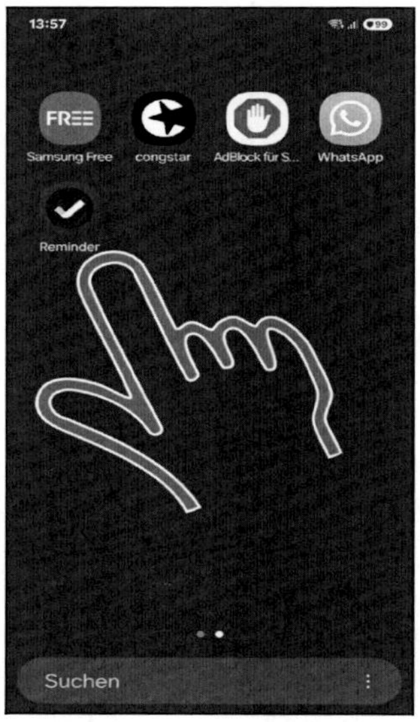

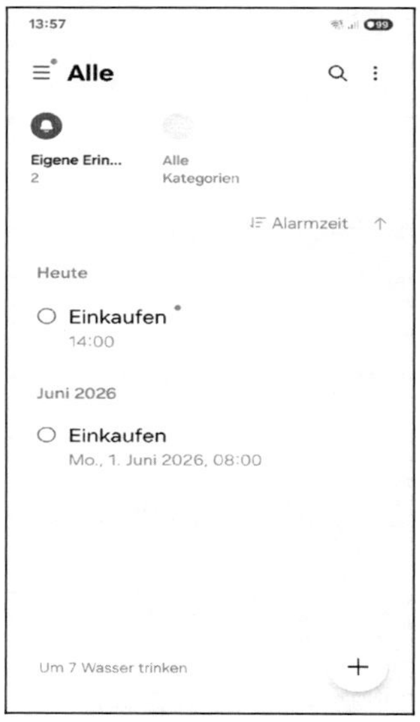

❶❷ Über *Reminder* lässt sich die Erinnerungsverwaltung auch im Hauptmenü aufrufen. Sie sollten zuvor mal eine Erinnerung in der Kalender-Anwendung angelegt haben.

20.10 Kalender im Startbildschirm

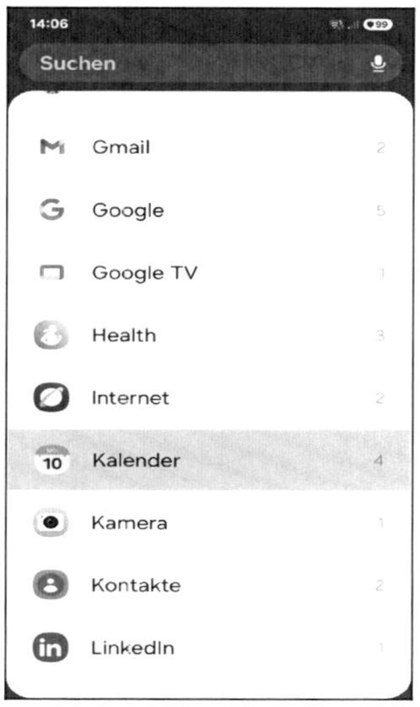

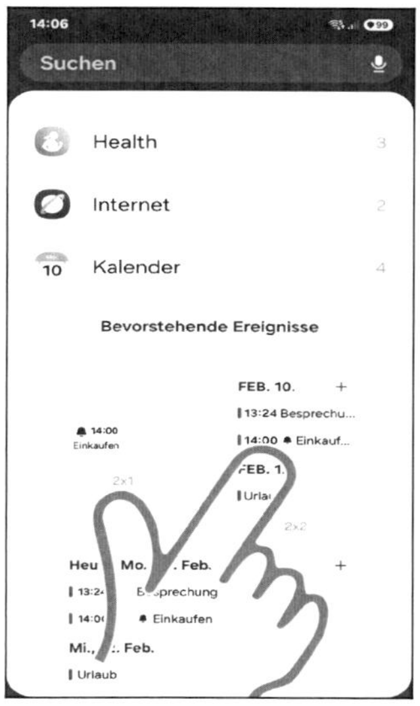

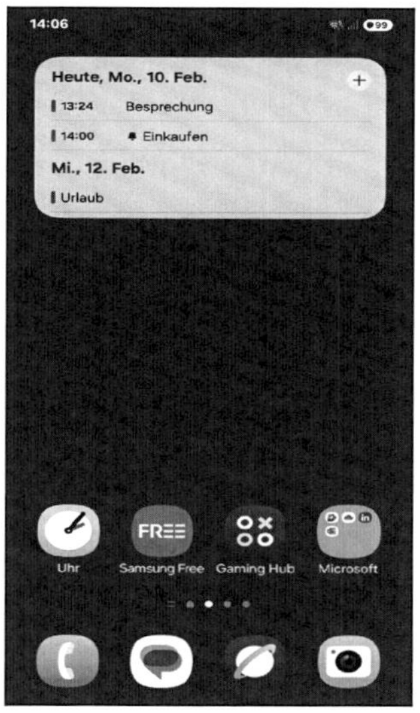

❶❷ Im Widget-Bildschirm stehen nach Antippen von *Kalender* drei verschiedene Kalender-Widgets zur Verfügung. Wählen Sie davon eines aus.

❸ Beispiel für das *Bevorstehende Ereignisse*-Widget.

Die Widgets beschreibt bereits Kapitel *4.7.2 Widgets*. Weil das Widget meistens nicht auf die erste Startbildschirmseite passt, müssen Sie eine weitere anlegen, was im Zusammenhang mit dem E-Mail-Widget gezeigt wird (siehe Kapitel *12.5 E-Mails auf dem Startbildschirm*).

21. Weitere Programme

21.1 Taschenrechner

❶ Sie finden den *Taschenrechner* im Hauptmenü.

❷ Alle Eingaben erfolgen in natürlicher Schreibweise. Das Rechenergebnis erhalten Sie dann nach Betätigen der »=«-Taste auf dem Tastenfeld. Die ⌫-Taste löscht ein Rechenergebnis.

❸ Tippen und halten Sie den Finger auf den Ausgabebereich, um Rechenoperationen, beziehungsweise Ergebnisse in die Zwischenablage zu kopieren und in andere Anwendungen wieder einzufügen.

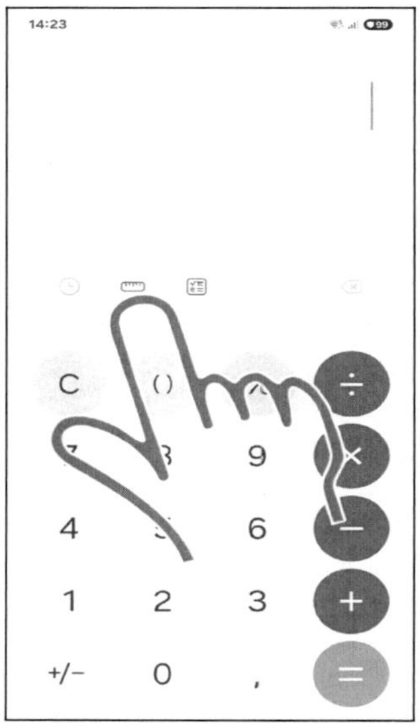

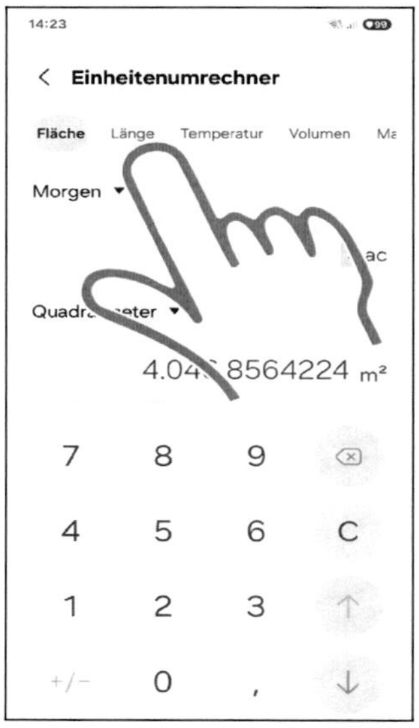

❶ Die ▭-Schaltleiste aktiviert den Einheitenumrechner.

❷ Wählen Sie einen der angebotenen Umrechner aus. Die ‹-Taste bringt Sie in den Taschenrechner zurück.

21.2 Wetter

Das *Wetter*-Widget liefert aktuelle Wetter-Infos zu einem einstellbaren Standort.

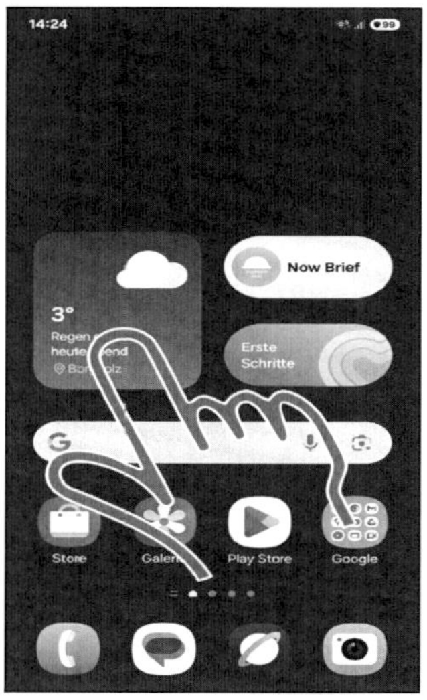

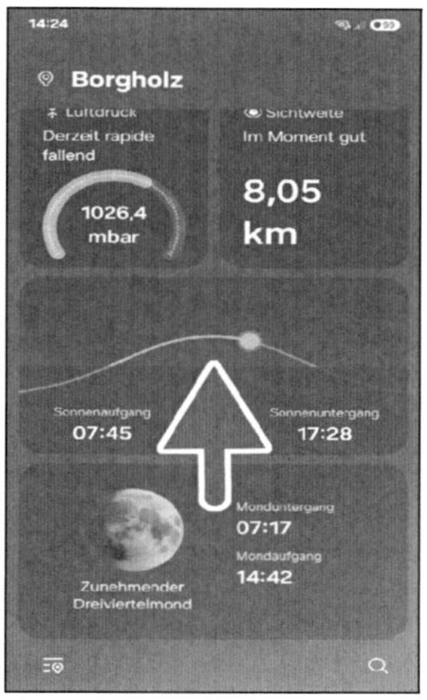

❶❷ Das Wetter-Widget ist im Startbildschirm bereits vorinstalliert. Tippen Sie darauf für die aktuelle Vorhersage.

❸ Weitere Wetterdaten erhalten Sie über die Wischgeste nach oben.

Falls Sie sich wundern, dass das Wetter zu Ihrem Heimatort angezeigt wird: Die Wetter-Anwendung wertet den per GPS ermittelten Standort Ihres Handys aus.

21.3 YouTube

Die YouTube-Anwendung bietet eine ähnliche Funktionalität wie das Videoportal, das Sie unter *www.youtube.com* im Web finden.Die YouTube-Anwendung bietet eine ähnliche Funktionalität wie das Videoportal, das Sie unter *www.youtube.com* im Web finden.

Achten Sie darauf, dass im Schnelleinstellungsbereich die Option *Bildschirm drehen* aktiv ist, damit Sie Videos auf YouTube im Querformat genießen können.

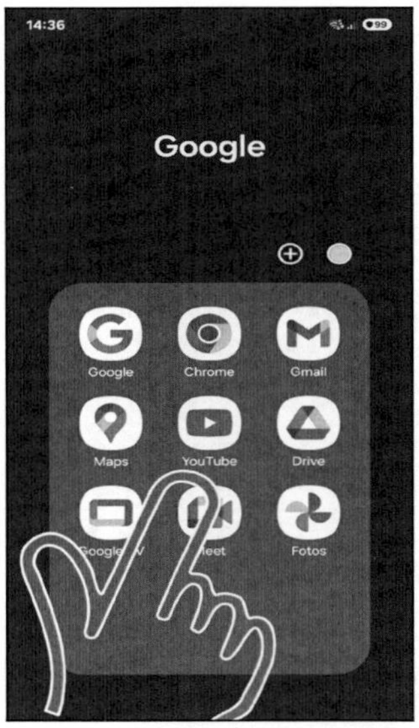

❶❷ Sie finden *YouTube* im *Google*-Ordner des Hauptmenüs.

❸ Schließen Sie die einmaligen Hinweise mit *Alles klar* beziehungsweise *Zulassen.*

Für optimale Nutzung empfehlen wir das Handy um 90 Grad gedreht zu halten, damit die abgespielten Videos den Bildschirm ausfüllen.

Über die Register schalten Sie um zwischen:

- *Start*: Startseite
- *Shorts*: »Shorts« (engl. »klein«) sind Kurzvideos mit maximal 60 Sekunden Dauer. Die Videos sind allerdings ein Ärgernis, da sie im Portrait-Modus ablaufen und man nicht in ihnen vor- oder zurückspulen kann!
- ⊕: Eigene Videos hochladen oder Video live streamen.
- *Abos*: Von Ihnen abonnierte Kanäle (=Anbieter).
- *Mein YouTube*:
    - *Verlauf*: Liste der bereits aufgerufenen Videos.
    - *Playlists*: Von Ihnen markierte Videos sowie zusammengestellte Playlists.
    - *Meine Videos*: Von Ihnen selbst hochgeladene Videos.
    - *Deine Filme & Serien*: Listet die von Ihnen erworbenen Filme und Kanäle auf.
    - *Premium-Mitglied werden*: Die werbefreie Nutzung ist über ein kostenpflichtiges Abo für 12,99 Euro pro Monat möglich. Im Tarif ist auch YouTube Music Premium (siehe Kapitel *19.1 Die Tarife von YouTube Music*) enthalten.
    - *Wiedergabezeit*: Nutzungsstatistik.

❶❷ Zum Auffinden von Videos tippen Sie oben auf 🔍, geben den Suchbegriff ein und betätigen 🔍 auf dem Tastenfeld. Tippen Sie in den Suchergebnissen das anzuzeigende Video an.

Die ersten Einträge in der Ergebnisliste sind meistens Werbung, durch die sich YouTube finanziert. Wischen Sie einfach nach oben, um die eigentlichen Suchergebnisse anzuzeigen.

❶❷ Die Wiedergabe erfolgt. Tippen Sie auf den Bildschirm, um Bedienelemente anzuzeigen. Die <-Taste bringt Sie wieder auf in das Hauptmenü. ⛶ (Pfeil) schaltet dagegen in ein kleines Videofenster um.

Bitte wundern Sie sich nicht, wenn ein Video nicht den gesamten Bildschirm ausfüllt, sondern ein schwarzer Rand bleibt. Bis vor 10 Jahren unterstützten TV-Sender und Aufnahmegeräte häufig nur das 3:4-Format (gelesen als »Länge zu Breite«), während heute 16:9 (HD-Format) üblich ist. Die von anderen YouTube-Nutzern hochgeladenen Videos im 3:4-Format stammen also aus älteren Quellen oder von veralteten Aufnahmegeräten.

❶❷ Navigationstasten werden standardmäßig ausgeblendet. Wischen einmal von außerhalb des Bildschirms nach links, um sie wieder anzuzeigen.

➊➋ Die Ansicht können Sie mit einer Kneifgeste nach außen (Zeigefinger und Daumen auf den Bildschirm setzen und dann auseinander ziehen) vergrößern.

➊ Wenn Sie das Handy aufrecht halten, verkleinern Sie mit einer Wischgeste nach unten das Videofenster.

➋ Sie können dann in YouTube weiter stöbern, während das Video weiterläuft. ✕ beendet die Wiedergabe.

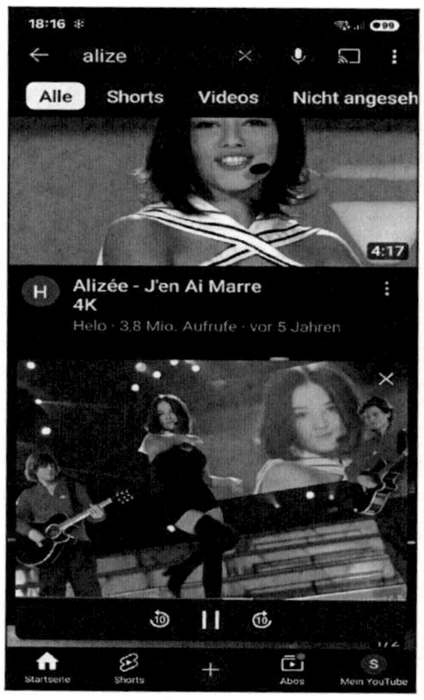

➊➋ Zweimaliges schnelles Tippen auf dem Videofenster vergrößert die Ansicht.

➌ Schließen Sie das Videofenster mit einer Wischgeste nach unten.

21.4 Gerätewartung

Die Gerätewartung fasst viele Infos, die sonst in den Einstellungen des Samsung Galaxy verborgen sind, in einem Programm zusammen. Darüber hinaus sind auch einige Wartungsfunktionen vorhanden.

❶❷ Rufen Sie die Einstellungen aus dem Hauptmenü auf und gehen Sie darin auf *Gerätewartung*.

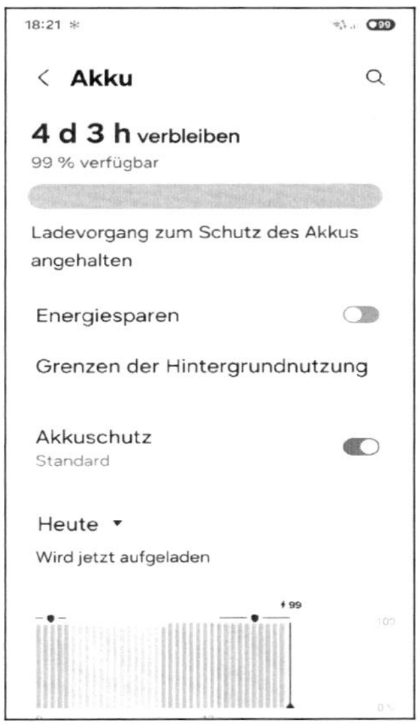

❶ Sie haben Zugriff auf die Menüs:

- *Akku* (❷): Informiert über den Akkuladezustand. Außerdem stellen Sie hier bei Bedarf einen *Energiesparen*-Modus ein, um die Akkubetriebsdauer zu erhöhen.
- *Speicherplatz* (❸): Belegten Gerätespeicher anzeigen und gegebenenfalls Speicher wieder freigeben.
- *Arbeitsspeicher*: Aktuell im Hintergrund laufende Programme auflisten. Sie können hier auch Programme beenden.
- *App-Schutz*: Hier finden Sie einen Virenscanner, der Schadsoftware auf Ihrem Handy aufspüren soll. Wir halten diesen aber für nutzlos, da Google selbst alle Programme, die Sie im Play Store (siehe Kapitel *26.1 Play Store*) herunterladen, regelmäßig auf Schadfunktionen überprüft.

Unter *Leistung*:

- *Leistungsprofil*: Zur Optimierung der Akkulaufzeit wählen Sie hier *Leicht*, was die Prozessorleistung reduziert. Auf Spiele hat die Einstellung keinen Einfluss.
- *Automatische Optimierung*: Die in dem Menü angebotene Optimierung wird in der Praxis nicht benötigt.

Unter *Zusätzliche Pflege*:

- *Software-Update*: Auf neue Betriebssystem-Updates prüfen und diese installieren.
- *Diagnose*: Öffnet die Gerätediagnose-Funktionen der Samsung Member-Anwendung (siehe Kapitel *21.8 Samsung Members*).
- *Wartungsmodus*: Falls Sie mal das Handy zur Reparatur einschicken müssen, können Sie es vorher mit einem Passwort schützen. Die Service-Techniker haben dann keinen Zugriff auf Ihre Daten.

Betätigen Sie *Jetzt optimieren*, damit das Samsung nicht benötigte Daten (beispielsweise von Programmen angelegte, aber nicht mehr genutzte Dateien) löscht.

21.5 Google-Anwendung

Die Google-Anwendung stellt die zum aktuellen Zeitpunkt wichtigen Infos auf einem Blick zur Verfügung. Dazu wertet das Programm das Nutzerverhalten im Hintergrund aus und versucht daraus Schlüsse zu ziehen, welche Infos für Sie gerade nützlich sein könnten.

Je nach Situation werden laut Google folgende Infos angezeigt:

- *Wetter*: Wetteraussichten
- *Verkehr*: Falls Sie unterwegs sind.
- *Öffentliche Verkehrsmittel*: Falls Sie sich in der Nähe einer Haltestelle öffentlicher Verkehrsmittel befinden.
- *Flüge*: Wird nach einer Flug-Suche angezeigt.
- *Sport*: Punktezahlen für eine Mannschaft, nach der gesucht wurde.
- *Nächster Termin*: Anstehende Kalendertermine.
- *Übersetzung*
- *Währung*: Währungsumrechnung.
- *Uhrzeit zu Hause*: Wenn Sie sich in einer anderen Zeitzone befinden.
- *Orte*: Points of Interest in der Nähe.

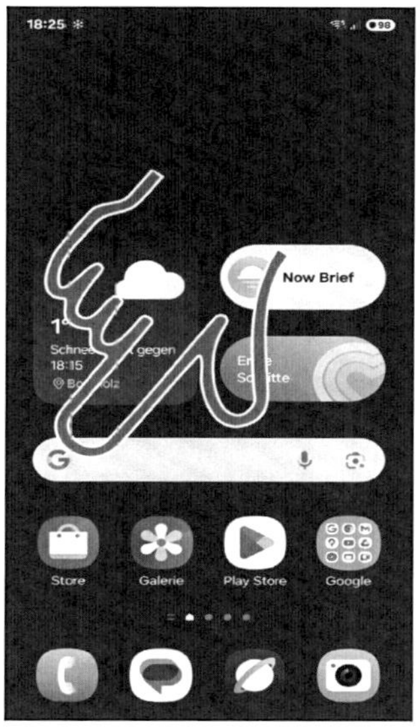

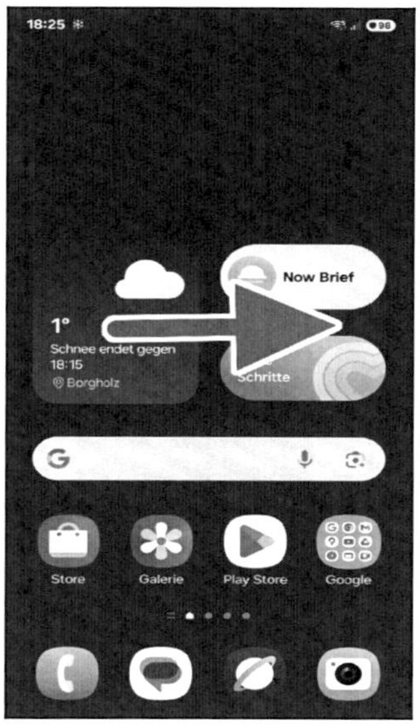

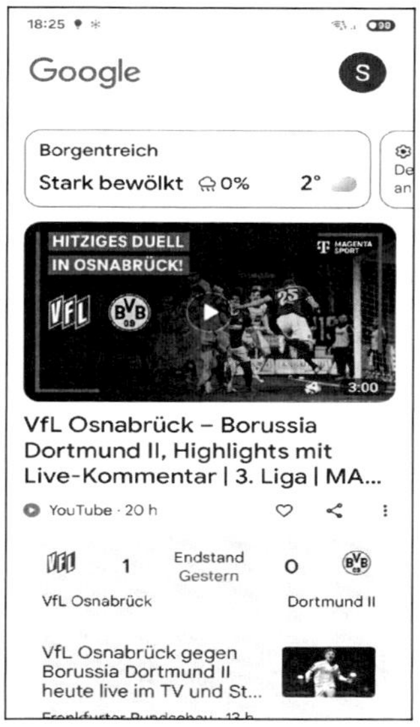

❶ Tippen Sie im Google-Widget auf das »G«.

❷ Alternativ wischen Sie im Startbildschirm nach rechts (Sie können dann allerdings die angezeigten Infos nicht über ein Menü beeinflussen).

❸ Rollen Sie mit einer Wischgeste durch die angezeigten »Notizkarten« und tippen Sie sie an, um den vollständigen Artikel zu lesen.

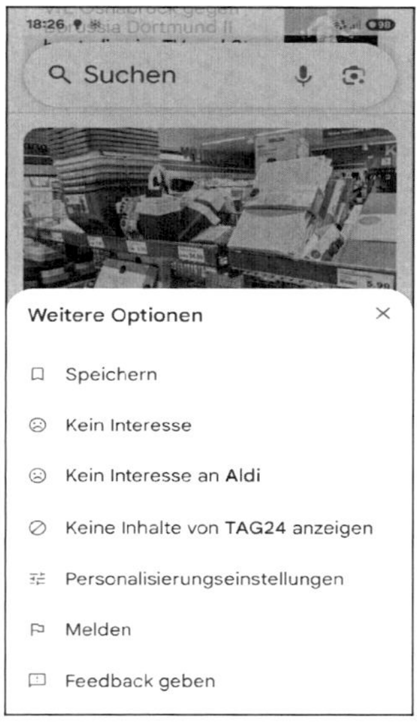

❶❷ Jede »Karte« lässt sich über das ⋮-Menü (Pfeil) anpassen.

In den ersten Tagen der Nutzung wird die Google-Anwendung zunächst nur kaum nützliche Infos anzeigen, was sich aber mit der Zeit ändert.

Die Google-Anwendung bringt auch eine Suche mit. Geben Sie einfach im Suchfeld am oberen Bildschirmrand den Suchbegriff ein beziehungsweise betätigen Sie die für die Sprachbefehle.

21.6 Uhr

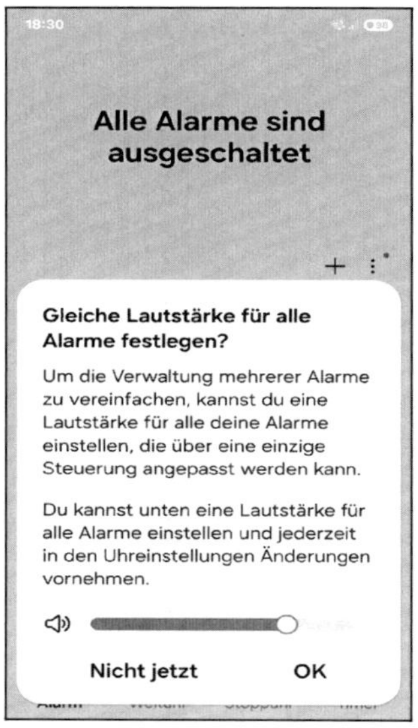

❶ Die *Uhr* starten Sie aus dem Hauptmenü.

❷ Beim ersten Aufruf erscheint ein Popup, das Sie mit *OK* schließen.

❸ Über das Register am unteren Bildschirmrand schalten Sie zwischen den Funktionen der Uhr-Anwendung um: *Alarm*, *Weltuhr*, *Stoppuhr* und *Timer*.

21.6.1 Alarm

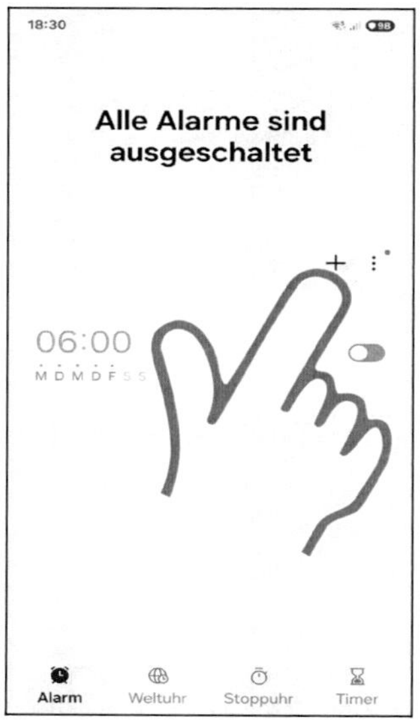

❶ Gehen Sie im *Alarm*-Register auf +.

❷ Stellen Sie hier ein:

- *(Uhrzeit)*: Tippen Sie die Ziffern an, um eine Alarmzeit einzustellen. Sofern Sie die Alarmzeit lieber über ein Tastenfeld eingeben möchten, tippen Sie einfach auf eine Zahl.
- *(Datum)*: Datum, ab dem der Alarm aktiv ist. Sie ändern das Datum über die 📅-Schaltleiste.
- *(Wochentage)*: Die Wochentage, an denen der Alarm erfolgen soll.
- *Alarmbezeichnung*: Vergeben Sie dem Alarm bei Bedarf eine Bezeichnung.
- *Alarmton*: Alarm-Melodie und Lautstärke festlegen.
- *Vibration*: Vibrationsart
- *Erinnern*: Der Alarm ertönt nach der eingestellten Zeitspanne erneut, beziehungsweise

wird x Mal wiederholt.

- *Alarm-Hintergrund*: Hintergrundbild bei der Alarmanzeige.

Gehen Sie zum Abschluss auf *Speichern*.

Wie man eigene Alarmtöne auf dem Galaxy einrichtet, erfahren Sie im Kapitel *32.2 Eigene Klingel- und Benachrichtigungstöne*.

❶ Einen Alarm aktivieren/deaktivieren Sie jederzeit über den Schalter (Pfeil). Zum Bearbeiten tippen Sie einen Alarm an.

❷ So entfernen Sie die Alarme wieder: Tippen und halten Sie den Finger auf einem Alarm, bis dieser markiert ist. Danach tippen Sie die weiteren Alarm-Einträge zum Markieren kurz an. *Löschen* entfernt dann die markierten Alarm-Einträge.

❸ Zum eingestellten Zeitpunkt ertönt der Alarm. Ziehen Sie zum Beenden des Alarms von ✕ aus in eine beliebige Richtung. Die *5 min schlummern*-Schaltleiste oder Betätigen der Lautstärke-runter-Taste verzögern den Alarm für 5 Minuten.

21.6.2 Weltuhr

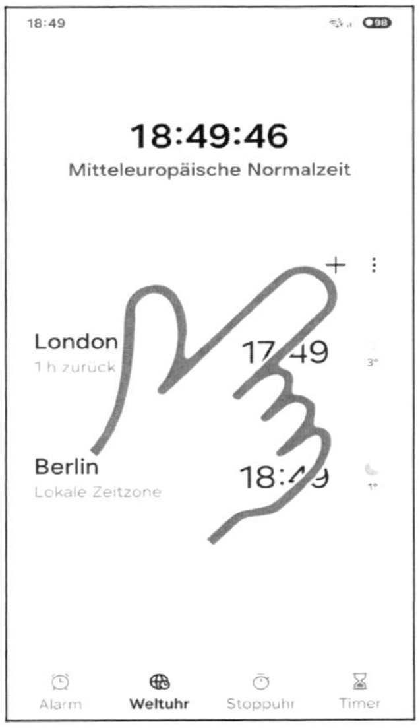

❶ Die Weltzeituhr, die Sie im *Weltuhr*-Register (Pfeil) finden, zeigt die Lokalzeit für jeden denkbaren Standort an.

❷ Über + legen Sie weitere Weltzeitorte an.

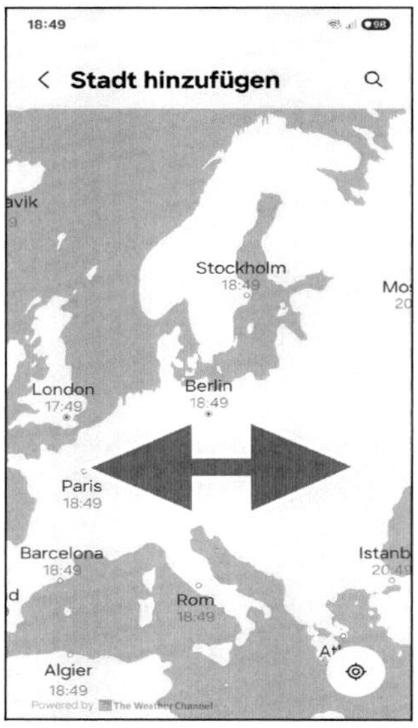

❶❷ Zwar ist es möglich, eine Stadt über das *Stadt hinzufügen*-Eingabefeld aufzufinden, eleganter ist aber die direkte Stadtauswahl auf der virtuellen Weltkugel. Sie drehen die Kugel mit einer Wischgeste oder vergrößern/verkleinern die Ansicht über eine Kneifgeste.

❷❸ Tippen Sie eine Stadt an und betätigen Sie *Hinzufügen*.

❶❷ Das Entfernen von Städten erfolgt über ⁝/*Bearbeiten*. Haken Sie nun eine oder mehrere Städte ab und gehen Sie unten auf *Löschen*.

21.7 Google Drive

Bei Google Drive handelt es sich um einen Online-Speicher, worin Sie beliebige Dateien ablegen. Das Arbeitsprinzip kennen Sie vielleicht schon vom Konkurrenten Dropbox. Google Drive ist mit Ihrem Google-Konto verknüpft.

Beachten Sie, dass Google Drive zwar 15 Gigabyte Online-Speicher zur Verfügung stellt, dieser aber mit anderen Google-Diensten wie Google Drive (siehe Kapitel *21.7 Google Drive*) und Gmail (siehe Kapitel *11 Gmail*) geteilt wird.

Die übliche Vorgehensweise:

1. Laden Sie von Ihrem Handy aus beliebige Dateien wie Fotos oder Office-Dokumente in Google Drive hoch.

2. Der Zugriff auf die Dateien lässt sich anschließend für andere Nutzer freigeben.
3. Über eine Weboberfläche (*drive.google.com*) ist auch die Dateiverwaltung über einen PC-Webbrowser möglich. Dort können Sie auch ein PC-Programm herunterladen, das Ihnen die Arbeit mit Google Drive erleichert.

Zusätzlich unterstützt Google Drive das Erstellen und Bearbeiten von Microsoft Office-Dateien (Word, Excel und PowerPoint). Dies geschieht über die Zusatzprogramme Google Docs, Google Tabellen und Google Präsentationen. Google Drive ist sehr umfangreich, weshalb wir hier nur auf die interessantesten Funktionen eingehen können.

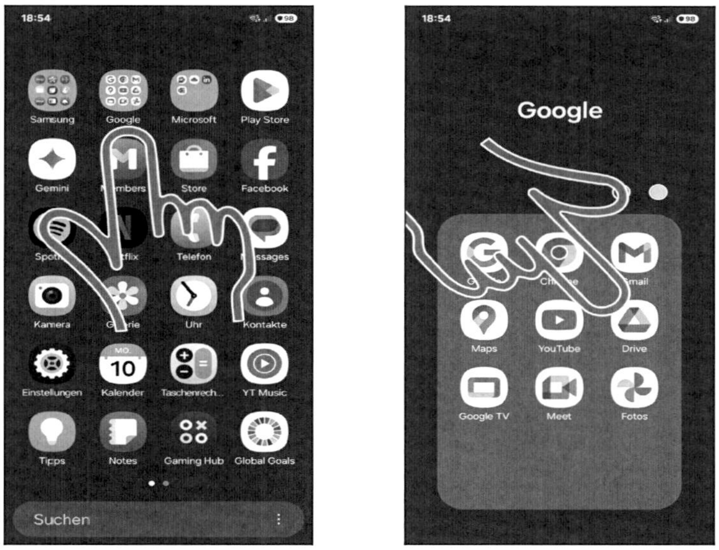

❶❷ Das Programm *Drive* rufen Sie aus dem *Google*-Ordner im Hauptmenü auf.

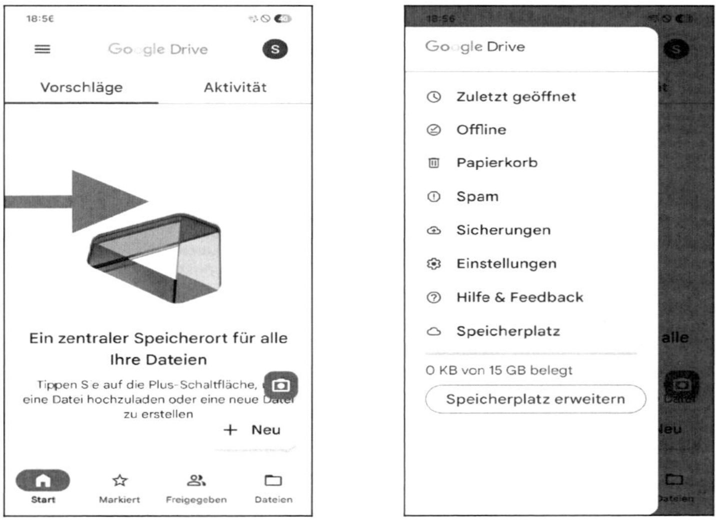

❶❷ Mit einer Wischgeste nach rechts öffnen Sie das Ausklappmenü, welches Sie durch Wischen nach links wieder schließen. Die enthaltenen Funktionen:

- *Zuletzt geöffnet*: Dateien, auf die Sie zuletzt zugegriffen haben (Zugriffsverlauf).
- *Offline*: Aus Google Drive heruntergeladene Dateien. Sie haben darauf auch offline – also ohne Internetverbindung – Zugriff.
- *Papierkorb*: Von Ihnen in Google Drive gelöschte Dateien.
- *Sicherungen:* Nicht von Google dokumentiert.
- *Einstellungen*: Diverse Datensicherungseinstellungen.
- *Hilfe & Feedback*
- *Speicherplatz*: Informiert über den freien und belegten Speicher und bietet die

Möglichkeit, weiteren Speicherplatz dazu zu mieten.

❶❷ Die Register am unteren Bildschirmrand:

- *Start* (Hauptseite)
- *Markiert*: Von Ihnen als Favoriten markierte Dateien.
- *Freigegeben*: Von anderen Anwendern für Ihr Google-Konto freigegebene Dateien.
- *Dateien*: Von Ihnen ins eigene Google-Konto hochgeladene Dateien.

21.7.1 Dateien bei Google Drive hochladen

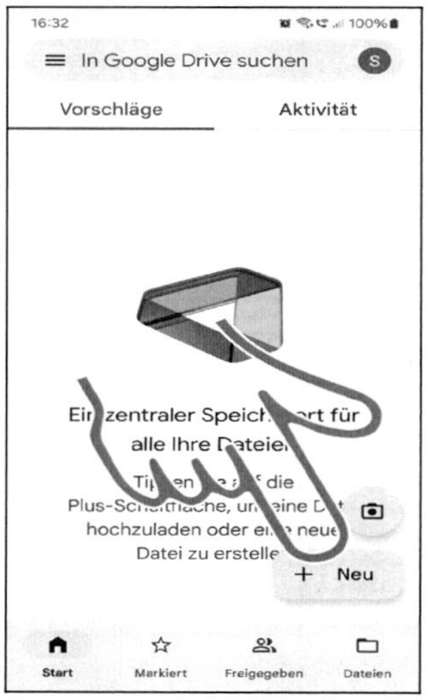

❶❷ Gehen Sie auf *Neu* und dann auf *Hochladen*.

❸Über die Schaltleisten am oberen Bildschirmrand wählen Sie den Dateityp, im Beispiel *Bilder*, aus.

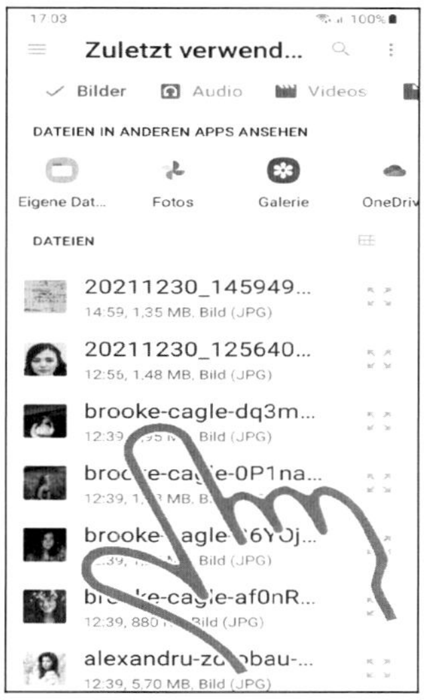

❶❷ Wählen Sie ein Foto aus. Sie können auch mehrere Bilder auf einmal hochladen, indem Sie zunächst den Finger auf einem Foto halten, bis dieses markiert ist und dann die restlichen Bilder kurz antippen. Schließen Sie den Vorgang mit *Auswählen* (Pfeil) ab. Sie müssen nun einmalig den Dateizugriff der Drive-Anwendung mit *Zulassen* freigeben.

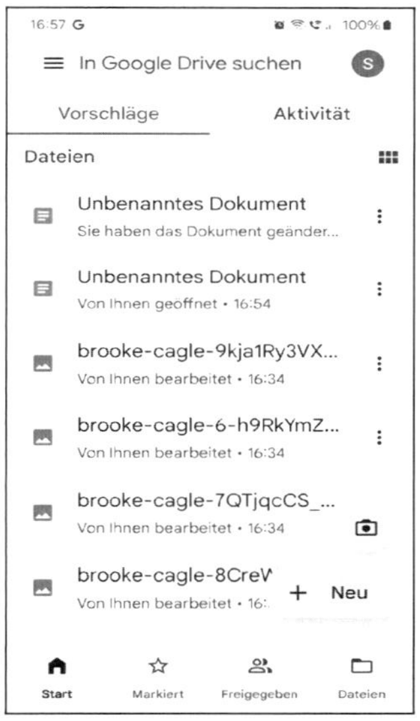

❶❷ Aktualisieren Sie die Ansicht mit einer Wischgeste nach unten. Die neu hochgeladenen Dateien werden angezeigt.

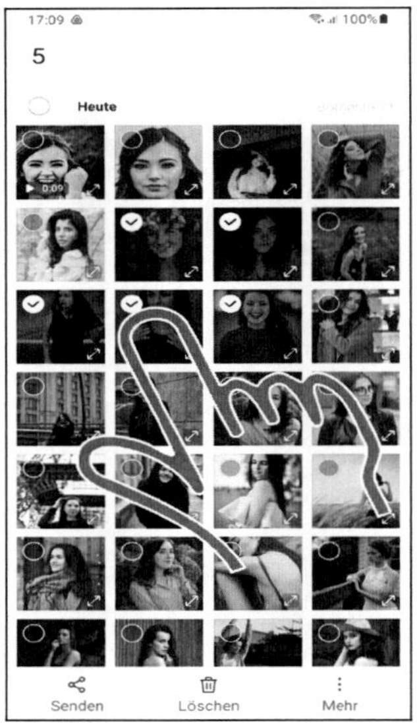

❶ Möchten Sie mehrere Dateien, in diesem Beispiel Fotos, bei Google Drive hochladen, dann empfehlen wir, die jeweils zuständige Anwendung zu bemühen. Starten Sie die *Galerie*-Anwendung aus dem Hauptmenü. Hier tippen und halten Sie den Finger über dem ersten zu markierenden Foto, das dann ein Häkchen erhält. Markieren Sie anschließend weitere Fotos durch kurzes Antippen. Betätigen Sie dann *Senden.*

❷ Rollen Sie mit einer Wischgeste nach oben.

❸ Das Hochladen erfolgt über *Senden.* Gehen Sie dann auf *In Drive speichern* (eventuell in der Symbolauflistung mit einer Wischgeste nach oben durchrollen, bis Sie *In Drive speichern* sehen). Wählen Sie zum Schluss noch das Google-Konto (nur wenn Sie Google Drive mit mehreren Google-Konten nutzen) und den Zielordner bei Google Drive aus, dann gehen Sie auf *Speichern.*

21.7.2 Anzeige

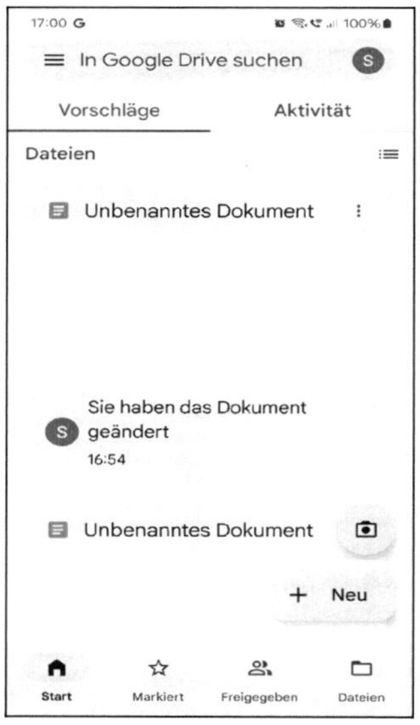

❶❷ Mit der Schaltleiste oben rechts wechseln Sie zwischen der Vorschau- und Listenansicht.

21.7.3 Office-Datei erstellen

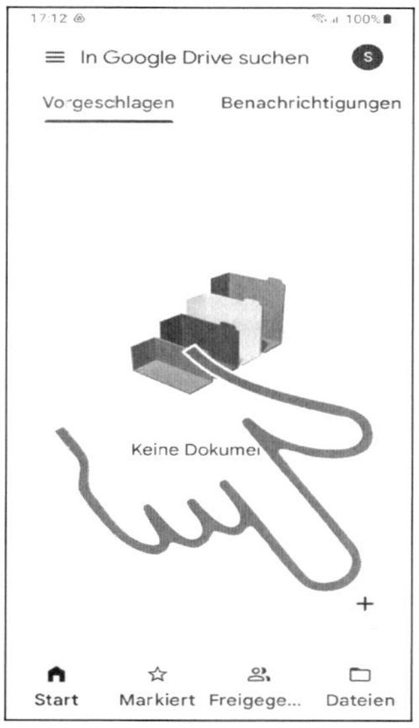

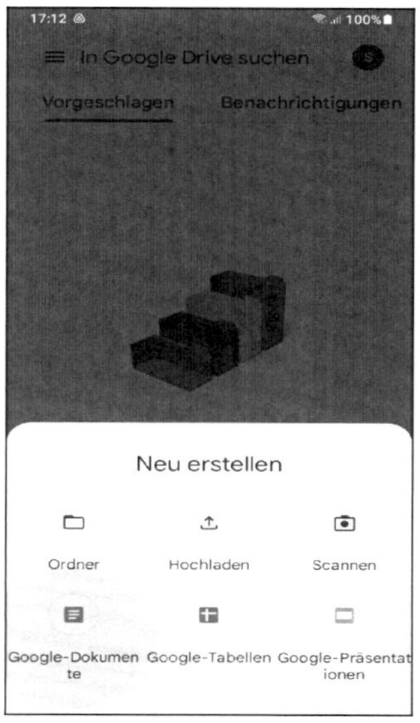

Google bietet Programme an, mit denen Sie Office-Dokumente auf dem Gerät, aber auch in Google Drive hochgeladene Office-Dateien bearbeiten können. Unterstützt werden dabei die Microsoft-Dateiformate Word, Excel und PowerPoint.

❶❷ Gehen Sie auf + und dann auf *Google-Dokumente*, *Google-Tabellen* oder *Google-Präsentationen*.

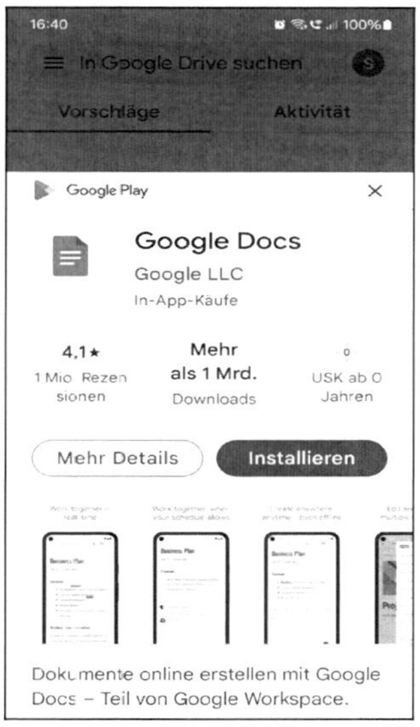

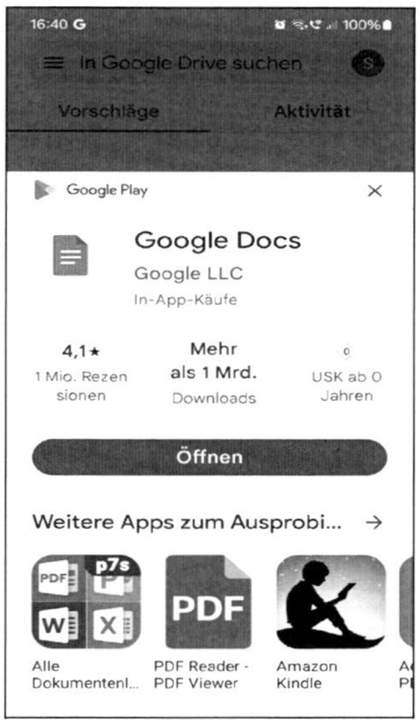

❶ Die Bearbeitungsfunktionen sind auf dem Galaxy nicht vorinstalliert. Sie werden daher beim ersten Aufruf gegebenenfalls aufgefordert, die Installation nachzuholen. Gehen Sie deshalb auf *Installieren*.

❷❸ Sie müssen nun warten, bis die Installation abgeschlossen ist. Betätigen Sie dann *Öffnen*.

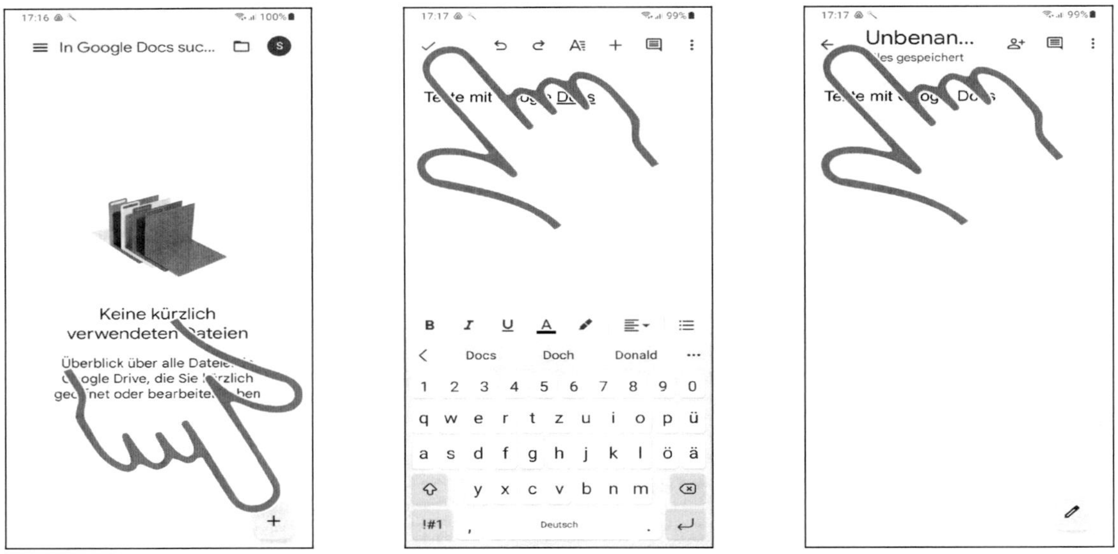

❶ Betätigen Sie +.

❷❸ Das jeweilige Programm startet mit einem leerem Dokument/einer leeren Tabelle. Sie befinden Sie im Editor. Nach der Bearbeitung speichern Sie die Datei mit ✓ (Pfeil) und kehren mit ← nach Google Drive zurück. Sie finden die Datei im *Dateien*-Register von Google Drive.

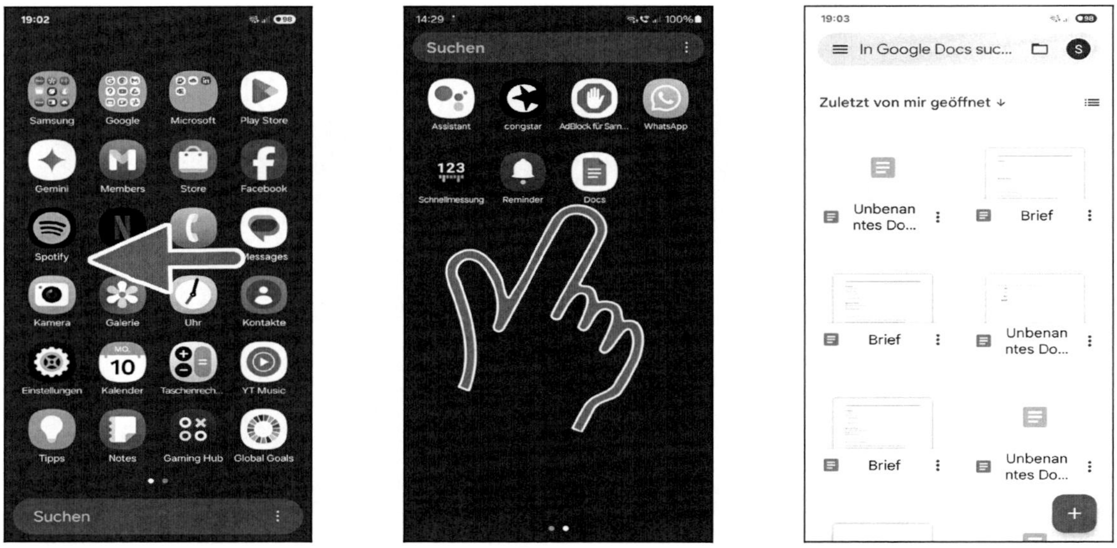

Google-Dokumente, Google-Tabellen und Google-Präsentationen sind eigenständige Anwendungen. Sie brauchen also nicht den Umweg über Google Drive zu nehmen, sondern gehen einfach im Hauptmenü auf *Docs, Tabellen* oder *Präsentationen.*

❶❷❸ Für neu installierte Programme müssen Sie einmal im Hauptmenü nach links wischen. In unserem Beispiel rufen wir dann Google Docs über *Docs* auf.

21.7.4 Dateien freigeben

Standardmäßig haben nur Sie Zugriff auf Ihre in Google Drive abgelegten Dateien. Sie können aber Dateien oder Verzeichnisse für Dritte freigeben. Über einen Link, den Sie beispielsweise per E-Mail verschicken, können die Empfänger die jeweilige Datei im Webbrowser anzeigen.Dateien freigeben

Standardmäßig haben nur Sie Zugriff auf Ihre in Google Drive abgelegten Dateien. Sie können aber einzelne Dateien oder ganze Verzeichnisse für Dritte freigeben.

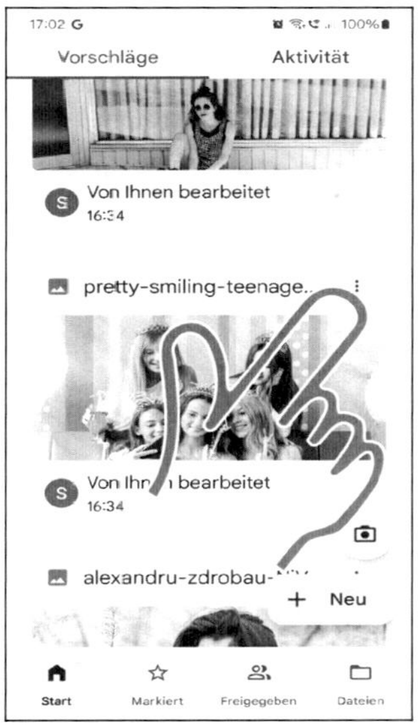

❶ Tippen Sie hinter dem Dateinamen auf ⋮ (Pfeil).

❷ Gehen Sie auf *Link kopieren*. Google Drive hat eine Webadresse (»Freigabelink«) in die Zwischenablage kopiert.

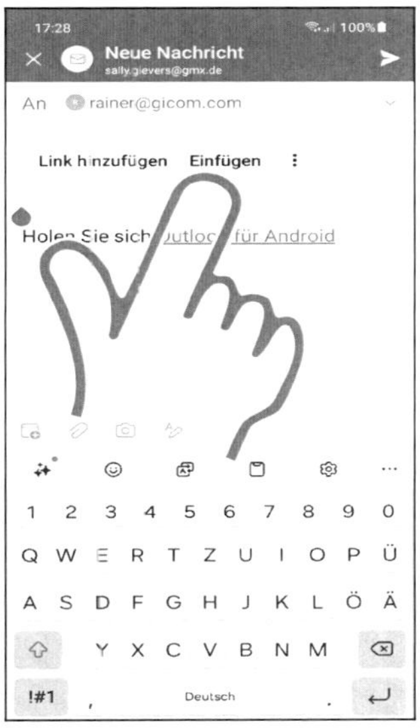

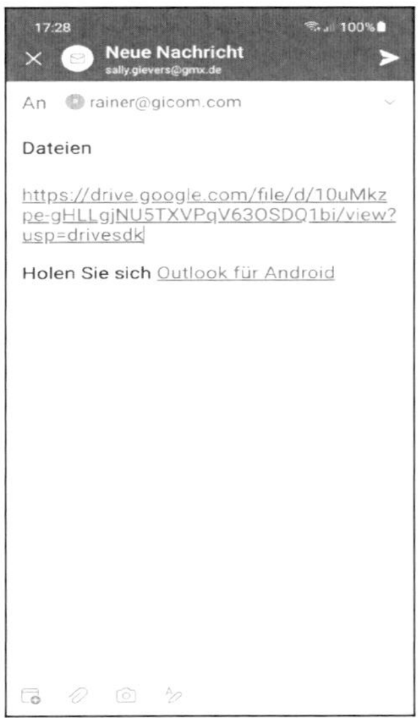

❶ In unserem Beispiel möchten wir jemand anderem die Datei per E-Mail zugänglich machen. Verlassen Sie Google Drive und rufen Sie eine E-Mail-Anwendung, im Beispiel Outlook, auf. Erstellen Sie dort eine neue Nachricht. Tippen und halten Sie den Finger in den Eingabebereich, bis das Popup erscheint, gehen Sie dann auf *Einfügen*.

❷ Sie können nun die E-Mail mit dem Link versenden.

21.8 Samsung Members

Samsung selbst beschreibt die Samsung Members (Members = engl. Mitglieder)-App so: »Samsung Members ist eine App für den Support sowie der Gerätediagnose und ermöglicht das Übermitteln von Fragen und Feedback. Sie können außerdem Informationen mit anderen Mitgliedern der Galaxy Community austauschen oder Neuigkeiten und Tipps zu verschiedenen Produkten und Aktionen einsehen«.

Melden Sie sich vor der Nutzung von Samsung Members bei Ihrem Samsung-Konto an (siehe Kapitel *23 Das Samsung-Konto*). Die meisten Funktionen stehen allerdings auch ohne Samsung-Konto zur Verfügung.

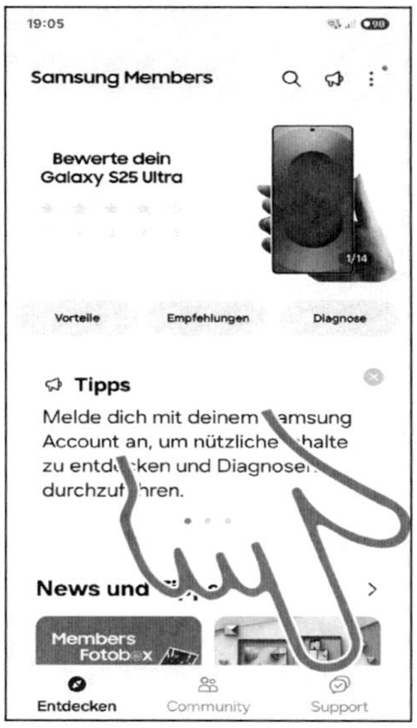

➊ Gehen Sie auf *Samsung Members* im Hauptmenü.

➋ So erhalten Sie Unterstützung bei Problemen: Aktivieren Sie das *Support*-Register.

➌ Sie können hier über *Telefondiagnose* die Gerätefunktionen automatisch überprüfen lassen. Außerdem ist über die Schaltleiste eine Kontaktaufnahme mit dem Samsung-Service möglich.

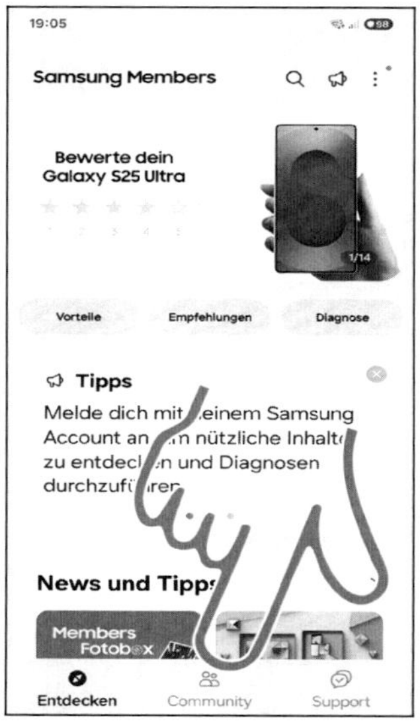

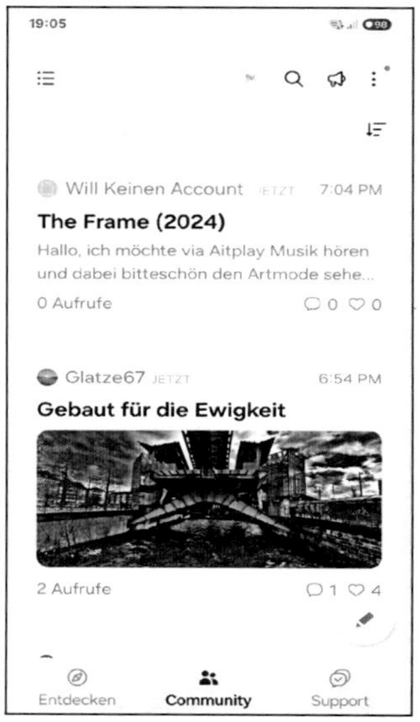

➊➋ Im *Community*-Register finden Sie das offizielle Samsung-Diskussionsforum. Sie müssen sich dafür mit Ihrem Samsung-Konto anmelden (siehe Kapitel *23 Das Samsung-Konto*).

> Sie können das Samsung-Diskussionsforum auch in einem Webbrowser unter der Webadresse *eu.community.samsung.com/t5/German/ct-p/de* besuchen.

21.9 Samsung Notes

Über die Samsung Notes-Anwendung erstellen und verwalten Sie Notizen.

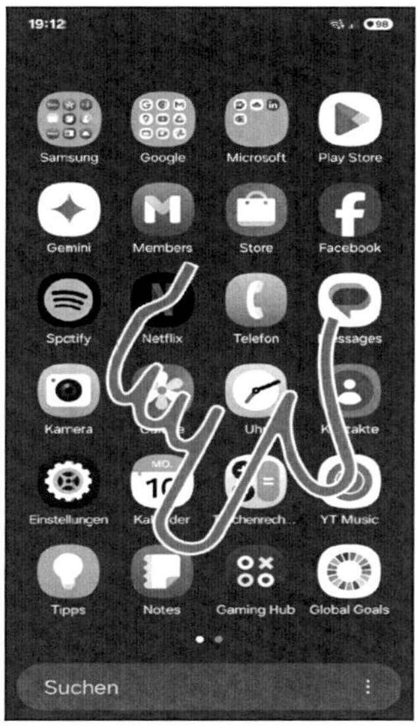

➊ Im Hauptmenü rufen Sie *Notes* auf.

➋ Zwar fordert die Anwendung Sie auf, sich mit dem Samsung-Konto (siehe Kapitel *23 Das Samsung-Konto*) anzumelden, dies ist aber tatsächlich nicht nötig – schließen Sie diesen Bildschirm einfach mit der ‹-Taste unterhalb des Bildschirms.

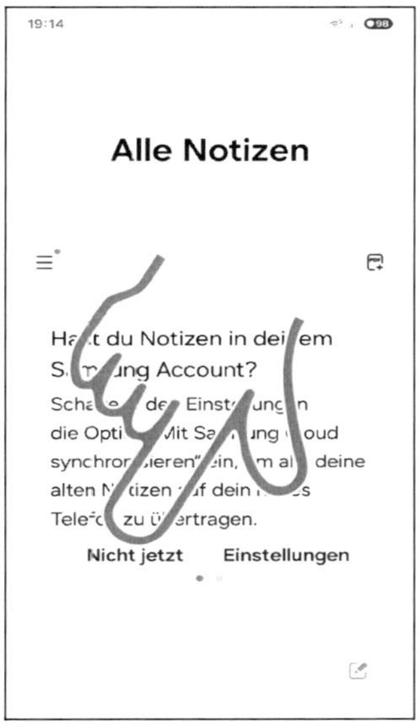

➊ Schließen Sie die beiden Hinweise mit *Nicht jetzt*.

➋ Sie können die Anwendung nutzen.

19:34
Alle Notizen
Keine Notizen

19:34
Intelligenter Notizen erstellen
Der Notizen-Assistent hilft dir beim Organisieren, Zusammenfassen, Übersetzen und mehr.
Weiter

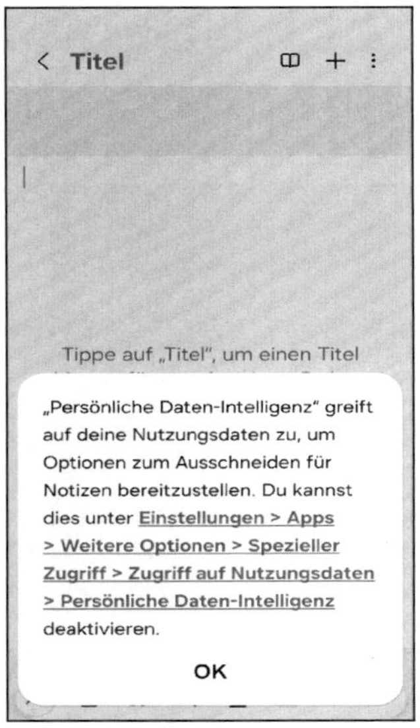
Titel
Tippe auf „Titel", um einen Titel
„Persönliche Daten-Intelligenz" greift auf deine Nutzungsdaten zu, um Optionen zum Ausschneiden für Notizen bereitzustellen. Du kannst dies unter Einstellungen > Apps > Weitere Optionen > Spezieller Zugriff > Zugriff auf Nutzungsdaten > Persönliche Daten-Intelligenz deaktivieren.
OK

❶ Zunächst zeigt Samsung Notes nur einen leeren Bildschirm an. Gehen Sie auf (Pfeil), um Ihre erste Notiz anzulegen. Wenn Sie diese mit dem S Pen (nur Galaxy S25 Ultra) antippen, schaltet die Anwendung direkt in den Malmodus.

❷❸ Die einmaligen Hinweise schließen Sie mit *Weiter*, *Starten* beziehungsweise *OK.*

19:34
Titel
Notizen werden automatisch gespeichert.

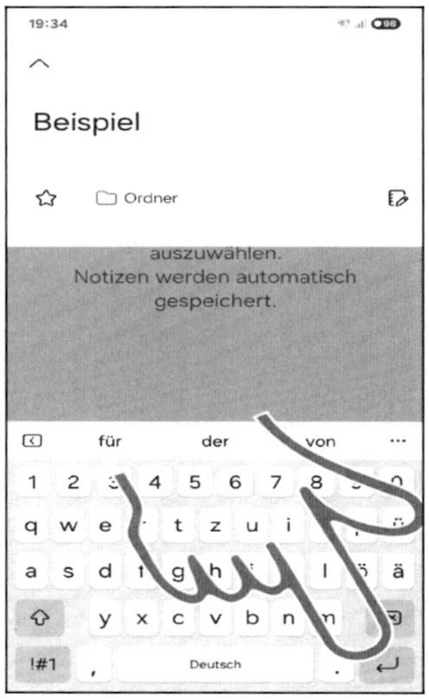
19:34
Beispiel
Ordner
Notizen werden automatisch gespeichert.
für
der
von
Deutsch

19:35
Beispiel
Mit dem Galaxy verwalten Sie Ihre eigenen Notizen.
Deutsch

❶ Tippen Sie zunächst ins obere Eingabefeld, womit Sie der Notiz einen Titel vergeben.

❷ Danach schließen Sie den Vorgang mit ↵ auf dem Tastenfeld ab.

❸ Erfassen Sie die Notiz. Über die Schaltleisten am unteren Bildschirmrand fügen Sie bei Bedarf handschriftliche Notizen, Bilder oder Sprachaufnahmen hinzu.

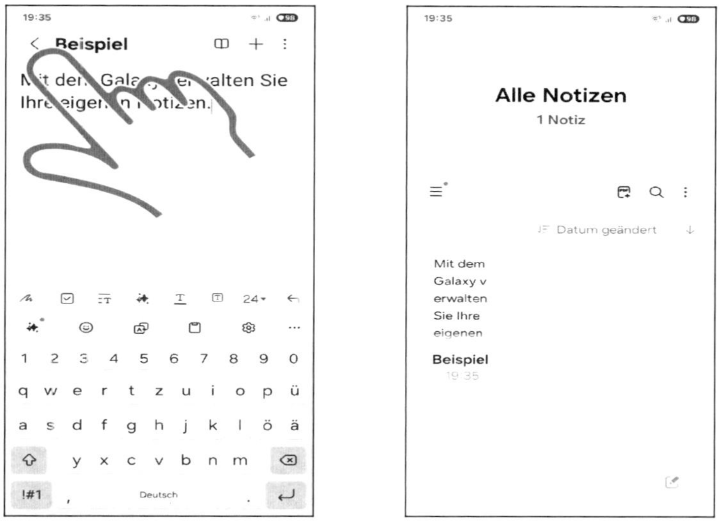
Beispiel
Alle Notizen
1 Notiz
Datum geändert
Mit dem Galaxy verwalten Sie Ihre eigenen
Beispiel
Deutsch

➊➋ Die ‹-Schaltleiste bringt Sie in den Hauptbildschirm zurück.

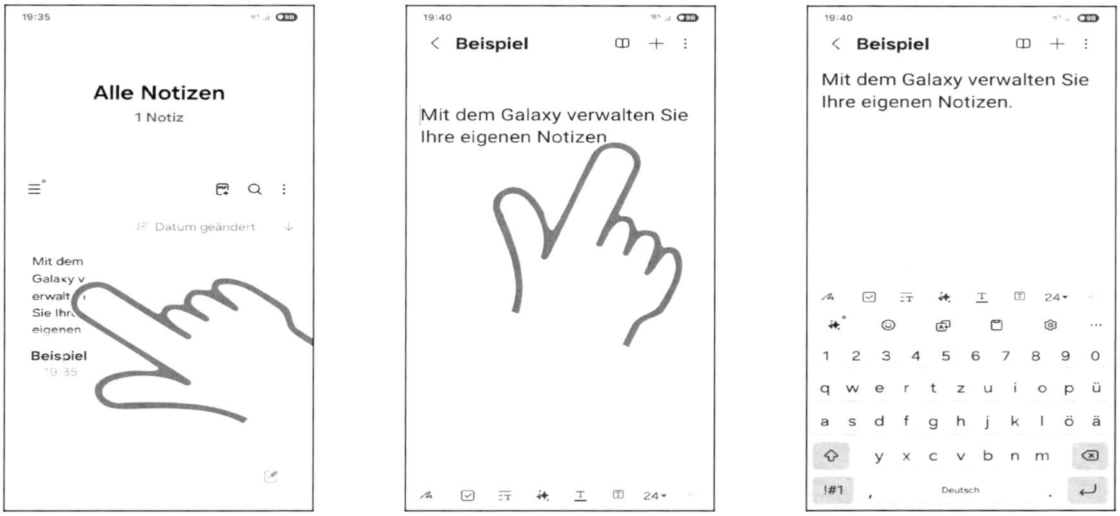
Alle Notizen
1 Notiz
Datum geändert
Beispiel
Mit dem Galaxy verwalten Sie
Ihre eigenen Notizen
Beispiel
Mit dem Galaxy verwalten Sie
Ihre eigenen Notizen.
Deutsch

➊➋➌ Zum Editieren gehen Sie auf eine Notiz, danach tippen Sie an die Stelle, wo Sie sie bearbeiten möchten.

21.9.1 Handschriftliche Notiz

Beispiel
Mit dem Galaxy verwalten Sie
Ihre eigenen Notizen.
Beispiel
Mit dem Galaxy verwalten Sie
Ihre eigenen Notizen.
Beispiel

➊ Über die ✍-Schaltleiste am unteren Bildschirmrand wechseln Sie in den Notizenmodus. Sie können dann mit dem Finger auf dem Bildschirm malen. Beim Galaxy S25 Ultra verwenden Sie dafür allerdings den Bedienstift – sobald Sie ihn aus dem Handy herausziehen, wird automatisch in den Notizenmodus umgeschaltet.

❷ Einige zusätzliche Funktionen werden am unteren Bildschirmrand eingeblendet (Pfeil).

❸ Den Mal/Schreibvorgang schließen Sie mit der <-Schaltleiste ab.

21.9.2 Notizen verwalten

❶❷ So entfernen Sie nicht mehr benötigte Notizen: Tippen und halten Sie den Finger auf einer Notiz im Hauptmenü, bis diese markiert ist. Anschließend markieren Sie gegebenenfalls weitere Notizen und gehen unten auf *Löschen*.

21.9.3 Text einscannen

Häufig gibt im Alltag einen sogenannten Medienbruch: Statt in digitaler Form wird heute vieles noch auf Papier verteilt. Ihr Handy bietet daher die Option, Dokumente einzuscannen und in Text umzuwandeln.

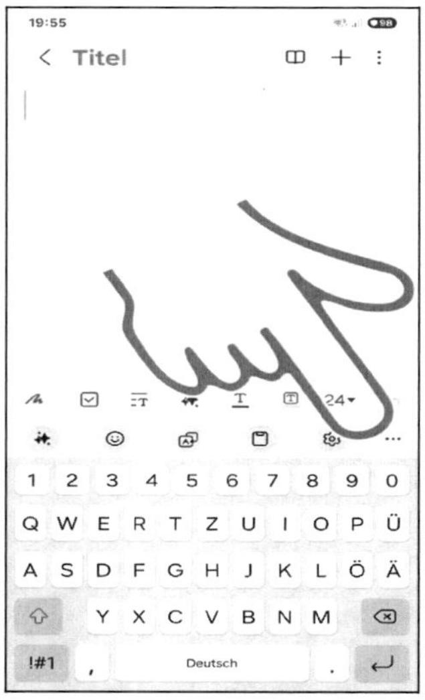

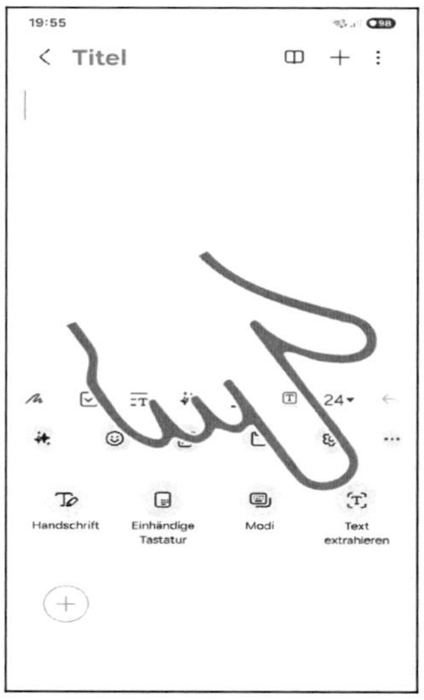

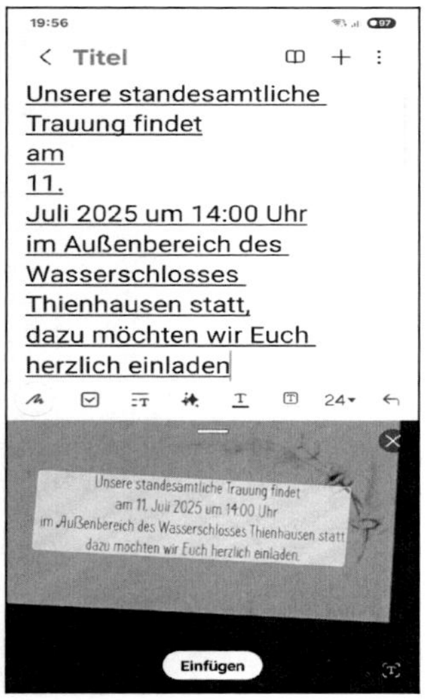

❶ Erstellen Sie eine neue Notiz, dann gehen Sie über dem Tastenfeld auf •••.

❷❸ Betätigen Sie *Text extrahieren*, dann halten Sie die Kamera auf das einzulesende Dokument und betätigen *Text extrahieren* und dann *Einfügen*.

21.10 Google Lens

Google Lens analysiert Fotos und wertet Gegenstände, Orte, Barcodes und Texte aus. Je nach vermuteten Kontext schlägt Google Lens anschließend eine Aktion vor, beispielsweise bei Produkten eine Google-Suche nach der Produktbezeichnung. Google Lens passt sich an die Nutzung an (»künstliche Intelligenz«), deshalb ändern sich mit der Zeit eventuell die Ergebnisse.

Laut Google werden unter anderem folgende Funktionen unterstützt:

- Visitenkarte: Telefonnummer oder Adresse für einen Kontakt speichern.
- Buch: Rezensionen oder andere Informationen abrufen.
- Sehenswürdigkeit oder Gebäude: Weitere Informationen recherchieren.
- Gemälde in einem Museum: Weitere Informationen recherchieren.
- Pflanze oder Tier: Weitere Informationen recherchieren.
- Flyer oder Plakat für Veranstaltung: Ereignis im Kalender hinzufügen.

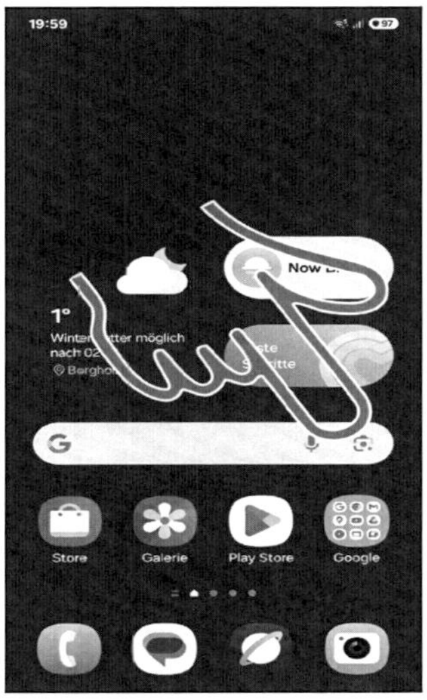

❶ Starten Sie die Google Lens-Funktion mit der -Schaltleiste im Startbildschirm.

❷❸ Wischen Sie auf dem Bildschirm nach oben, betätigen Sie *Zugriff gewähren* und dann *Vollen Zugriff zulassen.*

Die ‹-Taste bringt Sie jederzeit in den Google Lens-Hauptbildschirm beziehungsweise in den Startbildschirm zurück.

21.10.1 Galerie-Bild untersuchen

❶ Sofern die Galerie-Fotos noch nicht angezeigt werden, betätigen Sie die runde Schaltleiste.

❷ Wischen Sie durch die Vorschaufotos und tippen Sie eines an.

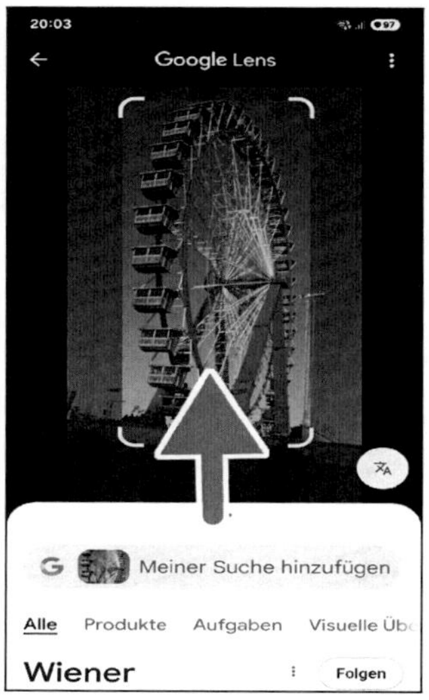

❶ Im Beispiel möchten wir ein bereits vorhandenes Bild, das wir mal mit der Kamera-Anwendung aufgenommen hatten, untersuchen. Tippen Sie es in der Auflistung an.

❷❸ Abhängig vom Bildtyp stehen weitere Bearbeitungsfunktionen am unteren Bildschirmrand bereit. In unserem Beispiel hat Google das Riesenrad auf dem Münchner Oktoberfest erkannt. Google listet Fundstellen auf. Mit einer Wischgeste blättern Sie durch die Ergebnisse.

21.10.2 Kamera-Bild untersuchen

➊➋ Für die Auswertung der Liveanzeige von der Kamera gehen Sie auf *Mit der Kamera suchen* beziehungsweise auf *Kamera öffnen.*

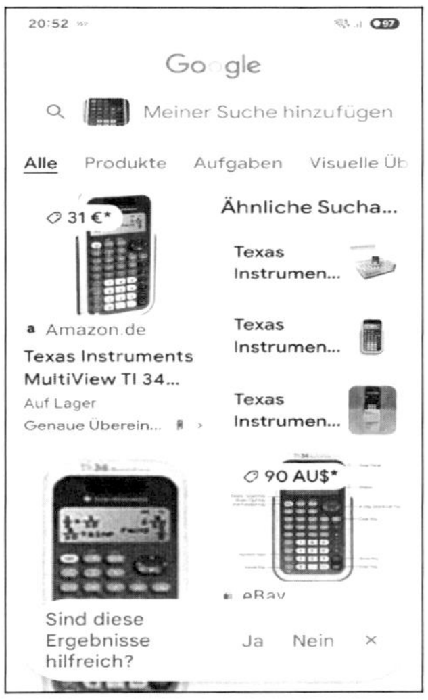

➊ Halten Sie die Kamera auf einen Gegenstand und tippen Sie auf die weiße Schaltleiste.

➋➌ In diesem Beispiel wird der Gegenstand identifiziert und das Handy zeigt Fotos aus der Suche an. Eine Wischgeste nach oben listet weitere Fotos auf.

21.11 Now Brief

Die Anwendung Now Brief (engl. »jetzt kurz«) bietet dreimal am Tag eine personalisierte Zusammenfassung wichtiger Informationen. Dazu gehören Wettervorhersagen, anstehende Termine, Erinnerungen usw. Laut Samsung erfolgt die Datenauswahl durch eine KI.

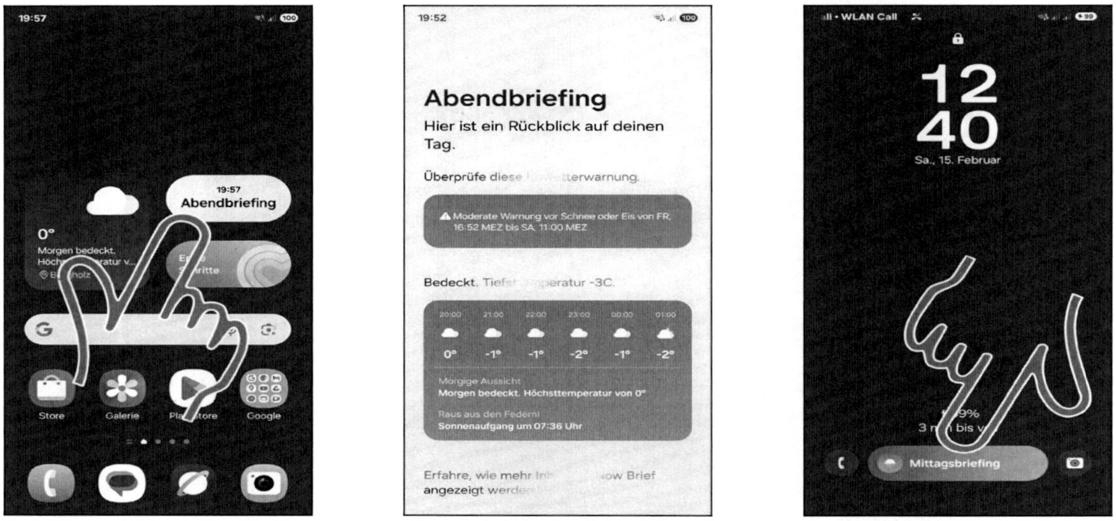
19:57
19:57
Abendbriefing
0°
Morgen bedeckt.
Store
Galerie
Google
19:52
Abendbriefing
Hier ist ein Rückblick auf deinen Tag.
Moderate Warnung vor Schnee oder Eis von FR, 16:52 MEZ bis SA, 11:00 MEZ
20:00 21:00 22:00 23:00 00:00 01:00
0° -1° -1° -2° -1° -2°
Morgige Aussicht
Morgen bedeckt. Höchsttemperatur von 0°
Raus aus den Federn!
Sonnenaufgang um 07:36 Uhr
WLAN Call
12
40
Sa., 15. Februar
Mittagsbriefing

❶❷ Sie rufen *Now Brief* einfach über das Widget im Startbildschirm auf. Falls bei Ihnen dieses Widget fehlt, können Sie es einfach erneut einrichten, wie Kapitel *4.7.2 Widgets* zeigt.

❸ In der Gerätesperre finden Sie eine sogenannte Now Bar, nach deren Antippen Sie ebenfalls die Now Brief-Infos erhalten.

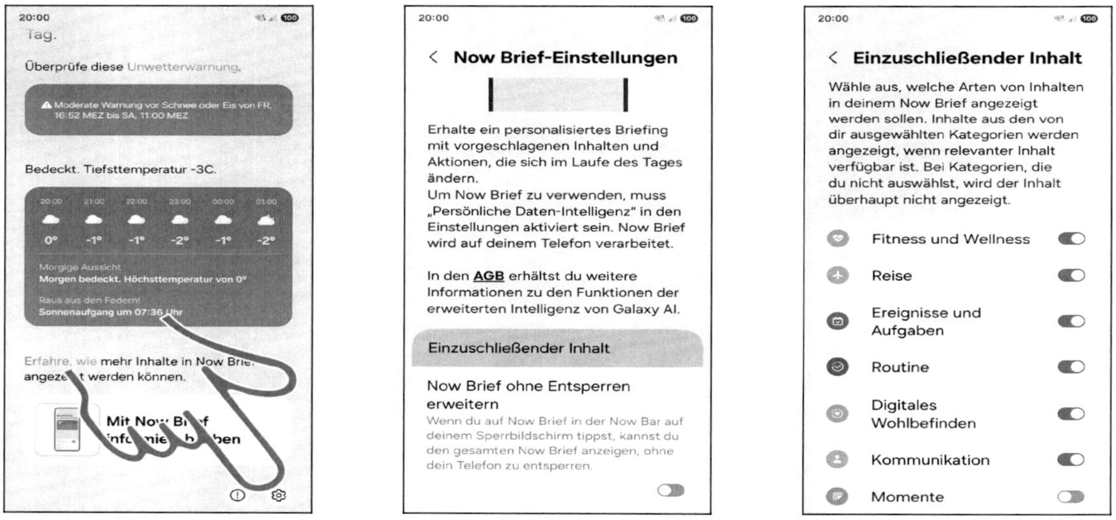
20:00
Tag.
Überprüfe diese Unwetterwarnung.
Moderate Warnung vor Schnee oder Eis von FR, 16:52 MEZ bis SA, 11:00 MEZ
Bedeckt. Tiefsttemperatur -3C.
0° -1° -1° -2° -1° -2°
Morgige Aussicht
Morgen bedeckt. Höchsttemperatur von 0°
Raus aus den Federn!
20:00
Now Brief-Einstellungen
Erhalte ein personalisiertes Briefing mit vorgeschlagenen Inhalten und Aktionen, die sich im Laufe des Tages ändern.
Um Now Brief zu verwenden, muss „Persönliche Daten-Intelligenz" in den Einstellungen aktiviert sein. Now Brief wird auf deinem Telefon verarbeitet.
In den AGB erhältst du weitere Informationen zu den Funktionen der erweiterten Intelligenz von Galaxy AI.
Einzuschließender Inhalt
Now Brief ohne Entsperren erweitern
Wenn du auf Now Brief in der Now Bar auf deinem Sperrbildschirm tippst, kannst du den gesamten Now Brief anzeigen, ohne dein Telefon zu entsperren.
20:00
Einzuschließender Inhalt
Wähle aus, welche Arten von Inhalten in deinem Now Brief angezeigt werden sollen. Inhalte aus den von dir ausgewählten Kategorien werden angezeigt, wenn relevanter Inhalt verfügbar ist. Bei Kategorien, die du nicht auswählst, wird der Inhalt überhaupt nicht angezeigt.
Fitness und Wellness
Reise
Ereignisse und Aufgaben
Routine
Digitales Wohlbefinden
Kommunikation
Momente

❶❷ Betätigen Sie in Now Brief ⚙ für die Einstellungen und gehen Sie auf *Einzuschließender Inhalt.*

❸ Aktivieren Sie alle Themen, die Sie interessieren.

22. Das Google-Konto

Google betreibt im Internet zahlreiche kostenlose Online-Dienste, wovon natürlich die Google-Suchmaschine die bekannteste ist. Weitere Web-Anwendungen sind unter anderem Gmail (E-Mail), Google Maps (Karten und Navigation), YouTube (Videos) und Google Fotos (Bilder und Videos). Android bietet mit den gleichnamigen Anwendungen die Möglichkeit, Googles Web-Anwendungen direkt auf dem Handy zu nutzen.

Damit Sie Fotos, Dokumente, Kontakte, Termine usw. auf verschiedenen Geräten (PC-Webbrowser, Android-Handy und Android-Tablet) nutzen können, hat Google das sogenannte **Google-Konto** ersonnen: Sie sind dabei permanent mit Ihrem Google-Konto auf dem Tablet/Handy angemeldet. Legen Sie beispielsweise auf dem Handy einen neuen Kontakt oder einen neuen Termin an, so wird dieser im Google-Konto gespeichert und steht auch auf allen anderen Android-Geräten und im PC-Webbrowser zur Verfügung. Der dazu nötige Datenabgleich erfolgt automatisch über Googles Internetserver im Hintergrund. Einzige Voraussetzung ist, dass Sie auf den anderen Geräten ebenfalls mit Ihrem Google-Konto angemeldet sind.

Ein anderes Beispiel: Sie können tagsüber während der Arbeit auf dem Handy E-Mails mit der Gmail-Anwendung verarbeiten, am Abend loggen Sie sich auf dem Desktop-PC-Webbrowser in die Gmail-Oberfläche ein und sehen den gleichen Nachrichtenstand wie auf dem Handy.

Auch wenn Sie kein Fan von Google sind, kommen Sie nicht darum herum, ein Google-Konto zu eröffnen, denn Sie benötigen es spätestens, wenn Sie über den Google Play Store (siehe Kapitel *26.1 Play Store*) weitere Spiele oder Anwendungen auf dem Gerät installieren wollen.

22.1 Einrichtung in einer Google-Anwendung

Wenn Sie eine Google-Anwendung wie Gmail, Play Store usw. starten, werden Sie aufgefordert, sich mit Ihrem Google-E-Mail-Konto anzumelden, sofern Sie dies nicht schon vorher getan hatten. Die Anmeldung mit der Gmail-Adresse ist nur einmalig notwendig. Danach können sie Gmail, Google Play Store usw. ohne erneute Anmeldung nutzen.

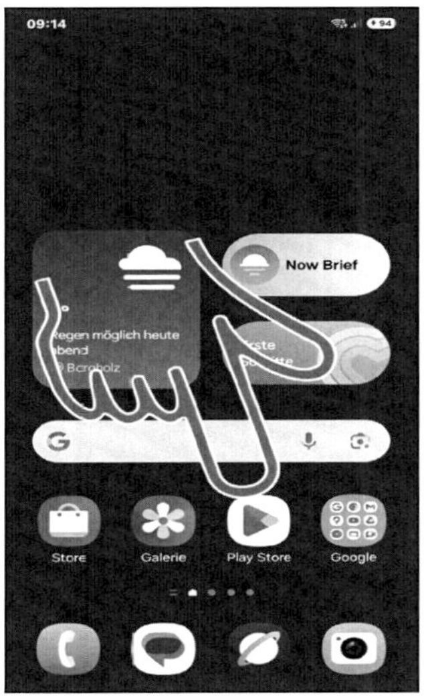

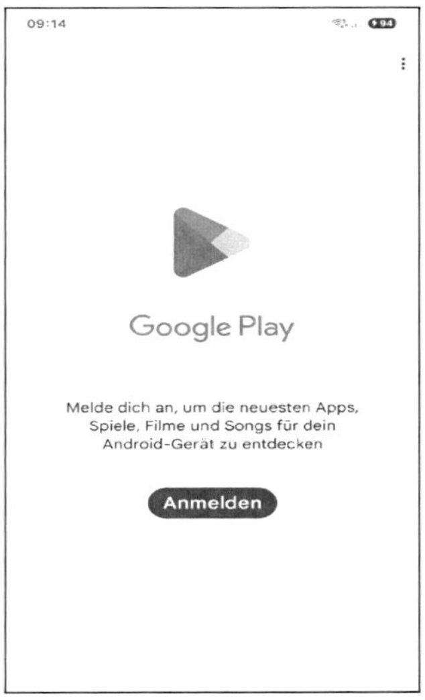

❶ Starten Sie jetzt eine Anwendung, die ein Google-Konto benötigt, im Beispiel *Play Store*, aus dem Startbildschirm.

❷ Betätigen Sie *Anmelden*.

Falls direkt die Benutzeroberfläche des Programms angezeigt wird, ohne dass Ihre Kontodaten abgefragt werden, dann haben Sie bereits die nur einmalig notwendige Anmeldung durchgeführt, beispielsweise bei der Inbetriebnahme (siehe Kapitel *3 Erster Start*).

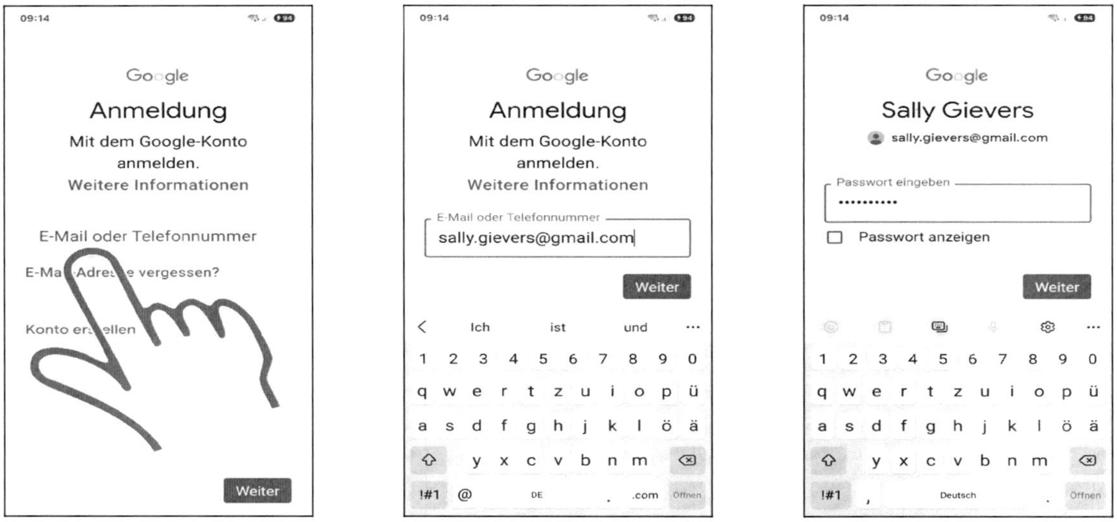
Anmeldung
Mit dem Google-Konto anmelden.
Weitere Informationen
E-Mail oder Telefonnummer
Weiter
Anmeldung
Mit dem Google-Konto anmelden.
Weitere Informationen
E-Mail oder Telefonnummer
sally.gievers@gmail.com
Weiter
Sally Gievers
sally.gievers@gmail.com
Passwort eingeben
Passwort anzeigen
Weiter

❶❷ Nach Antippen des entsprechenden Eingabefelds erfassen Sie Ihr Google-Konto und betätigen Sie *Weiter* (falls Sie die *Weiter*-Schaltleiste nicht sehen, müssen Sie das Tastenfeld mit der ∨-Taste schließen).

❸ Erfassen Sie das Passwort Ihres Google-Kontos und gehen Sie auf *Weiter.*

Sie brauchen nur den ersten Teil Ihrer Google-Mail-Adresse vor dem »@« einzugeben, denn »@gmail.com« wird automatisch ergänzt, wenn Sie ins Passwortfeld wechseln.

Die Anmeldung mit der Gmail-Adresse ist nur einmalig notwendig. Danach können sie Gmail, Google Play Store usw. ohne erneute Anmeldung nutzen.

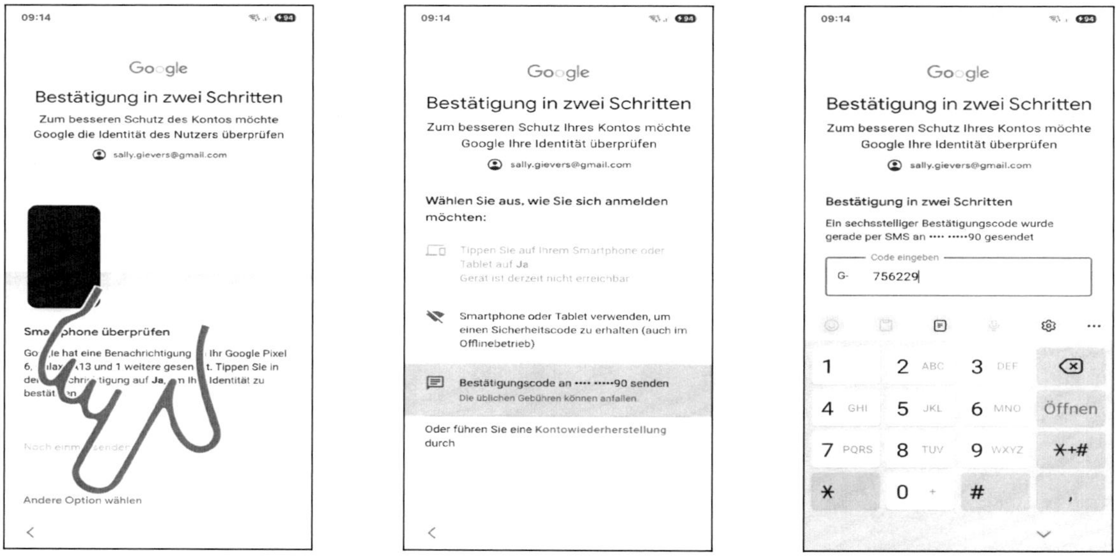
Bestätigung in zwei Schritten
Zum besseren Schutz des Kontos möchte Google die Identität des Nutzers überprüfen
Andere Option wählen
Bestätigung in zwei Schritten
Zum besseren Schutz Ihres Kontos möchte Google Ihre Identität überprüfen
sally.gievers@gmail.com
Wählen Sie aus, wie Sie sich anmelden möchten:
Smartphone oder Tablet verwenden, um einen Sicherheitscode zu erhalten (auch im Offlinebetrieb)
Bestätigungscode an •••• •••••90 senden
Die üblichen Gebühren können anfallen.
Oder führen Sie eine Kontowiederherstellung durch
Bestätigung in zwei Schritten
Zum besseren Schutz Ihres Kontos möchte Google Ihre Identität überprüfen
sally.gievers@gmail.com
Bestätigung in zwei Schritten
Ein sechsstelliger Bestätigungscode wurde gerade per SMS an •••• •••••90 gesendet
Code eingeben
G- 756229
Öffnen

Google möchte sicherstellen, dass kein Unbefugter Ihr Google-Konto nutzt. Deshalb wird eine Authentifizierung verlangt.

❶ Das Google-Konto haben Sie ja bereits auf Ihrem alten Handy genutzt. Dort können Sie es mit *Ja, das bin ich* freigeben. Falls Sie das alte Handy nicht zur Verfügung haben und deshalb eine andere Authenfizierung nötig ist, gehen Sie auf *Andere Option wählen* (Pfeil).

❷ In unserem Beispiel haben wir uns für die dritte Option entschieden: Der Code wird per SMS an unsere Handynummer gesendet. Die Handynummer hat Google bei der Erstanmeldung Ihres Google-Kontos erfahren.

❸ Den empfangenen Code geben Sie ein und betätigen *Öffnen* (auf dem Tastenfeld) beziehungsweise *Weiter.*

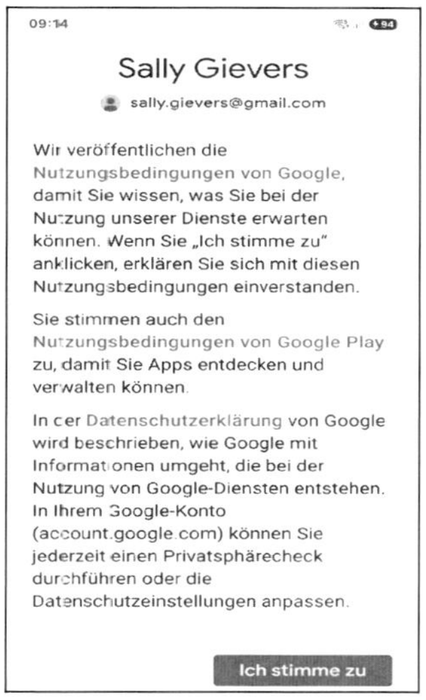
09:14
Sally Gievers
sally.gievers@gmail.com
Wir veröffentlichen die Nutzungsbedingungen von Google, damit Sie wissen, was Sie bei der Nutzung unserer Dienste erwarten können. Wenn Sie „Ich stimme zu" anklicken, erklären Sie sich mit diesen Nutzungsbedingungen einverstanden.
Sie stimmen auch den Nutzungsbedingungen von Google Play zu, damit Sie Apps entdecken und verwalten können.
In der Datenschutzerklärung von Google wird beschrieben, wie Google mit Informationen umgeht, die bei der Nutzung von Google-Diensten entstehen. In Ihrem Google-Konto (account.google.com) können Sie jederzeit einen Privatsphärecheck durchführen oder die Datenschutzeinstellungen anpassen.
Ich stimme zu

09:15
Kontakte niemals verlieren
sally.gievers@gmail.com
2 auf dem Gerät gespeicherte Kontakte wurden noch nicht mit Google Kontakte gesichert
Google Kontakte synchronisiert automatisch die auf dem Gerät
Nicht aktivieren
Sicherung aktivieren

09:15
Sie sind angemeldet
Gehen Sie ein paar Vorschläge durch, um Ihr Google-Konto optimal zu nutzen
sally.gievers@gmail.com
Privatadresse hinzufügen
Anmelden, um hilfreiche Tipps & Neuigkeiten zu erhalten
Sie können diese Informationen jederzeit in Ihrem Google-Konto verwalten.
Nicht jetzt

➊ Betätigen Sie *Ich stimme zu.*

➋ Falls dieser Hinweis erscheint, haben Sie bereits Daten auf dem Gerät eingegeben, die noch nicht im Google-Konto gesichert werden. *Sicherung aktivieren* behebt das Problem.

➌ Betätigen Sie *Nicht jetzt.*

09:15
Die Daten werden entsprechend der Datenschutzerklärung von Google genutzt.
Backup
Gerätedaten sichern
Mehr anzeigen
Durch Tippen auf „Akzeptieren" werden die ausgewählten Einstellungen für diese Google-Dienste bestätigt.
Akzeptieren

09:16
Google Play
Käufe sofort bestätigen
Passwort verwenden

15:14
Nach Apps & ...
Für mich
Top-Charts
Anhand der letzten Aktivität
Subway Surfers
Arcade • Action • Runner
4,6 ★
Werbeanzeigen • Vorschläge für dich
Roblox
Spiele
Apps
Bücher

➊ Im nächsten Bildschirm wischen Sie einmal nach oben und gehen auf *Akzeptieren.*

➋ Der Google Play Store schützt Sie vor Betrug, indem Sie Käufe jedes Mal mit dem Passwort freigeben müssen. Betätigen Sie *Passwort verwenden* und bestätigen Sie mit Ihrem Ihres Google-Konto-Passwort.

➌ Sie befinden sich im Play Store.

22.2 Google-Konto entfernen

Es dürfte nur sehr selten nötig sein, das eigene Google-Konto zu entfernen. Alle in Ihrem Google-Konto im Internet hochgeladenen Daten bleiben erhalten und werden auf einem anderen Gerät wieder hergestellt, wenn Sie sich dort erneut mit dem gleichen Google-Konto anmelden.

Falls Sie vorhaben, Ihr Handy an einen Dritten abzugeben, dann sollten Sie nicht Ihr Google-Konto vom Gerät entfernen, weil sich dann noch alle Daten im Gerätespeicher befinden, sondern, das Handy, wie im Kapitel *35.2 Allgemeine Verwaltung* beschrieben, komplett auf den Werkszustand zurücksetzen.

❶ Rufen Sie *Einstellungen* im Hauptmenü auf.

❷❸ Rollen Sie mit einer Wischgeste durch die Menüauflistung und gehen Sie auf *Konten und Sicherung* und dann auf *Konten verwalten*.

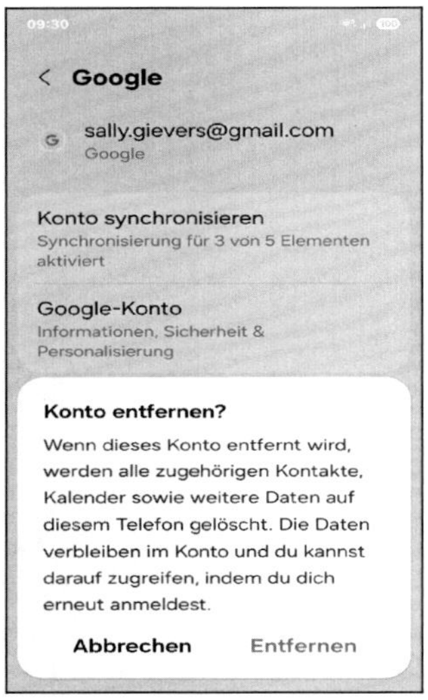

❶ Wählen Sie Ihr Google-Konto aus.

❷❸ Betätigen Sie *Konto entfernen* und im Popup erneut *Konto entfernen.*

23. Das Samsung-Konto

Einige Funktionen auf dem Galaxy setzen die vorherige Einrichtung eines sogenannten Samsung-Kontos voraus, wozu Galaxy Store (siehe Kapitel *26.2 Galaxy Store*) und Find My Mobile (siehe Kapitel *30.5 Maßnahmen gegen Diebstahl* zählen.

Neben den oben erwähnten Funktionen dient das Samsung-Konto dazu, einige Daten aus den Samsung-eigenen Anwendungen im Internet zu sichern. Unterstützt werden dabei die Anwendungen Kontakte (Telefonbuch), Kalender, Notes, Samsung Internet (Webbrowser) und einige mehr.

Bis zum Jahr 2024 war die Nutzung eines Samsung-Kontos überhaupt nicht nötig. Nun ist jedoch für viele KI-Funktionen Ihres Smartphones eine Anmeldung erforderlich. Samsung plant, bestimmte erweiterte KI-Funktionen künftig kostenpflichtig anzubieten, während grundlegende Features weiterhin kostenlos bleiben sollen. Beachten Sie dazu auch Kapitel *24 KI-Funktionen*.

23.1 Anmeldung

Die nachfolgenden Schritte führen Sie sowohl bei der Erstanmeldung eines Samsung-Kontos als auch bei einer erneuten Anmeldung (Samsung-Konto wurde bereits auf einem anderen Galaxy-Gerät angelegt) durch.

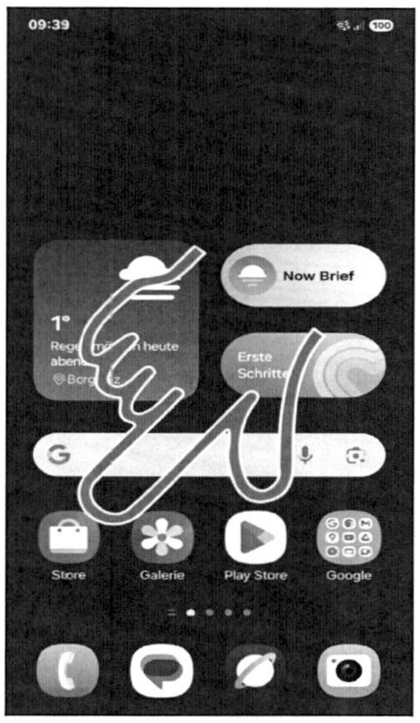

❶ Rufen Sie im Startbildschirm oder Hauptmenü *Store* auf.

❷ Betätigen Sie *Anmelden*.

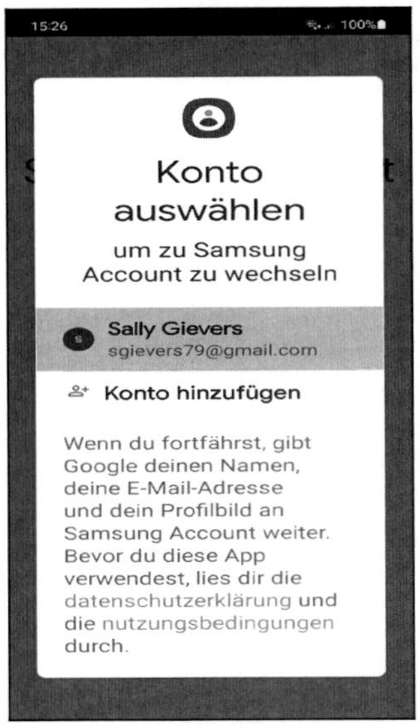

❶❷ Betätigen Sie *Anmeldung mit Google* und wählen Sie Ihr Konto aus.

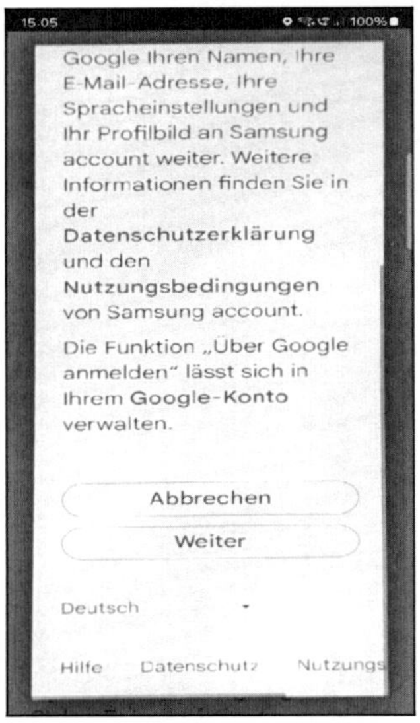

❶❷ Blättern Sie mit einer Wischgeste nach oben und gehen Sie auf *Weiter*.

❶❷ *Aktivieren Sie Alle auswählen*, wischen Sie durch die Liste und betätigen Sie *Weiter*.

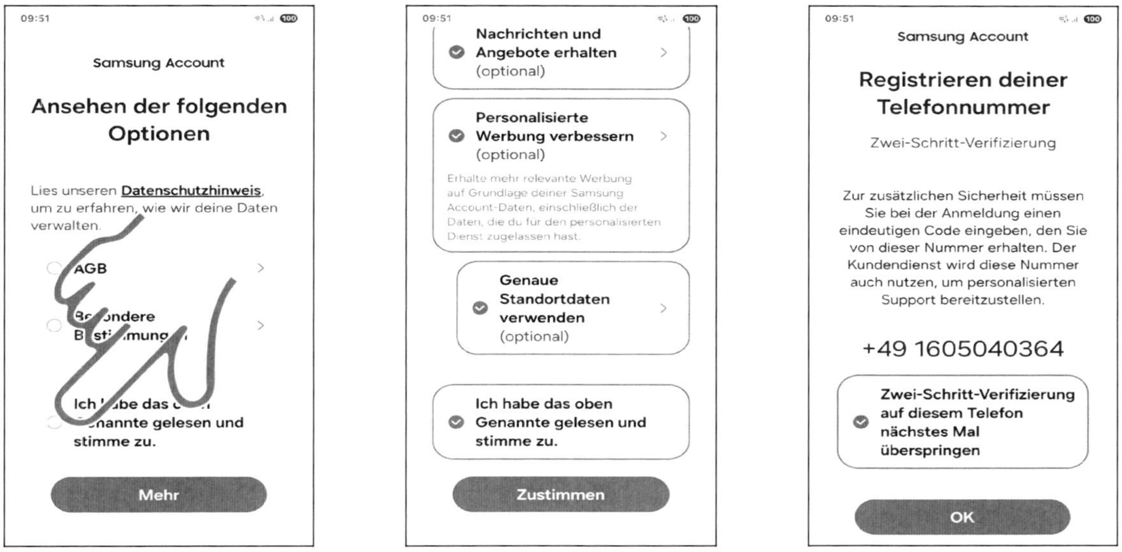
09:51
Samsung Account
Ansehen der folgenden Optionen
Lies unseren Datenschutzhinweis, um zu erfahren, wie wir deine Daten verwalten.
AGB
nannte gelesen und stimme zu.
Mehr
09:51
Nachrichten und Angebote erhalten (optional)
Personalisierte Werbung verbessern (optional)
Erhalte mehr relevante Werbung auf Grundlage deiner Samsung Account-Daten, einschließlich der Daten, die du für den personalisierten Dienst zugelassen hast.
Genaue Standortdaten verwenden (optional)
Ich habe das oben Genannte gelesen und stimme zu.
Zustimmen
09:51
Samsung Account
Registrieren deiner Telefonnummer
Zwei-Schritt-Verifizierung
Zur zusätzlichen Sicherheit müssen Sie bei der Anmeldung einen eindeutigen Code eingeben, den Sie von dieser Nummer erhalten. Der Kundendienst wird diese Nummer auch nutzen, um personalisierten Support bereitzustellen.
+49 1605040364
Zwei-Schritt-Verifizierung auf diesem Telefon nächstes Mal überspringen
OK

❶❷ Aktivieren Sie das Abhakkästchen bei *Ich habe das oben Genannte gelesen und stimme zu,* dann betätigen Sie *Mehr* und *Zustimmen.*

❸ Bestätigen Sie mit *OK.*

Galaxy Store
Verdienen von Belohnungen
Sammle Samsung Rewards-Punkte und löse sie ein, um Elemente in Apps und Spielen zu erhalten.
Zugreifen auf exklusive Vorteile
Konto erstellt und verbunden
Dein neuer Samsung Account wurde mit deinem Google-Konto verbunden. Jetzt kannst du einfach auf „Mit Google anmelden" tippen, wenn du dich mit deinem Samsung Account anmelden möchtest.
Konto-ID: gieverss227@gmail.com
OK
Galaxy Store
Verdienen von Belohnungen
Sammle Samsung Rewards-Punkte und löse sie ein, um Elemente in Apps und Spielen zu erhalten.
Zugreifen auf exklusive Vorteile
Abbrechen
Jetzt beginnen
09:51
Galaxy Store
Verbessern Sie Ihr Erlebnis und schützen Sie Ihre Privatsphäre
Samsung und unsere 741 Partner verwenden Informationen über Sie und Ihr Gerät, um die Galaxy Store App bereitzustellen, zu analysieren und zu verbessern. Darunter fällt auch die Verarbeitung von personenbezogenen Daten wie z. B. eindeutigen IDs für personalisierte Werbung.
Wir verwenden Technologien, die Cookies ähneln, um Informationen auf einem Gerät zu speichern und/ oder auf Information zuzugreifen,
Liste der Partner (Lieferanten)
Ich stimme zu
Anpassen

❶❷ Betätigen Sie *OK* und schließen Sie das Popup mit *Abbrechen.*

❸ Betätigen Sie *Ich stimme zu,* worauf Sie sich im Galaxy Store befinden. Schließen Sie den Bildschirm mit der ‹-Taste.

23.2 Abmeldung von Ihrem Samsung-Konto

Wenn Sie Ihr Galaxy in einigen Jahren mal durch ein neues Handy ersetzen möchten, werden Sie Ihr Galaxy S25 zunächst zurücksetzen, damit der neue Nutzer nicht Zugriff auf Ihre persönlichen Daten erhält. Dazu müssen Sie allerdings vorher Ihr Samsung-Konto vom Gerät entfernen. In diesem Kapitel zeigen wir Ihnen, wie das geht.

Das Entfernen Ihres Samsung-Kontos von Ihrem Galaxy-Gerät führt nicht zum Verlust Ihrer Daten. Alle lokal gespeicherten Informationen bleiben erhalten. Melden Sie sich später auf einem neuen Gerät erneut mit Ihrem Samsung-Konto an, werden die darin gesicherten Daten automatisch wiederhergestellt. Alle weiteren Daten stellt Ihr Smartphone wieder her, sobald Sie sich mit Ihrem Google-Konto anmelden.

➊ Rufen Sie *Einstellungen* im Hauptmenü auf.

➋➌ Gehen Sie auf *Konten und Sicherung* und dann *Konten verwalten.*

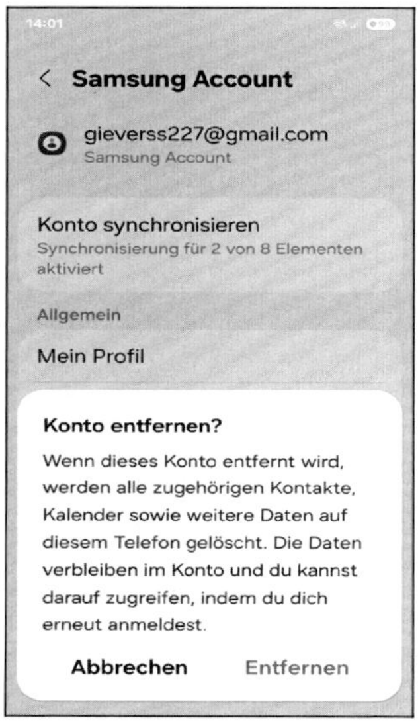

➊ Wählen Sie das Samsung-Konto aus. Sie unterscheiden es anhand des ⊙-Symbols von den anderen Konten.

➋ Betätigen Sie *Konto entfernen.*

➌ Die Sicherheitsabfrage beantworten Sie mit *Entfernen*.

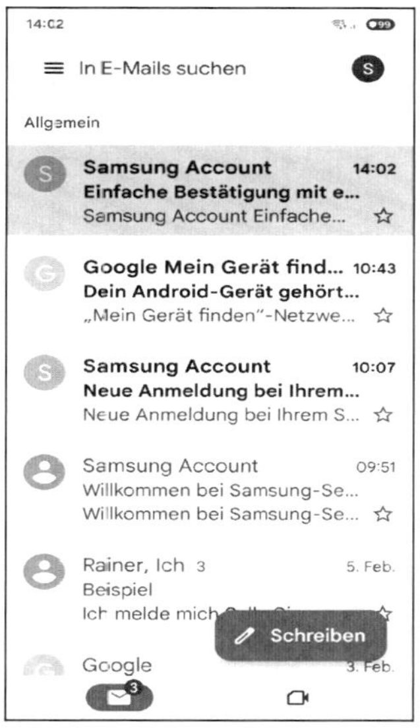

➊ Es wird automatisch die Gmail-Anwendung aufgerufen. Warten Sie, bis eine Samsung-Accout-Nachricht auftaucht, die Sie anzeigen.

➋ Tippen Sie auf *Fortsetzen mit xxx.* Damit ist Ihr Samsung-Konto entfernt.

23.3 Samsung-Konto in der Praxis

In zwei Samsung-Anwendungen des Galaxy-Handys (siehe Kapitel *8 Telefonbuch* und Kapitel *20 Kalender*) können Sie die Kontakte beziehungsweise Termine dem Samsung-Konto statt dem Google-Konto zuordnen. Das Samsung-Konto hat allerdings den Nachteil, dass es nur auf Samsung-Geräten funktioniert, während Ihr Google-Konto auf Android-Geräten aller Hersteller genutzt werden kann.

Trotzdem ist das Samsung-Konto nützlich, falls Sie mehrere Samsung-Geräte, beispielsweise ein Tablet neben dem Galaxy-Handy, verwenden. Sind Sie auf beiden Geräten mit dem gleichen Samsung-Konto angemeldet, stehen die Lesezeichen des Samsung-Webbrowsers (siehe Kapitel *13 Webbrowser*) auf beiden Geräten zur Verfügung.

Mussten Sie Ihr Handy zurücksetzen, wurde es geklaut oder wechseln Sie zu einem anderen Samsung-Handy, dann melden Sie sich einfach bei Ihrem Samsung-Konto für die Wiederherstellung an.

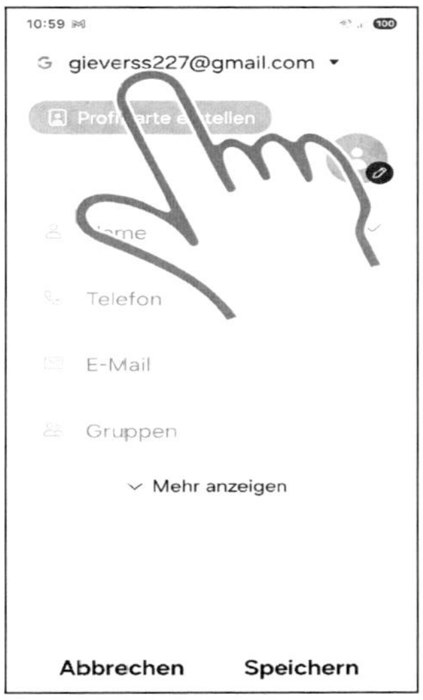

➊➋ Sie möchten dennoch das Samsung-Konto statt dem Google-Konto für die Sicherung von Kontakten und Terminen nutzen? Dann achten Sie darauf, das Konto während der Kontakt-/Terminanlage entsprechend einzustellen.

24. KI-Funktionen

Künstliche Intelligenz (KI) bezieht sich auf Systeme oder Maschinen, die in der Lage sind, Aufgaben zu erledigen und Entscheidungen zu treffen, die normalerweise menschlicher Intelligenz vorbehalten waren. Diese Systeme basieren häufig auf Algorithmen und lernen aus Datenmengen. Dabei werden bestimmte Muster erkannt und Verbindungen zwischen Informationen hergestellt.

Ein wichtiges Merkmal von KI ist ihre Fähigkeit zur Selbstoptimierung. Das bedeutet, dass sie in der Lage ist, durch Erfahrungen und Feedback kontinuierlich dazuzulernen und sich weiterzuentwickeln. Dadurch können sie immer bessere Ergebnisse erzielen und auch komplexe Probleme lösen.

Der obige Text wurde tatsächlich von einer KI geschrieben!

Für die Verwendung aller angebotenen KI-Funktionen müssen Sie sich mit Ihrem Samsung-Konto auf dem Handy angemeldet haben. **Falls Sie bisher noch kein Samsung-Konto genutzt beziehungsweise noch keines eingerichtet haben, holen Sie dies bitte jetzt, wie im Kapitel *23 Das Samsung-Konto* beschrieben, nach.**

Die KI-Grundfunktionen sind kostenlos, Samsung bietet aber auch ein Abo mit einer verbesserten KI an, die Sie aber nicht unbedingt benötigen.

Die wichtigsten Features:

- Tastatur: Schreibstil- und Grammatik ändern, sowie Übersetzung von Texten.
- Telefon: Live-übersetzung von Gesprächen.
- Samsung Notes: Notizen automatisch formatieren, korrigieren, übersetzen oder zusammenfassen.
- Samsung Internet: Texte auf Webseiten zusammenfassen oder übersetzen.
- Galerie: Foto-Editor mit KI.
- Dolmetscher: Fremdsprachliche Konversationen übersetzen.

Aus Platzgründen können wir in diesem Buch nur auf im Alltag wichtigen KI-Hilfsmittel ein. Meistens erschließt sich allerdings die Vorgehensweise von selbst, nachdem Sie sich einige Zeit damit beschäftigt haben.

24.1 KI-Tastatur

Die Tastatur korrigiert Ihren Schreibstil und behebt Grammatikfehler in Ihren Texten.

11:03
Titel
Rainer Gievers bei der optimalen
Nutzung von Handhelds,
Smartphones und Tablets. Die
können
Könnens
Deutsch
Seit mehr als 15 Jahren
unterstützen die Praxisbücher von
Galaxy AI
Erweiterte Intelligenz
Verbessern deiner Kommunikation
Anruf-Assistent
Erhalte Echtzeitübersetzung während Sprachanrufen.
Schreib-Assistent
Hole dir Tools zum Verfassen, Organisieren und Verbessern von Texten sowie für Chat-Übersetzungen und vorgeschlagene SMS-Antworten.
Dolmetscher
Wir informieren dich bei der ersten Verwendung einer Funktion der erweiterten Intelligenz von Galaxy AI in Apps oder Diensten, die für ihre Ausführung eine Datenerfassung erfordern, bevor entsprechende Daten gesammelt oder verarbeitet werden.
Weiter

Beispiel für die Überarbeitung eines Texts in der Notes-Anwendung (siehe Kapitel *21.9 Samsung Notes*).

❶ Schalten Sie gegebenenfalls mit der ⌨-Schaltleiste auf die Symbolleiste um.

❷ Betätigen Sie die ✨-Schaltleiste.

❸ Beim ersten Aufruf erscheint ein Hinweis, den Sie mit *Weiter* schließen.

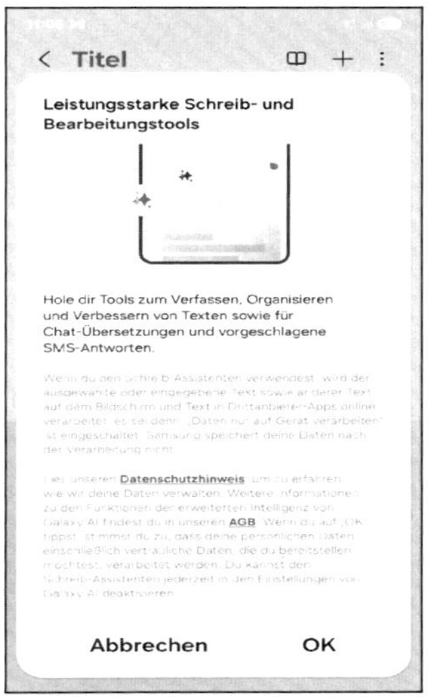

❶❷ Betätigen Sie ✨ erneut und schließen Sie den einmaligen Hinweis mit *OK*.

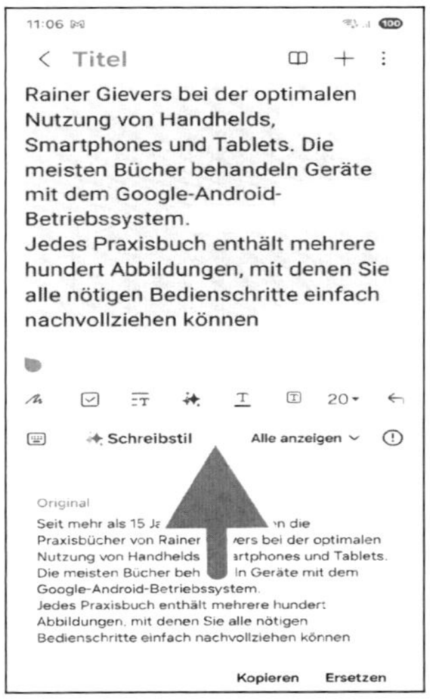

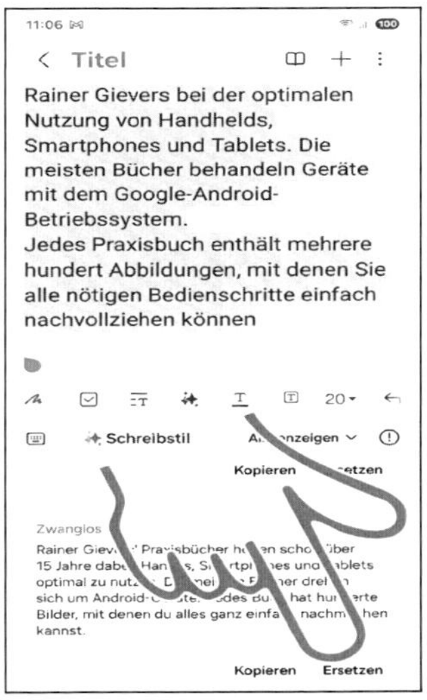

❶ Für die Textoptimierung stehen Ihnen *Rechtschreibung und Grammatik* oder *Schreibstil* zur Verfügung. *Verfasser* erstellt dagegen einen neuen Text anhand Ihrer Stichworte. In unserem Beispiel wählen wir *Schreibstil.*

❷ Blättern Sie mit einer Wischgeste durch die Vorschläge.

❸ *Ersetzen* übernimmt einen Vorschlag.

> Die KI markiert automatisch den vollständigen Text im Eingabebereich beziehungsweise der Eingabezeile und führt darüber die Analyse durch. Falls Sie nur einen Absatz per KI optimieren möchten, markieren Sie ihn vorher, wie wir unten zeigen.

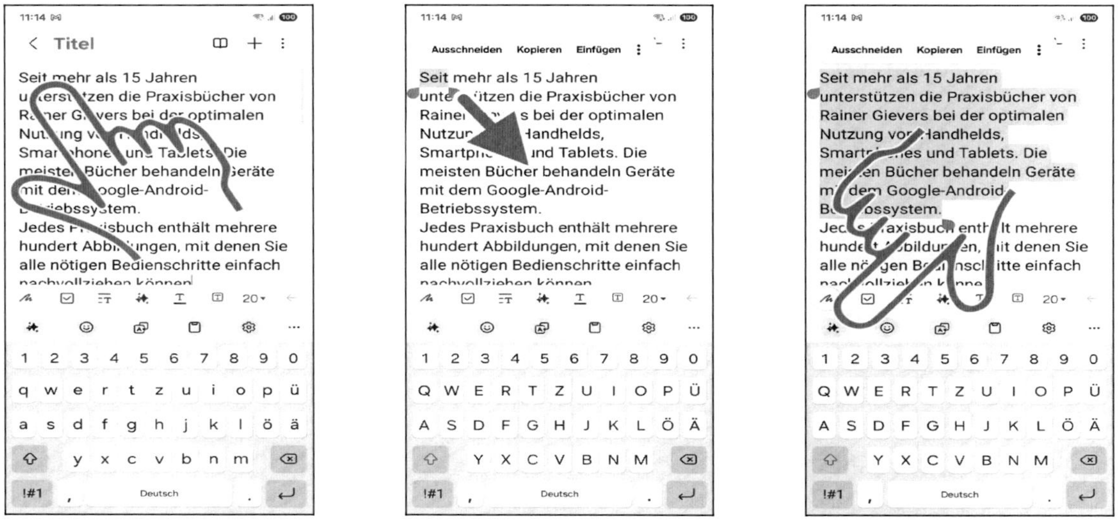

❶ Sie möchten nur einen Absatz von der KI bearbeiten lassen? Dann markieren Sie ihn vorher. Dazu tippen und halten Sie den Finger auf das erste Wort des Absatzes, bis dieses markiert ist.

❷ Ziehen Sie dann an der Lasche, bis der Absatz markiert ist.

❸ Betätigen Sie ✨.

In den Kommunikationsanwendungen (siehe Kapitel *7 SMS mit Messages* und *15 WhatsApp*) steht eine Übersetzungsfunktion zur Verfügung.

❶ In unserem Beispiel haben wir eine englischsprachige Nachricht in der WhatsApp-Anwendung erhalten. Tippen Sie in das Eingabefeld.

❷ Gehen Sie auf ✨ und wählen Sie *Chat-Übersetzung.*

❸ Die Übersetzung erscheint unter dem Originaltext.

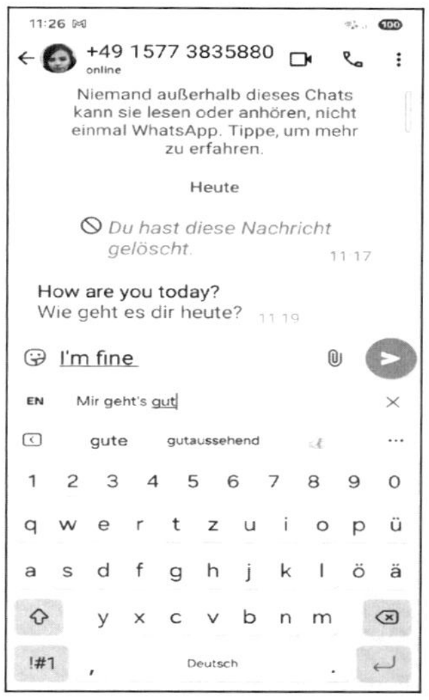

➊➋ So antworten Sie in einer Fremdsprache: Tippen Sie in das kleine Eingabefeld oberhalb des Tastenfelds. Geben Sie den deutschen Text ein, der automatisch als Übersetzung erscheint.

24.2 Simultan-Übersetzung während eines Telefonats

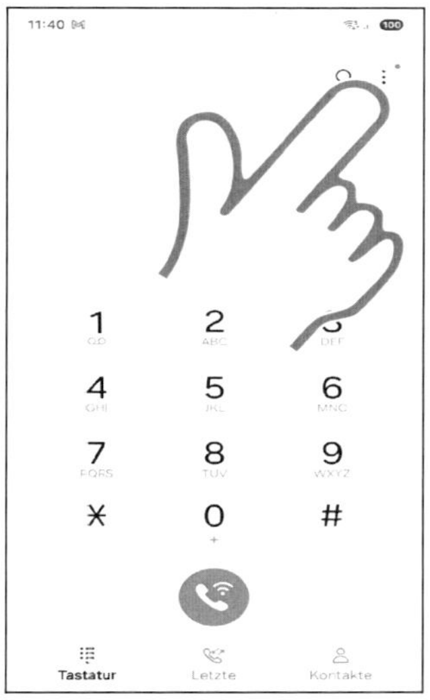

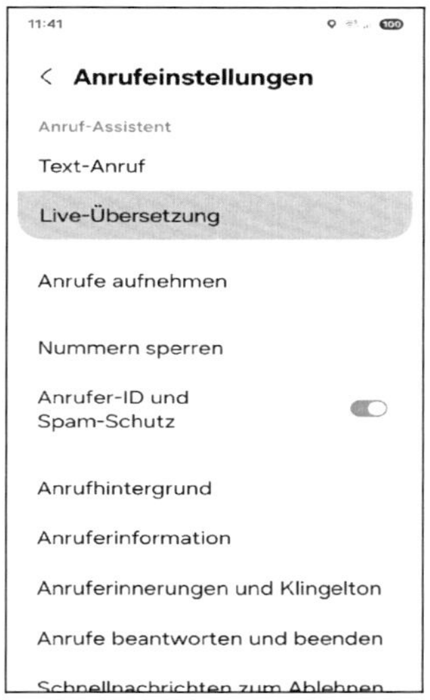

➊➋ Die automatische Übersetzung muss erst eingeschaltet werden. Rufen Sie dafür in der Telefon-Anwendung (siehe Kapitel *6 Telefonie*) das Menü auf und gehen Sie auf *Einstellungen*.

➌ Gehen Sie auf *Live-Übersetzung.*

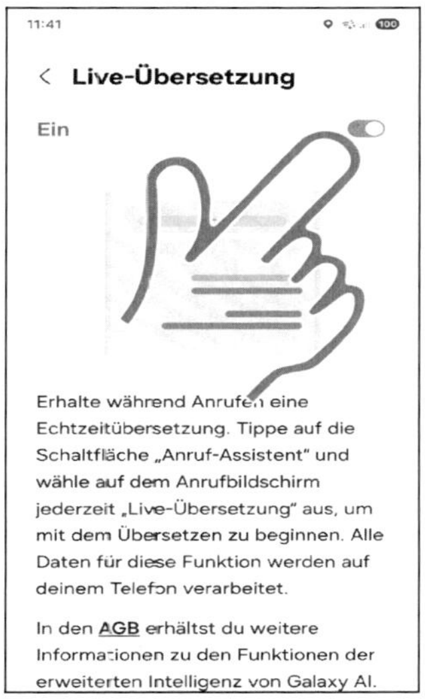

Aktivieren Sie *Live-Übersetzung.* In dem Menü können Sie auch das verwendete Sprachpaket (standardmäßig Deutsch-Englisch) und die Computerstimme auswählen.

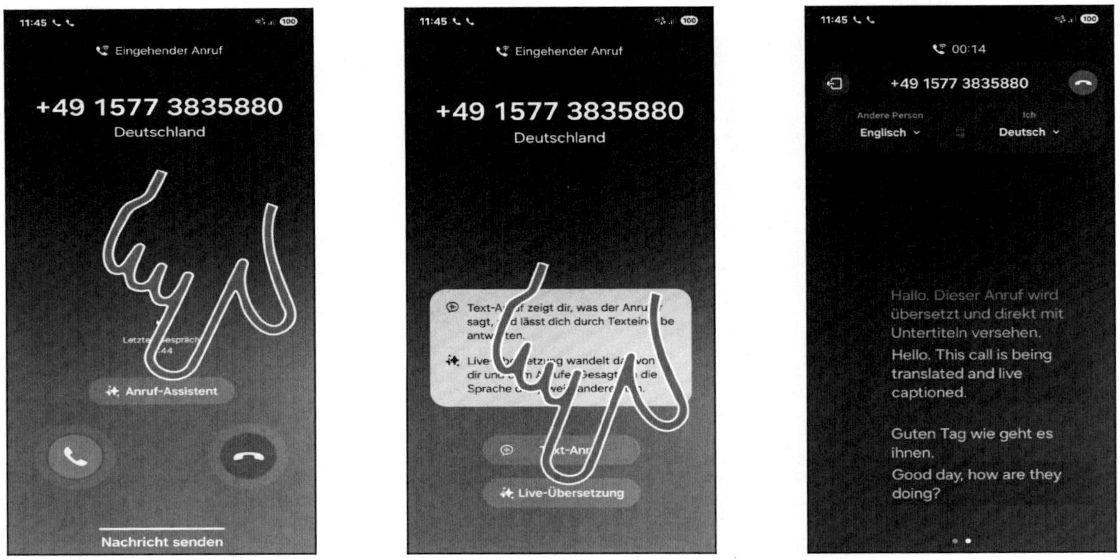

Eingehender Anruf
+49 1577 3835880
Deutschland
Anruf-Assistent
Nachricht senden
Eingehender Anruf
+49 1577 3835880
Deutschland
Live-Übersetzung
00:14
+49 1577 3835880
Andere Person
Englisch
Ich
Deutsch
Hallo. Dieser Anruf wird übersetzt und direkt mit Untertiteln versehen.
Hello. This call is being translated and live captioned.
Guten Tag wie geht es ihnen.
Good day, how are they doing?

❶❷ Während eines Gesprächs betätigen Sie *Anruf-Assistent* und gehen auf *Live-Übersetzung.*

❸ Die Übersetzung erfolgt. Über die Bedienelemente am oberen Bildschirmrand beenden Sie den Dolmetscher beziehungsweise wählen die Sprache aus.

24.3 KI in Samsung-Notes

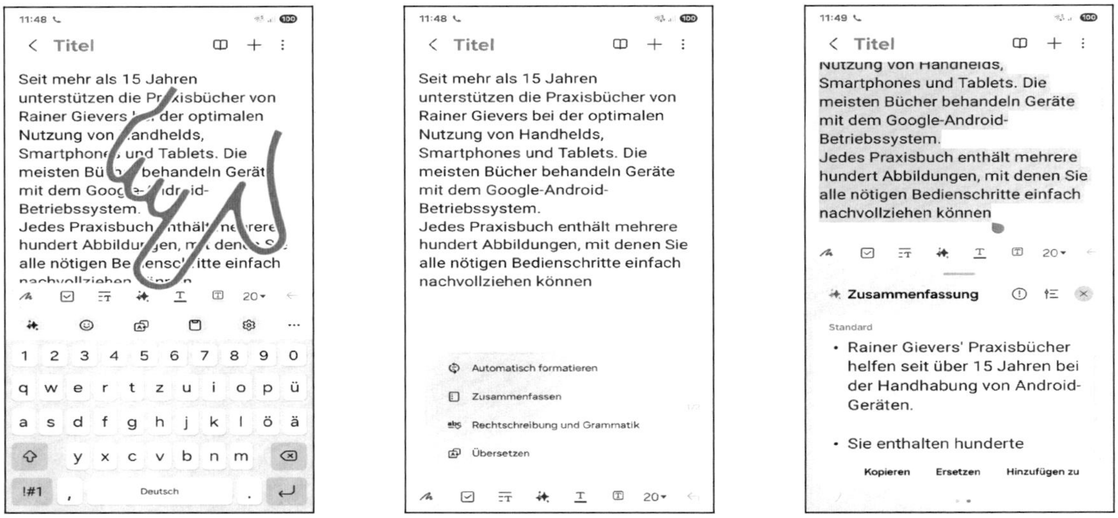

Titel
Seit mehr als 15 Jahren unterstützen die Praxisbücher von Rainer Gievers bei der optimalen Nutzung von Handhelds, Smartphones und Tablets. Die meisten Bücher behandeln Geräte mit dem Google-Android-Betriebssystem.
Jedes Praxisbuch enthält mehrere hundert Abbildungen, mit denen Sie alle nötigen Bedienschritte einfach nachvollziehen können
Automatisch formatieren
Zusammenfassen
Rechtschreibung und Grammatik
Übersetzen
Zusammenfassung
Standard
Rainer Gievers' Praxisbücher helfen seit über 15 Jahren bei der Handhabung von Android-Geräten.
Sie enthalten hunderte
Kopieren
Ersetzen
Hinzufügen zu

❶ In der Notizen-Anwendung (siehe Kapitel *21.9 Samsung Notes*) betätigen Sie während der Texteingabe die ✨-Schaltleiste – bitte nicht mit ✨ oberhalb der Tastatur verwechseln! Schließen Sie das einmalig angezeigte Popup mit *Mehr* und *OK.*

❷ Wählen Sie zwischen:

- *Automatisch formatieren*
- *Zusammenfassung*
- *Rechtschreibung und Grammatik*
- *Übersetzen*

❸ Beispiel für eine Zusammenfassung. Über die Schaltleisten am unteren Bildschirmrand kopieren Sie den Textvorschlag in die Zwischenablage (siehe Kapitel *34.5 Texte kopieren, ausschneiden und einfügen*), ersetzen den alten Text oder fügen die Zusammenfassung hinzu.

Die KI markiert automatisch den vollständigen Text und führt darüber die Analyse durch. Falls Sie nur einen Absatz per KI optimieren möchten, markieren Sie ihn vorher. Dazu tippen und halten Sie den Finger auf ein Wort und ziehen dann die »Laschen« der Markierung, bis der Text markiert ist.

24.4 KI in Samsung Internet

das-praxisbuch.de
Das Praxisbuch
MENU
Verständliche Bedienungsanleitungen!
BÜCHERLISTE
Zusammenfassen
Übersetzen
Highlights vorlesen
Zusammenfassung
Praxisbücher für Smartphones und Tablets
• Rainer Gievers' Praxisbücher bieten seit über 15 Jahren leicht verständliche Anleitungen zur Nutzung von Android-Geräten wie Handys und Tablets.
Kopieren
Übersetzen

❶ Im Webbrowser (siehe Kapitel *13 Webbrowser*) aktivieren Sie die KI über ✨.

❷ Wählen Sie zwischen *Zusammenfassen, Übersetzen* und *Highlights vorlesen.*

❸ Beispiel für eine Zusammenfassung.

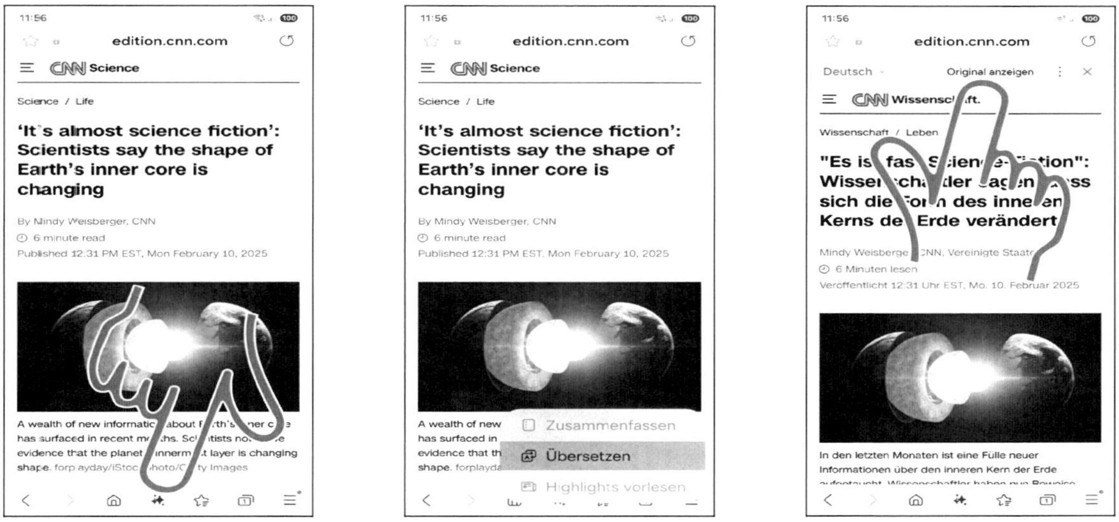
edition.cnn.com
Science
'It's almost science fiction': Scientists say the shape of Earth's inner core is changing
By Mindy Weisberger, CNN
Published 12:31 PM EST, Mon February 10, 2025
Zusammenfassen
Übersetzen
Highlights vorlesen
Deutsch
Original anzeigen
Kerns der Erde verändert
In den letzten Monaten ist eine Fülle neuer Informationen über den inneren Kern der Erde

❶❷ Für die Übersetzung fremdsprachlicher Webseiten betätigen Sie ✨ und gehen auf *Übersetzen.*

❸ *Original anzeigen* am oberen Bildschirmrand schaltet die Übersetzung aus.

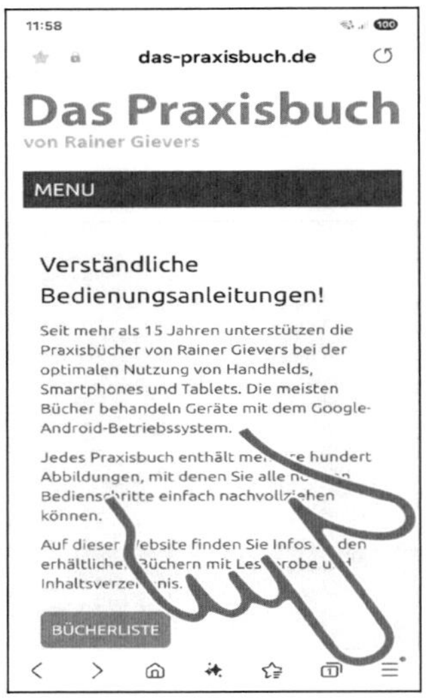

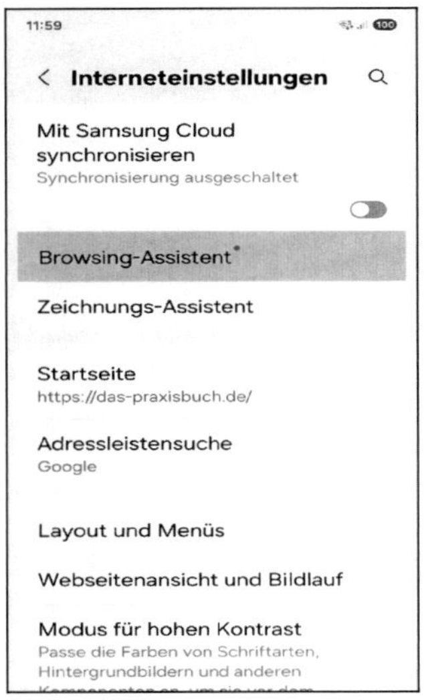

❶❷ Zur Einrichtung der KI-Funktionen rufen Sie mit ☰ das Menü auf und gehen auf *Einstellungen.*

❸ Wählen Sie *Browsing-Assistent.*

❶ Die Menüs:

- *Zusammenfassen*: Außer dem Ein-/Ausschalten dieser Funktion können Sie keine Einstellungen vornehmen.
- *Übersetzen* (❷❸): Installation der Sprachpakete für die Übersetzungsfunktion.
- *Highlights vorlesen*: Wählen Sie Sprache und Stimme für die Vorlesefunktion aus.
- *Weitere Galaxy AI-Funktionen*: Verweist auf einige KI-Hilfsmittel des Handys, die Kapitel *24 KI-Funktionen* genauer vorstellt.

24.5 KI-Bildbearbeitung in der Galerie

Bitte beachten Sie, dass die einfache Bearbeitung von Fotos mittels KI-Funktionen Sie nicht von Ihrer Verantwortung entbindet. Wenn Sie Bilder bearbeiten, auf denen andere Personen abgebildet sind, holen Sie am Besten vor der Weitergabe deren Einwilligung ein. Auch sollten Sie dann immer deutlich machen, dass das Bild verändert wurde.

24.5.1 Personen oder Objekte bearbeiten

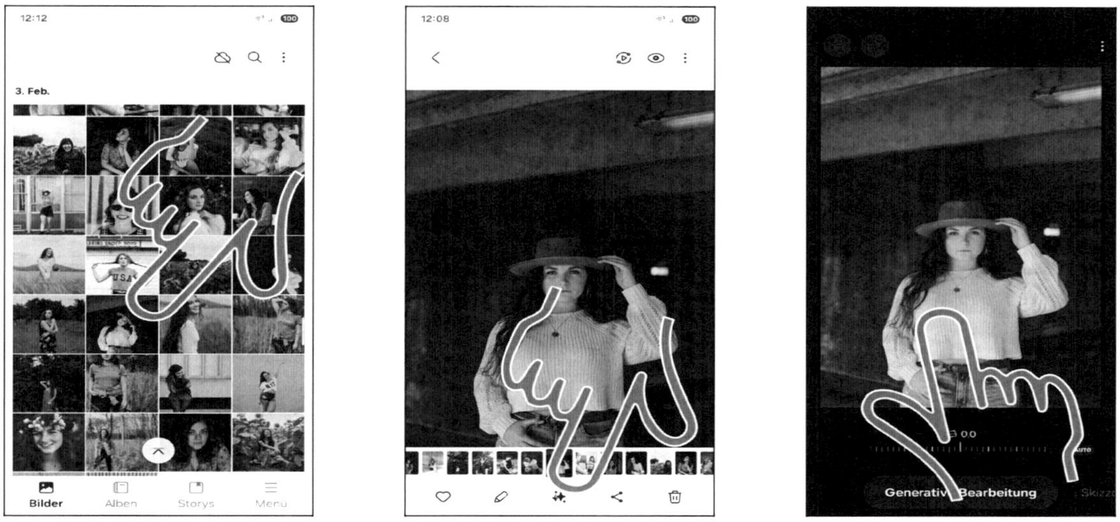

➊ Tippen Sie in der Galerie-Anwendung (siehe Kapitel *18 Galerie*) ein Foto für die Vollbildansicht an.

➋ Betätigen Sie ✨.

➌ In unserem Beispiel soll die Frau im Foto bearbeitet werden. Dazu tippen und halten Sie den Finger darauf, bis sie markiert ist.

Sie können Objekte und Personen in Fotos mit dem KI-Editor bearbeiten. Am besten funktioniert es aber mit Personen, die sich deutlich vom Hintergrund abheben.

➊ Wahlweise verschieben Sie die Person mit dem Finger oder verkleinern/vergrößern sie über den Rahmen.

➋➌ Speichern Sie das Ergebnis mit *Erstellen* und *Kopie speichern.*

❶ Im folgenden Beispiel möchten wir dagegen die Person aus dem Foto entfernen. Betätigen Sie ✨.

❷❸ Tippen und halten Sie den Finger auf die Person, bis sie markiert ist, dann gehen Sie auf ◇.

❶❷ Nach Betätigen von *Erstellen* zeigt die Galerie das Ergebnis an, welches Sie mit *Kopie speichern* übernehmen.

24.5.2 Skizze zu Bild

Fügen Sie einem Foto einfach weitere Bildelemente hinzu.

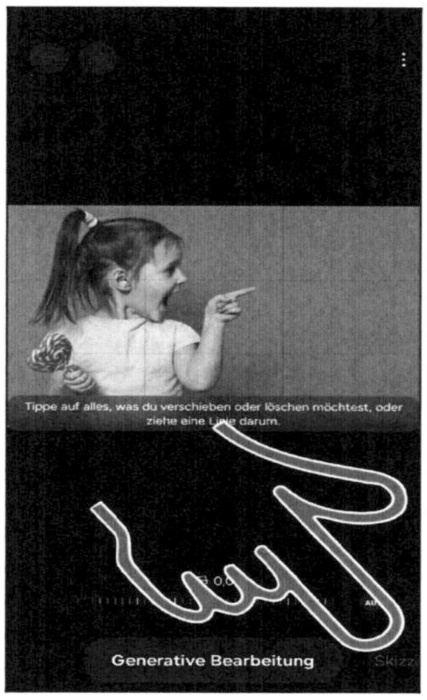

❶ Beim angezeigten Foto betätigen Sie ✨.

❷ Aktivieren Sie *Skizze zu Bild.*

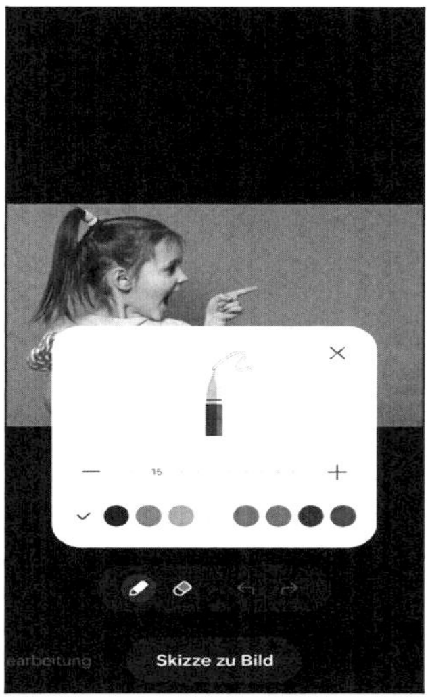

❶❷ Beachten Sie, dass Sie bei Ihrer Skizze nicht auf eine Farbe festgelegt sind, sondern mehrere verschiedene verwenden können. Die KI generiert anhand der Farben dann mehrfarbige Objekte. Dazu tippen und halten Sie den Finger auf dem 🖉-Symbol.

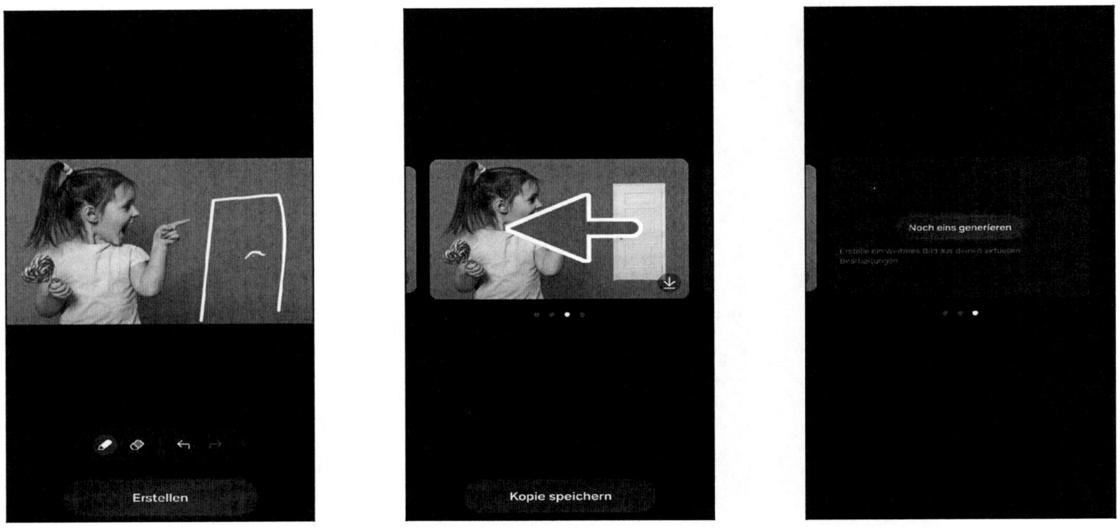

❶ Malen Sie nun irgendwas, im Beispiel die Konturen einer Tür und betätigen Sie *Erstellen.*

❷❸ In unserem Beispiel hatten wir die Konturen mit weißer Farbe gezeichnet, weshalb auch die Tür nun einfarbig ist. Ihnen gefällt das Ergebnis noch nicht? Dann wischen Sie auf dem Bildschirm nach links und betätigen *Noch eins generieren.*

Vergessen Sie bitte nicht, Ihr Ergebnis mit *Kopie speichern* zu übernehmen!

24.6 KI-Skizze in Samsung Notes

Die Skizzenfunktion steht in der Notizen-Anwendung (siehe Kapitel *21.9 Samsung Notes*) zur Verfügung.

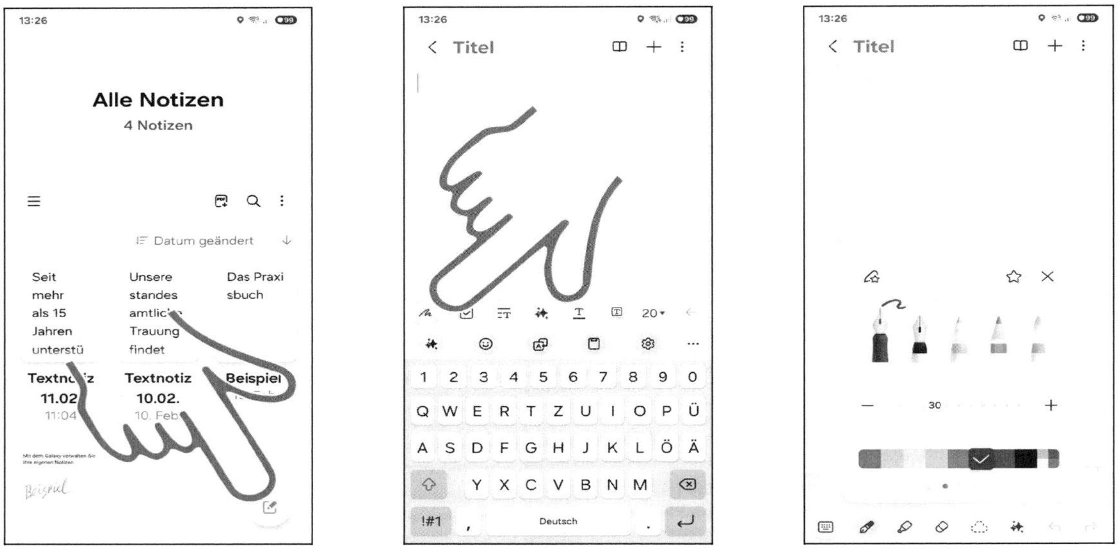

❶ Erstellen Sie zunächst mit eine neue Notiz.

❷ Betätigen Sie für die Skizzenfunktion.

❸ Wählen Sie den Stift aus. Durch erneutes Antippen aktivieren Sie übrigens ein Popup, in dem Sie Stiftart, Dicke und Farbe auswählen können. Malen Sie nun eine grobe Skizze. Beim Galaxy S25 Ultra müssen Sie den Stift für Ihre Notizen verwenden.

➊ Nun aktivieren Sie mit ✨ die KI.

➋ Wählen Sie im Popup *Skizze zu Bild*.

➌ Anschließend müssen Sie die Grafik mit dem Finger umkreisen, damit die KI weiß, welche Bereiche sie auswerten soll.

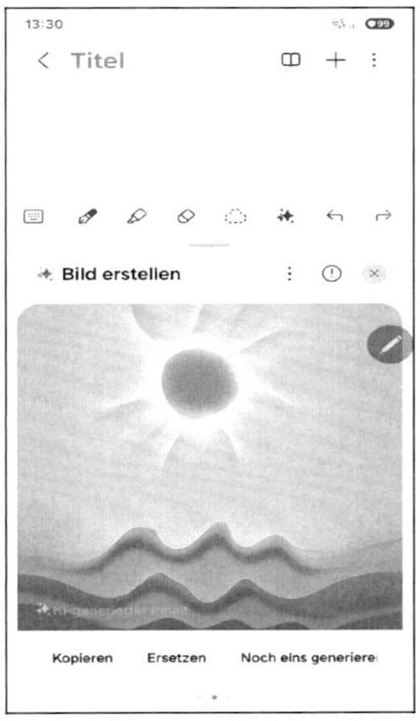

➊ Wählen Sie unten über die Schaltleisten zwischen einen der künstlerischen Stile. Danach betätigen Sie *Erstellen.*

➋ *Kopieren* übernimmt die Grafik in die Zwischenablage, damit Sie sie in einem anderen Programm einfügen können. *Ersetzen* tauscht Ihre Skizze mit der Grafik aus, während *Noch eins generieren* eine weitere KI-Grafik erstellt.

24.7 KI-Dolmetscher

Der Dolmetscher unterstützt Sie bei der Konversation mit Personen, die kein Deutsch beherrschen, beispielsweise im Urlaub.

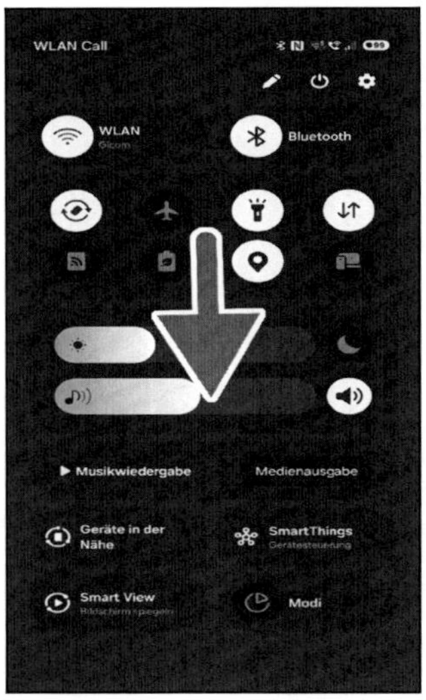

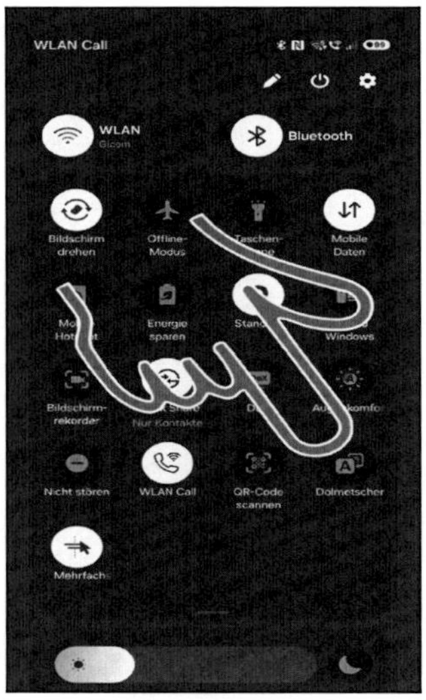

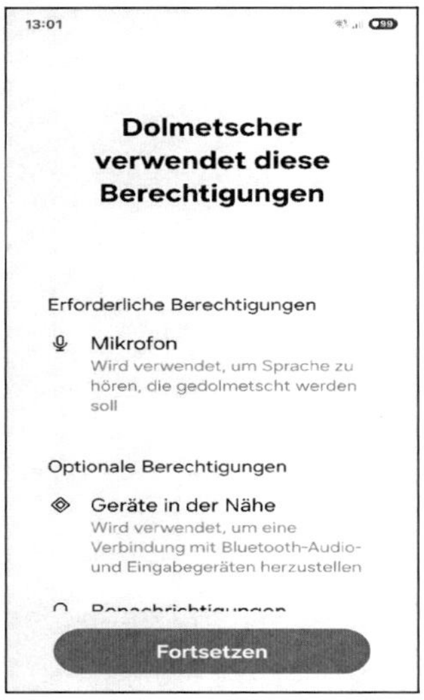

❶ Rufen Sie den Schnelleinstellungsbereich auf und erweitern Sie es mit einer Wischgeste nach unten.

❷ Betätigen Sie *Dolmetscher*.

❸ Die folgenden Bildschirme/Popups schließen Sie mit *Fortsetzen*, *Bei Nutzung der App*, *Zulassen* und *OK*.

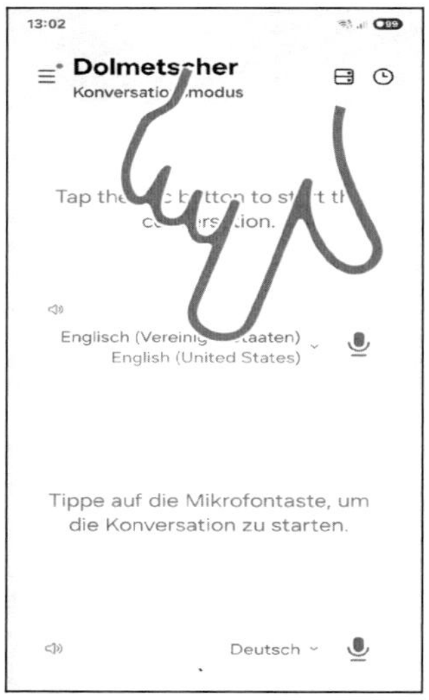

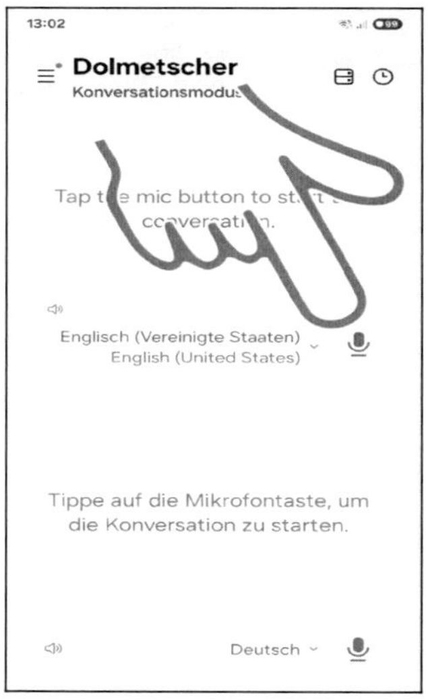

❶ Wählen Sie zunächst die gewünschte Sprache aus.

❷ Danach tippen beide Gesprächspartner abwechselnd auf ihre 🎙-Schaltleiste und sprechen.

❸ ⊟ dreht den Bildschirmbereich für Ihren Gesprächspartner.

24.8 KI-Markierung

Diese Funktion wird leider nicht von allen mobilen Anwendungen unterstützt. Sie ist jedoch beispielsweise in Microsoft Outlook und Gmail verfügbar.

➊ Markieren Sie zunächst einen Textbereich. In unserem Beispiel tippen und halten wir den Finger über einem Wort.

➋ Die Markierung vergrößern Sie mit einer Ziehgeste.

➌ Aktivieren Sie mit ✨ das KI-Menü.

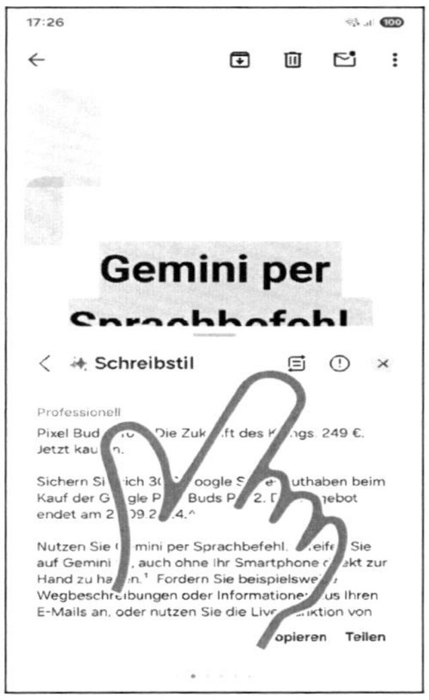

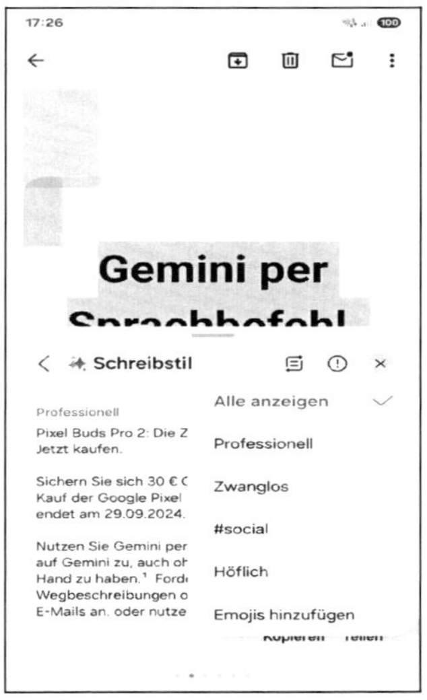

➊ Folgende Optionen stehen zur Verfügung:

- *Rechtschreibung und Grammatik*: Fehler korrigieren.
- *Schreibstil* (➋➌): Es stehen verschiedene Stile zur Auswahl, zwischen denen Sie über ☰ umschalten. Über die *Kopieren*-Schaltleiste landet das Ergebnis in der Zwischenablage und kann in anderen Anwendungen eingefügt werden.
- *Zusammenfassen*: Den Inhalt in wenigen Worten zusammenfassen.
- *Aufzählungszeichen*: Die wesentlichen Punkte des Textinhalts als Aufzählung.
- *Tabelle*: Zusammenfassung in Tabellenform.
- *Verfasser*: Erstellen Sie selbst einen Text durch die Eingabe von Stichworten.

24.9 Zeichnungs-Assistent

Der Zeichnungs-Assistent erstellt nach Ihren Vorgaben Bilder. Da diese kaum von normalen Kunstwerken beziehungsweise Fotos unterscheidbar sind, erhalten sie das Wasserzeichen »*KI-generierter Inhalt*«.

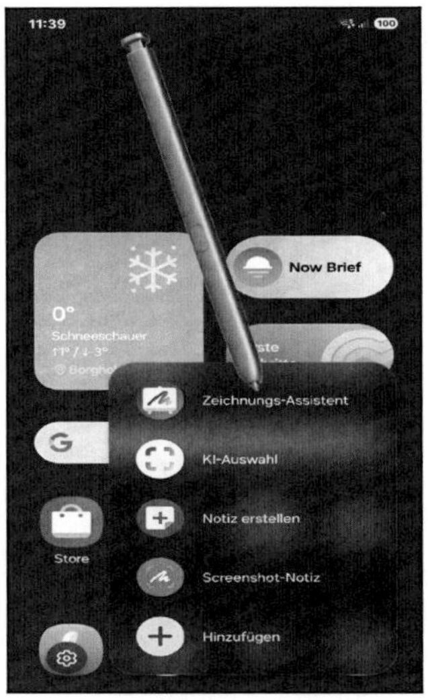

❶❷ Auf dem Galaxy S25 Ultra öffnen Sie das S Pen-Befehle-Menü mit dem Stift (siehe auch Kapitel *36 Der Bedienstift des Galaxy S25 Ultra*) und betätigen *Zeichnungs-Assistent*.

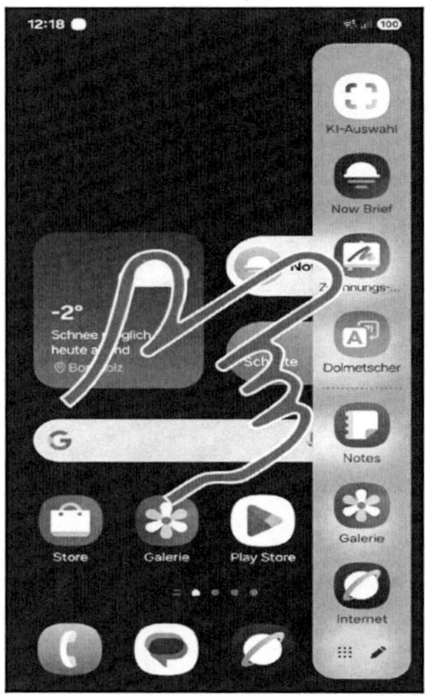

❶ Auf allen S25-Modellen können Sie die Funktion über das Seiten-Paneel (siehe Kapitel *28 Seiten-Paneele*) aufrufen. Wischen Sie dazu mit dem Finger über das Paneel nach links.

❷ Rufen Sie dort *Zeichnungs-Assistent* auf.

❸ Die Funktion der Schaltleisten in der Bildschirmmitte:

- : Skizze erstellen
- : Ein Foto als Vorlage verwenden.
- T: Tippen Sie eine Szenenbeschreibung ein

Die KI erstellt dann aus den Vorgaben/Vorlagen ein entsprechendes Bild.

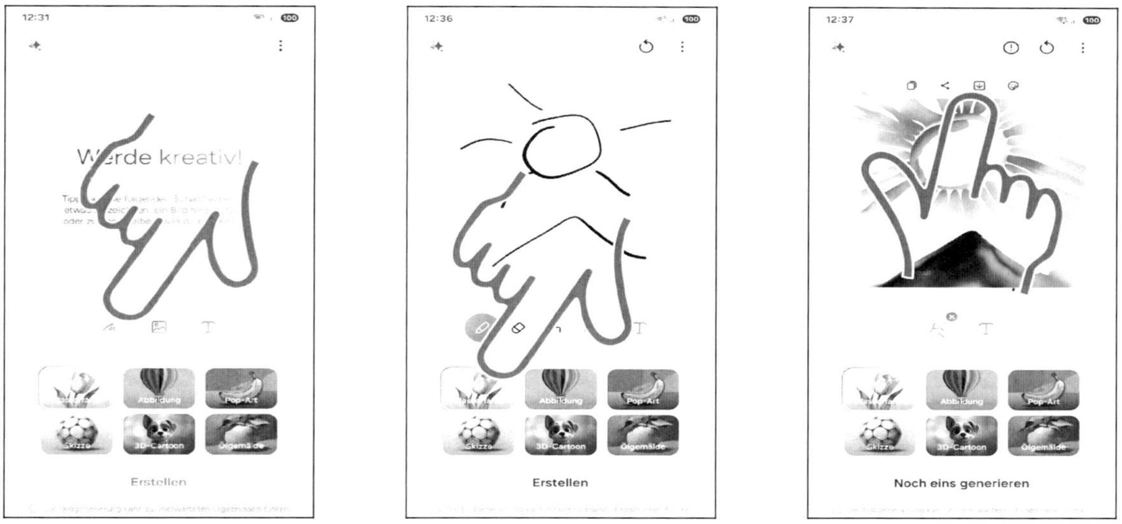

❶ Beispiel für den Einsatz der Skizze: Betätigen Sie mit dem Bedienstift oder Finger ✍ und malen Sie dann einen einfachen Entwurf. Unterhalb der Malfläche finden Sie Korrekturwerkzeuge.

❷ Nach Auswahl des Kunststils (Pfeil) betätigen Sie *Erstellen*.

❸ Das Ergebnis speichern Sie mit ⍗, sodass es später im Bildanzeiger (siehe Kapitel *18 Galerie*) weiterverwendbar ist.

↺ oben rechts im Bildschirm bricht den aktuellen Vorgang ab und kehrt zum Hauptbildschirm zurück.

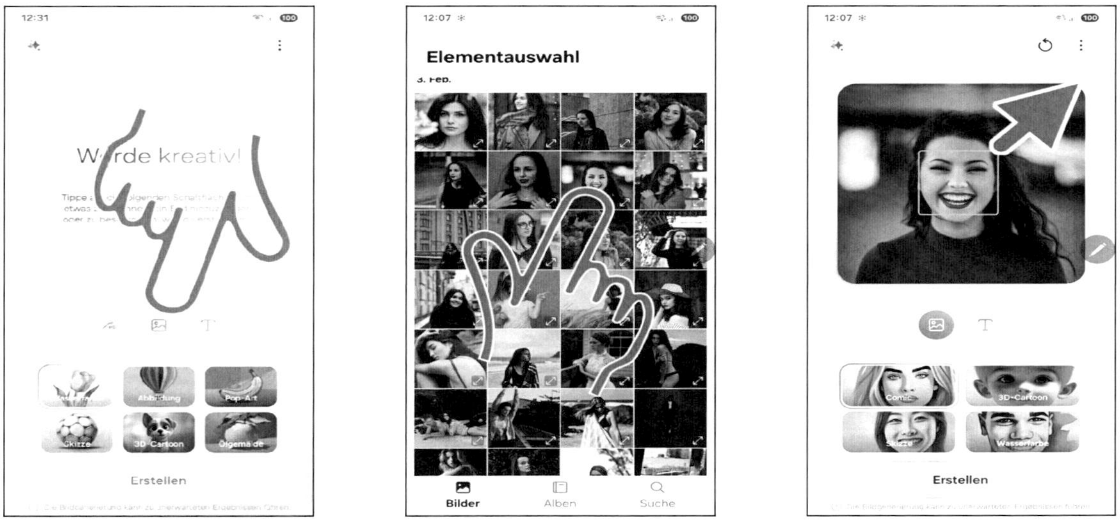

❶ Jetzt möchten wir ein Foto als Vorlage verwenden und gehen mit Stift oder Finger auf 🖼.

❷ Wählen Sie mit dem Stift oder Finger ein Foto in der Galerie aus.

❸ Tipp: Mit einer Fingerwischgeste oder dem Stift verändern Sie den Bildausschnitt.

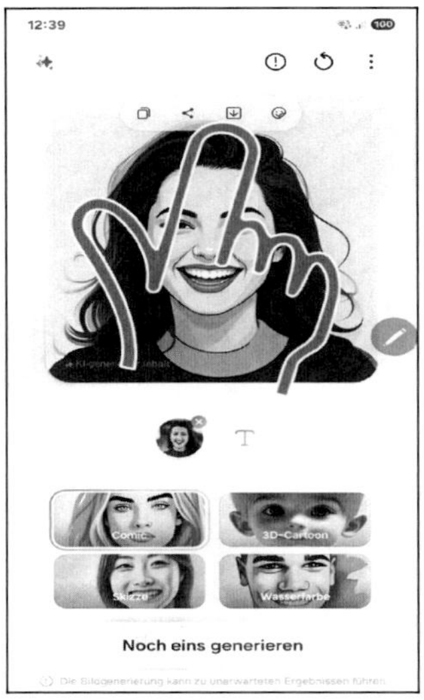

❶ Nach Auswahl des Kunststils betätigen Sie *Erstellen.*

❷ ⊻ speichert das Ergebnis in der Galerie.

24.10 KI-Auswahl

Die KI-Auswahl schlägt Ihnen abhängig vom Bildschirminhalt die passenden Werkzeuge für eine Text- oder Bildbearbeitung vor.

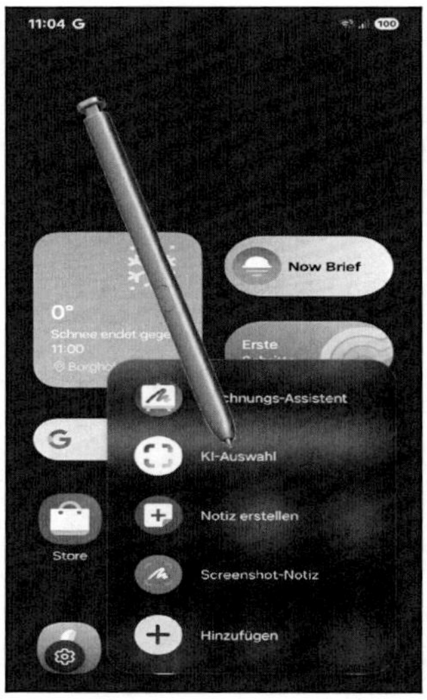

❶❷ Auf dem Galaxy S25 Ultra öffnen Sie das S Pen-Befehle-Menü mit dem Stift (siehe auch Kapitel *36 Der Bedienstift des Galaxy S25 Ultra*) und betätigen *KI-Auswahl.*

12:18
Now Brief
-2°
Schnee möglich heute abend
Borgholz
Erste Schritte
Store
Galerie
Play Store
Google

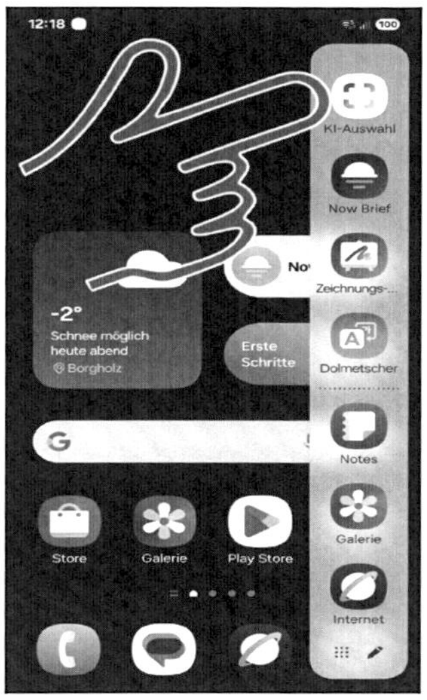
12:18
KI-Auswahl
Now Brief
Zeichnungs-...
Dolmetscher
Notes
Galerie
Internet
-2°
Schnee möglich heute abend
Borgholz
Erste Schritte
Store
Galerie
Play Store

❶ Auf allen S25-Modellen können Sie die Funktion über das Seiten-Paneel (siehe Kapitel *28 Seiten-Paneele*) aufrufen. Wischen Sie dazu mit dem Finger über das Paneel nach links.

❷ Rufen Sie dort *KI-Auswahl* auf.

12:50
Auswahl
Now Brief
Zeichnungs-...
Dolmetscher
Notes
Galerie
Internet

12:50
Zeichnungs-Assistent

❶❷ Die KI-Auswahl arbeitet abhängig vom Kontext. Im Beispiel erkennt sie auf dem Bildschirm ein Foto und bietet sofort die entsprechenden Bearbeitungsfunktionen an.

12:54
Auf etwas tippen oder eine Linie darum ziehen, um es auszuwählen
Das Praxisbuch Samsung Galaxy A16 5G - Anleitung für Einsteiger
Lernen Sie mit dieser Anleitung alle Funktionen des Samsung Galaxy A16 5G kennen und sinnvoll im Alltag zu nutzen!
Nach einer Beschreibung des Android-Systems werden Sie durch die Ersteinrichtung geführt und lernen in den folgenden Kapiteln alle relevanten Anwendungen des Handys kennen. Dabei...
Mehr erfahren

12:54
Zuletzt erschienen
Das Praxisbuch
Samsung Galaxy A16 5G
Anleitung für Einsteiger
Das Praxisbuch Samsung Galaxy A16 5G - Anleitung für Einsteiger
Lernen Sie mit dieser Anleitung alle Funktionen des Samsung Galaxy A16 5G kennen und sinnvoll im Alltag zu nutzen!
Nach einer Beschreibung des Android-Systems werden Sie durch die Ersteinrichtung geführt und lernen in den folgenden Kapiteln alle relevanten Anwendungen des Handys kennen. Dabei...
Mehr erfahren

❶❷ Manche Bildschirmanzeigen überfordern die KI. Sie müssen dann selbst mit einer kreisenden Wischbewegung den zu analysierenden Bereich umranden.

24.11 Einstellungen

Die KI-Funktionen konfigurieren Sie in den Einstellungen-Menüs der jeweiligen Anwendungen. Bei Bedarf erreichen Sie sie aber auch über die *Einstellungen*-Anwendung.

13:08
Samsung
Google
Microsoft
Play Store
Gemini
Store
Facebook
Spotify
Telefon
Kontakte
Einstellungen
Kalender
Taschenrech...
YT Music
Tipps
Notes
Gaming Hub
Global Goals
Suchen

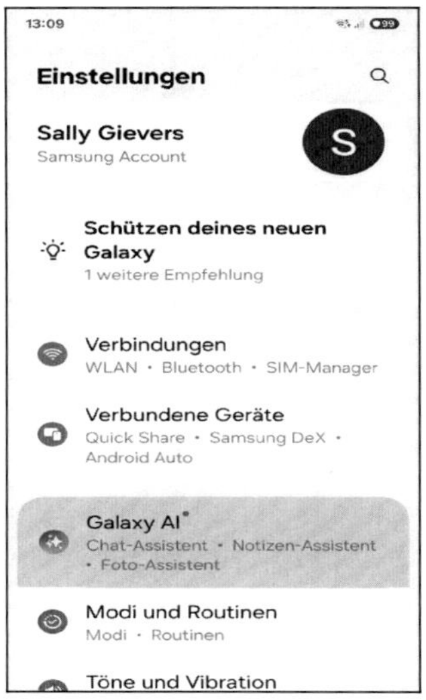
13:09
Einstellungen
Sally Gievers
Samsung Account
S
Schützen deines neuen Galaxy
1 weitere Empfehlung
Verbindungen
WLAN • Bluetooth • SIM-Manager
Verbundene Geräte
Quick Share • Samsung DeX • Android Auto
Galaxy AI
Chat-Assistent • Notizen-Assistent • Foto-Assistent
Modi und Routinen
Modi • Routinen
Töne und Vibration

❶ Rufen Sie *Einstellungen* aus dem Hauptmenü auf.

❷ Gehen Sie auf *Galaxy AI*.

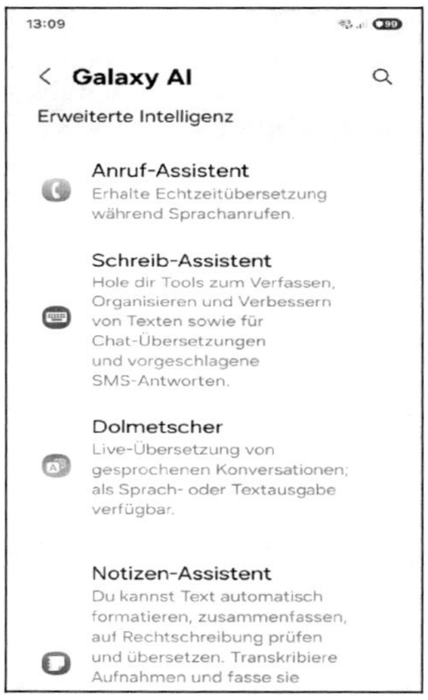
13:09
Galaxy AI
Erweiterte Intelligenz
Anruf-Assistent
Erhalte Echtzeitübersetzung während Sprachanrufen.
Schreib-Assistent
Hole dir Tools zum Verfassen, Organisieren und Verbessern von Texten sowie für Chat-Übersetzungen und vorgeschlagene SMS-Antworten.
Dolmetscher
Live-Übersetzung von gesprochenen Konversationen; als Sprach- oder Textausgabe verfügbar.
Notizen-Assistent
Du kannst Text automatisch formatieren, zusammenfassen, auf Rechtschreibung prüfen und übersetzen. Transkribiere Aufnahmen und fasse sie

13:10
Schreib-Assistent
Ein
Der Schreib-Assistent hilft dir, selbst geschriebenen oder ausgewählten Text zu organisieren und zu verbessern. Du kannst ihn für Folgendes verwenden:
• Grammatik- und Rechtschreibvorschläge erhalten
• Den Schreibstil ändern
• Zusammenfassungen erstellen
• Den Text in Aufzählungspunkten oder einer Tabelle organisieren
• Einen neuen Text auf der Grundlage eines Ausschnitts oder Vorschlags verfassen
• Nachrichten in ausgewählten Chat-Apps übersetzen

❶❷ Die angebotenen Menüeinträge öffnen die entsprechenden Menüs der Anwendungen, im Beispiel von *Schreib-Assistent*.

25. Gemini-Sprachsteuerung

Das auf künstliche Intelligenz aufbauende Gemini ersetzt den bisher auf allen Android-Handys vorinstallierten Google Assistant. Ein Vorteil von Gemini ist, dass es nicht auf bestimmte Schlüsselwörter angewiesen ist, sondern auch den Kontext »versteht«.

Sofern Sie keine Sprachsteuerung auf Ihrem Handy nutzen möchten, dürfen Sie dieses Kapitel übrigens gerne überlesen.

Achtung: Gemini setzt die vorherige Anmeldung bei Ihrem Samsung-Konto voraus. Siehe Kapitel *23 Das Samsung-Konto.*

25.1 KI-Warnhinweis

Google Gemini und andere KI-Modelle können gelegentlich falsche oder sogar frei erfundene (halluzinierte) Antworten liefern. Das liegt daran, dass Gemini **probabilistisch** arbeitet – es greift nicht auf eine feste Datenbank zurück, sondern generiert Antworten basierend auf Wahrscheinlichkeiten.

Da die KI auf bereits vorhandenen Daten trainiert wurde, können veraltete oder ungenaue Informationen einfließen. Besonders bei wenig dokumentierten oder spezialisierten Themen besteht die Gefahr, dass Lücken mit plausibel klingenden, aber erfundenen Inhalten gefüllt werden. Auch mehrdeutige oder unklare Fragen können dazu führen, dass die KI den Kontext falsch interpretiert und eine fehlerhafte – häufig auf den ersten Blick zunächst logische – Antwort liefert.

Um Fehlinformationen zu vermeiden, bleiben Sie kritisch und überprüfen Sie KI-generierte Antworten mithilfe vertrauenswürdiger Quellen. Eine klare und präzise Fragestellung hilft zudem, das Risiko von Halluzinationen zu reduzieren.

Trotz der erwähnten Einschränkungen werden Sie Google Gemini schon nach kurzer Zeit bei vielen Alltagsfragestellungen erfolgreich einsetzen. Insbesondere bei textbezogenen Aufgaben wie der Umformulierung von Texten, spart Gemini dem Nutzer sehr viel Zeit.

25.2 Einrichtung

09:43
Samsung
Google
Microsoft
Play Store
Gemini
Members
Store
Facebook
Spotify
Uhr
Einstellungen
Kalender
YT Music
Tipps
Notes
Gaming Hub
Global Goals
Suchen

09:44
Chatte mit Gemini, einem KI-Assistenten von Google
Gemini unterstützt dich auf diesem Gerät beim Schreiben, Planen, Lernen oder Erstellen von Inhalten – so kannst du Aufgaben einfacher erledigen. Halte die Seitentaste gedrückt, um schnell auf Gemini zuzugreifen.
Mehr

09:44
einmal. Verwende Gemini verantwortungsbewusst.
Gemini ist mit anderen Diensten kompatibel
Um dir Antworten zu liefern, kann Gemini Teile deiner Unterhaltungen, deinen Standort und andere relevante Informationen an andere Dienste, sogenannte Erweiterungen, z. B. YouTube, Google Maps und Google Flüge weitergeben.
Für Gemini-Apps gelten die Google-Nutzungsbedingungen und die Richtlinie zur unzulässigen Nutzung von generativer KI. Google verarbeitet deine Daten gemäß der Datenschutzerklärung von Google und der Datenschutzhinweise für Gemini-Apps.
Gemini verwenden
Nein, danke

❶ So aktivieren Sie Gemini: Im Hauptmenü rufen Sie *Gemini* auf.

❷❸ In den folgenden Bildschirmen betätigen Sie *Mehr, Weiter* und zum Schluss *Gemini verwenden.*

09:47
Gemini
2.0 Flash
S
Hallo Sally
Gemini fragen

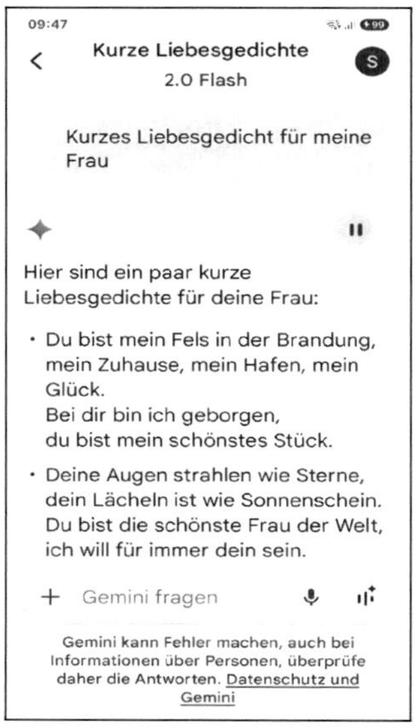
09:47
Kurze Liebesgedichte
2.0 Flash
S
Kurzes Liebesgedicht für meine Frau
Hier sind ein paar kurze Liebesgedichte für deine Frau:
Du bist mein Fels in der Brandung, mein Zuhause, mein Hafen, mein Glück.
Bei dir bin ich geborgen, du bist mein schönstes Stück.
Deine Augen strahlen wie Sterne, dein Lächeln ist wie Sonnenschein.
Du bist die schönste Frau der Welt, ich will für immer dein sein.
Gemini fragen
Gemini kann Fehler machen, auch bei Informationen über Personen, überprüfe daher die Antworten. Datenschutz und Gemini

➊ Sie befinden sich in der Gemini-Benutzeroberfläche. Probieren Sie die Spracherkennung doch einfach mal aus! Betätigen Sie 🎙 und sagen Sie »*Kurzes Liebesgedicht für meine Frau*«

➋ Gemini stellt für Sie ein Gedicht zusammen (es wird von der KI selbst erstellt) und liest es Ihnen vor.

09:49
Gemini
2.0 Flash
S
Hallo Sally
Gemini fragen

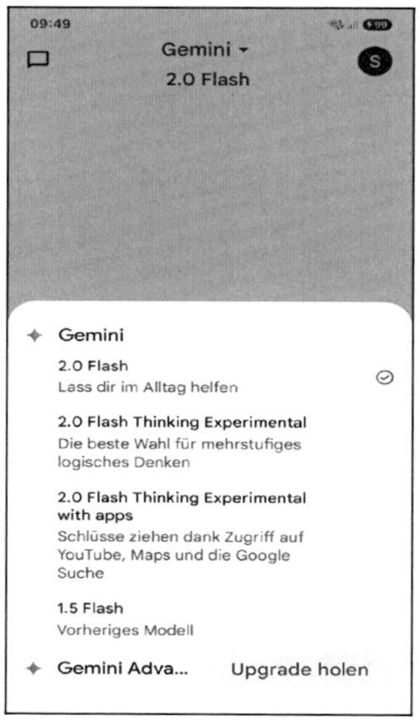
09:49
Gemini
2.0 Flash
S
Gemini
2.0 Flash
Lass dir im Alltag helfen
2.0 Flash Thinking Experimental
Die beste Wahl für mehrstufiges logisches Denken
2.0 Flash Thinking Experimental with apps
Schlüsse ziehen dank Zugriff auf YouTube, Maps und die Google Suche
1.5 Flash
Vorheriges Modell
Gemini Adva...
Upgrade holen

➊➋ Google stellt Ihnen verschiedene »KI-Modelle« zur Verfügung, zwischen denen Sie über das Menü am oberen Bildschirmrand umschalten:

- *2.0 Flash*: Ideal für allgemeine Aufgaben und schnelle Antworten. Wertet Text, Bilder, Videos und Audio aus. Einsatzgebiet: Alltägliche Aufgaben, bei denen Geschwindigkeit und Effizienz im Vordergrund stehen.
- *2.0 Flash Thinking Experimental*: Dieses Modell verfügt über eine größere Tiefe und legt seinen Denkprozess in mehreren Schritten offen. Es hat die Fähigkeit zur Nutzung externer Dienste wie Google Maps, YouTube und der Google-Suche, um umfassendere Antworten zu liefern. Einsatzgebiet: Komplexe Fragestellungen, die eine detaillierte Argumentation und den Zugriff auf externe Informationen erfordern.
- *2.0 Flash Thinking Experimental with apps*: Eine Erweiterung des »Flash Thinking Experimental«-Modells mit direkter Integration der Google-Apps. Einsatzgebiet: Szenarien, in denen die Integration von Echtzeitinformationen aus den Google-Apps von Vorteil ist. Sie können damit beispielsweise Routenberechnungen durchführen oder passende Videos finden.
- *1.5 Flash*: Ein früheres Modell, das inzwischen veraltet ist.
- *Gemini Advanced* basiert auf Gemini 2.0 Pro ist nur im Abo für 21,99 Euro pro Monat

verfügbar. Einsatzgebiet: Komplexe und tiefgehende Analysen.

Auch wenn das voreingestellte *2.0 Flash* bereits ausgezeichnete Ergebnisse liefert, sollten Sie ruhig mal *2.0 Flash Thinking Experimental* ausprobieren, welches seine Gedankengänge – leider auf Englisch – offenlegt.

Eventuell stehen bei Ihnen zunächst weniger Modelle zur Verfügung, weil sich Google Gemini in der Einführungsphase befindet.

25.2.1 Sprachsteuerung aktivieren

11:00
Gemini
2.0 Flash
S
Hallo Sally
Gemini fragen

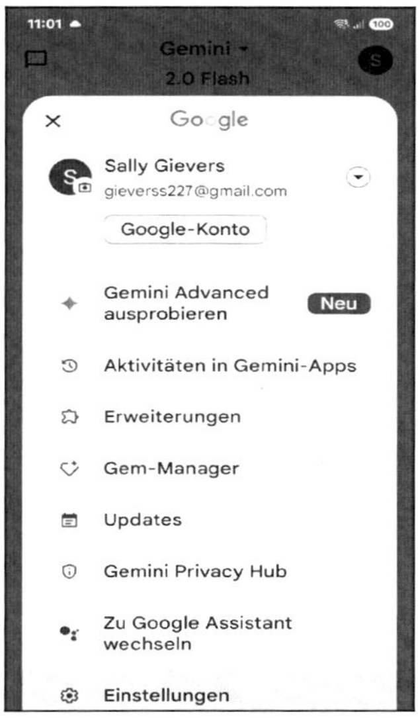
11:01
Gemini
2.0 Flash
Sally Gievers
gieverss227@gmail.com
Google-Konto
Gemini Advanced ausprobieren
Neu
Aktivitäten in Gemini-Apps
Erweiterungen
Gem-Manager
Updates
Gemini Privacy Hub
Zu Google Assistant wechseln
Einstellungen

11:01
Gemini-Einstellungen
meinen Geräten
Speichert von angemeldeten Geräten Informationen zu Kontakten, damit sie einfacher genutzt werden können
Gemini auf dem Sperrbildschirm
Gemini verwenden, wenn das Display gesperrt ist
Google Assistant-Funktionen in Gemini
Auf von Google Assistant unterstützte Funktionen zugreifen, wenn du Gemini per Sprachbefehl verwendest
Digitale Assistenten von Google
Wähle zwischen Gemini und Google Assistant

Für die optimale Gemini-Nutzung empfehlen wir, einige Einstellungen vorzunehmen:

❶ Tippen Sie in der Gemini-Anwendung auf das runde Kontosymbol.

❷❸ Rufen Sie *Einstellungen* auf und gehen Sie auf *Google Assistant-Funktionen in Gemini*.

11:09
Google Assistant-Funktionen in Gemini
Assistant-Funktionen nutzen
Google Assistant-Funktionen per Sprachbefehl mit Gemini nutzen, z. B. Nachrichten senden.
Weitere Informationen
Relevante Einstellungen für Funktionen, die von Assistant unterstützt werden
„Hey Google" und Voice Match
Hilfe per Sprachbefehl erhalten – unterstützt von Google Assistant
Persönliche Ergebnisse
Du kannst dir speziell auf dich

11:11
„Hey Google" und Voice Match
Per Sprachbefehl Hilfe von Gemini oder Google Assistant erhalten
Dieses Gerät
Andere Geräte
Hey Google

11:11
Mit deinem Assistenten von Google Aufgaben per Sprachbefehl erledigen
Wenn du zustimmst, wartet dein Assistent im Stand-by-Modus auf „Hey Google". Du kannst dann per Sprachbefehl z. B. Anrufe starten, Nachrichten senden, Musik abspielen und Timer stellen.
Mehr

❶ Gehen Sie auf *„Hey Google" und Voice Match*.

❷ Aktivieren Sie *Hey Google*.

❸ Betätigen Sie in den folgenden Bildschirmen jeweils *Weiter*, *Mehr* und *Ich stimme zu.*

Abhängig davon, ob die Sprachsteuerung von Ihnen bereits auf einem anderen Handy verwendet wurde, überspringt Google möglicherweise einige Konfigurationsbildschirme.

Sag „„Hey Google, hilf mir, ein Dankschreiben zu formulieren.““
Abbrechen

11:16
Audioaufnahmen speichern, um Audiotechnologien zu verbessern
Sie können zur Verbesserung der von Ihnen verwendeten Produkte beitragen, indem Sie die Audioaufnahmen Ihrer Interaktionen mit der Google Suche, Google Assistant und Google Maps speichern. In manchen Fällen werden dann geschulte Prüfer einige davon analysieren. Wenn Sie Assistant mit Voice Match verwenden, kann Ihre Stimme aus gespeicherten Audioaufnahmen innerhalb eines gewissen Zeitraums zur Verbesserung unserer Sprachtechnologien verarbeitet
Audio ab jetzt speichern
Später

11:37
„Hey Google“ und Voice Match
Per Sprachbefehl Hilfe von Gemini oder Google Assistant erhalten
Dieses Gerät
Andere Geräte
Hey Google
Du kannst jederzeit auf deinen Assistenten zugreifen, indem du „Hey Google“ sagst – selbst wenn das Display ausgeschaltet ist. Voice Match muss aktiviert sein, damit dein Assistent dich von anderen Personen unterscheiden kann.
Voice Match-Modell neu trainieren
Assistent neu trainieren, deine Stimme zu erkennen
Voice Match-Modell löschen

➊ Sprechen Sie die angezeigten Befehle nach, damit später die Spracherkennung optimal funktioniert.

➋ Es ist Ihnen überlassen, ob Sie die Speicherung Ihrer Sprachaufnahmen zulassen.

➌ Verlassen Sie das Menü und kehren Sie durch mehrmaliges Betätigen der <-Taste in die Gemini-Anwendung zurück.

25.2.2 Funktionen freischalten

Standardmäßig darf Gemini auf einige Anwendungen und Datenquellen nicht zugreifen. Für die voll Funktionalität sollten Sie daher eine Datenfreigabe durchführen.

11:38
Gemini
2.0 Flash
S
Hallo Sally
Gemini fragen

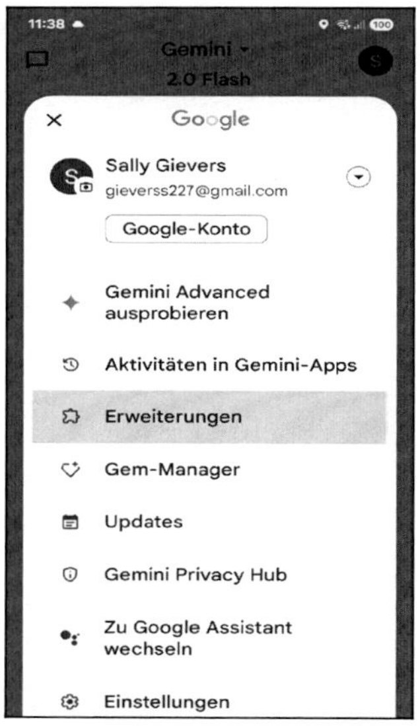
11:38
Google
Sally Gievers
gieverss227@gmail.com
Google-Konto
Gemini Advanced ausprobieren
Aktivitäten in Gemini-Apps
Erweiterungen
Gem-Manager
Updates
Gemini Privacy Hub
Zu Google Assistant wechseln
Einstellungen

➊ Rufen Sie, wie bereits gezeigt, die Gemini-Anwendung auf und tippen Sie auf das Kontosymbol.

➋ Rufen Sie *Erweiterungen* auf.

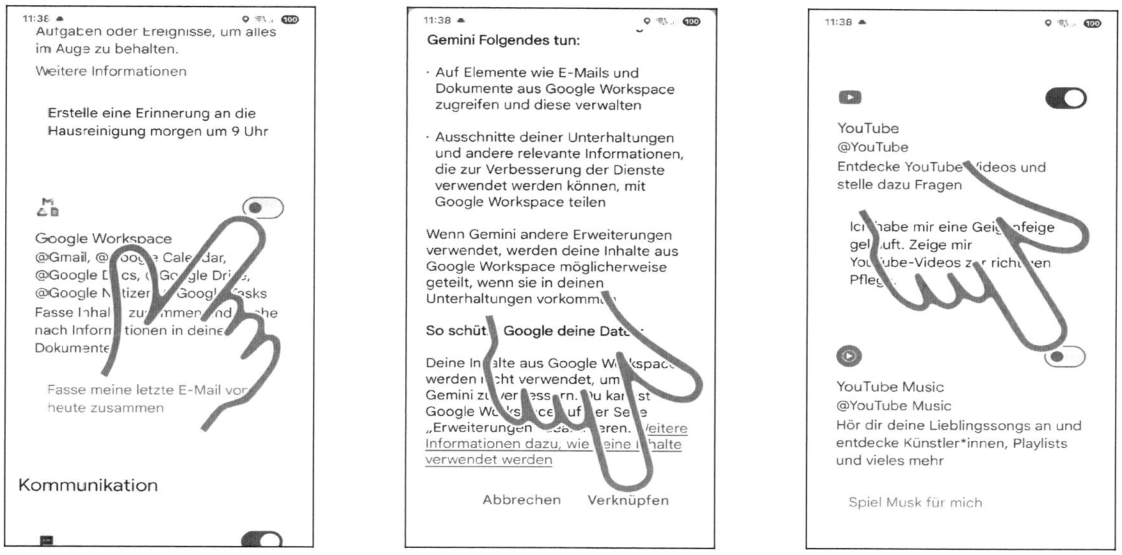
Aufgaben oder Ereignisse, um alles im Auge zu behalten.
Weitere Informationen
Erstelle eine Erinnerung an die Hausreinigung morgen um 9 Uhr
Google Workspace
Fasse meine letzte E-Mail von heute zusammen
Kommunikation
Gemini Folgendes tun:
Auf Elemente wie E-Mails und Dokumente aus Google Workspace zugreifen und diese verwalten
Ausschnitte deiner Unterhaltungen und andere relevante Informationen, die zur Verbesserung der Dienste verwendet werden können, mit Google Workspace teilen
Abbrechen
Verknüpfen
YouTube
@YouTube
YouTube Music
@YouTube Music
Hör dir deine Lieblingssongs an und entdecke Künstler*innen, Playlists und vieles mehr
Spiel Musk für mich

❶❷ Aktivieren Sie *Google Workspace* und gehen Sie auf *Verknüpfen.*

❸ Das Gleiche machen Sie bei *YouTube Music.*

25.3 Aufruf

Künftig rufen Sie Gemini mit »*Ok Google*« oder »*Hey Google*« auf. Dies funktioniert auch bei ausgeschaltetem Display. Die ‹-Taste beendet den Assistenten.

25.3.1 Freigabe von Apps

Anruf-Funktion tes...
Dazu kann das Telefon Informationen und Optionen für meine Antworten bereitstellen. Probiere die Erweiterung gern aus.
Telefon
Über die Telefon App Telefonanrufe tätigen
Nein, danke
Weiter
Gemini fragen
Kontaktinformationen deiner angemeldeten Geräte speichern?
gieverss227@gmail.com
Sie können Informationen zu Kontakten von den Geräten, auf denen Sie angemeldet sind, in Ihrem Google-Konto speichern lassen. Dazu gehört zum Beispiel, ob Sie bestimmte Personen häufig kontaktieren.
Diese Einstellung hat keinen Einfluss darauf, wie Kontaktinformationen durch andere Google-Dienste wie Google Kontakte oder Android Backup gespeichert werden. Nicht alle Google-Dienste speichern oder verwenden diese Daten.
Nein, danke
Ich stimme zu

❶ Beachten Sie, dass Sie einige Anwendungen erst für den Zugriff einmalig freigeben müssen. Im Beispiel soll der Befehl »Anrufen Sally« ausgeführt werden. Im einmalig angezeigten Popup gehen Sie deshalb auf *Weiter.*

❷❸ Blättern Sie mit einer Wischgeste durch die Hinweise und betätigen Sie *Ich stimme zu.* Die Anrufen-Funktion ist damit freigeschaltet.

25.4 Beispiele für Gemini-Befehle

12:07
Ist das Sally Gievers?
Telefon
Sally Gievers
Mobil • +49564574951
Gemini kann Fehler machen, auch bei Informationen über Personen, überprüfe daher die Antworten. Datenschutz und Gemini
Gemini fragen

12:14
Google Maps
Die Fahrt nach Hamburg dauert etwa 3 Stunden und 30 Minuten und ist 267 Kilometer lang.
Du kannst die Wegbeschreibung hier sehen: Google Maps.
Google Maps
Richtungsangaben nach/zu Hamburg
Gemini fragen

12:14
Google Maps
In Berlin gibt es mehrere Flughäfen. Hier sind einige der wichtigsten:
Flughafen Berlin Brandenburg (BER): Der größte Flughafen Berlins, der 2020 eröffnet wurde. Er befindet sich in Schönefeld und ist mit dem öffentlichen Nahverkehr gut erreichbar.
Google Maps
Flughafen Berlin-Schönefeld: Der alte Flughafen Schönefeld, der bis 2020 in Betrieb war. Er wird heute noch für Billigflüge
Gemini fragen

Über Gemini lassen sich auch Dinge erledigen, für die Sie sonst erst umständlich auf dem Bildschirm eine Anwendung starten müssten. Einige Beispiele sollen die Möglichkeiten verdeutlichen. Rufen Sie mit »*Ok Google*« den Assistenten auf und sprechen Sie einen Befehl (**fett** jeweils die Schlüsselwörter):

- »**Ruf** Sally **an**«: *Sally* aus dem Telefonbuch anrufen (❶).
- »Antonia **mobil anrufen**«: Kontakt auf Handynummer aus dem Telefonbuch anrufen.
- »Hamburg **ansteuern**«, **»Weg zu** Hamburg«, »**Weg zu** Brandenburger Tor«: Startet die Navigation in Google Maps, berechnet die Route zum Zielort und startet die Routenführung (❷).
- »**Karte von** Berlin«: Den genannten Ort in Google Maps anzeigen.
- »**Zeige mir** Flughäfen (Restaurants/Tankstellen/Museen/...) **in** Berlin«: Points auf Interest in der Karte auflisten beziehungsweise anzeigen (❸).
- »**Spiele** Beatles«: Musikanwendung starten und dort nach den Interpreten/Song suchen und abspielen.
- »**Zeige** Beatles Yesterday **in YouTube**«: Sucht Songs von Bands/Interpreten in YouTube und listet diese auf.
- **Was steht heute an**: Kalender auswerten.
- **Öffne Kontakte**: Telefonbuch anzeigen.
- Die Spracherkennung beantwortet auch Ihre Fragen: »Wer ist Bundeskanzler in Deutschland?«, »Wetter in Berlin?«, »Wo ist der nächste Burger King?«
- Wecker einstellen: »Wecker auf 7 Uhr einstellen«
- Erinnerung einrichten: »Erinnern an: um 18.00 Uhr Max anrufen« oder »Erinnern an: Eisdiele am Marienplatz testen«
- Termin im Google Kalender erstellen: »Erstelle einen Termin in meinem Kalender: Abendessen in München, Samstag um 19.30 Uhr«
- SMS an einen Freund: »SMS an Stefan: Komme 5 Minuten später«
- E-Mail senden: »E-Mail senden an Kerstin: Betreff: neue Schuhe, Nachricht: Ich muss dir unbedingt meine neuen Schuhe zeigen«
- Routen abrufen: »Navigieren von Berlin nach Köln« oder »Wegbeschreibung von Berlin nach Frankfurt am Main«
- Orte in der Nähe finden: »Wo ist das nächste Café?«
- Nach der Uhrzeit fragen: »Wie spät ist es in London?«

- Nach dem Wetter fragen: »Wie ist das Wetter morgen Früh?«
- Interessante Antworten auf Fragen: »Wo wurde Albert Einstein geboren?« oder »Wie alt ist Beyonce?«
- Worte oder Sätze übersetzen: »Was heißt Gurke auf Spanisch?«
- Wort definieren: »Was bedeutet Adipositas?«
- Einheiten umrechnen: »Was sind 12 Zoll in Zentimeter?«
- Mathematische Gleichungen lösen: »Was ist die Wurzel aus 2209?«

Auch die Systemeinstellungen ändert die Sprachsteuerung:

- »Taschenlampe einschalten«; »Taschenlampe ausschalten«: Die Kamera-LED ein/ausschalten.
- »Bildschirm dunkler«; »Bildschirm heller«: Displayhelligkeit ändern.
- »Musik lauter/leiser«; »Klingelton lauter/leiser«: Lautstärke ändern.

Zusammenhängende Aufgaben:

- »Suche nach dem aktuellen Kinoprogramm und frage Sandra über WhatsApp, ob sie am Wochenende dafür Zeit hat«
- »Vergleiche den Gold- und Silberpreis und gebe mir eine Investitionsempfehlung«

Beachten Sie, dass Gemini recht neu ist und manches vielleicht nicht so funktioniert, wie es Google vorgesehen hat. Wir konnten in Tests zwar Anrufe über Gemini initiieren, aber keine E-Mails erstellen.

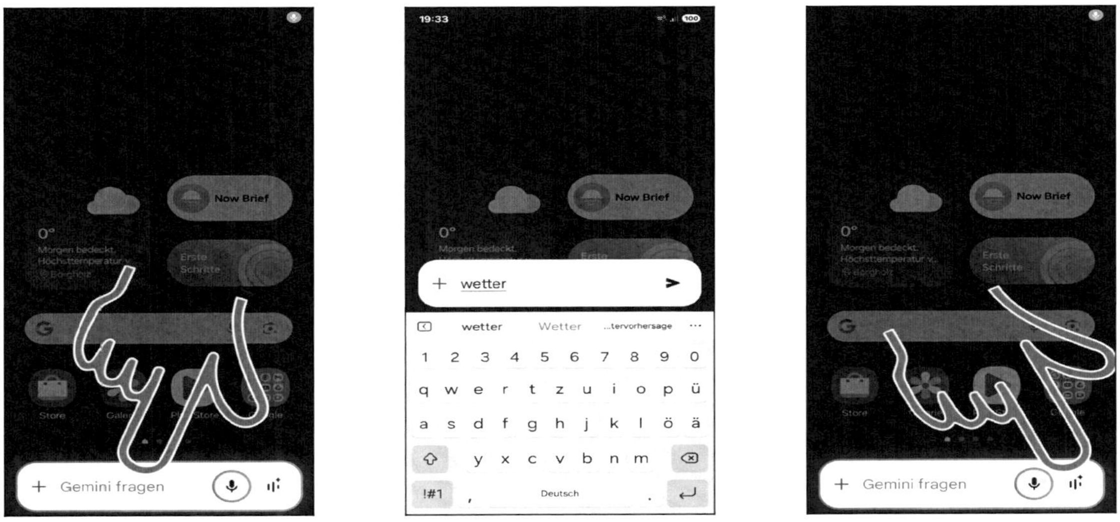

❶❷ Gemini lässt sich auch per Texteingabe steuern. Da hierbei keine Sprachausgabe erfolgt, eignet sich diese Methode besonders für Umgebungen, in denen Ruhe erforderlich ist.

❸ (Pfeil) schaltet in den Dialogmodus um. Sie müssen dann zunächst eine Stimme auswählen. Im Dialogmodus arbeitet Gemini interaktiv, das heißt, durch Nachfragen vertiefen Sie ein Thema.

26. Programmverwaltung

Die mitgelieferten Programme auf Ihrem Handy decken bereits die wichtigsten Anwendungsfälle ab. Weitere Anwendungen und natürlich Spiele können Sie bei Bedarf über den sogenannten Play Store nachinstallieren, der mehr ca. 2 Millionen Programme enthält. Sie finden wirklich zu jedem noch so exotischen Anwendungsfall ein passendes Programm. Neudeutsch spricht man statt von Programmen auch von **Apps**, es ist damit aber das selbe gemeint.

Etwa Zweidrittel aller Programme sind kostenlos beziehungsweise finanzieren sich über eingeblendete Werbung. Im Vergleich zu PC-Software sind die kostenpflichtigen Android-Programme in der Regel mit Preisen von unter 5 Euro recht günstig.

Es gibt mehrere Möglichkeiten, Programme zu installieren:

- **Google Play Store**: Über die Play Store-Anwendung haben Sie Zugriff auf Tausende von Anwendungen und Spielen. Auch der Kauf von Programmen im Play Store ist möglich. Die meisten Anwender nutzen ausschließlich den Play Store und nicht die anderen hier aufgelisteten Installationsmöglichkeiten.
- **Galaxy Store**: Wird von Samsung betrieben und bietet, ähnlich wie der Google Play Store, zahlreiche Programme zum Download an.

26.1 Play Store

Lassen Sie sich bitte nicht von leider manchmal umständlichen und unübersichtlichen Bedienung des Play Stores beeindrucken. Spätestens, wenn Sie einige Programme installiert haben, dürften Sie die wesentlichen Vorgehensweisen verstanden haben.

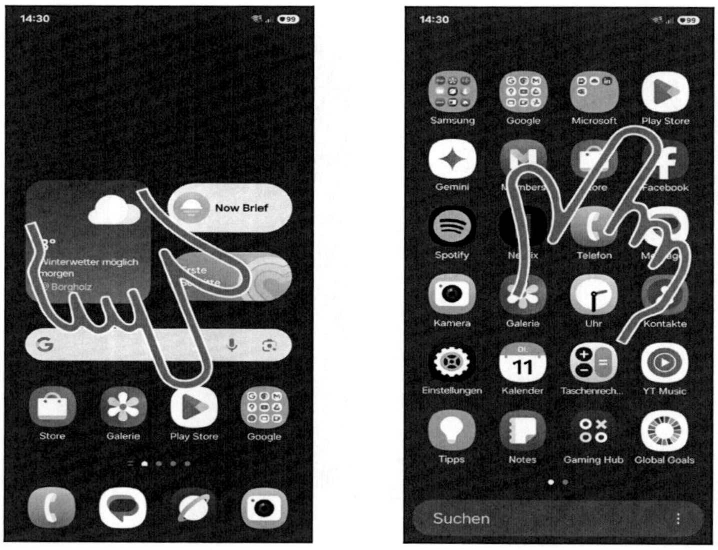

Sie finden den *Play Store* im Startbildschirm (❶) beziehungsweise Hauptmenü (❷).

➊ Beim ersten Aufruf müssen Sie den Nutzungsbedingungen zustimmen.

➋➌ Falls Sie Google auf zusätzliche Funktionen hinweist, gehen Sie jeweils auf *Nein danke* oder *Jetzt nicht.*

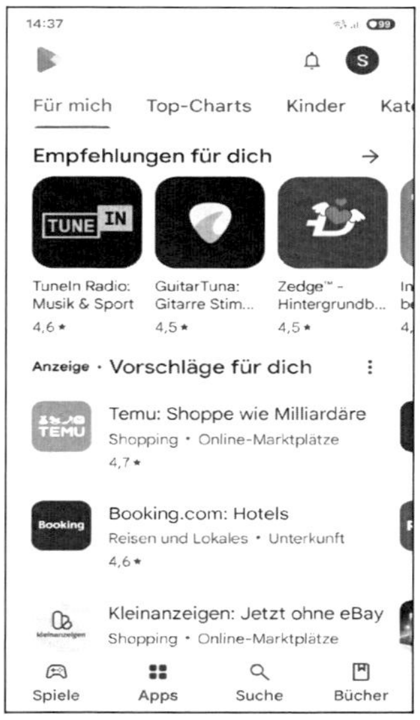

➊ Sie müssen eventuell einmalig festlegen, ob Sie später Käufe im Play Store per Biometrie (Fingerabdruck) oder per Passwort schützen möchten. Weil Sie zu diesem Zeitpunkt vermutlich noch nicht die Gerätesperre mit Fingerabdruck eingestellt haben, wählen Sie *Passwort verwenden* und geben anschließend das Passwort Ihres Google-Kontos ein – dieses haben Sie bei der ersten Einrichtung des Handys festgelegt. Eine Änderung auf Biometrie ist jederzeit später noch über die Play Store-Einstellungen möglich.

➋➌ Das allgemeine Softwareangebot wird standardmäßig im Hauptbildschirm aufgelistet. Zunächst sollten Sie am unteren Bildschirmrand auswählen, ob Sie *Spiele* oder *Apps* (Anwendungen) suchen. Auf die ebenfalls angebotenen *Bücher* (Ebooks) gehen wir hier nicht ein.

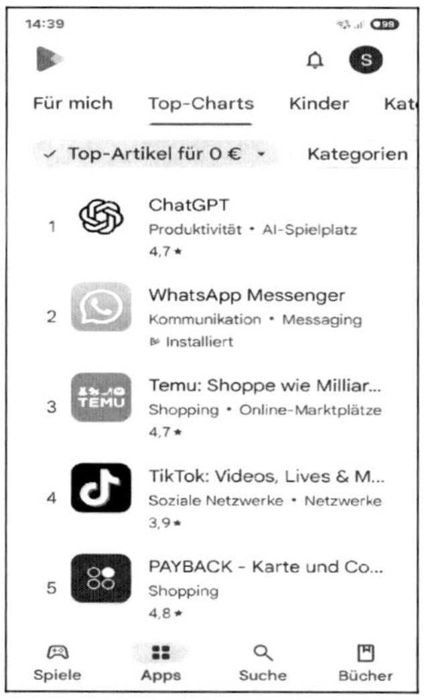

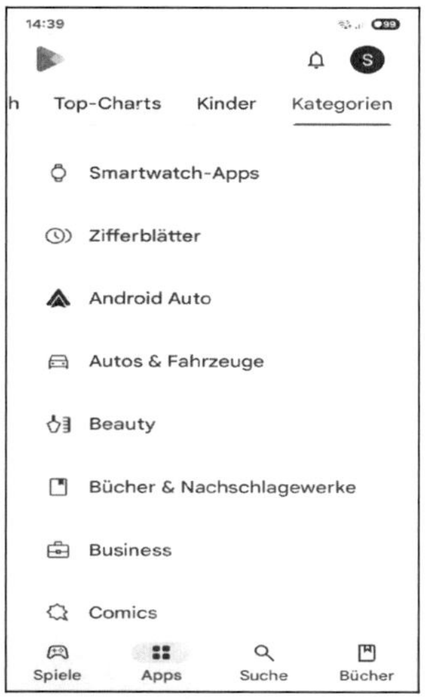

❶ Die Benutzeroberfläche besitzt mehrere Register, über die Sie mit den Schaltleisten (Pfeil) wechseln:

- *Für mich*: Von Google zusammengestellte Empfehlungen.
- *Top-Charts* (❷)
- *Kinder*: Wählen Sie die zu installierenden Anwendungen und Spiele nach empfohlener Altersstufe aus.
- *Kategorien* (❸): Alle Programme sind im Play Store nach Kategorien sortiert, die Sie einfach nach interessanten Anwendungen oder Spielen durchblättern können. Bitte beachten Sie, dass in den Kategorien auch viele Programme zu finden sind, welche keinerlei Nutzwert haben.

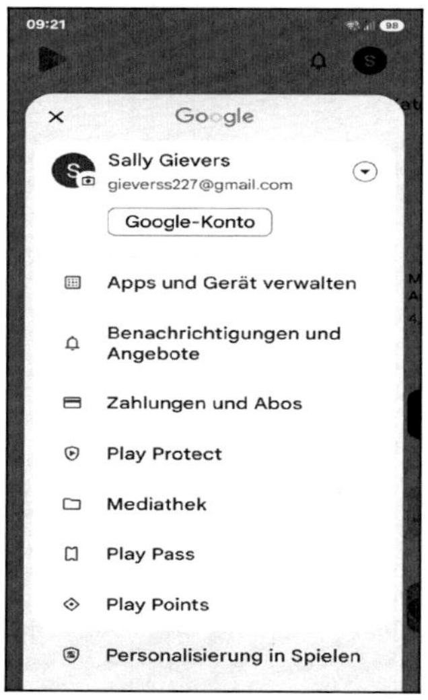

❶❷ Betätigen Sie im Hauptmenü Ⓢ oben rechts für das Ausklappmenü. Die Menüpunkte:

- *(Ihr Konto)@gmail.com*: Das Google-Konto, mit dem Sie angemeldet sind.
- *Apps und Gerät verwalten*: Zeigt die von Ihnen installierten Programme an und ermöglicht diese wieder zu deinstallieren. Außerdem sehen Sie hier, ob Updates zu installierten Programmen im Play Store vorliegen (❸).
- *Benachrichtigungen und Angebote*: Hier finden Sie Hinweise auf Sonderangebote im Play Store.
- *Zahlungen und Abos*: Einige Programme, beispielsweise aus dem Lernbereich, können »abonniert« werden, das heißt man muss regelmäßige Zahlungen leisten. Die Abos verwalten Sie in diesem Menü.
- *Play Protect*: Google überprüft Ihre installierten Programme auch nach der Installation

auf Schadfunktionen. So wird beispielsweise verhindert, dass teure Telefonnummern angerufen oder Ihre persönlichen Daten ausgelesen werden. Sie sollten Play Protect deshalb nie deaktivieren.

- *Mediathek*: Die von Ihnen im Play Store erworbenen Ebooks.
- *Play Pass*: Google bietet ein kostenpflichtiges Abo für 4,99 Euro/Monat an, in dessen Rahmen Sie einige Anwendungen und Spiele kostenlos nutzen dürfen.
- *Play Points*: Die Play Points sind ein Kundenbindungsprogramm, für das Sie sich anmelden müssen. Für jeden Kauf im Play Store erhalten Sie Punkte, die Sie später für Rabatte nutzen.
- *Personalisierung in Spielen*: Legen Sie fest, ob Google Ihre Nutzungsdaten auswerten darf, um Ihnen bessere Empfehlungen für Spiele zu geben.
- *Einstellungen*: Auf die Einstellungen geht Kapitel *26.1.4 Einstellungen* ein.

26.1.1 Programme installieren

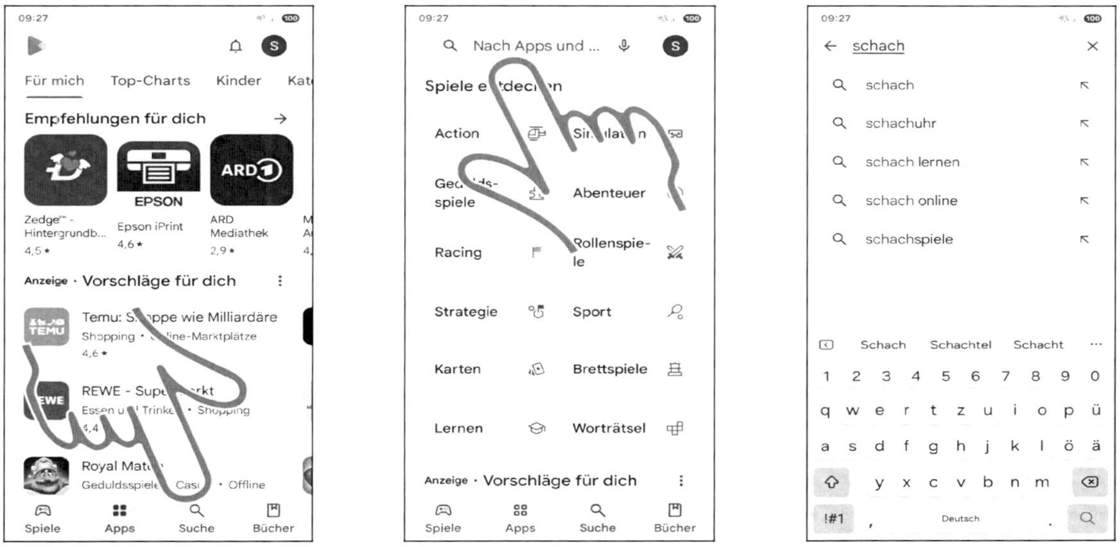

❶❷ Gehen Sie auf Suche und tippen Sie in die Suchzeile.

❸ Geben Sie den Suchbegriff ein. Es werden der Name und die Beschreibung aller Programme durchsucht. Bereits während der Eingabe listet der Play Store einige Fundstellen auf, Sie können alternativ aber auch mit 🔍 im Tastenfeld eine Volltextsuche durchführen.

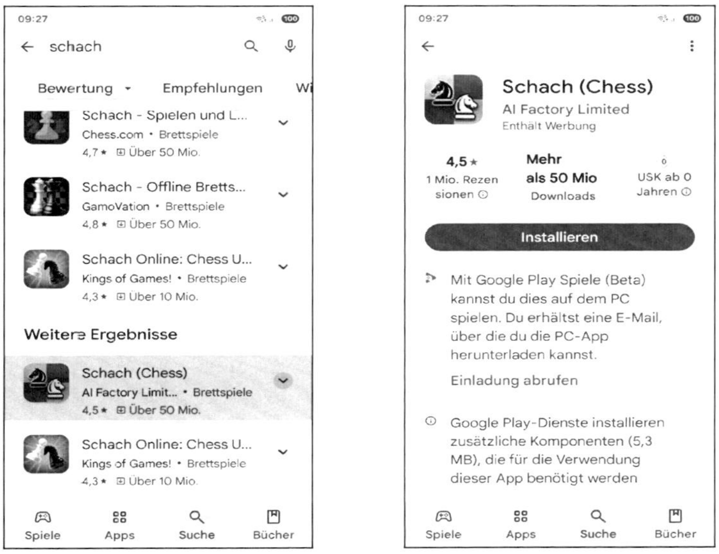

❶ Die Fundstellen werden mit Namen, Bewertung und Preis aufgelistet. Tippen Sie eines der angebotenen Programme an.

❷ Neben einer ausführlichen Beschreibung finden Sie hier die Bewertungen von anderen Benutzern, Infos zum Entwickler mit der Möglichkeit, seine weiteren Programme im Play Store anzuzeigen, sowie Kontaktmöglichkeiten zum Entwickler. Betätigen Sie *Installieren*, um das Programm auf dem Handy zu installieren. Dies erfolgt im Hintergrund.

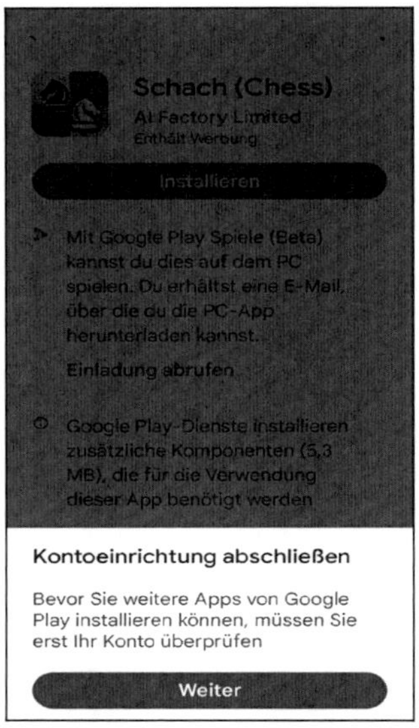

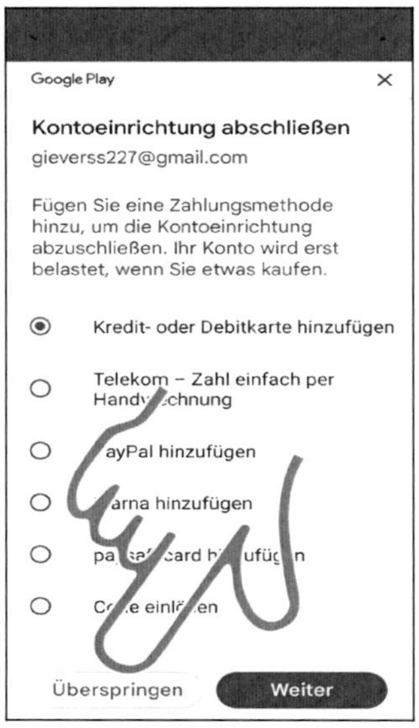

❶❷ Wenn Sie das erste Mal ein Programm installieren, erscheint einmalig der Hinweis *Kontoeinrichtung abschließen*. Betätigen Sie dann *Weiter* und *Überspringen*. Wie Sie kostenpflichtige Programme installieren, erläutert noch Kapitel *26.1.5 Softwarekauf im Google Play Store*.

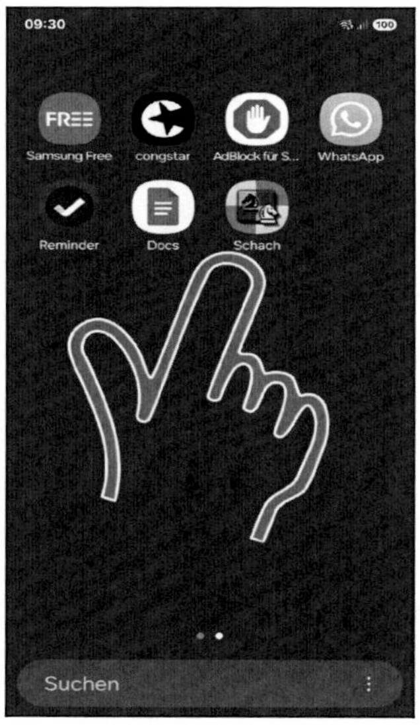

❶❷ Sie finden das neue Programm im Hauptmenü. Weil die erste Bildschirmseite des Hauptmenüs bereits voll belegt ist, müssen Sie erst mit einer Wischgeste zur nächsten Seite blättern.

09:34
Samsung
Google
Microsoft
Play Store
Gemini
Members
Store
Facebook
Spotify
Netflix
Telefon
Messages
Kamera
Uhr
Kontakte
12
YT Music
Tipps
Notes
Global Goals
Suchen

09:35
Schach
Taschenrec...
Dolmetscher
Schaltflächen hervorheben
Schaltflächenanordnung
Einstellungen
In App suchen
Erweiterte Funktionen
sc
scr
schon
Schön
Deutsch

➊ Tipp: Falls Sie ein Programm nicht wiederfinden beziehungsweise prüfen möchten, ob Sie es bereits vor einiger Zeit installiert hatten, dann gehen Sie auf *Suchen* im Hauptmenü.

➋ Bereits während der Eingabe des Suchbegriffs werden die gefundenen Programme aufgelistet.

26.1.2 Ausgeblendete Navigationstasten

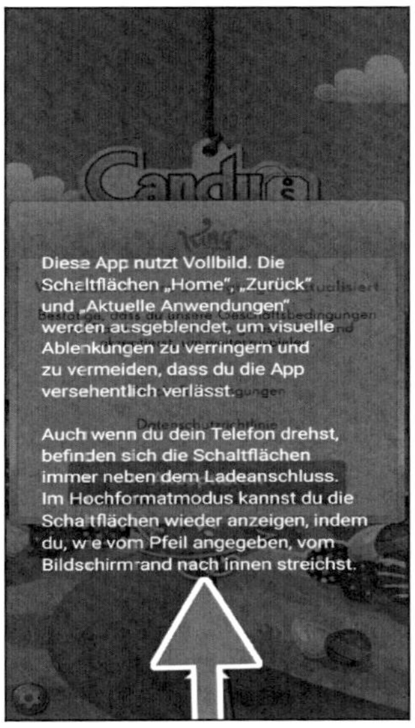
Diese App nutzt Vollbild. Die Schaltflächen „Home", „Zurück" und „Aktuelle Anwendungen" werden ausgeblendet, um visuelle Ablenkungen zu verringern und zu vermeiden, dass du die App versehentlich verlässt.
Auch wenn du dein Telefon drehst, befinden sich die Schaltflächen immer neben dem Ladeanschluss. Im Hochformatmodus kannst du die Schaltflächen wieder anzeigen, indem du, wie vom Pfeil angegeben, vom Bildschirmrand nach innen streichst.

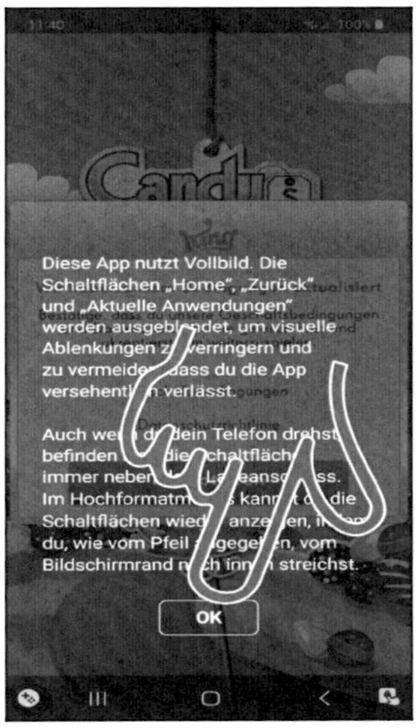
Diese App nutzt Vollbild. Die
Schaltflächen „Home", „Zurück"
und „Aktuelle Anwendungen"
OK

➊➋ Beim ersten Aufruf eines Spiels macht Sie das Handy eventuell auf eine Besonderheit aufmerksam: Die Navigationstasten werden ausgeblendet. Um sie wieder einzublenden, wischen Sie mit dem Finger von der unteren Displaykante nach oben. Schließen Sie den Hinweis dann mit *OK*.

❶❷ Probieren Sie das zuvor Gelernte einfach mal aus, indem Sie nach oben wischen. Die Navigationstasten blenden sich dann nach einigen Sekunden wieder aus.

26.1.3 Gute von schlechter Software unterscheiden

- Häufig geladene (und damit meist gute) Software findet in den Kategorien *Top-Charts* *Empfehlungen* usw. Eingang.
- Auch wenn Sie die Suchfunktion nutzen, erscheinen in der Auflistung zuerst die am häufigsten heruntergeladenen Programme.
- Zusätzlich finden Sie bei jedem Programm eine Sterne-Bewertung sowie Kommentare der Nutzer. Insbesondere bei Kaufprogrammen (die Sie ja nicht vorab testen können) sollten Sie sich die Nutzerbewertungen durchlesen.
- Manche Kaufprogramme sind auch als in der Funktion eingeschränkte Version kostenlos im Play Store erhältlich, sodass man zumindest einen groben Überblick über deren Tauglichkeit erhält. Es gibt übrigens häufig auch Programme, die sowohl kostenlos, als auch als Kaufversion erhältlich sind. Die kostenlose Version finanziert sich dann meistens durch Werbeanzeigen. Werbung hat allerdings den Nachteil, häufig aus dem Internet Daten nachzuladen (irgendwoher müssen die Werbegrafiken ja kommen) und teilweise den GPS-Empfänger zu aktivieren. Letzteres dient dazu, dem Nutzer für sein Land optimierte Werbung anzuzeigen. Leider reduziert sich dadurch die Handy-Akkulaufzeit...
- Die Softwareentwickler bestimmen selbst ob ihre Programme für bestimmte Handys und Handys geeignet sind. Programme, die nicht auf Ihrem Handy funktionieren, werden erst gar nicht im Play Store anzeigt. Trotzdem werden Sie ab und zu auf Programme, insbesondere Spiele stoßen, die nicht gut angepasst sind, was sich u.a. in pixeliger Darstellung, verschobenen Schaltleisten, überstehenden Texten usw. bemerkbar macht. Falls Ihnen ein Programm trotzdem gefällt, sollten Sie einfach das Programm installiert lassen. Der Play Store meldet zu jeder installierten Software automatisch im Benachrichtigungsfeld, wenn ein Update vorliegt, das vielleicht die Probleme beseitigt.

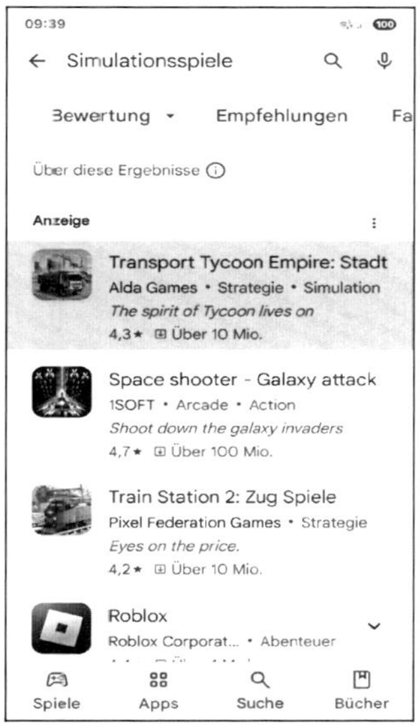

❶ Tippen Sie in einer Auflistung oder einem Suchergebnis auf einen Programmnamen.

❷❸ Die Bewertungen erhalten Sie dann nach einer Wischgeste angezeigt.

Hohe Stern-Bewertungen und große Downloadzahlen führen manchmal auch in die Irre: Der Play Store fasst die weltweit auflaufenden Nutzerbewertungen zusammen. Beispielsweise wird ein Buchhaltungsprogramm, das in den USA entwickelt wurde, dort von den Anwendern hochgelobt und entsprechend bewertet werden, während es für deutsche Anwender nicht geeignet ist.

Einige Programme werden zudem nicht weiterentwickelt, weshalb unter Umständen eine hohe Bewertung heute nicht mehr gerechtfertigt wäre.

Der Play Store zeigt nur deutsche Bewertungstexte an. Es kann deshalb vorkommen, dass Sie bei einem international angebotenen Programm zwar viele Bewertungen, aber kaum Bewertungstexte sehen.

> Tipp: Von vielen höherwertigen Programmen wird im Play Store eine kostenlose Version mit beschnittenen Funktionsumfang angeboten, Sie können so das jeweilige Programm schon vorab auf Herz und Nieren testen und anschließend die Vollversion erwerben.

26.1.4 Einstellungen

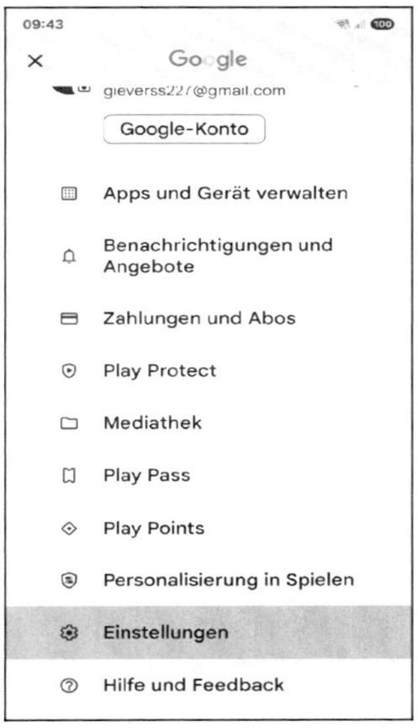

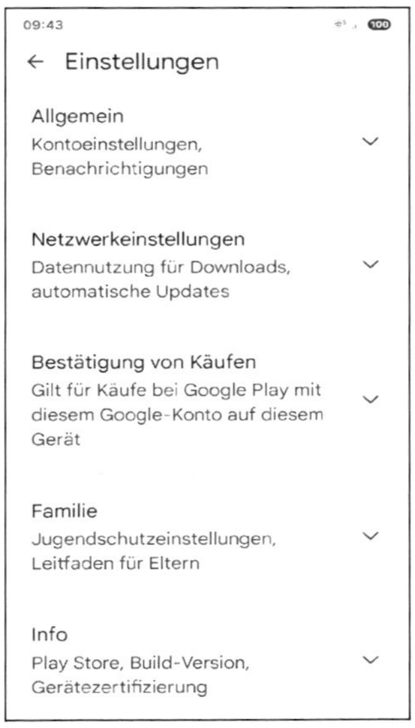

❶❷❸ Tippen Sie auf das runde Kontosymbol und gehen Sie auf *Einstellungen*:

Unter *Allgemein*:

- *Kontoeinstellungen*: Ihre E-Mail-Adresse und Herkunftsland.

- *Konto und Geräteeinstellungen*: Verwaltet die Zahlungsmethoden, die Sie für Käufe von Spielen und Anwendungen benötigen.
- *Benachrichtigungen*:
  - *Konto*: Über anstehende Abo-Abbuchungen oder Zahlungsprobleme werden Sie informiert.
  - *Updates verfügbar*: Wenn zu einem aus dem Play Store installiertem Programm Updates vorliegen, erhalten Sie eine Benachrichtigung.
  - *Updates abgeschlossen*: Sie erhalten einen Benachrichtigung, sobald ein Update im Hintergrund installiert wurde.
  - *Vorregistrierung; Deals und Werbeaktionen*: Sie erhalten eine Benachrichtigung, wenn Entwickler neue Programme auf den Markt bringen, die für Sie interessant sein könnten.
- *Bevorzugte Downloadvariante für Apps*: Legen Sie fest, wie die Installation erfolgt:
  - *Über beliebiges Netzwerk*: Downloads erfolgen über Mobilfunkinternet, wenn kein WLAN zur Verfügung steht.
  - *Nur über WLAN*
  - *Jedes Mal fragen*: Wählen Sie aus, ob der Download über WLAN oder Mobilfunkinternet erfolgt.
- *Design*: Die Anzeige lässt sich zwischen *Hell* und *Dunkel* umschalten. Darauf geht bereits Kapitel *27.5 Dunkelmodus (Dark Mode)* ein.
- *Google Play Instant*: Legen Sie fest, welchem Google-Konto die sogenannten Instant Apps zugeordnet werden. Instant Apps sind auf dem Handy installierte Programme, die sich auch über einem Link im Webbrowser aufrufen lassen. Derzeit haben Instant Apps noch keine große Bedeutung, zumal sie nicht alle Handys unterstützen.
- *Google Play Store-Feedback*
- *Apps automatisch archivieren*: Bei vollem Speicher entfernt das Handy automatisch wenig genutzte Programme. Google weist darauf hin, dass diese Funktion eventuell auf Handys mit angepasstem Betriebssystem wie das von Xiaomi nicht korrekt funktioniert.
- *Optimierung der App-Installation*: Liefert eine Nutzungsstatistik an Google, von der andere Nutzer in Form einer schnelleren Installation profitieren.
- *Interessen*: Nicht von Google dokumentiert.

Unter *Netzwerkeinstellungen*:

- *Bevorzugte Downloadvariante für Apps*: Wählen Sie aus, ob das Herunterladen von neu zu installierenden Programmen über WLAN oder das Mobilfunkinternet zu erfolgen hat.
- *Apps automatisch aktualisieren*: Installierte Programme werden automatisch im Hintergrund aktualisiert.
- *Videos automatisch wiedergeben*: In der Produktvorschau sind ab und zu Videos eingebunden. Sie können hier festlegen, ob diese auch über Mobilfunkverbindungen wiedergegeben werden. Die Voreinstellung *Automatische Wiedergabe von Videos nur über WLAN zulassen* sollten Sie aber nicht ändern.

Unter *Bestätigung von Käufen*:

- *Biometrische Bestätigung*: Aktivieren Sie diese Option, damit Sie Käufe im Play Store einfach per Fingerabdruck durchführen können – beachten Sie, dass Sie dazu die Fingerabdrucksperre (siehe Kapitel *30.2 Gerätesperre*) aktiviert haben müssen. Standardmäßig müssen Sie für Käufe das Passwort Ihres Google-Kontos angeben.
- *Bestätigungshäufigkeit*: Wählen Sie aus, ob Sie *Immer* oder *Nie* die Kaufbestätigung per Passwort beziehungsweise Biometrie durchführen möchten. Alternativ stellen Sie *Alle 30 Minuten* ein.

Unter *Familie*:

- *Für Familienmediathek registrieren*: Die Familienmediathek ermöglicht es, Apps, Spiele, Ebooks, Filme und Serien mit bis zu 5 weiteren Personen zu teilen. In diesem Buch gehen wir nicht weiter darauf ein.
- *Jugendschutzeinstellungen*: Legen Sie fest, welche Programme und Medien der Play Store für jugendliche Nutzer ausblendet.
- *Leitfaden für Eltern*: Infos zur kinder- und jugendsicheren Nutzung des Play Stores.
- Unter *Info*: Diverse technische Informationen zum Play Store.

26.1.5 Softwarekauf im Google Play Store

Viele Programme im Play Store sind kostenpflichtig, wobei als Zahlungsmethode neben einer Kreditkarte auch PayPal (ein Zahlungsdienstleister), die Handyrechnung (nicht bei allen Netzbetreibern möglich) und Gutscheine akzeptiert werden (auf Letztere geht Kapitel *26.1.7 Google-Gutscheine* noch genauer ein). Damit Sie nicht die »Katze im Sack« kaufen, lassen sich Käufe innerhalb von 2 Stunden rückgängig machen. Eine Rückgabe ist beim erneuten Kauf dann aber nicht mehr möglich. Die erworbenen Programme werden mit Ihrem Google-Konto verknüpft und lassen sich beim Gerätewechsel ohne erneuten Kauf herunterladen und installieren.

➊ Betätigen Sie bei einem Kaufprogramm die Preisschaltleiste (Pfeil).

➋ Wählen Sie nun eine der Zahlungsmethoden aus:

- *Abrechnungsinformationen für xxx hinzufügen*: Die Zahlung erfolgt über Ihren Mobilnetzbetreiber und taucht dann auf Ihrer nächsten Mobilfunkrechnung auf. Beachten Sie bitte, dass nicht jeder Netzbetreiber mobile Zahlungen akzeptiert. Haben Sie beim Netzbetreiber »Inkasso von Dritten« deaktivieren lassen, ist ebenfalls kein Kauf über die Mobilfunkrechnung möglich.
- *Kredit- oder Debitkarte hinzufügen*: Zahlung über Ihre Kreditkarte.
- *Klarna hinzufügen*: Klarna ist ein unabhängiger Zahlungsabwickler, der verschiedene Bezahlmethoden unterstützt.
- *my paysafecard hinzufügen*: Nutzung eines aufladbaren Gutscheinkontos.
- *PayPal hinzufügen*: Zahlungsabwicklung über PayPal. Dieser Zahlungsabwickler wird bucht Rechnungen von Ihrem Bankkonto oder Ihrer Kreditkarte ab oder nutzt ein auf PayPal überwiesenes Guthaben. Siehe auch die PayPal-Website unter *www.paypal.com.*

In diesem Beispiel wählen wir *PayPal hinzufügen.*

➌ Bei PayPal müssen Sie sich beispielsweise mit dem PayPal-Konto anmelden. Folgen Sie den weiteren Anweisungen.

Gekaufte Software lässt sich immer nur auf einem Gerät gleichzeitig nutzen.

Beachten Sie bitte, dass manche Software nur für bestimmte Geräte angeboten wird. Insbesondere Spiele unterstützten nicht alle Android-Handys und Tablets. Problematisch sind auch Programme, deren Entwicklung eingestellt wurde und daher nicht für neue Geräte freigegebenen wurden, obwohl sie darauf laufen könnten.

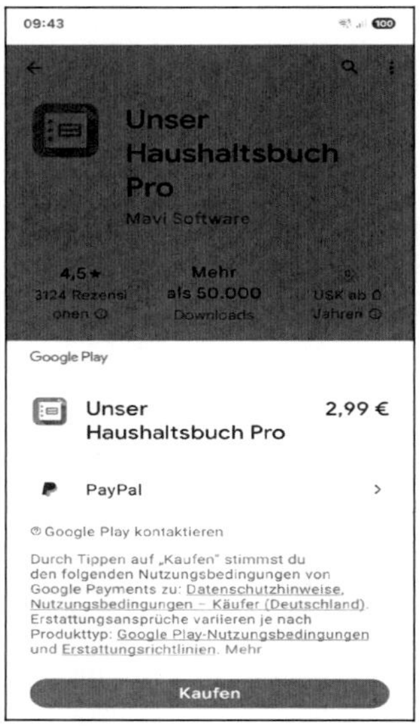
09:43
Unser Haushaltsbuch Pro
Mavi Software
4,5★
3124 Rezensionen
Mehr als 50.000
Downloads
USK ab 0 Jahren
Google Play
Unser Haushaltsbuch Pro
2,99 €
PayPal
Google Play kontaktieren
Durch Tippen auf „Kaufen" stimmst du den folgenden Nutzungsbedingungen von Google Payments zu: Datenschutzhinweise, Nutzungsbedingungen – Käufer (Deutschland). Erstattungsansprüche variieren je nach Produkttyp: Google Play-Nutzungsbedingungen und Erstattungsrichtlinien. Mehr
Kaufen

09:43
Unser Haushaltsbuch Pro
Mavi Software
Unser Haushaltsbuch Pro
2,99 €
PayPal: info@gicom.de
sally.gievers@gmail.com
••••••••••
Auf diesem Gerät merken
Die Deaktivierung der Authentifizierung kann zu nicht autorisierten Käufen führen. Du bist für alle Kosten und Gebühren verantwortlich. Weitere Informationen
Passwort vergessen?
Weitere Informationen
Bestätigen

Nach Apps &...
Für mich
Top-Charts
Zahlung erfolgreich
Authentifizierung für Käufe erforderlich?
Du kannst verhindern, dass auf dem Gerät nicht autorisierte Käufe über dieses Google Play-Konto getätigt werden, einschließlich In-App-Käufen. Hierfür musst du eine Authentifizierungsmethode festlegen. Wir empfehlen diese Maßnahme, wenn du das Gerät gemeinsam mit anderen nutzt oder Käufe in Apps verhindern möchtest, die von Kindern genutzt werden. Informationen zum Ändern der Authentifizierungseinstellungen
Ja, immer
Nein danke
OK

❶ Betätigen Sie *Kaufen.*

❷ Geben Sie das Passwort Ihres Google-Kontos ein und schließen Sie mit *Bestätigen* ab. Dies ist dann auch bei künftigen Käufen nötig.

❸ Einmalig erfolgt die Nachfrage, ob Sie jeden Kauf im Play Store mit Ihrem Passwort bestätigen möchten. Wir empfehlen aus Sicherheitsgründen *Ja, immer*. Schließen Sie das Popup mit *OK.* Gleiches gilt auch für das abschließende Popup.

09:43
Unser Haushaltsbuch Pro
Mavi Software
Google Play
Jetzt Google Play Pass als Probeabo 1 Monat lang testen
Hunderte Spiele und Apps für dich – ganz ohne Werbung und In-App-Käufe. Für 1 Monat ausprobieren, dann zum Preis von 4,99 €/Monat.
Nein danke
Jetzt ansehen

Schließen Sie den Hinweis auf das kostenpflichtige Google Play Pass-Abo mit *Nein danke.*

26.1.6 Kauf rückgängig machen

Wie bereits erwähnt, können Sie einen Kauf noch bis zu 15 Minuten später wieder stornieren. Dies kann beispielsweise sinnvoll sein, wenn ein Programm nicht wie angegeben funktioniert.

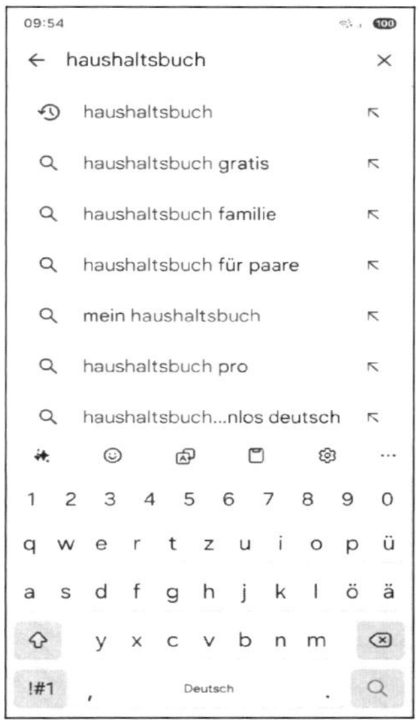

❶❷ Damit Sie die Erstattung erhalten, müssen Sie das betreffende Programm im Play Store suchen und anzeigen.

❸ Betätigen Sie *Erstatten.*

26.1.7 Google-Gutscheine

Es sind Gutscheine für den Google Play Store in Stückelungen von 15 und 25 Euro bei diversen Tankstellen, in Supermärkten und Elektronikketten erhältlich.

Vorsicht ist übrigens bei günstigen Gutscheinen von Internet-Shops geboten! Häufig sind diese nicht in Deutschland gültig.

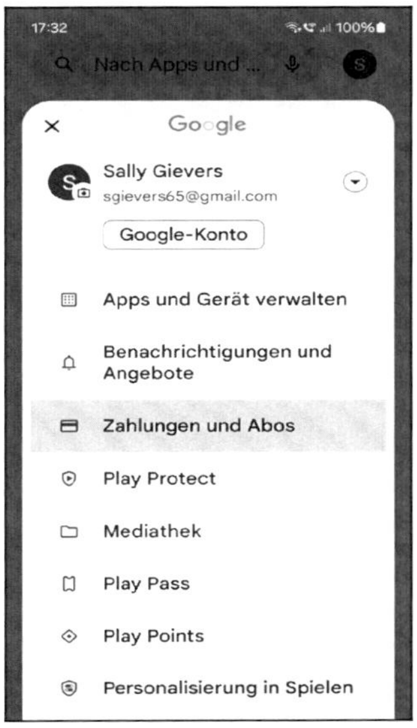

❶❷ Tippen Sie auf das runde Kontosymbol oben rechts und gehen Sie auf *Zahlungen und Abos.*

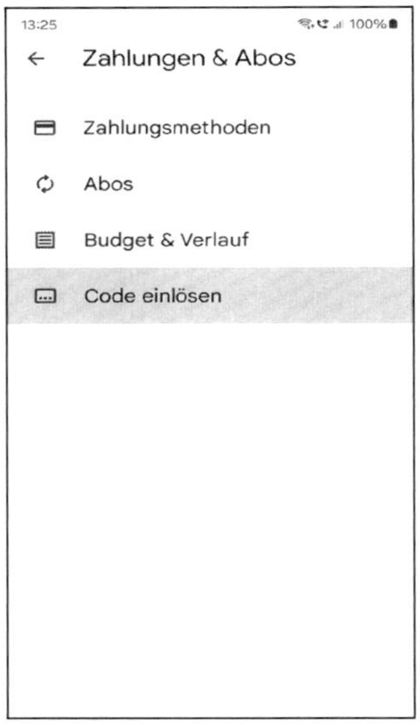

❶❷ Wählen Sie *Code einlösen*. Geben Sie dann den Code von der Karte ein.

❸ Wählen Sie gegebenenfalls während des Kaufvorgangs über *Zahlungsoptionen* das *Google Play*-Guthaben aus.

26.1.8 In-App-Käufe

Programmentwickler können sich grundsätzlich auf drei Arten finanzieren: Durch den Verkauf ihrer Programme, die Einblendung von Werbung oder durch ein Freemium-Modell (Wortspiel aus engl. Free = Frei und engl. Premium = kostenpflichtig). Freemium-Modelle kommen vorwiegend bei Computerspielen vor. Freemium heißt, dass das Programm kostenlos ist, Sie aber zusätzliche Inhalte oder Funktionen jederzeit erwerben dürfen. Dies können in einem Ballerspiel beispielsweise leistungsfähigere Waffen sein oder bei einem Fitness-Programm weitere Trainings. Für Kinder sind solche Programme ungeeignet, da sie die dadurch entstehenden Kosten nicht einschätzen können.

Damit wir uns nicht missverstehen: Grundsätzlich sind Freemium-Programme nicht immer schlecht, denn insbesondere bei Spielen leidet der Spaß nur geringfügig, wenn man auf In-App-Käufe verzichtet.

Gegenüber dem »normalen« Kauf im Play Store haben In-App-Käufe einige Nachteile (wörtlich übernommen von *support.google.com/googleplay/answer/1061913*):

- Es gibt kein zweistündiges Erstattungsfenster.
- Erstattungen werden im Allgemeinen nach dem Ermessen des App-Entwicklers gewährt.
- Für die Bereitstellung von In-App-Käufen sind die Entwickler zuständig.

Im Play Store erkennen Sie In-App-Käufe anhand der Berechtigungen, die **vor** der Installation aufgelistet werden (siehe Kapitel *26.1.1 Programme installieren*).

Bei jedem In-App-Kauf müssen Sie zur Sicherheit das Passwort zu Ihrem Google-Konto eingeben.

26.2 Galaxy Store

Galaxy Store ist ein Online-Angebot des Herstellers, über das sich weitere Anwendungen, aber auch Spiele, für das Galaxy herunterladen lassen. Auch kommerzielle Programme sind dort vorhanden, welche man über Kreditkarte oder Handyrechnung kaufen kann.

Galaxy Store bietet nur relativ wenige Programme zum Download an, hat aber den Vorteil, dass im Vergleich zum Google Play Store manche Programme kostenlos sind, für die man im Google Play Store bezahlen müsste. Es lohnt sich also ab und zu mal einen Blick in den Galaxy Store zu werfen.

Damit Sie den Galaxy Store nutzen können, richten Sie bitte zuerst Ihr Samsung-Konto, wie im Kapitel *23 Das Samsung-Konto* beschrieben, ein.

26.2.1 Galaxy Store in der Praxis

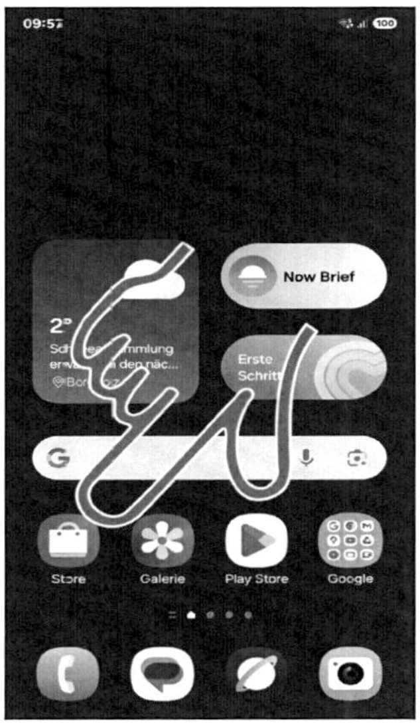

Starten Sie *Store* aus dem Startbildschirm oder Hauptmenü. Eventuell müssen Sie zunächst die Geschäftsbedingungen annehmen.

❶ Es wird bereits eine Reihe von Programmen vorgeschlagen. Wischen Sie durch die Auflistung für einen Überblick.

❷❸ Über die Register am unteren Bildschirmrand grenzen Sie die Anzeige auf *Spiele* oder *Apps* (Anwendungen) ein.

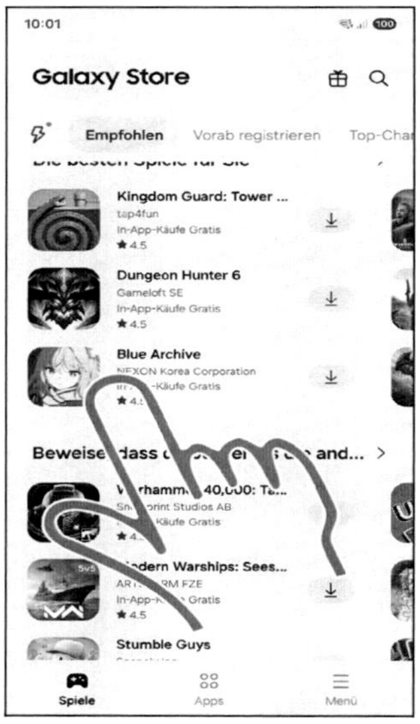

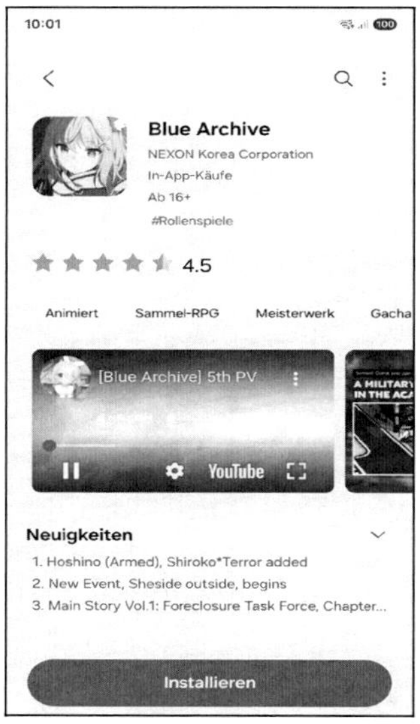

❶ Gehen Sie auf einen Programmeintrag.

❷ Es erscheint eine kurze Programmbeschreibung. Betätigen Sie *Installieren*. Das Programm wird nun im Hintergrund heruntergeladen und installiert. Sie können währenddessen mit dem Galaxy ganz normal weiterarbeiten. Anschließend finden Sie das installierte Programm im Hauptmenü wieder, wo Sie es auch starten.

Für den Kauf von Programmen stehen die Zahlungsmethoden Mobilrechnung, PayPal oder Kreditkarte zur Verfügung.

26.3 Programme deinstallieren

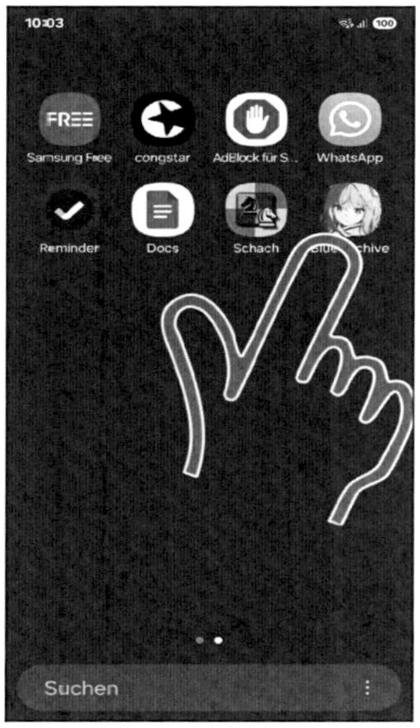

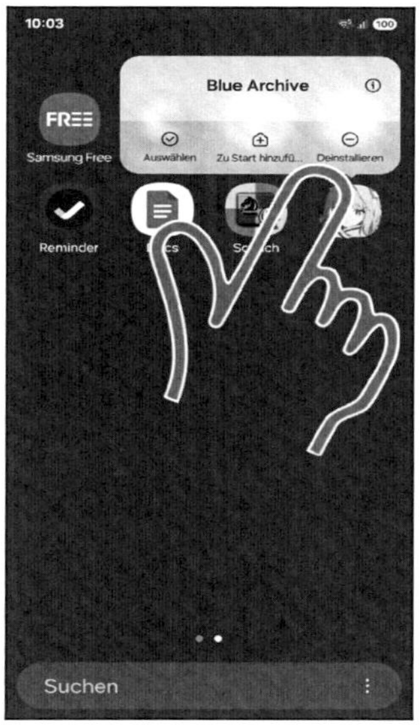

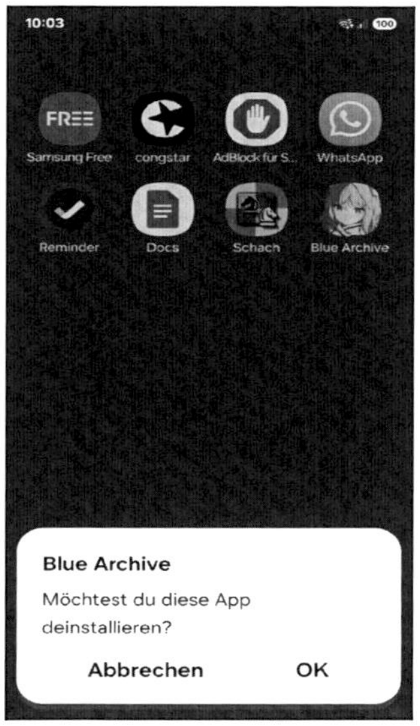

❶ Tippen und halten Sie den Finger über einem Programmeintrag, bis das Popup erscheint.

❷❸ Wählen Sie im Popup *Deinstallieren* und betätigen dann *OK*.

Programme, die für das einwandfreie Funktionieren des Handys benötigt werden, lassen sich nicht deinstallieren.

26.4 Programme im Hintergrund

Genauso wie unter Windows auf dem PC dürfen auch auf Android mehrere Programme gleichzeitig aktiv sein. Zum Beenden eines Programms unter Android betätigen Sie einfach die <-Taste. Soll dagegen das gerade aktive Programm im Hintergrund weiterlaufen, drücken Sie die O-Taste. In das Hintergrund-Programm kehren Sie entweder durch erneuten Programmaufruf aus dem Hauptmenü zurück, oder Sie verwenden dazu die nachfolgend beschriebene Vorgehensweise.

Wenn Sie die III-Taste unterhalb des Displays betätigen, listet das Galaxy die zuletzt aufgerufenen Programme auf – was übrigens nicht heißt, dass diese noch im Hintergrund laufen. Ziehen Sie mit angedrücktem Finger ein Vorschaubild nach oben, um es aus der Liste zu entfernen beziehungsweise zu beenden. Alternativ betätigen Sie *Alle schließen* am unteren Bildschirmrand.

Grundsätzlich dürfte es nur äußerst selten nötig sein, im Hintergrund laufende Programme zu beenden.

27. Benutzeroberfläche optimal nutzen

In diesem Kapitel werfen wir einen Blick auf die zahlreichen Optionen, mit denen Sie das Galaxy an Ihre Bedienweise anpassen.

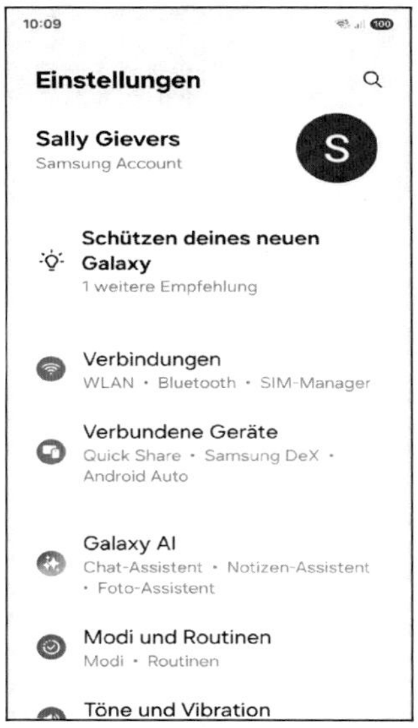

❶❷ Für die in den nachfolgenden Kapiteln beschriebenen Funktionen greifen Sie häufig auf die *Einstellungen*-Anwendung zurück, die Sie im Hauptmenü starten.

Die Einstellungen-Anwendung zeigt immer das zuletzt aufgerufene Menü an. Betätigen Sie in daher gegebenenfalls ein- oder mehrmals die <-Taste unterhalb des Bildschirms, bis Sie sich wieder im Hauptmenü befinden.

27.1 Bildschirmanzeige anpassen

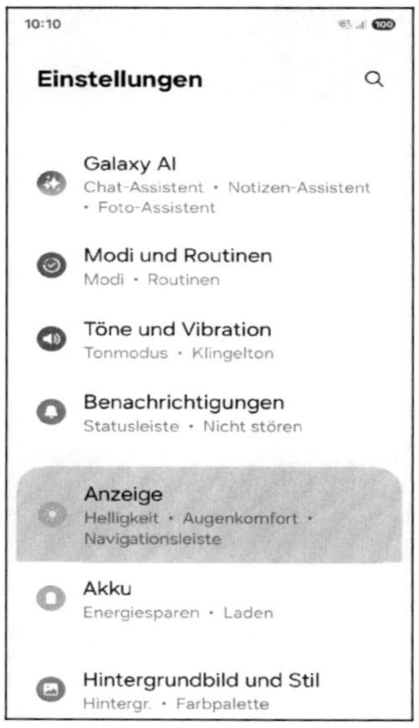

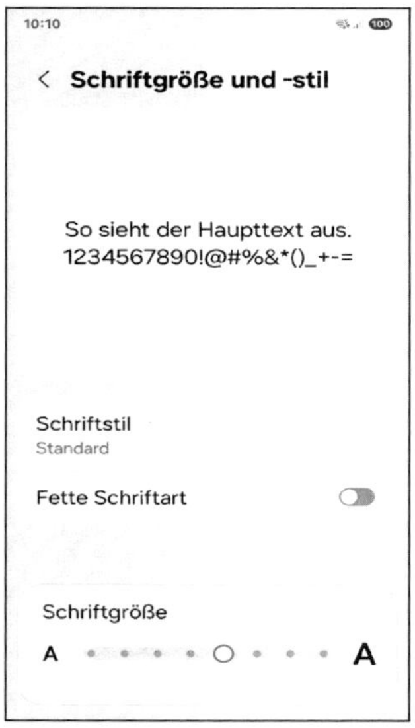

❶❷ In *Anzeige* konfigurieren Sie die Bildschirmanzeige:

- *Hell; Dunkel*: Invertiert die Bildschirmfarben, was bei Dunkelheit gegen Blendung hilft. Siehe Kapitel *27.5 Dunkelmodus (Dark Mode)*.
- *Einstellungen für Dark Mode*: Sie können die Zeiten festlegen, zu denen sich der Dunkelmodus automatisch einschaltet.
- *Helligkeit*: Diese können Sie einfacher über den Helligkeitsregler im Schnelleinstellungsbereich anpassen.

- *Adaptive Helligkeit*: Die Displaybeleuchtung passt sich automatisch an das Tageslicht an.
- *Bildwiederholrate*: Durch die höhere Bildwiederholrate von 120 Hz erhalten Sie ruckelfreie Animationen, was sich weniger im Alltag als bei Spielen bemerkbar macht. Allerdings ist damit ein höherer Stromverbrauch verbunden (geringere Akkulaufzeit).
- *Augenkomfort*: Die Wissenschaft macht den Blauanteil in der Displaybeleuchtung für negative Effekte wie schlechten Schlaf und Konzentrationsstörungen verantwortlich.
- *Adaptiver Farbton*: Passt die Farbdarstellung an die Umgebungshelligkeit an, was allerdings recht gewöhnungsbedürftig ist.
- *Bildschirmmodus*: Passen Sie die Farbdarstellung an Ihre Vorstellungen an.
- *Schriftgröße und Stil* (❸): Neben der Schriftgröße lässt sich auch die Schriftart einstellen. In diesem Buch verwenden wir beispielsweise eine etwas größere Schrift, damit die Bildschirmabbildungen besser lesbar sind.
- *Bildschirmzoom*: Größe aller Schaltleisten und Bildschirmtexte anpassen.
- *Bildschirmauflösung* (nur Galaxy S25 Ultra): Sie können zwischen drei verschiedenen Bildschirmauflösungen wählen. Die voreingestellte mittlere Auflösung ist ein guter Kompromiss zwischen Auflösung und damit verbundenen Akkuverbrauch.
- *Vollbild-Apps*: Sie können hier Anwendungen auswählen, die den Bildschirm voll ausnutzen, indem die Titelleiste ausgeblendet wird. Auf dem Galaxy macht so etwas aber wenig Sinn, weil das Gerät ohnehin ein sehr längliches Display verwendet.
- *Kameraauschnitt*: Die Kamera auf der Displayoberseite lässt sich »verstecken«, indem man auf eine schwarze Titelleiste umschaltet.
- *Bildschirm-Timeout*: Nach der eingestellten Zeitspanne schaltet sich das Display aus. Alternativ betätigen Sie dafür den Ein/Ausschalter.
- *Einfacher Modus*: Schaltet die Bildschirmdarstellung im Startbildschirm auf große Symbolschaltleisten um.
- *Seitenpaneele*: Die Seitenpaneele, aktiviert man jederzeit mit einer Wischgeste. Darauf geht Kapitel *28 Seiten-Paneele* ein.
- *Navigationsleiste*: Farbe und Funktion der Navigationsleiste (die Tasten unterhalb des Bildschirms) konfigurieren.
- *Schutz vor versehentlicher Berührung*: Verhindert, dass das Handy aus Versehen während des Transports Funktionen auslöst. Dazu werden die verschiedenen Sensoren im Handy ausgewertet.
- *Berührungsempfindlichkeit*: Falls Sie eine Displayschutzfolie verwenden, müssen Sie eventuell *Berührungsempfindlichkeit* aktivieren, damit Ihre Fingergesten erkannt werden.
- *Ladeinformationen anzeigen*: Auch bei abgeschalteten Display wird der Ladezustand des Akkus angezeigt, wenn Sie das Handy per USB-Kabel am PC oder Netzteil angeschlossen haben.
- *Bildschirmschoner*: Legt fest, was das Galaxy anzeigt, wenn es an eine Stromversorgung angeschlossen ist. Neben einem Farbverlauf können Sie auch Fotos anzeigen lassen.

Die Optionen *Helligkeit* und *Bildschirm-Timeout* haben großen Einfluss auf die Akkubetriebsdauer, weshalb Sie sie nicht zu hoch einstellen sollten.

27.2 Always On Display

Aus Energiespargründen schaltet sich das Display nach einer einstellbaren Zeitspanne (siehe Kapitel *4.2 Displaysperre*) automatisch aus. Für den Anwender ist das ärgerlich, denn jedes Mal, wenn er wissen möchte, ob beispielsweise neue SMS vorliegen, muss er erst den Ein-/Ausschalter betätigen.

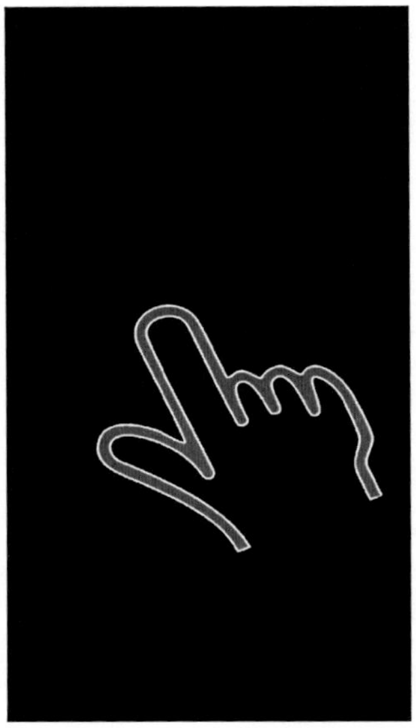

❶ Abhilfe schafft beim Galaxy das sogenannte Always On Display (engl. »Immer-an-Display«). Dazu tippen Sie einmal kurz auf das ausgeschaltete Display, worauf das Handy die Uhrzeit und einige andere Infos anzeigt.

❷ Das Always On Display zeigt neben der Uhrzeit auch Symbole an, die beispielsweise über verpasste Anrufe oder ungelesene E-Mails informieren. Wenn Sie das Handy nutzen möchten, drücken Sie kurz den Ein-/Ausschalter und gelangen dann zur Displaysperre. Alternativ tippen Sie zweimal schnell hintereinander auf den ausgeschalteten (Always On)-Bildschirm.

Bitte beachten Sie auch die Einführung im Kapitel *4.2 Displaysperre*.

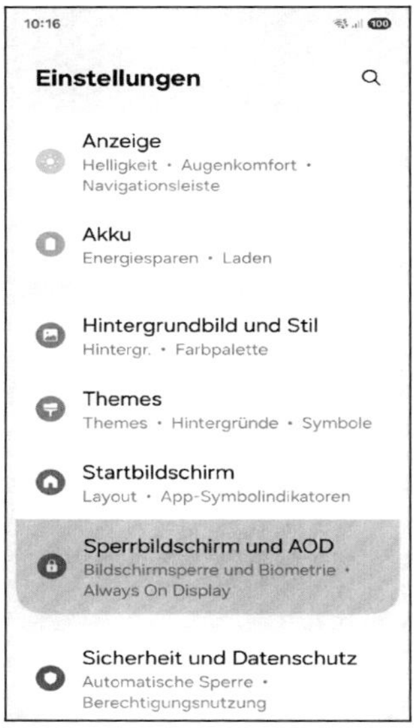

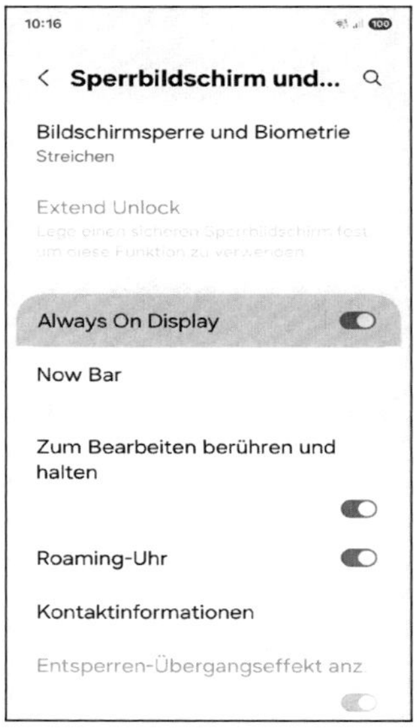

❶❷ Rufen Sie in den *Einstellungen* das *Sperrbildschirm und AOD*-Menü auf und gehen auf *Always On Display*.

❸ Die verfügbaren Optionen:

- *Ein*: Über den Schalter am oberen Bildschirmrand aktivieren/deaktivieren Sie das Alway On Display.

- *Sperrbildschirm-Hintergrund anz.*: Im Always On Display wird der Hintergrund der Displaysperre angezeigt. Wie Sie diesen festlegen, erfahren Sie im Kapitel *4.7.4 Hintergrundbild*.
- *Hintergrund löschen*: Das Menü ist nur verfügbar, wenn Sie ein Foto als Hintergrundbild in der Displaysperre festgelegt haben. Tiere oder Personen werden dann »freigestellt«, das heißt, ohne Hintergrund im Always On Display angezeigt.
- *Now Bar anzeigen*: Die sogenannte Now Bar erscheint am unteren Bildschirmrand. Sie zeigt anstehende Termine und Ähnliches an.
- *Wann anzeigen*: Legen fest, unter welche Bedingungen das Always On Display angezeigt wird:
  - *Automatisch*: Das Always On Display ist immer sichtbar, schaltet sich aber aus, wenn sich das Handy an einem dunklen Ort befindet oder in einer Tasche transportiert wird.
  - *Immer*: Always On Display ist permanent eingeschaltet – was in der Praxis keinen Sinn ergibt und nur unnötig die Akkubetriebsdauer reduziert.
  - *Zum Anzeigen tippen*: Tippen Sie einmal mit dem Finger kurz auf den Bildschirm, worauf das Always On Display für 10 Sekunden erscheint.
  - *Wie geplant*: Das Handy unterstützt die tageszeitabhängige Anzeige des Always On Displays.
  - *Für neue Benachrichtigungen*: Bei neuen Benachrichtigungen anzeigen.
- Info zu Always On Display; Kontaktiere uns

27.2.1 Foto im Always On Display

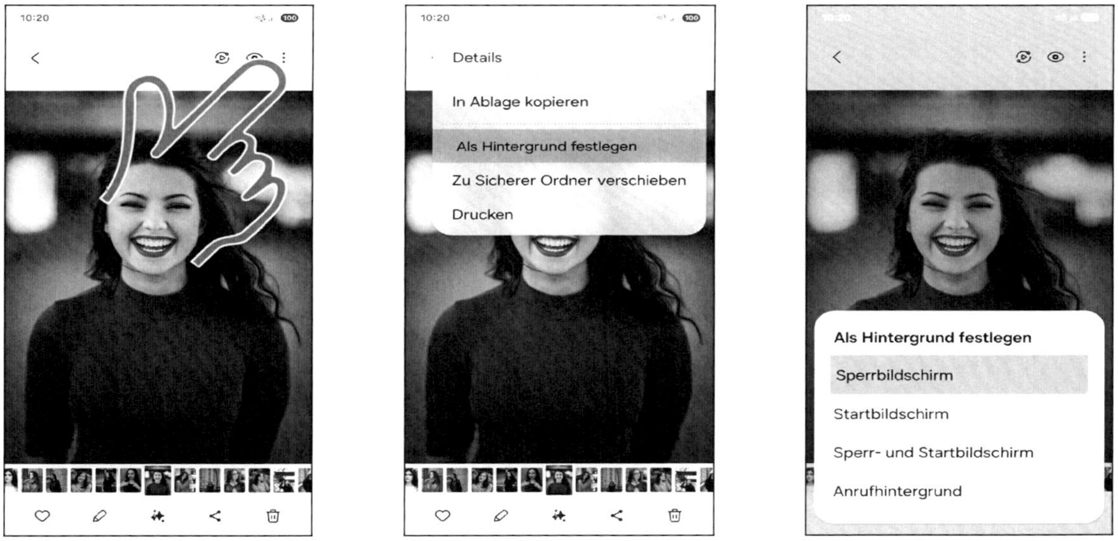

❶❷ So weisen Sie dem Always On Display ein Bild zu: Rufen Sie im Bildanzeiger (siehe Kapitel *18 Galerie*) ein Foto in der Vollbildansicht auf und gehen Sie auf ⁝/*Als Hintergrund festlegen*.

❸ Wählen Sie *Sperrbildschirm* aus.

➊ In diesem Bildschirm lassen sich Farben ändern und die Position und das Aussehen von Anzeigeelementen ändern. Schließen Sie den Bildschirm mit *OK.*

➋ Das Bild erscheint nun immer, wenn Sie das Handydisplay ausgeschaltet ist und Sie es einmal kurz antippen.

Im Vergleich zu früher gibt es seit den Galaxy S25-Modellen eine Änderung: Das Foto im Always On Display lässt sich nicht mehr unabhängig vom Foto im Sperrbildschirm ändern.

27.3 Funktionen in der Displaysperre

Je nach Voreinstellung (unter *Einstellungen/Anzeige/Bildschirm-Timeout*) aktiviert sich nach bis zu 10 Minuten die Displaysperre, wenn Sie das Gerät nicht nutzen. Alternativ schaltet sich die Displaysperre auch ein, wenn Sie kurz den Ein/Ausschalter betätigen.

Manche der in den folgenden Kapiteln vorgestellten Funktionen machen bei genauerer Betrachtung kaum Sinn. Es ist also Ihnen überlassen, ob Sie sie im Alltag nutzbringend verwenden können.

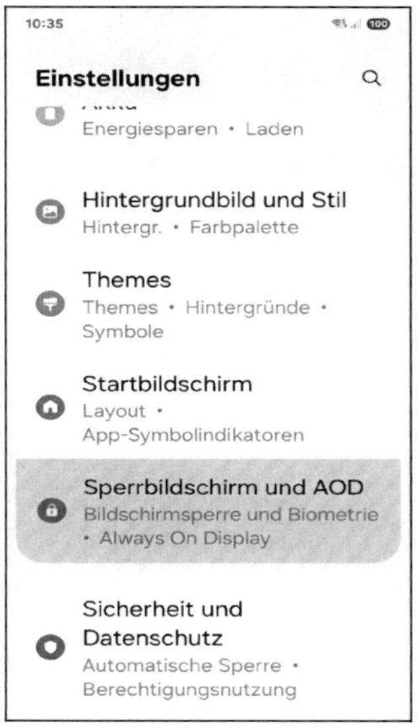

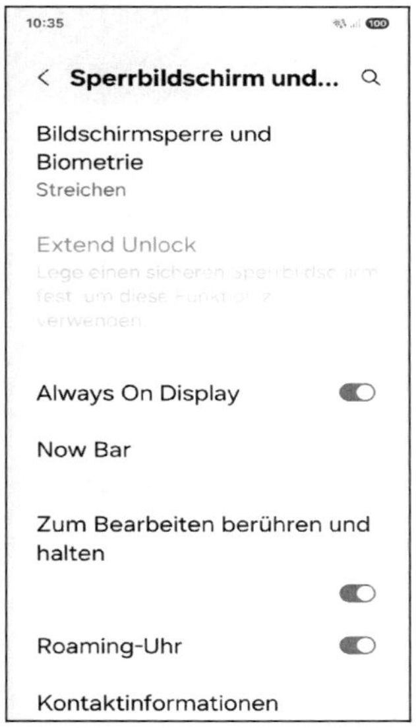

➊➋➌ In *Einstellungen/Sperrbildschirm und AOD* lassen sich weitere Einstellungen vornehmen:

- *Bildschirmsperre und Biometrie*: Bildschirmsperre durch PIN, Passwort, Muster oder biometrische Merkmale (siehe Kapitel *30.2 Gerätesperre*).
- *Extended Unlock*: Wenn bestimmte Umgebungsbedingungen (Standort, Ihre Stimme, oder Ähnliches) auftreten, entsperrt sich das Handy automatisch. Wir raten aus Sicher-

heitsgründen von dessen Verwendung ab.

- *Always On Display*: Dieser wird bereits im Kapitel *27.2 Always On Display* beschrieben.
- *Now Bar*: Verwaltet die in der Now Bar angezeigten Informationen. In diesem Buch gehen wir nicht weiter darauf ein.
- *Zum Bearbeiten berühren und halten*: Wenn Sie in der Displaysperre einen Finger auf einen leeren Bereich tippen und halten, können Sie die angezeigten Bildschirmelemente bearbeiten. Deaktivieren Sie *Zum Bearbeiten berühren und halten*, damit dies nicht möglich ist.
- *Roaming-Uhr*: Falls Sie sich im Ausland befinden und das Handy in einem fremden Mobilfunknetz (Roaming) eingebucht ist, erscheint eine weitere Uhr.
- *Kontaktinformationen*: Diese werden im Sperrbildschirm angezeigt. Hinterlegen Sie hier beispielsweise eine Telefonnummer, über die Sie erreichbar sind, falls Sie das Handy verloren haben und jemand anders es findet.
- Entsperren-Übergangseffekt anz.: Wenn Sie eine der im Kapitel *30.2 Gerätesperre* beschriebenen Sperren aktiviert haben, können Sie hier den Übergangseffekt beim Entsperren einstellen.

27.3.1 Bildschirmelemente in der Displaysperre

Die Displaysperre zeigt neben der Uhrzeit und dem Datum auch weitere nützliche Daten an.

❶❷ Tippen und halten Sie einen Finger auf einen leeren Bereich in der Displaysperre, bis das Handy in den Bearbeitungsmodus schaltet.

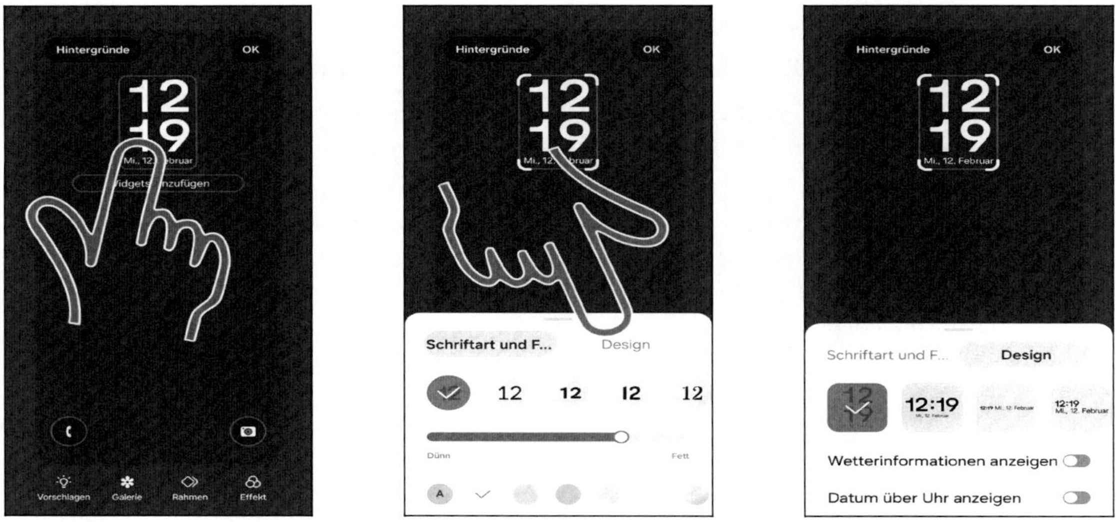

❶❷❸ Tippen Sie zum Beispiel auf die Uhrzeit, worauf Sie aus mehreren Ziffernblättern wählen und auch die Schriftfarbe einstellen können.

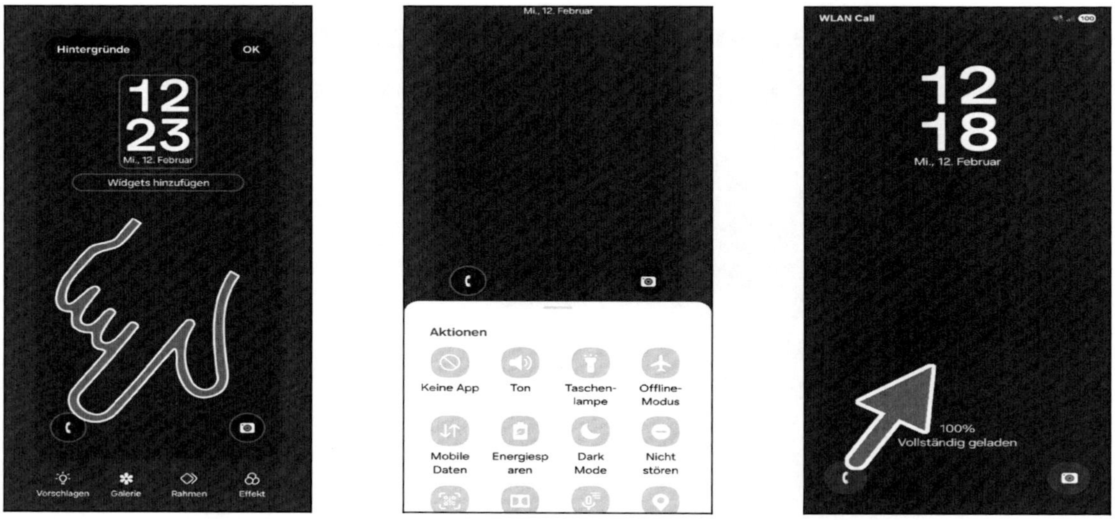

❶❷ Die folgende Einstellung betrifft den Schnellstart zweier Anwendungen aus der Displaysperre: Vordefiniert sind *Telefon* und *Kamera*. Gehen Sie auf oder und wählen Sie jeweils die gewünschte Verknüpfung aus.

❸ Künftig rufen Sie mit einer Wischgeste auf einer der beiden Verknüpfungen die hinterlegte Anwendung auf.

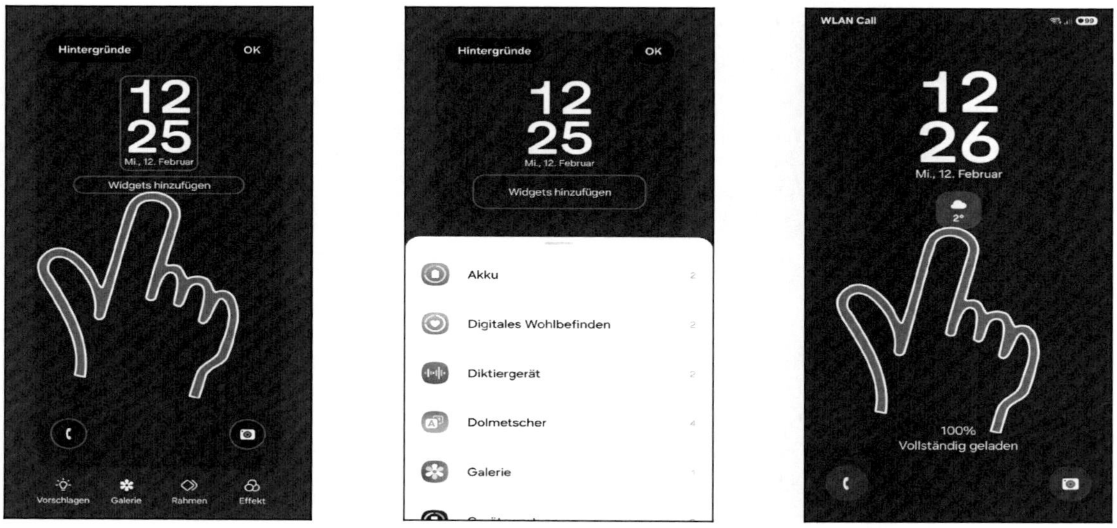

❶ Zusätzliche Infos zeigt das Widget an, das Sie mit *Widgets* festlegen.

❷ Wählen Sie aus einem der angebotenen Widgets eines aus. Vergessen Sie nicht, Ihre Änderungen am Sperrbildschirm mit *OK* (oben rechts) zu übernehmen.

❸ In diesem Beispiel haben wir das Wetter-Widget eingerichtet. Antippen des Widgets in der Displaysperre ruft später die Wettervorhersage auf.

27.4 Ruhemodus

In bestimmten Fällen, beispielsweise, wenn man außerhalb seiner Arbeitszeit keine Anrufe annimmt, ist es sinnvoll, die Signaltöne des Galaxy zu deaktivieren. Damit Sie nicht am nächsten Morgen vergessen, die Signaltöne wieder einzuschalten, besitzt das Handy dafür einen Timer.

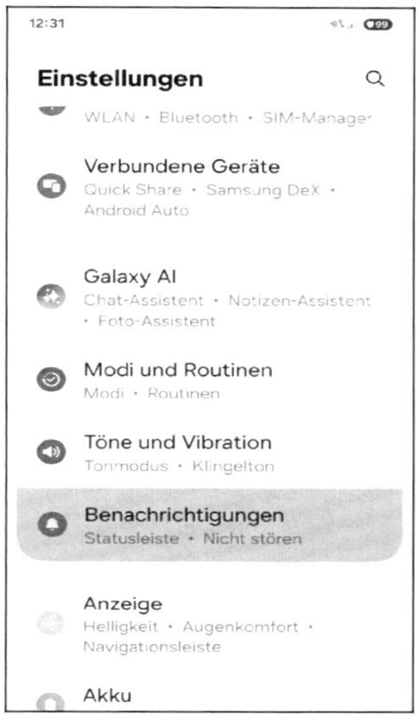

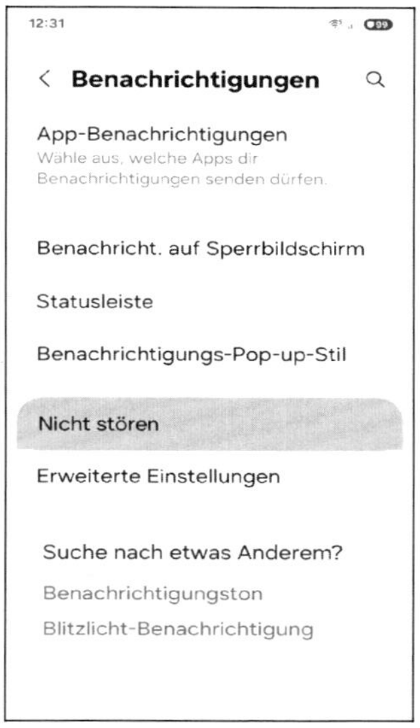

❶ Rufen Sie die *Einstellungen* aus dem Hauptmenü auf.

❷❸ Gehen Sie auf *Benachrichtigungen* und dann *Nicht stören.*

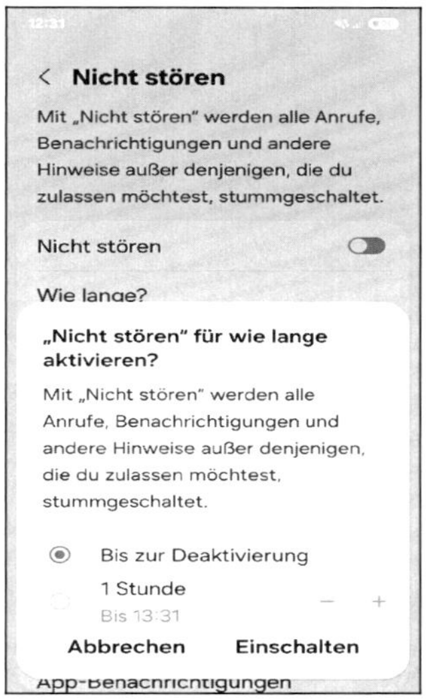

❶❷ Aktivieren Sie *Nicht stören* und schließen Sie das Popup mit *Einschalten*. Sie können allerdings bereits hier bei Bedarf die Zeitspanne bis zur automatischen Deaktivierung festlegen.

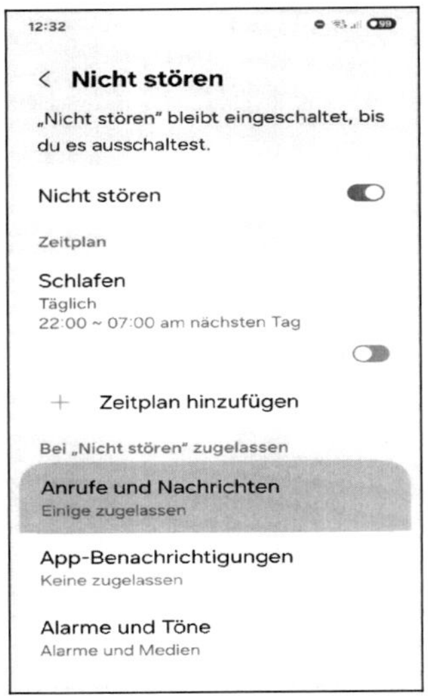

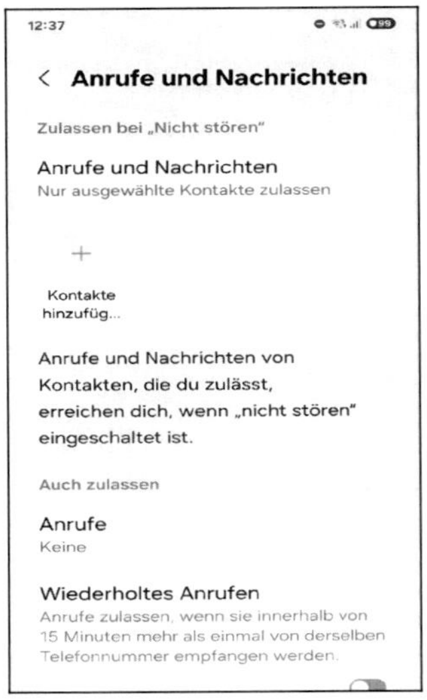

❶❷ Weitere Optionen im *Anrufe und Nachrichten*-Menü:

Unter *Zulassen bei „Nicht stören":*

- *Kontakte hinzufügen*: Anrufe und Nachrichten der hier ausgewählten Kontakte (siehe Kapitel *8 Telefonbuch*) schaltet das Handy nicht stumm.

Unter *Auch zulassen*:

- *Anrufe*: Konfiguriert, welche Telefonbuchkontakte durchkommen, wenn Sie alle Signale deaktiviert haben:
  - *Alle*: Deaktiviert.
  - *Nur Kontakte*: Alle Kontakte, deren Rufnummer in Ihrem Telefonbuch (siehe Kapitel *8 Telefonbuch*) enthalten sind.
  - *Nur bevorzugte Kontakte:* Favoriten-Kontakte (siehe Kapitel *8.6 Favoriten*).
  - *Keine*: Keine Kontaktdatenauswertung.
- *Wiederholtes Anrufen*: Anrufer durchlassen, die innerhalb von 15 Minuten zweimal anrufen.
- *Nachrichten*: Wie *Anrufe*, aber auf eingehende SMS bezogen (siehe Kapitel *7 SMS mit Messages*).

Verlassen Sie den Bildschirm mit der <-Taste.

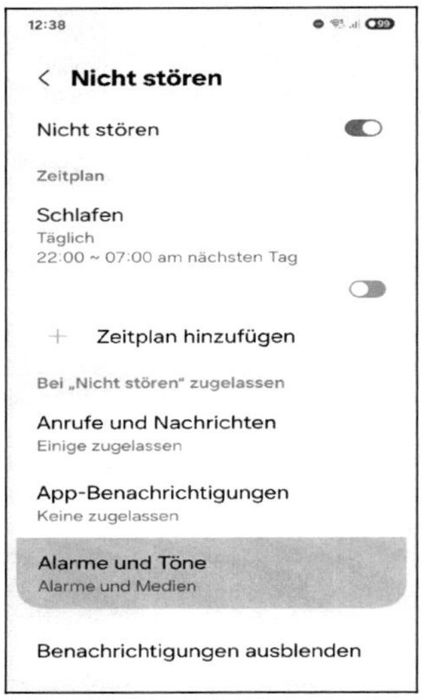

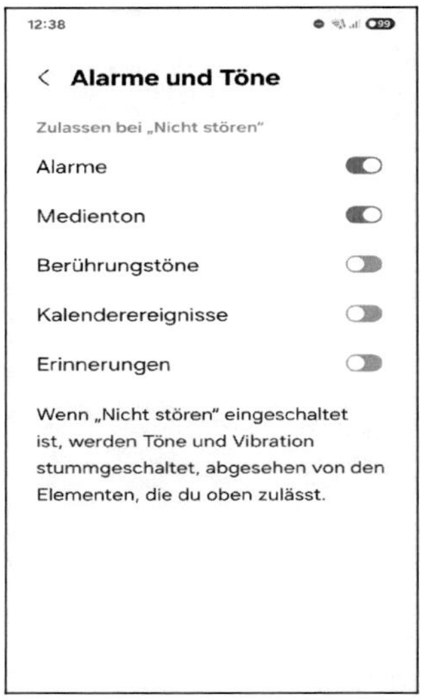

❶❷ In *Alarme und Töne* legen Sie fest, welche Benachrichtigungen auch im Ruhemodus aktiv sind. Standardmäßig sind *Alarme* (siehe Kapitel *21.6.1 Alarm*) und *Medien* (Musikwiedergabe mit dem im Kapitel *19 Musik* beschriebenen Programm) immer eingeschaltet:

- *Alarme*: Weckeralarm (siehe Kapitel *21.6.1 Alarm*).
- *Medienton*: Musikwiedergabe.
- *Berührungstöne*: Ton bei Berühren des Bildschirms beziehungsweise von Schaltleisten.
- *Kalenderereignisse*: Kalendertermine.
- *Erinnerungen*: Benachrichtigungen von Anwendungen erlauben.

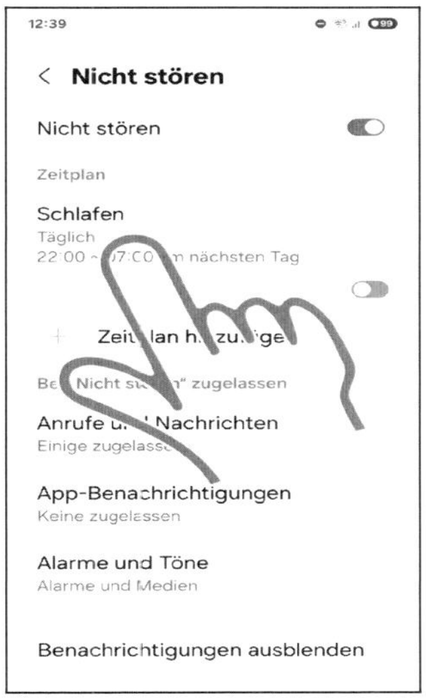

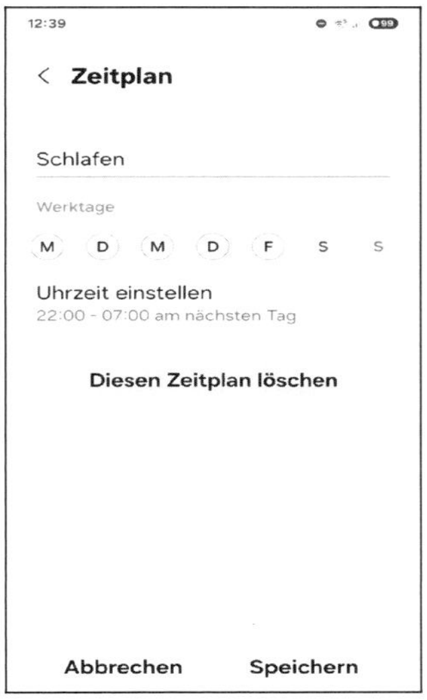

❶ In der Voreinstellung ist der Ruhemodus solange aktiv, bis Sie ihn wieder deaktivieren. Wir empfehlen deshalb, die Zeitsteuerung zu verwenden, die Sie unter *Zeitplan festlegen* finden. Vordefiniert ist bereits *Schlafen* (❷). Sie können aber auch über *Zeitplan hinzufügen* weitere Zeiten anlegen. Anschließend stellen Sie die betreffenden Wochentage, sowie Start- und Endzeit ein.

❶ Wenn der Ruhemodus aktiv ist, erscheint in der Titelleiste das ⊖-Symbol.

❷ In das Ruhemodus-Menü gelangen Sie nach Antippen der *„Nicht stören" aktiviert*-Schaltleiste im Benachrichtigungsfeld.

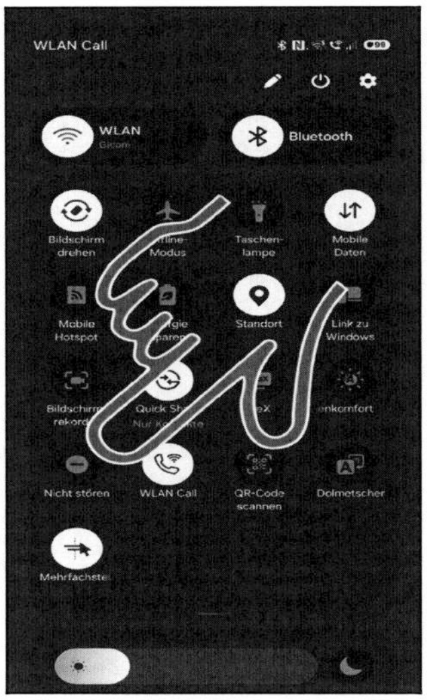

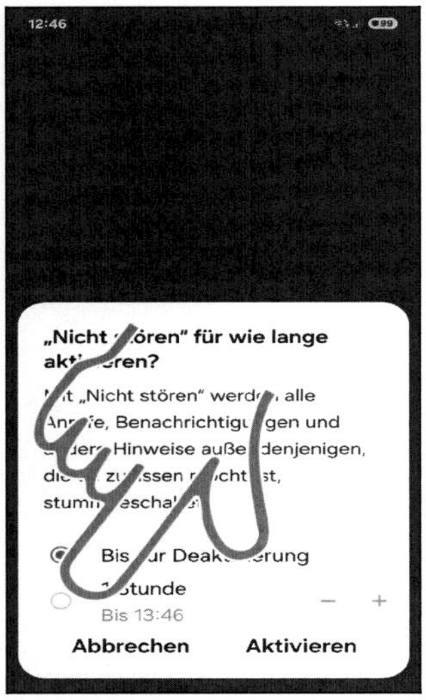

❶ Den Ruhemodus können Sie auch im Schnelleinstellungsbereich aktivieren: Erweitern Sie es mit einer Wischgeste nach unten.

❷❸ Tippen auf *Nicht stören* worauf Sie in einem Popup die Zeit bis zur automatischen Deaktivierung einstellen können. Erneutes Antippen von *Nicht stören* beendet den Ruhemodus wieder.

27.5 Dunkelmodus (Dark Mode)

Sie haben vielleicht schon festgestellt, dass das Handy-Display Abends beziehungsweise in dunkler Umgebung ziemlich blendet. Zwar können Sie dann, wie im Kapitel *4.8 Die Titelleiste* beschrieben, mit dem Regler im Schnelleinstellungsbereich die Displayhelligkeit reduzieren, eine gute Lösung ist das aber nicht. Aus diesem Grund wurde der »Dunkelmodus« (engl. »Dark Mode«) ersonnen, der die Bildschirmdarstellung invertiert.

Je nach Ihren Vorlieben schalten Sie entweder von Hand den Dunkelmodus ein oder Sie stellen die Zeitsteuerung ein, welche automatisch tageszeitabhängig den Dunkelmodus aktiviert beziehungsweise wieder ausschaltet. Praktischer Nebeneffekt ist eine längere Akkubetriebsdauer, denn das (helle) Display ist ein großer Stromfresser.

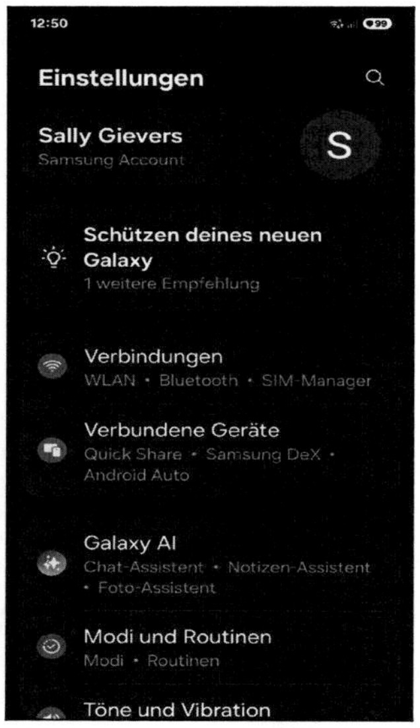

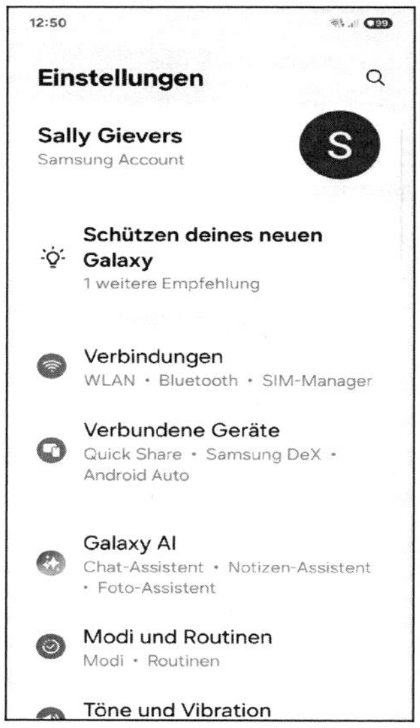

Die *Einstellungen*-Anwendung im dunklen (❶) und hellen (❷) Modus.

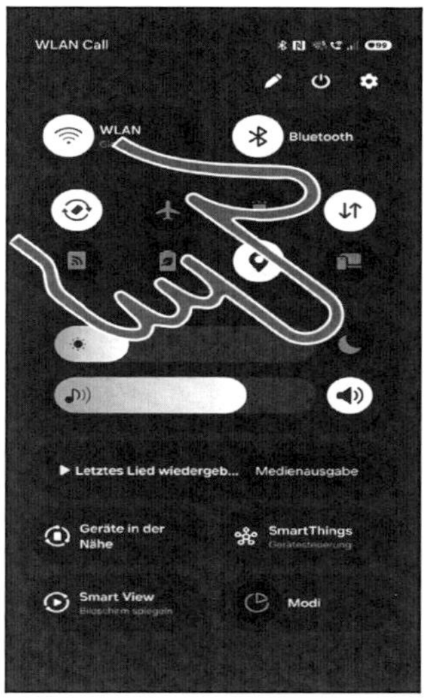

❶❷ Den Dark Mode können Sie im Schnelleinstellungsbereich aktivieren: Öffnen Sie den Schnelleinstellungsbereich mit einer Wischgeste und schalten Sie den Dunkelmodus mit ☾ ein. Tippen Sie erneut auf ☾ für die gewohnte helle Bildschirmanzeige.

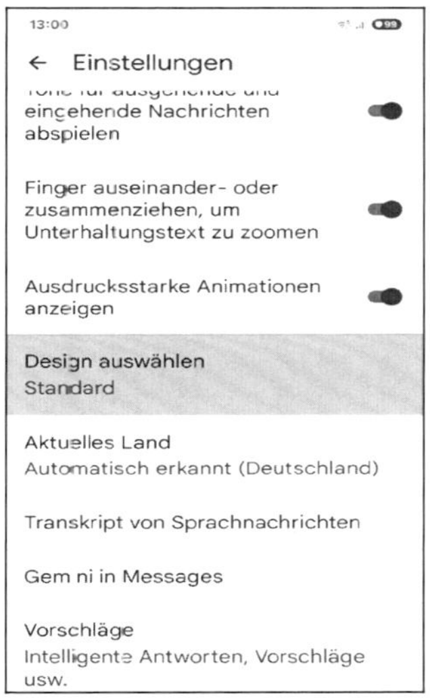

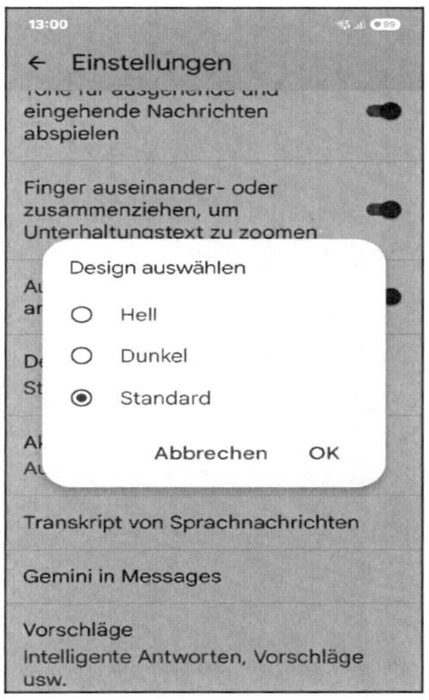

Standardmäßig passen sich die vorinstallierten Anwendungen auf dem Galaxy an den aktivierten Dunkelmodus an. Allerdings kann der Dunkelmodus in den Anwendungen Telefon, Kontakte, Webbrowser und Nachrichten (SMS) unabhängig von der Systemeinstellung individuell aktiviert werden.

❶ Beispiel für die Nachrichten-Anwendung (siehe Kapitel *7 SMS mit Messages*): In dessen Einstellungen gehen Sie auf *Design auswählen.*

❷ Zur Auswahl stehen *Hell, Dunkel* und *Standard*. Bei Letzterem orientiert sich die Darstellung an der globalen Voreinstellung.

❸ Die Nachrichten-Anwendung im Dunkelmodus.

27.6 Circle to Search

Die Kontextsuche »Circle to Search« kann man mit »Markieren für die Suche« übersetzen. Damit können Sie effizient und intuitiv zusätzliche Informationen zu Inhalten auf Ihrem Bildschirm erhalten, ohne die aktuelle Anwendung verlassen zu müssen.

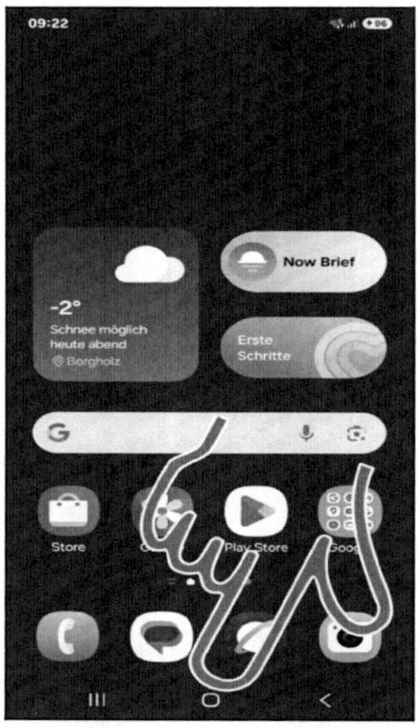

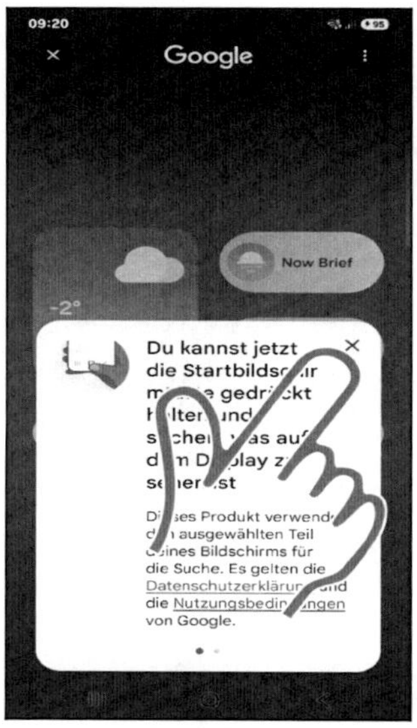

Die O-Taste haben Sie bereits kennengelernt: Kurzes Betätigen bringt Sie immer in den Startbildschirm zurück. Die Taste hat aber noch eine zweite Funktion.

❶ Tippen und halten Sie die O-Taste für die Zweitbelegung.

❷ Schließen Sie das Popup mit X. Sie können nun Circle to Search nutzen!

❶❷ Probieren Sie jetzt mal die Kontextsuche aus: Egal, was gerade auf dem Bildschirm angezeigt wird, tippen und halten Sie die O-Taste und malen mit dem Finger um ein Objekt.

❸ Das Handy zeigt passende Suchergebnisse an.

09:29
通过 AI 驱动的条码扫描，彻底革新您的追溯管理！
全新 DataMan 290 内置强大的 AI 技术，确保在生产和配送的每个阶段实现完整的追溯管理。
• 可靠跟踪：满足 GS1 标准，读取各种类型的条码，适应任何环境。
• 生产力提升：通过快速、简便的安装和维护，最大限度减少停机时间。
• 信心保障：全程支持，
Antworten

09:30
Google

09:30
Google
Revolutionieren Sie Ihr
Rückverfolgbarkeitsmanagement mit
KI-gestütztem Barcode-Scannen!
Der neue DataMan 290 verfügt über eine integrierte leistungsstarke KI-Technologie, um ein vollständiges Rückverfolgbarkeitsmanagement in jeder Phase der Produktion und des Vertriebs zu gewährleisten.
Zuverlässiges Tracking: Lernen Sie GS1 kennen Standardmäßig, liest verschiedene Arten von Barcodes und passt sich jeder Umgebung an.
Produktivitätssteigerung: durch schnelles Schnelle und einfache Installation und
Google verwendet für die Übersetzung den gesamten Bildschirm
Chin... → Deutsch ...

❶❷ Sie möchten einen fremdsprachlichen Text übersetzen? Auch das ist mit Circle to Search möglich. Tippen und halten Sie die ▢-Taste, dann gehen Sie auf 文A.

❸ Das Handy zeigt die Übersetzung an. Die Sprache wird meistens automatisch erkannt.

27.7 Modi

Über die Modi passen Sie die Systemaktivitäten Ihres Handys an Ihre aktuelle persönliche Situation an. Möchten Sie beispielsweise beim Autofahren nicht durch Anrufer gestört werden, dann schalten Sie einfach den Autofahrer-Modus ein.

Falls Sie regelmäßig zu bestimmten Uhrzeiten oder Wochentagen Ihre Ruhe haben möchten, empfehlen wir alternativ die im Kapitel *27.4 Ruhemodus* vorgestellte Funktion.

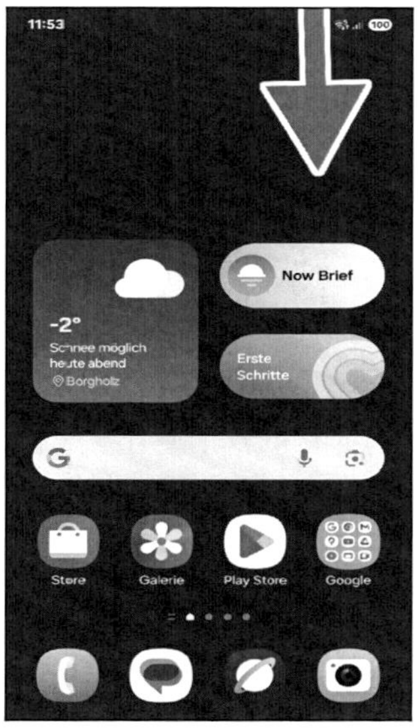
11:53
Now Brief
-2°
Schnee möglich heute abend
Borgholz
Erste Schritte
Store
Galerie
Play Store
Google

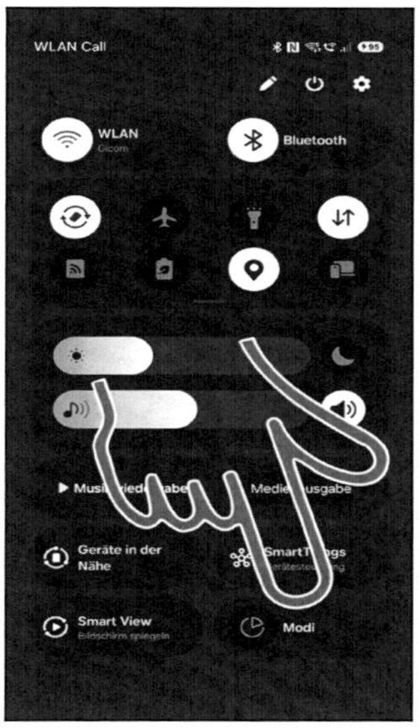
WLAN Call
WLAN
Bluetooth
Geräte in der Nähe
Smart View
Modi

❶ Öffnen Sie das Benachrichtungsfeld.

❷ Sie müssen die Modi erst korrekt einrichten, bevor Sie sie nutzen können. Tippen und halten Sie daher den Finger auf *Modi*, bis das Menü angezeigt wird.

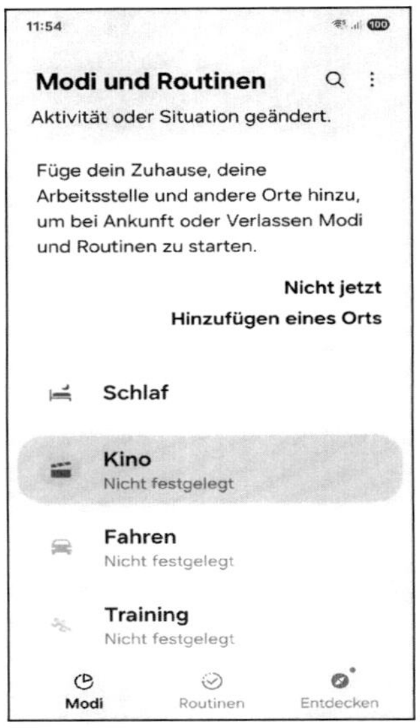

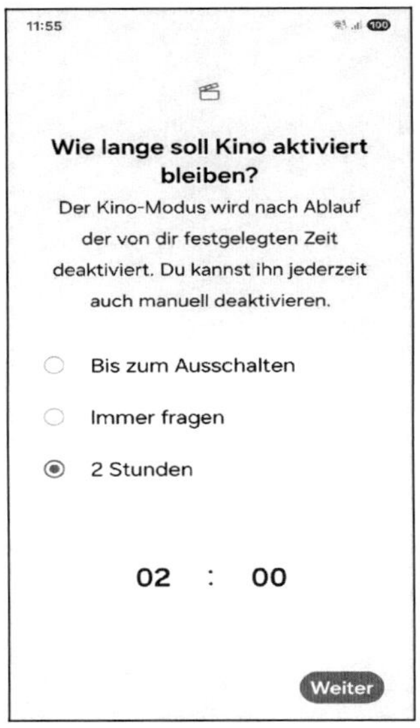

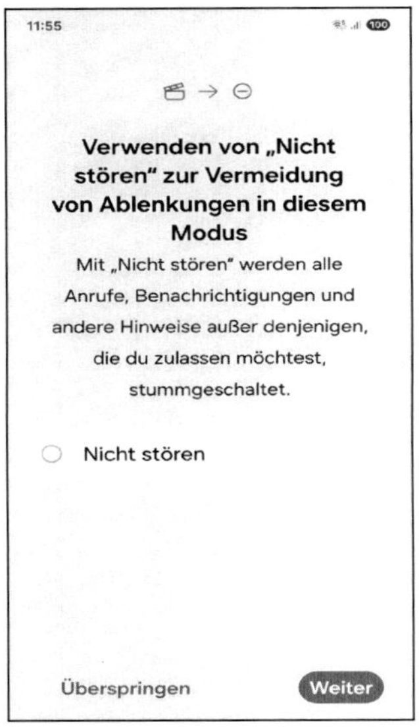

❶ Wählen Sie einen Modus, im Beispiel *Kino*, aus. Schließen Sie den folgenden Hinweis mit *Starten.* Zu einer bestimmten Uhrzeit und/oder an einem bestimmten Standort werden die Benachrichtigungen und Klingeltöne deaktiviert.

❷❸ Beantworten Sie die Fragen beziehungsweise nehmen Sie die gewünschten Einstellungen vor und betätigen Sie jeweils *Weiter*.

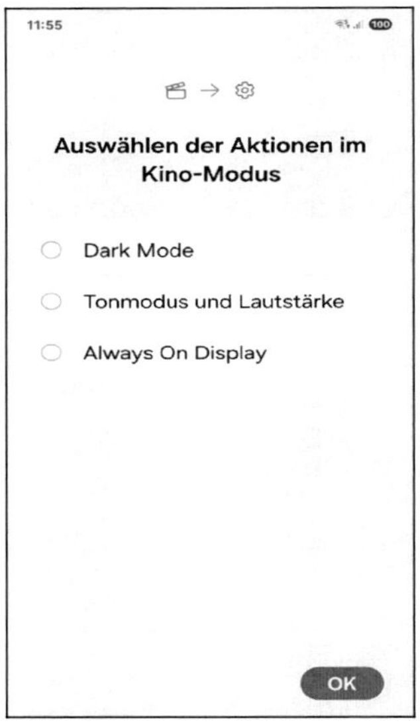

❶ Sie können nun einstellen, dass im Kino-Modus der der Dark Mode (siehe Kapitel 27.5 *Dunkelmodus (Dark Mode)*) aktiviert wird beziehungsweise das Handy die Lautstärke reduziert. Betätigen Sie *OK*.

❷ Verlassen Sie den Bildschirm mit der ‹-Taste.

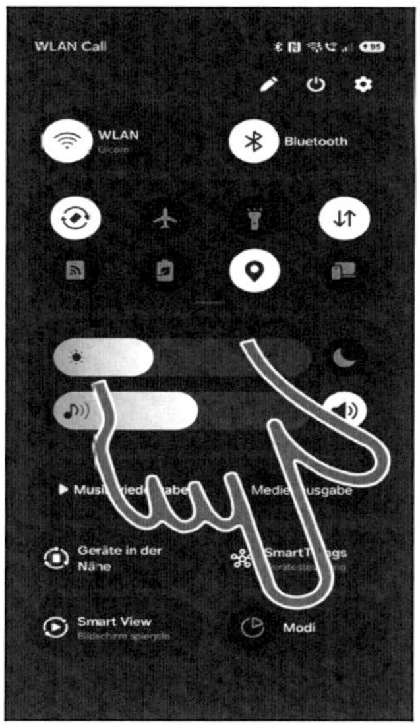

❶❷ Wenn Sie künftig *Modi* aus dem Schnelleinstellungsbereich kurz antippen, erscheint ein Popup, in dem Sie den gewünschten Modus auswählen. Sofern der Modus ohne Zeitsteuerung ist, müssen Sie ihn später durch Antippen von *Modi* deaktivieren.

28. Seiten-Paneele

Die Seiten-Paneele dienen dem schnellen Zugriff auf Kontakte, Anwendungen usw.

Viele Funktionen lassen sich über Verknüpfungen oder Widgets (siehe Kapitel *4.7 Startbildschirm konfigurieren*) einfacher aufrufen, was den Nutzen zweifelhaft macht.

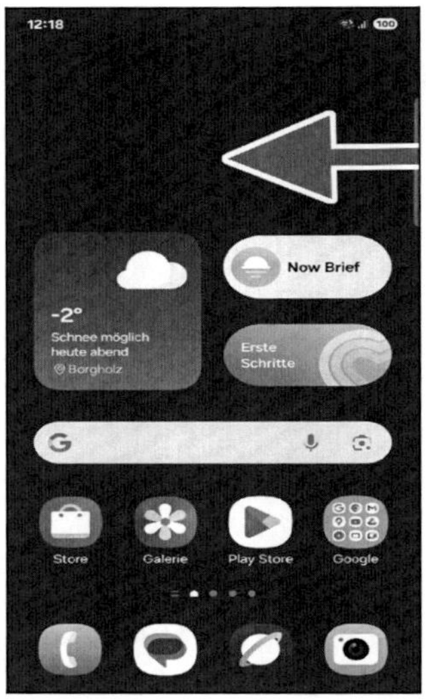

❶ Egal, in welcher Anwendung Sie sich gerade befinden, öffnet eine Wischgeste vom schmalen Balken aus das Seiten-Paneel.

❷ Standardmäßig begrüßt Sie die sogenannte App-Anzeige, über die Sie Programme aufrufen. Sie schließen das Paneel mit der ○- oder <-Taste unterhalb des Displays.

Sie können selbst festlegen, welche Paneele angezeigt werden und auch den Inhalt der Paneele teilweise an Ihre Bedürfnisse anpassen. Darauf kommen wir noch.

28.1 Einstellungen

Die Paneele passen Sie recht einfach an Ihre Bedürfnisse an.

❶ Rufen Sie *Einstellungen* im Hauptmenü auf.

❷❸ Gehen Sie auf *Anzeige* und dann *Seiten-Paneele*. Die einzelnen Menüs stellen die nächsten Kapitel vor.

28.1.1 Seiten-Paneele verwalten

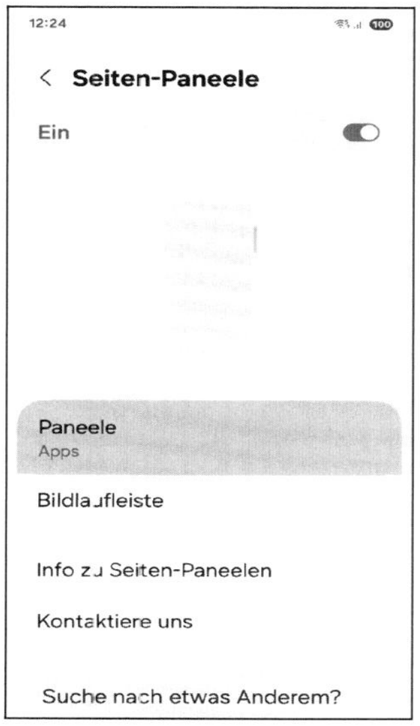

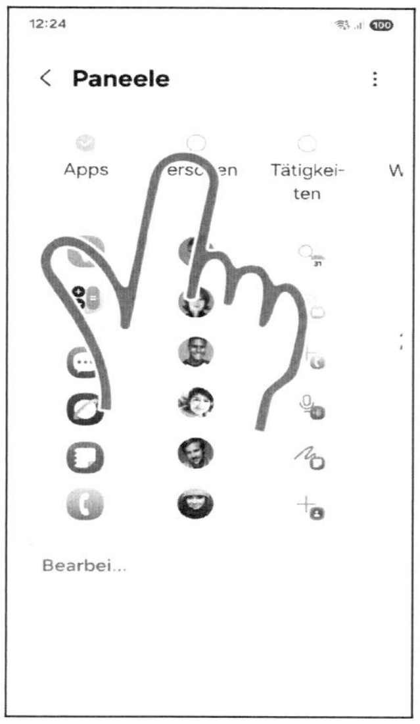

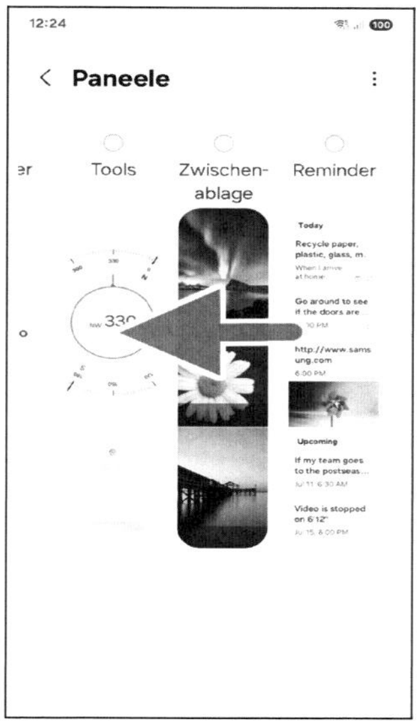

❶ Rufen Sie *Paneele* auf. Eventuell wird ein Update verlangt. Betätigen Sie in dem Fall *Aktualisieren* und folgen Sie den Anweisungen. Anschließend rufen Sie das *Paneele*-Menü erneut auf.

❷❸ Aktivieren Sie die anzuzeigenden Paneele (Abhakkästchen). Gegebenenfalls blättern Sie mit einer Wischgeste durch die Paneele.

Jedes der Paneele hat eine bestimmte Aufgabe:

- *Apps*: Häufig verwendete Anwendungen.
- *Personen*: Schneller Zugriff auf Kontakte im Telefonbuch.
- *Tätigkeiten*: Häufig genutzte Anwendungen wie Uhr, Kalender, Sprachmemo usw.
- *Wetter*
- *Tools*: Kompass, Lineal, Steuerung der LED-Lampe.
- *Zwischenablage*: Zugriff auf in der Zwischenablage gespeicherte Texte.
- Reminder: Erinnerungen anzeigen (siehe Kapitel 20 Kalender).

Verlassen Sie danach diesen Bildschirm durch einmaliges Betätigen der <-Taste.

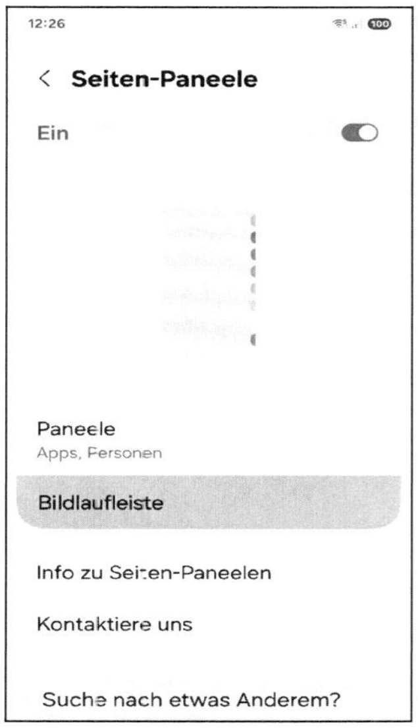

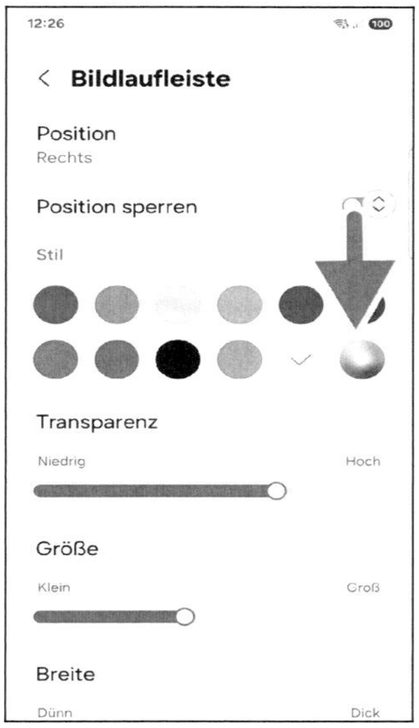

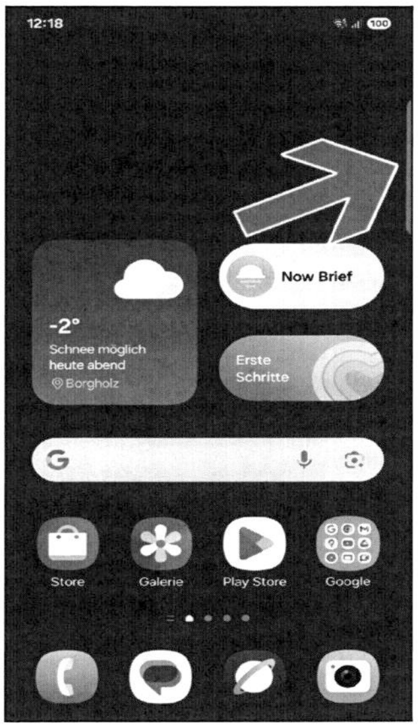

❶❷ Im *Seiten-Paneele*-Bildschirm stellen Sie ein:

Unter *Position*:

- *Position*: Seitenpanel auf linker oder rechter Seite einblenden.

- *Position sperren*: Wenn diese Option deaktiviert ist, können Sie die Seitenpaneel-Position auch im Startbildschirm ändern. Dazu halten Sie den Finger auf dem Startpaneel und ziehen ihn nach oben/unten.

Unter *Stil*:

- *(Farbauswahl)*: Wählen Sie eine Farbe für das Seitenpaneel aus.
- *Transparenz*: Standardmäßig ist das Paneel zu 30 Prozent durchsichtig.
- *Größe*: Die Paneelgröße ist stufenlos einstellbar.
- *Breite*

Die Position des grauen Balkens ändern Sie mit einer Wischgeste auf der rechten Seite. Der graue Balken wird bei ausgeblendetem Paneel angezeigt (❸). Um das Paneel anzuzeigen, müssen Sie vom grauen Balken aus wischen, wie wir bereits erläutert haben. Deshalb kann es sinnvoll sein, ihn an eine ergonomisch günstige Position zu verschieben.

29. Gerätespeicher

Schon vor Jahren hat sich die Erweiterbarkeit des Handys durch Speicherkarten eingebürgert. Für den Hersteller hatte dies damals den Vorteil, dass sie ihre Geräte nur mit dem gerade notwendigsten Speicherausbau ausliefern konnten, was Produktionskosten sparte. Weil Fotos, Videos und Musikdateien viel Speicherplatz benötigen, musste dann der Kunde für eine nachträglich erworbene Speicherkarte tief in die Tasche greifen.

Heute sieht es glücklicherweise anders aus: Handy-Hersteller packen die inzwischen sehr günstigen Speicherchips gleich im Gigabyte-Pack in ihre Handys.

Der Speicher des Samsung Galaxy ist in zwei Bereiche unterteilt:

- *Telefonspeicher*: Hier speichert das Gerät beispielsweise Kontaktdaten, Termine, Programme und sonstige Verwaltungsinformationen.
- *Gerätespeicher*: Freier Speicherbereich für Musikdateien, Videos, Fotos usw.

Beim erstmaligem PC-Anschluss erfolgt eine Sicherheitsabfrage, die Sie mit *Zulassen* bestätigen müssen.

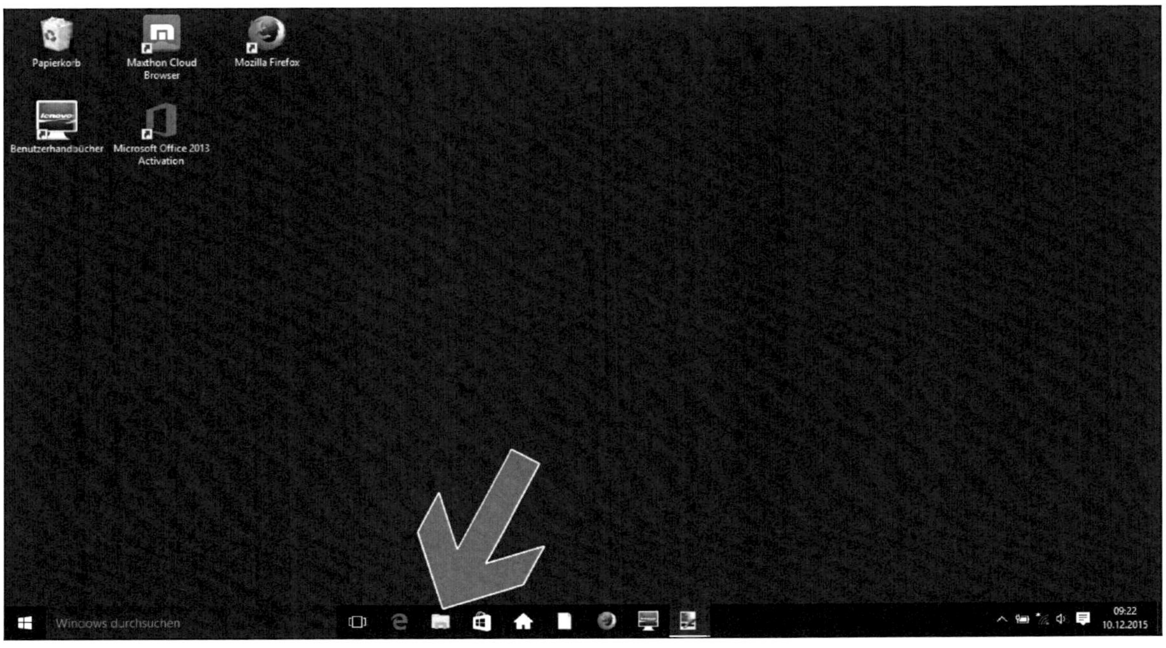

Im Desktop von Windows klicken Sie dagegen auf die Ordner-Schaltleiste am unteren Bildschirmrand.

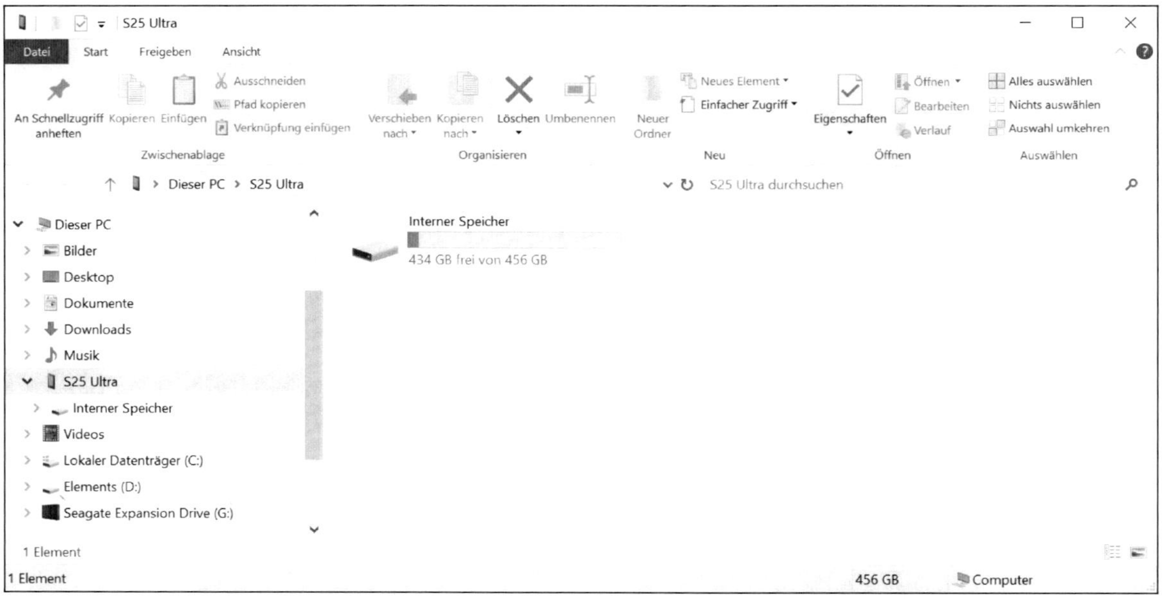

Gehen Sie dort links im Verzeichnisbaum unter *Dieser PC* auf den Gerätenamen des Galaxy-Handys. Der Gerätespeicher erscheint als *Interner Speicher*.

Falls zwar das Handy im Verzeichnisbaum auftaucht, aber nur ein leeres Verzeichnis enthält, dann haben Sie vergessen, den PC auf dem Handy freizugeben. Wie die PC-Freigabe funktioniert, haben wir bereits zu Kapitelanfang beschrieben.

29.1 Allgemeine Hinweise

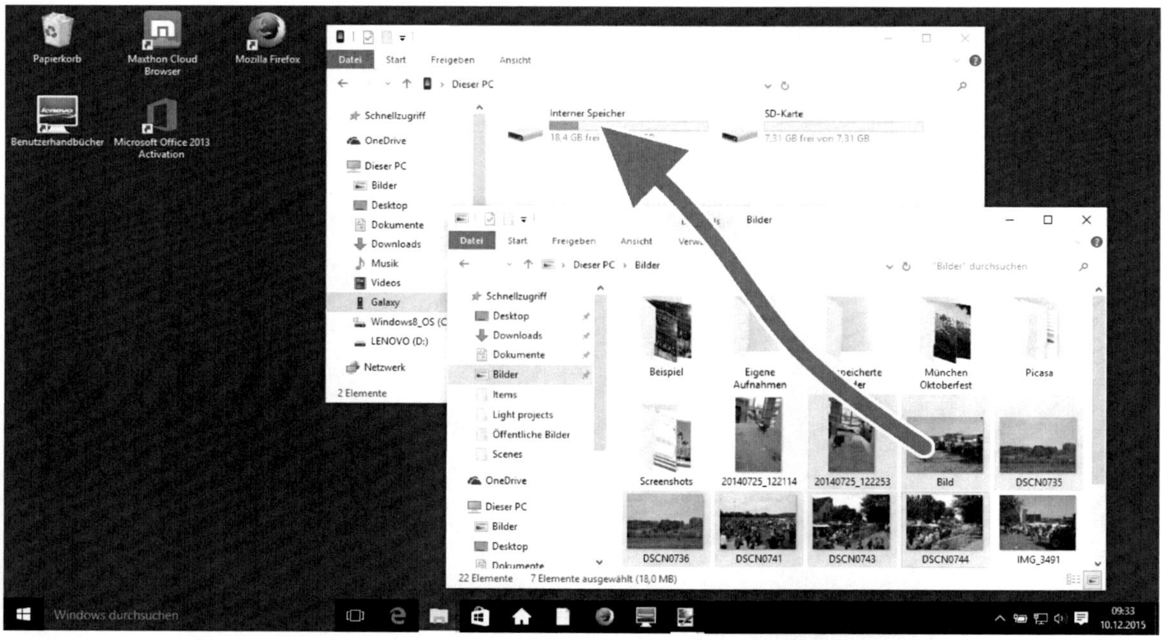

Ziehen Sie auf dem PC einfach die markierten Dateien mit der Maus aus dem Fenster auf das Galaxy, um sie auf das Handy zu kopieren.

29.2 Speicherverwaltung

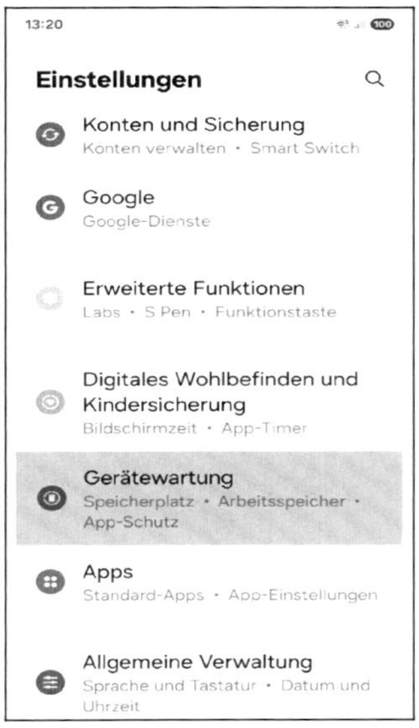

➊➋ Für die Speicherverwaltung rufen Sie im Hauptmenü *Einstellungen* auf und gehen auf *Gerätewartung.*

Die Gerätewartung wird im Kapitel *21.4 Gerätewartung* genauer vorgestellt.

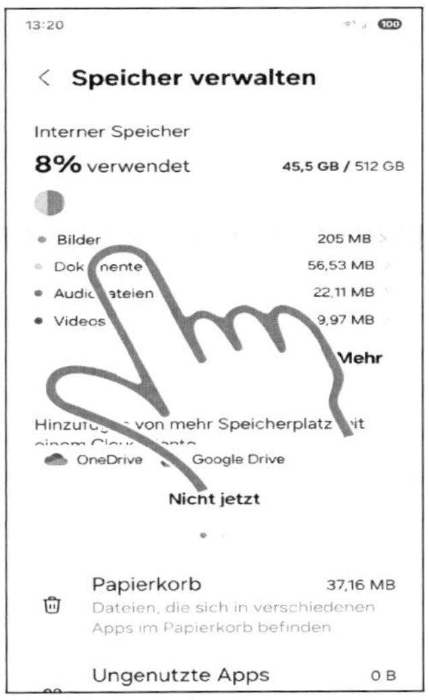

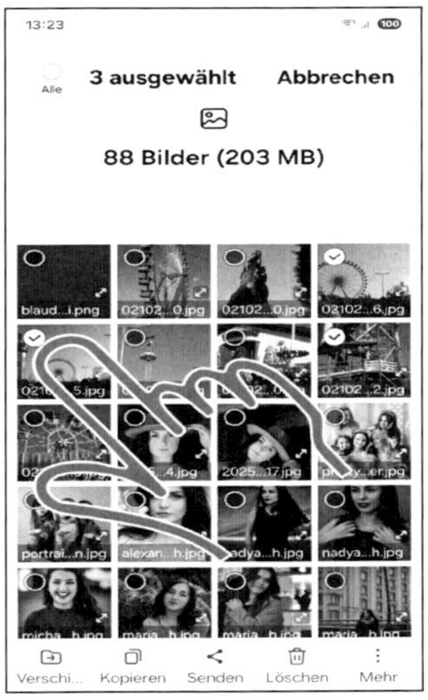

➊ Gehen Sie auf *Speicherplatz.*

➋➌ Der Bildschirm informiert Sie über die von den jeweiligen Dateitypen beziehungsweise Programmen belegten Speicherplatz. Die Bereinigung, das heißt das Löschen von nicht benötigten Dateien, ist ganz einfach. Wählen Sie einen Dateityp aus, dann aktivieren Sie die Abhakkästchen vor den Dateien und betätigen *Löschen.*

29.3 Verzeichnisse

Die Anwendungen auf dem Galaxy legen bei Bedarf die von ihnen benötigten Verzeichnisse selbst an. Wir weisen in diesem Buch in den jeweiligen Kapiteln darauf hin, falls Sie selbst mal ein Verzeichnis anlegen müssen. Beachten Sie bitte, dass Android bei Verzeichnis- und Dateinamen – im Gegensatz zu Windows auf dem PC – zwischen Groß- und Kleinschreibung unterscheidet.

Die wichtigsten Verzeichnisse:

- *Sounds*: Mit der Sprachmemo-Anwendung aufgenommene Sprachaufnahmen.
- *DCIM*: Enthält die mit der Kamera (Kapitel *17 Kamera*) aufgenommenen Fotos und Videos.
- *Download*: Aus E-Mails (siehe Kapitel *11.1.2 Dateianlagen*) gespeicherte Dateien.
- *Ringtones; Notifications; Alarms*: In diesen Verzeichnissen legt man zusätzliche Klingel- und Benachrichtigungstöne ab, die dann für Signalisierungen zur Verfügung stehen (siehe Kapitel *4.14.1 Signaltöne*).

30. Zugriffssperren

Sie haben die Möglichkeit, Ihr Galaxy auf Geräteebene (»Gerätesperre«) oder SIM-Ebene (»SIM-Sperre«) gegen unbefugten Zugriff zu sichern. Sobald Sie eine der beiden Sperren aktivieren, lässt sich das Handy erst nach Eingabe des jeweiligen Codes nutzen.

Neben der Geräte- und SIM-Sperre gibt es noch die Displaysperre, die einfach nur gegen ungewollte Tastenbetätigung schützt, wenn Sie das Gerät gerade nicht nutzen.

Damit ein Dieb nichts mit den Daten auf dem Smartphone und der SIM-Karte anfangen kann, sollten SIM-Sperre und Gerätesperre mit Codeschutz gleichzeitig aktiv sein.

PIN und PUK senden die Netzbetreiber ihren Kunden automatisch beim Vertragsabschluss zu oder Sie können sie auf der Websites Ihres Netzbetreibers nach dem Einloggen abrufen.

30.1 Displaysperre

Die Displaysperre, welche bereits im Kapitel *4.2 Displaysperre* beschrieben wird, aktiviert sich automatisch nach einiger Zeit der Nichtnutzung.

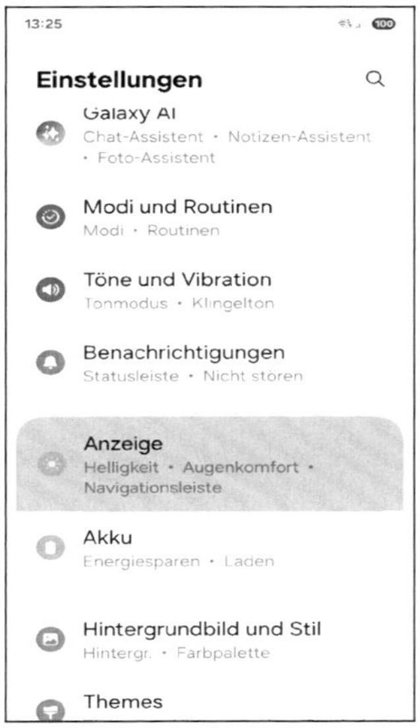

❶❷❸ Den Zeitraum bis zum Einsetzen der Displaysperre konfigurieren Sie in den *Einstellungen*. Dazu rufen Sie im Hauptmenü die *Einstellungen* auf. Gehen Sie anschließend in das Menü *Anzeige/Bildschirm-Timeout*. Wählen Sie dort die Verzögerung aus.

30.2 Gerätesperre

Einen Schutz vor unbefugtem Zugriff auf das Galaxy bietet der Kennwortschutz für die Displaysperre. Wenn das Display entsperrt oder das Gerät eingeschaltet wird, muss der Benutzer entweder erst ein Entsperrmuster mit dem Finger auf dem Gerät malen, ein Passwort eingeben oder mit dem Finger über den Fingerabdrucksensor wischen, bevor er es nutzen kann.

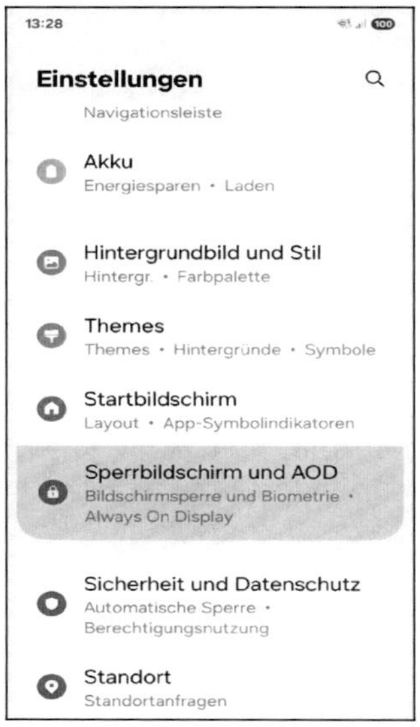

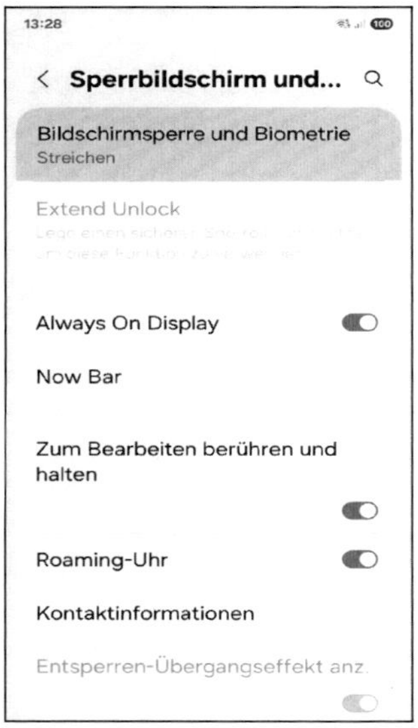

➊➋ Rufen Sie *Einstellungen* im Hauptmenü auf und gehen Sie auf *Sperrbildschirm und AOD/Bildschirmsperre und Biometrie.*

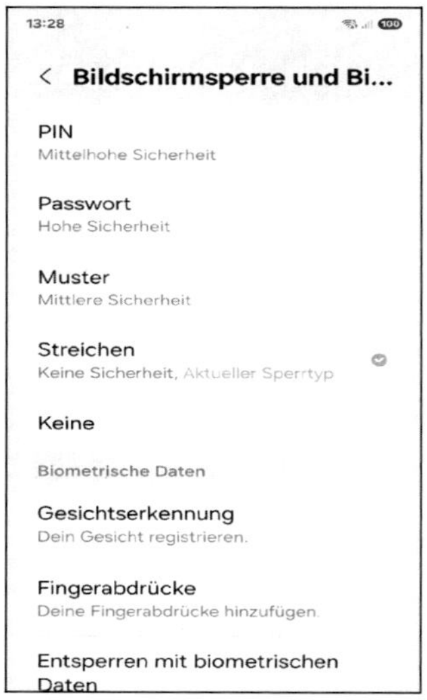

Sie haben nun die Wahl zwischen:

- *PIN*: PIN-basierte Sperre (nummerisches Kennwort).
- *Passwort*: Gerät wird nach Eingabe des Passworts (alphanumerisches Kennwort) frei gegeben.
- *Streichen*: Zum Entsperren reicht es, mit dem Finger über das Display zu wischen (keine Gerätesperre).
- *Muster*: Sperre, die das Gerät nach Malen eines Musters frei schaltet.
- *Streichen*: Bildschirmfreigabe mit einer Wischgeste.
- *Keine*: Gerätesperre nie aktivieren. Ideal, wenn das Galaxy nur zuhause genutzt wird.

Unter *Biometrie*:

- *Gesichtserkennung*: Halten Sie Ihr Gesicht in die vordere Kamera.
- *Fingerabdrücke*: Halten Sie Ihre Fingerkuppe auf den Fingerabdrucksensor.
- *Entsperren mit biometrischen Daten*: Infos, wie die Entsperrung per Gesichtserkennung oder Fingerabdruck angewandt wird. So müssen Sie zwischendurch nach einer gewissen Zeitspanne die Entsperrung mit der PIN oder dem Muster durchführen.

Auf die weiteren Optionen in diesem Menü geht bereits Kapitel *30.3 Optionen während der Sperre* ein.

30.2.1 Muster-Sperre

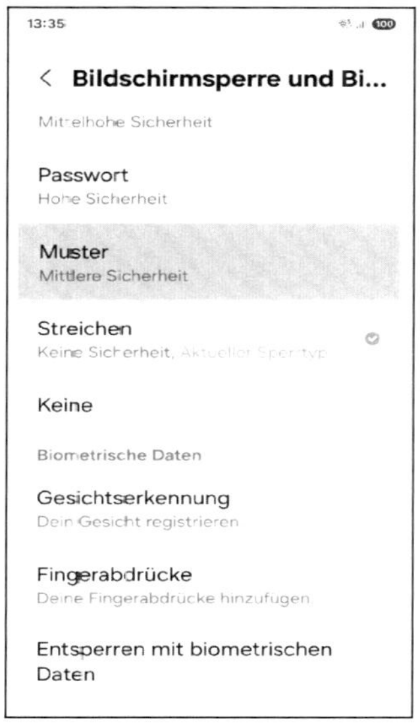

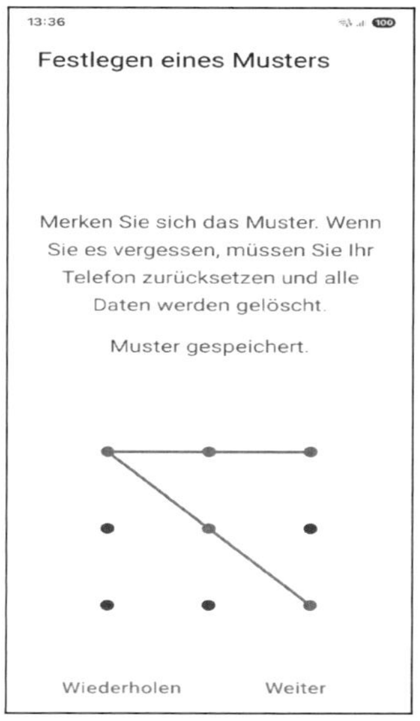

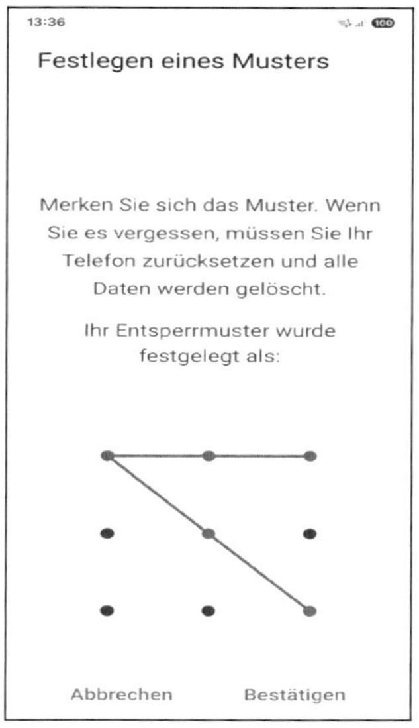

➊ Gehen Sie auf *Muster*.

➋ Nun sind Sie an der Reihe: Verbinden Sie mindestens vier der Knöpfe auf dem Bildschirm, indem Sie mit angedrücktem Finger darüber fahren. Merken Sie sich das Muster und schließen Sie mit *Weiter* ab.

➌ Das Muster ist dann erneut zu zeichnen. Betätigen Sie dann *Bestätigen*.

Zum Schluss wählen Sie aus, ob das Galaxy Benachrichtigungen (über verpasste Anrufe, neue SMS oder E-Mails, Termine usw.) auf dem Sperrbildschirm anzeigen soll. Mitunter ist es aus Datenschutzgründen sinnvoll, dort keine Benachrichtigungen erscheinen zu lassen. Schließen Sie mit *OK* ab.

❶❷ So sieht der Bildschirm bei aktiver Gerätesperre aus: Wischen Sie zunächst einmal über das Display und malen Sie dann das zuvor erstellte Muster, um das Gerät zu entsperren.

Sie haben fünf Versuche, das Muster korrekt einzugeben und müssen danach jeweils 30 Sekunden warten.

30.2.2 PIN- und Passwortsperre

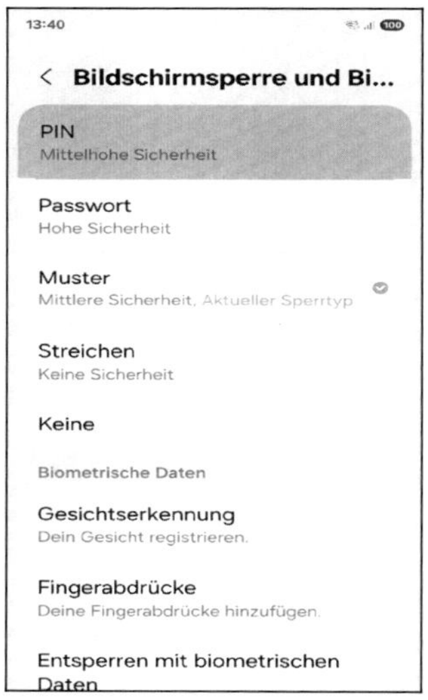

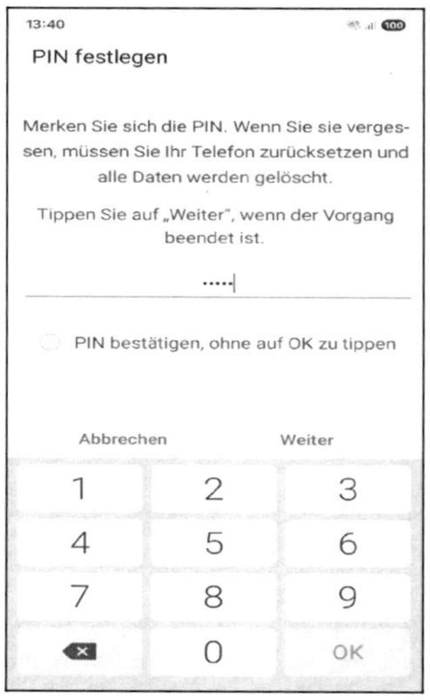

❶ Gehen Sie auf *PIN* oder *Passwort.*

❷ Geben Sie dann das Kennwort ein, betätigen Sie *Weiter*, erfassen Sie das Kennwort erneut und schließen Sie den Bildschirm mit *OK*.

❸ Die Gerätesperre verlangt nun beim nächsten Mal das Kennwort.

30.2.3 Fingerabdrucksperre

Die Fingerabdrucksperre setzt zwingend die vorherige Einrichtung einer Gerätesperre, wie sie Kapitel *30.2.2 PIN- und Passwortsperre* beschreibt, voraus.

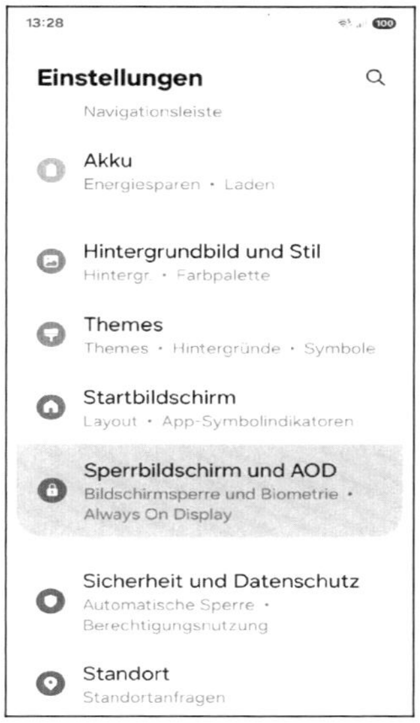

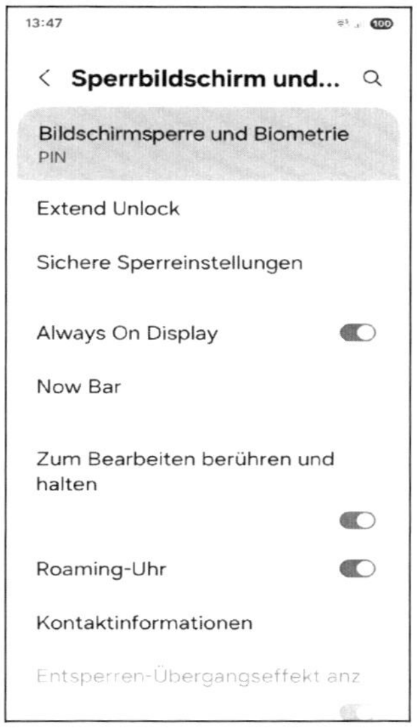

❶❷❸ Rufen Sie *Einstellungen* im Hauptmenü auf und gehen Sie auf *Sperrbildschirm und AOD/Bildschirmsperre und Biometrie*.

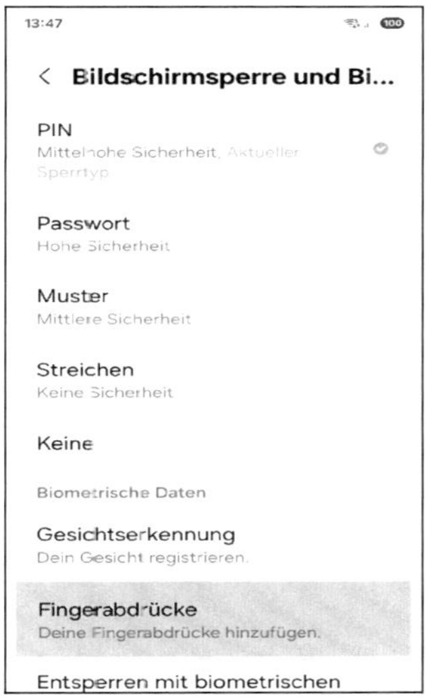

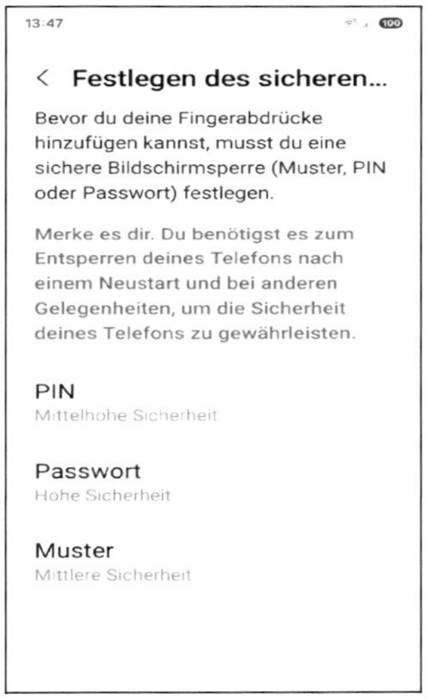

❶ Rufen Sie *Fingerabdrücke* auf. Sie müssen gegebenenfalls nun PIN, Passwort oder Muster eingeben, die Sie zuvor eingerichtet hatten.

❷ Betätigen Sie *Weiter*.

❸ Ist noch keine Gerätesperre per Muster, Pin oder Passwort vorhanden, dann erscheint dieser Hinweis. Betätigen Sie *Weiter*. Richten Sie nun eine der im Kapitel *30.2.2 PIN- und Passwortsperre* beschriebenen Sperren ein.

➊ Betätigen Sie *Registrieren.*

➋ Jetzt registrieren Sie einen Ihrer Finger – welchen Sie verwenden, ist Ihnen überlassen – indem Sie ihn unten im Display auf die hervorgehobene Sensorfläche halten. Eine Prozentanzeige informiert Sie über den Fortschritt.

➌ Den Erfolgshinweis schließen Sie mit *OK.*

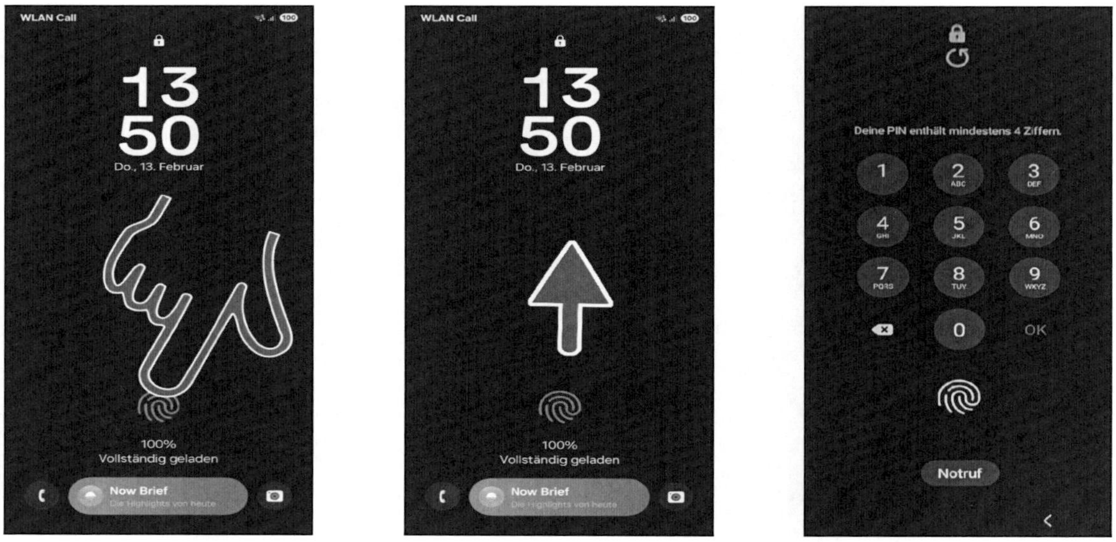

➊ Künftig entsperren Sie einfach, wie bereits von Ihnen bei der Fingererfassung durchgeführt, durch Berühren der Sensorfläche auf dem Bildschirm.

➋➌ Die alternative Entsperrung per PIN, Passwort oder Muster aktivieren Sie bei Bedarf mit einer Wischgeste nach oben.

30.2.3.a Fingerabdrücke verwalten

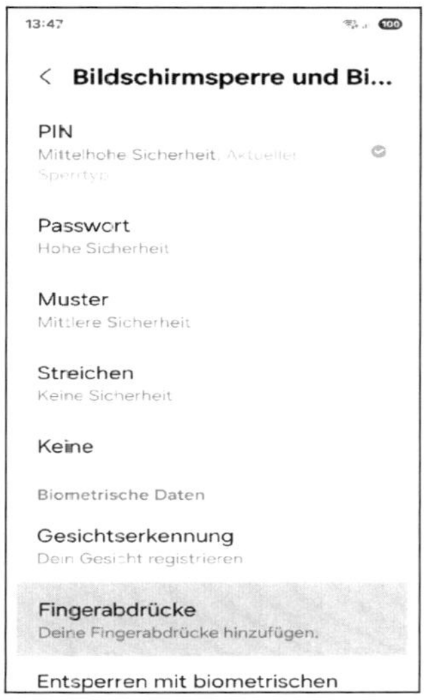

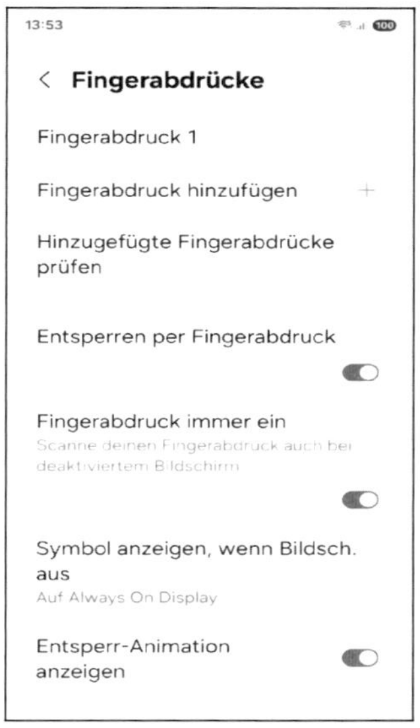

❶ Für die Fingerabdruckverwaltung rufen Sie, wie bereits zuvor gezeigt, die *Einstellungen* auf und gehen dann auf *Sperrbildschirm und AOD* und dann *Bildschirmsperre und Biometrie.* Sie müssen nun die Entsperr-PIN beziehungsweise das Entsperrmuster eingeben. Gehen Sie auf *Fingerabdrücke.*

❷ Weitere Fingerabdrücke können Sie im *Fingerabdruck hinzufügen*-Menü jederzeit anlegen, beispielsweise, um das Gerät sowohl mit dem Daumen als auch den Zeigefinger zu entsperren.

Ihren gespeicherten Fingerabdruck entfernen Sie, indem Sie das *Fingerabdruck 1*-Menü aufrufen und dann *Entfernen* betätigen.

30.2.4 Gesichtserkennung

Die Gesichtserkennung ist ziemlich unsicher, denn es reicht, wenn jemand ein Foto von Ihnen in die Kamera hält.

Sie müssen vor dem Einrichten der Gesichtserkennung erst eine PIN oder ein Passwort als Sperre festlegen (siehe Kapitel *30.2.2 PIN- und Passwortsperre*).

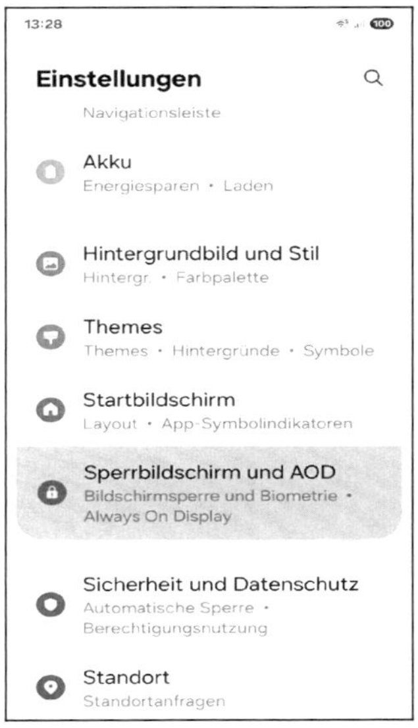

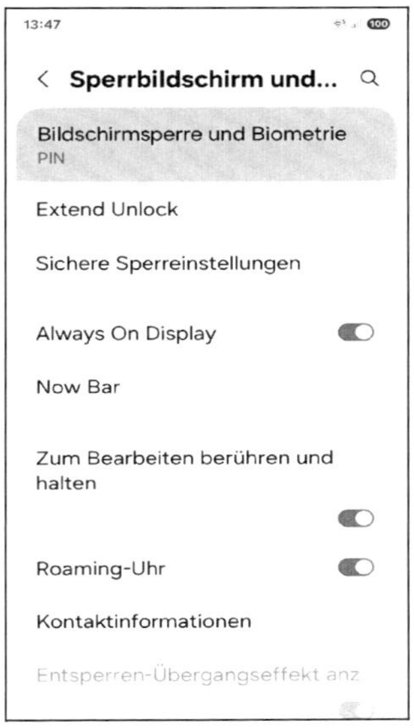

❶❷❸ Rufen Sie *Einstellungen* im Hauptmenü auf und gehen Sie auf *Sperrbildschirm und AOD/Bildschirmsperre und Biometrie.*

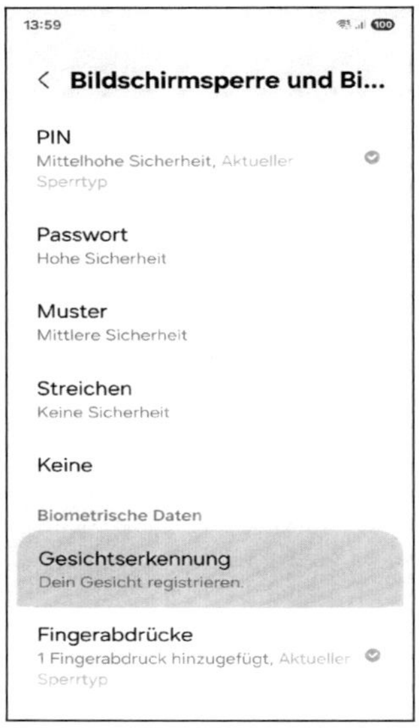
13:59
Bildschirmsperre und Bi...
PIN
Mittelhohe Sicherheit, Aktueller Sperrtyp
Passwort
Hohe Sicherheit
Muster
Mittlere Sicherheit
Streichen
Keine Sicherheit
Keine
Biometrische Daten
Gesichtserkennung
Dein Gesicht registrieren.
Fingerabdrücke
1 Fingerabdruck hinzugefügt, Aktueller Sperrtyp

13:59
Gesichtserkennung
Eine bequeme Methode zum Entsperren deines Telefons und für die Anmeldung in Apps. Deine Gesichtsdaten werden von Knox geschützt.
r Info zu Gesichtserkennung
• Zu deiner Sicherheit musst du dein Muster, deine PIN oder dein Passwort von Zeit zu Zeit als eine Alternative zu deinen biometrischen Daten eingeben.
Weiter

11:46
Festlegen des sicheren Sp...
Bevor Sie Ihr Gesicht registrieren können, müssen Sie eine sichere Bildschirmsperre (Muster, PIN oder Passwort) festlegen.
Merken Sie es sich. Sie benötigen es zum Entsperren Ihres Telefons nach einem Neustart und bei anderen Gelegenheiten, um die Sicherheit Ihres Telefons zu gewährleisten.
Muster
Mittlere Sicherheit
PIN
Mittelhohe Sicherheit
Passwort
Hohe Sicherheit

❶ Gehen Sie auf *Gesichtserkennung.*

❷ Betätigen Sie *Weiter.*

❸ Sofern Sie noch keine Muster-, PIN- der Passwortsperre angelegt hatten, müssen Sie dies nachholen.

Halten Sie nun das Handy so, dass die Kamera Ihr Gesicht erfassen kann und folgen Sie den Anweisungen.

Künftig erfolgt die Displayentsperrung automatisch, sobald Sie das Handy ca. 20 - 50 cm vor Ihr Gesicht halten.

30.3 Optionen während der Sperre

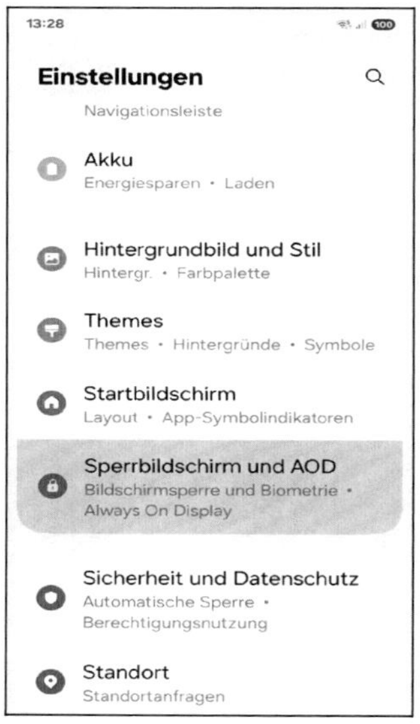
13:28
Einstellungen
Navigationsleiste
Akku
Energiesparen • Laden
Hintergrundbild und Stil
Hintergr. • Farbpalette
Themes
Themes • Hintergründe • Symbole
Startbildschirm
Layout • App-Symbolindikatoren
Sperrbildschirm und AOD
Bildschirmsperre und Biometrie • Always On Display
Sicherheit und Datenschutz
Automatische Sperre • Berechtigungsnutzung
Standort
Standortanfragen

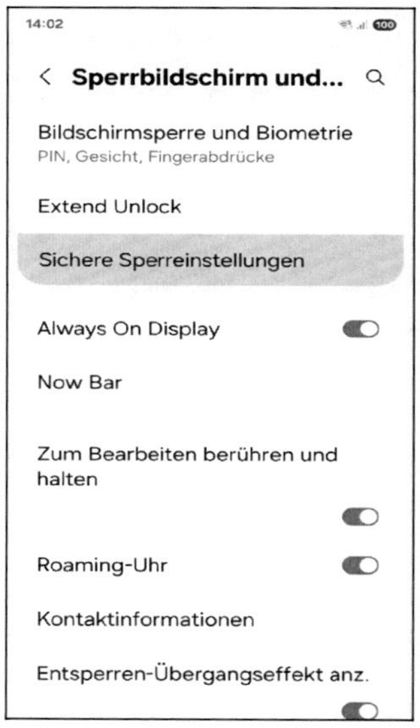
14:02
Sperrbildschirm und...
Bildschirmsperre und Biometrie
PIN, Gesicht, Fingerabdrücke
Extend Unlock
Sichere Sperreinstellungen
Always On Display
Now Bar
Zum Bearbeiten berühren und halten
Roaming-Uhr
Kontaktinformationen
Entsperren-Übergangseffekt anz.

14:02
Sichere Sperreinstellun...
Autom. Sperre bei ausg. Bildschirm
Nach 5 Sekunden, außer wenn durch Extend Unlock entsperrt gehalten
Mit Funktionstaste sofort sperren
Wenn „Extend Unlock" aktiv ist, bleibt dein Telefon entsperrt.
Automatisch zurücksetzen
Nach 20 falschen Versuchen, das Telefon zu entsperren, wird es auf Werkseinstellungen zurückgesetzt und alle Daten, auch Dateien und heruntergeladene Apps, werden gelöscht.
Netzwerk und Sicherheit sperren
Verhindere, dass WLAN und mobile Daten ausgeschaltet werden, wenn dein Telefon gesperrt ist. Find My Mobile nutzt diese Verbindungen, um dein Telefon bei Verlust zu orten und zu steuern.

❶❷❸ Unter *Sperrbildschirm und AOD/Sichere Sperreinstellungen* sind nun weitere Optionen freigeschaltet:

- *Autom. Sperre bei ausg. Bildschirm*: Zeitspanne, die das Handy nach dem Displayabschalten wartet, bevor es die Sperre aktiviert.
- *Mit Funktionstaste sofort sperren*: Kurzes Drücken des Ein/Ausschalters aktiviert die Sperre.
- *Automatisch zurücksetzen*: Geben Sie 15 Mal den Entsperrcode falsch ein, so setzt sich das Handy automatisch auf die Fabrikeinstellungen zurück.
- *Netzwerk und Sicherheit sperren*: Diese Funktion soll Netzwerkverbindungen von außen

erleichtern, was die Ortung (siehe Kapitel *30.5 Maßnahmen gegen Diebstahl*) bei Geräteverlust ermöglicht.

- *Optionen für den Sperrmodus anzeigen*: Drücken und halten des Ein-/Ausschalters zeigt eine *Sperrmodus*-Schaltleiste an, über die Sie die Fingerabdruck-, Iris- oder Gesichtsentsperrung deaktivieren. Das Entsperren des Geräts ist dann nur noch über Pin/Passwort möglich.
- *Vorheriges Muster löschen*: Wenn Sie bei eine neue Mustersperre einrichten, bleibt die vorherige für 72 Stunden weiterhin gültig. Damit können Sie weiterhin Ihr Handy entsperren, falls Sie das neue Muster vergessen haben. *Vorheriges Muster löschen* entfernt das alte Muster sofort.

30.4 SIM-Sperre

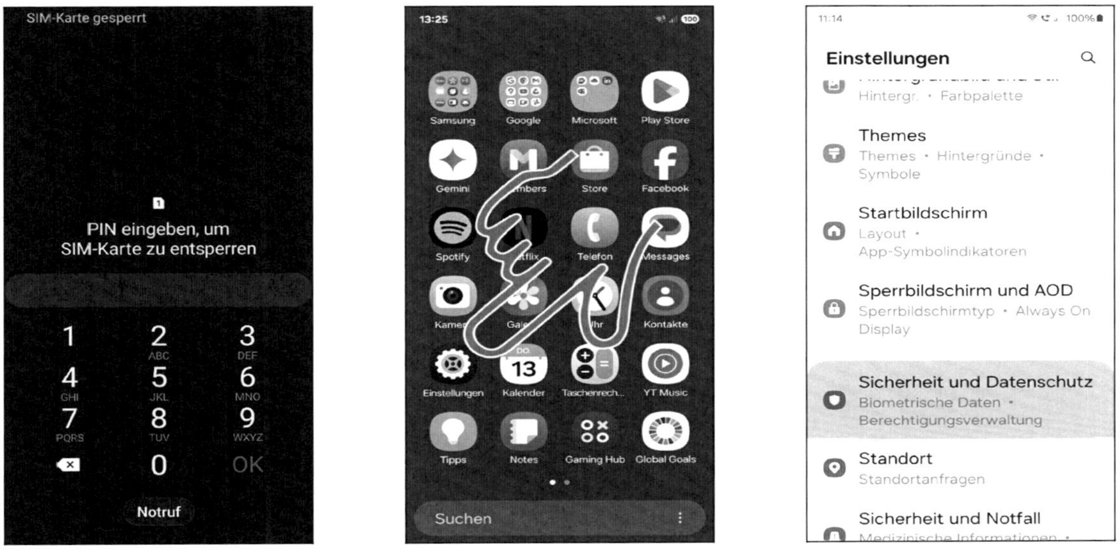

❶ Das Gerät kann man bei der SIM-Sperre erst nach Eingabe der PIN Ihrer SIM-Karte nutzen, wenn man es einschaltet.

❷❸ So konfigurieren Sie die SIM-Sperre: Rufen Sie im Hauptmenü die *Einstellungen* auf und gehen Sie ins *Sicherheit und Datenschutz*-Menü.

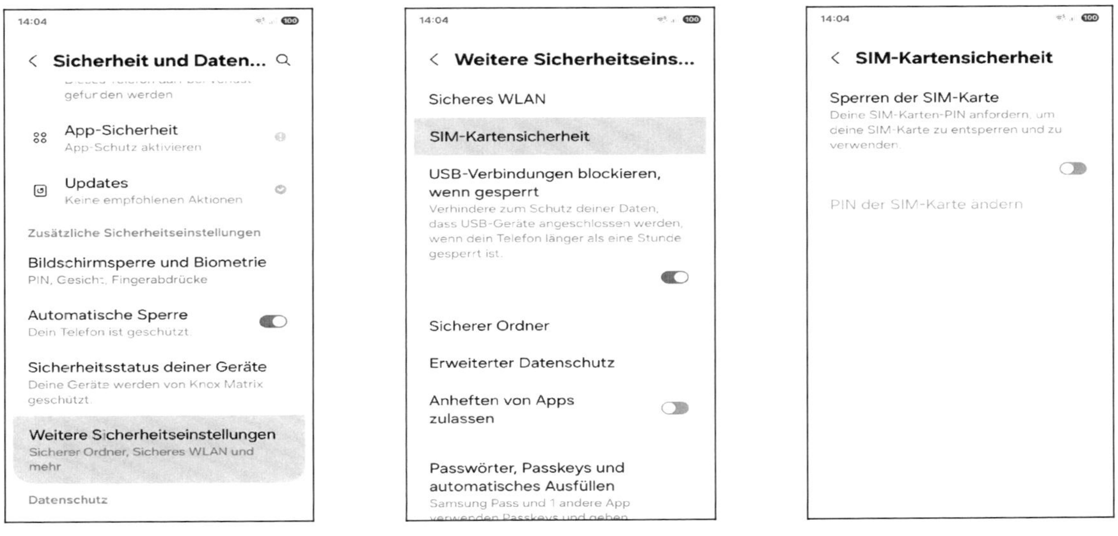

❶❷ Gehen Sie auf *Weitere Sicherheitseinstellungen/SIM-Kartensicherheit*.

❸ Aktivieren/Deaktivieren Sie die SIM-PIN-Abfrage über *Sperren der SIM-Karte*. Über *PIN der SIM-Karte ändern* können Sie die vom Netzbetreiber vorgegebene vierstellige PIN ändern.

30.5 Maßnahmen gegen Diebstahl

Jeden Tag gehen in Deutschland mehrere Tausend Mobilgeräte verloren, sei es durch Diebstahl oder Vergesslichkeit. Falls Sie mal Ihr Galaxy verlieren sollten, ist dies glücklicherweise nicht so schlimm, denn alle Daten, die Sie mit den mitgelieferten Google-Anwendungen verwalten, werden automatisch im Internet in Ihrem Google-Konto gesichert. Melden Sie sich dann mit Ihrem Google-Konto auf einem anderen Android-Tablet/Handy an, stehen Ihre Daten automatisch nach einigen Minuten wieder zur Verfügung. Haben Sie außerdem Ihr Galaxy, wie im Kapitel *30.2 Gerätesperre* beschrieben, gegen fremden Zugriff geschützt, brauchen Sie auch kaum Angst haben, dass jemand mit Ihren Daten Missbrauch treibt.

Ärgerlich bleibt ein Geräteverlust aber trotzdem. Mit den in diesem Kapitel vorgestellten Anwendungen können Sie daher Ihr Handy lokalisieren. Von Erfolg sind die Ortungsmaßnahmen nur gekrönt, wenn das Handy eingeschaltet ist und der Dieb/Finder es nicht über eine Tastenkombination zurücksetzt. Deshalb gilt: Je schneller Sie die Ortung durchführen, desto größer ist die Wahrscheinlichkeit, es wiederzufinden.

Find My Mobile ist eine von Samsung mitgelieferte Fernzugriffsfunktion, über die Sie nicht nur das Galaxy lokalisieren, sondern auch anrufen oder fern löschen können.

Damit Sie diese Funktion nutzen können, müssen Sie vorher erst ein Samsung-Konto anlegen. Siehe dazu Kapitel *23 Das Samsung-Konto*.

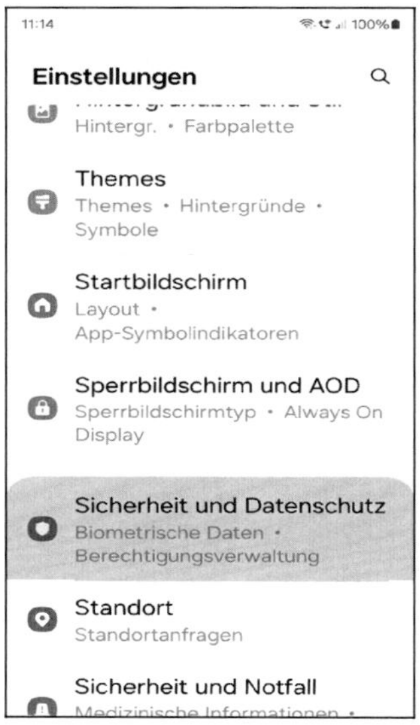

➊➋ Nachdem Sie die *Einstellungen* im Hauptmenü aufgerufen haben, gehen Sie auf *Sicherheit und Datenschutz.*

14:06
Sicherheit und Daten...
1 Vorschlag
Die folgenden Vorschläge können dazu beitragen, dein Telefon zu schützen.
Sperrbildschirm
Bildschirmsperre ist festgelegt
Kontosicherheit
Keine empfohlenen Aktionen
Schutz für verlorene Geräte
Dieses Telefon darf bei Verlust gefunden werden
App-Sicherheit
App-Schutz aktivieren
Updates
Keine empfohlenen Aktionen

14:06
Schutz für verlorene Ge...
Einstellungen verwalten, die dir helfen, dein Telefon zu finden und deine Daten zu schützen, falls dein Telefon verloren geht oder gestohlen wird.
Find My Mobile
Dieses Telefon darf bei Verlust gefunden werden
Diebstahlschutz

14:08
Find My Mobile
Samsung Account
gieverss227@gmail.com
Suchen dieses Telefons zulassen
Letzten Standort senden
Offline-Suche
Orte dein Telefon auch dann, wenn es offline ist, und hilf anderen, deren Geräte zu suchen
Hilfe
Versuche, die Samsung Find-App zu verwenden, wenn du deine Galaxy-Geräte verloren hast oder wenn du bei der Suche nach den Geräten deiner Familie helfen möchtest. Du kannst deine Geräte

❶❷ Die Diebstahlschutz-Funktionen sind unter *Schutz für verlorene Geräte* zusammengefasst. Sie müssen dann erst aus Sicherheitsgründen das Passwort Ihres Samsung-Kontos (siehe Kapitel *23 Das Samsung-Konto*) angeben – sofern Sie dort nicht bereits angemeldet sind.

Prüfen Sie, ob oben der Schalter auf *Ein* steht, und dass alle drei Optionen aktiv sind. Verlassen Sie den Übersichtsbildschirm mit der ᐸ-Taste.

14:09
Schutz für verlorene Ge...
Einstellungen verwalten, die dir helfen, dein Telefon zu finden und deine Daten zu schützen, falls dein Telefon verloren geht oder gestohlen wird.
Find My Mobile
Dieses Telefon darf bei Verlust gefunden werden
Diebstahlschutz

14:10
Diebstahlschutz
Identitätsüberprüfung
Bildschirmsperrung
Diebstahlerkennungssperre
Sperre den Bildschirm, wenn erkannt wird, dass jemand dein Telefon gestohlen und sich damit entfernt hat.
Offline-Gerätesperre
Remote-Sperre

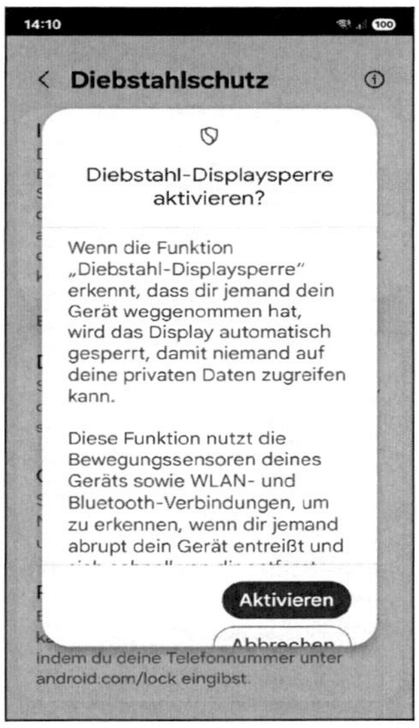
14:10
Diebstahlschutz
Diebstahl-Displaysperre aktivieren?
Wenn die Funktion „Diebstahl-Displaysperre“ erkennt, dass dir jemand dein Gerät weggenommen hat, wird das Display automatisch gesperrt, damit niemand auf deine privaten Daten zugreifen kann.
Diese Funktion nutzt die Bewegungssensoren deines Geräts sowie WLAN- und Bluetooth-Verbindungen, um zu erkennen, wenn dir jemand abrupt dein Gerät entreißt und
Aktivieren
indem du deine Telefonnummer unter android.com/lock eingibst.

❶ Rufen Sie *Diebstahlschutz* aus.

❷ Gehen Sie in jedes Menü und aktivieren Sie jeweils die Schalter (❸). Sie erhöhen damit den Schutz Ihrer Daten auf dem Handy, müssen sich dann aber auf Unannehmlichkeiten im Alltag einstellen. Lesen Sie daher vorher die jeweilige Beschreibung durch, bevor Sie eine Funktion aktivieren.

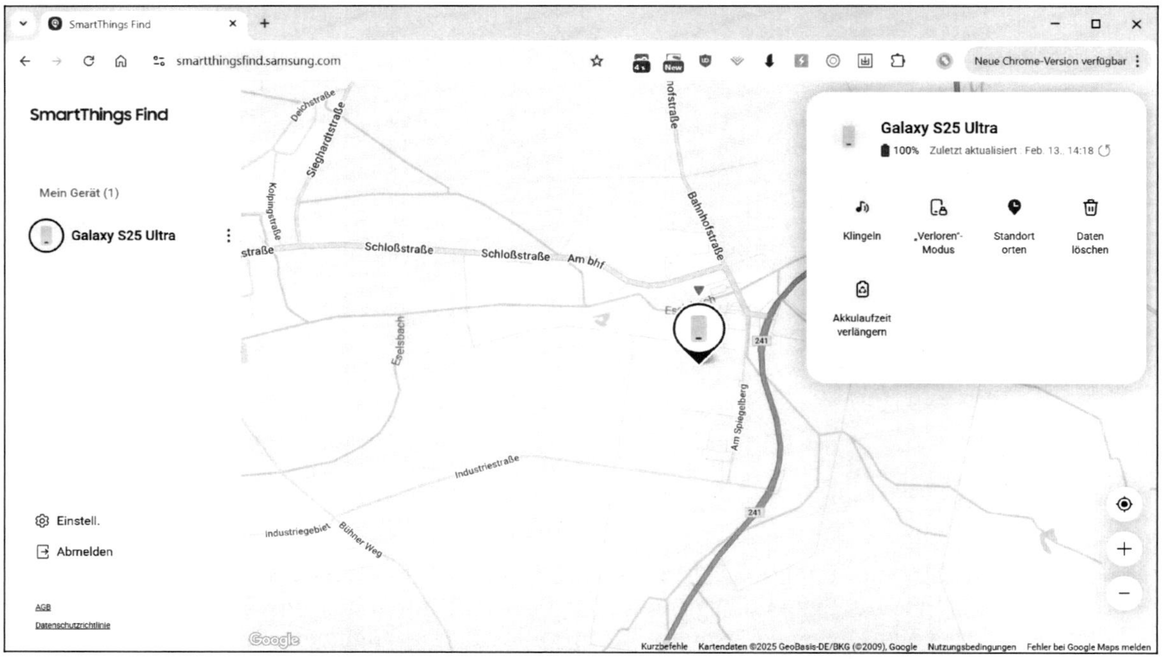

Ihr Galaxy (und andere Samsung-Geräte mit Fernzugriffsfunktion) verwalten Sie nun über den Webbrowser mit »SmartThings Find« (*smartthingsfind.samsung.com*). Loggen Sie sich auf der Website mit Ihren Samsung-Konto-Logindaten ein. Achtung: Da Sie sich mit Ihrem Google-Konto registriert hatten, müssen Sie im Anmeldebildschirm auf *Anmeldung mit Google* klicken.

Sofern Sie mehrere Samsung-Handys/Tablets einsetzen, müssen Sie erst das zu lokalisierende links auswählen.

Folgende Funktionen stehen zur Verfügung:

- *Klingeln*: Signalton auf dem Handy aktivieren.
- *„Verloren"-Modus:* Geben Sie eine vierstellige PIN ein. Das Handy wird darauf hin gesperrt und lässt sich erst durch die PIN wieder entsperren.
- *Standort orten*
- *Daten löschen*: Löscht alle Daten auf dem Handy.
- *Akkulaufzeit verlängern*: Versetzt das Galaxy in einen Energiesparmodus, der die Akkubetriebsdauer auf 4-5 Tage erhöht.

Beachten Sie: Damit SmartThings Find funktioniert, muss das Gerät Internetzugang über Mobilfunk oder WLAN haben. Schaltet ein Dieb das Galaxy einfach aus, beziehungsweise besteht kein Internetzugang, bringt SmartThings Find natürlich nichts. Auch wenn der Dieb es schafft, das Gerät zurückzusetzen, ist die Fernwartungsfunktion nutzlos.

Das von Ihnen über der SmartThings Find-Website ferngesteuerte Mobilgerät blendet in der Titelleiste einen Hinweis ein. Eine unbemerkte Nutzung ist also nicht möglich.

31. Bluetooth

Bluetooth ist ein Funkstandard zur Verbindung verschiedenster Geräte. Es lassen sich damit Distanzen von bis zu 10 Metern überbrücken. Dabei ist kein Sichtkontakt zwischen den Geräten nötig. Auch wenn Bluetooth sehr viel mehr kann, wird es eigentlich nur für die Anbindung von Sportuhren, Headsets und Lautsprechern genutzt.

31.1 Bluetooth ein/ausschalten

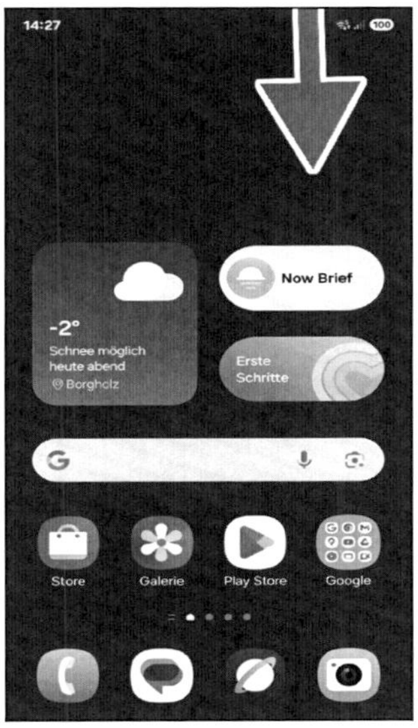

❶ Aktivieren Sie Bluetooth, indem Sie den Schnelleinstellungsbereich öffnen und auf ᛒ tippen (Pfeil). Erneutes Antippen beendet Bluetooth wieder.

❷❸ Das Popup erscheint, wenn Sie Bluetooth neu aktiviert haben. Falls Bluetooth also bereits aktiv ist, betätigen Sie einfach zweimal hintereinander die ᛒ-Schaltleiste. Sie haben dann die Möglichkeit, eine Kopplung mit anderen Geräten durchzuführen. Schließen Sie das Popup mit *Stopp* beziehungsweise der ᐸ-Taste.

Den Schnelleinstellungsbereich beschreibt das Kapitel *4.9.1 Schnelleinstellungsbereich*.

31.2 Koppeln aus dem Benachrichtigungsfeld

❶❷ Sobald Sie ᛒ aus dem Benachrichtigungsfeld aktivieren, erscheint das Popup-Menü. Während dieses aktiv ist, können andere Geräte mit Ihrem Galaxy koppeln. Sollte Bluetooth bereits aktiv sein, dann betätigen Sie sie die ᛒ-Schaltleiste einfach zweimal hintereinander, um das Popup zu erhalten (beim ersten Antippen wird Bluetooth ausgeschaltet, beim zweiten Mal wieder aktiviert).

> Auf anderen Bluetooth-Geräten wird Ihr Handy, als »*S25*«, »*S25+*« oder »*S25 Ultra*« anzeigt. Sie können diesen Namen einfach, wie im Kapitel *35.3.1 Geräteinformationen* beschrieben, ändern.

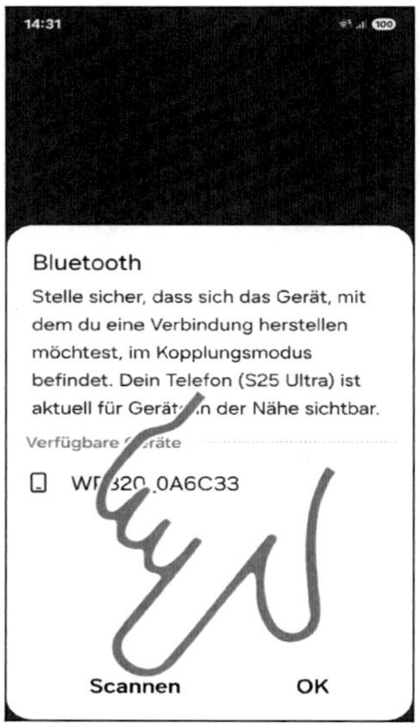
14:31
Bluetooth
Stelle sicher, dass sich das Gerät, mit
dem du eine Verbindung herstellen
möchtest, im Kopplungsmodus
befindet. Dein Telefon (S25 Ultra) ist
Scannen
OK

14:31
Bluetooth
Stelle sicher, dass sich das Gerät, mit
dem du eine Verbindung herstellen
möchtest, im Kopplungsmodus
befindet. Dein Telefon (S25 Ultra) ist
aktuell für Geräte in der Nähe sichtbar.
Verfügbare Geräte
SoundCore mini2
WP820_0A6C33
Stopp
OK

❶❷ Verwenden Sie die *Scannen*-Schaltleiste, um nach zu koppelnden Bluetooth-Geräten zu suchen. Meist ist dies allerdings nicht nötig, weil das Bluetooth-Menü bereits beim Aufruf nach Bluetooth-Geräten sucht und sie anzeigt.

31.3 Koppeln aus den Einstellungen

Das Koppeln aus den Einstellungen ist nicht so bequem wie direkt im Benachrichtigungsfeld, bietet aber mehr Optionen.

WLAN Call
WLAN
Bluetooth
Letztes Lied wiedergeb...
Medienausgabe
Geräte in der Nähe
SmartThings
Smart View
Modi

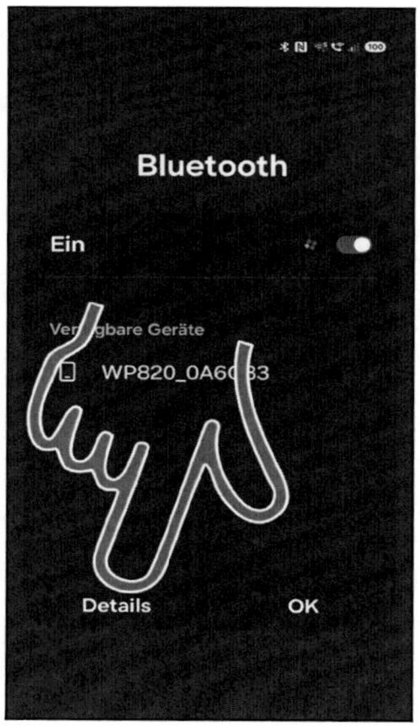
Bluetooth
Ein
Details
OK

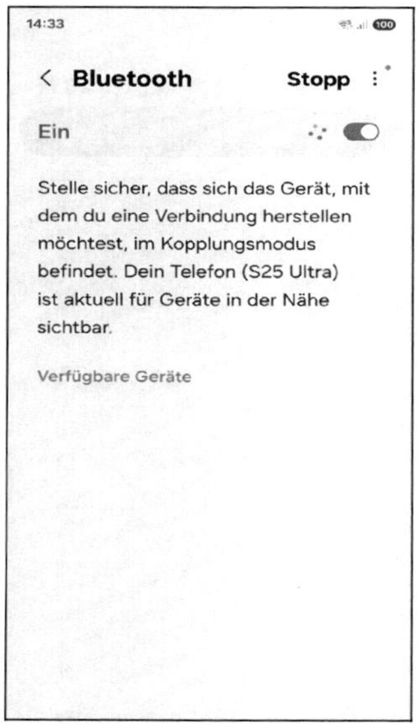
14:33
Bluetooth
Stopp
Ein
Stelle sicher, dass sich das Gerät, mit
dem du eine Verbindung herstellen
möchtest, im Kopplungsmodus
befindet. Dein Telefon (S25 Ultra)
ist aktuell für Geräte in der Nähe
sichtbar.
Verfügbare Geräte

❶ Öffnen Sie das Benachrichtigungsfeld, tippen und halten Sie die ᛒ-Schaltleiste, bis der Bluetooth-Dialog erscheint.

❷❸ Hier gehen Sie auf *Details*, was die Bluetooth-Einstellungen öffnet.

Solange Sie sich im Bluetooth-Bildschirm befinden, können anderen Geräte mit Ihrem Galaxy koppeln. Verwenden Sie die *Scannen*-Schaltleiste, um nach zu koppelnden Bluetooth-Geräten zu suchen. Meist ist dies allerdings nicht nötig, weil das Bluetooth-Menü bereits beim Aufruf nach Bluetooth-Geräten sucht und sie anzeigt.

31.4 Bluetooth-Headset / Freisprecheinrichtung verwenden

Bluetooth eignet sich besonders gut für den Betrieb von drahtlosen Headsets, wobei dessen Hersteller keine Rolle spielt.

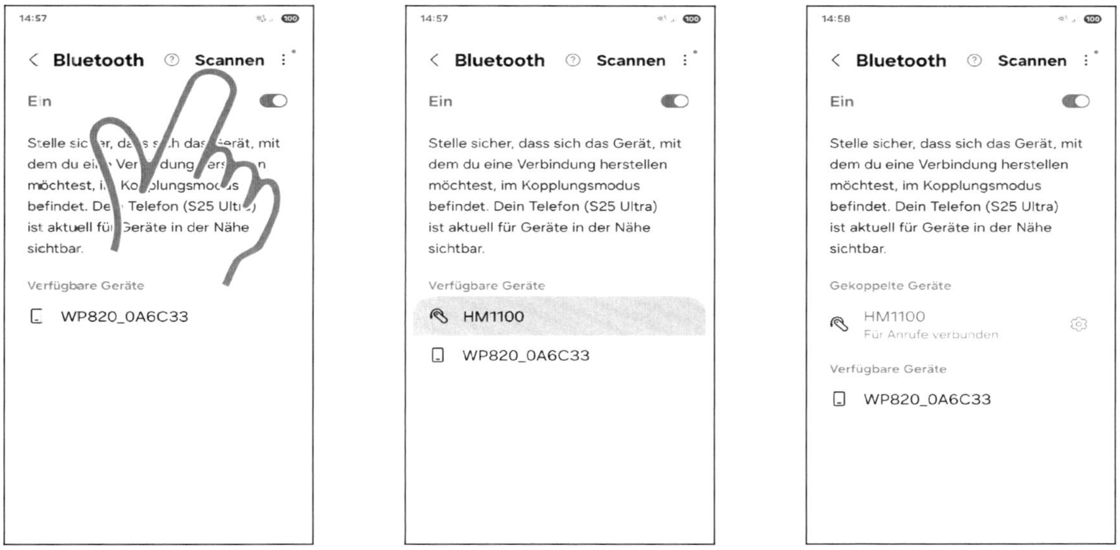

❶❷ Gehen Sie, wie im vorherigen Kapitel beschrieben, in den *Bluetooth*-Bildschirm. Rufen Sie gegebenenfalls *Scannen* auf, falls das Headset dort nicht bereits in der Liste der gefundenen Geräte angezeigt wird. Nach einigen Sekunden wird die Freisprecheinrichtung gefunden und angezeigt. Tippen Sie deren Namen an. Das folgende Popup schließen Sie mit *OK*.

❸ Das Galaxy meldet nun »*Für Anrufe verbunden*« beim Headset.

Schalten Sie das Headset zunächst in den Kopplungsmodus, indem Sie beispielsweise die Sprechtaste einige Sekunden lang gedrückt halten. Eine LED beginnt dann zu blinken oder eine Sprachausgabe weist auf die Kopplungsbereitschaft hin.

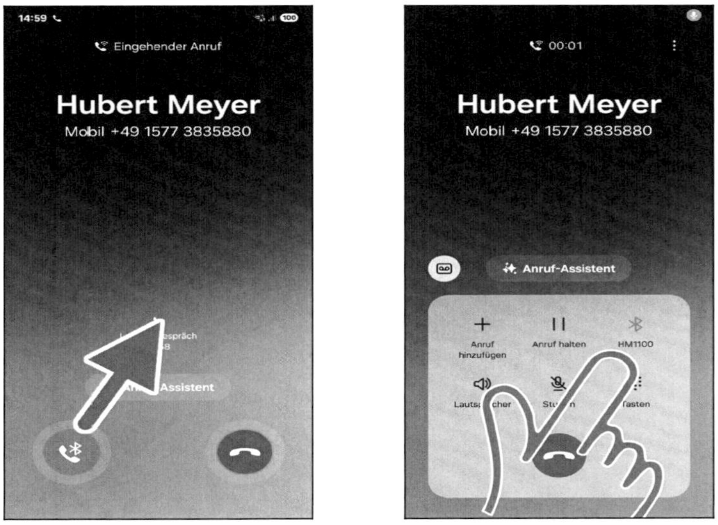

❶ Geht jetzt ein Anruf ein, können Sie ihn wie gewohnt, oder alternativ über die Sprechtaste des Bluetooth-Headsets, entgegennehmen.

❷ Zwischen Telefon-Lautsprecher und Headset schalten Sie jederzeit mit der *Bluetooth*-Schaltleiste (Pfeil) um.

Wenn Sie das Headset ausschalten, wird natürlich auch automatisch die Bluetooth-Verbindung zum Galaxy beendet. Umgekehrt baut das Headset beim Einschalten automatisch wieder die Bluetooth-Verbindung auf.

> Eine Bluetooth-Freisprecheinrichtung gehört bei Autos zum Standard. Deren Einrichtung ähnelt dem hier beschriebenen. Wie das genau funktioniert, ist bei jedem Hersteller unterschiedlich. Schauen Sie bitte in der Bedienungsanweisung Ihres Autos nach oder fragen Sie Ihren Händler.

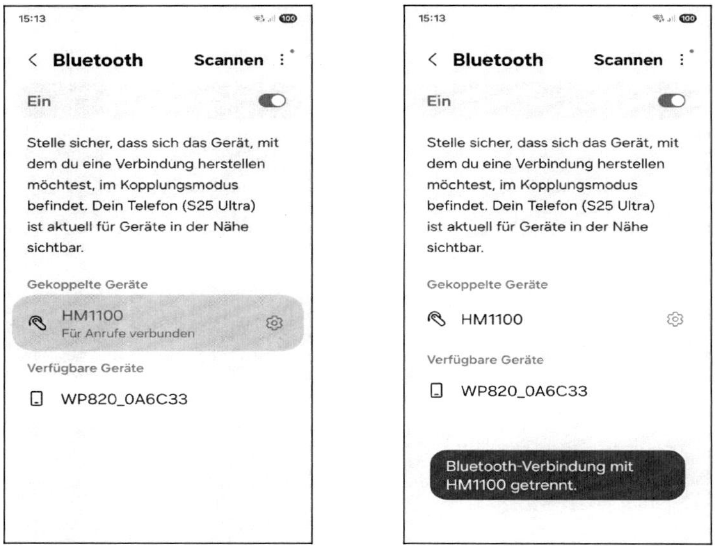
15:13
Bluetooth
Scannen
Ein
Stelle sicher, dass sich das Gerät, mit dem du eine Verbindung herstellen möchtest, im Kopplungsmodus befindet. Dein Telefon (S25 Ultra) ist aktuell für Geräte in der Nähe sichtbar.
Gekoppelte Geräte
HM1100
Für Anrufe verbunden
Verfügbare Geräte
WP820_0A6C33
15:13
Bluetooth
Scannen
Ein
Stelle sicher, dass sich das Gerät, mit dem du eine Verbindung herstellen möchtest, im Kopplungsmodus befindet. Dein Telefon (S25 Ultra) ist aktuell für Geräte in der Nähe sichtbar.
Gekoppelte Geräte
HM1100
Verfügbare Geräte
WP820_0A6C33
Bluetooth-Verbindung mit HM1100 getrennt.

❶❷ So heben Sie die Verbindung mit dem Headset auf: Tippen Sie mit dem den Finger kurz auf das Bluetooth-Headset in der Geräteauflistung. Alternativ können Sie natürlich auch einfach das Headset ausschalten.

15:13
Bluetooth
Scannen
Ein
Stelle sicher, dass sich das Gerät, mit dem du eine Verbindung herstellen möchtest, im Kopplungsmodus befindet. Dein Telefon (S25 Ultra) ist aktuell für Geräte in der Nähe sichtbar.
Gekoppelte Geräte
HM1100
Für Anrufe verbunden
15:13
HM1100
Verbunden
Anrufe
Umbenennen
Trennen
Entkoppeln

❶❷ Weitere Funktionen erhalten Sie nach Antippen der ⚙-Schaltleiste:

- *Anrufe*: Das vom gekoppelten Bluetooth-Gerät unterstützte Bluetooth-Profil.
- *Umbenennen*: Vergibt dem verbundenen Bluetooth-Gerät einen neuen Namen.
- *Trennen*: Verbindung beenden. Mit *Verbinden* können Sie die Verbindung jederzeit erneut herstellen.
- *Entkoppeln*: Beendet die Bluetooth-Verbindung, sodass keine Daten mehr zwischen den beiden Geräten übertragen werden können. Für eine erneute Datenverbindung können Sie allerdings eine erneute Kopplung durchführen.

31.5 Bluetooth-Audio

Sie können unterwegs zwar über den Handy-Lautsprecher Musik hören (beispielsweise über YouTube, siehe Kapitel *21.3 YouTube* oder YouTube Music, siehe Kapitel *19 Musik*). Wir empfehlen für diesen Zweck allerdings Bluetooth-Lautsprecher. Diese besitzen in der Regel einen eigenen Akku und haben den Vorteil, dass man sie beliebig im Haus positionieren kann. Vernünftige Bluetooth-Lautsprecher ab ca. 30 Euro bieten einen besseren Klang und sind lauter als das Handy. Einige Exemplare bieten weitere Features wie eine Telefon-Freisprechfunktion, eine Lademöglichkeit für das Handy oder sind wasserdicht für den Außeneinsatz.

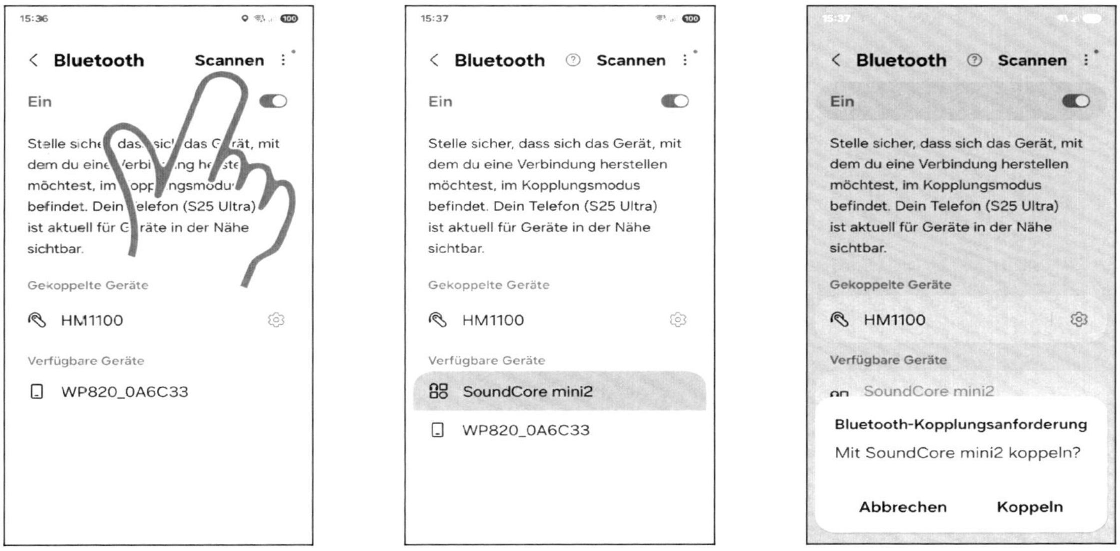

❶ Gehen Sie in den Bluetooth-Bildschirm und betätigen Sie *Scannen* (Pfeil), sofern die Bluetooth-Box nicht bereits gefunden wurde. In der Regel signalisiert eine LED an der Bluetooth-Box die Kopplungsbereitschaft. Weitere Informationen hierzu finden Sie im Handbuch Ihres Geräts.

❷ Tippen Sie kurz den gefundenen Eintrag, in unserem Beispiel *SoundCore mini2*, an, worauf die Verbindung hergestellt wird.

❸ Bestätigen Sie mit *OK*.

❶❷ Zum Deaktivieren der Audioausgabe über Bluetooth schalten Sie entweder die Bluetooth-Box aus, entfernen sich aus dessen Empfangsreichweite oder schalten Bluetooth am Handy aus. Alternativ gehen Sie auf ⚙ und deaktivieren dann das Abhakkästchen bei *Audio* (Medienwiedergabe). Aktivieren Sie es später wieder, damit die Audioausgabe erneut über Bluetooth läuft. Viele Bluetooth-Boxen unterstützen auch eine Freisprechfunktion. Wenn Sie dies nicht wünschen, müssen Sie *Anrufe* deaktivieren.

32. Tipps & Tricks

Das Galaxy lässt sich einfach in Betrieb nehmen und nutzen. Mit der Zeit werden Sie allerdings auf einige Eigenarten stoßen, auf die wir in diesem Kapitel eingehen.

32.1 Das Speicherlimit von Google

Vorweg gesagt: Falls Sie Ihr Handy hauptsächlich zum Telefonieren nutzen, müssen Sie sich nicht mit diesem Kapitel auseinander setzen. Verwenden Sie dagegen intensiv Gmail für Ihre E-Mails (siehe Kapitel *11 Gmail*) oder erstellen Sie viele Fotos/Videos mit der Kamera-Anwendung (siehe Kapitel *17 Kamera*), dann müssen Sie sich dagegen früher oder später mit dem Speicherplatz auseinander setzen.

Zusammen mit Ihrem Google-Konto (siehe Kapitel *22 Das Google-Konto*) erhalten Sie 15 GB (Gigabyte) Speicherplatz auf den Google-Servern. Dieser wird von allen Google-Anwendungen (Gmail, Kontakte, Google Fotos, Google Maps, Chrome-Webbrowser, Google Drive...) auf Ihrem Handy genutzt.

Achtung: Es ist zu unterscheiden zwischen dem **Gerätespeicher**, der – je nach Modell, bei Ihrem Handy 256 oder 512 GB (Gigabyte) beträgt – und dem **Speicherplatz Ihres Google-Kontos auf den Google-Servern**.

Die Datenspeicherung auf den Google-Servern läuft permanent automatisch im Hintergrund ab, weshalb Sie sich nicht damit beschäftigen müssen. Für Sie hat dies den angenehmen Effekt, dass Ihre Daten nicht verlorengehen können. Wenn Sie beispielsweise Ihr Handy verlieren oder es kaputt geht, kaufen Sie einfach ein neues und melden sich dort mit Ihrem Google-Konto bei der Ersteinrichtung an. Die Daten werden dann automatisch auf dem Handy wieder hergestellt.

Übrigens ist auch der Betrieb von mehreren Handys/Tablets mit einem Google-Konto möglich. Einzige Voraussetzung: Alle Geräte müssen Android als Betriebssystem verwenden. Wenn Sie nun auf einem Gerät beispielsweise einen neuen Kontakt im Telefonbuch anlegen, erscheint dieser auch auf allen anderen Geräten. Nicht unterstützt werden vom Google-Konto die Anwendungen von Samsung und Dritten, das heißt beispielsweise, Notizen von Samsung Notes (siehe Kapitel *21.9 Samsung Notes*) fallen nicht unter die Sicherung.

Wie erwähnt, stehen für Ihre Daten 15 GB (Gigabyte) Speicher zur Verfügung, die sich alle Google-Anwendungen teilen.

32.1.1 Speicherplatzinfo

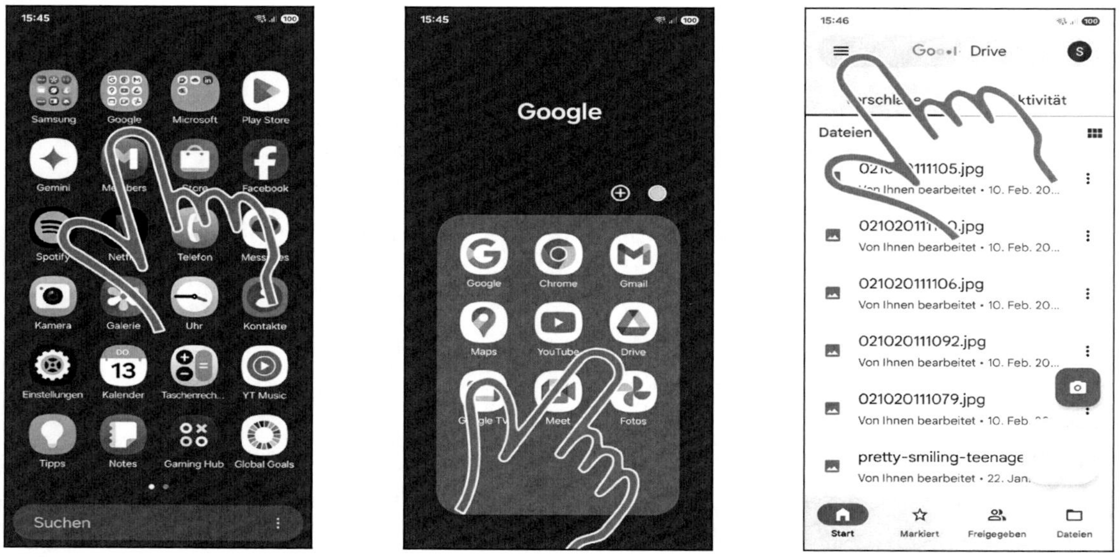

❶❷ So überprüfen Sie, wieviel Speicher im Google-Konto belegt ist: Im Hauptmenü gehen Sie auf *Google* und rufen *Drive* auf.

❸ Öffnen Sie das Ausklappmenü.

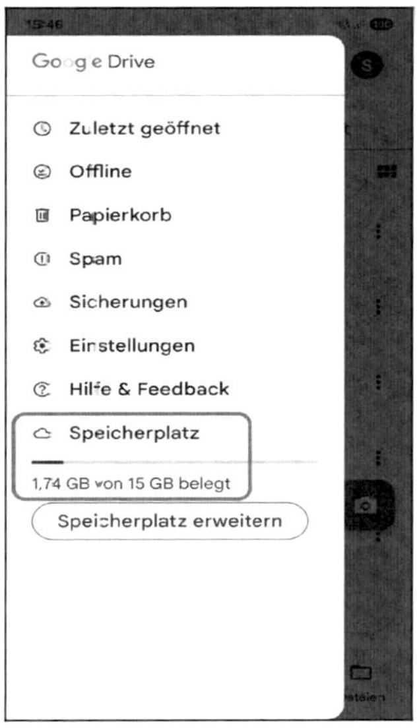

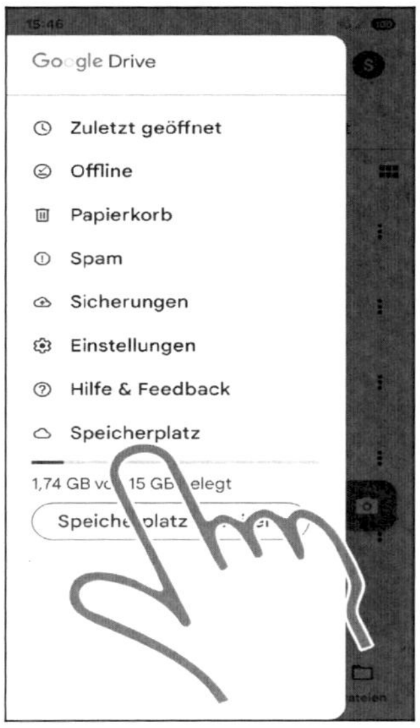

➊ In unserem Beispiel sind vom Google-Speicher bereits 1,74 GB belegt.

➋ Gehen Sie auf *Speicherplatz.*

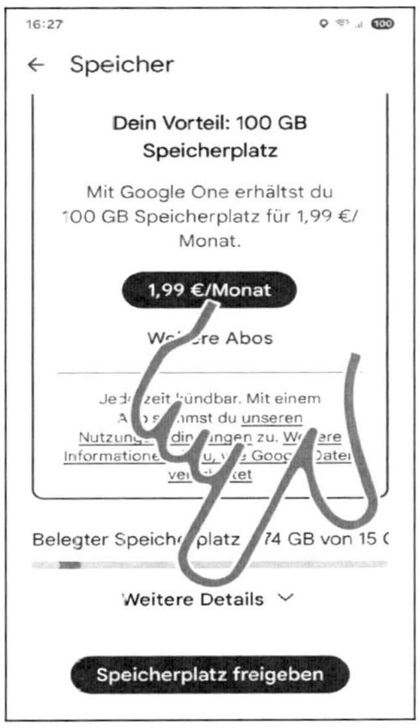

➊➋ *Weitere Details* öffnet eine Übersicht, in der Google die Anwendungen mit ihrem Speicherverbrauch auflistet.

Unser Tipp: Damit Sie niemals in Speicherplatznöte beim Google-Konto geraten, sollten Sie nicht mehr benötigte E-Mails in Gmail (siehe Kapitel *11 Gmail*) immer sofort nach Kenntnisnahme löschen. Insbesondere E-Mails mit Dateianhängen (siehe Kapitel *11.1.2 Dateianlagen*) sind richtige Speicherfresser! Verzichten Sie auf die im Kapitel *11.2.4 Archivieren* vorgestellte Funktion.

32.1.2 Google One

Für die wenigsten Anwender dürfte das Angebot der hier vorgestellten Speicherplatzerweiterung Sinn machen: Zu Preisen zwischen 1,99 bis 9,99 Euro pro Monat lässt sich der Google-Speicherplatz auf 100 GB bis 2000 GB erweitern.

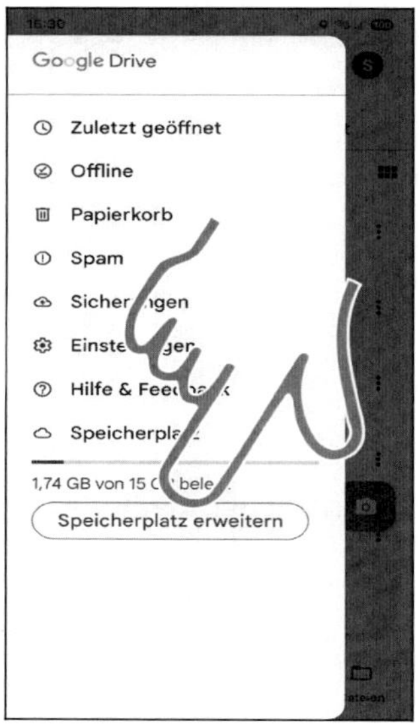

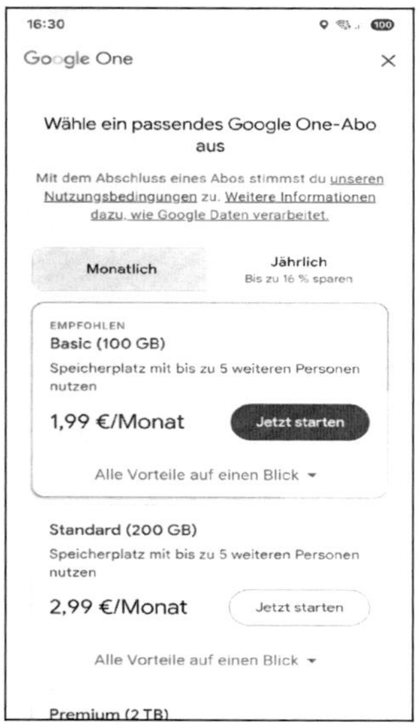

❶ Rufen Sie, wie im vorherigen Kapitel beschrieben, Google Drive auf und öffnen Sie das Ausklappmenü.

❷ Gehen Sie auf *Speicherplatz erweitern.*

❸ Wählen Sie einen Tarif und danach die Zahlungsmethode aus.

32.1.3 Speicherfunktion von Google Fotos ausschalten

Neben dem im Kapitel *18 Galerie* beschriebenen Bildanzeiger ist auf Ihrem Galaxy auch die Anwendung »Google Fotos« vorinstalliert. Wir haben auf eine Beschreibung von Google Fotos in diesem Buch verzichtet, weil das Programm keinen Mehrwert im Vergleich zur Galerie-Anwendung bietet. Wenn Sie möchten, können Sie Google Fotos natürlich trotzdem nutzen. Achten Sie dabei jedoch darauf, die automatische Speicherung in Ihrem Google-Konto zu deaktivieren.

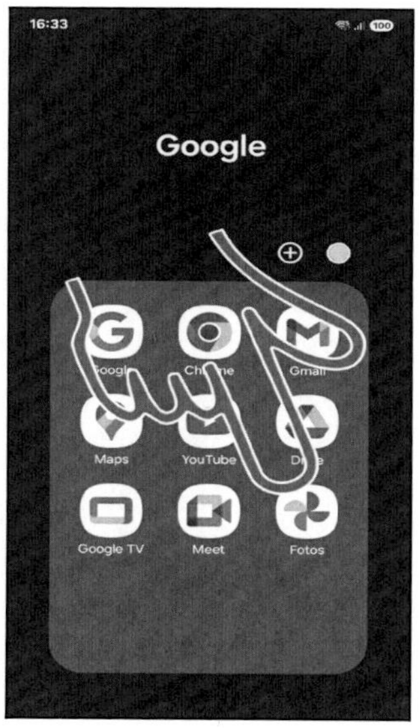

❶❷ Sie rufen Google Fotos im *Google*-Ordner unter *Fotos* auf.

❶❷ Beim ersten Start erscheinen Popups, die Sie mit *Vollen Zugriff erlauben* und *Zulassen* schließen.

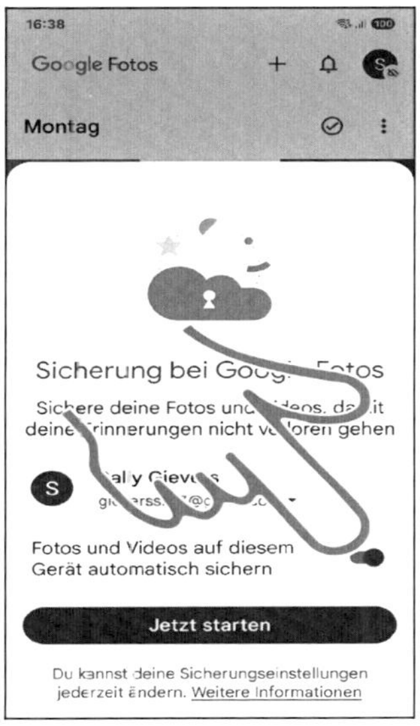

❶❷ Deaktivieren Sie *Fotos und Videos auf diesem Gerät automatisch sichern* und gehen auf *Ohne Sicherung fortfahren.* Sie können nun das Programm verlassen.

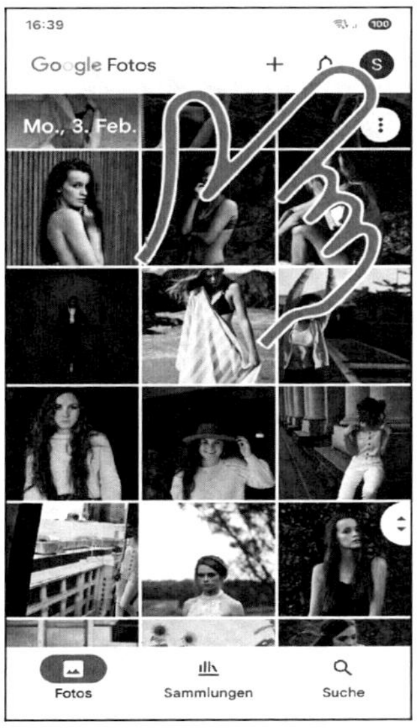

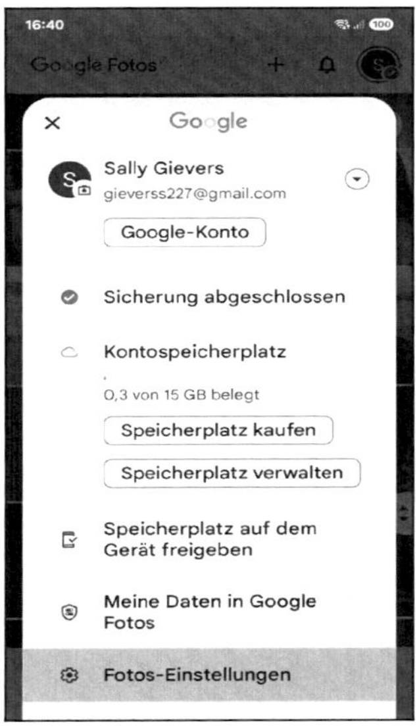

❶ Falls direkt nach dem Start die Benutzeroberfläche von Google Fotos erscheint, haben Sie die

Anwendung bereits mal genutzt. In diesem Fall tippen Sie auf das runde Kontosymbol.

❷ Wählen Sie *Fotos-Einstellungen.*

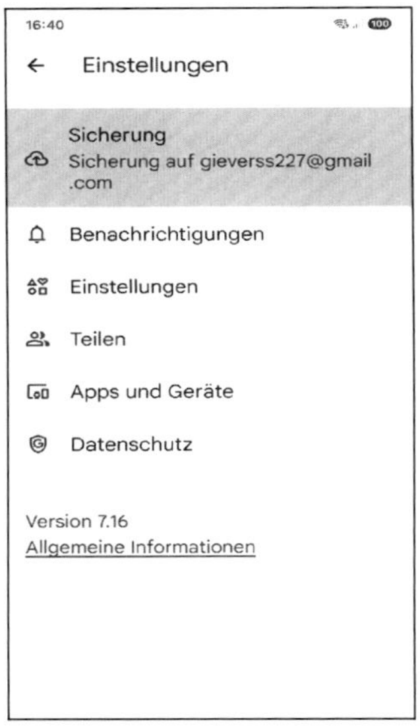

❶❷ Wählen Sie *Sicherung* und deaktivieren Sie *Sicherung.*

32.2 Eigene Klingel- und Benachrichtigungstöne

Standardmäßig bietet das Galaxy nur eine kleine Auswahl an Klingel- und Benachrichtigungssignalen. Sie dürfen aber weitere Audiodateien installieren.

32.2.1 Einrichtung über den PC

Schließen Sie das Galaxy am PC an (siehe auch Kapitel *29 Gerätespeicher*). Wählen Sie als Gerät *Interner Speicher* aus.

Sie finden folgende Verzeichnisse vor:

- *Ringtones*: Für Klingeltöne (siehe Kapitel *6.4.2 Klingelton und Klingeltonlautstärke*)
- *Notifications*: Für Benachrichtigungen (Kalender, neue Nachrichten)
- *Alarms*: Für den Alarm (siehe Kapitel *21.6.1 Alarm*)

Kopieren Sie nun Audiodateien in die entsprechenden Verzeichnisse.

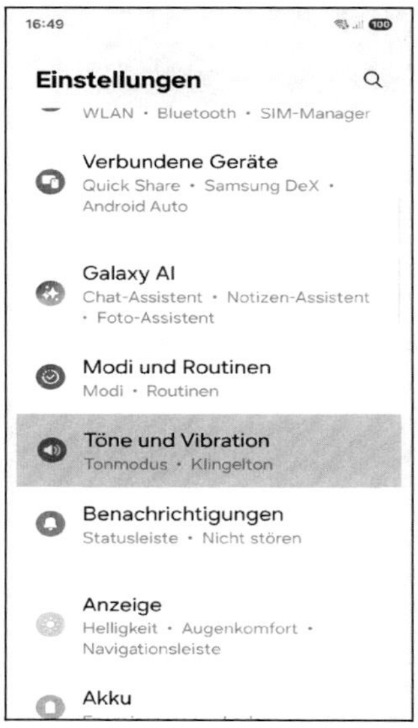

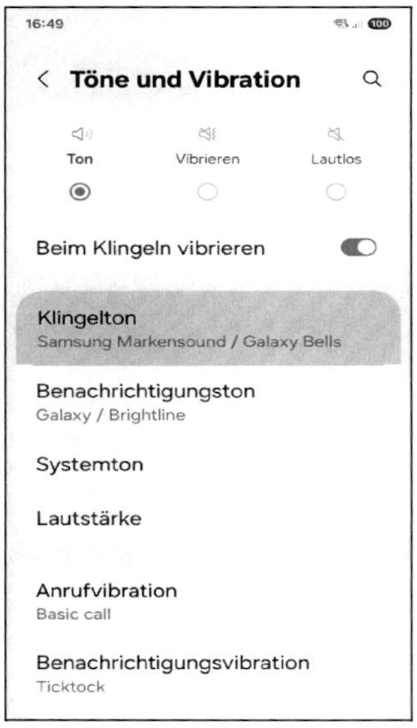

❶ Die neuen Klingel- und Benachrichtigungstöne lassen sich nun verwenden (siehe Kapitel *6.4.2 Klingelton und Klingeltonlautstärke*): Gehen Sie dazu im Hauptmenü in die *Einstellungen.*

❷❸ Wählen Sie *Töne und Vibration/Klingelton*.

❶❷ Stellen Sie den gewünschten Klingelton ein. Alternativ können Sie hier auch über die **+**-Schaltleiste einen Song, der sich an beliebiger Stelle im Gerätespeicher befinden darf, als Signalton einstellen.

32.3 Handy verloren oder geklaut – was nun?

Vorsorge ist immer die beste Versicherung, um das eigene Handy oder Tablet wiederzubekommen, wenn Sie es irgendwo mal liegen lassen oder es gestohlen wird. Wichtig ist erst einmal, dass ein ehrlicher Finder, beziehungsweise die Polizei die Möglichkeit hat, Sie zu kontaktieren. Zwar lassen sich auf dem Galaxy die Kontaktdaten so einstellen, dass sie beim Einschalten angezeigt werden, ist der Akku aber leer, bringt dies dem Finder auch nichts. Wir bringen deshalb auf unseren elektronischen Geräten, die wir unterwegs dabei haben, Adressaufkleber mit unseren Kontaktdaten an. Die meisten Anwender dürften sich für unterwegs eine Schutzhülle anschaffen, sodass dort ohne Probleme ein Adressaufkleber angebracht werden kann.

32.3.1 Datenschutz

Ein weiteres wichtiges Thema ist der Schutz Ihrer persönlichen Daten auf dem Handy. Ein Finder/Dieb könnte nämlich zum Beispiel Folgendes:

- Kontakte und Termine ändern oder löschen.
- Die im Webbrowser gespeicherte Formulardaten, zum Beispiel das Login von Ebay oder einer Shopping-Website ausnutzen, um Käufe in Ihrem Namen durchzuführen.
- Diffamierende E-Mails oder SMS in Ihrem Namen über die E-Mail/Nachrichten-Anwendung verschicken.
- Nach peinlichen SMS, E-Mails, Fotos oder Videos suchen und diese im Web oder anderswo veröffentlichen.
- Sex-Hotlines oder sonstige teure 0900er-Premiumnummern über Ihre SIM-Karte anrufen.
- Im Google Play Store über Ihre dort gespeicherte Kreditkarte fröhlich Ihr Geld für teure Software ausgeben (nur möglich, wenn Sie Ihr Google-Konto-Passwort dort gespeichert haben).

An dieser Stelle wollen wir erst gar nicht über den Einsatz Ihres Android-Handys in einem sensiblen Firmenbereich reden. Das Galaxy speichert viele Daten wie Kontakte, Termine, Browser-Lesezeichen usw. auf Google-Server, auf die amerikanische Behörden problemlos Zugriff haben. Es soll auch Firmen geben, die Software anbieten, um abgesicherte Geräte auszulesen, wozu nur der physische Zugriff auf das Gerät nötig ist (zum Beispiel auf Flughäfen bei der Zollkontrolle). Natürlich lässt sich das Galaxy auch ohne Google-Konto (und damit ohne Google-Server) nutzen, dann könnte man sich aber auch genauso gut ein Notizblock zulegen.

Damit es Diebe nicht zu einfach haben, hier einige Tipps:

- Aktivieren Sie in *Einstellungen/Sperrbildschirm und AOD/Sperrbildschirmtyp* die Gerätesperre (Muster, PIN, Passwort oder Fingerabdruck). An die Daten in Ihrem Gerätespeicher kommt dann der Dieb nicht heran (siehe Kapitel *30.2 Gerätesperre*).
- Den Google Play-Store ist ohnehin mit einer PIN abgesichert. Käufe sind dann erst nach PIN-Eingabe oder Fingerabdruck möglich.
- *Einstellungen/Sicherheit und Datenschutz/Weitere Sicherheitseinstellungen/SIM-Kartensicherheit* stellt die SIM-Kartensperre ein, sodass ein Dieb Ihre SIM-Karte nicht einfach entnehmen und in seinem Handy für teure Anrufe nutzen kann. Stattdessen wird der Dieb an der Abfrage der SIM-PIN scheitern.
- Rufen Sie *Einstellungen/Sicherheit und Datenschutz/Schutz für verlorene Geräte* auf und aktivieren Sie *Suchen dieses Telefons zulassen, sowie Letzten Standort senden* (siehe Kapitel *30.5 Maßnahmen gegen Diebstahl*). Probieren Sie danach unbedingt die Smartthingsfind-Website aus, damit Sie im Schadensfall schnell reagieren können.
- Notieren Sie sich die IMEI Ihres Handys (in der Telefonoberfläche des Handys **#06#* eingeben) und schreiben Sie diese am besten auf Ihre Rechnung für das Gerät, sofern sie dort nicht bereits aufgeführt ist. Bei einer Diebstahlsmeldung können Sie die IMEI dann mit angeben.

Der Diebstahl/Verlust ist eingetreten:

Abhängig von der Situation, also wenn Sie nicht sicher sind, ob die zuvor aufgeführten Sicherheitsmaßnahmen greifen, gehen Sie wie folgt vor:

- Rufen Sie sich selbst an. Sind Sie mit mehreren Personen vor Ort, sollten diese zuvor ausschwärmen lassen, damit das Handy schnell lokalisiert wird. Ein markanter Klingelton ist da natürlich hilfreich. Der Selbstanruf ist auch von der Find my Mobile-Website (siehe Kapitel *30.5 Maßnahmen gegen Diebstahl*) möglich, wobei auch ein auf lautlos gestelltes Gerät mit voller Lautstärke klingelt.
- Loggen Sie sich auf der Google-Website in Ihr Google-Konto ein und ändern Sie Ihr Passwort.
- Erstatten Sie Anzeige bei der Polizei (den Polizei-Beleg benötigen Sie eventuell, damit Ihre Versicherung den Verlust erstattet). Eventuell hat sich dort auch schon der ehrliche Finder gemeldet.
- In Hotels, Bahnhöfen, Flughäfen gibt es extra Fundbüros, vielleicht hat dort jemand zwischenzeitlich das Gerät abgegeben.
- Lassen Sie beim Mobilnetzbetreiber Ihre SIM-Karte sperren.
- Falls Sie sich nach einiger Zeit sicher sind, dass Sie das Gerät nicht wieder erhalten, beziehungsweise wenn wichtige Daten drauf sind, die nicht in falsche Hände geraten sollen, führen Sie über die Samsung SmartThings Find-Website die Fernlöschung durch.

32.4 Anwendungen als Standard

Sie haben wahrscheinlich zu diesem Zeitpunkt schon einige dutzend Programme aus dem Google Play Store (siehe Kapitel *26.1 Play Store*) installiert. Häufig überlappen sich dabei die Programmfunktionen, beispielsweise unterstützen viele Anwendungen PDF, Word- oder Excel-Dokumente.

Wenn Sie auf dem Galaxy eine Funktion auslösen, für die mehrere Anwendungen in Frage kämen, fragt das Gerät nach. Im Fall einer Word-Datei, die Sie in einer E-Mail antippen, erscheint eine Rückfrage. Wählen Sie dann das gewünschte Programm aus und betätigen Sie *Immer*. Künftig wird der Dateityp jeweils immer in der gewählten Anwendung geöffnet.

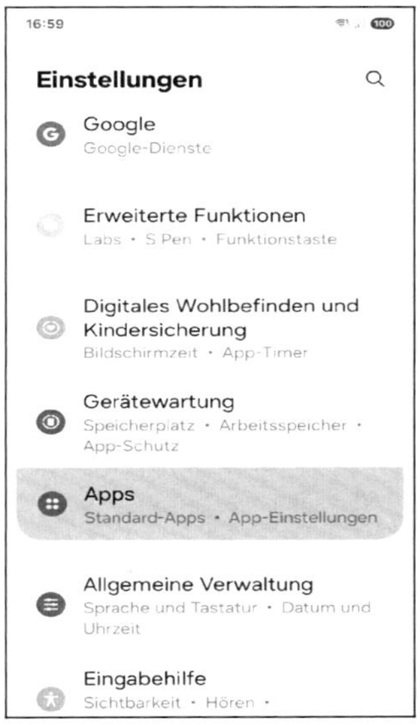

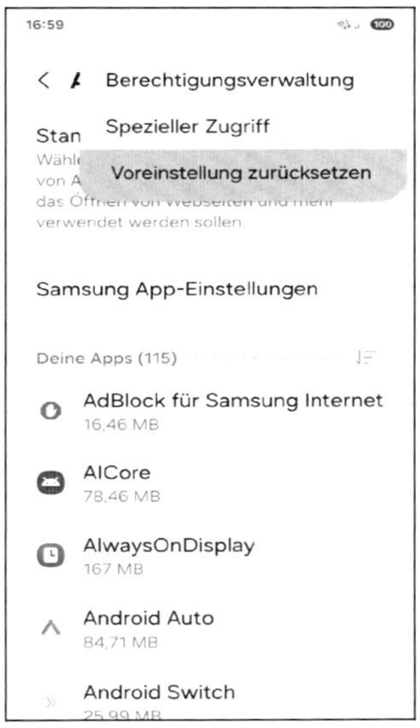

❶ So setzen Sie die oben erwähnte *Immer*-Voreinstellung wieder zurück: Gehen Sie *Einstellungen* im Hauptmenü.

❷ Wählen Sie *Apps* aus.

❸ Der Einfachheit halber setzen wir alle Standardwerte zurück, was über ⁝/*Voreinstellung zurücksetzen* geschieht. Schließen Sie den Warnhinweis mit *Zurücksetzen*.

32.5 Akkulaufzeit erhöhen

Mit einigen kleinen Kniffen erhöhen Sie die Akkulaufzeit Ihres Galaxy-Handys:

- Wenn Sie keine GPS-Positionsbestimmung benötigen, deaktivieren Sie diese durch Ausschalten in den *Einstellungen* unter *Verbindungen/Standort*.
- Gleiches gilt auch für WLAN oder Bluetooth, die Sie bei Nichtverwendung im Benachrichtigungsfeld deaktivieren.
- Passen Sie über den Helligkeitsregler im Benachrichtigungsfeld die Displaybeleuchtung an. Das Display ist die Handy-Komponente mit dem höchsten Stromverbrauch.
- Die Displayabschaltdauer stellen Sie in den *Einstellungen* unter *Anzeige/Bildschirm-Timeout* ein.

- Der im Kapitel *32.9 Energiesparmodi* vorgestellte Energiesparmodus kann ebenfalls die Akkulaufzeit positiv beeinflussen.
- Widgets im Startbildschirm (siehe Kapitel *4.7.2 Widgets*) dienen dazu, immer aktuelle Infos für den Anwender bereit zustellen, laden dafür aber teilweise in regelmäßigen Abständen Daten aus dem Internet (beispielsweise bei Newstickern). Reduzieren Sie die Aktualisierungshäufigkeit in den Einstellungen des Widgets oder löschen Sie nicht benötigte Widgets vom Startbildschirm).
- Beenden Sie alle Anwendungen und Spiele, wenn Sie sie nicht nutzen (mit der <-Taste, sofern es keine andere Beendigungsoption gibt).

Im Handel sind sogenannte Power-Packs erhältlich, die aus einem großen Akku bestehen, an die Sie Ihr Handy zum Nachladen anschließen. Ein Power-Pack reicht – je nach Kapazität – für mehrere Ladungen, bevor sie das Power-Pack selbst an einer Steckdose aufladen müssen.

Einen großen Einfluss hat auch das Mobilfunknetz. Befinden Sie sich an einem Standort mit schlechten Empfang (oben rechts in der Titelleiste werden nur ein oder zwei Balken für die Empfangsstärke angezeigt), dann versucht das Handy mit verstärkte Leistung zu senden, was die Akkulaufzeit reduziert. Wir empfehlen dann:

- Falls möglich, wechseln Sie den Standort. In Gebäuden ist der Empfang in Fensternähe oder in einem höheren Stockwerk meist besser.
- Befinden Sie sich längerfristig an einem Ort mit schlechtem Mobilfunkempfang, dann sollten Sie solange den Flugmodus aktivieren (sofern Sie weder telefonieren noch das Internet nutzen müssen). Den Flugmodus beschreibt Kapitel *9.2.2 Mobilfunk-Internet aktivieren/deaktivieren*.
- Vermeiden Sie Telefonate bei schlechtem Mobilfunkempfang. Nicht nur reduzieren Sie damit die Akkulaufzeit erheblich, sondern Sie setzen sich unnötigem Elektrosmog aus. Ein eindeutiger Einfluss von elektromagnetischen Wellen auf die Gesundheit wurde bisher allerdings noch nicht nachgewiesen.
- Alternativ: Sofern ein WLAN-Zugangspunkt vorhanden ist, fragen Sie nach dessen Zugangsdaten und verbinden Sie sich damit (siehe nächstes Kapitel). Telefonverbindungen erfolgen dann mittels WLAN Call-Protokoll über die WLAN-Verbindung.

32.6 Telefonieren bei schlechtem Mobilnetzempfang

In Deutschland ist das Mobilfunknetz in vielen Regionen unzureichend ausgebaut. Zusätzlich beeinträchtigen Betonbauten und Hallen den Empfang, da die verbauten Metallstrukturen Funksignale abschwächen. Für dieses Problem haben Mobilfunkanbieter und Smartphone-Hersteller mit WLAN Call aber eine Lösung entwickelt.

WLAN Call (auch WiFi Calling genannt) ist eine Technologie, die es ermöglicht, Anrufe und SMS über ein WLAN-Netzwerk zu tätigen, anstatt über das Mobilfunknetz. Damit Sie WLAN Call nutzen können, müssen Sie nur mit dem Handy mit einem WLAN-Zugangspunkt verbunden sein. Vielerorts sind diese ja kostenlos nutzbar. Eine gültige SIM-Karte oder eSIM muss allerdings weiterhin im Handy aktiv sein.

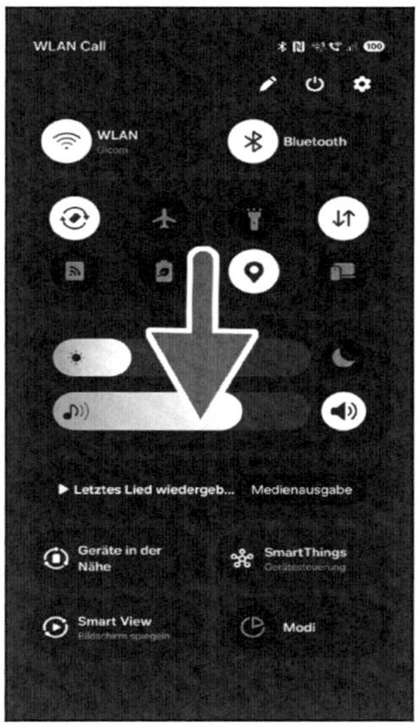

➊ Dass WLAN Call gerade zur Verfügung steht, erkennen Sie in der Telefon-Anwendung an den »Strahlen« in der grünen Schaltleiste.

➋➌ Falls WLAN Call bei Ihnen nicht funktioniert, überprüfen Sie die Einstellungen. Öffnen Sie dazu das erweiterte Benachrichtigungsfeld und stellen Sie sicher, dass WLAN Call aktiviert ist.

32.7 Akku-Lebensdauer

Der Akku in Ihrem Handy bestimmt die Nutzungsdauer Ihres Handys, denn er verliert nach einigen Jahren deutlich an Kapazität. Sie müssen dann Ihr Handy häufiger am Tag aufladen. Ab einem gewissen Kapazitätsverlust werden Sie den Akku ersetzen wollen.

Leider können Sie den fest verbauten Akku nicht selbst tauschen, sondern müssen sich an einen Spezialisten wenden: Im Internet bieten neben den von Samsung autorisierten Service-Centern (siehe *www.samsung.com/de/support/service-center*) auch zahlreiche weitere Unternehmen den Akkuaustausch an. Wegen der damit verbundenen Kosten werden Sie aber eher das alte Handy zum Elektrorecycling geben und sich ein neues Gerät kaufen.

Ob Sie mit dem Aufladen des Handy-Akkus warten, bis das Handy sich wegen niedrigem Akkustand abschaltet oder regelmäßig zwischendurch aufladen, spielt übrigens bei der Akkulebensdauer nur eine untergeordnete Rolle.

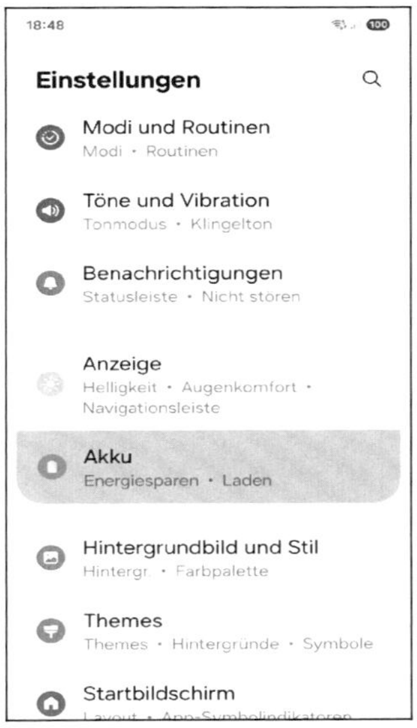

Die verbaute Batterietechnik ist zwar vergleichsweise robust, mit einigen Einstellungen können Sie aber – mit Komforteinschränkungen – die Akkulebensdauer etwas erhöhen.

➊ Rufen Sie die *Einstellungen* im Hauptmenü auf.

❷ Gehen Sie auf *Akku.*

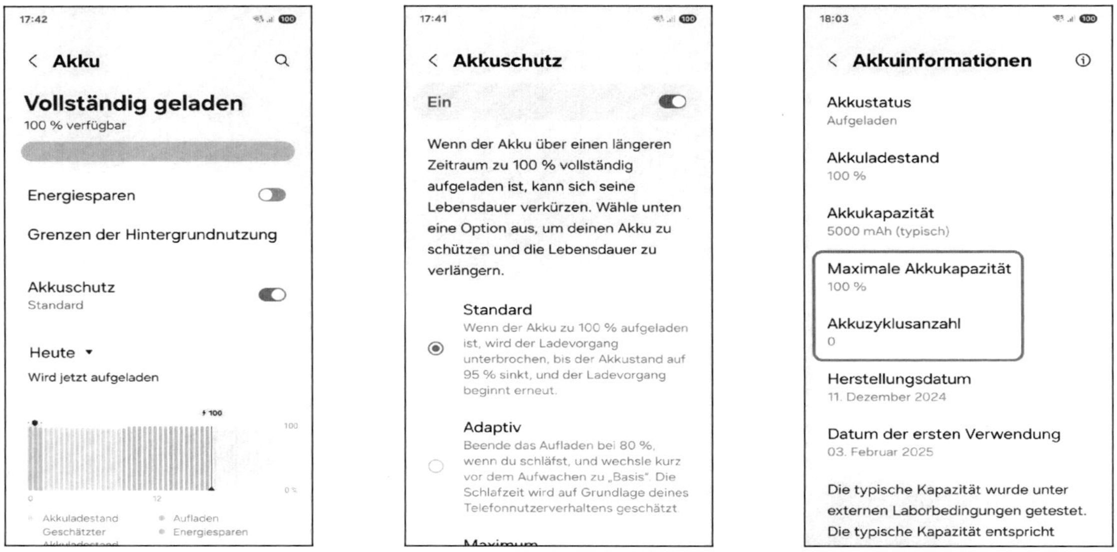

❶ Von den hier angebotenen Optionen sind für Sie interessant:

- *Akkuschutz* (❷): Wenn Sie *Maximum* einstellen, wird der Akku immer nur zu 80 Prozent geladen, was ihn schont. Falls Sie das Handy immer über Nacht laden, probieren Sie mal *Adaptiv* aus. Der Ladevorgang läuft dann bis 80 Prozent und erst kurz vor dem Aufstehen wird er zu 100 Prozent geladen.
- *Einstellungen für das Aufladen*: Deaktivieren Sie *Schnellladen* und *Schnelles induktives Laden.* Beide Optionen spielen allerdings ohnehin nur beim Einsatz von speziellen Schnelladeadaptern eine Rolle.
- *Akkuinformationen* (❸): Hier erhalten Sie Informationen über die verbleibende Akkukapazität sowie die Anzahl der Ladezyklen. Ein vollständiger Ladezyklus bedeutet, dass der Akku einmal vollständig entladen und anschließend wieder aufgeladen wurde. Beispielsweise entspricht das zweimalige Aufladen von 50 Prozent auf 100 Prozent einem vollständigen Ladezyklus. Moderne Lithium-Ionen-Akkus in Smartphones, einschließlich derjenigen in Samsung-Geräten, sind darauf ausgelegt, zwischen 500 und 1.500 vollständige Ladezyklen zu überstehen, bevor ihre Kapazität signifikant nachlässt.

32.8 Screenshots (Bildschirmkopien)

In jeder beliebigen Anwendung dürfen Sie einen Screenshot (Bildschirmkopie) erstellen.

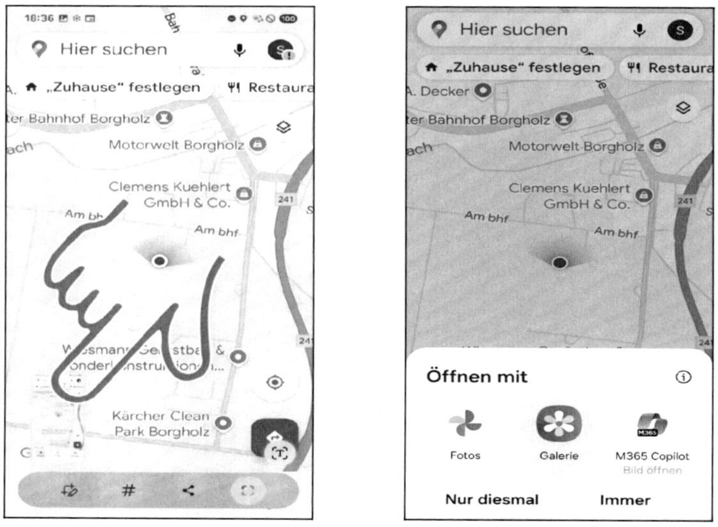

❶ Drücken Sie in der Anwendung, von der Sie einen Screenshot erstellen möchten, für einige

Sekunden gleichzeitig den Ein/Ausschalter und die Lautstärke-leiser-Taste (linke Geräteseite). Ein aufblitzender Rahmen informiert über den erfolgreichen Vorgang. Am unteren Bildschirmrand erscheint für einige Sekunden eine schwarze Leiste:

- (Vorschaubild): Öffnet den Screenshot in einem Bildanzeiger (❷). Wählen Sie *Galerie* aus und betätigen Sie *Immer*.
- : Durchrollender Bildschirm: Screenshot von größerem Bildschirmausschnitt erstellen. Tippen und halten Sie diese Schaltleiste, bis der gewünschte Bildschirmbereich erfasst wurde.
- : Screenshot bearbeiten.
- : Screenshot versenden.
- : Bildanalyse durchführen. Siehe Kapitel *27.6 Circle to Search*.

Die Screenshot-Bilder finden Sie im Gerätespeicher im Verzeichnis *DCIM\Screenshots*.

32.9 Energiesparmodi

Nicht immer hat man Zeit und Gelegenheit, den Akku des Galaxy zeitnah aufzuladen. Für solche Notfälle können Sie den Energieverbrauch reduzieren.

> Beachten Sie auch Kapitel *32.5 Akkulaufzeit erhöhen*, das auf weitere Energiesparmöglichkeiten am Handy eingeht.
>
> Wir raten wegen des damit verbundenen Komfortverlustes von der Verwendung der Energiesparmodi ab. Sollte Ihnen die Akkulaufzeit nicht ausreichen, empfehlen wir Ihnen stattdessen die Anschaffung eines sogenannten Powerpacks, über den Sie Ihr Handy unterwegs nachladen können.

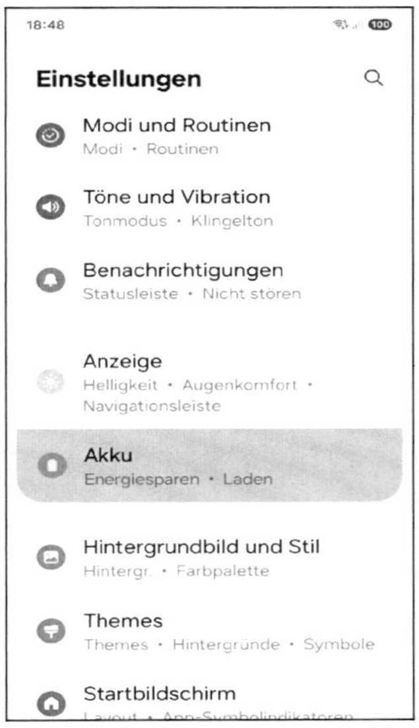

❶ Gehen Sie auf *Einstellungen* im Hauptmenü.

❷ Rufen Sie *Akku* auf.

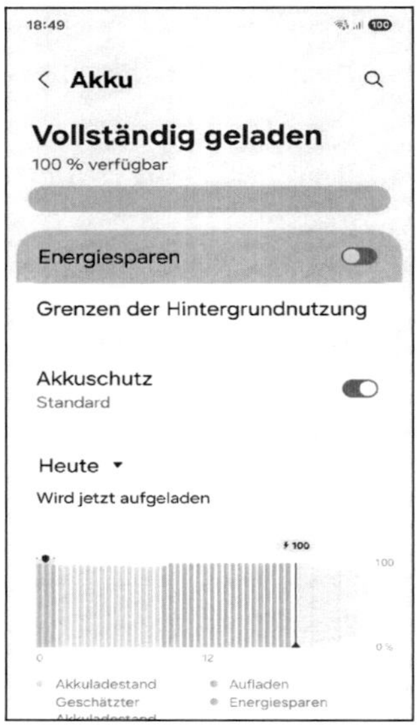

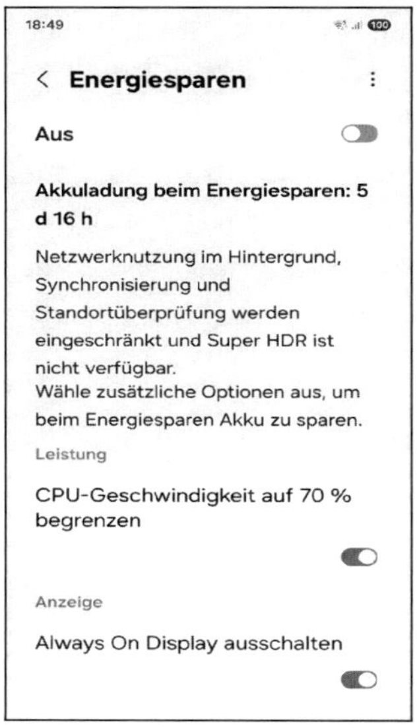

❶❷ Unter *Energiesparen* legen Sie fest, welche Funktionen deaktiviert oder eingeschränkt werden.

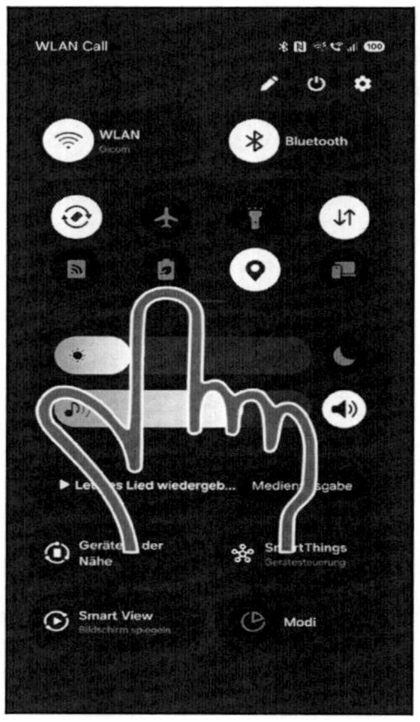

❶❷ Über die *Energie sparen*-Schaltleiste im Benachrichtigungsfeld schalten Sie die Stromsparmaßnahmen ein/aus.

32.10 Benachrichtigungen einschränken

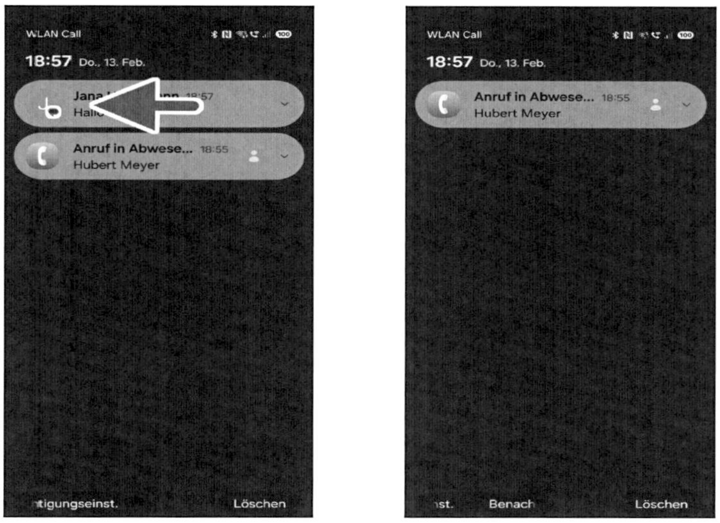

❶❷ Das Benachrichtigungsfeld fasst alle Meldungen der auf dem Galaxy vorhandenen Programme zusammen. Zur Kenntnis genommene Meldungen können Sie, wie bereits im Kapitel *4.8 Die Titelleiste* gezeigt, mit einer horizontalen Wischgeste entfernen.

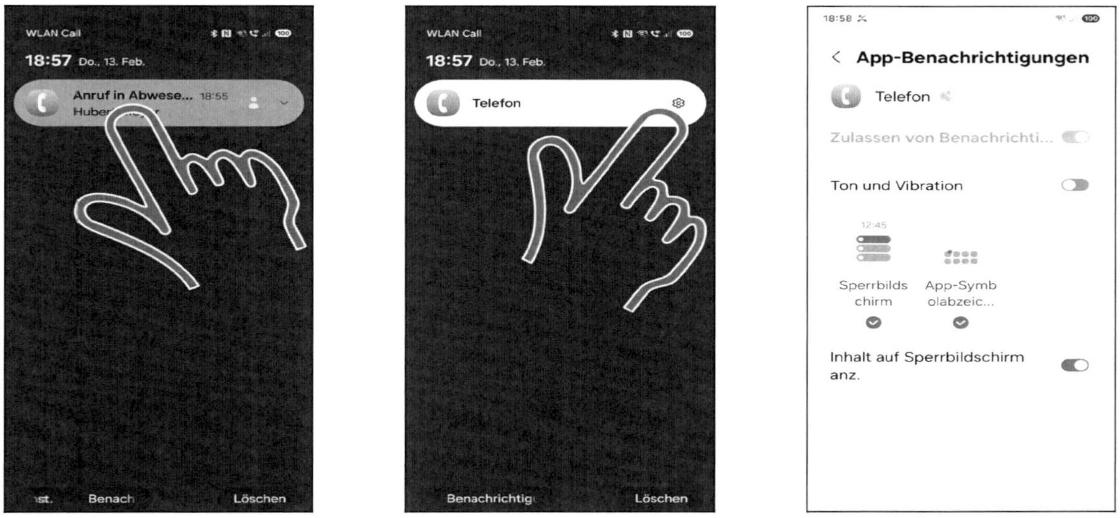

❶ Von manchen Anwendungen wünschen Sie vielleicht keine Benachrichtigungen: Abhilfe schafft dann die Benachrichtigungseinstellung, die Sie durch Tippen und Halten des Fingers über einem Eintrag aufrufen.

❷ Betätigen Sie ⚙.

❸ Falls Sie keinerlei Benachrichtigungen der Anwendung wünschen, deaktivieren Sie *Ton und Vibration*. Alternativ deaktivieren Sie einzelne Benachrichtigungstypen.

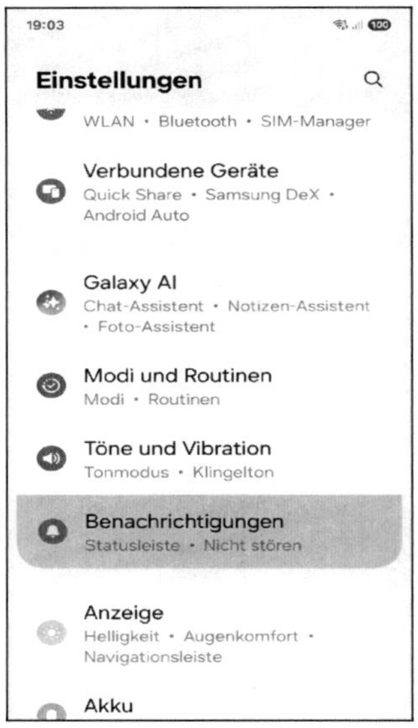

❶ Alternativ bearbeiten Sie die Benachrichtigungen über die *Einstellungen* aus dem Hauptmenü.

❷ Wählen Sie *Benachrichtigungen* aus.

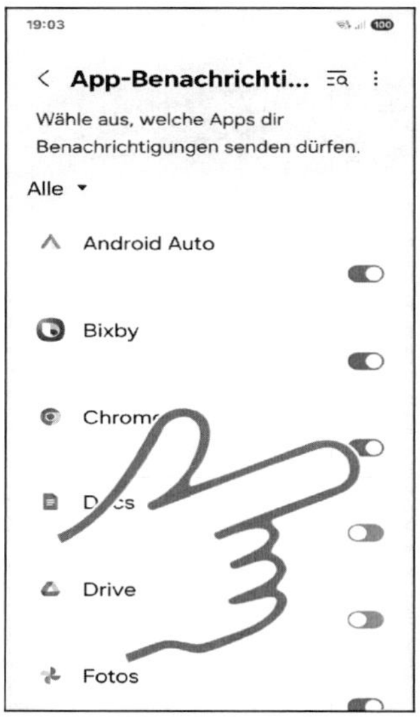

❶❷ Gehen Sie auf *App-Benachrichtigungen* und deaktivieren Sie die Schalter bei den Anwendungen, die sich nicht mehr bemerkbar machen sollen.

32.11 NFC

NFC ist ein Funkstandard zur Datenübertragung über Entfernungen von wenigen Zentimetern. Sie nutzen NFC mit Ihrer Girocard (»EC-Karte«) oder Kreditkarte, wenn Sie drahtlos im Supermarkt bezahlen.

Auch Ihr Handy unterstützt NFC, um darüber per Google Pay oder Samsung Wallet Zahlungen abzuwickeln. Dazu muss man bei Google seine Kredit- oder Debitkarte hinterlegen. Beim Zahlungsvorgang legt man sein Handy auf das Zahlungsterminal an der Kasse, worauf der Rechnungsbetrag abgebucht wird. In diesem Buch gehen wir nicht weiter auf Google Pay ein, weil es zum einen datenschutzrechtlich bedenklich ist und zum anderen gegenüber der Girocard keinerlei Vorteile bietet.

Standardmäßig ist NFC an Ihrem Handy aktiviert, wobei es nicht viel Strom verbraucht. Trotzdem sollten Sie NFC ausschalten, weil sonst das Handy durch NFC-fähige Karten beeinflusst werden könnte. Wir haben schon erlebt, dass eine Krankenkassenkarte (»Gesundheitskarte«) eines unserer Handys so verwirrt hat, dass es nicht mehr nutzbar war. Insbesondere Etuies, die sowohl das Handy als auch weitere Karten aufnehmen, sind dabei problematisch.

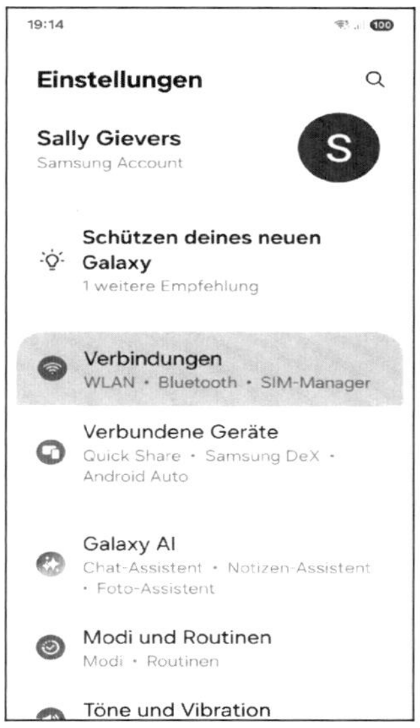

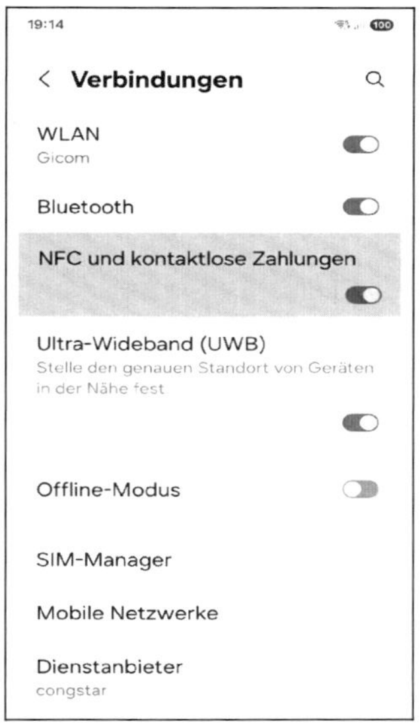

❶ Zuerst müssen Sie NFC aktivieren: Gehen Sie auf *Einstellungen* im Hauptmenü.

❷❸ Rufen Sie *Verbindungen/NFC und kontaktlose Zahlungen* auf.

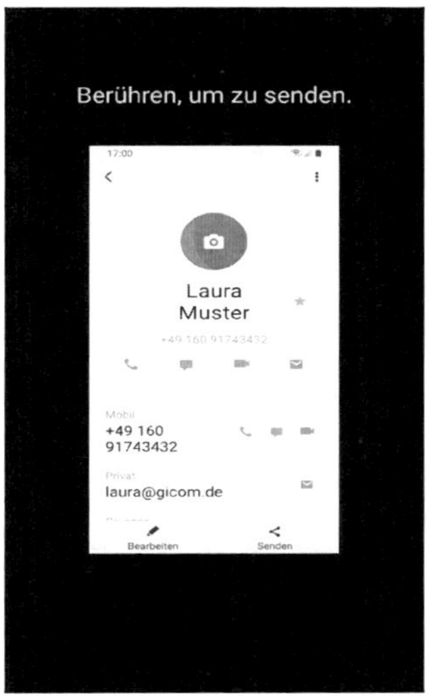

❶ Prüfen Sie, ob *NFC* eingeschaltet ist (Schalter am oberen Bildschirmrand ist blau).

❷ Es gibt auf Android-Handys keine extra Funktion, die festlegt, welches Gerät als Sender und welches als Empfänger fungiert. Halten Sie einfach beide Geräte mit den Rückseiten gegeneinander, worauf ein Signal ertönt und Sie auf dem Gerät, das senden soll, den Bildschirm antippen. Eventuell muss der Empfänger anschließend noch auswählen, wie die empfangenen Daten weiterverarbeitet werden.

Anwendungsbeispiele:

- Browser: Webseite im Browser auch auf dem Empfänger-Handy öffnen.
- YouTube: Geöffnetes Video in der YouTube-Anwendung auch auf dem Empfänger-Handy anzeigen
- Telefonbuch: Daten eines im Telefonbuch angezeigten Kontakts auf dem Empfänger-Handy im Telefonbuch speichern.
- Google Maps: Maps-Karte im Empfänger-Handy öffnen.
- Google Play Store: Programmdetails auf dem Empfänger-Handy anzeigen.

Wichtig: Bankkarten oder andere Karten mit NFC-Unterstützung können das Handy verwirren und Fehlermeldungen hervorrufen. Deshalb sollten Sie das Handy immer separat davon transportieren!

32.11.1 Samsung Wallet

Inzwischen gehört die kontaktlose Bezahlung mit der Girocard (alte Bezeichnung: EC-Karte) zum Standard. Dazu legt man seine Girocard auf das Zahlungsterminal, welches per Funk Kontakt mit dem enthaltenen Chip aufnimmt. Anschließend geben Sie die PIN für Ihre Girocard ein – bei kleineren Beträgen ist dies sogar meistens nicht nötig.

Die gleiche Funktion kann auch Ihr Samsung-Handy mit seinem NFC-Funkmodul und der Samsung Wallet-Anwendung übernehmen. Google und Apple bieten übrigens ähnliche Bezahlfunktionen über NFC an.

Wir möchten darauf hinweisen, dass sich unserer Ansicht nach mit der Zahlungsabwicklung durch Samsung Wallet keinerlei Vorteil gegenüber der Zahlung per Girocard ergibt. Ganz im Gegenteil: Aus Datenschutzgründen – das Unternehmen erfährt Ihre Kaufgewohnheiten – ist Samsung Wallet als problematisch anzusehen.

Weil Samsung sein Zahlungssystem intensiv bewirbt, beschreiben wir an dieser Stelle trotzdem dessen Einrichtung. Beachten Sie dass Samsung Wallet die Beantragung eines neuen Bankkontos voraussetzt, was negative Auswirkungen auf Ihre Bonität bei der Schufa hat.

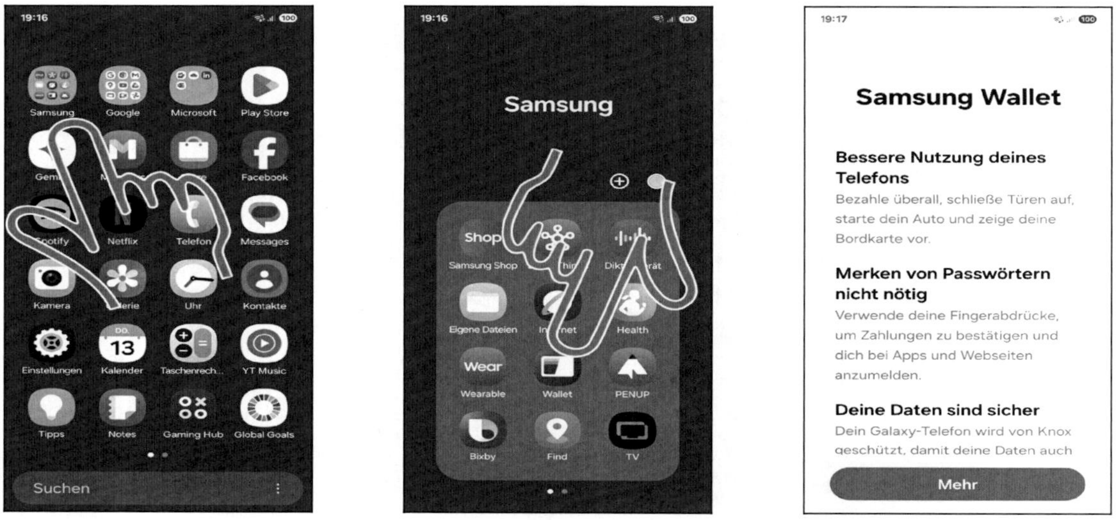

❶❷ Öffnen Sie im Hauptmenü den *Samsung*-Ordner und gehen Sie auf *Wallet.*

❸ Folgen Sie den Anweisungen.

32.12 QR-Code scannen

Mit Sicherheit haben Sie sich schon mal über die seltsamen Rastergrafiken gewundert, die ab und zu auf Werbeplakaten oder in Zeitschriften zu finden sind. Es handelt sich dabei um sogenannte QR-Codes, die in der Regel eine Webadresse enthalten. QR-Codes lassen sich mit dem Handy einscannen und dann einfach im Webbrowser öffnen.

Wir zeigen Ihnen in diesem Kapitel, wie Sie QR-Codes nutzen.

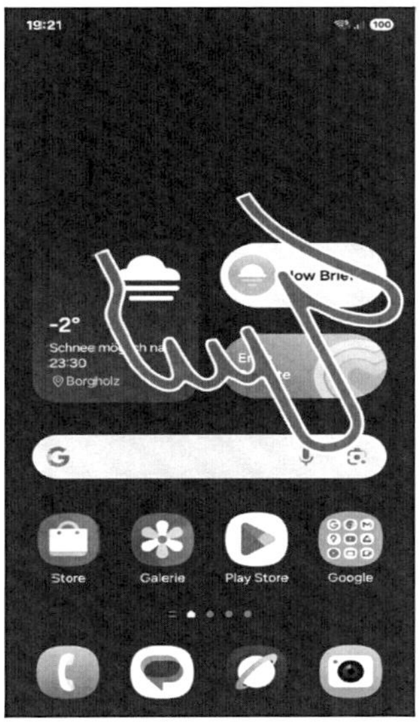
Store
Galerie
Play Store
Google

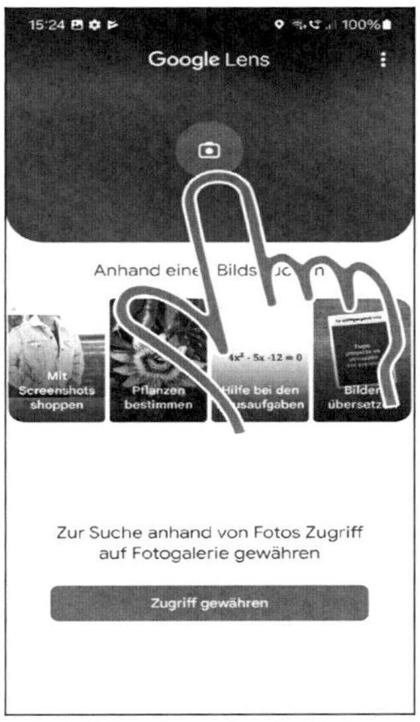
Google Lens
Zur Suche anhand von Fotos Zugriff auf Fotogalerie gewähren
Zugriff gewähren

Google Lens
Kamera öffnen
Übersetzen
Suche
Hausaufgaben

❶ Betätigen Sie im Startbildschirm die -Schaltleiste im Google-Widget.

❷❸ Gehen Sie auf das Kamera-Symbol und dann auf *Kamera öffnen.* Im Popup wählen Sie *Zulassen.*

Sofern Sie Google Lens bereits mal genutzt haben, werden Einrichtungsschritte übersprungen.

Google Lens
das-praxisbuch.de
Suche

Das Praxisbuch
von Rainer Gievers
MENU
Verständliche Bedienungsanleitungen!
Seit mehr als 15 Jahren unterstützen die Praxisbücher von Rainer Gievers bei der optimalen Nutzung von Handhelds, Smartphones und Tablets. Die meisten Bücher behandeln Geräte mit dem Google-Android-Betriebssystem.
Jedes Praxisbuch enthält mehrere hundert Abbildungen, anhand der Sie alle nötigen Bedienschritte einfach nachvollziehen können.
Auf dieser Website finden Sie Infos zu den erhältlichen Büchern mit Leseprobe und Inhaltsverzeichnis.
BÜCHERLISTE

❶❷ Halten Sie das Handy über den einzuscannenden QR-Code. Die angezeigte Webadresse tippen Sie an, worauf sie im Webbrowser geöffnet wird.

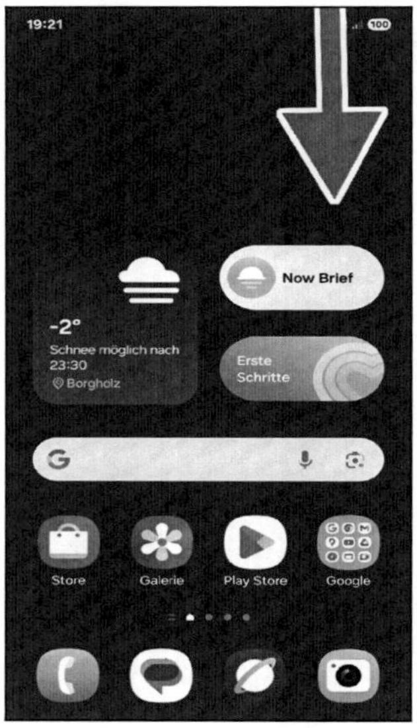

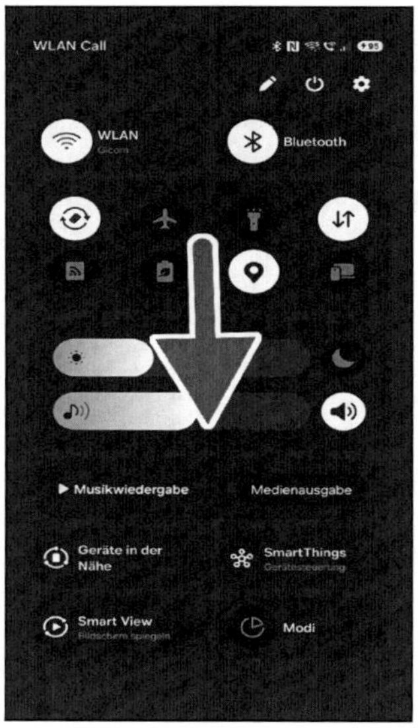

❶ Alternativ öffnen Sie das Benachrichtigungsfeld…

❷ … und öffnen mit einer Wischgeste das erweiterte Benachrichtigungsfeld.

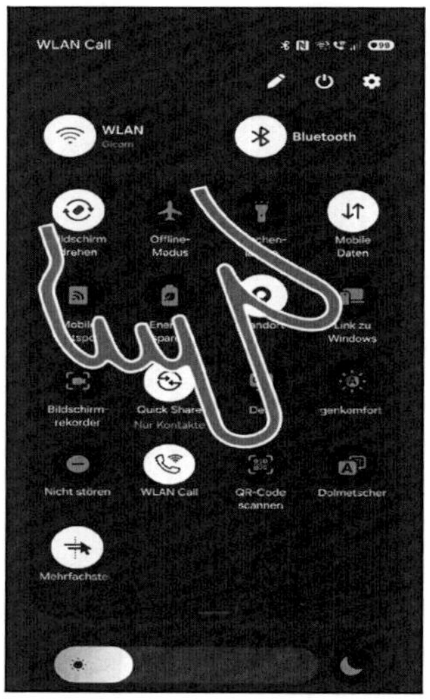

❶❷ Tippen Sie auf *QR-Code scannen* und halten Sie das Handy auf den QR-Code. Mit *Link öffnen* rufen Sie die hinterlegte Webadresse im Browser auf.

32.13 Datenschutzeinstellungen

In den letzten Jahren wurde weltweit das Datensammeln der Softwarebranche durch diverse Gesetze immer mehr eingeschränkt. Was für die Privatsphäre auf der einen Seite zu begrüßen ist, hat auf der anderen Seite negative Auswirkungen auf den Bedienkomfort.

Beispiel: Google darf die in den Telefonbuch-Kontakten hinterlegten Geburtstage nicht einfach in den Kalender als Termine übernehmen. Ebenso dürfen Suchwörter aus der Google-Suche nicht für Empfehlungen im Kartendienst Google Maps oder in YouTube verwendet werden.

Über die »Meine Aktivitäten«-Seite legen Sie selbst fest, welche Daten Google zwischen seinen Diensten austauschen darf.

➊ Rufen Sie in einem Webbrowser die Webadresse *myactivity.google.com/linked-services* auf (Sie dürfen dazu auch den Browser auf einem PC nutzen, was einfacher ist). Betätigen Sie dann *Anmelden* und geben Sie auf den folgenden Seiten Ihr Google-Konto und das zugehörige Passwort an.

➋ Aktivieren Sie alle Dienste, die Daten untereinander austauschen dürfen. In der Regel dürften das alle sein, was Sie mit einem Haken beim ersten Eintrag erledigen.

➌ Blättern Sie nun mit einer Wischgeste durch den Bildschirm und gehen Sie *Weiter*. Auf der folgenden Seite betätigen Sie *Bestätigen*.

32.14 Mehrere SIM-Karten gleichzeitig nutzen

Die Verwendung von zwei SIM-Karten in einem Handy (Dual-SIM-Funktion) macht unter Umständen Sinn:

- Berufliche und private Trennung: Nutzung einer SIM-Karte für berufliche Zwecke und der zweiten für private Kommunikation. So lassen sich Arbeit und Privatleben leichter trennen, ohne zwei Geräte mit sich führen zu müssen.
- Nutzung im Ausland: Kaufen Sie an Ihrem Aufenthaltsort eine lokale SIM-Karte, um Roaming-Kosten zu sparen. Beachten Sie, dass im EU-Ausland nur die in Deutschland üblichen Kosten anfallen, also keine zweite Karte nötig ist. Sie haben im EU-Ausland darüber hinaus mit Ihrer deutschen SIM-Karte einen besseren Empfang, weil alle lokalen Mobilnetzbetreiber genutzt werden. Das ist bei einer lokal gekauften SIM-Karte nicht der Fall.
- Netzabdeckung optimieren: Manche Netzbetreiber haben in bestimmten Regionen eine bessere Abdeckung als andere. Mit zwei SIM-Karten können Sie flexibel auf das Netz mit der besten Verbindung umschalten.
- Besonders im beruflichen Bereich kann die Back-up-Option nützlich sein: Falls ein Netzbetreiber Störungen hat oder kein Netz verfügbar ist, bleiben Sie über die zweite SIM-Karte erreichbar.

Sofern Sie eine zweite SIM-Karte verwenden möchten, empfehlen wir den Ewerb einer eSIM. Diese lässt sich leicht einrichten (wir gehen darauf während der Einrichtung im Kapitel 3 Erster Start ein).

Eine physikalische zweite SIM-Karte legen Sie dagegen genauso ein, wie im Kapitel *2.3 Die SIM-Karte* beschrieben.

Im Folgenden beschreiben wir die Nutzung einer eSIM zusammen mit einer normalen SIM-Karte.

Bitte beachten Sie, dass wir an dieser Stelle nicht auf alle Besonderheiten der eSIM eingehen können. Die meisten Funktionen dürften aber selbsterklärend sein.

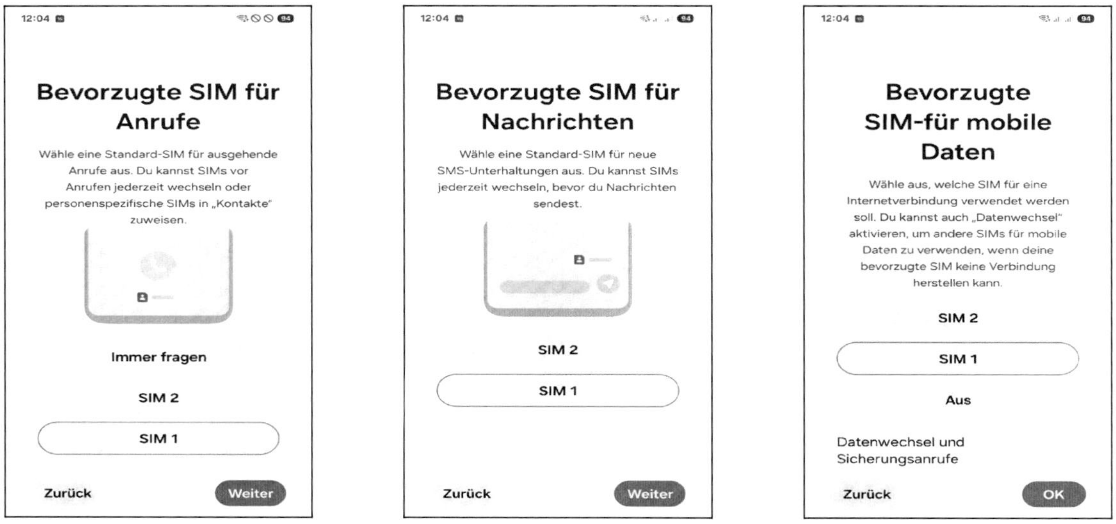

Nachdem Sie eine zweite (physikalische) SIM-Karte eingelegt haben, erscheint ein Dialog, in dem Sie festlegen, welche SIM-Karte Sie standardmäßig für Anrufe (❶), Nachrichten (SMS)(❷) und mobile Daten (Internet über das Mobilfunknetz) (❸) einsetzen möchten. Diese Auswahl können Sie später jederzeit noch ändern.

32.14.1 SIM-Verwaltung

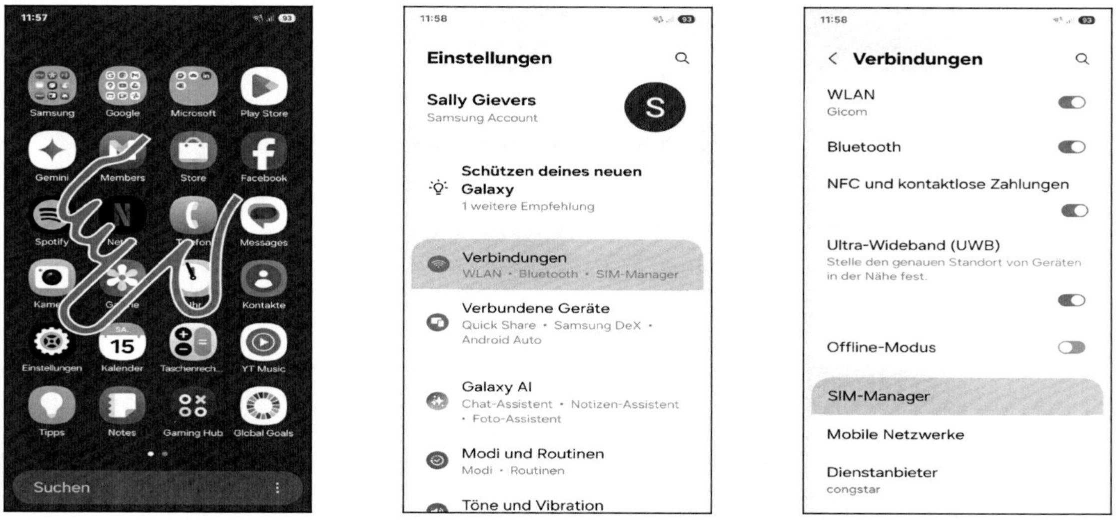

❶❷❸ Rufen Sie die *Einstellungen* im Startbildschirm auf und gehen Sie auf *Verbindungen* und dann *SIM-Manager*.

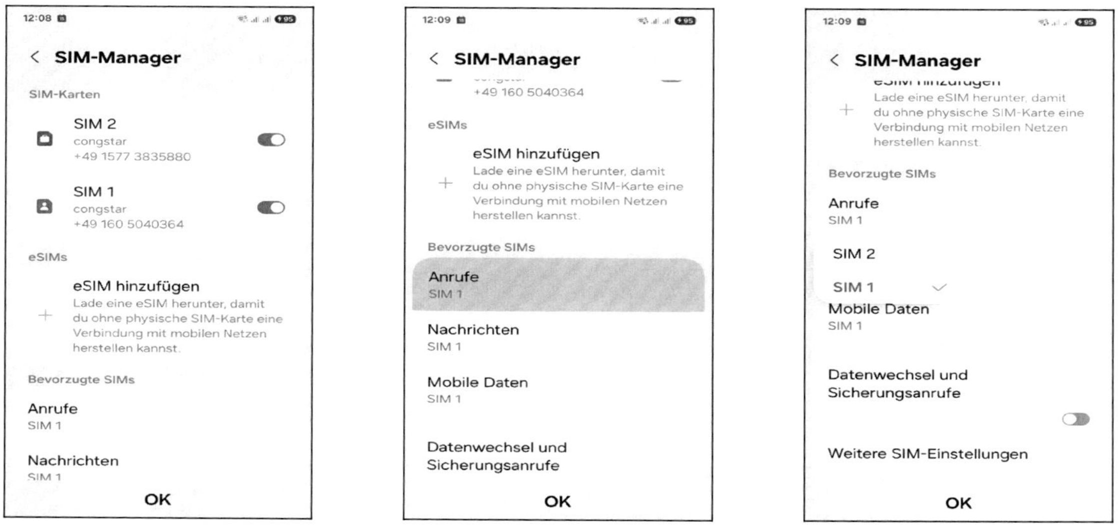

❶ In unserem Beispiel sind bereits zwei SIM-Karten aktiv.

❷❸ Legen Sie über die Menüs unter *Bevorzugte SIMs* fest, welche SIM-Karte standardmäßig für Anrufe, SMS und Internet verwendet wird.

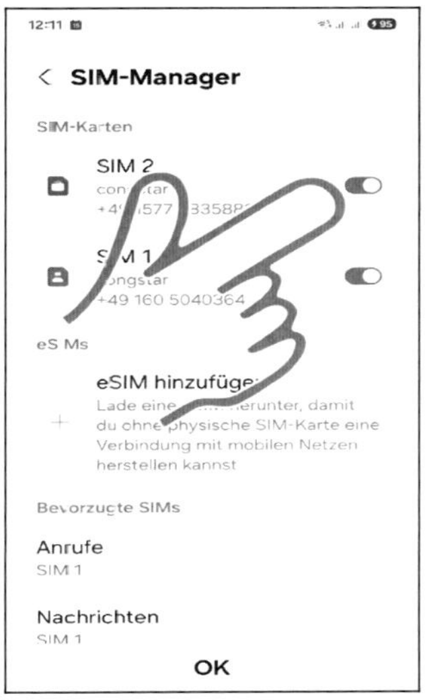

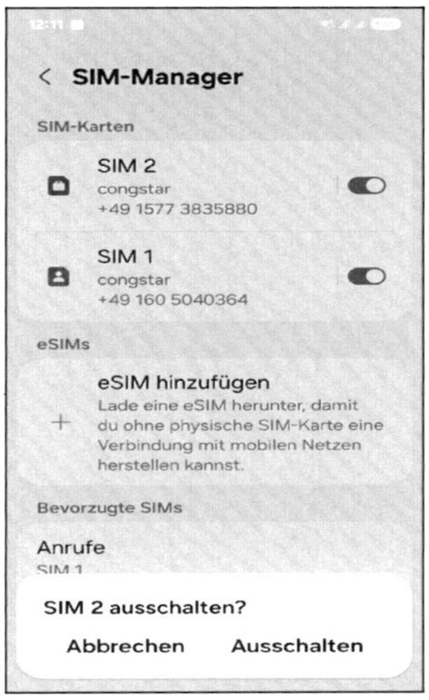

❶❷ Eine gerade nicht benötigte SIM-Karte deaktivieren Sie einfach, indem Sie sie antippen und dann *Einschalten* deaktivieren.

32.14.2 eSIM einrichten

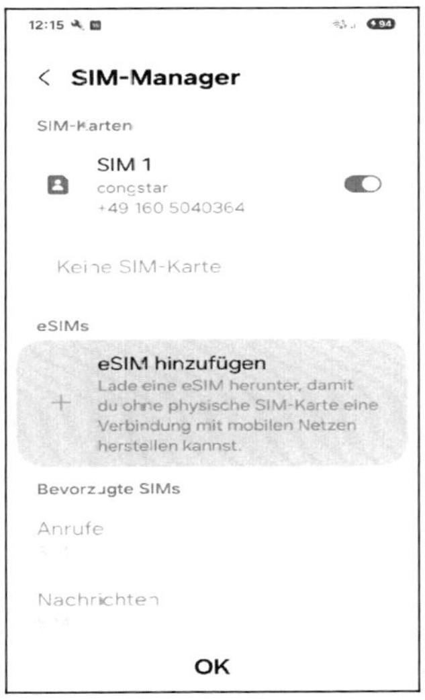

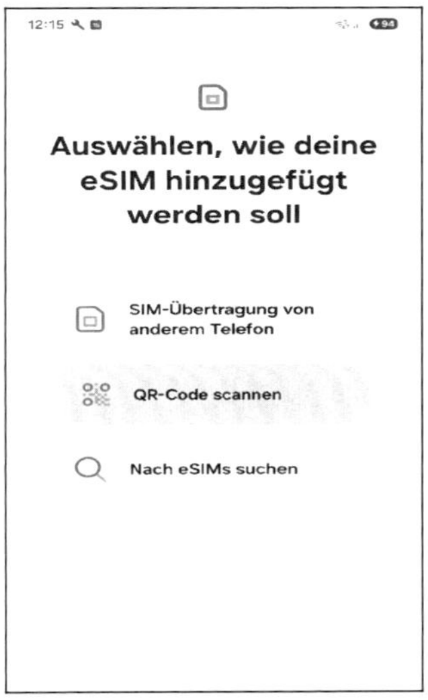

❶ Gehen Sie auf eSIM hinzufügen.

❷❸ Gehen Sie nun auf *QR-Code scannen* und halten Sie das Handy über den QR-Code mit dem eSIM-Code.

> Zwar können Sie eine bereits vorhandene eSIM von einem anderen Handy übertragen, nur ist dies bei jedem Hersteller anders gelöst. Wir empfehlen daher, die eSIM beim Netzbetreiber einfach erneut anzufordern, worauf die alte eSIM automatisch ungültig wird. Die Neuanforderung einer eSIM ist in der Regel kostenlos.

❶ Beantworten Sie die Sicherheitsabfrage mit *Hinzufügen.*

❷ Der Assistent hilft Ihnen dann bei der Zuordnung der bevorzugten SIM für Anrufe, Nachrichten (SMS) und mobile Daten (Internet).

❸ Sie befinden sich wieder im SIM-Manager. Die Bedienung erfolgt, wie im Kapitel zuvor beschrieben.

32.14.3 Zwei SIM-Karten im Alltag

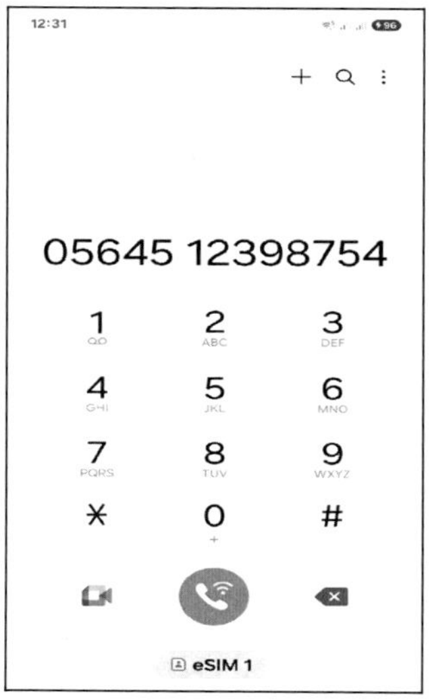

❶❷ Anrufe und der SMS-Versand erfolgen jeweils über die von Ihnen voreingestellte SIM-Karte. Sie können aber die SIM-Karte fallweise über eine Schaltleiste in der Telefonoberfläche wechseln.

33. Bedienungshilfen

Mit den folgenden Tipps lösen Sie einige häufiger benötigte Funktionen mit einer Geste aus.

33.1 Gestensteuerung

Den Bewegungssensor, die Frontkamera, das berührungsempfindliche Display und ausgefuchste Software versetzen das Galaxy in die Lage, bestimmte Gesten in Aktionen umzusetzen. Allerdings werden Sie viele der unterstützten Bewegungssteuerungen wohl nie nutzen, da sie einfach zu umständlich sind, oder gewohnte Abläufe stören.

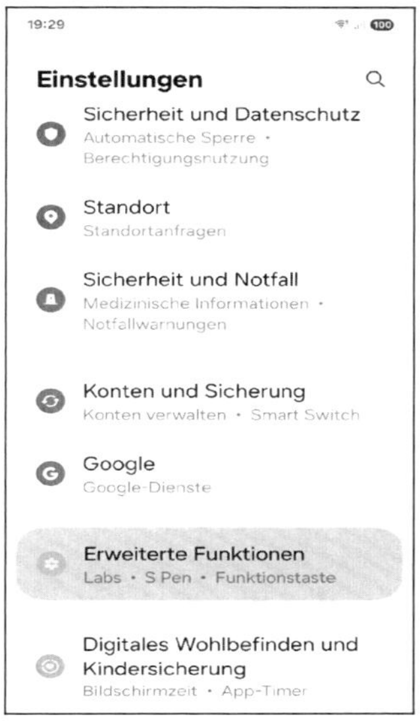

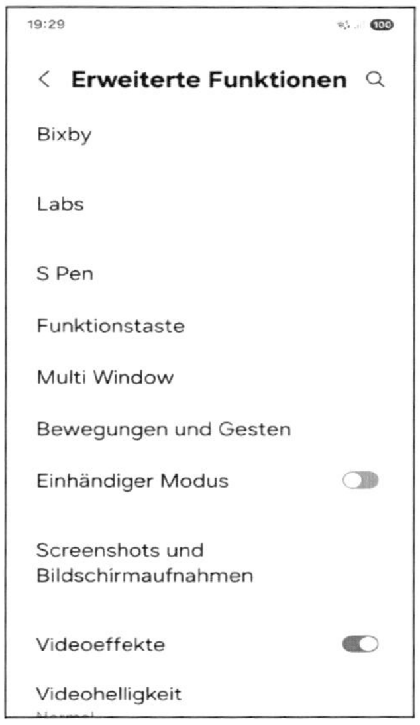

❶ Rufen Sie die *Einstellungen* aus dem Hauptmenü auf.

❷ Rufen Sie das *Erweiterte Funktionen*-Menü auf.

❸ Die Optionen (nicht alle der aufgeführten Menüs haben etwas mit der Bewegungssteuerung zu tun, weshalb wir an dieser Stelle nicht auf diese eingehen):

- *Labs*: Diverse experimentelle Funktionen, die möglicherweise nicht korrekt funktionieren.
- *Funktionstaste:* Stellen Sie ein, was passiert, wenn Sie den Ein-/Ausschalter zweimal schnell hintereinander betätigen. Wählen Sie aus, ob dann die Kamera-Anwendung (siehe Kapitel *17 Kamera*) oder eine bestimmte Anwendung startet.
- *Bewegungen und Gesten*: Darauf gehen wir unten ein.
- *Einhändiger Modus*: Verkleinert die Bildschirmanzeige, damit Sie das Handy mit einer Hand nutzen können.
- *Screenshots und Bildschirmaufnahmen*: Betrifft die im Kapitel *32.8 Screenshots (Bildschirmkopien)* beschriebene Funktion:
  - *Nach Aufnahme Toolbar anzeigen*: Nach einem Screenshot die Symbolleiste am unteren Bildschirmrand anzeigen.
  - *Nach Freigabe löschen*: Versendete Screenshots anschließend löschen.
  - *Status-/Navigationsleisten ausbl.*: Screenshots werden automatisch oben und unten auf den Bildschirminhalt beschnitten.
  - *Original-Screenshots speichern*: Wenn Sie in der angezeigten Leiste nach dem Screenshot den Bildeditor aufrufen, dann wird der originale Screenshot neben dem bearbeiteten gespeichert.
  - *Format*: Dateiformat der Bildschirmaufnahmen.
  - *Screenshots speichern unter*: Wählen Sie das Speicherverzeichnis aus.

- ○ *Ton aufnehmen; Videoqualität; Selfie-Videogröße; Tippen und Berührungen anzeigen; Bildschirmaufnahme speichern unter*: Betrifft die Bildschirmvideoaufnahme, die Sie aus dem Benachrichtigungsfeld mit der *Bildschirmrekorder*-Schaltleiste auslösen.

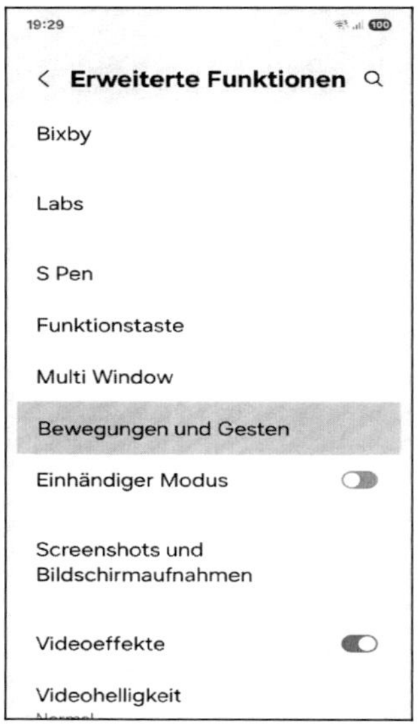

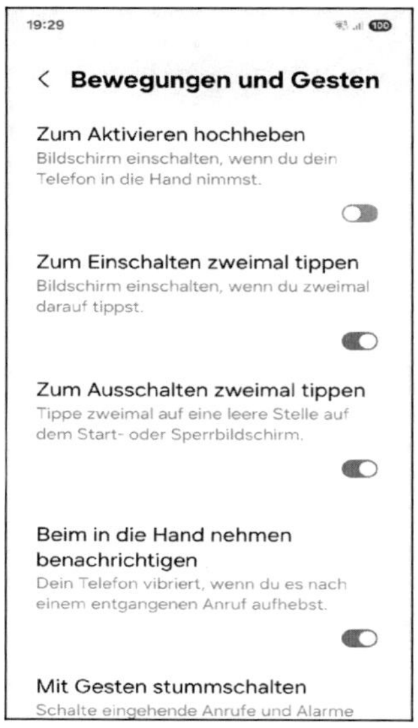

❶ Unter *Bewegungen und Gesten*:

- *Zum Aktivieren hochheben*: Sobald Sie das Handy von einem Tisch aufnehmen, schaltet sich das Display ein.
- *Zum Einschalten zweimal tippen*: Wenn das Display ausgeschaltet ist, tippen Sie zweimal schnell hintereinander darauf, um es einzuschalten.
- *Zum Ausschalten zweimal tippen*: Tippen Sie zweimal schnell hintereinander auf eine leere Stelle im Startbildschirm oder der Displaysperre.
- *Beim in die Hand nehmen benachrichtigen*: Das Telefon vibriert, sobald Sie das Handy in die Hand nehmen, sofern neue SMS oder verpasste Anrufe vorliegen.
- *Mit Gesten stummschalten*: Halten Sie Ihre Handfläche auf das Display oder legen Sie das Handy umgedreht mit dem Display auf einen Tisch, um Anrufe stummzuschalten.
- *Screenshot*: Wischen Sie mit der Handkante über das Display, um einen sogenannten Screenshot anzufertigen. Siehe Kapitel *32.8 Screenshots (Bildschirmkopien).*

33.2 Einhändiger Betrieb

Der Bildschirm lässt sich verkleinern, damit sich das Handy mit einer Hand bedienen lässt.

➊ Rufen Sie die *Einstellungen* aus dem Hauptmenü auf.

➋ Rufen Sie das *Erweiterte Funktionen/Einhändiger Modus*-Menü auf.

➌ Die *Aus*-Option oben rechts: Aktivieren Sie darüber den einhändigen Modus.

Die weiteren Funktionen:

- *Geste*: Diagonal mit dem Finger von unten nach oben auf dem Bildschirm wischen. Wir empfehlen, diese Voreinstellung nicht zu ändern.
- *Schaltfläche*: Zweimaliges schnelles Betätigen der ▢-Taste verkleinert die Bildschirmdarstellung. Wir empfehlen diese Einstellung zu verwenden.

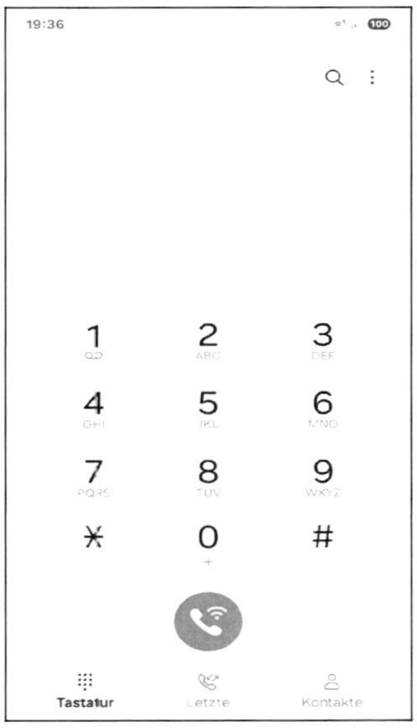

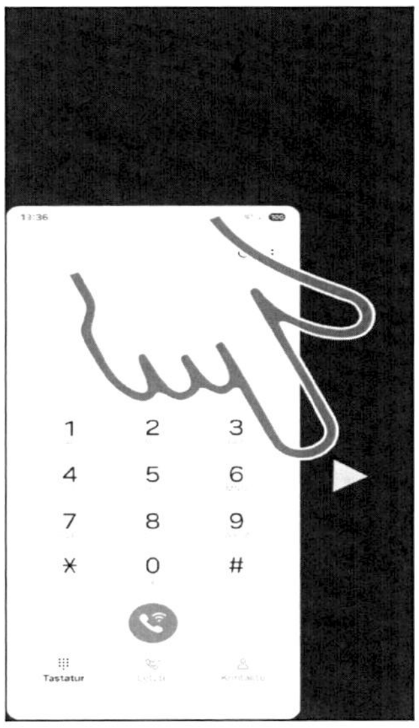

➊ Wenn die Option *Einhändiger Modus* aktiv ist, betätigen Sie zweimal schnell hintereinander die ▢-Taste.

➋ Über die Schaltleiste auf der linken beziehungsweise rechten Seite (Pfeil) ändern Sie die Anordnung. Sie beenden die verkleinerte Ansicht, wenn Sie zweimal schnell außerhalb des »Bildschirms« tippen.

33.3 Mehrfensteransicht

Normalerweise läuft auf Android-Geräten immer nur ein Programm im Vordergrund. Es ist zwar möglich, zwei Programme mit der hier beschriebenen Funktion »geteilter Bildschirm« gleichzeitig in Fenstern laufen zu lassen, praktisch ist das aber nicht.

33.3.1 Geteilter Bildschirm

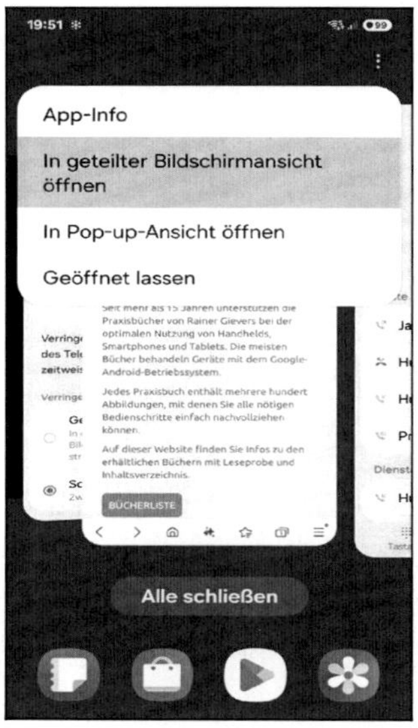

❶ Aktivieren Sie zunächst mit der III-Taste unterhalb des Displays die Liste der zuletzt genutzten Anwendungen. Mit einer Wischgeste nach links/rechts blättern Sie durch die Auflistung. Tippen Sie auf das runde Symbol.

❷ Im Popup wählen Sie nun *In geteilter Bildschirmansicht öffnen* aus.

❶❷ Wählen Sie ein zweites Programm in den Vorschlägen aus.

❸ Das Galaxy wechselt in die Mehrfensteransicht.

❶❷ Den Anzeigebereich ändern Sie durch Tippen, Halten und Ziehen der Markierung (Pfeil). Die Mehrfensteransicht wird mit der O-Taste beendet.

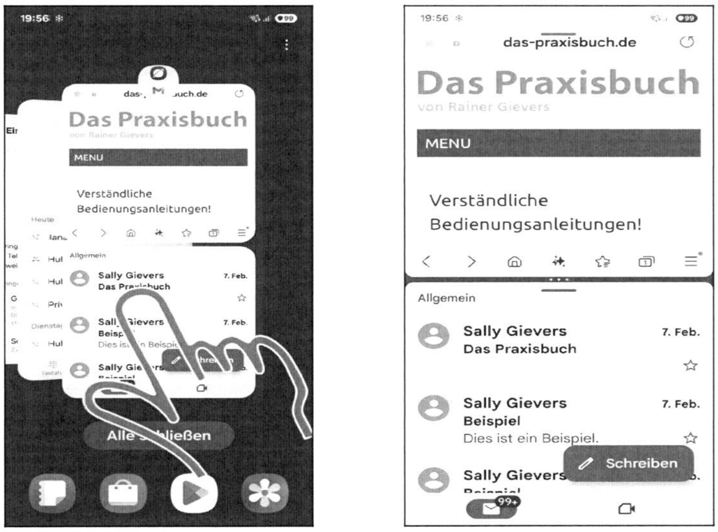

❶❷ Das Galaxy merkt sich allerdings das zuletzt geöffnete Fenster. Betätigen der III-Taste listet neben den zuletzt aufgerufenen Programmen auch die Fenster auf, welche Sie mit Antippen erneut aktivieren.

33.3.2 Popup-Fenster

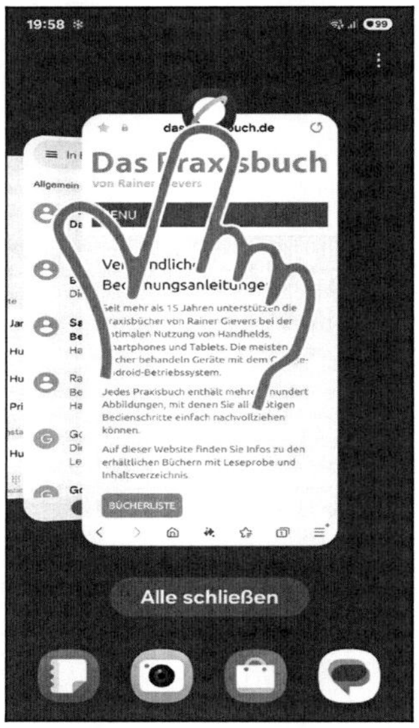

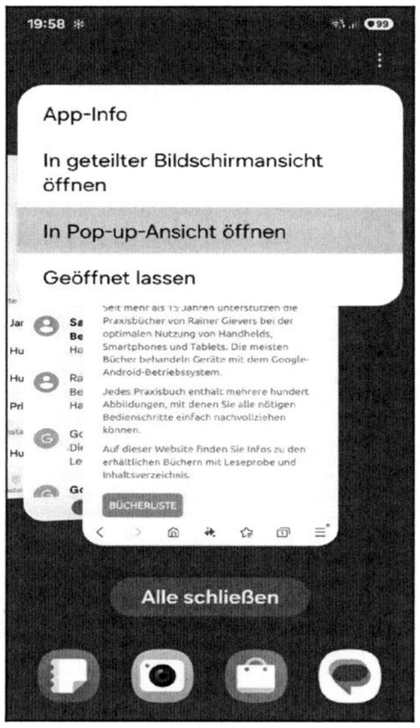

❶ Aktivieren Sie zunächst mit der |||-Taste unterhalb des Displays die Liste der zuletzt genutzten Anwendungen. Mit einer Wischgeste nach links/rechts blättern Sie durch die Auflistung. Tippen Sie oben auf das runde Symbol.

❷ Wählen Sie *In Popup-Ansicht öffnen*.

❶ Tippen und halten Sie den Finger auf der Fensteroberseite, worauf Sie das Fenster verschieben können.

❷❸ Für die Veränderung der Fenstergröße halten Sie den Finger auf einem der Ränder und warten Sie, bis sich das Fenster hellblau färbt. Ziehen Sie dann in die gewünschte Richtung und lassen Sie den Finger los. Eventuell benötigen Sie dafür mehrere Versuche.

❶❷ Tippen Sie die Markierung über dem oberen Fensterrand kurz an, worauf die Schaltleisten erscheinen:

- □: Fenstergröße ändern.
- ⊟: Ohne Funktion.
- ↗↙: Popup-Fenster auf ein Symbol minimieren.
- ↙↗: Popup-Fenster maximieren.
- ✕ beendet eine Anwendung. Alternativ betätigen Sie die <-Taste.

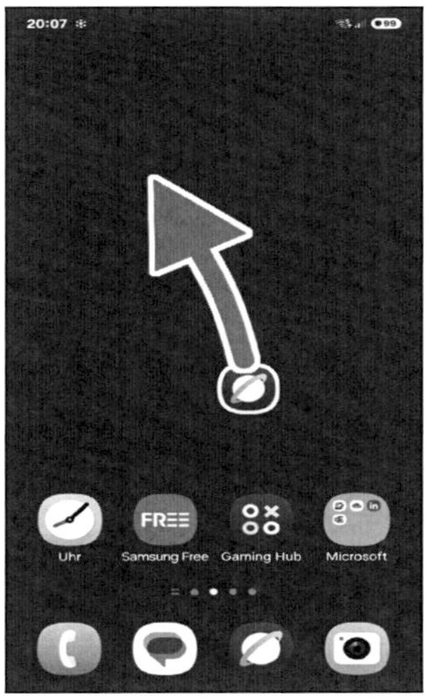

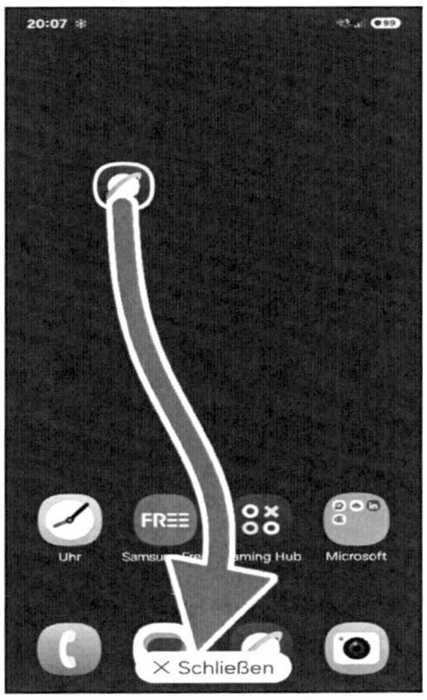

❶❷ Ein mit ↗↙ zum Symbol minimiertes Fenster lässt sich mit dem Finger verschieben; ein Antippen öffnet das Popup-Fenster wieder.

❸ Zum Löschen halten Sie den Finger auf dem Symbol gedrückt und verschieben es auf *Schließen*.

33.3.3 Schnellfunktion

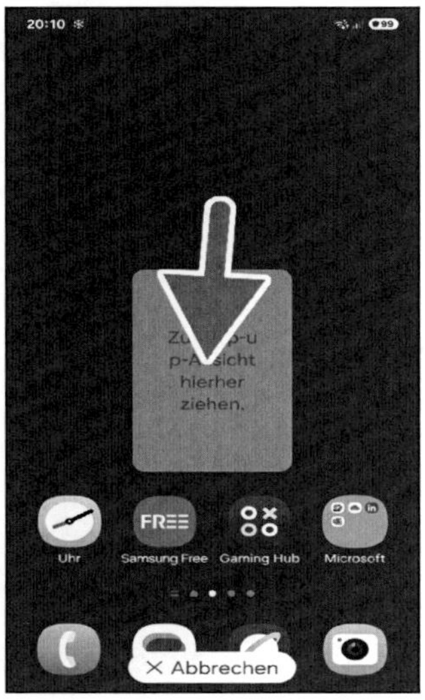

Das Handy bietet in dem mit der III-Taste aufgerufenem Menü auch eine weitere Möglichkeit für den Wechsel in den geteilten Bildschirm beziehungsweise das Popup-Fenster an:

❶ Tippen und halten Sie den Finger auf dem Vorschaufenster. Dann verschieben Sie das Symbol entweder nach oben oder unten für die Ansicht »geteilter Bildschirm« (❷) oder Sie bewegen das Symbol in die Bildschirmitte für die Popup-Ansicht. Lassen Sie dann den Finger los.

33.3.4 Optionen

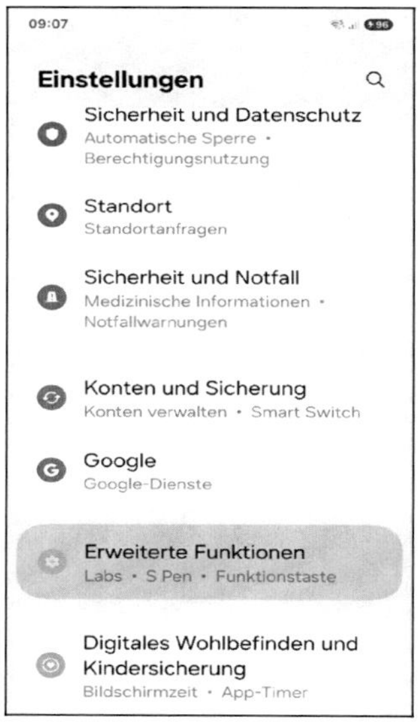

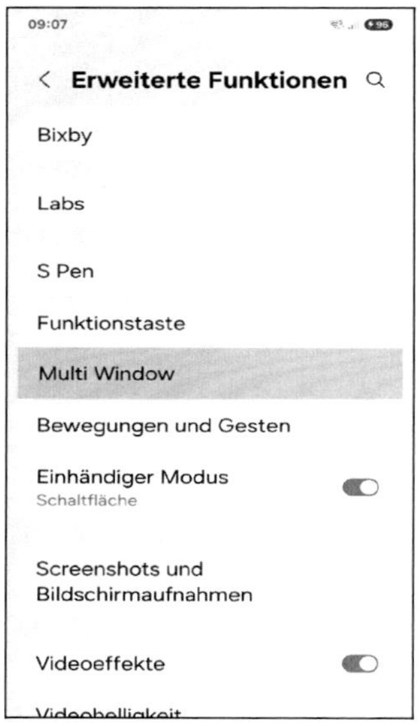

❶ Rufen Sie im Hauptmenü die *Einstellungen* auf.

❷❸ Wählen Sie *Erweiterte Funktionen* und dann *Multi Window.*

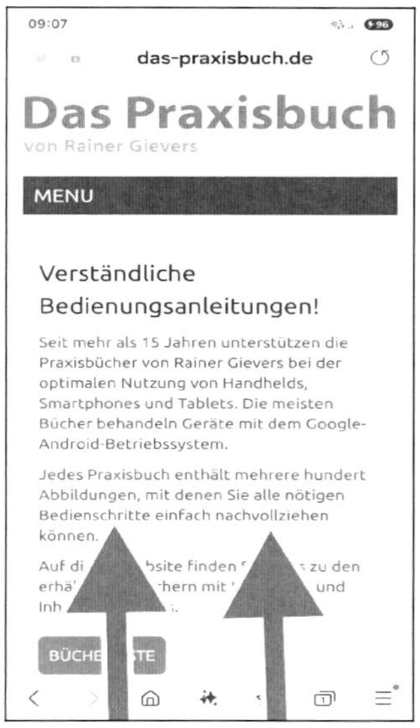

❶ Zur Auswahl stehen die Optionen:

- *Für geteilten Bildschirm streichen*: Während eine Anwendung läuft, wischen Sie mit zwei Fingern vom unteren Displayrand nach oben. Die Anwendung wechselt in den geteilten Bildschirm.
- *Für Pop-Up-Anzeige streichen*: Wischen Sie von der oberen rechten Ecke mit dem Finger diagonal nach unten, worauf die gerade laufende Anwendung in ein Pop up-Fenster umgewandelt wird. Diese Geste erfordert etwas Übung, da Sie sehr leicht stattdessen das Benachrichtigungsfeld öffnen.
- *Vollbild in geteilter Bildschirmansicht*: In der geteilten Ansicht blendet das Handy die Navigationstasten aus.

❷❸ Beispiel für die Geste »*Für geteilten Bildschirm streichen*«: Mit zwei Fingern gleichzeitig vom unteren Displayrand nach oben wischen.

33.4 Einstellungen für Startbildschirm und Hauptmenü

Die im Folgenden beschriebenen Optionen sollten Sie erst ausprobieren, wenn Sie sich bereits mit dem Handy eingehend vertraut gemacht haben. Sie ändern damit erheblich Aussehen und Verhalten von Startbildschirm und Hauptmenü.

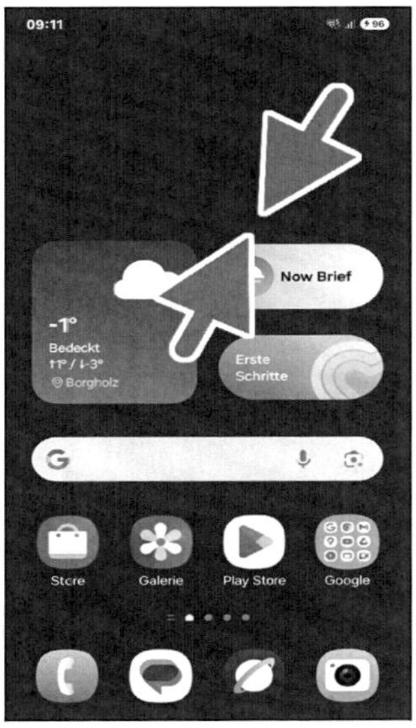

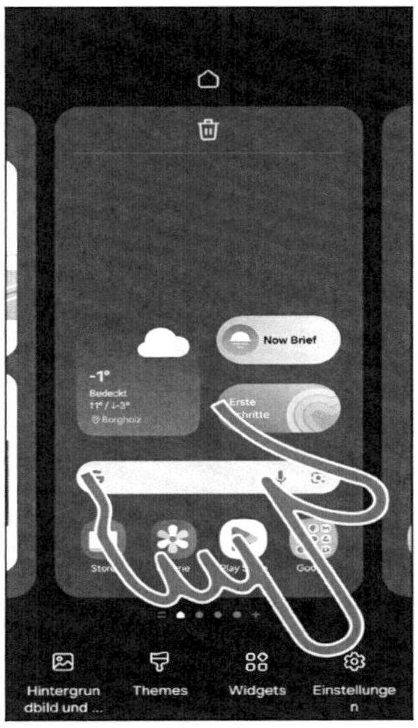

❶ Führen Sie eine Kneifgeste im Startbildschirm durch oder halten Sie den Finger für einige Sekunden auf eine leere Stelle des Startbildschirms.

❷ Gehen Sie auf *Einstellungen*.

❸ Die Optionen:

- *App-Größe*: Ändert die Größe der Symbole im Startbildschirm und Hauptmenü.
- *App-Beschriftungen*: Die Namen der Programme im Startbildschirm anzeigen/ausblenden.
- *Widget-Beschriftungen*: Den Namen der Widgets anzeigen/ausblenden.
- *Startbildschirmlaylout*: Das Galaxy nutzt – wie alle Samsung-Handys – mit Startbildschirm und Hauptmenü zwei separate Bildschirme, in denen alle installierten Programme aufgelistet werden. Sie können über *Startbildschirmlayout* das Hauptmenü deaktivieren, worauf alle Programme nur noch auf dem Startbildschirm erscheinen.
- *Startbildschirmgitter*: Standardmäßig zeigt das Galaxy im Startbildschirm die Programmsymbole in einem 4×6-Raster an. Sie können allerdings die Anzeige zwischen 4×6 und 5×6 umschalten.
- *App-Bildschirmgitter*: Wie beim *Startbildschirmgitter* schalten Sie im Hauptmenü die Programmsymbolanordnung zwischen 4×6 oder 5×6 um.
- *Ordnerraster*: Anzeigeformat in Ordnern (siehe Kapitel *4.7.3 Ordner*).
- *Medienseite zum Startbilds. hzfg.*: Standardmäßig öffnet sich im Startbildschirm, wenn Sie nach rechts wischen, der Google-Bildschirm (siehe Kapitel *21.5 Google-Anwendung*). Stellen Sie von Google Discover auf *Samsung Free* um, wenn Sie stattdessen das Samsung-Angebot mit Spielen, Nachrichten und Videos nutzen möchten.
- *App-Bildschirm-Schaltfläche auf Startbildschirm anzeigen*: Blendet eine zusätzliche Menü-Schaltleiste im Startbildschirm ein, über das Sie das Hauptmenü aufrufen. Die Menü-Schaltleiste kennen Sie vielleicht noch von älteren Samsung-Handys.
- *Startbildschirmlayout sperren*: Verhindert, dass Programmsymbole auf dem Startbildschirm verschoben oder entfernt werden. Ideal, wenn Sie beispielsweise Kindern das Handy überlassen.
- *Neue Apps für den Startbildschirm*: Programme, die neu installiert werden (siehe Kapitel *26 Programmverwaltung*) erscheinen nicht nur im Hauptmenü, sondern auch im Startbildschirm als Verknüpfung. Dies war früher auf Samsung-Handys üblich.
- *Apps auf Start- und Apps-Bildschirm ausblenden*: Wählen Sie aus, welche Programme im Hauptmenü ausgeblendet (»deaktiviert«) werden sollen. Wir raten allerdings dazu, nicht benötigte Programme direkt zu deinstallieren (siehe Kapitel *26.3 Programme deinstallieren*).
- *App-Symbolindikator*: Wählen Sie aus, ob die Programmsymbole beispielsweise bei der Telefon-, Nachrichten- und E-Mail-Anwendung jeweils mit einer Zahl über die vorhandenen Benachrichtigungen informieren.
- *Für Benachr.-Feld nach unten streichen*: Wischen im Startbildschirm öffnet das Benachrichtigungsfeld.
- *In Querformat drehen*: Standardmäßig zeigt das Galaxy den Startbildschirm immer im Hochformat an. Sie können allerdings die Anzeige auch mitdrehen lassen, wobei Sie allerdings verkleinert wird.

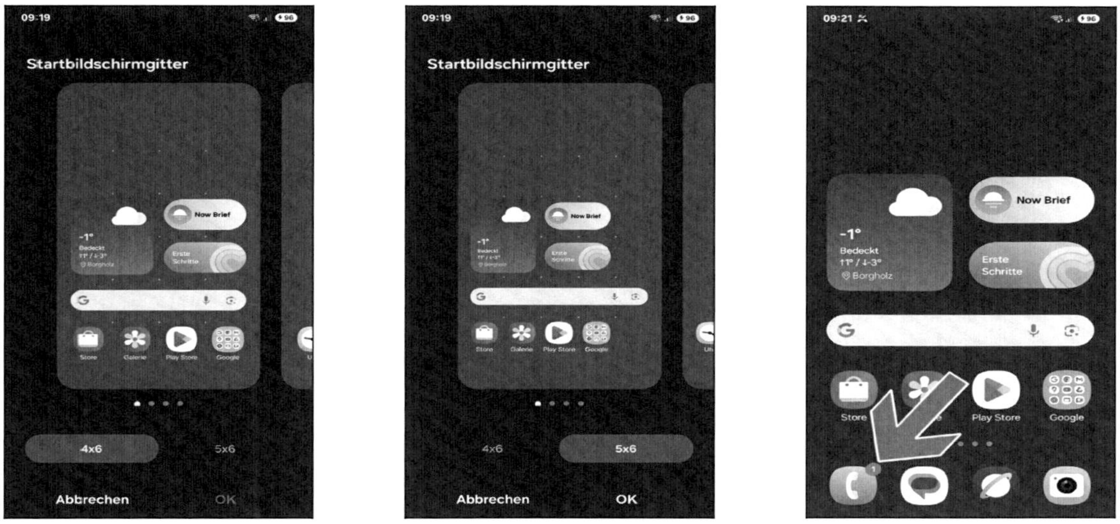

❶❷ Das Handy zeigt eine Vorschau bei der Umschaltung des Layouts im *Startbildschirmgitter*-Menü.

❸ Im *App-Symbolindikator*-Menü legen Sie fest, ob die Anzahl der vorhandenen Benachrichtigungen direkt am Programmsymbol angezeigt wird.

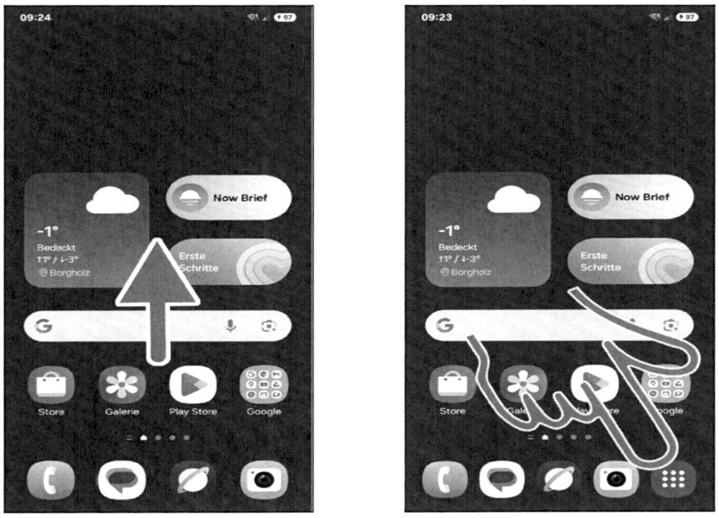

❶ Das Hauptmenü rufen Sie auf dem Galaxy normalerweise mit einer Wischgeste auf.

❷ Aktivieren Sie *App-Bildschirm-Schaltfläche auf Startbildschirm anzeigen*, damit Sie über eine Menü-Taste auf das Hauptmenü umschalten können.

34. Eingabemethoden

Die Eingabemethode aktiviert sich automatisch, wenn Sie sich in einem Eingabefeld befinden. Das Galaxy besitzt kein separates Tastenfeld wie viele einfache Handys, weshalb der Hersteller diverse Tricks anwendet, damit Sie mit Ihren Fingern trotzdem fehlerfrei Eingaben vornehmen können.

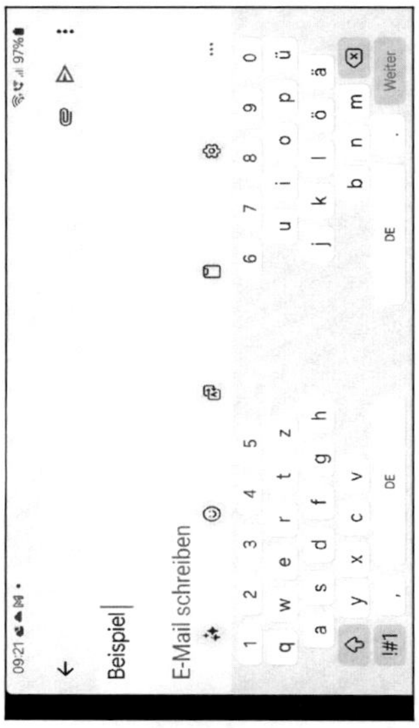

❶ Die Standardeingabemethode beim Galaxy.

❷ Ein besonders großes Tastenfeld erscheint, wenn Sie das Galaxy um 90 Grad gedreht halten. Dabei ist es egal, welche Eingabemethode vorher aktiv war.

❶ Häufig kommt es vor, dass das Tastenfeld wichtige Eingabefelder oder Informationen überdeckt. In diesem Fall tippen und halten Sie den Finger auf dem Bildschirm (nicht auf das Tastenfeld) und ziehen nach unten beziehungsweise oben.

❷ Alternativ betätigen Sie einmal die ∨-Taste (unterhalb des Displays), worauf das Tastenfeld verschwindet. Sobald Sie ein Eingabefeld antippen, zeigt das Galaxy das Tastenfeld wieder an.

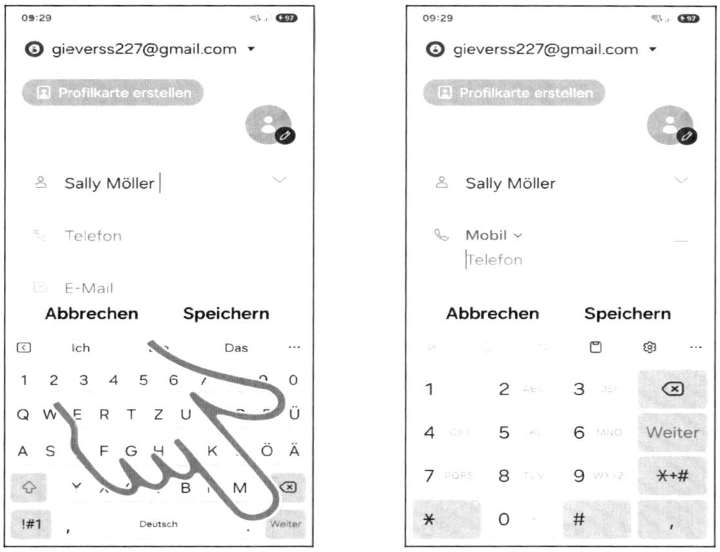

❶❷ Alternativ betätigen Sie die *Weiter*-Taste im Tastenfeld, worauf das nächste Eingabefeld angesprungen wird.

Das Galaxy unterstützt folgende Eingabemethoden:

- **Samsung-Tastatur** (❶):Die Standard-Eingabemethode.
- **Durchgehende Eingabe**: Eine Erweiterung der Samsung-Tastatur, die ähnlich funktioniert wie das von anderen Handys bekannte »Swype«. Eingaben nehmen Sie vor, indem Sie mit dem angedrückten Finger auf dem Tastenfeld von Buchstabe zu Buchstabe ziehen. Die Tastenfunktionen der Samsung-Tastatur stehen, während die durchgehende Eingabe aktiv ist, weiterhin zur Verfügung.
- **Spracheingabe** (❷): Das Galaxy setzt Ihre gesprochenen Wörter oder Sätze in Text um.

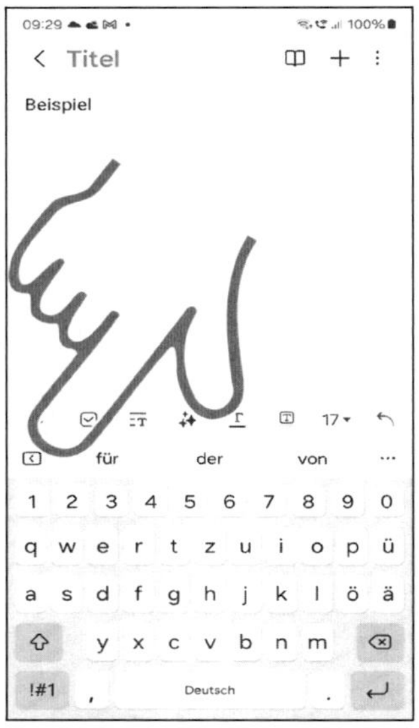

❶❷ Eine Besonderheit ist die ⊡-Schaltleiste: Damit wechseln Sie zwischen den Wortvorschlägen und den Zusatzfunktionen:

- ✨: Die KI-Funktion korrigiert Grammatikfehler und überarbeitet Ihren Schreibstil. Darauf geht Kapitel *24 KI-Funktionen* genauer ein.
- ☺: Smiley, animierte Cartoon-Figur oder GIF (animierte Grafik) einfügen.
- ⧉: Text übersetzen. Siehe Kapitel *34.1.1.d Übersetzung.*
- ▢: *Zwischenablage*: Listet den Inhalt der Zwischenablage (siehe Kapitel *34.5 Texte kopieren, ausschneiden und einfügen*) auf. Wählen Sie ein Element aus, das Sie an der aktuellen Textposition einfügen möchten.
- ⚙ (Einstellungen)
- •••: Weitere Funktionen anzeigen, worauf wir als Nächstes eingehen.

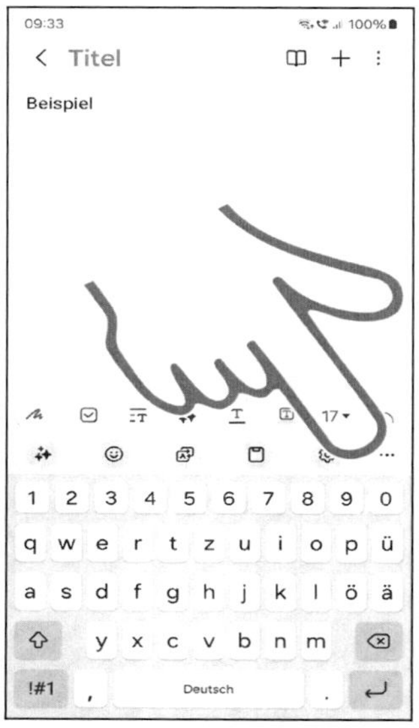

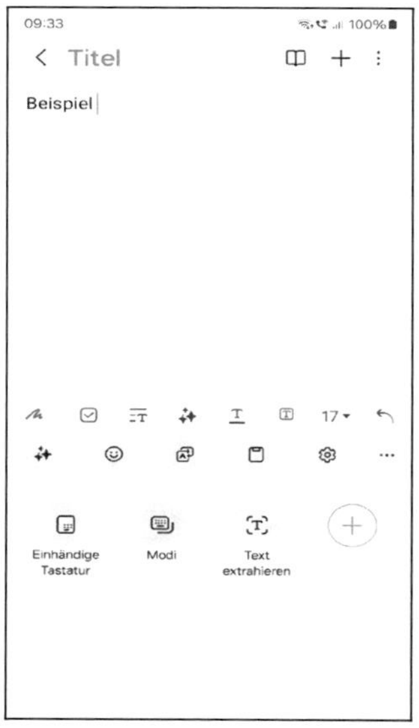

❶❷ Betätigen Sie die •••-Schaltleiste für weitere Funktionen.

❸ Mit einer Wischgeste schalten Sie zwischen den Bildschirmen um:

- *Handschrift* (Galaxy S25 Ultra): Schaltet auf die Handschriftenerkennung um (siehe Kapitel *36.6 Handschriftenerkennung*).
- *Einhändige Tastatur*: Verkleinert das Tastenfeld, damit Sie das Handy mit einer Hand bedienen können.
- *Modi*: Mit der Funktion *Schwebende Tastatur* »entkoppeln« Sie das Tastenfeld, worauf Sie es auf dem Bildschirm frei verschieben dürfen.

- *Text extrahieren*: Mit der Kamera ein Dokument einscannen und in Text umwandeln.

❶ Beispiel für die Eingabe einer Grafik: Betätigen Sie (Pfeil), falls die Symbole nicht angezeigt werden.

❷ Betätigen Sie.

❸ Wählen Sie zwischen den verschiedenen Grafiktypen, dann tippen Sie eines der angebotenen Symbole (Smileys) aus. (Pfeil) wechselt wieder auf das Standardtastenfeld.

> Grundsätzlich raten wir zur Vorsicht beim Einfügen von Grafiken in die eigene Kommunikation, sofern Sie sie bisher noch nie genutzt haben. Manchmal werden die Grafiken beim Empfänger nicht oder nicht korrekt angezeigt beziehungsweise werden falsch interpretiert.

34.1 Samsung-Tastenfeld

Das Samsung-Tastenfeld ist standardmäßig aktiv und bietet einen guten Kompromiss zwischen Bedienbarkeit und Tastengröße.

❶ Für Satz- und Sonderzeichen ist auf der Displaytastatur kein Platz. Betätigen Sie dafür einfach die **!#1**-Taste (Pfeil).

❷ Über die ABC-Taste schalten dann wieder auf das normale Tastenfeld zurück.

❶ Umlaute geben Sie ein, indem Sie die jeweilige Taste, im Beispiel »A« etwas länger gedrückt halten. Das Tastenfeld zeigt nun ein Popup an, worin Sie auf den Umlaut tippen.

❷ In E-Mail-Eingabefeldern ändert sich die Tastenbelegung etwas: Sie haben dann unter anderem das »@«-Zeichen und das häufig benötigte ».com« zur Verfügung.

❸ Die Hochstelltaste (Pfeil) funktioniert genauso wie von einer PC-Tastatur gewohnt, das heißt, zweimaliges Betätigen sorgt dafür, dass alle Buchstaben in Großbuchstaben erscheinen. Betätigen Sie die Taste erneut, werden die Großbuchstaben wieder abgeschaltet.

34.1.1 Wortvorschläge

Damit Sie nicht soviel tippen müssen, macht das Tastenfeld während der Eingabe Wortvorschläge.

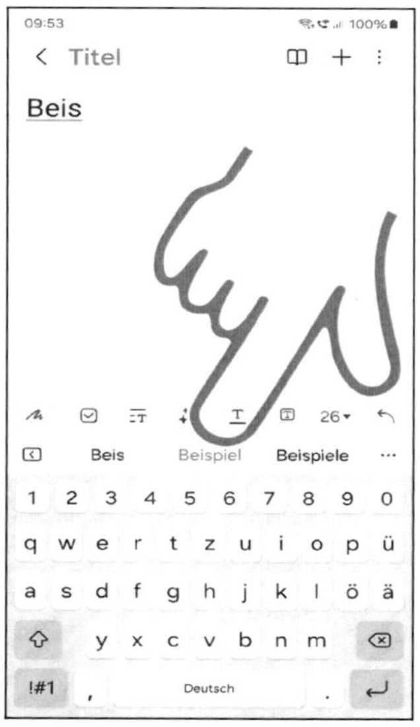

❶❷ Während Sie tippen, blendet das Galaxy oberhalb des Tastenfelds automatisch Wortvorschläge ein. Tippen Sie bei Bedarf einfach mit dem Finger einen Vorschläge an.

Häufig schlägt das Tastenfeld bereits sehr frühzeitig ein passendes Wort vor. Betätigen Sie nun die Leertaste oder geben Sie ein Satzzeichen an, dann wird das vorgeschlagene Wort automatisch ins Eingabefeld übernommen. Sie ersparen sich so das Antippen des Wortvorschlags.

Durch den Einsatz der Wortvorschläge können Sie häufig auf die umständliche Eingabe von Umlauten verzichten. Geben Sie beispielsweise »Schafchen« ein, dann erscheint der Wortvorschlag »Schäfchen«, welche Sie durch Antippen ins Eingabefeld übernehmen.

❶❷ Weitere Wortvorschläge liefert die •••-Schaltleiste.

34.1.1.a Wörterbuchsprache einstellen

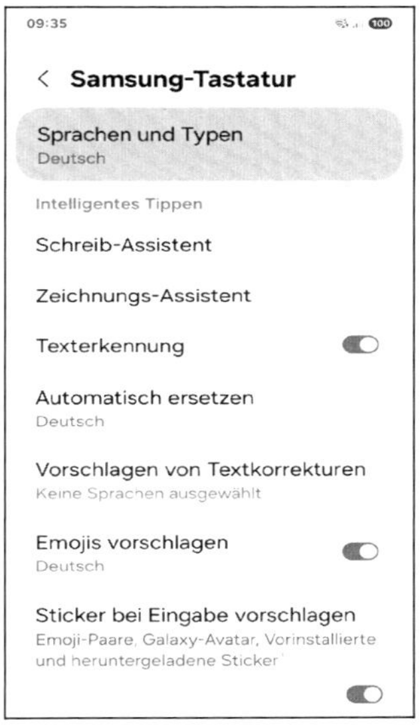

❶❷ Das Galaxy nutzt ein Wörterbuch, um die eingegebenen Wörter zu erkennen. Wenn Sie Texte in einer anderen Sprache schreiben, müssen Sie die Wörterbuchsprache ändern. Dazu betätigen Sie gegebenenfalls ⊂ und danach ⚙.

❸ Gehen Sie auf *Sprachen und Typen*.

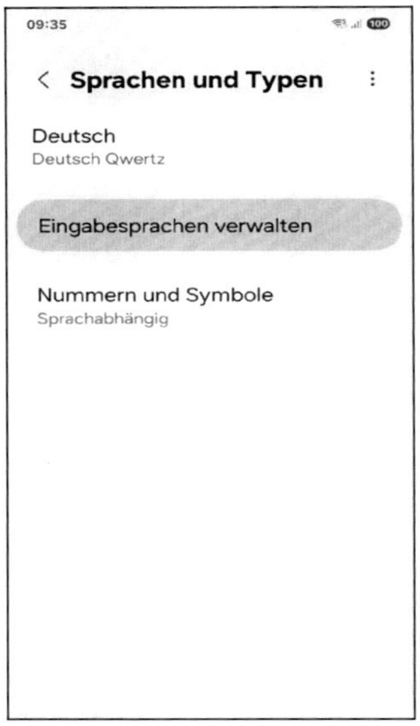

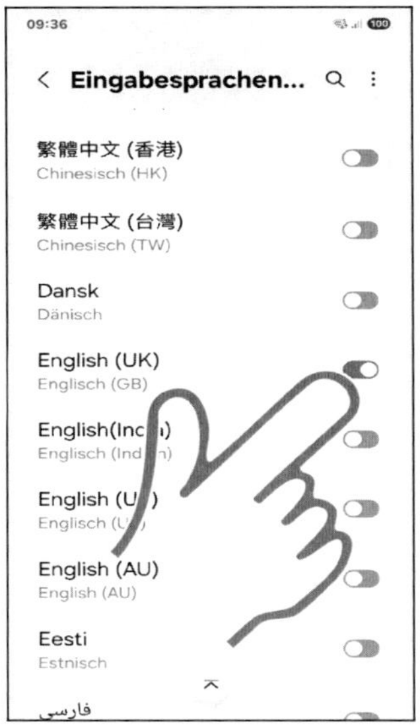

❶ Gehen auf *Eingabesprachen verwalten.*

❷ Aktivieren Sie die verwendeten Sprachen, also zum Beispiel neben *Deutsch* auch *English (UK)*. Falls Sie weitere Sprachen benötigen, laden Sie diese durch Antippen des Sprachnamens unten in der Liste herunter. Schließen Sie den Bildschirm mit der ‹-Taste.

❶❷ Künftig schalten Sie mit 🌐 zwischen den Eingabesprachen (und den zugehörigen Wörterbüchern) um. Die gerade genutzte Sprache wird in der Leertaste angezeigt.

34.1.1.b Das Anwenderwörterbuch

Abhängig von der genutzten Anwendung schreiben Sie jeweils anders. Das Galaxy kann dann Ihre Schreibgewohnheiten bei der Texterkennung berücksichtigen.

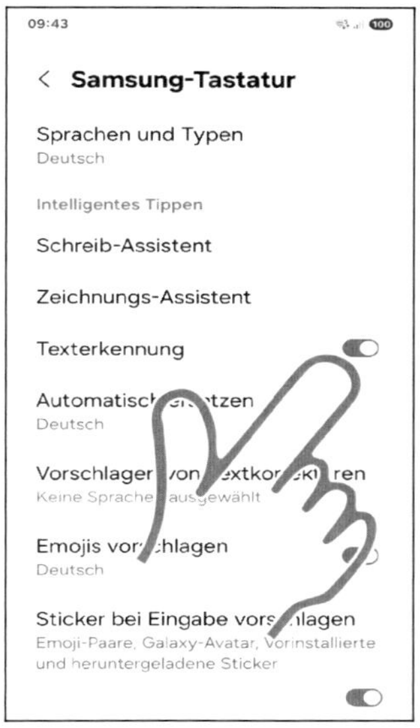

❶ Gehen Sie auf ⚙ (falls diese Schaltleiste nicht angezeigt wird, betätigen Sie vorher ⊂ links über dem Tastenfeld).

❷ Prüfen Sie ob *Texterkennung* eingeschaltet ist.

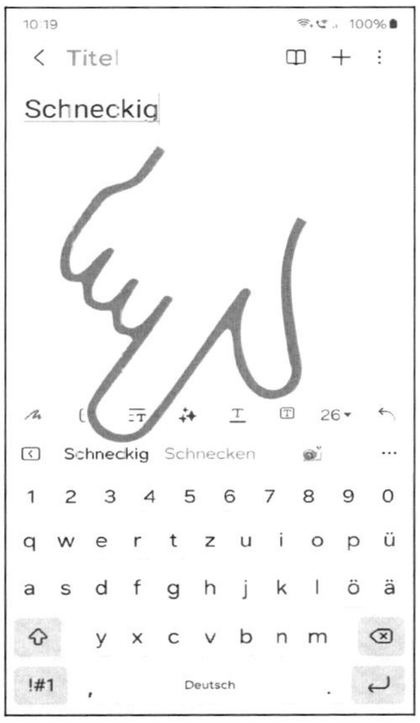

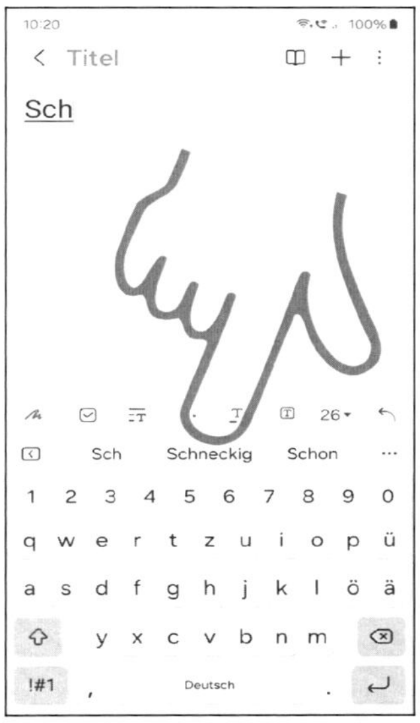

❶ So fügen Sie dem Anwenderwörterbuch weitere Wörter hinzu: Geben Sie das Wort auf dem Tastenfeld ein und tippen Sie es dann in den Wortvorschlägen kurz an (Pfeil). Das Wort wird nun beim nächsten Mal vorgeschlagen, sobald Sie die ersten Buchstaben davon eintippen.

❷❸ Manchmal soll ein Wortvorschlag später wieder aus dem Anwenderwörterbuch beziehungsweise den Vorschlägen verschwinden, beispielsweise weil Sie ihn falsch geschrieben haben. Geben Sie das Wort ein, dann tippen und halten Sie den Finger auf dem Wortvorschlag, bis das Popup erscheint. Betätigen Sie *Entfernen.*

34.1.1.c Automatische Rechtschreibkorrektur

Das Handy wertet, wie Sie bereits festgestellt haben, Ihre Eingaben aus und korrigiert dabei Rechtschreibfehler. Wenn Sie häufiger berufsspezifisches oder mileubehaftetes Vokabular verwenden, das nicht im Handy-Wörterbuch enthalten ist, wird die Korrektur allerdings sehr lästig. Sie können dieses Problem auf zwei Arten lösen:

- Sie übernehmen Ihre Fachbegriffe beim ersten Auftreten in das Benutzerwörterbuch, wie im Kapitel *34.1.1.b Das Anwenderwörterbuch* beschrieben.
- Sie deaktivieren die automatische Rechtschreibkorrektur, um die Begriffe in Ruhe einzugeben und aktivieren die Korrekturfunktion anschließend wieder.

Im Folgenden zeigen wir Ihnen, wie Sie die automatische Rechtschreibkorrektur deaktivieren.

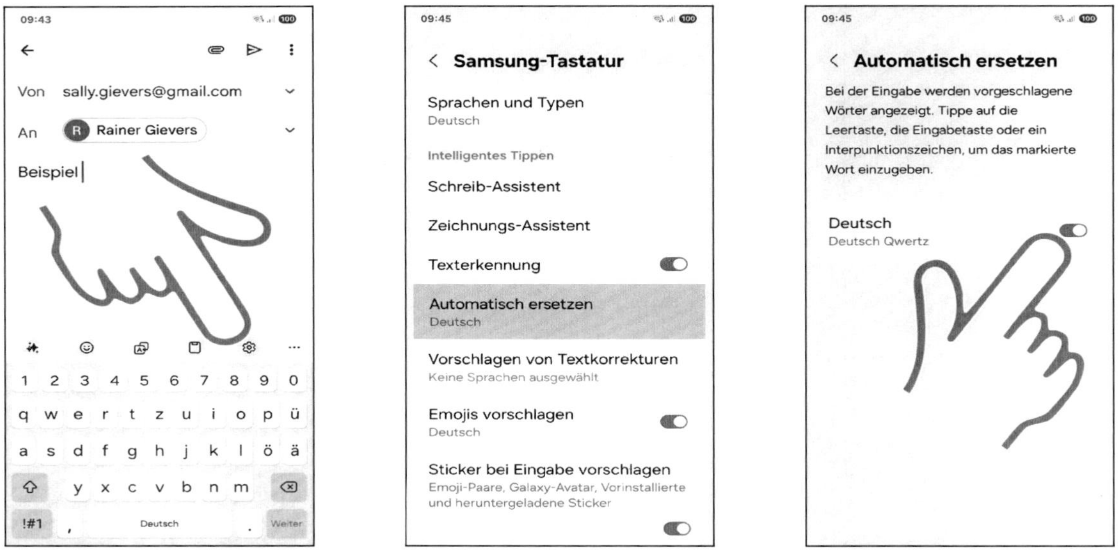

❶ Gehen Sie auf ⚙ (falls diese Schaltleiste nicht angezeigt wird, betätigen Sie vorher 〈 links über dem Tastenfeld).

❷❸ Im *Automatisch Ersetzen*-Menü deaktivieren Sie die Option *Deutsch*. Erneutes Antippen schaltet die Korrektur später wieder ein.

Das Tastenfeld macht nun weiterhin Korrekturvorschläge, welche aber nicht automatisch angewendet werden, wenn Sie die Leertaste betätigen. Möchten Sie einen Wortvorschlag dennoch übernehmen, dann tippen Sie einfach darauf.

34.1.1.d Übersetzung

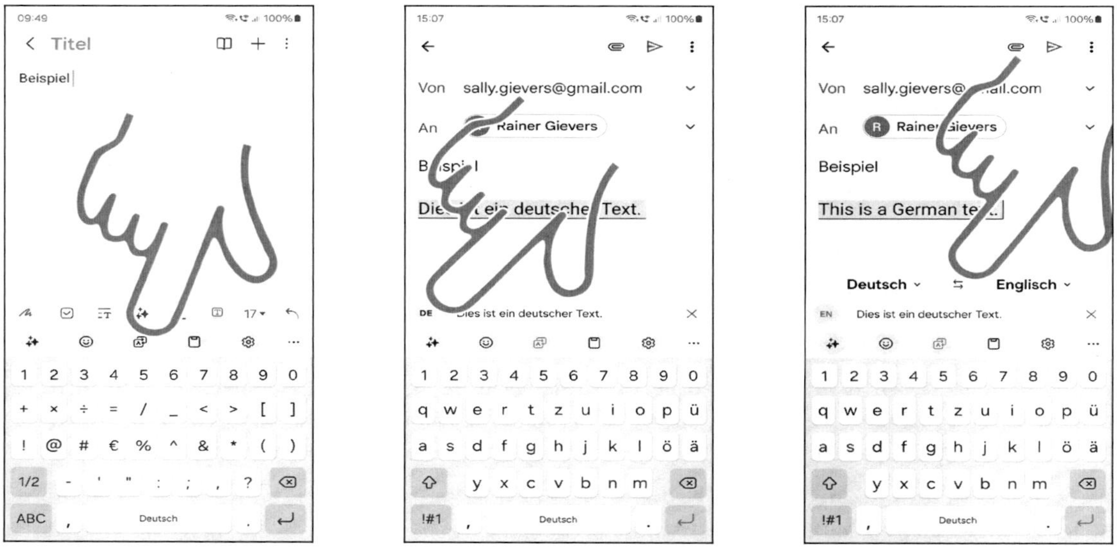

❶ Für die automatische Übersetzung Ihrer Eingaben in eine andere Sprache betätigen Sie.

❷ Betätigen Sie die Schaltleiste links vom Eingabebereich für die Sprachauswahl.

❸ Tippen Sie eine Sprache an, um eine andere einzustellen. ⇆ ändert die Übersetzungsrichtung. Erneutes Betätigen von beendet den Übersetzungsmodus.

34.2 Einstellungen

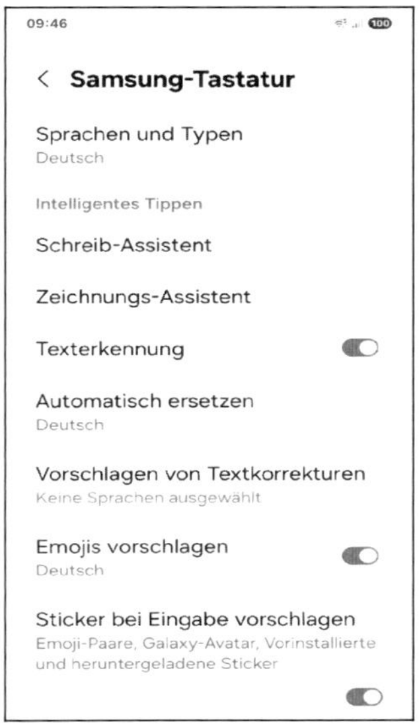

❶ Gehen Sie auf ⚙ (falls diese Schaltleiste nicht angezeigt wird, betätigen Sie vorher 〈 links über dem Tastenfeld).

❷ Die Einstellungen:

- *Sprachen und Typen*: Die verschiedenen Eingabemethoden auf dem Galaxy greifen für Wortvorschläge jeweils auf das Wörterbuch zurück. Falls Sie häufig Texte in einer anderen Sprache schreiben, sollten Sie diese hier unter *Eingabesprachen auswählen* einstellen. Siehe Kapitel *34.1.1.a Wörterbuchsprache einstellen.*

Unter *Intelligentes Tippen*:

- *Schreib-Assistent*: Auf den Assistenten, der Ihre geschriebenen Texte korrigiert, geht Kapitel *24.1 KI-Tastatur* ein.
- *Zeichnungs-Assistent*: Erstellen Sie Bilder aus gemalten Skizzen. Darauf geht Kapitel *24.9 Zeichnungs-Assistent* ein.
- *Texterkennung*: Steuert die Anzeige der Wortvorschläge oberhalb des Tastenfelds.
- *Automatisch ersetzen*: Diese Funktion beschreibt bereits Kapitel *34.1.1.c Automatische Rechtschreibkorrektur.*
- *Vorschlagen von Textkorrekturen*: Das Samsung markiert nicht erkannte/falsch geschriebene Worte mit einem Unterstrich. Damit Sie diese Funktion nutzen können, müssen Sie *Automatisch ersetzen* deaktiviert haben. Mangels sinnvoller Anwendungsmöglichkeiten gehen wir nicht weiter darauf ein.
- *Emojis vorschlagen*: Diese Funktion ist nur aktiv, wenn Sie sie über das Tastenfeld aktivieren (siehe Kapitel 34.1 Samsung-Tastenfeld). Wir raten aber von der Verwendung ab, zumal viele Textanwendungen das Einfügen von Grafiken nicht unterstützten.
- *Sticker bei Eingabe vorschlagen*: Wählen Sie aus, welche Grafiken und Symbole automatisch über dem Tastenfeld vorgeschlagen werden.
- *Text-Shortcuts*: Erstellen Sie Abkürzungen, die das Tastenfeld bei der späteren Eingabe automatisch gegen den vollständigen Text ersetzt. Beispielsweise würde die Tastatur automatisch »mfg« in »Mit freundlichen Grüßen« umwandeln.
- *Weitere Tippoptionen*:
  - *Automatische Großschreibung*: Bei Satzanfängen beginnen Wörter automatisch mit Großbuchstaben.
  - *Automatische Leerzeichen:* Nach übernommenen Textvorschlägen fügt das Handy automatisch ein Leerzeichen ein.
  - *2-mal Leertaste, um Punkt hinzufügen*: Betätigen Sie zweimal hintereinander die Leertaste, um einen Punkt einzugeben.

    - *Mehrsprachige Texterkennung*: Das Tastenfeld erkennt automatisch fremdsprachliche Wörter und macht passende Vorschläge.

Unter *Stil und Layout*:

- *Tastatur-Symbolleiste*: Blendet die Symbolleiste über dem Tastenfeld ein. Sollte nicht deaktiviert werden.
- *Kontrastreiche Tastatur*: Tastenfeld farblich hervorheben.
- *Theme*: Wählen Sie zwischen verschiedenen hellen und dunklen Tastenfeld-Designs.
- *Modus:* Wählen Sie aus, welches Tastenfeld angezeigt wird, wenn Sie das Handy im Hoch- oder Querformat nutzen.
- *Größe und Transparenz*: Tastenfeldgröße einstellen.
- *Layout*: Zahlentasten beziehungsweise Sonderzeichen ein/ausblenden.
- *Schriftgröße*: Größe der Tastenbeschriftung.
- *Benutzerdefinierte Symbole*: Tastenanordnung für das Popup ändern, das bei Drücken und Halten der ».«-Taste angezeigt wird. Nützlich für Anwender, die häufig bestimmte Sonderzeichen verwenden müssen, die sonst nur umständlich auf dem Tastenfeld erreichbar sind.
- *Streichen, berühren und Feedback*:
    - *Tastaturstreichsteuerung*: Welche Aktion Sie durch ein Wischen mit dem Finger über das Tastenfeld auslösen):
        - *Keine Streichgesten*: Das Fingerwischen hat keine Funktion.
        - *Zum Tippen streichen*: Aktiviert die Swype-ähnliche Eingabemethode, bei der Sie mit angedrücktem Finger auf dem Tastenfeld von Buchstabe zu Buchstabe ziehen. Auf *Durchgehende Eingabe* geht Kapitel *34.3 Durchgehende Eingabe* ein.
        - *Cursorsteuerung*: Sie bewegen den Cursor mit Wischgesten auf dem Tastenfeld.
    - *Tastaturverz. bei Berühren/Halten*: Zeitspanne, die beim Halten einer Taste vergeht, bevor die Tastenwiederholung erfolgt.
    - *Geschwindigkeit der Rücktaste*: Reaktionsgeschwindigkeit der Löschtaste.
    - *Berühren und halten der Leertaste*:
        - *Keine Aktion*
        - *Cursorsteuerung*: Tippen und halten Sie die Leertaste für die Cursorsteuerung im Eingabefeld (Standard).
        - *Spracheingabe*: Aktiviert die im Kapitel *34.4 Spracherkennung* beschriebene Spracherkennung.
    - *Berührungsfeedback*:
        - *Ton*: Tastenton abspielen.
        - *Zeichenvorschau*: Zeigt auf dem Tastenfeld die betätigte Taste an.
    - *Tastatureingabe vorlesen*: Jede Eingabe wird vorgelesen, was für Menschen mit Sehbeträchtigungen praktisch ist.
    - *Symbolpanel geöffnet lassen*: Bezieht sich auf das Popup, das bei Drücken und Halten der ».«-Taste angezeigt wird. Aktivieren Sie diese Option, dann schließt sich das Popup nicht mehr automatisch, wenn Sie darin ein Zeichen auswählen.
- *Spracheingabe*: Standardmäßig ist eine von Samsung bereitgestellte Spracherkennung aktiv, die Sie mit 🎙 auf dem Tastenfeld aktivieren (siehe Kapitel *34.4 Spracherkennung*). Alternativ können Sie auf die Google-Spracherkennung umschalten, was aber keinen Sinn ergibt.
- *Handschrift*; *Übersetzung*; *S Pen zu Text*: Diese Menüs sind nur beim Galaxy S25 Ultra verfügbar und beziehen sich auf den mitgelieferten Bedienstift. Siehe dazu auch Kapitel

36.6 Handschriftenerkennung.

- *Screenshot in Zwischenablage*: Screenshots (siehe Kapitel *32.8 Screenshots (Bildschirmkopien)*) werden automatisch in die Zwischenablage kopiert, woraus Sie sie in einem Eingabefeld wieder einfügen können (siehe *34.5 Texte kopieren, ausschneiden und einfügen*).
- *Auswählen der zu verwendenden Drittanbieterinhalte*: Falls Sie die animierten Logos/Animationssequenzen über das Tastenfeld einfügen, können Sie erlauben, dass deren Anbieter statistische Infos erhalten. In der Praxis werden Sie dies nicht gestatten.
- *Zurücksetzen auf Standardeinstellungen*: Falls Sie zu viele Einstellungen des Tastenfelds verändert haben, bringen Sie diese wieder in den einen definierten Zustand zurück.

34.3 Durchgehende Eingabe

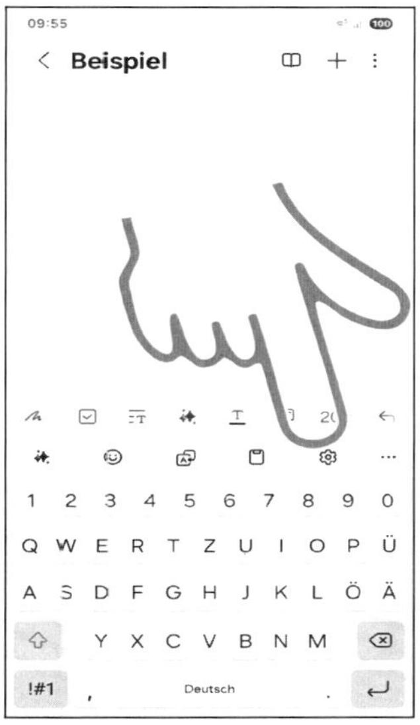

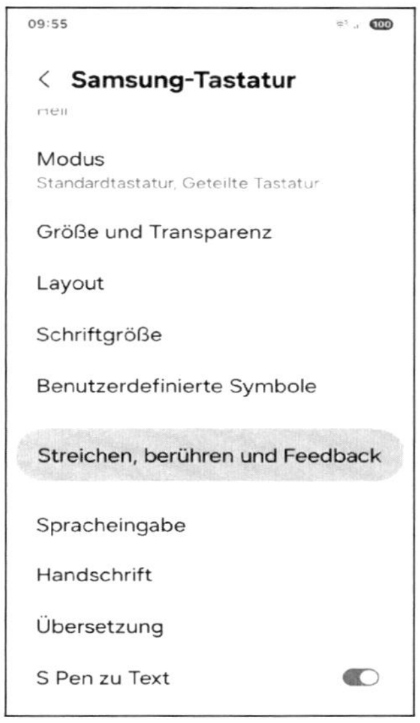

❶ Das Einschalten der durchgehenden Eingabe erfolgt über ⚙ (falls diese Schaltleiste nicht angezeigt wird, tippen Sie vorher ⟨ links über dem Tastenfeld an).

❷ Wählen Sie *Streichen, berühren und Feedback.*

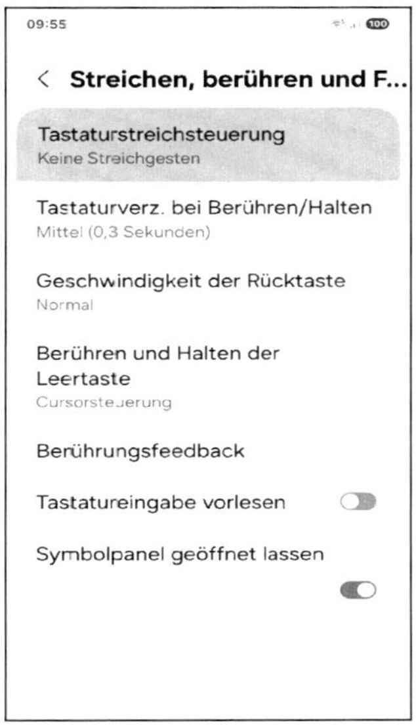

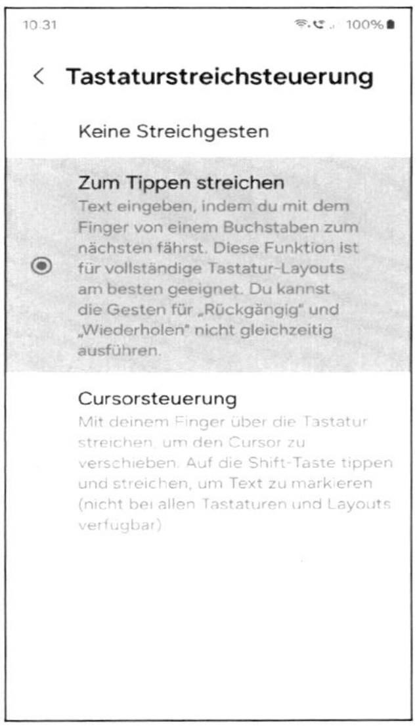

❶❷ Gehen Sie auf *Tastaturstreichsteuerung* und aktivieren *Zum Tippen streichen.* Auf dem gleichen Wege lässt sich die durchgehende Eingabe später auch jederzeit wieder deaktivieren (wählen Sie dann *Keine Streichgesten*).

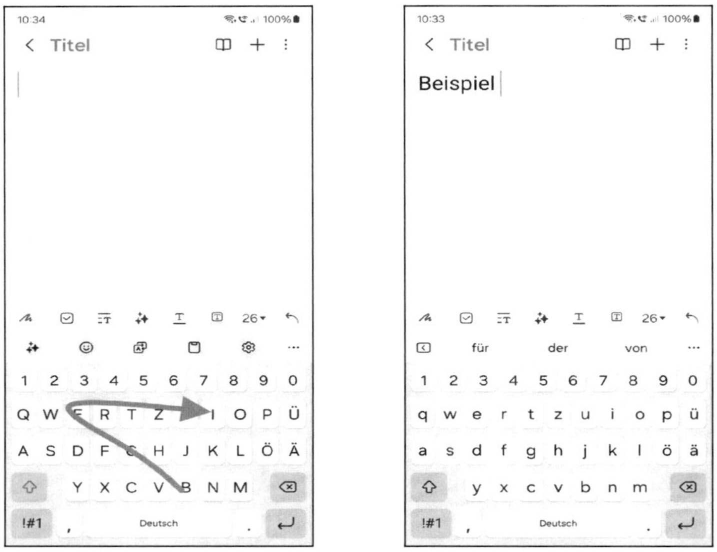

❶❷ Die durchgehende Eingabe ist recht einfach zu verstehen: Halten Sie den Finger auf den ersten Buchstaben des einzugebenden Worts angedrückt und ziehen Sie nun mit angedrücktem Finger auf die weiteren Buchstaben des Worts. Setzen Sie dann den Finger ab. In unserem Beispiel soll »Beispiel« eingegeben werden. Leerzeichen fügt die durchgehende Eingabe übrigens automatisch zwischen den Wörtern ein. Für die Eingabe von doppelten Buchstaben bewegen Sie den Finger über der entsprechenden Taste einfach hin und her.

34.4 Spracherkennung

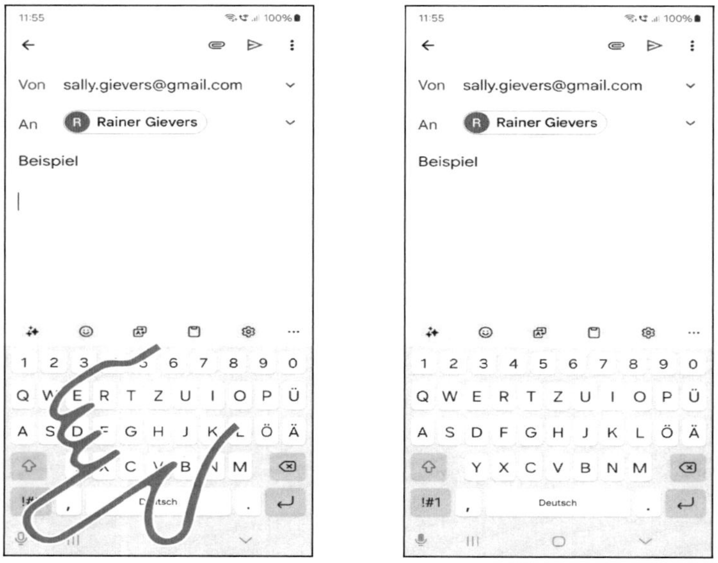

❶ Die Spracherkennung aktivieren Sie über die 🎙-Taste (Pfeil) unten links.

❷ Sprechen Sie dann in ruhigem Tonfall und gleichmäßig die Wörter beziehungsweise Sätze, die dann in Text umgesetzt werden. Beenden/Starten Sie die Spracherkennung, indem Sie die blaue 🎙-Schaltleiste antippen.

➊ In vielen Anwendungen auf dem Galaxy wird eine direkte Spracheingabe unterstützt, hier bei Google Maps.

➋ Schließen Sie beim ersten Aufruf die Popups mit *Weiter* und *Bei Nutzung der App.*

➌ Sprechen Sie dann ein Fahrtziel.

34.5 Texte kopieren, ausschneiden und einfügen

Es kommt häufiger mal vor, dass man einen Text, beispielsweise aus einer SMS oder E-Mail, in einer anderen Anwendung weiterverwenden will.

Leider handhaben die Google-Anwendungen das Kopieren und Einfügen von Texten etwas unterschiedlich. Damit Sie eine Idee davon bekommen, wie der grundsätzliche Ablauf ist, möchten wir einen Text aus einer im Webbrowser angezeigten Webseite in Gmail (siehe Kapitel *11 Gmail*) versenden.

➊ Beispiel für das Markieren im Webbrowser (siehe Kapitel *13 Webbrowser*): Tippen und halten Sie den Finger auf einem Wort, welches darauf hin markiert ist.

➋ Anschließend ändern Sie den markierten Bereich, indem Sie die Schieber an die gewünschte Position bewegen. Dabei unterstützt Sie eine eingeblendete Lupe.

➌ Tippen Sie die *Kopieren*-Schaltleiste an.

Auf die ✨-Schaltleiste im Menü geht Kapitel *24.8 KI-Markierung* ein.

10:04
das-praxisbuch.de
Das Praxisbuch
von Rainer Gievers
MENU
Kopieren
Übersetzen
Verständliche
Jedes Praxisbuch enthält mehrere
BÜCHERLISTE

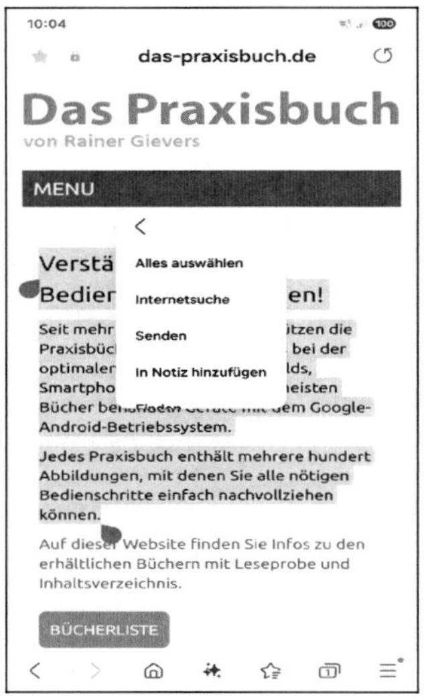
10:04
das-praxisbuch.de
Das Praxisbuch
von Rainer Gievers
MENU
Alles auswählen
Internetsuche
Senden
In Notiz hinzufügen
Jedes Praxisbuch enthält mehrere hundert Abbildungen, mit denen Sie alle nötigen Bedienschritte einfach nachvollziehen können.
Auf dieser Website finden Sie Infos zu den erhältlichen Büchern mit Leseprobe und Inhaltsverzeichnis.
BÜCHERLISTE

❶❷ Weitere Funktionen finden Sie im ⁝-Menü (Pfeil):

- *Alles auswählen*
- *Internetsuche:* In Google nach dem markierten Text suchen (Websuche).
- *Senden*: Per E-Mail, SMS, WhatsApp oder einer anderen Anwendung versenden.
- *In Notiz hinzufügen*: Erstellt aus dem markierten Text einen Notiz in Samsung Notes (siehe Kapitel *21.9 Samsung Notes*).
- *Finden*: Im Text nach dem markierten Wort auf der angezeigten Webseite suchen.
- *Apps verwalten*: Aktivieren Sie Anwendungen, auf die Sie im Markierungsmenü Zugriff haben möchten.

10:08
Von sally.gievers@gmail.com
An Rainer Gievers
Beispiel
Deutsch

10:08
Von sally.gievers@gmail.com
An Rainer Gievers
Formatieren
Einfügen
Deutsch

10:08
Von sally.gievers@gmail.com
An Rainer Gievers
Beispiel
Verständliche Bedienungsanleitungen!
Seit mehr als 15 Jahren unterstützen die Praxisbücher von Rainer Gievers bei der optimalen Nutzung von Handhelds, Smartphones und Tablets. Die meisten Bücher behandeln Geräte mit dem Google-Android-Betriebssystem.
Jedes Praxisbuch enthält mehrere hundert Abbildungen, mit denen Sie alle nötigen Bedienschritte einfach nachvollziehen können.

❶ Rufen Sie nun die Anwendung auf, in der Sie den kopierten Text einfügen möchten. Tippen und halten Sie den Finger in die Zielposition – bitte beachten Sie dabei, dass Sie nur in bestehenden Text beziehungsweise ans Textende tippen können.

❷❸ Im Popup wählen Sie *Einfügen*.

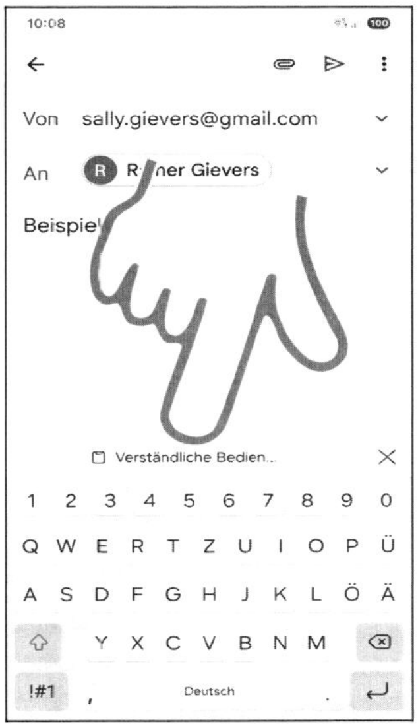

Den Inhalt der Zwischenablage können Sie alternativ auch über die Schaltleiste über dem Tastenfeld (Pfeil) einfügen.

35. Einstellungen

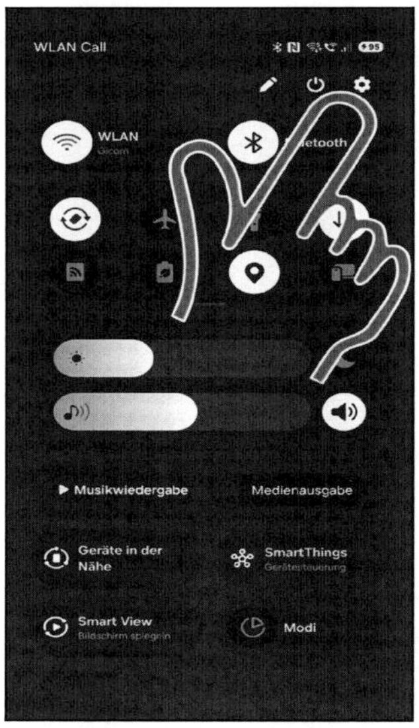

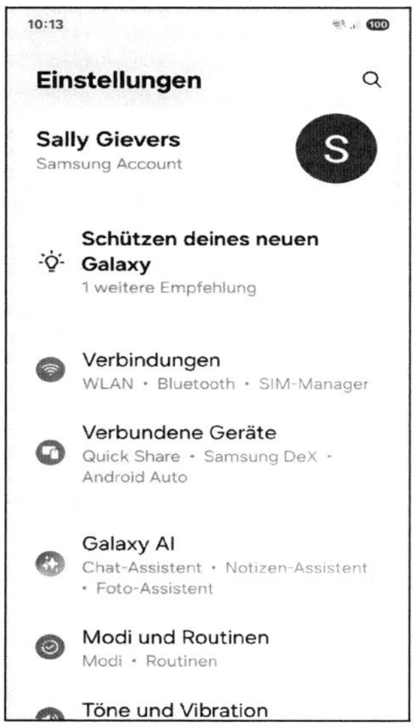

❶ Für die *Einstellungen* aktivieren Sie das Benachrichtigungsfeld und tippen ✿ an.

❷ Alternativ gehen Sie im Hauptmenü auf *Einstellungen.*

❸ Die *Einstellungen*-Anwendung zeigt das zuletzt genutzte Menü an. Falls Sie hier also eine andere Bildschirmanzeige haben, betätigen Sie einfach mehrfach die ᐸ-Taste unterhalb des Bildschirms.

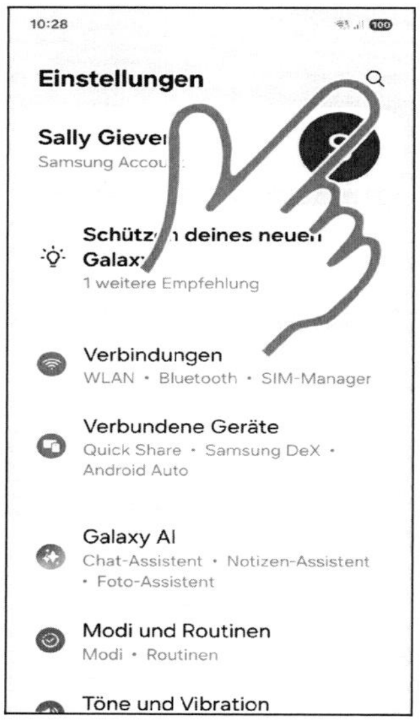

❶❷ Tipp: Falls Sie mal nicht wissen, in welchem Menü eine bestimmte Funktion zu finden ist, tippen Sie auf 🔍 und geben den Suchbegriff ein. Tippen Sie dann in der Ergebnisliste einen Eintrag an.

Die Schrift in den Menüs wurde für dieses Buch für bessere Lesbarkeit eine Stufe größer gestellt. Bei Ihrem Gerät sehen deshalb die Menüs deshalb etwas anders aus.

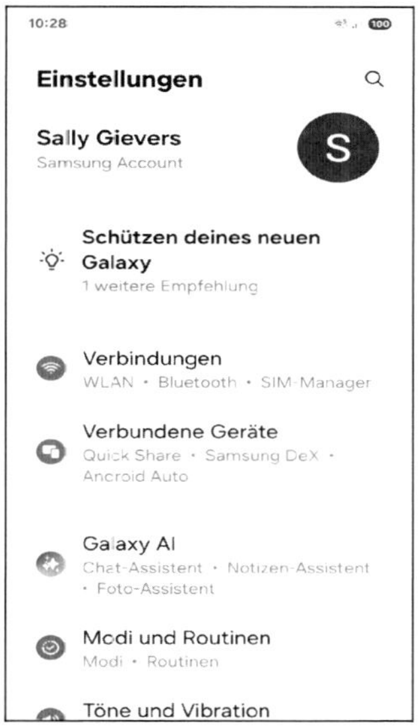

Die meisten Einstellungsfunktionen werden bereits im Buch beschrieben, weshalb wir auf die entsprechenden Kapitel verweisen.

Die Menüpunkte:

- *Samsung Account*: Darauf geht Kapitel 23 *Das Samsung-Konto* ein.
- *Verbindungen*: Siehe Kapitel *9 Internet einrichten und nutzen, 10 WLAN* und *31 Bluetooth.*
- *Verbundene Geräte*: Über verschiedene Kopplungsmethoden (Bluetooth, Kabel, WLAN) gekoppelte Geräte auflisten und konfigurieren.
- *Galaxy AI:* Darauf geht Kapitel *24 KI-Funktionen* ein.
- *Modi und Routinen*: Darauf geht Kapitel *27.7 Modi* ein.
- *Töne und Vibration*: Siehe Kapitel *4.14 Medienlautstärke und Signaltöne.*
- *Benachrichtigungen*: Siehe Kapitel *32.10 Benachrichtigungen einschränken.*
- *Anzeige*: Siehe Kapitel *27.1 Bildschirmanzeige anpassen.*
- *Akku*: Siehe Kapitel *32.9 Energiesparmodi* und Kapitel *32.7 Akku-Lebensdauer.*
- *Hintergrundbild und Stil: Siehe Kapitel 4.7.4 Hintergrundbild.*
- *Themes*: Hintergründe von Drittanbietern, allerdings kostenpflichtig.
- *Startbildschirm*: Darauf geht Kapitel *33.4 Einstellungen für Startbildschirm und Hauptmenü* ein.
- *Sperrbildschirm und AOD*: Siehe Kapitel *30 Zugriffssperren* und *27.2 Always On Display.*
- *Sicherheit und Datenschutz*: Siehe Kapitel *30.2 Gerätesperre.*
- *Standort*: Legen Sie fest, welche Anwendungen Ihren Standort auswerten dürfen.
- *Sicherheit und Notfall*: Speichert medizinische und persönliche Infos, welche in der Displaysperre angezeigt werden. Rettungskräften dürfte aber nur selten Zeit bleiben, Ihr Handy auszuwerten. Deshalb sollten Sie Ihren medizinischen Daten bei Bedarf auf einem Zettel mit sich führen.
- *Konten und Sicherung*: Siehe Kapitel *22 Das Google-Konto* und *23 Das Samsung-Konto.*
- *Google: Siehe Kapitel 22 Das Google-Konto.*
- *Erweiterte Funktionen*: Siehe Kapitel *33.1 Gestensteuerung.*
- *Digitales Wohlbefinden und Kindersicherung*: Liefert Statistiken zur Zeit, die Sie mit dem Handy verbringen. Sie können zudem einstellen, wieviele Minuten am Tag Sie bestimmte Anwendungen nutzen dürfen. Nach Ablauf sind diese ausgegraut. In diesem Buch gehen wir nicht weiter darauf ein.

- *Gerätewartung*: Siehe Kapitel *21.4 Gerätewartung*.
- *Apps*: Siehe Kapitel *32.4 Anwendungen als Standard*.
- *Allgemeine Verwaltung:* Siehe Kapitel *35.2 Allgemeine Verwaltung*.
- *Eingabehilfe*: Diverse Einstellungen für Nutzer mit eingeschränktem Seh- und Hörvermögen.
- *Software-Update*: Siehe Kapitel *35.3 Software-Update*.
- *Tipps und Benutzerhandbuch*: Ruft eine Anleitung auf der Samsung-Website auf.
- *Telefoninfo*: Siehe Kapitel *35.3.1 Geräteinformationen*.

35.1 Netzwerkverbindungen

◆ *Einstellungen/Verbindungen*

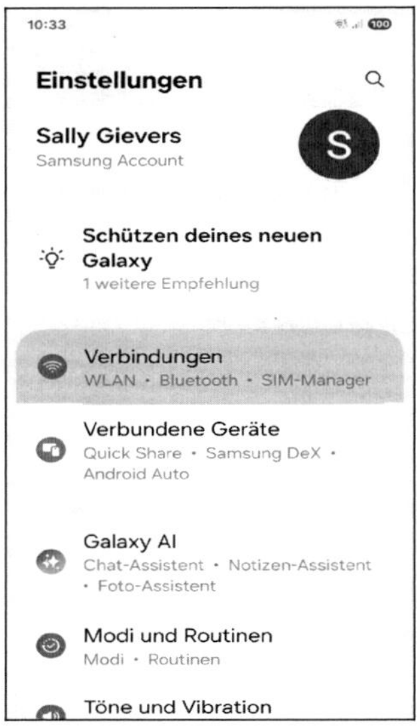

❶❷ Im *Verbindungen*-Menü finden Sie die Steuerungsfunktionen für drahtlose Kommunikation:

- *WLAN*: Auf WLAN geht bereits Kapitel *10 WLAN* ein.
- *Bluetooth:* Siehe Kapitel *31 Bluetooth*.
- *NFC und und kontaktlose Zahlungen*: Verwaltet den NFC-Chip, mit dem Sie über kurze Entfernungenn Datenübertragungen zwischen zwei Geräten durchführen können. Siehe Kapitel *32.11 NFC*.
- *Ultra-Wideband (UWB)*: Ultra-Wideband ist eine Kommunikationstechnologie für schnelle Datenübertragungen auf kurze Strecken, die gleichzeitig die Ortung von Geräten zulässt. Zum Beispiel kommt Ultra-Wideband bei den Smart-Tags von Samsung zum Einsatz, weshalb Sie es nicht auf dem Handy deaktivieren sollten.
- *Offline-Modus*: Schaltet das Mobilfunkmodul sowie Bluetooth und WLAN aus (sogenannter »Flugmodus«). Siehe auch Kapitel *9.2.2 Mobilfunk-Internet aktivieren/deaktivieren*.
- *SIM-Manager*: Verwaltung von zwei gleichzeitig eingelegten SIM-Karten beziehungsweise der eSIM.
- *Mobile Netzwerke*: Das Menü verwaltet alles rund um die Mobilfunk-Internet-Funktionen. Wir gehen in diesem Buch nicht weiter darauf ein, da das Handy die Einstellungen beim ersten Einschalten automatisch vornimmt.
- *Dienstanbieter*: Listet die vom Mobilfunkbetreiber empfohlenen Anwendungen auf, die Sie zur Verwaltung Ihres Mobilfunktarifs verwenden.
- *Datennutzung*: Führt eine Statistik der übertragenen Datenmenge über Mobilfunk-Internet und WLAN.

- *Mobile Hotspot und Tethering*: Internetverbindung des Handys mit einem anderen Gerät nutzen. In diesem Buch gehen wir nicht weiter darauf ein.
- *Weitere Verbindungseinstellungen*: Mobiles Internet und VPN usw. einrichten.

35.1.1 Datenübertragung

◆ *Einstellungen/Verbindungen/Weitere Verbindungseinstellungen*

❶❷ Im *Weitere Verbindungseinstellungen*-Bildschirm stellen Sie ein:

- *Suche nach Geräten in der Nähe*: Das Galaxy sucht permanent im Hintergrund nach Geräten, mit denen Sie vielleicht per Bluetooth koppeln möchten. Wir empfehlen diese Option wegen des damit verbundenen Energieverbrauchs zu deaktivieren.
- *Drucken:* Da die Druckausgabe unter Android nicht besonders anwenderfreundlich gestaltet ist, gehen wir in diesem Buch nicht weiter darauf ein.
- *VPN*: Konfiguriert Virtual Private Networks (VPNs), die eine verschlüsselte und sichere Kommunikation über das Internet, beispielsweise mit Firmennetzwerken, ermöglichen. Dieses Buch geht darauf nicht weiter ein.
- *Privates DNS*: Statt den automatisch vorgenommenen Interneteinstellungen können Sie selbst Vorgaben machen. Nur für erfahrene Anwender.
- *Ethernet*: Verwaltet einen optionalen Netzwerkadapter.
- *Systemkonfiguration automatisch aktualisieren*: Nicht von Samsung dokumentiert.

35.2 Allgemeine Verwaltung

◆ *Einstellungen/Allgemeine Verwaltung*

❶❷ Die Funktionen im *Allgemeine Verwaltung*-Menü:

- *Sprache*: Standardmäßig verwenden alle Programme auf dem Handy eine deutsche Benutzeroberfläche. Bei Bedarf stellen Sie hier eine andere Sprache ein, die dann von den Programmen verwendet wird – sofern sie diese unterstützen.
- *App-Sprachen*: Einige der vorinstallierten Programme unterstützen mehrere Sprachen, die Sie in diesem Menü einstellen.
- *Sprachpakete*: Sofern Sie die von einigen Anwendungen beziehungsweise dem Betriebssystem angebotene Sprachausgabe nutzen, stellen Sie im Menü die Sprachhöhe und Sprechgeschwindigkeit ein.
- *Datum und Uhrzeit*: Standardmäßig erhält das Handy die Uhrzeit atomuhrgenau vom Mobilfunknetzbetreiber, weshalb Sie nicht selbst die Uhr stellen müssen.
- *Samsung Tastatur-Einstellungen*: Darauf geht Kapitel *34.2 Einstellungen* ein.
- *Tastaturliste und Standard*: Stellen Sie ein, welche Eingabemethoden das Handy zur Verfügung stellt. Die Voreinstellungen sollten Sie allerdings nicht ändern.
- *Physische Tastatur; Maus und Trackpad*: Das Handy unterstützt den Betrieb von Maus und externer Tastatur, die über USB oder Bluetooth angeschlossen werden.
- *Zurücksetzen* (❸):
  - *Temporäre Cloud-Sicherung; Externe Speichersicherung:*: Sichert den kompletten Inhalt Ihres Handys, um ihn später wieder auf einem neuen Samsung-Handy zu installieren. Dies ist in der Regel aber nicht nötig, da Sie die im Kapitel *5 Smart Switch* beschriebene Anwendung für das Herüberkopieren auf einem neuen Samsung-Handy nutzen werden.
  - *Alle Einstellungen zurücksetzen:* Falls Ihr Handy mal nicht so funktioniert, wie vorgesehen, sollten Sie *Einstellungen zurücksetzen* verwenden. Damit setzen Sie beispielsweise den Klingelton auf den Standard zurück.
  - *Mobilnetzeinstellung zurücksetzen*: Das Handy setzt automatisch die Mobilnetzeinstellungen anhand einer Daten-SMS des Netzbetreibers. Es ist unwahrscheinlich, dass Sie sie jemals zurücksetzen müssen.
  - *WLAN- und Bluetooth-Einstellungen zurücksetzen*: Von Ihnen genutzte WLAN-Zugangspunkte und gekoppelte Bluetooth-Geräte werden gelöscht. Sie können das Galaxy aber jederzeit später wieder damit verbinden.
  - *Eingabehilfeeinstellungen zurücksetzen*: Falls Sie im Menü *Eingabehilfe* einige Funktionen aktiviert hatten, setzen Sie sie hiermit wieder zurück.

  - *Reset auf Werkseinstellungen*: Alle Daten löschen, worauf Sie das Galaxy im gleichen Zustand vorfinden, in dem Sie es erworben haben.
- *Personalisierter Dienst*: Nicht von Samsung dokumentiert.
- *Kontaktieren Sie uns:* Sie haben Fragen zum Handy? Dann hilft Ihnen Samsung weiter.

> Melden Sie sich vor dem Reset auf Werkseinstellungen vom Samsung-Konto ab (sofern Sie es eingerichtet hatten). Siehe dazu Kapitel *23.2 Abmeldung von Ihrem Samsung-Konto.*

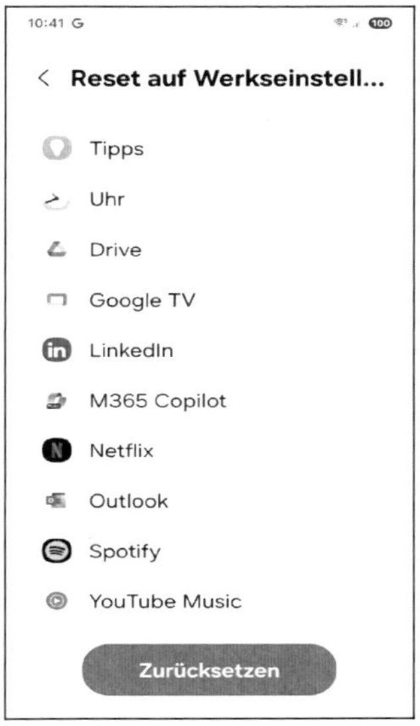

❶ Verwenden Sie *Reset auf Werkseinstellungen* für das Zurücksetzen auf den Zustand, in dem Sie das Galaxy erworben haben. Im Google-Konto abgelegte Kontakte und Termine, sowie die Nachrichten in Gmail, stehen Ihnen nach Neueinrichtung des Google-Kontos in den entsprechenden Anwendungen wieder zur Verfügung.

Android-Handys wie das Galaxy sind nicht als »Standalone«-Geräte konzipiert, sondern sind auf die Kommunikation mit den Internetservern von Google angewiesen. Dies hat den Vorteil, dass Ihre Daten, darunter Kontakte, Kalendertermine, Browser-Lesezeichen usw. automatisch bei Google unter Ihrem **Google-Konto** gespiegelt werden.

Beachten Sie, dass Programme von Drittanbietern, die Sie aus dem Google Play Store installiert haben, häufig nicht die Datensicherung im Google-Konto nutzen. In den Programmen vorgenommene Einstellungen und angelegte Daten gehen deshalb meist bei einem Zurücksetzen des Geräts verloren. Die zuvor von Ihnen installierten Programme werden Ihnen dagegen im Google Play Store nach dem Zurücksetzen zur erneuten Installation angeboten.

Haben Sie keinen Zugriff auf Ihr Handy, beispielsweise weil Sie es verloren haben, oder es defekt ist, dann können Sie jederzeit dessen Daten auf einem anderen Android-Handy (es muss noch nicht mal das gleiche Modell sein) wiederherstellen. Weitere Infos zum Google-Konto haben wir im Kapitel 22 Das Google-Konto zusammengestellt.

❷❸ Rollen Sie mit einer Wischgeste durch den Bildschirm und gehen Sie auf *Zurücksetzen.*

35.3 Software-Update

◆ *Einstellungen/Software-Update*

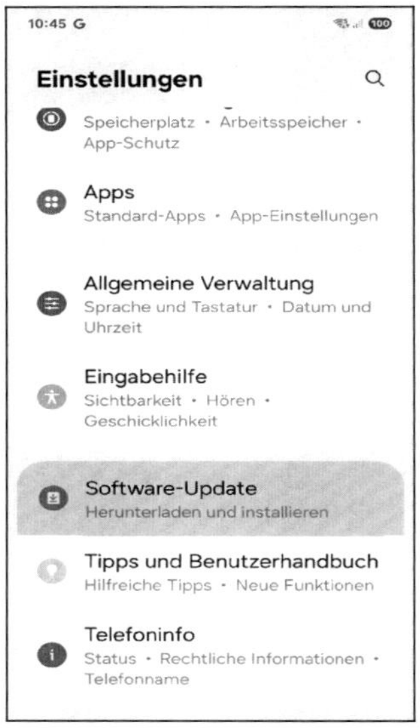

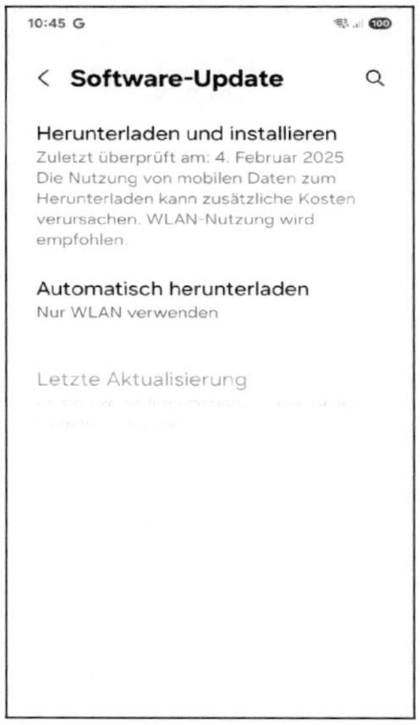

❶❷ Die Einstellungen im *Software-Update*-Menü sollten Sie nicht ändern. Wenn der Hersteller ein Betriebssoftware-Update zur Verfügung stellt, wird es automatisch nach Rückfrage installiert.

35.3.1 Geräteinformationen

◆ *Einstellungen/Telefoninfo*

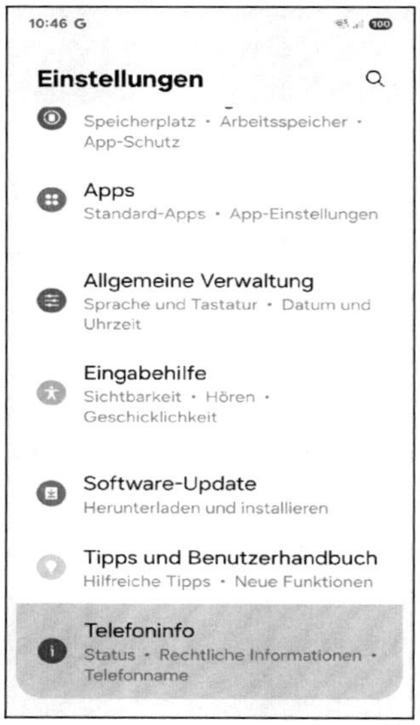

❶❷ Der *Telefoninfo*-Bildschirm zeigt die aktuelle Firmware-Version an.

Von den Menüpunkten sind für Sie folgende nützlich:

- *Status:* Diverse Systeminformationen.
- *Rechtliche Informationen*
- *Softwareinformationen* (❸): Liefert Informationen zur installierten Betriebssystemversion.
- *Akkuinformationen*: Ladezustand und Batteriekapazität anzeigen.

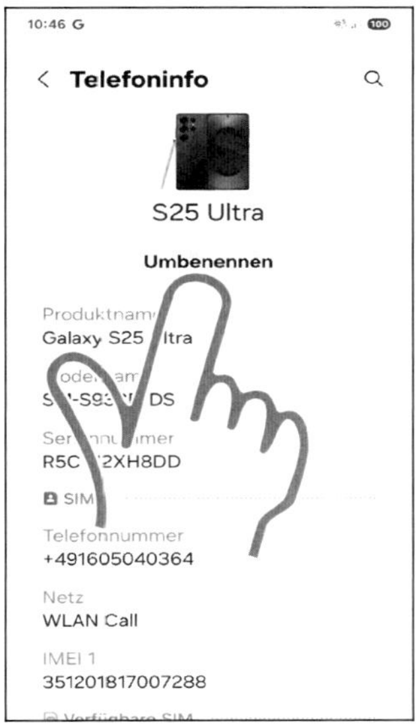

❶❷ Mit *Bearbeiten* stellen Sie den Gerätenamen ein, unter dem Ihr Handy bei Bluetooth-Übertragungen bei anderen Geräten erscheint. Unter dem Gerätenamen erscheint Ihr Galaxy auch, wenn Sie es am PC anschließen.

36. Der Bedienstift des Galaxy S25 Ultra

Nur das Samsung Galaxy S25 Ultra unterstützt den Bedienstift (Stylus), von Samsung als »S Pen« bezeichnet. Im Gegensatz zum Vorgängermodell S24 Ultra ist der Bedienstift »passiv«, das heißt, er besitzt keinen Akku und somit keine Bluetooth-Verbindung zum Galaxy. Dadurch sind leider einige praktische Funktionen weggefallen. Samsung begründet das »Downgrade« mit fehlendem Nutzerinteresse, was wir angesichts des riesigen Funktionsumfangs des Smartphones nachvollziehen können.

Der Stift befindet sich unten links in einem Steckplatz. Was dort auf dem ersten Blick wie ein Knopf aussieht, ist die Stiftoberseite. Drücken Sie einmal auf den »Knopf«, worauf der Stift einige Millimeter heraus springt und sich herausziehen lässt.

Folgende Funktionen können Sie mit dem Stift auslösen:

- Eingabefelder, Abhakkästchen oder Menüs auswählen: Tippen Sie einfach mit dem Stift auf die Bildschirmelemente, genauso, wie Sie es auch mit dem Finger machen würden. Mit gedrückter Stifttaste (»Shift-Taste«) können Sie zudem Text in Eingabefeldern markieren.
- Eine für den Stift optimierte Handschriftenerkennung für Texteingabe.

Bitte verlieren Sie den Bedienstift niemals: Ersatzstifte kosten mindestens 20 Euro!

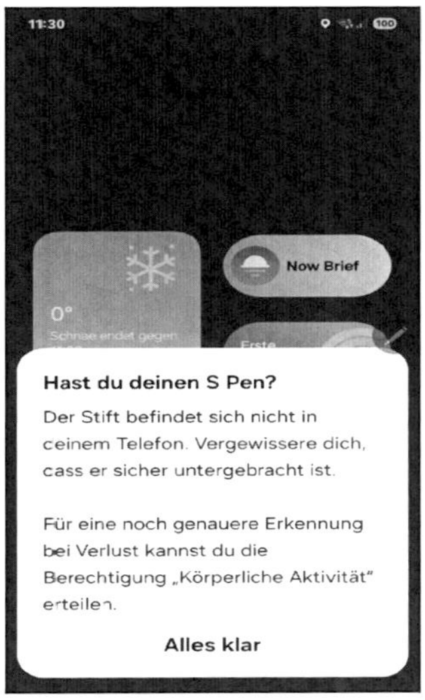

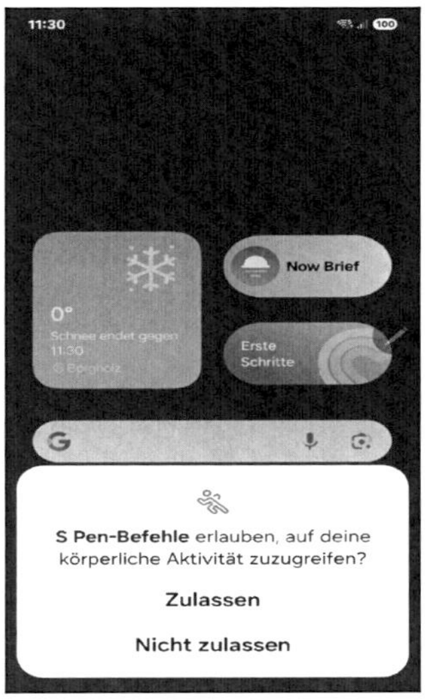

Ein Nachteil des S25 Ultra gegenüber dem S24 Ultra ist die nicht mehr vorhandene Bluetooth-Verbindung des Bedienstifts. Deshalb kann das S25 Ultra auch nicht mehr automatisch den Verlust des Stifts feststellen. Samsung hat deshalb eine Alternative dazu entwickelt:

❶ Wenn Sie den Bedienstift herausgezogen haben, erscheint nach einiger Zeit diese Meldung, die Sie mit *Alles klar* schließen.

❷ Betätigen Sie dann im nächsten Popup *Zulassen.* Künftig erhalten Sie einen Warnhinweis, wenn das Handy typische Bewegungen erkennt, die auf einen Ortswechsel hindeuten, ohne dass der Stift eingesteckt ist.

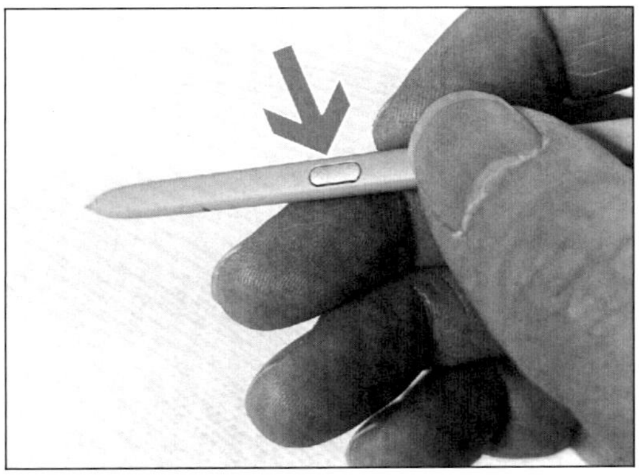

Der Stift bietet zusätzliche Funktionen, die Sie über die drucksensitive Spitze beziehungsweise die Seitentaste auslösen. Die **Seitentaste** am Stift wird von Samsung auch als **Shift**-Taste (Shift = engl. »Umschalten«) bezeichnet.

Beachten Sie, dass der Stift mehrere Betriebsmodi kennt:

- Stift auf dem Display andrücken
- Stift einige Millimeter über dem Display halten (»schwebend«)

36.1 S Pen-Befehle

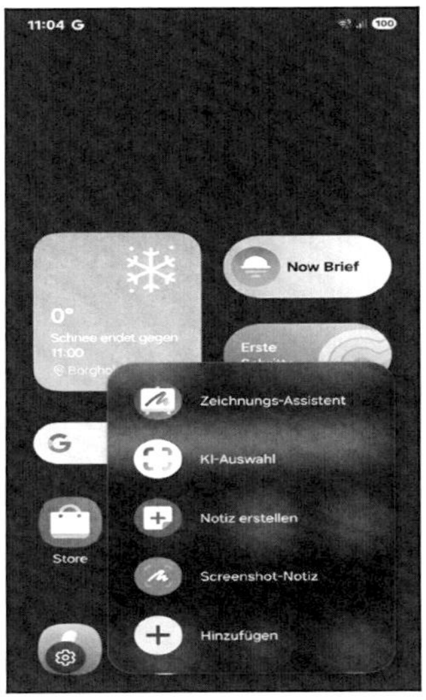

❶ Das S Pen-Befehle-Menü erscheint, wenn Sie mit dem S Pen auf die ⓿-Schaltleiste (Pfeil)

tippen.

Die Funktionen:

- *Zeichnungsassistent*: Diese Funktion nutzt künstliche Intelligenz, um einfache Skizzen in Kunstwerke zu verwandeln. Sie können beispielsweise eine grobe Zeichnung erstellen, und der Zeichnungsassistent wandelt diese in ein detailliertes Bild um. Zudem können Sie Bilder aus Ihrer Galerie in Cartoons umwandeln oder durch Texteingabe neue Bilder generieren. Darauf geht Kapitel *24.9 Zeichnungs-Assistent* ein.
- *KI-Auswahl:* Die KI-Auswahl passt sich dem jeweiligen Kontext an und stellt Ihnen nützliche Funktionen zur Bearbeitung von Bildern und Texten bereit. Sie erkennt den Inhalt automatisch und schlägt die passenden Werkzeuge vor. Siehe Kapitel *24.10 KI-Auswahl.*
- *Notiz erstellen*: Neue Notiz in Samsung Notes (siehe Kapitel *21.9 Samsung Notes*) anlegen.
- *Sreenshot-Notiz*: Bildschirmkopie erstellen und im Grafikeditor öffnen (entspricht der im Kapitel *32.8 Screenshots (Bildschirmkopien)* beschriebenen Funktion).
- *Hinzufügen*: Legen Sie weitere Programme im S Pen-Befehle-Menü an, die Sie häufiger aufrufen.

Das S Pen-Befehle-Menü schließen Sie, indem Sie mit dem Stift auf eine beliebige Stelle des Bildschirms tippen.

> Tipp: Bei Bedarf verschieben Sie die ⊘-Schaltleiste, indem Sie sie den Stift darauf halten und anschließend in die gewünschte Richtung ziehen.

36.2 Einstellungen

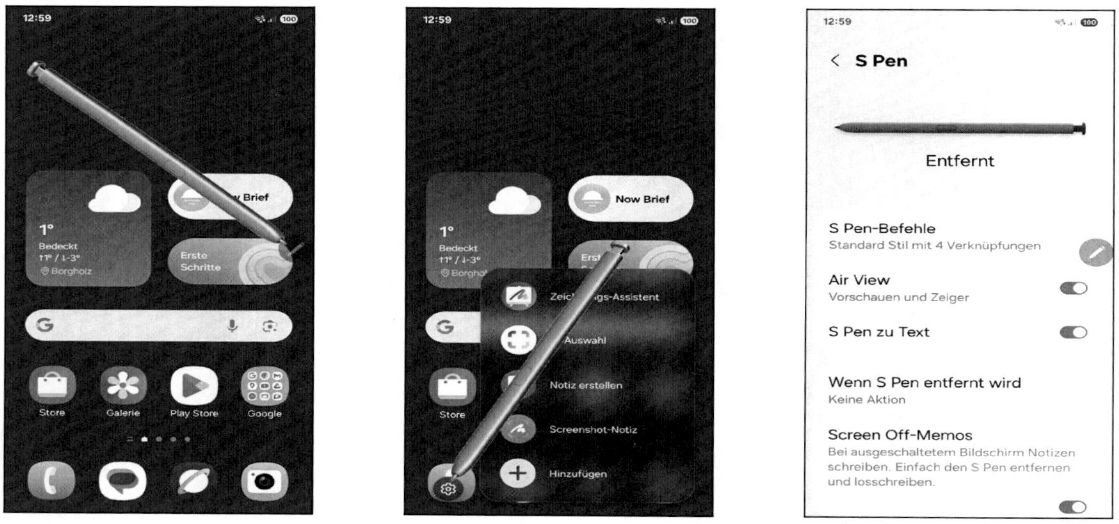

❶ Öffnen Sie, wie bereits beschrieben, durch Halten den Stifts über dem Bildschirm und betätigen der S Pen-Taste das Stiftmenü. Alternativ gehen Sie auf ⊘

❷ Betätigen Sie ⚙.

❸ Die Optionen:

- *S Pen-Befehle*: Konfiguriert das Stiftmenü, welches nach Herausziehen des S Pens aus dem Handy erscheint. Eine genaue Beschreibung finden Sie unten.
- *Air View*: Halten Sie den Stift über Bildschirmelemente für weitere Infos. Siehe Kapitel *36.3.2 Air View.*
- *S Pen zu Text*: Sie können mit dem S Pen direkt in Eingabefeldern schreiben. Ihre Schrift wird dann automatisch in Text umgewandelt.
- *Wenn S Pen entfernt wird*: Wahlweise öffnet das Stiftmenü (*S Pen-Befehl öffnen*), die Samsung Note-Anwendung (*Notiz erstellen*) oder es passiert nichts (*Keine Aktion*), wenn

Sie den Stift aus dem Steckplatz herausziehen.

- *Screen Off-Memos*: Notizen bei ausgeschaltetem Display. Siehe Kapitel *36.5 Screen Off-Memo*.
- *Schnellnotizen*: Halten Sie am S Pen die Seitentaste gedrückt und tippen Sie zweimal schnell hintereinander auf den Bildschirm. Es öffnet sich dann die Samsung Notes-Anwendung (siehe Kapitel *21.9 Samsung Notes*) im Fenstermodus.
- *Weitere S Pen-Einstellungen*:
  - *Mehrere S Pens zulassen*: Sofern Sie weitere S Pen herumliegen haben, können Sie diese ebenfalls einsetzen. Der Original-S Pen muss dann im Handy eingesteckt sein.
  - *Beim Zurücklassen von S Pen warnen*: Vergessen Sie den Stift wieder in das Gerät zu stecken und nehmen Sie das Handy vom Tisch auf, dann ertönt ein Alarm. Das Display muss dazu ausgeschaltet sein.
  - *Töne, Vibrationen*: Ton und Vibration beim Entnehmen beziehungsweise Einstecken des Stifts in das Handy.

❶❷ *S Pen Befehle* konfiguriert:

- *Menüstil*: Das Stiftmenü lässt sich zwischen *Standard* und *Kompakt* (es werden nur die Symbole angezeigt) umschalten.
- *Schnellzugriff*: Legen Sie fest, welche Anwendungen/Funktionen Sie aus dem Stiftmenü aufrufen möchten.
- *S Pen-Befehl-Symbol anzeigen*: Sie können die ✎-Schaltleiste frei auf dem Bildschirm mit dem Stift verschieben.
- *S Pen-Befehl mit Shift-Taste öffnen*: Das S Pen-Menü öffnet sich automatisch, wenn Sie den S Pen über den Bildschirm halten (nicht das Display berühren) und dann die Seitentaste am Stift betätigen.

36.3 Stiftfunktionen

36.3.1 Markieren

13:04
das-praxisbuch.de
Das Praxisbuch
von Rainer Gievers
MENU
BÜCHERLISTE

13:04
das-praxisbuch.de
Das Praxisbuch
von Rainer Gievers
MENU
Kopieren
Übersetzen
Verständliche Bedienungsanleitungen!
Seit mehr als 15 Jahren unterstützen die Praxisbücher von Rainer Gievers bei der optimalen Nutzung von Handhelds, Smartphones und Tablets. Die meisten Bücher behandeln Geräte mit dem Google-Android-Betriebssystem.
Jedes Praxisbuch enthält mehrere hundert Abbildungen, mit denen Sie alle nötigen Bedienschritte einfach nachvollziehen können.
Auf dieser Website finden Sie Infos zu den erhältlichen Büchern mit Leseprobe und Inhaltsverzeichnis.
BÜCHERLISTE

❶❷ Elemente beziehungsweise Texte auf dem Bildschirm markieren Sie, indem Sie den Stift auf das erste Wort gedrückt halten, bis es markiert ist und dann angedrückt über den Bildschirm ziehen. Im Beispiel markieren wir einen Text im Webbrowser (siehe Kapitel *13 Webbrowser*).

36.3.2 Air View

Beachten Sie bitte, dass Air View (engl. Luft-Anzeige) ausschließlich mit den Samsung- und Microsoft-Anwendungen (Nachrichten, Kontakte, Internet, Galerie, Outlook usw.) funktioniert. Die von Google bereitgestellten Programme Gmail, Google Maps, Google Fotos, Google Drive, Chrome usw. unterstützen den Stift dagegen nicht.

13:05
Heute
3. Feb.
Bilder
Alben
Storys
Menü

13:06
Heute
3. Feb.
Menü

❶❷ Halten Sie in der Galerie-Anwendung (siehe Kapitel *18 Galerie*) den Stift einige Millimeter über einem Bild für eine Vorschau.

❶❷ Bei E-Mails (siehe Kapitel *12 Outlook E-Mail*) halten Sie den Stift einige Millimeter über dem Display auf dem E-Mail-Eintrag, damit ein Popup mit einer Nachrichtenvorschau erscheint.

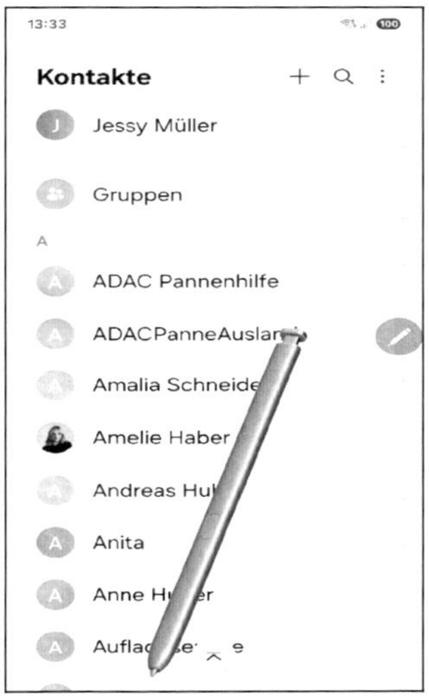

❶❷ Sie möchten wissen, was eine Schaltleiste bedeutet? Halten Sie einfach den Stift darüber, ohne das Display zu berühren.

❸ Durch Listen blättern Sie sehr einfach mit dem Stift: Halten Sie ihn oben oder unten über die Liste (wiederum ohne das Display zu berühren), worauf die Liste wie von Geisterhand in die gewünschte Richtung durchrollt.

Tipp: Halten Sie den Stift für die Blätterfunktion ca. einen Zentimeter über dem Display. Ist der Stift zu nah am Display, dann aktiviert sich stattdessen die oben vorgestellte Vorschau.

36.4 Freihändig malen

❶ Ihre künstlerischen Ambitionen können Sie in Samsung Notes (siehe Kapitel *21.9 Samsung Notes*) ausleben. Erstellen Sie dort mit eine neue Notiz.

❷ Sie befinden sich sofort in der Freimalfunktion. Jetzt schreiben oder malen Sie etwas. Wählen Sie am unteren Bildschirmrand ein Malwerkzeug beziehungsweise Farbe aus.

❸ Mit (Pfeil) schalten Sie auf das Tastenfeld um.

36.5 Screen Off-Memo

❶ Sie müssen unterwegs auf die Schnelle mal eine Notiz erstellen? Dann nutzen Sie einfach die sogenannte Screen Off-Memo. Dazu halten Sie die Stifttaste gedrückt und tippen dann mit dem Stift auf das ausgeschaltete Display.

❷ Anschließend malen Sie Ihre Notiz (über die Schaltleisten oben rechts stellen Sie die Stiftstärke ein beziehungsweise aktivieren den Löschmodus) und betätigen *Speichern*.

❸ Ihre Notiz finden Sie in der Notizen-Anwendung (siehe Kapitel *21.9 Samsung Notes*) wieder.

Die Screen Off-Memo-Funktion aktiviert sich auch automatisch, wenn das Handy-Display ausgeschaltet ist und Sie den S Pen aus dem Gerät entnehmen.

36.6 Handschriftenerkennung

Den S Pen können Sie auch für die Texteingabe verwenden.

❶ Während das Tastenfeld geöffnet ist, betätigen Sie die •••-Schaltleiste.

❷ Gehen Sie auf *Handschrift*.

❶❷ Malen Sie ein Wort oder einen Buchstaben in der Zeichenfläche, dann wird dieses automatisch in Text umgesetzt. Mitunter kommt es zu einer Falscherkennung. Sie können dann oberhalb der Zeichenfläche das korrekte Wort auswählen.

Damit die Handschriftenerkennung korrekt funktioniert, müssen Sie einige Dinge beachten:

- Die Buchstaben und Wörter malen Sie als Blockbuchstaben oder in Schreibschrift.
- Sie können wahlweise einzelne Buchstaben oder ganze Wörter schreiben. Die Buchstaben sollten sich nicht überlappen.

Die ⌨-Schaltleiste unten links schaltet wieder auf das Standard-Tastenfeld um.

36.6.1 Automatische Stifterkennung

Falls Sie die Handschriftenerkennung häufiger mit dem S Pen verwenden, empfehlen wir das Einschalten der automatischen Stifterkennung. Es aktiviert sich dann automatisch die Handschriftenerkennung, sobald Sie den S Pen aus dem Gerät herausziehen.

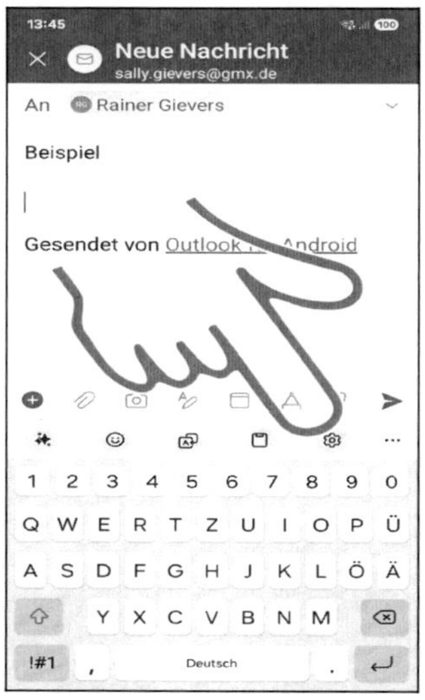

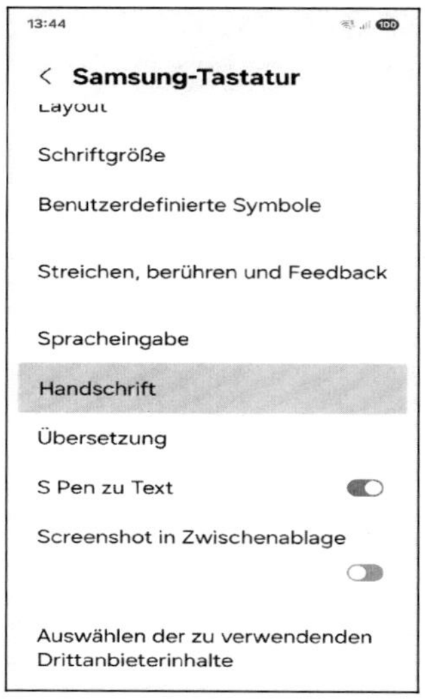

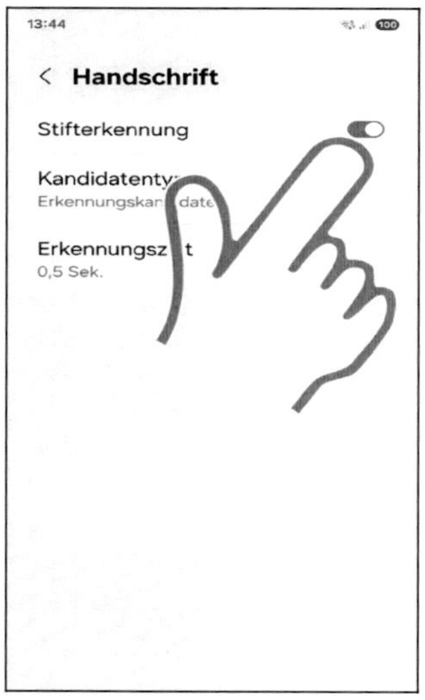

❶ Tippen Sie die ⚙-Taste für die Eingabeeinstellungen an.

❷❸ Wählen Sie *Handschrift* und aktivieren Sie *Stifterkennung*.

❶❷ Probieren Sie die Funktion jetzt mal aus: Während die Tastatur angezeigt wird, ziehen Sie den S Pen aus dem Handy, worauf das Handy auf die Handschrifteneingabe umschaltet.

36.6.2 S Pen nach Text

Alternativ zur im vorherigen Kapitel beschriebenen Stifterkennung können Sie auch eine Textkonvertierung verwenden. Sie schreiben dabei einfach mit dem Stift über ein Eingabefeld, worauf das Geschriebene automatisch in Text umgewandelt und im Eingabefeld eingetragen wird.

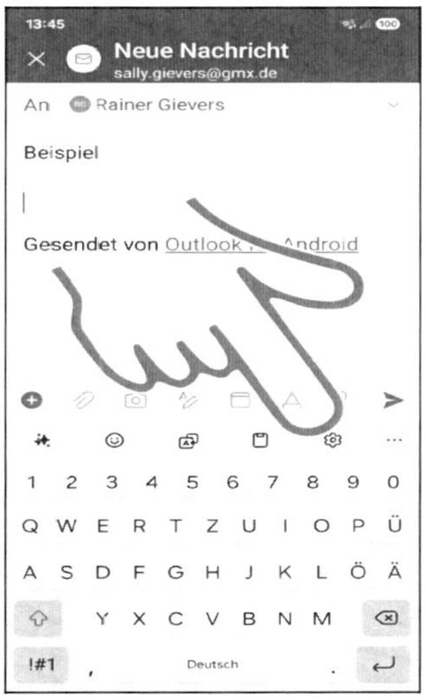

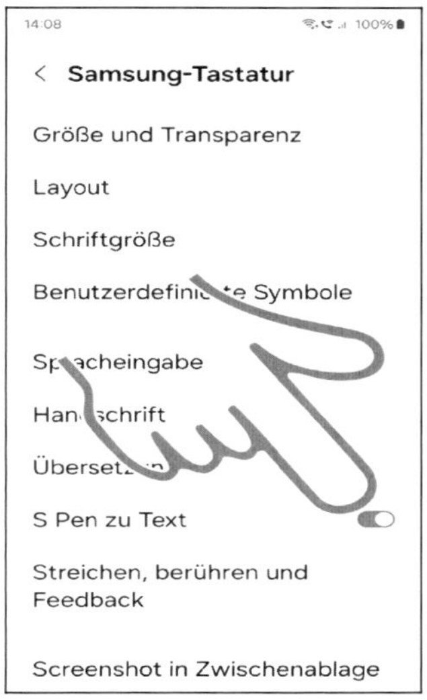

❶ Tippen Sie die ⚙-Taste für die Eingabeeinstellungen an.

❷ Aktivieren Sie *S Pen zu Text*, sofern die Option ausgeschaltet ist.

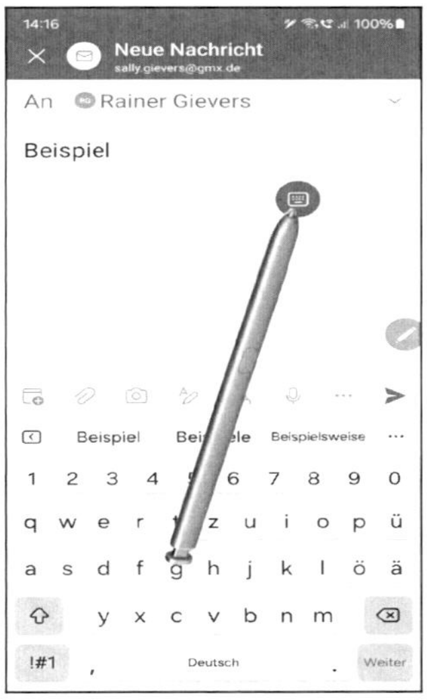

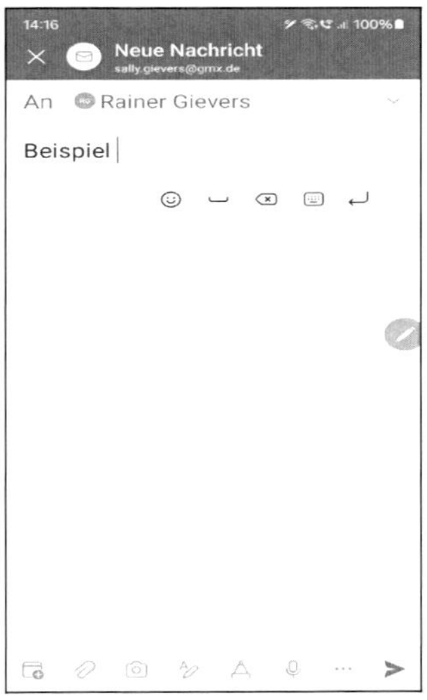

❶ In einer Anwendung schreiben Sie einfach mit dem S Pen über dem Eingabefeld, worauf das Geschriebene automatisch in Text umgesetzt wird. Bitte beachten Sie, dass dies nicht überall möglich ist – Sie erhalten dann gegebenenfalls einen Hinweis.

❷❸ Über die ⌨-Schaltleiste öffnen Sie eine Symbolleiste mit einigen Eingabeoptionen. Sie können ⌨ mit dem Finger frei auf dem Bildschirm verschieben.

> Leider funktioniert diese Art der Handschriftenerkennung nur sporadisch, weswegen wir von deren Verwendung eher abraten.

36.7 Zeichnungen im Kalender

Im Kalender (siehe Kapitel *20 Kalender*) dürfen Sie zu jedem Monat handschriftliche Notizen erstellen.

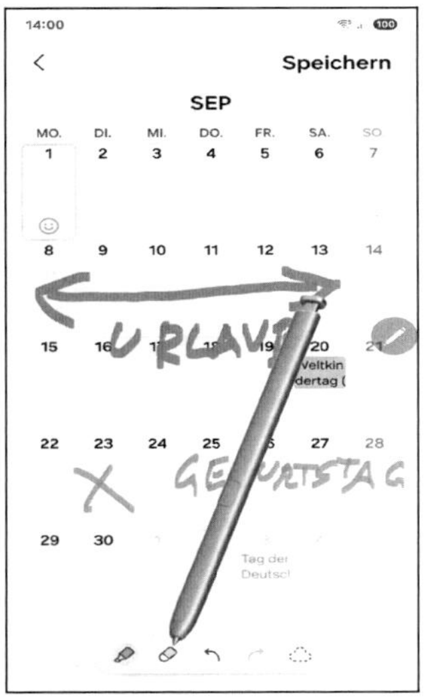

❶ Tippen Sie mit dem Stift oder Finger auf .

❷ Malen Sie nun die Notiz. Über die Schaltleisten am unteren Bildschirmrand wählen Sie den Stift beziehungsweise bei erneutem Antippen die Stiftbreite und Farbe aus.

❸ Fehleingaben löschen Sie mit – anschließend verhält sich der Stift wie ein Radiergummi. Alternativ verwenden Sie machen Sie einzelne Malschritte mit   rückgängig beziehungsweise wiederholen sie.

Schließen Sie Ihre Eingabe mit *Speichern* oben rechts ab.

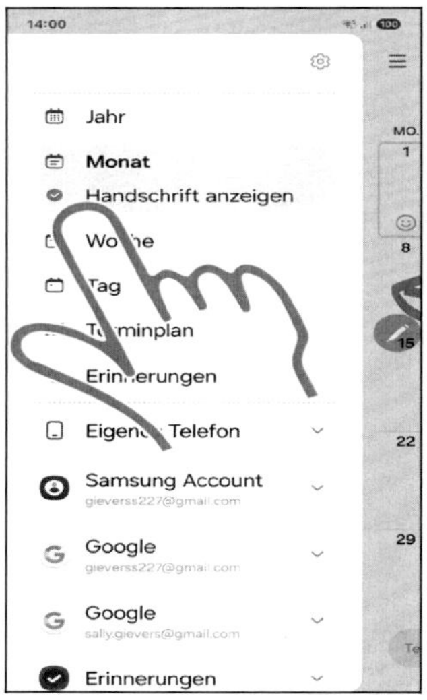

Im Ausklappmenü schalten Sie mit *Handschrift anzeigen* die gemalten Notizen aus/ein.

36.8 S Pen mit Samsung Notes

Auch die im Kapitel *21.9 Samsung Notes* beschriebene Notizenanwendung unterstützt den Bedienstift. Sie sollten allerdings die im Kapitel *36.6.2 S Pen nach Text* beschriebene Eingabefunktion vorher deaktivieren.

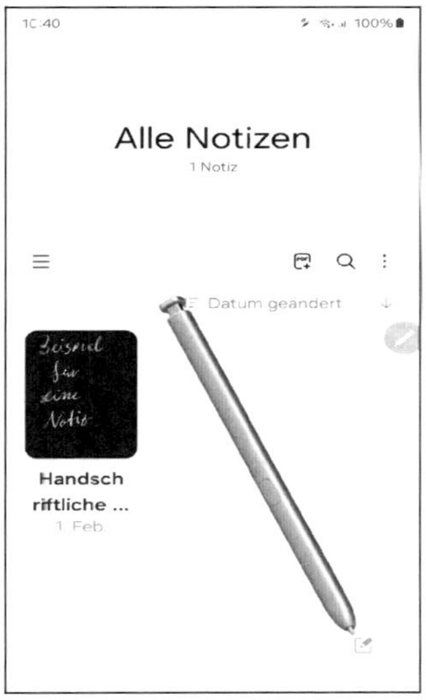

❶❷ Wenn Sie in Samsung Notes statt mit dem Finger mit dem S Pen auf [icon] tippen, dann öffnet das Programm eine neue Notiz direkt im Malmodus.

37. Stichwortverzeichnis

Sie haben im Stichwortverzeichnis nicht gefunden, was Sie suchen? Dann empfehlen wir Ihnen das Herunterladen des PDF-Ebooks (siehe Seite 3). Alle PDF-Anzeiger bieten eine Volltextsuchfunktion!

38. Weitere Bücher des Autors

Vom Technik-Journalisten Rainer Gievers sind zahlreiche Bücher zum Thema Mobile Computing erschienen. Eine Übersicht finden Sie auf *www.das-praxisbuch.de*. Sie erhalten die Bücher bei Ihrem lokalen Buchhändler oder über Online-Shops der großen Buchketten.

Sie möchten wissen, ob es vom Autor ein Buch zu Ihrem Handy gibt? Dann nutzen Sie bitte die Suchfunktion unter der Webadresse *www.das-praxisbuch.de/suche*.

Allgemeine Themen

- Das Praxisbuch Chromebook (Ausgabe 2024/25)
- Das Praxisbuch Google-Anwendungen (Ausgabe 2024/25)
- Das Praxisbuch Amazon Alexa & Echo (Ausgabe 2024/25)
- Das Praxisbuch Internet mit dem Android-Handy (Ausgabe 2024/25)

Samsung Galaxy A-Serie:

- Samsung Galaxy A15 & A15 5G
- Samsung Galaxy A16 5G
- Samsung Galaxy A25
- Samsung Galaxy A35 5G
- Samsung Galaxy A55 5G

Samsung Galaxy S-Serie:

- Samsung Galaxy S22 / S22+ / S22 Ultra
- Samsung Galaxy S23 / S23+ / S23 Ultra
- Samsung Galaxy S23 FE
- Samsung Galaxy S24 / S24+ / S24 Ultra
- Samsung Galaxy S24 FE

Google Pixel:

- Google Pixel 7a
- Google Pixel 7 & Pixel 7 Pro
- Google Pixel 8 & 8 Pro
- Google Pixel 8a
- Google Pixel 9 & Pixel 9 Pro/XL